ליקוטי מוהר״ן

LIKUTEY MOHARÁN

ליקוטי מוהר"ן
LIKUTEY MOHARÁN
Volumen 5 (Lecciones 33-48)

Por el
Rabí Najmán de Breslov

Traducción al Inglés del
texto original en Hebreo
y Edición
Moshé Mykoff

Notas
Jaim Kramer

Traducción al Español
Guillermo Beilinson

Publicado por
BRESLOV RESEARCH INSTITUTE
Jerusalem/New York

ISBN 978-1-928822-40-0
Copyright © 2013 Breslov Research Institute

todos los derechos reservados

Ninguna parte de esta publicación podrá ser traducida, reproducida o archivada en ningún sistema o transmitida de ninguna forma y de ninguna manera, electrónica, mecánica, fotocopiada o grabada o de cualquier otra manera, sin el consentimiento previo, por escrito, del editor.

Primera edición

Título del original:
Likutey Moharán V

Para más información:
Breslov Research Institute
POB 5370
Jerusalem, Israel.

Breslov Research Institute
POB 587
Monsey, NY 10952-0587
Estados Unidos.

Breslov Research Institute
c\o G.Beilinson
calle 493 bis # 2548
Gonnet (1897)
Argentina.
e-mail: abei2ar@Yahoo.com.ar

Impreso en Israel
Diseño de cubierta: Shimon Bar
Revisión del original: Betzalel Retyk

Para la Elevación del Alma

de mi Padre

Aarón ben Biniamin z"l

y para mi Madre

Berta bat Pola

•

INDICE

Lección 33	2
Lección 34	48
Lección 35	90
Lección 36	138
Lección 37	182
Lección 38	232
Lección 39	292
Lección 40	300
Lección 41	306
Lección 42	324
Lección 43	338
Lección 44	348
Lección 45	366
Lección 46	372
Lección 47	386
Lección 48	422
Apéndice: Diagramas	447

ליקוטי מוהר"ן

LIKUTEY MOHARÁN

ליקוטי מוהר"ן סימן ל"ג
לְשׁוֹן רַבֵּנוּ זִכְרוֹנוֹ לִבְרָכָה

מִי הָאִישׁ הֶחָפֵץ חַיִּים, אֹהֵב יָמִים לִרְאוֹת טוֹב: (תהלים לד)

א. הַכְּלָל הוּא, שֶׁצָּרִיךְ לְבַקֵּשׁ שָׁלוֹם. שֶׁיִּהְיֶה שָׁלוֹם בֵּין יִשְׂרָאֵל, וְשֶׁיִּהְיֶה שָׁלוֹם לְכָל אָדָם בְּמִדּוֹתָיו. הַיְנוּ שֶׁלֹּא יִהְיֶה מְחֻלָּק בְּמִדּוֹתָיו וּבִמְאֹרְעוֹתָיו, שֶׁלֹּא יְהֵא לוֹ חִלּוּק בֵּין בְּטִיבוֹ בֵּין בְּעָקוּ, תָּמִיד יִמְצָא בּוֹ הַשֵּׁם יִתְבָּרַךְ. הַיְנוּ (שם נו): "בַּה' אֲהַלֵּל דָּבָר, בֵּאלֹקִים אֲהַלֵּל דָּבָר":

con cierta seguridad que la mayoría, sino todas, las lecciones de este volumen fueron dadas entre los años 1801-1803.

    Los temas principales de la lección son: la paz; reconocer a Dios en todos los aspectos de la vida, incluyendo los buenos días y los malos días; la Torá revelada y la Torá oculta; los Tzadikim; y el amor. El Rebe Najmán también alude a las *kavanot* (meditaciones) asociadas con la mitzvá del *lulav*, las Cuatro Especies, como se verá al final de la lección.

2. desea vida…. La "vida" mencionada en el versículo de apertura hace referencia a la vida en el Mundo que Viene. "Bien" hace referencia a realizar buenas acciones para merecer la recompensa del Mundo que Viene (*Metzudat David*). El Rebe Najmán mostrará cómo esa vida edénica, ese amor y ese bien, pueden manifestarse incluso en este mundo.

3. paz. Éste es el tema central de la lección. Como regla general, el Rebe Najmán comienza cada lección estableciendo en el párrafo de apertura el objetivo de esa enseñanza en particular. El resto de la lección es una serie de declaraciones y de pruebas que corroboran ese punto y aconsejan sobre cómo obtenerlo (*rabí Eliahu Jaim Rosen*). En nuestra lección, el Rebe Najmán demostrará cómo "la persona debe buscar la paz" en sus diferentes aspectos. Éste es el objetivo primario de la lección.

4. paz entre los judíos. Escribe el rabí Natán: Para alcanzar la paz verdadera la persona debe estar dispuesta a juzgar siempre a los demás de manera favorable. Debe aprender a encontrar el bien en los demás y a dejar de lado el mal. E incluso cuando el otro dice o hace algo en su contra, debe buscar el bien o aceptar que la otra persona no abrigaba malas intenciones en su contra. Así es como la persona puede estar en paz con todos los judíos (*Kitzur Likutey Moharán* 33:2).

5. consigo misma ni con lo que le suceda. Estar "en conflicto con uno mismo" hace referencia a las dudas y a las confusiones de la persona como resultado de la desarmonía entre los diferentes elementos, o atributos, que forman su personalidad; mientras que "con lo que le suceda" hace referencia a los conflictos provenientes del exterior (en el hogar, en el trabajo, en la sinagoga, etc.) como resultado de la desarmonía entre los diferentes elementos, o atributos, que forman su mundo.

6. Cuando Él es IHVH…cuando Él es Elohim…. *IHVH* es el Tetragrámaton, el santo nombre

LIKUTEY MOHARÁN 33[1]

"Mi HaIsh Hejafetz Jaim **(Quién es la persona que desea vida), que ama días de ver el bien".**[2]

(Salmos 34:13)

El principio es que la persona debe buscar la paz.[3] [Debe ocuparse de que] haya paz entre los judíos,[4] y que cada persona esté en paz con sus atributos – i.e., no debe estar en conflicto consigo misma ni con lo que le suceda.[5] No habrá diferencia alguna para ella así esté experimentando buenos tiempos o malos, siempre encontrará a Dios allí. Esto es (Salmos 56:11), "Cuando Él es *IHVH*, alabo Su palabra: cuando Él es *Elohim*, alabo Su palabra".[6]

---

1. Likutey Moharán 33. Esta lección es *leshón Rabeinu z'l*. Toda lección designada como tal fue copiada palabra por palabra de los manuscritos del Rebe Najmán, que el rabí Natán tenía en su poder. La mayoría de las lecciones restantes fueron transcritas por el rabí Natán bajo el dictado del Rebe Najmán y el resto (excluyendo las pocas que fueron escritas por algunos otros seguidores) fueron reconstruidas por el rabí Natán después de haber oído la enseñanza dada por el Rebe en público. En todos los casos, el rabí Natán preparaba entonces una versión escrita y se la presentaba al Rebe Najmán para su aprobación.

No se sabe cuándo el Rebe Najmán dio está lección, aunque podemos suponer que fue en algún momento entre los años 5561-5563 (1801-1803). La mayor parte de las lecciones dadas después del año 1803 tienen sus fechas registradas. Además, al final de la Lección #38 (más adelante en este volumen), que fue dada en el invierno de 1802 (*Tzadik* #185), el rabí Natán escribe: "¡Debes saber! Oí de los santos labios [del Rebe] un listado de una cantidad de lecciones, de las que dijo que contenían las meditaciones místicas de los tefilín. Esas lecciones son: *Bejatzozrot veKol Shofar* (Lección #5); *Anoji HaShem Eloheja* (Lección #4); *Kra et Ioshúa* (Lección #6); *Mi HaIsh Hejafetz Jaim* [esta lección], *Veatem Tihiu Li Mamlejet Cohanim* (Lección #34); *Ashrei HaAm – Zarka* (Lección #35); y *Markevot Paró Vejeilo* (Lección #38)… al igual que un buen número de otras lecciones largas… Y él dijo, 'Todas ellas contienen las meditaciones místicas de los tefilín'". En *Tzadik* (#362), el rabí Natán escribe sobre las lecciones que fueron dadas durante "ese" período. La Lección #4 fue dada en mayo del año 1801. Las Lecciones #5 y #6 fueron dadas en septiembre/octubre del año 1802. Así, es muy probable que las otras lecciones que no están fechadas y que hablan de los tefilín fueran dadas en el mismo período, de 1801 a 1803.

Este marco temporal parece correcto también en cuanto a las restantes lecciones en este volumen. Como veremos, la Lección #44 fue la primera lección que el rabí Natán oyó del Rebe Najmán, que fue en septiembre del año 1802. La Lección #46 fue dada alrededor de la misma época (*Tzadik* #204). Viendo que las Lecciones #44-46 tienen el mismo tema, es posible asumir que la Lección #45 también fue dada entonces. La Lección #48 fue dada en octubre del año 1802. Esto deja a la Lección #47, que sabemos que fue dada cuando el rabí Natán comenzó a ser un seguidor del Rebe Najmán, hacia finales del año 1802. Por lo tanto, podemos proponer

וְעַל־יְדֵי מָה יִמְצָא הַשֵּׁם יִתְבָּרַךְ בֵּין בְּטִיבוּ בֵּין בְּעָקוּ, עַל־יְדֵי הַתּוֹרָה הַנִּקְרֵאת שָׁלוֹם, כְּמָה דְאַתְּ אָמַר (משלי ג): "וְכָל נְתִיבוֹתֶיהָ שָׁלוֹם". וְעַל־יְדֵי צַדִּיקִים שֶׁנִּקְרְאוּ גַם כֵּן בְּרִית שָׁלוֹם. וּמֵחֲמַת זֶה יָכוֹל לֶאֱהֹב אֶת הַשָּׁלוֹם בְּכָל מָקוֹם, הֵן בְּטִיבוּ וְכוּ', וְיָכוֹל לִהְיוֹת שָׁלוֹם בֵּין יִשְׂרָאֵל, וְלֶאֱהֹב זֶה אֶת זֶה:

ב. וְצָרִיךְ לָדַעַת, שֶׁ"מְּלֹא כָל הָאָרֶץ כְּבוֹדוֹ". וְלֵית אֲתַר פָּנוּי

las "derechas" e "izquierdas" de la vida. Como enseña aquí el Rebe Najmán, seguir los preceptos de la Torá le enseña a la persona a caminar por un sendero equilibrado, el sendero de la paz, por medio del cual siempre podrá encontrar a Dios – en los buenos tiempos o lo contrario (ver *Zohar* III, 176b. *Matok Midbash*, loc. cit.; ver también más adelante, §5).

9. Tzadikim…pacto de paz. Las Escrituras relatan que debido a que Pinjas, el hijo de Elazar, tomó con celo la causa de Dios, terminando con el comportamiento inmoral de los israelitas, Dios dijo, "Le estoy dando a él Mi *brit* (pacto) de paz" (Números 25:12). Al igual que el pacto que Dios hizo con Abraham y sus descendientes, sellado mediante la circuncisión (el signo del Pacto, ver Génesis 17), éste se relaciona también con la pureza sexual. El versículo de Números puede por lo tanto comprenderse como aludiendo también a la conexión entre el *brit* (órgano sexual) y la paz. Ahora bien, cuidar el *brit* –el Pacto, o, alternativamente, el órgano de procreación– implica un alto nivel de comportamiento moral en pensamiento, palabra y acción (cf. *Likutey Moharán* I, 2, n.15). La persona que posee esas cualidades es un Tzadik. A partir del *Zohar* (I, 257a) aprendemos que el *brit* es un paralelo de la *sefirá* de *Iesod* (Fundamento) y que Iosef fue la personificación del cuidado del *brit/Iesod* (ver Apéndice: Los Siete Pastores Superiores). Siendo esclavo en Egipto, Iosef resistió los avances de la esposa de su amo y se mantuvo firme en su negación de pecar sexualmente (Génesis 39). Esto le ganó el título de "Tzadik", el verdadero guardián del *brit* (cf. *Zohar* I, 66b y *Matok Midbash* allí, que también Pinjas corresponde a *Iesod*).

El Rebe Najmán hace aquí entonces la conexión entre el *brit*, el Tzadik y la paz. Como se explicó en la nota anterior (n.8), la paz corresponde a la columna del centro, equilibrando las influencias del lado derecho y del lado izquierdo. También *Iesod* está ubicado en la columna del centro de la estructura de las *sefirot* – equilibrando las influencias de *Netzaj* (derecha) y de *Hod* (izquierda). De aquí aprendemos que mediante los Tzadikim –que corresponden a *Iesod*, la columna del centro, el *brit* de paz– es posible encontrar a Dios, así sea en los buenos tiempos como en los malos. Pues el acercarse a los Tzadikim y el seguir sus consejos también lleva a la persona hacia la paz. (Ver también el final de la sección 7 en la Lección #34).

10. amar la paz…los unos a los otros. Al seguir los senderos de la paz, la persona se acerca a la unidad de Dios, al reconocimiento de que todo lo que le sucede –bueno o malo– proviene del Dios Único. Lo mismo se aplica a los pensamientos de la persona, a las dudas y a las confusiones. Al seguir los senderos de la paz, la persona puede resolver sus conflictos internos y sentirse en paz consigo misma. Y al seguir los senderos de la paz, se eliminan los conflictos; las personas aprenden a amarse las unas a las otras y la paz puede llegar así al pueblo judío. En otra instancia, el Rebe Najmán enseña (*Likutey Moharán* I, 4:4): *EJaD* (uno, אחד) y *AHaVaH* (amor, אהבה) tienen el mismo valor numérico, 13. De aquí aprendemos que donde hay amor, hay unidad; y donde hay unidad, hay amor.

¿Por medio de qué es posible encontrar a Dios así sea en los buenos tiempos como en los malos?[7] Por medio de la Torá, que es llamada paz, como está dicho, "y todos sus senderos son de paz" (Proverbios 3:18).[8] Y por medio de los Tzadikim, que también son llamados "pacto de paz".[9] Como resultado, podrá amar la paz en cada situación, tanto en los buenos tiempos.... Y podrá haber paz entre los judíos, amándose los unos a los otros.[10]

2. Ahora bien, es necesario también saber que "El mundo entero está

---

que connota la compasión Divina. Por otro lado, el santo nombre *Elohim* connota la justicia Divina y el juicio. El Talmud enseña que, sea lo que fuere que le suceda a la persona, así sea el bien o lo contrario, siempre deberá aceptar todo con alegría – pues todo lo que sucede es voluntad de Dios. Sin embargo, en este mundo existe una distinción: Sobre las buenas noticias uno bendice "Que es bueno y hace el bien", mientras que por las malas noticias uno bendice "el Juez verdadero" (*Berajot* 60b). El Rebe Najmán lleva esto un paso más allá. Cuando la persona sabe que Dios está tanto en el bien como en el mal, dependiendo del atributo en el cual Él se esté manifestando, entonces para ella no habrá diferencia entre la compasión y la justicia, entre los nombres *IHVH* y *Elohim*. Éste es el significado del versículo, "cuando Él es *IHVH*, alabo… cuando Él es *Elohim*, alabo…". La persona que es capaz de percibir de esta manera todo lo que le sucede en la vida ha alcanzado esencialmente la paz. Pues así sea que experimente el bien o lo contrario –la compasión/*IHVH* o el juicio/*Elohim*– reconoce la unidad del Dios uno y está en paz.

El versículo en Salmos (56:11), de hecho dice: "Cuando Él es *Elohim*, alabo Su palabra; cuando Él es *IHVH*, alabo Su palabra". Así es como el rabí Natán cita el versículo en el *Kitzur Likutey Moharán*. Sin embargo, aquí aparece tal cual se presenta en el Talmud, Berajot 60b, y en el *Ein Iaacov*.

7. Por medio de qué…. El Rebe Najmán ha explicado que el tan buscado pero elusivo objetivo de la paz implica ser capaz de encontrar a Dios en todos los aspectos de la vida. Aquí introduce el medio mediante el cual esto puede ser alcanzado.

8. la Torá…paz. Los senderos de la Torá generan paz. A partir de la Kabalá aprendemos que la Torá corresponde a la *sefirá* de *Tiferet* (*Tikuney Zohar* #21, p.49a). Como es sabido, las diez *sefirot*, a través de las cuales se filtra hacia la Creación la Luz Infinita de Dios, están ordenadas en tres columnas (ver Apéndice: Estructura de las Sefirot). En general, la columna de la derecha es conocida como el lado de *Jesed*, en el cual el amor y la bondad son las manifestaciones primarias; la columna de la izquierda es conocida como el lado de Guevurá, en la cual el juicio y la justicia son las manifestaciones primarias. Sin embargo, debido a que la predominancia de un lado o del otro sería dañino (una benevolencia indiscriminada puede ser tan mala para el receptor como un comportamiento estricto al pie de la letra), existe una columna central, en la cual predomina el elemento regulatorio de *Tiferet*. Simplemente, *Tiferet* y las otras *sefirot* ubicadas a lo largo de esta columna central representan un equilibrio entre la bondad y el juicio. Como resultado, el bien que el hombre experimenta se manifiesta de manera mesurada, asegurando que pueda beneficiarse de él y, por otro lado, el sufrimiento que debe soportar está suficientemente restringido, asegurando que no se hunda bajo su peso. En este sentido, *Tiferet* promueve y corresponde a la paz. De la misma manera, la Torá, que corresponde a *Tiferet*, es el medio a través del cual equilibramos todas

מִנֵּהּ. וְאִיהוּ מְמַלֵּא כָּל עָלְמִין וְסוֹבֵב כָּל עָלְמִין. וַאֲפִלּוּ מִי שֶׁעוֹסֵק בְּמַשָּׂא וּמַתָּן בְּעַכּוּ״ם, לֹא יָכוֹל לְהִתְנַצֵּל וְלוֹמַר, אִי אֶפְשָׁר לַעֲבֹד אֶת הַשֵּׁם יִתְבָּרַךְ מֵחֲמַת עֲבִיּוּת וְגַשְׁמִיּוּת שֶׁנּוֹפֵל תָּמִיד עָלָיו, מֵחֲמַת הָעֵסֶק שֶׁעוֹסֵק תָּמִיד עִמָּהֶם.

del Espacio Vacío" (*Likutey Moharán* I, 64; cf. *Mashíaj: ¿Quién? ¿Qué? ¿Por qué? ¿Cómo? ¿Dónde? y ¿Cuándo?* (Breslov Research Institute, 1997, Capítulo 17).

A partir de la conclusión de las palabras del Ari aprendemos que el Acto del *Tzimtzum* que creó el Espacio Vacío en medio de la Luz Infinita del *Ein Sof* dio como resultado un lugar para todo lo que debía ser "emanado, creado, formado y completado". Estos cuatro términos son representativos de los Cuatro Mundos –*Atzilut, Beriá, Ietzirá, Asiá*– que fueron más tarde establecidos cuando Dios introdujo una cantidad mesurada de Su Luz Infinita en el Espacio Vacío. Dado que ese *kav* (línea) mesurado de Luz fue aun así demasiado tremendo y brillante como para ser experimentado por algún ser creado, fue hecho descender hacia el Espacio Vacío en etapas. Las cuatro etapas más importantes son conocidas para nosotros como los Cuatro Mundos, con cada etapa sucesiva/mundo reduciendo cada vez más la Luz y filtrándola, hasta que se "completó" un mundo material que pudo experimentar esa Luz en un nivel mucho más reducido. En la Kabalá, esos Cuatro Mundos y todas las etapas que filtran y contraen la Luz del *Ein Sof* dentro de los Cuatro Mundos, son descritos como *levushim*, "capas" o "vestimentas". Ello se debe a que éstas ocultan la Luz Infinita para que pueda expandirse hacia los niveles cada vez más bajos de lo finito. Y cuanto más corpóreo sea algo, más *levushim* tendrá, bajo los cuales esté oculta su Divinidad – que es su fuerza vital. Así, paradójicamente, en virtud del ocultamiento generado por los *levushim*, Dios llena toda la creación y puede ser encontrado en todas partes (ver *Likutey Halajot, Minjá* 7:22).

Ahora podemos retornar a la afirmación del *Zohar* de que Dios llena todos los mundos y rodea todos los mundos. Que Él "llena todos los mundos" significa que Él se encuentra en todas partes de la Creación. Todo, desde lo más grande hasta lo más pequeño, de lo más superno y espiritual hasta lo más bajo y corpóreo, contiene chispas de Santidad en virtud de las cuales existe. Concordantemente, que Él "rodea todos los mundos" significa que más allá de los límites del Espacio Vacío sólo existe Dios. Rodeando el lugar que contiene todo lo que fue emanado (*Atzilut*), creado (*Beriá*), formado (*Ietzirá*) y completado (*Asiá*) no hay más que la Esencia Infinita de Dios. (Aunque hay otras interpretaciones adicionales a la afirmación del *Zohar*, hemos presentado aquí aquella necesaria para comprender esta lección).

13. falta de sensibilidad espiritual…involucrado con ellos. Hemos visto (n.12) que cuanto más desciende la Divinidad en los ámbitos inferiores, más se oculta dentro de los *levushim*. Estos son los Cuatro Mundos, el más bajo de los cuales, *Asiá*, contiene este mundo material y todas sus formas finitas (ver Apéndice: Niveles de Existencias). La misión del hombre en este mundo corpóreo es buscar y reconocer la Divinidad, la Luz Infinita, allí en donde esté. Pues, como se explicó, esta Divinidad *debe* existir en todas partes de la Creación. Ahora bien, el medio clave para buscar y reconocer a Dios es la Torá, la Palabra de Dios. Todo lo que el judío hace de acuerdo a los dictados de la Torá lo acerca al reconocimiento de la Luz Infinita. Esto no sólo incluye el cumplimiento de las mitzvot sino también los actos mundanos. Así, cuando las actividades comerciales de la persona son llevadas a cabo de acuerdo a la ley de la Torá, también éstas sirven para revelar la Divinidad. Ello se debe a que cuando la personas se concentra en cumplir con la ley de la Torá, se está concentrando en la Torá, en percibir y en cumplir la Voluntad de Dios.

lleno de Su Gloria [de Dios]" (Isaías 6:3) y que no hay lugar vacío de Él (*Tikuney Zohar* #57, p.91b).¹¹ Él llena todos los mundos y rodea todos los mundos (*Zohar* III, 225a).¹² Así, incluso aquél que comercia con los no judíos no puede excusarse diciendo, "Es imposible servir a Dios debido a la falta de sensibilidad espiritual y al materialismo" a lo cual siempre sucumbe como resultado de estar constantemente involucrado con ellos.¹³

Resumen: La persona debe siempre buscar la paz, consigo misma y entre el pueblo judío. La Torá y los Tzadikim son el medio para alcanzar la paz.

11. lleno de Su Gloria…no hay lugar vacío de Él. Isaías tuvo una visión de los ángeles santificado a Dios, diciendo, "¡Santo! ¡Santo! Santo es Dios… El mundo entero está lleno de Su Gloria". El *Metzudat David* explica que "santo" es usado tres veces correspondientes a los tres mundos: el angélico, el estelar y el mundo corpóreo. El *Tikuney Zohar* (#57, p.92a) comenta que "El mundo entero está lleno de Su Gloria" enfatiza el hecho de que Dios puede ser encontrado en todas partes, pues no hay lugar vacío de Él – ¡ni siquiera los ámbitos del mal!

Con esto y con la siguiente cita del *Zohar*, el Rebe Najmán demuestra que Dios es omnipresente y que de seguro puede ser encontrado en todas partes – siempre y cuando la persona Lo busque. Esto forma la base para comprender lo que queda de la lección. Ver la nota siguiente.

12. llena…y rodea…. Para comprender la afirmación del *Zohar* y como introducción general a esta sección de la lección, consideremos el siguiente resumen del Acto de la Creación basado en las enseñanzas del Ari (*Etz Jaim*, Capítulo 1):

Antes de que todas las cosas fueran creadas… la Luz Superior era simple. Llenaba toda la existencia. No había lugar vacío que pudiera ser caracterizado como espacio, como vacío o como vacuidad. Todo era una simple e indiferenciada luz del *Ein Sof* (el Infinito). Cuando se elevó en Su Simple Voluntad crear mundos y emanar emanaciones y revelar la perfección de Sus acciones, Sus nombres y Sus atributos (lo que de hecho era el propósito de la creación de los mundos), he aquí, Él retrajo Su Esencia Infinita desde el mismo punto central de Su Luz (por supuesto, dado que el Infinito no tiene un punto central, esto sólo se dice desde la perspectiva del espacio que iba a ser creado). Retrajo entonces esa Luz [más aún], alejándola hacia las extremidades alrededor de ese punto central, dejando un Espacio Vacío o Vacío Vacuo. Después de ese *tzimtzum* (constricción), que dio como resultado la creación del Espacio Vacío en el centro mismo de la Luz Infinita del *Ein Sof*, hubo entonces un lugar para todo lo que debía ser emanado (*Atzilut*), creado (*Beriá*), formado (*Ietzirá*) y completado (*Asiá*).

A partir de la enseñanza del Ari comprendemos por qué fue necesario el Acto del *Tzimtzum*, en el que Dios contrajo Su Luz Infinita para formar el así llamado Espacio Vacío. Sin él, no habría habido "lugar" para todos los mundos ni para todas sus creaciones finitas. Sin embargo, esto presenta *la* paradoja de la Creación, la paradoja del Espacio Vacío. Dios sustenta toda la Creación. Por lo tanto, Dios debe encontrarse en todas partes, incluso en el Espacio Vacío – pues nada puede existir sin Su fuerza vital. Pero Dios no puede estar allí, pues, como ha explicado el Ari, Él Se constriñó (retiró) del Espacio Vacío para permitir la existencia de la creaciones finitas. La paradoja es que dado que Dios retiró Su Luz del Espacio Vacío, éste debe estar vacío de Su Esencia. Aun así, Dios debe también llenar el Espacio, dado que, tal como afirma el *Tikuney Zohar* citado en la lección: "no hay lugar vacío de Él". No es de extrañar que al tratar esta profunda enseñanza, el Rebe Najmán concluya: "Así, hasta el Futuro Final, será imposible comprender el concepto

כִּי כְּבָר גִּלּוּ לָנוּ חֲכָמֵינוּ, זִכְרוֹנָם לִבְרָכָה, שֶׁבְּכָל דְּבָרִים גַּשְׁמִיִּים, וּבְכָל לְשׁוֹנוֹת הָעַכּוּ"ם, יָכוֹל לִמְצֹא בָּהֶם אֱלֹקוּת. כִּי בְּלֹא אֱלֹקוּתוֹ אֵין לָהֶם שׁוּם חִיּוּת וְקִיּוּם כְּלָל, כְּמוֹ שֶׁכָּתוּב (נחמיה ט): "וְאַתָּה מְחַיֶּה אֶת כֻּלָּם". לְבַד שֶׁהַחִיּוּת וֶאֱלֹקוּת הַזֶּה שָׁם בְּצִמְצוּם גָּדוֹל וּבִמְעוּט, רַק כְּדֵי חִיּוּנוֹ לְהַחֲיוֹתוֹ וְלֹא יוֹתֵר. כִּי הַקָּדוֹשׁ־בָּרוּךְ־הוּא צִמְצֵם אֶת אֱלֹקוּתוֹ בְּצִמְצוּמִים רַבִּים וְשׁוֹנִים, מֵרֵאשִׁית הַמַּחֲשָׁבָה עַד נְקֻדַּת הַמֶּרְכָּז שֶׁל עוֹלָם הַגַּשְׁמִי, שֶׁשָּׁם מְדוֹר הַקְּלִפּוֹת: וּבְכָל מַה שֶּׁמִּשְׁתַּלְשֵׁל יוֹתֵר וּמִתְצַמְצֵם יוֹתֵר לְמַטָּה, אֱלֹקוּתוֹ מְלֻבָּשׁ שָׁם בְּמַלְבּוּשִׁים רַבִּים יוֹתֵר.

וְזֶה שֶׁגִּלּוּ חֲכָמֵינוּ זִכְרוֹנָם לִבְרָכָה, וּפָתְחוּ לָנוּ פֶּתַח, שֶׁהַמַּשְׂכִּיל יֵדַע וְיָבִין, שֶׁבְּכָל הַדְּבָרִים גַּשְׁמִיִּים יֵשׁ אֱלֹקוּתוֹ וְחִיּוּתוֹ, כְּמוֹ שֶׁאָמְרוּ חֲכָמֵינוּ זִכְרוֹנָם לִבְרָכָה (מנחות לד:): 'טַט בְּכַתְפֵי שְׁתַּיִם, פַּת בְּאַפְרִיקֵי שְׁתַּיִם', לְהוֹדִיעַ שֶׁבְּכָל לְשׁוֹנוֹת הָעַכּוּ"ם יֵשׁ שָׁם אֱלֹקוּתוֹ הַמְחַיֶּה אוֹתָהּ:

16. asegurar su existencia...con vida y nada más. Así como Dios diseñó el mundo, las fuerzas del mal en la Creación, las *klipot*, sólo debían tomar un mínimo de *shefa* (abundancia o fuerza vital) necesaria para asegurar su existencia, pero no más. Cuando la Luz de Dios es hecha descender hacia este mundo en la forma de *shefa*, ésta es filtrada repetidamente para que los ámbitos inferiores, los ámbitos de lo no santo y de las *klipot* sólo reciban el mínimo necesario. Esto sustenta los ámbitos del mal y establece un equilibrio apropiado entre el bien y el mal, haciendo que la elección entre ambos sea igualmente atractiva. Sin embargo, cuando, debido a la transgresión de la Voluntad de Dios por parte del hombre, las *klipot* reciben más que el mínimo de fuerza vital, su poder aumenta y el equilibrio entre el bien y el mal se ve alterado. El mal se vuelve entonces una alternativa más llamativa. El Rebe Najmán expandirá esta idea más adelante, en la sección 3 (ver n.49).

17. desciende...contrae...vestimentas.... Como se explicó (notas 11, 12), Dios llena todos los mundos, incluso el ámbito de las *klipot*. Así, aunque al contraerse, la Luz Infinita asume muchos *levushim* adicionales y así se oculta cada vez más en esas vestimentas, las *klipot* igualmente siguen siendo sustentadas.

18. Tat...pat...les da vida. El precepto de la Torá de usar tefilín afirma (Deuteronomio 6:8): "Átalos como un *ot* (señal) sobre tu mano (los tefilín del brazo) y como *totafot* sobre tu cabeza (los tefilín de la cabeza)". Nuestros Sabios enseñan que el término *ToTaFoT* es un compuesto de dos palabras provenientes de dos idiomas diferentes, *TaT* del copto y *PaT* del Afriki. Tosafot (*v.i. letotafot*) encuentra varios paralelos etimológicos, uno sugiriendo que *totafot* indica una clase de adorno y otro que connota mirar. Con estos posibles significados, es de alguna manera asombroso el hecho de que nuestros Sabios relacionen, en su lugar, el término *totafot* con

Nuestros Sabios[14] ya nos han revelado que la Divinidad se encuentra en todo lo corpóreo y en todas las lenguas de las naciones. Pues sin Su Divinidad, no tendrían fuerza vital ni existencia alguna. Como está escrito, "Tú los mantienes a todos con vida" (Nehemías 9:6). Lo que sucede es que esa fuerza vital y Divinidad están allí de una manera muy restringida y limitada; sólo lo suficiente como para asegurar su existencia, para mantenerlas con vida y nada más.[16] Pues el Santo, bendito sea, contrajo Su Divinidad mediante numerosas y varias contracciones – desde el comienzo mismo del pensamiento hasta el punto central del mundo corpóreo, que es el ámbito de las fuerzas del mal. Y cuanto más Su Divinidad desciende y más se contrae, más se cubre allí con vestimentas adicionales.[17]

Esto es lo que nuestros Sabios revelaron, abriéndonos el camino para que la persona inteligente pueda saber y comprender que todas las cosas corpóreas poseen en sí Su divinidad y Su fuerza vital. Como dijeron nuestros Sabios: *Tat* en Copto significa dos, *pat* en Afriki significa dos (*Menajot* 34b), indicando que todas las lenguas de la naciones contienen Su Divinidad, que es lo que les da vida.[18]

Pero, ¿qué sucede cuando uno se involucra con los no judíos, en aquellos casos en que la ley de la Torá estipula que hay que seguir "la ley del país", la ley local? Uno entonces deja el ámbito de la Torá y entra a un mundo vacío de Torá. Entra a un mundo corpóreo que parece vacío de todo lo que es santo. El Rebe Najmán insiste entonces en que Dios está en todas partes, que "no hay lugar vacío de Él". Por lo tanto, aunque la persona se encuentre en lugares que aparentemente están vacíos de Divinidad, debe saber que Dios también puede ser encontrado allí. No puede excusarse de buscar la Divinidad ni permitirse sucumbir a su mala inclinación.

No es que el Rebe Najmán fuese indiferente a las dificultades de encontrar a Dios en lugares alejados de Él. En otra instancia, el Rebe enseñó: Cada vez que alguien deba involucrarse con los no judíos, deberá ser muy cuidadoso en guardar su judaísmo. Porque es muy fácil caer presa de las tentaciones de la vida del mundo material cuando no se está rodeado de lo espiritual. Las pruebas de este mundo corpóreo son tan difíciles que incluso los ángeles no fueron capaces de mantener sus niveles (*Zohar* I, 58a). Y aunque el judío tiene el poder de superar las tentaciones del mal, mezclarse con los no judíos hace que eso sea mucho más difícil (*Likutey Moharán* I, 244). Sin embargo, esto no exime a la persona de buscar a Dios, incluso cuando se encuentra lejos de los lugares de santidad.

14. Nuestros Sabios.... *Zohar* III, 225a (ver n.12).

15. Tú los mantienes a todos con vida. En el nivel simple, esto hace referencia a Dios manteniendo a toda la existencia (humana, animal, vegetal y mineral), dándole a cada cosa su sustento. En un nivel más profundo, hace referencia a la chispa de Santidad que se encuentra en todas las cosas, la fuerza vital que sustenta su existencia. Cuando esa chispa desaparece, la cosa deja de existir – ella "muere". Este versículo también es la base para la enseñanza del Zohar de que Dios llena todos los mundos y rodea todos los mundos.

וְזֶה שֶׁמֵּבִיא בִּירוּשַׁלְמִי (תענית פרק א הלכה א): 'אִם יֹאמַר לְךָ אָדָם הֵיכָן אֱלֹקֶיךָ, תֹּאמַר לוֹ: בִּכְרָךְ גָּדוֹל שֶׁבְּרוֹמִי', שֶׁנֶּאֱמַר: "אֵלַי קֹרֵא מִשֵּׂעִיר".

נִמְצָא, שֶׁזֶּה הָאָדָם שֶׁשָּׁאַל הֵיכָן אֱלֹקֶיךָ, בְּוַדַּאי הוּא מֻשְׁקָע בְּמָדוֹר הַקְּלִפּוֹת. כִּי הוֹצִיא אֶת עַצְמוֹ מִן הַכְּלָל וְכָפַר בָּעִקָּר, שֶׁאָמַר: הֵיכָן אֱלֹקֶיךָ, וְנִדְמָה לוֹ שֶׁבִּמְקוֹמוֹ אֵין שָׁם אֱלֹקִים. בְּכֵן תֹּאמַר לוֹ: אֲפִלּוּ בִּמְקוֹמְךָ שֶׁאַתָּה מֻשְׁקָע בְּמָדוֹר הַקְּלִפּוֹת, גַּם כֵּן שָׁם תּוּכַל לִמְצֹא אֱלֹקוּתוֹ. כִּי הוּא מְחַיֶּה אֶת הַכֹּל, כְּמוֹ שֶׁכָּתוּב: "וְאַתָּה מְחַיֶּה אֶת כֻּלָּם". וּמִשָּׁם אַתָּה יָכוֹל לְדַבֵּק אֶת עַצְמְךָ בּוֹ יִתְבָּרַךְ, וְלָשׁוּב אֵלָיו בִּתְשׁוּבָה שְׁלֵמָה. כִּי לֹא רְחוֹקָה הִיא מִמְּךָ. אֶלָּא שֶׁבִּמְקוֹמְךָ שָׁם רַבּוּ הַלְּבוּשִׁים:

וְכָל מַה שֶּׁאָדָם הוֹלֵךְ מִמַּדְרֵגָה לְמַדְרֵגָה, הוּא מִתְקָרֵב יוֹתֵר אֶל הַשֵּׁם יִתְבָּרַךְ, וְיָכוֹל לֵידַע אֶת הַשֵּׁם יִתְבָּרַךְ בַּהֲבָנָה יְתֵרָה. כִּי כָּל מַה שֶּׁהַמַּדְרֵגָה יוֹתֵר עֶלְיוֹנָה, נִתְמַעֲטוּ הַלְּבוּשִׁים, וְנִתְמַעֵט הַצִּמְצוּם, וְאָז הוּא מְקֹרָב יוֹתֵר אֶל הַשֵּׁם יִתְבָּרַךְ, וְיָכוֹל לֶאֱהֹב אֶת

21. Tú los mantienes a todos con vida. Como más arriba, en las notas 11-12 y 15.

22. no está lejos de ti. Las Escrituras (Deuteronomio 30:11-14) afirman que la Torá no está oculta ni distante del pueblo judío. No está en el cielo ni del otro lado del mar, sino "muy cerca de ti, en tu boca y en tu corazón, para observarla". El *Zohar* (III, 73a) enseña que Dios, la Torá y la Comunidad de Israel son uno y que por lo tanto el judío que busca siempre puede encontrar a Dios. El *Kli Iakar* agrega que la Torá no está distante siquiera de las naciones (Deuteronomio 30:11, *v.i. velo*). En nuestro contexto, esto se relaciona con la Torá como un medio para alcanzar la paz, mediante la cual uno puede relacionarse con Dios (ver §1). Esta Torá nunca está distante de la persona ni siquiera cuando se encuentra entre los no judíos, pues la Torá tampoco está distante de ellos – ¡Porque Dios está en todas partes!

23. las vestimentas se han multiplicado. Pues, como se explicó en la nota 12, cuanto más lejos se esté de Dios, mayor será el ocultamiento.

24. menor será la contracción. Por lo tanto tiene una mayor revelación y comprensión de Dios.

Aunque clásicamente en la Kabalá los términos *tzimtzum* (contracción) y *levushim* (vestimentas) tienen significados diferentes –el primero connotando "una retracción de" y el segundo connotando "una cobertura de" – comparten una idea en común: el ocultamiento de la Luz Infinita de Dios, limitando progresivamente su revelación en cada uno de los diferentes niveles al descender hacia los mundos inferiores. Así, para el propósito de simplificar estas notas, han sido utilizados de manera intercambiable, siguiendo su intención más general.

Esto es lo que dice en el Talmud Ierushalmi (*Taanit* 1:1): Si alguien te pregunta, "¿Dónde está tu Dios?", respóndele, "En la gran ciudad de Roma". Como está dicho, "Alguien Me llama desde Seir" (Isaías 21:11).[19]

Vemos, entonces, que esa persona que pregunta, "¿Dónde está tu Dios?" se encuentra ciertamente inmersa en el ámbito de las fuerzas del mal. Porque se ha disociado de la comunidad y niega la existencia de Dios, diciendo: "¿Dónde está tu Dios?". Ella supone que allí, donde está, no hay Dios.[20] Por lo tanto, respóndele, "¡Incluso donde tú estás! Tú estás inmersa en el ámbito de las fuerzas del mal, pero aun así, también allí puedes encontrar Su Divinidad". Ello se debe a que Él le da vida a todo, como en, "Tú los mantienes a todos con vida".[21] Y desde allí, puedes unirte a Dios y retornar a Él en completo arrepentimiento. Pues "no está lejos de ti" (Deuteronomio 30:11),[22] sólo que allí, donde tú estás, las vestimentas se han multiplicado.[23]

Y cuanto más pase la persona de un nivel a otro, cuanto más se acerque a Dios, más podrá conocerlo a Él con una mayor comprensión. Ello se debe a que cuanto más elevado sea el nivel, menor será la cantidad de vestimentas y menor será la contracción.[24] Entonces, estará

---

los idiomas de naciones muy distantes de todo lo judío, y de ello derivan la regla de que se requieren cuatro compartimentos separados para albergar los pergaminos de los tefilín de la cabeza. En nuestro contexto, el Rebe Najmán utiliza este ejemplo sobre cómo nuestros Sabios derivan enseñanzas espirituales de lugares muy alejados de la Divinidad, para demostrar que Dios puede ser encontrado en todo lo corpóreo – incluso en las lenguas de las naciones y en las tratativas personales con los no judíos. Pues Su Luz Infinita se encuentra también en esos lugares, dándoles vida y sustento a todas las cosas.

19. Esto es...Me llama desde Seir. "Seir" es el dominio de Esaú, bajo cuyos descendientes, Edom/Roma, el pueblo judío se encuentra exilado. Dios dice que el profeta Lo llama desde la oscuridad del exilio en Seir/Roma, preguntando cuándo comenzará la Redención Final. La respuesta de Dios aparece en el siguiente versículo: El tiempo está cerca, siempre y cuando el pueblo de Israel se arrepienta (ver Rashi sobre v.12). El *Ierushalmi* (*loc. cit.*) aprende de aquí que incluso en Roma –el exilio más oscuro, en el cual da la sensación de que la santidad y la espiritualidad nunca podrán ser halladas– Dios está presente. Por lo tanto, si alguien te pregunta, "¿Dónde está Dios?", respóndele, "¡Él está justo a tu lado! No importa cuán oscuro esté donde tú te encuentras, Dios está allí, esperando que retornes a Él".

El Rebe Najmán trata este pasaje del tratado *Taanit* en varias lecciones. Ver *Likutey Moharán* I, 115 y *Likutey Moharán* II, 12.

20. Dónde está tu Dios.... El Rebe Najmán lee esto con un énfasis – "¿Dónde está *tu* Dios?" – como si el que pregunta estuviese diciendo que él mismo no tiene Dios o que donde él está Dios no puede ser hallado. Encontramos algo similar en La Hagadá de Pesaj concerniente al hijo que pregunta, "¿Qué significa este servicio para ustedes?". Nuestros Sabios hacen notar: "'Para *ustedes*', pero no para él". Éste es el hijo malvado, que no siente ninguna Divinidad en su nivel.

עַצְמוֹ עִם הַשֵּׁם יִתְבָּרַךְ בְּאַהֲבָה יְתֵרָה:

ג. וְהִנֵּה יֵשׁ שְׁנֵי מִינֵי יָמִים, יְמֵי טוֹב וִימֵי רָע. כְּמוֹ שֶׁכָּתוּב (קהלת ז): "בְּיוֹם טוֹבָה הֱיֵה בְטוֹב, וּבְיוֹם רָעָה רְאֵה". הַיְנוּ שֶׁצָּרִיךְ לָאָדָם לְהִסְתַּכֵּל שָׁם הֵיטֵב הֵיטֵב, בְּוַדַּאי יִמְצָא שָׁם יְמֵי טוֹב, הַיְנוּ תּוֹרָה. וְהַיָּמִים נִקְרָאִים מִדּוֹת, כְּמוֹ שֶׁכָּתוּב (תהלים לט): "וּמִדַּת יָמַי". וְהַמִּדּוֹת הֵם הַתּוֹרָה, כִּי אוֹרַיְתָא כֻּלָּהּ הֵם מִדּוֹתָיו שֶׁל הַקָּדוֹשׁ־בָּרוּךְ־הוּא, כִּי הַתּוֹרָה מְדַבֶּרֶת מֵאַהֲבָה וְיִרְאָה וּשְׁאָר הַמִּדּוֹת. וּבָהּ

bien o del mal se sobrepasan claramente el uno al otro, entonces, en efecto, no habría libertad de elección. Y mientras la persona tenga vida, sus buenos días y sus malos días, debe tener libertad de elección. Por lo tanto, "al uno y al otro los ha hecho Dios" – i.e., tanto los buenos días como los malos días– de modo que la persona misma elige el sendero que desea seguir.

Es interesante notar lo que Rashi comenta sobre este versículo: Cuando tengas días en los cuales puedas hacer el bien, hazlo, de modo que cuando lleguen los malos días, puedas ser testigo del castigo que les toca a los malvados y no formar parte de ellos (*Rashi, loc. cit.*). Esta interpretación será comprendida mejor, más adelante, dentro del contexto de nuestra lección (ver n.38).

28. buenos días – i.e., Torá.... Enseñaron nuestros Sabios: "Bien" es la Torá, como en (Proverbios 4:2), "Les he dado una buena instrucción, no olviden Mi Torá" (*Avot* 6:3; ver más adelante, §5, n.79). "Buenos días" corresponde así a la Torá, pues donde hay Torá, hay bien. El Rebe Najmán ampliará ahora esta idea.

29. midá de mis días. Este versículo es parte de la plegaria del rey David pidiéndole a Dios que le revele cuánto tiempo vivirá. "¿Cuál es la medida (largo) de mis días?". El término hebreo para "medida" es *midá*, que también significa "atributo" (*midot* en plural). Esta conexión enseña que los atributos de la persona deben estar "medidos" – equilibrados, en lugar de inclinados hacia un extremo o hacia el otro. Construyendo sobre la conexión que hace este versículo entre los días y los atributos, el Rebe Najmán continúa demostrando cómo ambos se conectan con la Torá y cómo la Torá corresponde al bien, a los buenos días.

30. los atributos son la Torá...del Santo, bendito sea. En otra instancia, el Rebe Najmán enseña: La Torá es un aspecto de *midot* (atributos), pues [en la forma de los Cinco Libros de Moshé] la Torá contiene palabras, versículos, capítulos y porciones semanales. Todos estos se asemejan a los atributos en el hecho de que engloban la fuerza vital en *midá* (en medida) (*Likutey Moharán* I, 56:3). En el nivel superior, la Torá es de hecho un solo nombre de Dios (*Zohar* III, 35b; Tikuney *Zohar* #10, p.26a). Así, dice el Rebe Najmán, tal como cuando queremos atraer la atención de alguien lo llamamos por su nombre, de la misma manera, cuando queremos atraer al Santo, bendito sea, Lo llamamos por Su nombre – la Torá (*Likutey Moharán*, ibid.). En una vena similar, así como el nombre de la persona nos da una indicación de quién es, lo mismo sucede con el nombre del Santo, bendito sea, con la Torá, que nos da una indicación de Quién es Él. Pero para que podamos comprenderlo, la Torá se nos presenta de manera mesurada, en letras, palabras, versículos, etc. – siendo éstos los atributos mediante los cuales podemos llegar a conocerlo a Él.

cerca de Dios y podrá amarlo con un amor excepcional.²⁵

3. Ahora bien, hay dos clases de días: buenos días y malos días.²⁶ Como está escrito (Eclesiastés 7:14), "En un buen día, disfruta y en un mal día, mira".²⁷ Es decir, la persona debe mirar allí muy bien. Pues ciertamente allí encontrará buenos días – i.e., Torá.²⁸

Los días son llamados *midot* (atributos), como está escrito (Salmos 39:5), "¿[Cuál es] la *midá* (medida) de mis días?".²⁹ Y los atributos son la Torá, porque la Torá está compuesta enteramente de los atributos del Santo, bendito sea.³⁰ Pues la Torá habla de amor, temor y de los demás

---

25. con un amor excepcional. El Rebe Najmán ya introdujo el concepto del amor en el pasaje de apertura. Allí enseñó que donde hay paz, uno puede llegar a reconocer la unidad de Dios y mediante la paz, juzgando a los demás de manera favorable y buscando sus puntos buenos, es posible llegar a amarlos. Aquí, el Rebe enseña que cada vez que la persona busque a Dios, podrá encontrarlo. Este "encontrar" significa acercarse a la Divinidad y tener una mejor comprensión de la Voluntad de Dios, como resultado de lo cual se llega a amarlo, como dice el Rebe, con un "amor excepcional". Pues buscar a Dios es obviamente mirar las cosas de manera favorable – i.e., buscando lo positivo y lo bueno en la vida. Esto lleva a la persona a amar a Dios con un amor excepcional, porque encuentra que Dios está con ella en todo momento y en todas las circunstancias. La lección retornará al tema del amor en la sección 4. En la siguiente sección, el Rebe Najmán explicará por qué la Torá y los Tzadikim pueden llevar a la persona hacia la paz, mediante la cual se revela el amor.

El Rebe Najmán hizo notar que esta lección contiene las meditaciones místicas de los tefilín (ver n.1). En la Kabalá, los tefilín corresponden conceptualmente a un gran intelecto, a *Daat*. La referencia que hace el Rebe aquí a *totafot* puede por lo tanto comprenderse como indicando que los tefilín revelan el conocimiento de que la Luz Infinita de Dios puede encontrarse incluso en los niveles más bajos, con tal que se aplique el intelecto para buscarlo.

Resumen: La persona debe siempre buscar la paz, consigo misma y entre el pueblo judío. La Torá y los Tzadikim son el medio para alcanzar la paz (§1). La persona debe saber que la Luz Infinita de Dios está en todas partes, en todo nivel y en todo lugar, en toda cosa y circunstancia – incluso en las lenguas de las naciones. Por lo tanto, aquel que busca a Dios siempre podrá encontrarlo (§2).

26. Ahora bien...buenos días y malos días. En esta sección el Rebe Najmán retorna al tema del comienzo y explica cómo la Torá genera paz. Se introducen algunos conceptos nuevos: los buenos y los malos días, los atributos, las letras de la Torá y vencer la mala inclinación. Además, se expande el tema central de la sección previa, que Dios se encuentra incluso en el ámbito de las *klipot*.

27. En un buen día...mira. El versículo dice: "En un buen día... mira... porque al uno y al otro los ha hecho Dios". Anteriormente vimos que la paz es un equilibrio entre opuestos. El ejemplo dado más arriba fue el de la paz/*Tiferet* como el equilibrio entre la bondad/*Jesed* y el juicio/*Guevurá* (§1, n.8). Aquí, el Rebe extiende esta idea al equilibrio que debe existir entre el bien y el mal (ver más adelante, Lección #39 y n.24). Ello se debe a que si los beneficios del

בָּרָא הַקָּדוֹשׁ־בָּרוּךְ־הוּא עָלְמִין, כְּמוֹ שֶׁכָּתוּב (משלי ח): "וָאֶהְיֶה אֶצְלוֹ אָמוֹן". אַל תִּקְרֵי אָמוֹן אֶלָּא אָמָן (בראשית רבה א:א; זהר שמיני לה:). וְאוֹתִיּוֹת הַתּוֹרָה הֵם הַמְחַיִּין אֶת כָּל דָּבָר וְדָבָר.

אֶלָּא כָּל מַה שֶּׁהַמַּדְרֵגָה הִיא לְמַטָּה, שָׁם הֵם אוֹתִיּוֹת הַתּוֹרָה בְּצִמְצוּם יוֹתֵר מִמַּה שֶּׁהָיוּ בְּמַדְרֵגָה יוֹתֵר עֶלְיוֹנָה, וְאֵינָם מְאִירִים כָּל כָּךְ כְּמוֹ לְמַעְלָה בְּמַדְרֵגָה עֶלְיוֹנָה, כְּדֵי שֶׁלֹּא לְהַשְׁפִּיעַ אוֹר וְחִיּוּתָהּ יוֹתֵר מֵהָרָאוּי: נִמְצָא, אֲפִלּוּ בִּמְדוֹר הַקְּלִפּוֹת, הַיְנוּ בִּימֵי רַע, שֶׁהֵם מִדּוֹת רָעוֹת וּלְשׁוֹנוֹת עַכּוּ"ם, [גַּם] שָׁם יְכוֹלִין לִמְצֹא אוֹתִיּוֹת הַתּוֹרָה. אֲבָל מֵחֲמַת רִבּוּי הַלְּבוּשִׁים וְגֹדֶל הַצִּמְצוּם, אֵינָם נִתְרָאִים אוֹתִיּוֹת הַתּוֹרָה, הַיְנוּ יְמֵי טוֹב, עַל־יְדֵי יְמֵי רַע וְהַחֹשֶׁךְ הַשּׁוֹרֶה עֲלֵיהֶם.

אֲבָל מִי שֶׁכּוֹפֶה אֶת יִצְרוֹ הָרָע, הַיְנוּ הַיָּמֵי רָע, הַיְנוּ הַמִּדּוֹת רָעוֹת, אֲזַי הָרָע נִתְבַּלְבֵּל לְגַמְרֵי נֶגֶד יְמֵי הַטּוֹב שֶׁבָּהֶם, אֲזַי אוֹתִיּוֹת בּוֹלְטוֹת וְנִתְרָאִים וּמְאִירִים בְּיוֹתֵר. כִּי מִתְּחִלָּה לֹא הָיוּ מְאִירִין כָּל כָּךְ, כִּי לֹא קִבְּלוּ אוֹר מִלְמַעְלָה, כְּדֵי שֶׁלֹּא יְקַבְּלוּ הַיָּמֵי רָע יוֹתֵר מִכְּדֵי חִיּוּנוֹ. וְעַכְשָׁו שֶׁנִּתְבַּטֵּל הָרָע, וְנִשְׁאָרִין אוֹתִיּוֹת הַתּוֹרָה

los ladrillos de la Creación –el *alefbet* hebreo– con los cuales le dio entonces forma a toda la existencia (*Bereshit Rabah* 1:1, 18:4). Así las veintidós letras son los ladrillos básicos de la Creación (ver también *Likutey Moharán* I, 4, n.116), en las cuales se halla incluido todo, especialmente la Divinidad y la Torá. Esto se une con la próxima afirmación del Rebe Najmán referente a las letras de la Torá. (Las letras mismas son un aspecto de *Maljut*, mientras que la fuente de las letras se encuentra en *Biná*, ver *Tikuney Zohar* #5, p.20b).

34. las letras...le da vida.... Pues ellas conforman el "plano" en el cual se encuentran todas las medidas de la Creación y sirven así como un conducto a través del cual la fuerza vital es canalizada hacia todos los aspectos de la creación física.

35. ...no dar más luz y fuerza vital de lo necesario. Como se explicó (más arriba, notas 12-16), cuanto más desciende la Luz Infinita hacia los mundos inferiores, más la ocultan los filtros – i.e., las contracciones y *levushim*. Y en el más bajo de los niveles, que es el ámbito del mal, la Luz se encuentra tan restringida que sólo un mínimo se manifiesta allí.

36. malos días...que se encuentran por sobre ella. Previamente, el Rebe Najmán hizo la conexión entre la Torá, los buenos días y los atributos. Aquí el Rebe Najmán apunta a la conexión entre los malos días y los malos atributos, que se encuentran en el ámbito del mal y muy alejados de Dios. Al mismo tiempo, el Rebe se ocupa de demostrar que la Torá *debe* existir

atributos.³¹ Y con [la Torá] el Santo, bendito sea, creó mundos, como está escrito (Proverbios 8:30), "Yo estaba con Él como un *amon* (criatura)"³² – no leas *amon* sino *oman* (artesano) (Bereshit Rabah 1:1).³³ Y las letras de la Torá son lo que le da vida a cada una de las cosas.³⁴

Sin embargo, cuanto más bajo sea el nivel, más contraídas estarán las letras de la Torá, en relación a lo que eran en el nivel superior. No brillarán tanto como lo hacían arriba, en el nivel superior, para no dar más luz y fuerza vital de lo necesario.³⁵ Vemos, por lo tanto, que incluso en el ámbito de las fuerzas del mal –i.e., los malos días, que son los malos atributos y las lenguas de las naciones– también allí es posible encontrar las letras de la Torá. Pero debido al aumento de las vestimentas y a la gran contracción, las letras de la Torá – i.e., los buenos días– no se muestran, debido a los malos días y a la oscuridad que se encuentran por sobre ellas.³⁶

Pero cuando alguien vence su mala inclinación – i.e., los malos días, los malos atributos– el mal queda entonces completamente desplazado por los buenos días que contiene, de modo que las letras son ahora más prominentes y resaltan de manera más brillante. Pues, inicialmente, ellas no brillaban tanto. Ello se debía a que no habían recibido luz de Arriba, para que los malos días no recibieran más que lo absolutamente necesario para su supervivencia mínima. Pero ahora que el mal está eliminado y que las letras de la Torá son todo lo que queda,

---

31. amor, temor y los demás atributos. La Torá refleja así todo lo que hay en el mundo. Todos los atributos fueron "medidos" por Dios, como resultado de lo cual el hombre siempre puede encontrar la Divinidad en cualquier parte de la Creación.

32. amon, criatura. La Torá existió 2000 años antes de que el mundo fuera creado. Proverbios habla de la Torá como habiendo sido "criada" por Dios, con el Santo, bendito sea, deleitándose en ella, como un padre se deleita con el hijo que crece (*Metzudat David*).

33. oman, artesano. El Midrash enseña, leyendo "artesano" en lugar de "criatura", que Dios utilizó la Torá como un plano a partir del cual confeccionó la Creación. Así como el plano de una casa detalla sus formas y medidas de la misma manera la Torá contiene todas las "medidas" (atributos) del mundo. El *Zohar* (III, 35b) agrega este significado más profundo: "Y con la Torá" hace referencia a *Jojmá*, la Torá Oculta, que contiene los misterios profundos y aún no revelados de las Enseñanzas de Dios. "Creó mundos" hace referencia a *Biná*, pues fue a través de *Biná*, en la cual se encuentran enraizadas las veintidós letras del alfabeto hebreo, que el mundo fue creado (*Matok Midbash, loc. cit.*; el Ari enseña que la formación de las letras del alfabeto tuvo lugar en *Biná*; *Shaar Maamarei Rashbi*, p.135). Esto es como enseña el Midrash: Cuando Dios decidió crear el mundo, miró en un plano –la Torá– y entonces permutó

לְבַד, אֲזַי מְקַבְּלִין אוֹר רַב מִלְמַעְלָה:

נִמְצָא, זֶה שֶׁכּוּפֶה אֶת יִצְרוֹ, הַיְנוּ שֶׁכּוּפֶה אֶת יְמֵי רַע. כְּשֶׁהוּא מְדַבֵּר עִם הָעַכּוּ"ם אוֹ שְׁרוּאֶה מְדּוֹתֵיהֶם, אֲזַי תֵּכֶף הָרַע שֶׁשּׁוֹכֵן עַל הַטּוֹב הַיְנוּ אוֹתִיּוֹת הַתּוֹרָה, נִתְבַּטֵּל וְנוֹפֵל, וְאוֹתִיּוֹת הַתּוֹרָה בּוֹלְטִין, אֲזַי הוּא יוֹדֵעַ הַתּוֹרָה שֶׁבְּאוֹתוֹ הַדָּבָר:

וְזֶה שֶׁכָּתוּב בַּזֹּהַר הַקָּדוֹשׁ (לך-לך דף צ.): "בָּרְכוּ ה' מַלְאָכָיו גִּבֹּרֵי כֹחַ עֹשֵׂי דְבָרוֹ" – 'אִלֵּין אִנּוּן דְּמִתְגַּבְּרִין עַל יִצְרֵיהוֹן, אִנּוּן דָּמְיָן לְמַלְאָכִין מַמָּשׁ'. "עֹשֵׂי דְבָרוֹ" – 'דְּעָבְדִין לְהַאי דָּבָר', "לִשְׁמֹעַ בְּקוֹל דְּבָרוֹ" – 'אִנּוּן זַכָּיִן לְמִשְׁמַע קָלִין מִלְעֵלָּא'. כִּי הַתּוֹרָה נִקְרֵאת דָּבָר, כְּמוֹ שֶׁכָּתוּב (תהלים קה.): "דָּבָר צִוָּה לְאֶלֶף דּוֹר".

וְכָל מַה שֶּׁאוֹתִיּוֹת הַתּוֹרָה נִתְצַמְצְמוּ וְנִתְלַבְּשִׁים בְּצִמְצוּמִים וּבִלְבוּשִׁים יְתֵרִים, הַתּוֹרָה הוּא בְּהֶעְלֵם וּבְאִתְכַּסְיָא יוֹתֵר. וּמִי שֶׁמַּפְשִׁיט אֶת הָאוֹתִיּוֹת הַתּוֹרָה מֵהַלְּבוּשִׁים, הוּא דּוֹמֶה כְּמִי שֶׁבּוֹנֶה

La descripción de la Torá que hace el Rebe como iluminada u oculta, como buenos días o malos días, se une con el comentario de Rashi sobre el versículo, "En un buen día, disfruta y en un mal día, mira". Rashi comenta sobre este versículo: "Cuando tengas días en los cuales puedas hacer el bien, hazlo, de modo que cuando lleguen los malos días, puedas ser testigo del castigo que les toca a los malvados y no formar parte de ellos" (ver n.27). Cuando la persona lleva a cabo una mitzvá, se une a la Torá y de esa manera tiene buenos días. Su cumplimiento de las mitzvot vence los malos días y le permite ser literalmente testigo de la eliminación del mal y de la iluminación de las letras de la Torá.

39. ...con ángeles. Debido a que los Tzadikim anulan sus inclinaciones corporales al servir a Dios, se asemejan a seres que trascienden lo material, es decir a los ángeles. El Rebe Najmán cita el *Zohar* que enseña que dado que esos Tzadikim trascienden su corporeidad, merecen oír enseñanzas celestiales al igual que los ángeles que están preparados para oír la palabra de Dios.

40. hacen su palabra.... El pasaje del *Zohar* dice lo siguiente: "Bendigan a Dios, Sus ángeles" – estos son los Tzadikim de este mundo que son comparables a los ángeles del cielo; "poderosos" – que se sobreponen a sus inclinaciones...; "para oír el sonido de Su palabra" – ellos merecen oír voces desde Arriba. El Rebe Najmán explica ahora qué son esas "voces desde Arriba" y cómo se hacen esas palabras. (Cf. *Zohar* I, 189b que conecta este versículo con Iosef, el Tzadik y guardián del *brit*, como en la nota 9).

41. La palabra.... Rashi (*loc. cit.*) explica que la intención original de Dios fue entregar la Torá después de 1000 generaciones, pero que decidió adelantar la fecha para que la Revelación tuviese lugar sólo después de 26 generaciones. Así "la palabra" a la cual se refiere el Salmista es la Torá y es la Torá/"Su palabra" que los rectos Tzadikim merecen oír desde Arriba.

42. tapada. Como se explica más arriba, nota 36.

éstas reciben abundante luz desde Arriba.[37]

De modo que cuando la persona que vence su inclinación –i.e., vence los malos días– habla con los no judíos o ve su comportamiento, el mal que se encuentra por sobre el bien/las letras de la Torá es inmediatamente eliminado y las letras de la Torá se vuelven más prominentes. Entonces, llega a conocer la Torá que se encuentra en esa cosa.[38]

{"**Bendigan a Dios, Sus ángeles; poderosos que hacen Su palabra, para oír el sonido de Su palabra**" (Salmos 103:20)}.

Esto es como está escrito en el Santo *Zohar* (I, 90a): "Bendigan a Dios, Sus ángeles; poderosos que hacen Su palabra" – estos son aquellos que vencen sus inclinaciones, que son comparados, literalmente, con ángeles.[39] "Que hacen Su palabra" – ellos *hacen* su palabra; "para oír el sonido de Su palabra" – ellos merecen oír voces desde Arriba.[40] Pues la Torá es llamada "palabra", como está escrito (Salmos 105:8), "La palabra que Él ordenó por mil generaciones".[41]

Cuanto más contraídas están las letras de la Torá y más cubiertas en mayores contracciones y vestimentas, más la Torá está oculta y tapada.[42] Sin embargo, la persona que extrae las letras de la Torá de las vestimentas [que las cubren] es comparable a alguien que construye la

---

también en ese nivel, pues "las letras de la Torá son lo que le da vida a cada una de las cosas" (párrafo previo). Por lo tanto, las letras de la Torá pueden encontrarse incluso en los malos días y en los malos atributos, aunque no brillan con fuerza debido a las muchas contracciones y ocultamientos que deben sobrellevar.

37. el mal está eliminado...abundante luz desde Arriba. El bien y el mal están delicadamente equilibrados en cada nivel. Anular la mala inclinación significa que el mal en ese nivel se ve desestabilizado (superado) y finalmente eliminado. Los *levushim* desaparecen permitiendo que una mayor luz desde Arriba ilumine las letras, revelando la Divinidad incluso en los niveles más bajos.

El Rebe Najmán ha presentado aquí dos conceptos. El primero es la revelación de las letras de la Torá en los diversos niveles inferiores en donde hasta el momento habían estado ocultas, de modo que las letras mismas se vuelven más prominentes. El segundo es el de las letras que reciben cada vez una mayor luz desde Arriba. El Rebe continúa definiendo estos dos conceptos.

38. vence los malos días...no judíos...conocer la Torá.... Anteriormente, el Rebe Najmán habló sobre los niveles muy alejados de Dios y cómo la gente no puede excusarse de buscar la Divinidad aunque se encuentre en esos lugares (§2). Aquí, el Rebe indica por qué: La persona que verdaderamente busque a Dios intentará vencer su mala inclinación. En la medida del éxito que obtenga, llegará a reconocer verdaderamente a Dios, incluso aunque ella misma aún se encuentre lejos de los niveles elevados de santidad. Ello se debe a que las letras de la Torá que le dan vida a su nivel ahora brillan para ella con más prominencia y así le hacen recordar la Divinidad que se encuentra allí en donde ella está.

אֶת הַתּוֹרָה.
לְמָשָׁל אוֹתִיּוֹת הַתּוֹרָה שֶׁהָיוּ מְפֻזָּרִין וּמְפֹרָדִין בִּלְשׁוֹנוֹת הָעַכּוּ״ם, וְלֹא הָיָה שׁוּם אָדָם יוֹדֵעַ מֵהֶם, מֵחֲמַת הַיְמֵי רַע שֶׁהֶחֱשִׁיךְ עֲלֵיהֶם וְהִלְבִּישׁ אוֹתָם. וּכְשֶׁבָּא זֶה הָאָדָם, שֶׁהוּא דּוֹמֶה לְמַלְאַךְ ה׳ צְבָאוֹת, עַל־יְדֵי שֶׁכּוֹפֶה אֶת יִצְרוֹ, הַיְנוּ הַיְמֵי רַע. אֲזַי הָרַע, הַיְנוּ לְשׁוֹנוֹת הָעַכּוּ״ם, נִכְפָּפִין וְנִתְבַּטְּלִין כְּנֶגְדּוֹ, וַאֲזַי נִשְׁאָרִין אוֹתִיּוֹת הַתּוֹרָה בּוֹלְטִין.

וּכְשֶׁנִּפְשָׁטִין מֵהַלְּבוּשִׁים הַגַּשְׁמִיִּים, הַיְנוּ מִלְּשׁוֹנוֹת הָעַכּוּ״ם, הַיְנוּ מִמִּדּוֹת רָעוֹת, הַיְנוּ מִימֵי רַע, אֲזַי מְקַבְּלִין אֵלּוּ אוֹתִיּוֹת הַתּוֹרָה אוֹר רַב יוֹתֵר מִמַּה שֶּׁהָיוּ מְקַבְּלִין מִתְּחִלָּה. כִּי מִתְּחִלָּה לֹא הָיוּ מְקַבְּלִין אֶלָּא כְּדֵי חִיּוּת הָרָאוּי לְאוֹתוֹ מָקוֹם, כְּדֵי שֶׁלֹּא לְהַשְׁפִּיעַ יוֹתֵר מֵהָרָאוּי לָהֶם.

כְּמוֹ שֶׁכָּתוּב בְּכִתְבֵי הָאֲרִ״י 'עַד דְּלֹא יָדַע בֵּין אָרוּר הָמָן לְבָרוּךְ מָרְדֳּכַי', הַיְנוּ שֶׁיַּמְשִׁיךְ שֶׁפַע לְהַקְּלִפּוֹת כְּדֵי חִיּוּנוֹ וְלֹא יוֹתֵר. (עַיֵּן בְּ"פְּרִי־עֵץ־חַיִּים" בְּכַוָּנוֹת פּוּרִים פֶּרֶק ו׳, מְבֹאָר שָׁם שֶׁצְּרִיכִין לְהַמְשִׁיךְ חִיּוּת לְהַקְּדֻשָּׁה הַנֶּעֱלֶמֶת בְּתוֹךְ הַקְּלִפּוֹת, אֲבָל צְרִיכִין לְהַמְשִׁיךְ הַחִיּוּת בְּצִמְצוּם גָּדוֹל, שֶׁזֶּהוּ סוֹד כַּוָּנוֹת הַשִּׁכְרוּת שֶׁל פּוּרִים, עַיֵּן שָׁם).

47. vestimentas corporeas...reciben una luz mayor.... Ya no hay necesidad de limitar la cantidad de Luz Infinita que ilumina ese nivel, porque no hay temor de que las *klipot* tomen de ella su sustento. Dado que el mal en ese nivel ha sido anulado, las *klipot* ya no existen y las letras pueden recibir una mayor luz desde Arriba.

48. Hamán...Mordejai.... El Talmud (*loc. cit.*) obliga a la persona a emborracharse en Purim al punto en que ya no reconozca la diferencia entre "maldito sea Hamán y bendito sea Mordejai". Ver la nota siguiente.

49. Ver allí. Esto aparece en *Pri Etz Jaim*, págs. 470-471. El Ari escribe: Es sabido que en cada *klipá* hay una chispa de santidad que la sustenta. Si esa chispa desaparece, la *klipá* deja de existir. En Purim, cuando una gran luz brilla desde Arriba, es deseable que la *klipá* también tome el sustento de esa luz. Aun así, debemos tener cuidado para que la *klipá* sólo reciba el mínimo necesario de santidad para mantenerse [no sea que obtenga demasiada fuerza a partir de esa gran luz]. La persona debe por lo tanto beber en Purim hasta que "no pueda reconocer la diferencia...". Entonces, si en su borrachera dice, "Bendito sea Hamán", la *klipá* recibe su sustento. Pero dado que la persona lo dice mientras está borracha y sin una intención clara, la "bendición" que se le da a Hamán disminuye grandemente, con sólo el mínimo de sustento para la *klipá* (ver más arriba, n.16).

Torá.⁴³

Por ejemplo: Hay letras de la Torá que están tan diseminadas y difundidas en las lenguas de las naciones que nadie sabe de ellas porque están oscurecidas y cubiertas por los malos días.⁴⁴ Ahora bien, cuando esta persona –que es "como un ángel del Dios de las Huestes"⁴⁵ en virtud de haber vencido su inclinación/los malos días– se hace presente, entonces, el mal/las lenguas de la naciones es vencido y eliminado por completo frente a ella. Como resultado, las letras de la Torá se hacen más prominentes.⁴⁶

Y cuando éstas se ven liberadas de las vestimentas corpóreas –de los lenguajes de las naciones/los malos atributos/los malos días– entonces, esas letras de Torá reciben una luz mayor que la que originalmente recibían. Originalmente, sólo recibían en la medida de la fuerza vital apropiada para ese lugar – para no darles [a las fuerzas del mal] mayor sustento que el que les corresponde.⁴⁷

Como está registrado en los escritos del Ari: Hasta que no pueda diferenciar entre maldito sea Hamán y bendito sea Mordejai (*Meguilá* 7b) – es decir, el sustento que les trae a las fuerzas del mal sólo debe ser suficiente para asegurar su existencia y nada más.⁴⁸

{Ver *Pri Etz Jaim, Kavanot Purim* 6, donde se explica que debemos traerle fuerza vital a la santidad oculta dentro de las fuerzas del mal, pero que ésta debe ser una fuerza vital muy restringida; éste es el significado profundo detrás de la embriaguez de Purim. Ver allí⁴⁹}.

---

43. ...construye la Torá. El haber retirado los *levushim* es lo que permite que las letras de la Torá brillen en su nivel y reciban abundante luz desde Arriba, construyendo así la Torá – sus letras, palabras, versículos, capítulos y porciones semanales.

44. cubiertas por los malos días. Ver nota 36.

45. ángel del Dios de las Huestes.... Es como un ángel porque anula su mala inclinación (n.39). El Rebe Najmán asemejó previamente al recto que anula su mala inclinación con los ángeles. Aquí, elabora el tema, llamándolo "un ángel del Dios de las Huestes" – uno que sirve delante de Dios (ver Malaji 2:7 y *Targúm Ionatán* allí; ver también §6 y n.89 donde este versículo vuelve a ser citado). Esto concuerda con el comentario de Radak sobre este versículo: Aquellos Tzadikim que sirven delante de Dios pueden traer enseñanzas de Dios, utilizando esas enseñanzas para guiar a la gente a caminar hacia Él. En nuestro contexto, esto conecta con la Torá que es la "palabra" que los Tzadikim oyen desde Arriba (notas 40-41).

46. más prominentes. Éste es el primer concepto mencionado más arriba (también ver n.37), que las letras ocultas de la Torá son reveladas y se vuelven así más prominentes. El Rebe Najmán se refiere seguidamente al segundo concepto.

אֲבָל כְּשֶׁנִּפְשָׁטִין הָאוֹתִיּוֹת מֵהַקְּלִפּוֹת, אֲזַי מְקַבְּלִין אוֹר רַב מִלְעֵלָא. וְזֶהוּ: "עֹשֵׂי דְבָרוֹ לִשְׁמֹעַ בְּקוֹל דְּבָרוֹ", כְּשֶׁעוֹשִׂין וּבוֹנִין לְהַתּוֹרָה, שֶׁהָיְתָה מִתְּחִלָּה מְפֻזָּרִין וּמְפֻרָדִין בִּלְשׁוֹנוֹת הָעַכּוּ"ם וּבְמִדּוֹת רָעוֹת וּבִימֵי רַע, אֲזַי "לִשְׁמֹעַ בְּקוֹל דְּבָרוֹ", וְזוֹכִין לְמִשְׁמַע קָלִין מִלְעֵילָא. הַיְנוּ שֶׁהַדִּבּוּר, הַיְנוּ הַתּוֹרָה, מְקַבְּלִין אוֹר רַב מִלְמַעְלָה.

וְזֶה שְׁמִיעַת הַתּוֹרָה: וְזֶה בְּחִינַת "נַעֲשֶׂה וְנִשְׁמַע", שֶׁמִּתְּחִלָּה עוֹשִׂין וּבוֹנִין לְאוֹתִיּוֹת הַתּוֹרָה, שֶׁיְּהֵא אוֹתִיּוֹת בּוֹלְטוֹת וּמִצְטָרְפוֹת (יומא עג:), וְאַחַר־כָּךְ "נִשְׁמַע", זָכִין לְמִשְׁמַע קָלִין מִלְעֵילָא. הַיְנוּ שֶׁאוֹתִיּוֹת הַתּוֹרָה מְקַבְּלִין חִיּוּת וְאוֹר רַב יוֹתֵר מִמַּה שֶּׁקִּבְּלוּ מִתְּחִלָּה, כְּשֶׁהָיוּ מְלֻבָּשִׁין בִּלְשׁוֹנוֹת הַגּוֹיִם וּבִימֵי רַע:

que aquellos que anulan su mala inclinación son comparados con ángeles en el hecho de que merecen oír voces desde Arriba. El rabí Natán agrega que aunque sólo los Tzadikim logran este nivel, aun así, cada persona, en la medida de la cantidad de mitzvot que lleve a cabo para anular sus malos días, podrá hacer que la Torá brille para ella en su nivel inferior (*Torat Natán* #1). Ver la nota siguiente.

54. prominentes y se juntaron. Ver *Ioma* 73b que los *Urim ve-Tumim*, el pectoral llevado por el sumo sacerdote, contenía doce piedras preciosas sobre las cuales estaban grabados los nombres de los patriarcas, de las doce tribus y de las palabras *Shivtei Ieshurun* (las "Tribus de Ieshurun"). El pectoral contenía así las veintidós letras del alfabeto hebreo. Cuando alguien (un rey u otro oficial de alto rango) necesitaba una guía, presentaba su solicitud delante del sumo sacerdote mientras éste último llevaba puesto el pectoral. Las letras entonces se hacían "prominentes" (sobresalían) y luego, a través de la inspiración Divina del sumo sacerdote, "se juntaban" en la forma de la respuesta.

55. reciben mayor fuerza vital.... El Rebe Najmán conecta las letras de la Torá que se vuelven prominentes con la forma de trabajar de los *Urim ve-Tumim* para demostrar que lo mismo sucede cuando incluso una persona común vence su mala inclinación. La guía de la Torá para ascender a los niveles espirituales superiores, para oír la palabra de Dios, se vuelve evidente incluso en su nivel, pues las letras de ese nivel son ahora "prominentes y se han juntado" – revelando la Divinidad en ese nivel y formando nuevas palabras/enseñanzas de Torá que la persona en ese nivel merece oír.

Resumen: La persona debe siempre buscar la paz, consigo misma y entre el pueblo judío. La Torá y los Tzadikim son el medio para alcanzar la paz (§1). La persona debe saber que la Luz Infinita de Dios está en todas partes, en todo nivel y en todo lugar, en toda cosa y circunstancia – incluso en las lenguas de las naciones. Por lo tanto, aquel que busca a Dios siempre podrá encontrarlo (§2). Esto lo logra anulando su mala inclinación/malos días/malos atributos. Ello

Pero cuando las letras se ven libres de las fuerzas del mal, reciben entonces abundante luz desde Arriba.⁵⁰ Éste es el significado de "que hacen Su palabra, para oír el sonido de Su palabra". Cuando hacemos y construimos la Torá, que originalmente estaba difundida y diseminada en las lenguas de las naciones, en los malos atributos y en los malos días, entonces podemos "oír el sonido de Su palabra", merecemos oír voces desde Arriba. Es decir, la palabra, que es la Torá, recibe abundante luz desde Arriba.⁵¹

Esto es oír la Torá.⁵² Y éste es el aspecto de "haremos y oiremos" (Éxodo 24:7).⁵³ Pues, inicialmente, "hicimos" y construimos las letras de la Torá, de modo que las letras se volvieron prominentes y se juntaron.⁵⁴ Entonces, luego, "oímos" – merecemos oír voces desde Arriba. Es decir, las letras de la Torá reciben mayor fuerza vital y una luz más abundante que la que recibían inicialmente, cuando estaban investidas en las lenguas de las naciones y en los malos días.⁵⁵

---

50. abundante luz desde Arriba. Porque no hay motivo alguno para temer que las *klipot* extraigan de allí el sustento, dado que ahora han sido suficientemente subyugadas.

51. construimos la Torá…difundida…. Como se explicó, las letras de la Torá, que nos llegan de manera mesurada en la forma de letras, palabras, versículos, etc., son las que les dan forma y vitalidad a todos los aspectos de la creación física (ver n.30-34). Ahora que el mal ha sido anulado, esas letras –diseminadas y ocultas dentro de la oscuridad de los malos días– pueden recibir una luz mayor desde Arriba. El Rebe Najmán explica que recibir esa luz mayor es comparable a la reconstrucción de las letras en diferentes estructuras, pues su conformación había sido alterada de sus funciones y medidas previas. Así, los Tzadikim "hacen Su palabra…" – al anular el mal, ellos construyen "nuevas palabras" y forman nuevas combinaciones de letras (ver *Torat Natán* #2). Así pueden "oír el sonido de Su palabra" – merecer nuevas revelaciones de Torá y enseñárselas a aquellos que desean acercarse a Dios, cómo será explicado a continuación.

Esto coincide con el comentario de Radak citado más arriba, en la nota 45, pues al construir la palabra/Torá y revelar la Divinidad, los Tzadikim obtienen enseñanzas adicionales de Torá para revelar más aún la Divinidad.

52. oír la Torá. Al construir la Torá, los Tzadikim pueden "oír el sonido de Su palabra".

53. haremos y oiremos. Cuando Moshé le informó al pueblo judío sobre la Torá, ellos respondieron, "Todo lo que Dios ha declarado, haremos y oiremos". El significado simple es que "haremos aquello que oigamos". Sin embargo, aquí en nuestra lección el Rebe Najmán explica que esto significa que primero "haremos" – llevaremos a cabo las mitzvot y así anularemos los malos días. Con ello merecemos construir la palabra. Y luego, habiendo logrado esto, "oiremos" – "oiremos el sonido de Su palabra".

Aunque el Rebe Najmán afirmó que mediante la Torá y mediante los Tzadikim uno alcanza la paz, parecería que sólo se ha referido al aspecto de la Torá. Sin embargo, el Rebe de hecho mencionó a los Tzadikim cuando introdujo la enseñanza del *Zohar* donde se dice

ד. וְזֶה יָדוּעַ, שֶׁהַתּוֹרָה, הַיְנוּ הַמִּדּוֹת, הַיְנוּ הַיָּמִים, שׁוֹרָה בָּהֶם אַהֲבָתוֹ יִתְבָּרַךְ שְׁמוֹ. כְּמוֹ שֶׁכָּתוּב בַּזֹּהַר הַקָּדוֹשׁ (בלק קצא:; בראשית מו.) "יוֹמָם יְצַוֶּה ה' חַסְדּוֹ", שֶׁהַחֶסֶד הַיְנוּ הָאַהֲבָה, כְּמוֹ שֶׁכָּתוּב (ירמיה לא): "אַהֲבַת עוֹלָם אֲהַבְתִּיךְ" [עַל כֵּן מְשַׁכְתִּיךְ חָסֶד] וְכוּ', הוּא יוֹמָא דְּאָזֵל עִם כֻּלְּהוּ יוֹמִין, הַיְנוּ הַמִּדּוֹת.

כִּי הַמִּדּוֹת הֵם צִמְצוּמִים לֶאֱלֹקוּתוֹ, כְּדֵי שֶׁנּוּכַל לְהַשִּׂיג אוֹתוֹ עַל־יְדֵי מִדּוֹתָיו, כְּמוֹ שֶׁכָּתוּב בַּזֹּהַר הַקָּדוֹשׁ (פרשת בא מב:): 'בְּגִין דְּיִשְׁתְּמוֹדְעִין לֵהּ', כִּי בְּלֹא מִדּוֹתָיו אִי אֶפְשָׁר לְהַשִּׂיג אוֹתוֹ.

וּמֵחֲמַת הָאַהֲבָה שֶׁאָהַב אֶת יִשְׂרָאֵל, וְרָצָה שֶׁיִּדְבְּקוּ בּוֹ וִיאַהֲבוּ אוֹתוֹ

con la cuasi *sefirá* de *Daat* ocasionalmente reemplazando a *Keter*, como en nuestra lección (*Daat*, una confluencia de *Jojmá* y *Biná*, es la manifestación externa de *Keter*). Generalmente, estas tres mentalidades corresponden a los niveles conceptuales más allá de la comprensión humana, niveles que trascienden el tiempo y el espacio. El segundo grupo, las *midot*, incluye las siete *sefirot* inferiores –*Jesed, Guevurá, Tiferet, Netzaj, Hod, Iesod* (conocidas colectivamente como la persona Divina *Zeir Anpin*) y *Maljut* (una persona en sí misma). Generalmente, esos siete atributos corresponden a los niveles conceptuales comprensibles, niveles dentro de los confines del tiempo y del espacio (siete días, siete continentes, etc.). Así, como se mencionó más arriba (n.29), "atributo" connota medida y días.

Ahora bien, aunque la Luz Infinita es filtrada progresivamente hacia la Creación a través de *todas* las diez *sefirot* (cada una actuando como un *levush* más para contraer y disminuir la Luz de Dios al descender hacia su lugar final de revelación en *Maljut*), la revelación de la Divinidad que ahora puede ser concebida comienza con *Jesed*, la primera de las *midot*. Así, se dice que la luz de *Jesed* se extiende a través de *Zeir Anpin* y *Maljut*. Éste es el significado de la enseñanza del *Zohar* de que la palabra "*iomam*" indica "el día que va con todos los días…", un elemento de *Jesed*/amor presente en cada una de las *sefirot* inferiores.

Ahora podemos aplicar esto a nuestro contexto. Aunque las letras de la Torá están enraizadas en la *sefirá* de *Biná* (n.33), la Torá misma corresponde a la *sefirá* de *Tiferet* (ver n.8), y más generalmente a *Zeir Anpin* y *Maljut*. Así la Torá es conocida como "atributos" y "días" – connotando medida y contracción. Es por ello que el Rebe Najmán abre esta sección diciendo que dentro de la Torá se encuentra el atributo asociado con la *sefirá* de *Jesed* – es decir, el amor de Dios. El Rebe continúa explicando precisamente cómo esto es así.

60. conocer…Sus atributos. El conocimiento de Torá es el conocimiento de Dios. En la actualidad, el nivel de la Torá correspondiente a los *mojín* se encuentra más allá de nuestra comprensión; no podemos concebir ni conocer a Dios en ese nivel. Por otro lado, el nivel de la Torá correspondiente a los atributos sí puede ser comprendido; podemos concebir y conocer a Dios en este nivel. Específicamente, ésta es la revelación de Dios y la interacción que se lleva a cabo en Maljut, cuando uno acepta el Reinado de Dios.

61. Para que podamos conocerlo a Él…. Así, al mismo tiempo en que cada atributo sirve como una contracción mayor de la Luz de Dios, cada atributo también funciona como un

4. ¡Esto es sabido! Inherente a la Torá –los atributos/los días– se encuentra el amor de Dios,[56] como está escrito en el Santo *Zohar* (III, 199): "Diariamente Dios ordena Su bondad" (Salmos 42:9).[57] Pues la bondad –que es amor, como está escrito (Jeremías 31:2), "Yo te he amado con un amor duradero, por tanto he extendido la bondad sobre ti"[58]– es el día que va con todos los días, i.e., con los atributos.[59]

Pues los atributos son contracciones de Su Divinidad, para que podamos llegar a conocer [a Dios] por medio de Sus atributos.[60] Como está escrito en el Santo *Zohar* (II, 42b): "Para que podamos conocerlo a Él". Pues sin Sus atributos, es imposible comprenderlo.[61]

Y debido al amor con el cual Él amó a Israel y a Su deseo de que

---

retira los ocultamientos para que las letras de la Torá, que son los ladrillos de la Creación que otorgan la vitalidad, brillen en su nivel. Entonces conoce ("oye") la Torá –la palabra de Dios– en cada cosa (§3).

56. la Torá, los atributos/días…amor. Como se explicó, la Torá es el plano en el cual aparecen todas las medidas/días (atributos) de la Creación (ver §3, notas 28-34). En esta sección, el Rebe Najmán desarrolla más aún el tema del comienzo, mostrando cómo a través de la Torá –la encarnación del amor de Dios– es posible llegar a la paz.

57. Diariamente Dios ordena Su bondad. El Salmista habla de cuando el pueblo judío no era merecedor de la redención de Egipto de modo que Dios le dio las mitzvot de Pesaj y de la circuncisión. "Dios ordenó Su bondad" durante el día, cuando los judíos llevaron a cabo las mitzvot, de modo que a la medianoche comenzó su redención. Cuarenta y nueve días más tarde recibieron la Torá en el Sinaí. En nuestro contexto, el exilio en Egipto representa la oscuridad del ámbito de las *klipot*, cuando la Torá nos está oculta. Para merecer "el Éxodo" requerimos del mérito, del cumplimiento de las mitzvot, que descubren las letras de la Torá en nuestro nivel y nos permiten ser dignos de nuevas revelaciones de Torá. El Rebe Najmán explica ahora esto dentro del contexto del *Zohar* y de nuestra lección.

58. amor…bondad. Este versículo de Jeremías conecta el amor (*ahavá*) con la bondad (*jesed*)/ Bondad (*Jesed*).

59. día…todos los días…atributos. "*Iomam* (Diariamente) Dios ordena Su bondad". El *Zohar* (*loc. cit.*) aclara el uso que hacen las Escrituras de la palabra *Iomam* como opuesto a la más común *iom*: Siendo la primera de las siete *sefirot* manifiestas, la influencia de *Jesed* se extiende a toda la estructura de las siete *sefirot* inferiores. Esto está indicado por la forma plural, "*Iomam*": un [sólo] día que va con todos los días, una *sefirá* que se extiende a todas las otras *sefirot*.

La siguiente introducción será de ayuda para comprender este pasaje del *Zohar* (ver también el Apéndice: Estructura de las Sefirot; Las Personas Divinas, para una descripción gráfica):

La Kabalá describe en general las Diez *Sefirot* en un orden antropomórfico paralelo a la cabeza y el cuerpo humano. Esta división se basa en el hecho de que las tres *sefirot* superiores representan procesos internos o "mentales", mientras que las siete *sefirot* inferiores manifiestan esos procesos de manera externa. Así tenemos dos grupos: *mojín* (mentalidades o intelecto) y *midot* (atributos o cualidades). Los *mojín* son las tres *sefirot* superiores – Keter, Jojmá y Biná,

עִמּוֹ מִזֶּה הָעוֹלָם הַגַּשְׁמִי, הִלְבִּישׁ אֶת אֱלֹקוּתוֹ בְּמִדּוֹת הַתּוֹרָה. וְזֶה בְּחִינוֹת שֶׁל תַּרְיַ"ג מִצְוֹות, כִּי הַשֵּׁם יִתְבָּרַךְ שִׁעֵר בְּדַעְתּוֹ, שֶׁעַל יְדֵי הַמִּצְוָה הַזֹּאת נוּכַל לְהַשִּׂיג אוֹתוֹ, וְעַל יְדֵי זֶה צִמְצֵם אֶת אֱלֹקוּתוֹ דַּוְקָא בְּאֵלּוּ הַתַּרְיַ"ג מִצְוֹות.

לְמָשָׁל שֶׁשִּׁעֵר בְּדַעְתּוֹ מִצְוַת תְּפִלִּין, שֶׁהַמִּצְוָה הַזֹּאת צָרִיךְ לִהְיוֹת כָּךְ, הַיְנוּ אַרְבַּע פָּרָשִׁיּוֹת וְאַרְבַּע בָּתִּים שֶׁל עוֹר כְּתוּבִים, וּרְצוּעוֹת שֶׁל עוֹר, כִּי כָּךְ שִׁעֵר בְּדַעְתּוֹ, שֶׁעַל יְדֵי הַצִּמְצוּם הַזֶּה נוּכַל לְהַשִּׂיג אוֹתוֹ וּלְעָבְדוֹ, וְלָכֵן לֹא צִוָּה שֶׁיִּהְיֶה אַרְבַּע בָּתִּים שֶׁל כֶּסֶף וְזָהָב, כִּי כֵּן שִׁעֵר וּמָדַד עַל יְדֵי אַהֲבָתוֹ.

נִמְצָא, שֶׁעַל יְדֵי אַהֲבָתוֹ שֶׁאָהַב אֶת יִשְׂרָאֵל, הִלְבִּישׁ אֶת עַצְמוֹ בְּמִדּוֹת הַתּוֹרָה. נִמְצָא, שֶׁבְּכָל מִדָּה וּמִדָּה יֵשׁ שָׁם אַהֲבָה, שֶׁהַקָּדוֹשׁ־בָּרוּךְ־הוּא אוֹהֵב אֶת עַצְמוֹ עִם יִשְׂרָאֵל. נִמְצָא, מִי שֶׁמַּפְשִׁיט אֶת הַתּוֹרָה מִלְּבוּשֵׁי הַקְּלִפּוֹת, עַל יְדֵי כְּפִיַּת הַיֵּצֶר, אֲזַי הוּא מְקָרֵב אֶל הַשָּׁלוֹם, כְּמוֹ שֶׁכָּתוּב: "וְכָל נְתִיבוֹתֶיהָ שָׁלוֹם":

וְהַתּוֹרָה יֵשׁ בָּהּ שְׁנֵי בְּחִינוֹת. בְּחִינוֹת נִגְלֶה, וּבְחִינוֹת נִסְתָּר.

anule sus malos días, mayor será la revelación de Divinidad a partir de la Torá que estaba oculta. Y cuanto más grande sea esa revelación, más se alcanzará el reconocimiento del amor de Dios, que previamente se encontraba en un estado restringido. Ese reconocimiento es la cercanía a Dios, una conciencia de Su unidad y de la paz, como se explicó más arriba (§1, notas 8, 10).

En nuestra lección, el Rebe Najmán habla de alcanzar la paz mediante la Torá. En otra instancia, el Rebe enseña que "La verdad promueve la paz" (*Sefer HaMidot*, Paz A:6). Ello se debe a que la Torá y la verdad son uno, como en (Malaji 2:6), "La Torá de verdad estaba en su boca". Ambas trabajan en conjunto para dirigir a la persona hacia la paz. El estudio de la Torá no puede ayudar a que la persona encuentre a Dios y a la paz a no ser que la estudie de manera veraz. De la misma manera, enseñó el Rebe: "Hay muchas mentiras, pero la verdad es una sola" (*Likutey Moharán* I, 51). Así, para alcanzar el conocimiento del Dios único, la persona debe ser honesta y veraz todo el tiempo. Por el contrario, no es posible alcanzar la verdad sin tener en cuenta la Torá. El mismo principio se aplica al buscar la Torá en los lugares más alejados de la santidad. La Torá existe en cada uno de los niveles, en cada situación y en cada cosa, de modo que a cada momento es posible encontrar a Dios. Pero la persona debe buscarlo. No puede excusarse diciendo que la Torá no se aplica en su lugar o en su situación, o que la Torá no se aplica en estos días y en esta época. Ello sería equivalente a decir que Dios no puede ser encontrado en este tiempo y lugar, Dios no lo permita. Más bien, la persona debe saber que la Torá es siempre relevante y que por lo tanto Dios *siempre* puede ser encontrado a través de su estudio.

66. aspecto revelado. Cuando el Rebe Najmán se refiere a la Torá como correspondiente a los

ellos se uniesen a Él y Lo amasen a partir de este mundo corpóreo, Él invistió Su Divinidad en los atributos de la Torá.[62] Éste es el aspecto de los 613 preceptos: Dios calculó en Su *Daat* (Conocimiento) que por medio de esta [o de aquella] mitzvá nosotros podríamos llegar a comprenderlo. Debido a esto, Él contrajo Su Divinidad específicamente en esos 613 preceptos.[63]

Por ejemplo, Él calculó en Su *Daat* la mitzvá de los tefilín; que esta mitzvá debía ser así: con cuatro porciones de la Torá, con cuatro compartimentos de cuero, escritas [a mano] y correas de cuero. Pues esto es lo que Él calculó en Su *Daat*, que por medio de esa contracción seríamos capaces de conocerlo y de servirlo. Por lo tanto, no ordenó que hubiera cuatro compartimentos de plata o de oro. Sino que esto es lo que Él calculó y midió en virtud de Su amor.[64]

Vemos por lo tanto que en virtud de Su amor, con el cual [Dios] amó a Israel, Él Se invistió en los atributos de la Torá. Es así que en cada atributo hay amor; el amor que el Santo, bendito sea, siente por Israel. Consecuentemente, la persona que anula su inclinación y retira las vestimentas de las fuerzas del mal que cubren la Torá, está cerca entonces de la paz. Como está escrito, "y todos sus senderos son de paz".[65]

Ahora bien, la Torá tiene dos aspectos: el aspecto revelado[66] y el

---

vehículo único a través del cual podemos llegar a reconocer a Dios (*Zohar, loc. cit.*). Y, como el Rebe Najmán continúa diciendo, inherente a cada atributo se encuentra el amor de Dios/*Jesed* – siendo éste el aspecto del día que va con todos los días, una *sefirá* que se extiende a todas las otras *sefirot* (n.59).

62. corpóreo...invistió...Torá. Es por ello que el Rebe Najmán dijo anteriormente que la persona siempre puede encontrar a Dios, incluso en los niveles más bajos, pues Él está invertido dentro del mundo corpóreo mediante Sus atributos, las letras de la Torá (ver también más arriba, §3, notas 36-37).

63. 613 preceptos. De modo que cada precepto se transforma en un *levush* o contracción, dentro del cual está contenido el amor de Dios por el pueblo judío.

64. mitzvá de los tefilín...Su amor. Como se mencionó más arriba (n.1), el Rebe Najmán dijo que esta lección contenía referencias a las meditaciones místicas de los Tefilín. Es por ello que, de todas las 613 mitzvot, el Rebe eligió los tefilín como ejemplo. Más aún, esta descripción de las leyes de los tefilín para ilustrar el amor de Dios inherente a las mitzvot es un ejemplo de cómo, en su significado más profundo, la mitzvá de los tefilín se aplica a cada persona en cada momento – pues en cualquier momento la persona puede vencer su mala inclinación y encontrar las letras de la Torá en su nivel y así llegar a ser consciente del amor de Dios por ella.

65. Todos sus senderos son de paz. El Rebe Najmán ha explicado que cuanto más la persona

וְהַנִּסְתָּר הַזֶּה, הוּא אוֹרַיְתָא דְּעַתִּיקָא סְתִימָאָה דַּעֲתִידָא לְאִתְגַּלְיָא לֶעָתִיד לָבוֹא. וְאָז כְּשֶׁיִּתְגַּלֶּה הַתּוֹרָה הַזֹּאת דְּעַתִּיקָא סְתִימָאָה, אֲזַי יִהְיֶה הַשָּׁלוֹם נִפְלָא בָּעוֹלָם. כְּמוֹ שֶׁכָּתוּב (ישעיה יא): "וְגָר זְאֵב עִם כֶּבֶשׂ וְנָמֵר עִם גְּדִי וְכוּ', לֹא יָרֵעוּ וְלֹא יַשְׁחִיתוּ בְּכָל הַר קָדְשִׁי, כִּי מָלְאָה הָאָרֶץ דֵּעָה אֶת ה'", כִּי אֲזַי יִתְגַּלֶּה הָאַהֲבָה שֶׁבְּדַעְתּוֹ:

ה. כִּי יֵשׁ שְׁנֵי מִינֵי אֲהָבוֹת, אַחַת שֶׁהִיא אַהֲבָה שֶׁבְּיָמִים, כְּמוֹ שֶׁמּוּבָא לְעֵיל "יוֹמָם יְצַוֶּה ה' חַסְדּוֹ" – יוֹמָא דְּאָזֵל עִם כֻּלְּהוּ יוֹמִין. שֶׁבְּכָל יוֹם, הַיְנוּ שֶׁבְּכָל מִדָּה וּמִדָּה, יֵשׁ שָׁם אַהֲבָתוֹ שֶׁל הַשֵּׁם יִתְבָּרַךְ עִם יִשְׂרָאֵל, וְזֶה שֶׁבְּפֹעַל.
וְיֵשׁ אַהֲבָה שֶׁהוּא בְּכֹחַ, הַיְנוּ הָאַהֲבָה שֶׁהָיָה בֵּין יִשְׂרָאֵל לַאֲבִיהֶם שֶׁבַּשָּׁמַיִם קֹדֶם הַבְּרִיאָה, שֶׁהָיוּ יִשְׂרָאֵל עֲדַיִן בְּדַעְתּוֹ וּבְמַחוֹ.

se mencionó (n.59), *Daat* es la manifestación externa de *Keter*. Así *Daat* es una revelación de la Torá del Anciano Oculto/*Keter*. Por lo tanto, con la llegada del Mashíaj habrá una revelación de la Torá oculta y entonces también se revelará el exaltado nivel del amor de Dios inherente en la Torá oculta. Éste es el significado de "entonces será revelado el amor en Su *Daat*". En la próxima sección el Rebe Najmán continuará aclarando este concepto del amor en el *Daat* de Dios.

Resumen: La persona debe siempre buscar la paz, consigo misma y entre el pueblo judío. La Torá y los Tzadikim son el medio para alcanzar la paz (§1). La persona debe saber que la Luz Infinita de Dios está en todas partes, en todo nivel y en todo lugar, en toda cosa y circunstancia – incluso en las lenguas de las naciones. Por lo tanto, aquel que busca a Dios siempre podrá encontrarlo (§2). Esto lo logra anulando su mala inclinación/malos días/malos atributos. Ello retira los ocultamientos para que las letras de la Torá, que son los ladrillos de la Creación que otorgan la vitalidad, brillen en su nivel. Entonces conoce ("oye") la Torá –la palabra de Dios– en cada cosa (§3). Cada precepto de la Torá es una materialización del amor de Dios por los judíos. Cuando se llevan a cabo las mitzvot y se anula la mala inclinación se hace que se revele ese amor. Todo esto se relaciona con la Torá revelada (los atributos), pero también hay una Torá oculta (las mentalidades), que será revelada principalmente cuando llegue Mashíaj (§4).

71. dos clases de amor. El Rebe Najmán expande ahora las conclusiones de la sección previa concernientes al amor de Dios y a la Torá del Anciano Oculto. Como explicará el Rebe, las dos clases de amor corresponden a la Torá de *Zeir Anpin* (este mundo) y a la Torá del Anciano Oculto (el Futuro).

72. está en acto. Es decir, el amor de Dios inherente en la Torá de medidas/días/atributos es un amor en acto, un amor que uno puede aprehender incluso en el presente.

73. en potencia…en Su Daat y en Su Mente. El Rebe Najmán enseña en otra instancia que

aspecto oculto.⁶⁷ Este aspecto oculto es la Torá del Anciano Oculto, que está destinada a ser revelada en el Futuro.⁶⁸ Y cuando se revele la Torá del Anciano Oculto, la paz en el mundo será maravillosa. Como está escrito (Isaías 11:6,9), "El lobo habitará con la oveja y el leopardo con el cabrito.... Ellos no harán nada malo ni vil en toda Mi sacra montaña, pues la tierra estará llena del conocimiento de Dios".⁶⁹ Pues entonces será revelado el amor en Su *Daat*.⁷⁰

5. Pues hay dos clases de amor.⁷¹ Uno es el amor en los días. Como se mencionó más arriba, "Diariamente Dios ordena Su bondad" – el día que va con todos los días. Cada día, i.e., cada uno de los atributos, posee en sí el amor de Dios por Israel. Ese [amor] está en acto.⁷²

Pero también está el amor en potencia. Éste es el amor que existió entre Israel y Su Padre en el cielo antes de la Creación, cuando Israel aún estaba en Su *Daat* y en Su Mente.⁷³

---

atributos/días, se está refiriendo a la Torá que corresponde a *Zeir Anpin* y *Maljut*, las siete *sefirot* inferiores conocidas como "atributos". Ésta es la Torá revelada, la Torá tal cual la conocemos hoy en día, en este mundo. Cuando la persona vence su mala inclinación, trae una revelación de esta Torá y revela a su vez el amor de Dios inherente a los preceptos de la Torá.

67. aspecto oculto. Éste es un nivel mucho más grande de la Torá que la Torá que corresponde a *Zeir Anpin* y *Maljut*. Esta Torá, que aún debe ser revelada en el mundo, corresponde a los *mojín* y como tal se encuentra más allá de nuestra concepción (ver más arriba, n.59).

68. del Anciano Oculto...en el Futuro. El Anciano Oculto es otro nombre para la persona Divina más elevada, el Anciano de Días (*Atik Iomin*), que corresponde a la *sefirá* de *Keter*. El término *laatid lavó* (el Futuro) hace referencia a un tiempo después de la llegada del Mashíaj. En ese tiempo, Dios revelará el tremendo nivel de Torá conocido como la Torá del Anciano Oculto (ver *Zohar* III, 152a), en la que se encuentra todo el amor de Dios por el pueblo judío. Sin embargo, al presente, debido a que aún no ha llegado el tiempo de la Redención Final, ese amor está oculto. El amor de Dios sólo puede ser percibido a través de la Torá revelada, con medida. (Ver, *Mashíaj: ¿Quién? ¿Qué? ¿Por qué? ¿Cómo? ¿Dónde? y ¿Cuándo?*, Capítulo 10, para conceptos adicionales relacionados con la Torá de Anciano Oculto).

69. El lobo...la oveja.... Este versículo sustenta el punto anterior de que la paz es un equilibrio entre los opuestos. Las Escrituras indican que el lobo y la oveja mantendrán sus identidades y naturalezas separadas, el lobo seguirá siendo un lobo y la oveja seguirá siendo una oveja, pero habrá paz entre ambos. La razón para ello, nos dicen las Escrituras, es que en el Futuro "La tierra estará llena del conocimiento de Dios" – i.e., la Torá. Específicamente, ésta será la Torá del Anciano Oculto. Cuando esa Torá sea revelada, todos los opuestos coexistirán en paz.

70. será revelado el amor en Su Daat. La Torá del Anciano Oculto corresponde a *Keter*. Como

לְמָשָׁל, יֵשׁ אַהֲבָה שֶׁהָאָב אוֹהֵב אֶת בְּנוֹ, שֶׁכָּל אָדָם יָכוֹל לְהַשִּׂיג זֹאת הָאַהֲבָה. וְהִתְקַשְּׁרוּת וְהָאַהֲבָה שֶׁיֵּשׁ בֵּין הַבֵּן וּבֵין הָאָב, כְּשֶׁעֲדַיִן הַבֵּן בְּמֹחַ הָאָב קֹדֶם הַהוֹלָדָה - זֶה הַהִתְקַשְּׁרוּת וְהָאַהֲבָה אֵין אָנוּ יְכוֹלִין לְהַשִּׂיג עַכְשָׁו. כִּי אֵין מַשִּׂיגִין עַכְשָׁו כִּי אִם בִּזְמַן וּבְמִדּוֹת, וְאַהֲבָה שֶׁבְּדַעְתּוֹ וּבְמֹחוֹ הִיא לְמַעְלָה מֵהַזְּמַן וְהַמִּדּוֹת, וְאֵינוֹ מְלֻבָּשׁ בְּשׁוּם לְבוּשׁ.

וְלֶעָתִיד לָבוֹא, שֶׁיִּתְגַּלֶּה אוֹרַיְתָא דְּעַתִּיקָא סְתִימָאָה, וְאָז יִתְקַיֵּם מַאֲמַר חֲכָמֵינוּ זִכְרוֹנָם לִבְרָכָה (תענית לא.): עֲתִידִים צַדִּיקִים לְהַרְאוֹת בְּאֶצְבַּע, כְּמוֹ שֶׁכָּתוּב (ישעיה כה): "זֶה ה' קִוִּינוּ לוֹ". כִּי אָז יִפְשֹׁט הַקָּדוֹשׁ-בָּרוּךְ-הוּא אֶת לְבוּשָׁיו, "וְיִמָּלֵא הָאָרֶץ דֵּעָה אֶת ה' כַּמַּיִם לַיָּם מְכַסִּים". וְיִתְגַּלֶּה הָאַהֲבָה שֶׁהִיא בְּדַעַת, שֶׁהִיא פְּנִימִיּוּת הַתּוֹרָה, הַיְנוּ אֱלֹקוּתוֹ הַשּׁוֹכֵן בְּתוֹךְ הַתּוֹרָה וְהַמִּדּוֹת. כִּי עַכְשָׁו הַלְּבוּשׁ הַזֶּה הוּא מְכַסֶּה עַל אֱלֹקוּתוֹ, הַיְנוּ עַל פְּנִימִיּוּת הַתּוֹרָה.

וּכְשֶׁיִּתְגַּלֶּה הַפְּנִימִיּוּת, הַיְנוּ אֱלֹקוּתוֹ, אֲזַי יִתְרַבֶּה הַשָּׁלוֹם. כְּמוֹ שֶׁכָּתוּב: "לֹא יָרֵעוּ וְלֹא יַשְׁחִיתוּ בְּכָל הַר קָדְשִׁי, כִּי מָלְאָה הָאָרֶץ דֵּעָה", שֶׁיִּתְגַּלֶּה הָאַהֲבָה שֶׁבְּדַעַת:

וְזֶהוּ (זכריה יד): "וְהָיָה יוֹם אֶחָד יִוָּדַע לַה'", שֶׁיִּתְגַּלֶּה הָאַהֲבָה הַנִּקְרָא

75. señalarán con el dedo…en Él hemos confiado. Nuestros Sabios enseñan que en el Futuro, Dios hará un círculo para los Tzadikim en el Gan Edén y Él Mismo estará sentado entre ellos. Todos los Tzadikim podrán entonces señalar con el dedo y decir, "Éste es Dios; en Él hemos confiado". Es decir, al presente Dios no puede ser aprehendido. Pero en el Futuro, cuando Él retire los *levushim* que ocultan Su amor dentro de las medidas de la Torá, podremos comprenderlo en el nivel de la Torá del Anciano Oculto. Entonces, como continúa explicando el Rebe Najmán, cuando se revele esa Torá, aumentará la paz.

76. aumenta entonces la paz…que está en Daat. La paz aumentará debido a que en el Futuro el "conocimiento de Dios" llenará el mundo. Ese conocimiento hace referencia a la revelación de la Torá del Anciano Oculto/*Daat* (Keter) y específicamente a la revelación del exaltado amor que se encuentra en *Daat*.

77. un día, conocido por Dios. El versículo entero dice, "Habrá un día, conocido por Dios, que no será ni día ni noche; pero hacia el anochecer, habrá luz". El profeta habla del Futuro, del día en que Dios traerá la salvación a Su pueblo (*Rashi, loc. cit.*). En nuestro contexto, ese "día,

Por ejemplo, está el amor que el padre siente por su hijo. Éste es un amor que todos pueden comprender. Pero el lazo de unión y de amor que existe entre el hijo y el padre cuando el hijo aún se encuentra en la mente del padre, antes de nacer – esa unión y ese amor no podemos comprenderlo ahora. Pues ahora sólo podemos comprender las cosas dentro del tiempo y de los atributos, mientras que el amor en su *daat* y en su mente se encuentra por sobre el tiempo y por sobre los atributos y no está investido en ninguna vestimenta.[74]

Pero en el Futuro, con la revelación de la Torá del Anciano Oculto, se cumplirá la enseñanza de nuestros Sabios (*Taanit* 31a): En el Futuro, los Tzadikim señalarán con el dedo, como está escrito (Isaías 25:9), "Éste es Dios; en Él hemos confiado".[75] Pues entonces, el Santo, bendito sea, retirará Sus vestimentas y "la tierra estará llena del conocimiento de Dios tal como las aguas cubren el mar". Se revelará el amor que está en *Daat* – que es la esencia interna de la Torá, i.e., Su Divinidad inherente en la Torá y en los atributos. Pues ahora, esa vestimenta cubre Su Divinidad – i.e., la esencia interna de la Torá.

Y cuando la esencia interna/Su Divinidad se revela, aumenta entonces la paz. Como está escrito, "Ellos no harán nada malo ni vil en toda Mi sacra montaña, pues la tierra estará llena de conocimiento" – se revelará el amor que está en *Daat*.[76]

Y éste es el significado de "Habrá un día, conocido por Dios" (Zacarías 14:7).[77] Habrá una revelación del amor, que es llamado "día",

---

cuando Dios estaba por crear el mundo, "Israel fue primero en el pensamiento" – el mundo entero fue creado sólo en aras del orgullo que Dios sentiría por el pueblo judío (*Likutey Moharán* I, 17:1). Así, el primer nivel, el más elevado, *Keter*, ya contiene en potencia el amor de Dios por los judíos. En potencia, porque el pueblo judío aún no existía; en potencia, pues el amor aún está en el pensamiento (*Daat* y Mente), esperando ser puesto en acto. Y, tal como *Keter* es trascendente e incomprensible frente a todo lo que está por debajo, de la misma manera, este amor en potencia trasciende todas las limitaciones, incluyendo las de la comprensión humana. Y es por ello que el Rebe se refiere a este amor como un amor en *Daat*, el amor de los *mojín*, como diferente al amor de *Jesed*, que es un amor de los atributos. (Hay que notar que a lo largo de la lección el Rebe Najmán habla de *Daat* y no de *Keter*. Sin embargo, como se mencionó, *Daat* es la manifestación externa de *Keter*, su nivel más "comprensible").

74. no está investido en ninguna vestimenta. Como hemos visto (n.12), cuanto más desciende la Luz Infinita de Dios en los mundos inferiores, más *levushim* la ocultan y, paradójicamente, más reconocible y comprensible se vuelve. Lo mismo se aplica al amor de Dios. Sólo el amor en acto, el amor dentro de los confines del tiempo y de los atributos, puede ser medido y aprehendido, pero el amor en potencia no tiene vestimentas y está por lo tanto más allá de la medida y de la comprensión.

יוֹם, כְּמוֹ שֶׁכָּתוּב: "יוֹמָם צִוָּה ה' חַסְדּוֹ". הַיְנוּ הַתּוֹרָה הַפְּנִימִיּוּת שֶׁהָיְתָה צְפוּנָה, כְּמוֹ שֶׁכָּתוּב (בראשית א): "וַיַּרְא אֱלֹקִים אֶת הָאוֹר כִּי טוֹב", וְאָמְרוּ רַבּוֹתֵינוּ, זִכְרוֹנָם לִבְרָכָה (חגיגה יב.): "כִּי טוֹב לִגְנֹז", כִּי אוֹר הַתּוֹרָה הַזֹּאת אֵין הָעוֹלָם כְּדַאי לְהִשְׁתַּמֵּשׁ בָּהּ. וְהַתּוֹרָה נִקְרָא טוֹב, שֶׁנֶּאֱמַר (משלי ד): "כִּי לֶקַח טוֹב נָתַתִּי לָכֶם" (עבודה זרה יט:). וְנִקְרָא אוֹר, כְּמוֹ שֶׁכָּתוּב (משלי ו): "וְתוֹרָה אוֹר":

וְיֵשׁ גַּם כֵּן צַדִּיקִים שֶׁהֵם צְפוּנִים וּמֻסְתָּרִים, שֶׁאֵין הָעוֹלָם כְּדַאי לְהִשְׁתַּמֵּשׁ בָּהֶם. וְצַדִּיק נִקְרָא טוֹב, כְּמוֹ שֶׁכָּתוּב (ישעיה ג): "אִמְרוּ צַדִּיק כִּי טוֹב" (חגיגה שם יב.). וְנִקְרָא אוֹר, כְּמוֹ שֶׁכָּתוּב (תהלים צז): "אוֹר זָרֻעַ לַצַּדִּיק".

וּכְשֶׁיִּתְגַּלּוּ הַצַּדִּיקִים הַצְּפוּנִים, וְהַתּוֹרָה הַצְּפוּנָה, אֲזַי יִתְגַּלֶּה שָׁלוֹם רַב בָּעוֹלָם. שֶׁיִּתְחַבְּרוּ כָּל הֲפָכִים יַחַד, כְּמוֹ שֶׁכָּתוּב: "וְגָר זְאֵב עִם כֶּבֶשׂ". כִּי אָז יִתְגַּלֶּה הָאַהֲבָה שֶׁבַּדַּעַת, הַנִּקְרָא "יוֹם אֶחָד יִוָּדַע לַה'". הַיְנוּ הָאַהֲבָה שֶׁבַּדַּעַת, "אֲשֶׁר הוּא לֹא יוֹם וְלֹא לַיְלָה",

con el bien y la luz; de esta manera une esos conceptos con su explicación de la luz oculta de la Creación (n.79). Cuando llegue el momento en que desaparezcan las vestimentas, se revelará la luz oculta de Dios, la Torá del Anciano Oculto, y reinará la paz. De esa manera la Torá lleva a la paz – desaparecen los *levushim*, las letras de la Torá reciben abundante luz desde Arriba y así se revela el gran amor de Dios y Su *Daat* (§§3-4).

81. Tzadikim…ocultos y cubiertos…. Simplemente, esto hace referencia a aquellos Tzadikim que son completamente desconocidos para el mundo. Sin embargo, también puede incluir a los Tzadikim que, aunque reconocidos dentro de un pequeño círculo de devotos seguidores, están ocultos del mundo en general. La gente sabe de ellos pero no se beneficia de su rectitud. ¿Por qué? Pues, aunque los Tzadikim son "buenos", el mundo no es suficientemente digno, de modo que los buenos días que los Tzadikim pueden proveer están ocultos por los malos días.

82. Alaba al Tzadik, pues él es bueno. El Rebe Najmán trae este texto de prueba y el siguiente para conectar al Tzadik con los conceptos de bien y de luz. Esto también demuestra la conexión entre el Tzadik y la Torá, pues ésta última también corresponde al bien y a la luz. "Alaba al Tzadik, pues él es bueno" significa que debemos alabar al Tzadik pues él hace el bien. Como hemos visto en nuestra lección, al llevar a cabo las mitzvot uno descubre la Torá oculta. Así, al hacer el bien –al vencer la mala inclinación– uno se vuelve un Tzadik y revela el bien/la Torá.

83. Luz hay sembrada para el Tzadik. El *Metzudat David* lee esto como: Ha sido sembrada para el Tzadik una luz que crecerá y estará lista en el Futuro. Esto es un paralelo de la enseñanza Talmúdica citada anteriormente concerniente a la luz oculta que será revelada en el Futuro (n.79).

como en, "Diariamente Dios ordena Su bondad".[78] Esto hace referencia a la Torá interna, que estaba oculta. Como está escrito (Génesis 1:4), "Dios vio que la luz era buena", y nuestros Sabios enseñaron: Ella era buena para ser ocultada *(Jaguigá* 12a), pues el mundo no merece beneficiarse de la luz de esa Torá.[79] Y la Torá es llamada "bien", como está dicho (Proverbios 4:2), "Pues te he dado una buena instrucción, [no olvides mi Torá]". También es llamada "luz", como está escrito (Proverbios 6:23), "y la Torá es luz".[80]

También hay Tzadikim que están ocultos y cubiertos, de los cuales el mundo no merece beneficiarse.[81] Y el Tzadik es llamado "bien", como está escrito (Isaías 3:10), "Alaba al Tzadik, pues él es bueno".[82] También es llamado "luz", como está escrito (Salmos 97:11), "Luz hay sembrada para el Tzadik".[83]

Así, cuando se revelen los Tzadikim ocultos y se revele la Torá oculta, una gran paz se manifestará en el mundo. Todos los opuestos se unirán en uno, como en, "El lobo habitará con la oveja…". Pues entonces será revelado el amor que está en *Daat* – que es llamado "un día, conocido de Dios". En otras palabras, el amor que está en *Daat*, que

---

conocido por Dios" será cuando un gran *Daat* llene el mundo. "No será ni día ni noche" indica que, en ese tiempo, no habrá lo que actualmente llamamos buenos días y malos días. Entonces, la Torá de *Zeir Anpin* que connota el amor oculto y mesurado será trascendida por la Torá del Anciano Oculto en la cual el amor de Dios no tiene vestimentas.

78. amor…día…Diariamente…. Previamente, el Rebe Najmán explicó que esto hace referencia a *Jesed* (Bondad), que corresponde al amor y al concepto de los días (§4, y notas 57-59). Aquí, el Rebe enseña que cuando llegue Mashíaj "[Aún] habrá un día…", aun habrá amor, pero éste será "*conocido* por Dios" – i.e., el *conocimiento* (*Daat*) de Dios, que es el amor trascendental.

79. Dios vio que la luz era buena…. En el Primer Día de la Creación, "Dios dijo, 'Haya luz' y hubo luz" (Génesis 1:3). En el Cuarto Día, Dios hizo el sol y la luna "para iluminar la tierra" (Génesis 1:15). Pregunta el Talmud: ¿Qué sucedió con la luz creada en el Primer Día? Fue ocultada. ¿Por qué? La luz del Primer Día era tan extraordinaria que con ella la persona podía ver el mundo entero. Dios ocultó esa luz para que los malvados que un día habitarían la tierra no se pudieran beneficiar de ella. Ésta fue guardada –de acuerdo al Maharsha, en la Torá (*v.i. asará devarim*) – hasta el Futuro, reservada exclusivamente para los Tzadikim. En nuestro contexto, esto hace referencia a la Luz Infinita de Dios que impregna toda la Creación. Está oculta dentro de muchos *levushim*. Debido a que los malvados siguen tras su mala inclinación, la luz de la Torá está oculta en su nivel. Se encuentra contraída dentro de los atributos, medidas y días, los que mantienen oculta la Luz Infinita de Dios.

80. la Torá es llamada bien…luz. Con estos textos de prueba el Rebe Najmán conecta la Torá

הַיְנוּ שֶׁהָאַהֲבָה הַזֹּאת הִיא לְמַעְלָה מֵהַזְּמַן, וּלְמַעְלָה מֵהַמִּדּוֹת:

ו. וַאֲפִלּוּ בַּמִּדּוֹת עַצְמָן, כָּל אֶחָד לְפִי בְּחִינָתוֹ, הוּא בְּחִינַת דַּעַת, לַבְּחִינָה שֶׁתַּחְתֶּיהָ. כְּמוֹ שֶׁאָמְרוּ חֲכָמֵינוּ זִכְרוֹנָם לִבְרָכָה, 'מַה שֶּׁעָשְׂתָה חָכְמָה עֲטָרָה לְרֹאשָׁהּ, עָשְׂתָה עֲנָוָה עָקֵב לְסֻלְיָתָא' (שיר השירים רבה, הובא בתוספות יבמות קג:, ד"ה המסוליים).
נִמְצָא, שֶׁהַמַּדְרֵגָה הַפְּחוּתָה שֶׁל עוֹלָם הַיְצִירָה, הוּא בְּחִינַת דַּעַת לְעוֹלָם הָעֲשִׂיָּה שֶׁתַּחְתָּיו. נִמְצָא, שֶׁיֵּשׁ אָדָם, שֶׁיֵּשׁ אַהֲבָתוֹ שֶׁיֵּשׁ לוֹ עִם הַשֵּׁם יִתְבָּרַךְ בְּמִדּוֹתָיו וּבַזְּמַן, הוּא בְּחִינוֹת אַהֲבָה שֶׁבְּדַעַת שֶׁלְּמַעְלָה מֵהַזְּמַן, לְהָאָדָם שֶׁהוּא בְּמַדְרֵגָה פְּחוּתָה מִמֶּנּוּ:
וְזֶה שֶׁאָמְרוּ רַבּוֹתֵינוּ, זִכְרוֹנָם לִבְרָכָה (מועד קטן יז.): "כִּי שִׂפְתֵי כֹהֵן יִשְׁמְרוּ דַעַת וְתוֹרָה יְבַקְשׁוּ מִפִּיהוּ" - אִם הָרַב דּוֹמֶה לְמַלְאַךְ ה'

amor de Dios por los judíos es mucho más exaltado. Al presente este amor existe en potencia y se mantiene trascendente. Pero cuando se revelen en el mundo la Torá interior/Divinidad y los Tzadikim ocultos, ese amor se manifestará y traerá una abundancia de paz (§5).

85. la sabiduría hizo una corona…la humildad hizo un talón…. Nuestros Sabios enseñan que la humildad es el nivel más grande de todos (*Avodá Zará* 20b). Así el Midrash (*loc. cit.*) dice que aunque la sabiduría (*jojmá*) es como una corona por encima de todas las otras cualidades, ello es sólo con respecto a los niveles inferiores. En relación a la humildad, que es el nivel que se encuentra por encima, la sabiduría no es más que "un talón para su sandalia". El nivel más bajo de la humildad es más grande incluso que la cúspide de la sabiduría. A la luz de esto, el Rebe Najmán dice aquí que incluso en los mismos atributos (*midot*) hay una jerarquía que hace que un atributo sea un aspecto de *Daat* frente al nivel que se encuentra por debajo (e.g., *Jesed* es un aspecto de *Daat* frente a *Guevurá*, la *sefirá* que se encuentra por debajo; y *Guevurá* es un aspecto de *Daat* frente a *Tiferet*, la *sefirá* que está por debajo). Así, mientras que anteriormente en nuestra lección el Rebe diferenció entre la Torá tal cual la conocemos hoy en día dentro de los atributos y la Torá del Anciano Oculto que trasciende todos los *levushim* de este mundo, aquí explica que incluso ahora, en este mundo, existe un aspecto de la Torá del Anciano Oculto que nos es posible percibir. Ello se debe a que lo que es trascendente para un nivel, es inmanente en el nivel que se encuentra por encima. Cada persona, en la medida de su nivel, puede alcanzar un grado de conocimiento de aquello que se encuentra esencialmente más allá de ella. ¿Cómo? Al revelar el amor en los atributos. Esto descubre las letras de la Torá en su nivel, las que entonces reciben abundante luz desde el nivel que se encuentra por Arriba, su nivel trascendente.

86. Mundo de la Formación. Esto es *Ietzirá*, el tercero de los Cuatro Mundos. Ver Apéndice: Niveles de Existencia para los niveles de los Cuatro Mundos.

87. Mundo de la Acción que está por debajo. Éste es *Asiá*, el último de los Cuatro Mundos. De manera similar, el Mundo de *Beriá* es a *Ietzirá* lo que *Ietzirá* es a *Asiá*, de modo que en cada nivel existen atributos y un nivel de Daat superior que los trasciende.

no es ni día ni noche – el amor que se encuentra por sobre el tiempo y por sobre los atributos.[84]

6. E incluso los atributos mismos; cada uno en su propio aspecto es un aspecto de *Daat* con respecto al aspecto que está por debajo. Como enseñaron nuestros Sabios: Aquello con lo que la sabiduría hizo una corona para su cabeza, la humildad hizo un talón para su sandalia (Shir HaShirim Rabah 1:9).[85]

Consecuentemente, el nivel inferior del Mundo de la Formación[86] es un aspecto del *Daat* del Mundo de la Acción que está por debajo.[87] Es así que el amor de una persona por Dios en sus atributos y en el tiempo es, para la persona que se encuentra en un nivel inferior al de ella, un aspecto del amor que está en *Daat* y que se encuentra por sobre el tiempo.

Esto es como enseñaron nuestros Sabios: "Pues los labios del cohen guardarán *daat* (conocimiento) y ellos pedirán la Torá de su boca" (Malají 2:7) – siempre y cuando el maestro sea como un ángel del

---

84. ...por sobre los atributos. El *Parparaot LeJojmá* hace un resumen de la lección hasta este punto como sigue: Todos los atributos contienen el amor de Dios. Pero más grande aún que este amor es el amor en *Daat*. Los atributos, que son un aspecto de los días, están desequilibrados por los malos días, los malos atributos (éste es el contraste del día y de la noche, de la luz y de la oscuridad, de los que está compuesto cada día). Pero en *Daat* (Conocimiento), que es más exaltado que los atributos, el mal no tiene asidero. Esto es como en, "No harán nada malo ni vil... pues la tierra estará llena del conocimiento...". De este nivel dice el Salmista, "Las tinieblas no son oscuras para Ti" (Salmos 139:12). Es "un día, conocido por Dios" que no es "ni día ni noche" – ni buenos días ni malos días. Pues mientras los buenos días sean desequilibrados por los malos días, no les será posible recibir la luz desde Arriba –la luz del amor que está en *Daat*– no sea que los malos días se vuelvan demasiado poderosos. Pero cuando, al llevar a cabo las mitzvot y al anular la mala inclinación, juntamos y revelamos las letras de la Torá que estaban ocultas en los malos días y las retiramos de allí, entonces las letras de la Torá reciben abundante luz desde Arriba. Podemos entonces recibir una chispa del amor que está en el *Daat* – i.e., merecemos oír voces desde Arriba.

Resumen: La persona debe siempre buscar la paz, consigo misma y entre el pueblo judío. La Torá y los Tzadikim son el medio para alcanzar la paz (§1). La persona debe saber que la Luz Infinita de Dios está en todas partes, en todo nivel y en todo lugar, en toda cosa y circunstancia – incluso en las lenguas de las naciones. Por lo tanto, aquel que busca a Dios siempre podrá encontrarlo (§2). Esto lo logra anulando su mala inclinación/malos días/malos atributos. Ello retira los ocultamientos para que las letras de la Torá, que son los ladrillos de la Creación que otorgan la vitalidad, brillen en su nivel. Entonces conoce ("oye") la Torá –la palabra de Dios– en cada cosa (§3). Cada precepto de la Torá es una materialización del amor de Dios por los judíos. Cuando se llevan a cabo las mitzvot y se anula la mala inclinación se hace que se revele ese amor. Todo esto se relaciona con la Torá revelada (los atributos), pero también hay una Torá oculta (las mentalidades), que será revelada principalmente cuando llegue Mashíaj (§4). Esta revelación de la Torá del Anciano Oculto es una revelación del *Daat* de Dios, en el cual el

צְבָאוֹת, הַיְנוּ שֶׁכּוֹפֶה אֶת יִצְרוֹ, אֲזַי הוּא דוֹמֶה לְמַלְאַךְ ה' צְבָאוֹת, כְּמוֹ שֶׁכָּתוּב בַּזֹּהַר: "בָּרְכוּ ה' מַלְאָכָיו גִּבֹּרֵי כֹחַ" - 'אִלֵּין אִנּוּן דְּמִתְגַּבְּרִין עַל יִצְרֵיהוֹן' וְכוּ'. כִּי עַל-יְדֵי-זֶה שֶׁכּוֹפֶה אֶת יִצְרוֹ, אֲזַי אוֹתִיּוֹת הַתּוֹרָה בּוֹלְטִין וּמִצְטָרְפִין. אֲזַי הוּא בְּחִינוֹת נַעֲשֶׂה וְנִשְׁמַע, כִּי עוֹשֶׂה וּבוֹנֶה אוֹתִיּוֹת הַתּוֹרָה, וְזוֹכֶה לְמִשְׁמַע קוֹל הַתּוֹרָה מִלְעֵלָּא. בְּוַדַּאי מִזֶּה הָרַב, "תּוֹרָה יְבַקְשׁוּ מִפִּיהוּ". כִּי בְּוַדַּאי יוֹדֵעַ הוּא אֶת הַתּוֹרָה, אֲפִלּוּ מִדְּבָרִים גַּשְׁמִיִּים הוּא מְלַקֵּט אוֹתִיּוֹת הַתּוֹרָה.

וְזֶה "כִּי שִׂפְתֵי כֹהֵן יִשְׁמְרוּ דַעַת", "כֹּהֵן", הוּא בְּחִינוֹת חֶסֶד. "יִשְׁמְרוּ דַעַת", הַיְנוּ שֶׁיִּתְגַּלֶּה עַל-יְדֵי הָרַב הַזֶּה הָאַהֲבָה שֶׁבַּדַּעַת, שֶׁהוּא לְפִי מַדְרֵגָתְךָ אַהֲבָה שֶׁהוּא לְמַעְלָה מֵהַזְּמַן, שֶׁהוּא יוֹם אֶחָד יִוָּדַע לַה' וְכוּ':

ז. וְיָכוֹל כָּל אָדָם לִטְעֹם טַעַם אוֹר הָאַהֲבָה שֶׁבַּדַּעַת, כָּל אֶחָד לְפִי

y de los malos atributos, de modo que también está expuesto a niveles más grandes de Torá (*Parparaot LeJojmá*).

Aparte de introducir el versículo "De los labios del cohen…", este último párrafo se ha ocupado principalmente de ser una revisión de la sección 3. El Rebe Najmán ahora traduce el versículo dentro del contexto de la lección. Es posible que la mención específica de "labios" en el versículo esté enseñando que la manera de llevar algo de la potencia al acto (el *Daat* oculto en los atributos) sea mediante los labios – i.e., el poder del habla, cuando es usada en pureza.

95. Cohen en su aspecto de bondad. La Kabalá enseña que cada una de las tres divisiones del pueblo judío –Cohen, Leví e Israel– corresponde a una de las tres columnas de la jerarquía de las *sefirot* (n.8) – *Jesed, Guevurá* y *Tiferet*, respectivamente (*Zohar* III, 145b). Como se explicó, en nuestro contexto, *Jesed* hace referencia al amor de Dios que está en la Torá (§3, n.58).

96. Guardarán…Daat. Esto hace referencia a la Torá del Anciano Oculto. El maestro que es como un ángel puede revelarles el amor que está en *Daat* a aquellos que están en los niveles inferiores, que aún están encontrando la Torá en los atributos. El *Parparaot LeJojmá* agrega que para lograr esto es necesario un maestro comparable a un ángel, pues en el nivel de la persona misma, llevar la Torá de la potencia al acto es un aspecto de *Daat*, más allá del tiempo y de los atributos.

97. un día, conocido…. Un día "que no es ni día ni noche". Es decir, la Torá de este mundo se compara con el día y la noche. Pero mediante la Torá que uno estudia del Tzadik que es comparable a un ángel, se merece oír enseñanzas de Torá de un nivel superior, de la Torá que revela el *Daat* de Dios. Por lo tanto, se nos aconseja estudiar Torá de una persona así (*Parparaot LeJojmá*).

El versículo se traduce así en la lección como sigue: **Pues los labios del cohen guardarán**

Dios de las Huestes (*Moed Katán* 17a). Es decir, él anula su inclinación y así "es como un ángel del Dios de las Huestes".[88] Como está escrito en el *Zohar*: "Bendigan a Dios, Sus ángeles; poderosos" – estos son aquellos que vencen a sus inclinaciones….[89] Pues en virtud del hecho de que ha vencido su inclinación, las letras de la Torá se vuelven más prominentes y se juntan.[90] Él corresponde entonces a "haremos y oiremos", pues hace y construye las letras de la Torá.[91] Y merece oír la voz de la Torá desde Arriba.[92] Entonces, por cierto, de ese maestro "deberán buscar la Torá de su boca".[93] Pues con seguridad él conoce la Torá e incluso a partir de lo corpóreo junta las letras de la Torá.[94]

Éste es el significado de "Pues los labios del cohen guardarán *daat*". "Cohen" es un aspecto de bondad.[95] "Guardarán *daat*" – esto es, mediante este maestro se revelará el amor que está en *Daat*[96] – que es, de acuerdo a tu nivel, un amor por sobre el tiempo, es decir, "un día, conocido por Dios".[97]

7. De esta manera cada persona, cada una en la medida de su aspecto, es

---

88. el maestro sea como un ángel…. El Talmud afirma que el maestro debe ser "como un ángel del Dios de las Huestes". Si es como un ángel, ocúpate de aprender Torá de él; de otra manera, no lo hagas. Sobre esto comenta el Maharsha (*v.i. Im*): Si quieres estudiar Torá de alguien, primero fíjate si sus acciones se asemejan a las de un ángel. El *Etz Iosef* dice que el maestro debe ser un Tzadik, alguien que gobierne totalmente sobre su mala inclinación. Explica el Rebe Najmán:

89. vencen a sus inclinaciones. Aquellos que lo hacen son comparables a los ángeles. Estos vencen los malos días y revelan la Torá. Son Tzadikim. Ver más arriba, sección 3, nota 39.

90. prominentes y se juntan. Como más arriba, notas 54-55.

91. hace y construye las letras de la Torá. Como más arriba, sección 3, notas 51-53.

92. la voz de la Torá desde Arriba. Al llevar a cabo las mitzvot quita la corporeidad que oculta las letras de la Torá. Con la abundante luz que entonces ilumina las letras, construye nuevas enseñanzas de Torá, enseñanzas conceptualmente equivalentes a la Torá del Anciano Oculto. Esto es lo que "oye" desde Arriba (*Parparaot LeJojmá*).

93. por cierto…buscar la Torá de su boca. Dado que este Tzadik vence su mala inclinación, revela las letras de la Torá y puede construirlas como nuevas enseñanzas de Torá. Este maestro/Tzadik es comparable a un ángel y así "por cierto, de ese maestro…".

94. de lo corpóreo…. Es decir, la persona que vence su mala inclinación, que es comparable a un ángel, tiene la capacidad de encontrar siempre la Divinidad/la Luz Infinita incluso en los niveles más bajos y materiales de la Creación. Más aún, aquel que aprende de ese maestro – i.e., que recibe de su percepción del amor que está en *Daat*– también se ve libre de los malos días

בְּחִינָתוֹ, אֲפִלּוּ עַכְשָׁו בְּתוֹךְ הַיָּמִים, הַיְנוּ כְּשֶׁיְּקַשֵּׁר אֶת לִבּוֹ לְדַעְתּוֹ. כִּי כָּל אֶחָד מִיִּשְׂרָאֵל יוֹדֵעַ שֶׁיֵּשׁ אֱלֹקִים בִּכְלָל, אֲבָל הָרְשָׁעִים הֵם בִּרְשׁוּת לִבָּן (בראשית-רבה לד:י). וְהַמִּדּוֹת וְהַיָּמִים הֵם נִכְלָלִין בַּלֵּב, כְּמוֹ שֶׁאָמְרוּ חֲכָמֵינוּ זִכְרוֹנָם לִבְרָכָה (זהר תרומה קסב:): 'רַחֲמָנָא לִבָּא בָּעֵי', וּבִלְבַד שֶׁיְּכַוֵּן אֶת לִבּוֹ לַשָּׁמַיִם (ברכות ה:), כִּי עִקָּרָן שֶׁל הַמִּדּוֹת הוּא הַלֵּב.

נִמְצָא, כְּשֶׁמְּקַשֵּׁר אֶת לִבּוֹ לְדַעְתּוֹ, שֶׁיּוֹדֵעַ שֶׁיֵּשׁ אֱלֹהִים (יוֹדֵעַ) בִּכְלָל, שֶׁמָּלֵא כָל הָאָרֶץ כְּבוֹדוֹ, וְיוֹדֵעַ בִּידִיעוֹת הַתּוֹרָה, וּכְשֶׁכּוֹפֶה

de esa Torá superior. Y esto, enseña el Rebe Najmán, es lo que la persona puede experimentar incluso ahora, dentro de la existencia corpórea de este mundo.

99. une su corazón con su Daat. El Rebe Najmán pronto explicará que los atributos, los cuales se encuentran en la Torá (§3, notas 30, 31) están enraizados en el corazón de la persona. Por lo tanto, la batalla principal por el control de los atributos y emociones tiene lugar en el corazón. Pero cuando la persona permite que su intelecto (y no las emociones) gobiernen – i.e., une su corazón con su *Daat*– entonces *Daat* es el que gobierna y la persona puede ser iluminada por el amor que está en *Daat*. El rabí Natán explica que el motivo por el cual unir el corazón al *Daat* constituye una batalla semejante es que, de hecho, el intelecto está muy lejos de las bajas emociones y deseos materiales (*Torat Natán #3*).

100. que hay un Dios. Éste es un tema importante de la lección, reconocer a Dios en todas las cosas. Y si bien cada judío sabe que Dios existe, sin embargo…

101. controlados por sus corazones. El Midrash enseña que los malvados están controlados por sus corazones, mientras que los rectos son quienes controlan sus corazones (*Bereshit Rabah* 34:10). Así, aunque la persona *sepa* que Dios existe, es posible que sucumba a sus emociones y a las pasiones del corazón y siga, de esa manera, tras sus bajos deseos. El *Parparaot LeJojmá* agrega que dado que *Daat* se encuentra por encima de los demás atributos y emociones, el mal no puede afectarlo. El intelecto sabe que Dios existe y, lo que es más, sabe que "El mundo entero está lleno de Su Gloria" – incluso en los malos días y en las tentaciones de este mundo. Sin embargo, los malvados están controlados por sus corazones. Los malos días, que son los malos atributos en el corazón, impiden que sus corazones, que han sido fuertemente influenciados por las emociones, respondan a la luz del *Daat* y sientan su influencia. Aun así, si tal persona logra unir el corazón con su *Daat* y fuerza a su corazón a aceptar los principios del intelecto, controlando entonces al corazón, los atributos de su corazón podrán experimentar la luz del amor que está en *Daat* y la persona percibirá la Luz Infinita oculta, cada uno de acuerdo a su nivel.

102. el corazón es la esencia de los atributos. Una vez que el corazón se vuelve hacia Dios, todos sus atributos, que están enraizados en el corazón, también se vuelven hacia Dios. Por lo tanto el Talmud enseña que no es lo más importante la cantidad de mitzvot que uno lleve a cabo, sino el grado en el cual la intención de la persona esté dirigida hacia el Cielo (*Berajot, loc. cit.*).

103. …un sentido general…del saber de la Torá. Como se explicó (n.101), el intelecto sabe. Sabe que Dios existe, en todas partes. También conoce los atributos y medidas de la Torá. Por lo tanto…

capaz de degustar la luz del amor que está en *Daat* incluso ahora, dentro de los días.[98] Esto [se logra] cuando une su corazón con su *daat*.[99] Pues cada uno de los judíos sabe, en un sentido general, que hay un Dios.[100] Pero los malvados están controlados por sus corazones,[101] y los atributos de los días están englobados en el corazón. Como enseñaron nuestros Sabios: El Misericordioso desea el corazón (*Zohar* II, 162b); y [también enseñaron], siempre y cuando [la persona] dirija su corazón al Cielo (*Berajot* 5b). Pues el corazón es la esencia de los atributos.[102]

Vemos, por lo tanto, que cuando la persona une su corazón con su *daat*, sabe en un sentido general que hay un Dios y que "el mundo entero está lleno de Su Gloria" y también tiene conocimiento del saber de la Torá.[103]

Daat – Para revelar en este mundo el amor que está en *Daat*, la Torá del Anciano Oculto **ellos deberán buscar la Torá de su boca** – la persona tiene que oír Torá de un maestro/Tzadik que pueda vencer los malos días/atributos. Porque **es como un ángel del Dios de las huestes**, este Tzadik vence su mala inclinación y revela las letras de la Torá que se encuentran en todas las cosas, incluso en los elementos más corpóreos de la Creación. Entonces construye nuevas enseñanzas de Torá, enseñanzas que son una revelación de la Torá del Anciano Oculto y del amor que está en *Daat*. Esto trae paz, pues cuando se revela el amor aumenta la paz (ver más arriba, n.10).

Resumen: La persona debe siempre buscar la paz, consigo misma y entre el pueblo judío. La Torá y los Tzadikim son el medio para alcanzar la paz (§1). La persona debe saber que la Luz Infinita de Dios está en todas partes, en todo nivel y en todo lugar, en toda cosa y circunstancia – incluso en las lenguas de las naciones. Por lo tanto, aquel que busca a Dios siempre podrá encontrarlo (§2). Esto lo logra anulando su mala inclinación/malos días/malos atributos. Ello retira los ocultamientos para que las letras de la Torá, que son los ladrillos de la Creación que otorgan la vitalidad, brillen en su nivel. Entonces conoce ("oye") la Torá –la palabra de Dios– en cada cosa (§3). Cada precepto de la Torá es una materialización del amor de Dios por los judíos. Cuando se llevan a cabo las mitzvot y se anula la mala inclinación se hace que se revele ese amor. Todo esto se relaciona con la Torá revelada (los atributos), pero también hay una Torá oculta (las mentalidades), que será revelada principalmente cuando llegue Mashíaj (§4). Esta revelación de la Torá del Anciano Oculto es una revelación del *Daat* de Dios, en el cual el amor de Dios por los judíos es mucho más exaltado. Al presente este amor existe en potencia y se mantiene trascendente. Pero cuando se revelen en el mundo la Torá interior/Divinidad y los Tzadikim ocultos, ese amor se manifestará y traerá una abundancia de paz (§5). Incluso en este mundo la persona puede lograr un atisbo de la Torá del Anciano Oculto. Al estudiar Torá de un maestro/Tzadik que ha anulado su mala inclinación, uno merece recibir de él su Daat, que para aquellos que están en un nivel inferior es el amor trascendente que se encuentra en Daat (§6).

Hasta aquí el Rebe Najmán ha hablado sobre la Torá del Anciano Oculto que será revelada en el Futuro y sobre cómo la persona puede obtener un atisbo de esa Torá cuando su maestro es como un ángel del Dios de las Huestes. En la sección siguiente, el Rebe Najmán explica cómo cada persona puede alcanzar esto por sí misma.

98. dentro de los días. Como hemos visto (n.33), las letras de la Torá están enraizadas en los ámbitos superiores. A través de ellas, la Torá de este mundo recibe su vitalidad de la Torá del Anciano Oculto. Así, dentro de la Torá de los días y atributos hay una iluminación proveniente

אֶת לִבּוֹ לְדַעְתּוֹ הַזֶּה, הַיְנוּ שֶׁלִּבּוֹ בִּרְשׁוּתוֹ, אֲזַי נִכְלָלִין גַּם כֵּן הַמִּדּוֹת שֶׁבְּלִבּוֹ לְדַעְתּוֹ, וַאֲזַי מְקַבְּלִין הַמִּדּוֹת אוֹר הָאַהֲבָה שֶׁבַּדַּעַת, וְרוֹאֶה וּמַשִּׂיג אוֹר הַגָּנוּז לְפִי בְּחִינָתוֹ. הַיְנוּ שֶׁהַצַּדִּיקִים וְהַתּוֹרָה שֶׁהָיָה גָּנוּז וְצָפוּן עַד עַתָּה מִמֶּנּוּ, כְּשֶׁכּוֹפֵף אֶת לִבּוֹ לְהַדַּעַת, אֲזַי מְקַבֵּל הַלֵּב שֶׁהוּא שֹׁרֶשׁ לְכָל הַמִּדּוֹת, וּמְקַבֵּל אוֹר הָאַהֲבָה שֶׁבַּדַּעַת, הוּא הָאַהֲבָה שֶׁהָיָה בְּכֹחַ בֵּין הַקָּדוֹשׁ-בָּרוּךְ-הוּא לְיִשְׂרָאֵל קֹדֶם הַבְּרִיאָה:

וְזֶה:

מִי הָאִישׁ הֶחָפֵץ חַיִּים. "חָפֵץ", הוּא בְּחִינַת לֵב, שֶׁהַחֵפֶץ הוּא בַּלֵּב.

חַיִּים – הוּא בְּחִינַת דַּעַת, כְּמוֹ שֶׁכָּתוּב (משלי טז): "מְקוֹר חַיִּים שֵׂכֶל בְּעָלָיו". הַיְנוּ כְּשֶׁמְּקַשֵּׁר אֶת הַלֵּב לְהַדַּעַת, שֶׁלִּבּוֹ בִּרְשׁוּתוֹ, שֶׁכּוֹפֵף אֶת יִצְרוֹ. אֲזַי לְפִי בְּחִינָתוֹ,

אֹהֵב יָמִים – הוּא מַמְשִׁיךְ אֶת הָאַהֲבָה מִדַּעַת, לְתוֹךְ הַיָּמִים וּלְתוֹךְ הַמִּדּוֹת.

לִרְאוֹת טוֹב – וְרוֹאֶה וּמַשִּׂיג אֶת הָאוֹר כִּי טוֹב וְגָנוּז. שֶׁמַּשִּׂיג הָאוֹר, הַיְנוּ הַתּוֹרָה הַגְּנוּזָה, וְהַצַּדִּיקִים הַגְּנוּזִים:

108. el deseo está en el corazón. El corazón es la raíz de todas las emociones, tal como se explicó anteriormente.

109. fuente de vida.... De esta manera la "sabiduría" de la persona, su daat, se asemeja a la vida.

110. corazón...inclinación.... ¿Cuándo es *Daat* una "fuente de vida"? Cuando el corazón está unido a *Daat*, de modo que éste dirige al corazón. Esta persona vence su mala inclinación. Y de acuerdo a su nivel...

111. ama días...atributos. La persona encuentra el amor de Dios inherente en los días/atributos y en todo lo que hay en el mundo. Más aún, al vencer su mala inclinación puede, de hecho, traer el amor desde Arriba, desde *Daat*, hacia sus atributos y días.

112. de ver el bien.... Hemos visto (§5, notas 79-83) que la luz de Dios oculta en este mundo corresponde a la Torá y a los Tzadikim. Aquel que vence su mala inclinación merece traer *Daat* (abundante luz) desde Arriba para iluminar las letras de la Torá en el nivel en el cual se

Así, cuando subyuga su corazón ante el *daat* que posee –i.e., tiene control sobre su corazón– entonces los atributos en su corazón quedan englobados en *daat* y así reciben la luz del amor que está en *Daat*. Por lo tanto ve y aprehende la luz oculta en la medida de su aspecto.[104] En otras palabras, cuando subyuga su corazón ante el *Daat*, el corazón, que es la raíz de los atributos, recibe a los Tzadikim y a la Torá que hasta ahora le estaban ocultos y cubiertos.[105] Y recibe la luz del amor que está en *Daat*. Éste es el amor entre el Santo, bendito sea e Israel, que existió en potencia antes de la Creación.[106]

8. Y ésta es [la explicación del versículo de apertura]:[107]

{"¿Quién es la persona que desea vida, que ama días de ver el bien?"}.

Quién es la persona que desea vida – "Desea" corresponde al corazón, pues el deseo está en el corazón.[108]

vida – Éste es un aspecto de *Daat*, como está escrito (Proverbios 16:22), "La sabiduría es una fuente de vida para quienes la poseen".[109] Es decir, cuando la persona une el corazón con el *Daat* –cuando controla su corazón y subyuga su inclinación– entonces, en la medida de su aspecto[110]

que ama días – trae el amor de *Daat* hacia los días y hacia los atributos.[111]

de ver el bien – Ve y aprehende "la luz que era buena" y que fue ocultada. Aprehende la luz – i.e., la Torá oculta y los Tzadikim ocultos.[112]

---

104. control sobre su corazón…su aspecto. Al controlar su corazón, la persona vence la mala inclinación, separando así los malos días de las letras/atributos de la Torá. Su corazón está unido así a su *Daat*, y su *Daat* ilumina su corazón, la raíz de los atributos.

105. le estaban ocultos y cubiertos. Debido a sus malos días/malos atributos, la Torá y los Tzadikim estaban ocultos de la persona. Pero ahora que ha eliminado el mal, aquello que estaba oculto se vuelve revelado.

106. en potencia antes de la Creación. Al estar conectado con *Daat*, el amor en potencia se ha actualizado. *Daat*, como se explicó, es la Torá del Anciano Oculto, donde yace el poder de hacer la paz. Así, al estar en control del corazón, la persona se conecta con su intelecto y es elevada hacia el estado en donde puede experimentar el amor que se encuentra en *Daat*, el amor en potencia, que está más allá de toda medida.

107. la explicación del versículo de apertura. El Rebe Najmán pasa revista ahora a la lección dentro del contexto del versículo de apertura.

וְשָׁמַעְתִּי בִּשְׁמוֹ, שֶׁאָמַר שֶׁבְּהַתּוֹרָה הַזֹּאת כְּלוּלִים הַכַּוָּנוֹת שֶׁל לוּלָב. וְלֹא זָכִיתִי לִשְׁמֹעַ בֵּאוּר הָעִנְיָן, אַךְ עִיַּנְתִּי וּמָצָאתִי קְצָת. כִּי עִקַּר הַכַּוָּנוֹת שֶׁל לוּלָב הוּא, לְהַמְשִׁיךְ כָּל הַחֲסָדִים עַד הֶחָזֶה, לְהָאִירָם אֶל הַמַּלְכוּת. וּצְרִיכִין לְנַעֲנֵעַ הַנַּעֲנוּעִים, כְּדֵי לְהַמְשִׁיךְ אוֹר מִשֹּׁרֶשׁ הַחֲסָדִים שֶׁבַּדַּעַת, אֶל הַחֲסָדִים הַמִּתְפַּשְּׁטִים בַּגּוּף, לְהוֹסִיף עֲלֵיהֶם אוֹר גָּדוֹל מִשָּׁרְשָׁם שֶׁבַּדַּעַת וְכוּ'. עַיֵּן שָׁם בַּ"פְּרִי-עֵץ-חַיִּים" בְּשַׁעַר הַלּוּלָב. וְגַם מְבֹאָר שָׁם, שֶׁהַכַּוָּנָה בְּעִנְיַן הַכָּתוּב: "יוֹמָם יְצַוֶּה ה' חַסְדּוֹ", וְלֹא אָמַר יוֹם אֶלָּא יוֹמָם, שֶׁהוּא הוֹלֵךְ עִם כֻּלָּם, עַיֵּן שָׁם.

וְכָל זֶה מְבֹאָר בְּהַתּוֹרָה הַנַּ"ל, עַל-פִּי דַּרְכּוֹ הַנּוֹרָא שֶׁל רַבֵּנוּ זִכְרוֹנוֹ לִבְרָכָה. כִּי מְבֹאָר שָׁם שֶׁעַל-יְדֵי כְּפִיַּת הַיֵּצֶר, זוֹכֶה לְגַלּוֹת הָאַהֲבָה,

e incluso se alienta a que cada persona las estudie, para obtener una mayor comprensión del significado profundo de las mitzvot (ver *Likutey Moharán* II, 120).

115. encontré algo. Estas meditaciones conciernen a la mitzvá de las Cuatro Especies, que se nos ordena llevar a cabo en la Festividad de Sukot: "En el día 15 del séptimo mes será la Festividad de Sukot... tomarán para ustedes la fruta del árbol de la cidra, ramos de palmas y ramos de árboles frondosos (mirtos) y sauces de los arroyos" (Levítico 23:33, 40). La costumbre es tomar con las manos el *lulav* (rama de palmera) –a la cual se le han unido las ramas de mirto y de sauce– y el *etrog* (cidra), mientras se recita la plegaria del Halel durante el Servicio de la Mañana. Al recitar ciertos versículos específicos agitamos el *lulav*, moviéndolo tres veces hacia delante y hacia atrás en cada una de las seis direcciones (el orden de acuerdo al Ari: sur, norte, este, arriba, abajo, oeste). Cada vez que lo hacemos extendemos los brazos para agitar el *lulav* y los traemos de vuelta hacia la zona del pecho. Así, agitamos el *lulav* tres veces en cada una de las seis direcciones, haciendo un total de 18 veces. Esto se hace cuatro veces durante la plegaria del Halel, sumando un total de 72 veces. Esto se hace durante los seis días de Sukot que no caigan en Shabat (ver *Shuljan Aruj, Oraj Jaim* 651:8-11; 658,2). Las meditaciones del Ari se encuentran en nuestro texto.

116. benevolencias. En hebreo, *jasadim*. Ver la nota 118, el párrafo que comienza con "Esto nos deja con la necesidad de aclarar…", para una explicación más detallada de este concepto.

117. Pri Etz Jaim, Shaar HaLulav. El *Pri Etz Jaim*, una colección de las enseñanzas del Ari sobre las meditaciones para las plegarias y los diferentes mandamientos y rituales, está dividido en *Shearim* o "Portales" (singular, *Shaar*). Hay diferentes Portales para las plegarias y las mitzvot de los días de la semana, tales como los tefilín y los tzitzit, al igual que para el Shabat, los Días de Juicio y las Festividades. *Shaar HaLulav* trata con las meditaciones asociadas con las Cuatro Especies.

118. Ver allí. Capítulo 3, págs. 627-629 de la edición de Jerusalén, 1988.

9. {Oí en nombre [del Rebe Najmán][113] que dijo que ésta lección incluía las *kavanot*–meditaciones del *lulav*.[114] Sin embargo, no tuve el mérito de oír una explicación sobre el tema. Sin embargo profundicé en ello y encontré algo.[115]

La esencia de las meditaciones del *lulav* es traer todas las benevolencias[116] hacia el pecho, para hacerlas brillar en *Maljut*. Por ello agitamos [el *lulav*] en las diferentes direcciones para atraer la luz desde la raíz de las benevolencias en *Daat* hacia las benevolencias que están diseminadas por el cuerpo, para amplificarlas con una gran luz proveniente de su raíz en *Daat*. Ver allí, en *Pri Etz Jaim, Shaar HaLulav*.[117] También se explica allí la intención detrás del versículo, "Diariamente Dios ordena Su bondad" – que no dice "día" sino "diariamente", pues [ese día] va con todos los otros. Ver allí.[118]

Todo esto está explicado en la lección, en la asombrosa manera del Rebe Najmán. Pues allí se explica que al anular la inclinación uno

---

encuentra. Como resultado, puede *ahora* ver el "bien", la gran luz (la Torá del Anciano Oculto y los Tzadikim ocultos) que en general está oculta del mundo. Cuando esta Torá se revela, a cada persona en su nivel, aumenta la paz. Sin embargo, la paz universal sólo reinará cuando llegue finalmente Mashíaj y le revele al mundo la Torá oculta y los Tzadikim ocultos.

El versículo así se lee: **Quién es la persona que desea vida** – la persona trae el amor que está en *Daat* hacia los días y hacia los atributos. De esta manera merece **ver el bien** – ver la luz, i.e., la Torá oculta y los Tzadikim ocultos.

Con esto el Rebe Najmán nos ha vuelto a la enseñanza de apertura de esta lección, la búsqueda de la paz. Pues al unir el corazón con *Daat*, de modo que las emociones son ahora gobernadas por el intelecto, y trayendo el amor que está en *Daat* hacia los atributos, la persona trae paz y armonía a los diferentes elementos que conforman su personalidad y al mundo – i.e., une sus atributos, de modo que ya no está en conflicto consigo misma ni con lo que le sucede (ver §1 y nota 5).

113. oí en nombre del Rebe Najmán. El rabí Natán agrega esto, pues no estaba presente cuando la lección fue dada.

114. kavanot-meditaciones…. Es generalmente sabido que la Torá tiene cuatro niveles o planos de comprensión, cuya nemotécnica es *PaRDeS*: *Pshat*, el significado simple del texto; *Remez*, sus alusiones; *Drush*, su interpretación en base a principios hermenéuticos; *Sod*, su interpretación esotérica. A cada nivel es posible encontrar significado en la Torá. El nivel esotérico, la Kabalá, se divide básicamente en dos áreas: 1) el estudio de la estructura de los mundos y el proceso interno de la Creación, 2) las meditaciones asociadas con la plegaria y con el cumplimiento de las mitzvot. Como se mencionó, el Rebe Najmán dijo que nuestra lección contenía alusiones a las meditaciones místicas de los tefilín (ver notas 1, 25, 64). También contiene una explicación de las meditaciones asociadas con las Cuatro Especies, la mitzvá del *lulav*.

Nota: el Rebe Najmán advirtió de no utilizar las *kavanot* al llevar a cabo las mitzvot pues, en la práctica, ello está reservado sólo a los grandes Tzadikim. Sin embargo, se permite

שֶׁהוּא הַחֶסֶד, שֶׁהוּא יוֹמָא דְּאָזֵל עִם כֻּלְהוּ יוֹמִין. דְּהַיְנוּ שֶׁהָאַהֲבָה שֶׁהוּא הַחֶסֶד מְלֻבָּשׁ בְּכָל הַמִּדּוֹת וְכוּ'. וּמְבֹאָר שָׁם שֶׁיֵּשׁ אַהֲבָה שֶׁבַּדַּעַת, שֶׁהִיא לְמַעְלָה מֵהַזְּמַן וְהַמִּדּוֹת. וְעַל־יְדֵי שֶׁמְּקַשֵּׁר לִבּוֹ לְדַעְתּוֹ, שֶׁלִּבּוֹ בִּרְשׁוּתוֹ וְכוּ', אֲזַי מְקַבְּלִין הַמִּדּוֹת אוֹר הָאַהֲבָה שֶׁבַּדַּעַת וְכוּ' כַּנַּ"ל.

וְכָל זֶה הוּא סוֹד כַּוָּנוֹת לוּלָב הַנַּ"ל, שֶׁהוּא לְהַמְשִׁיךְ הֶאָרָה מִשֹּׁרֶשׁ הַחֲסָדִים שֶׁבַּדַּעַת, שֶׁהוּא בְּחִינַת אַהֲבָה שֶׁבַּדַּעַת, לְתוֹךְ הַחֲסָדִים

Anpin y *Maljut* (ver también *Shaar Rúaj HaKodesh*, La Sexta *Kavaná*). Con esto en mente, podemos ahora examinar las meditaciones que se relacionan con la mitzvá de agitar el *lulav* en la Festividad de Sukot.

El Ari enseña que al agitar el *lulav* en las seis direcciones, extendiéndolo hacia afuera y luego trayéndolo de vuelta, traemos la Luz (*shefa*) desde la fuente de las benevolencias que se encuentra en el *Daat* de *Zeir Anpin* y le permitimos fluir hacia el "cuerpo" y estructura de *Zeir Anpin* (ver Apéndice: Las Sefirot y el Hombre, donde esas *sefirot* que corresponden a *Zeir Anpin* son un paralelo de las partes del cuerpo como opuestas a los *mojín*). El motivo para esto es que al traer abundante Luz Infinita iluminamos a *Maljut* y así llenamos el mundo de *shefa*.

De este modo, agitar el *lulav* en las seis direcciones corresponde a traer los *jasadim* de *Daat* hacia *Zeir Anpin*. Las seis direcciones son: sur (*Jesed*), norte (*Guevurá*), este (*Tiferet*), arriba (*Netzaj*), abajo (*Hod*) y oeste (*Iesod*). Más aún, como se explicó en la nota 115, agitar el *lulav* tres veces (una por cada uno de los *mojín*) en cada una de las seis direcciones significa 18 movimientos. Esto lo hacemos 4 veces durante el Halel para un total de 72 veces. Esto es *JeSeD* (חסד), que tiene el valor numérico equivalente a 72. En otras palabras, al agitar el *lulav* se traen *JaSaDim* hacia las seis *sefirot* de las que está compuesto *Zeir Anpin*.

Ahora podemos aplicar esto a la Festividad de Sukot. Los seis días de Sukot corresponden a las seis *sefirot* de *Zeir Anpin*. El punto es traer *jasadim* desde su lugar en *Daat* hacia todas las *sefirot* que están por debajo, lo que se logra agitando el *lulav* en cada uno de los seis días de la Festividad. A la luz de esto, sería aparentemente suficiente con sólo agitar el *lulav* en una dirección cada día, para traer los *jasadim* a la *sefirá* correspondiente a ese día (e.g., hacia el sur en el primer día, correspondiente a *Jesed*; hacia el norte en el segundo día, correspondiente a *Guevurá*; y así en más). Sin embargo, debido a que los *jasadim/Jesed* deben estar presentes y descender continuamente hacia todas las *sefirot*, es necesario agitar el *lulav* en todas las direcciones cada día. Esto está aludido en el versículo, "Diariamente Dios ordena Su *jesed*...". El término *Iomam* ("Diariamente") sugiere un día que va con todos los días (ver n.59). *Ietzavé* ("ordena") también connota "unir". En otras palabras, se une a *Jesed* con cada una de las *sefirot* que están por debajo.

Ahora veremos cómo todo esto se une con la enseñanza del Rebe Najmán. El lector será referido hacia las secciones correspondientes, cuando los conceptos de la lección sean repasados en conjunto con las meditaciones.

119. atributos.... Ver sección 4, notas 56-58.

120. como se explicó. Más arriba, en la sección 5.

merece revelar el amor, que es la bondad, el día que va con todos los días. En otras palabras, el amor, que es la bondad, está investido dentro de todos los atributos....[119] Y allí se explica que hay amor que está en *Daat* y que se encuentra por sobre el tiempo y los atributos. Así, al unir el corazón con *Daat*, la persona obtiene control sobre su corazón... entonces los atributos reciben la luz del amor que está en *Daat*..., como se explicó.[120]

Como se mencionó, todas éstas son las meditaciones esotéricas del *lulav*, cuyo objetivo es traer la luz de la raíz de las benevolencias

---

Un breve repaso (ver también n.59): Las diez *sefirot* están divididas en dos grupos: tres *mojín* – *Jojmá*, *Biná* y *Daat*; y siete atributos – *Jesed*, *Guevurá*, *Tiferet*, *Netzaj*, *Hod*, *Iesod* (que comprenden la persona Divina de *Zeir Anpin*) y la última *sefirá*, *Maljut*. Como se explicó más arriba, la función del sistema de las *sefirot* es permitir que la Luz Infinita de Dios sea filtrada hacia abajo, hacia los niveles inferiores, hasta llegar a *Maljut* (ver Apéndice: Estructura de las Sefirot). Hemos visto también (n.16) que el flujo general de la Luz de Dios también es conocido como *shefa* (abundancia o fuerza vital). Cuando la *shefa* llega a *Maljut*, el mundo físico habitado por el hombre recibe bendiciones. Para facilitar este flujo de abundancia hacia *Maljut*, Dios nos dio las mitzvot de la Torá. Cuando el hombre lleva a cabo una mitzvá hace descender abundancia desde los niveles más elevados hacia este mundo inferior. Por el contrario, cuando el hombre peca se produce una interrupción del flujo de abundancia hacia este mundo. Al transgredir la Voluntad de Dios el hombre produce un ocultamiento de la abundancia y la lleva hacia el ámbito del mal.

Esto nos deja con la necesidad de aclarar el concepto de las benevolencias (*jasadim*) para comprender el pasaje citado del *Pri Etz Jaim*. En verdad, la naturaleza de esta energía espiritual ya ha sido tratada en la lección del Rebe Najmán, sólo que fue referida como "el amor que está en *Daat*". Aquí, la veremos tal cual se relaciona con las *sefirot*. Como se explicó, las *sefirot* están ordenadas en tres columnas individuales: el lado derecho, en el cual el amor y la bondad son las manifestaciones primarias; el lado izquierdo, en el cual el juicio y la justicia son las manifestaciones primarias; el centro, en el cual la compasión y la misericordia –un equilibrio entre los elementos de la derecha y de la izquierda– son las manifestaciones primarias (ver n.8). Esta división también se aplica a las *sefirot* que son conocidas como los *mojín*, con *Jojmá* ubicada a la derecha, *Biná* a la izquierda y *Daat* en el centro. Sin embargo, debido a que los *mojín* corresponden a los niveles conceptuales que están más allá de la comprensión humana, niveles que trascienden a los atributos, por lo tanto los elementos de la derecha y de la izquierda – e.g., los atributos de la bondad y del juicio– que contienen estas *sefirot* se encuentran en una forma potencial. El elemento potencial de la bondad, que tiene su raíz en el lado derecho, en *Jojmá*, es conocido como *jasadim* (benevolencias). El elemento potencial de juicio, que tiene su raíz en el lado izquierdo, en *Biná*, es conocido como *guevurot* (severidades). Esas energías espirituales, los *jasadim* de *Jojmá* y las *guevurot* de *Biná*, se unen en *Daat*. Siendo la confluencia de *Jojmá* y *Biná*, *Daat*, en el centro, combina y equilibra esas energías opuestas. Así, en *Daat* las *guevurot* están atemperadas por los *jasadim* y los *jasadim* están atemperados por las *guevurot*, dando como resultado el elemento potencial de la verdadera compasión. Esta compasión es la *shefa* que desciende a este mundo a través de las personas Divinas de *Zeir*

שֶׁבְּגוּף, שֶׁהֵם בְּחִינַת כְּלָלִיּוּת הַמִּדּוֹת, שֶׁבְּכֻלָּם מְלֻבָּשִׁים חֲסָדִים, שֶׁהֵם בְּחִינַת אַהֲבָה כַּנַּ"ל: וְכָל זֶה כְּדֵי לְהָאִיר אֶל הַמַּלְכוּת, שֶׁהוּא הָאֶתְרוֹג. הַיְנוּ כְּדֵי לְגַלּוֹת מַלְכוּתוֹ לְכָל בָּאֵי עוֹלָם, הַיְנוּ לִמְצֹא אֱלֹקוּתוֹ בְּכָל לְשׁוֹנוֹת הָעַכּוּ"ם, וּבְכָל הַדְּבָרִים גַּשְׁמִיִּים, וּבְכָל מְדוֹרֵי הַקְּלִפּוֹת כַּנַּ"ל, שֶׁכָּל זֶה הוּא בְּחִינוֹת: "וּמַלְכוּתוֹ בַּכֹּל מָשָׁלָה".

וְכָל זֶה נַעֲשָׂה עַל-יְדֵי הַצַּדִּיק שֶׁכּוֹפֶה יִצְרוֹ, שֶׁהוּא בְּחִינַת הַלּוּלָב, שֶׁהוּא בְּחִינַת צַדִּיק כַּיָּדוּעַ, בְּחִינַת: "צַדִּיק כַּתָּמָר יִפְרָח". כִּי בְּסֻכּוֹת אָנוּ עוֹסְקִין לְגַלּוֹת מַלְכוּתוֹ לְכָל בָּאֵי עוֹלָם, וַאֲפִלּוּ לְכָל הַשִּׁבְעִים לְשׁוֹנוֹת הָעַכּוּ"ם, שֶׁזֶּהוּ סוֹד הַשִּׁבְעִים פָּרִים שֶׁמַּקְרִיבִין בִּשְׁבִילָם בְּסֻכּוֹת.

Luz Infinita de Dios está en todas partes, en cada nivel y en cada cosa. Hacer brillar los *jasadim* en *Maljut* es revelar su Reinado al mundo entero.

124. como es sabido. Ver *Zohar* III, 255b, que conecta el *lulav* con el Tzadik, relacionando a ambos con la "columna vertebral" – i.e., la columna del centro de las *sefirot* (*Daat*, *Tiferet*, *Iesod*). Más específicamente, el *Zohar* dice que el *lulav* corresponde a la *sefirá* de *Iesod* (ver n.122) y ya hemos visto que *Iesod* y el Tzadik son uno (ver n.9).

125. Tzadik...palma.... Las hojas de la palmera son usadas para el *lulav*. El Salmista, al decir que el Tzadik florecerá y tendrá frutos como la palma, conecta al Tzadik con el *lulav*. En nuestro contexto, esto indica que mediante el Tzadik/*lulav* podemos traer los *jasadim* en *Daat* hacia *Maljut*, el nivel más bajo.

Esto se relaciona con la afirmación del Rebe Najmán al final de la sección 5, que "cuando se revelen los Tzadikim ocultos y se revele la Torá oculta, una gran paz se revelará en el mundo". Como hemos visto, la Torá corresponde a *Tiferet*, el Tzadik corresponde a *Iesod* y este mundo corresponde a *Maljut* (notas 121-124); más arriba se hizo la conexión entre la paz y el amor (§5 y n.76). Así, mediante la mitzvá del *lulav* –al traer los *jasadim*/amor oculto en *Daat* hacia *Zeir Anpin* y de allí hacia *Maljut*– revelamos la Torá oculta y los Tzadikim ocultos y traemos paz al mundo.

126. setenta toros...naciones. Al detallar los diferentes sacrificios que el pueblo judío debía llevar al Templo, la Torá indica que durante los siete días de Sukot, además de los otros sacrificios, debíamos ofrecer un total de setenta toros (ver Números 29:12-34). Nuestros Sabios explican que el propósito de esos setenta sacrificios era efectuar el perdón para las setenta naciones (*Suká* 55b). Como se explicó, la mitzvá del *lulav* es revelar la Divinidad en los niveles inferiores (ver más arriba, n.122, 123). Aquí vemos que éste es de hecho el significado profundo de la Festividad de Sukot en general – revelar la Divinidad en todas partes, incluso en las setenta naciones, los niveles más alejados de Su santidad.

en *Daat*, siendo éste el aspecto del amor que está en *Daat*, hacia las benevolencias en el cuerpo. Éstas últimas engloban todos los atributos, pues investidas en todos [los atributos] se encuentran las benevolencias, que son un aspecto de amor, como se explicó.[121] Y todo esto es para hacerlo brillar en *Maljut* (Reinado), que es el *etrog*[122] – i.e., para revelar Su Reinado al mundo entero, para encontrar Su Divinidad en todas las lenguas de las naciones, en todo lo corpóreo y en todos los ámbitos de las fuerzas del mal. Pues todo esto es un aspecto de "Su Reinado gobierna sobre todo" (Salmos 103:19).[123]

Y todo esto lo logra el Tzadik que anula su inclinación. Ello se debe a que él corresponde al lulav, que, como es sabido,[124] es un aspecto del Tzadik, correspondiente a "El Tzadik florecerá como la palma" (Salmos 92:13).[125] Pues en Sukot trabajamos para revelar Su Reinado al mundo entero, incluso en las setenta lenguas de las naciones. Éste es el significado profundo detrás de los setenta toros que sacrificamos en Sukot en aras de [las naciones].[126]

---

121. como se explicó. Arriba, en la sección 5. En la Kabalá, *Zeir Anpin* es a veces conocido con el nombre de su *sefirá* central, *Tiferet*. Anteriormente vimos que *Tiferet* corresponde a la Torá (n.7) y que ambos corresponden a *Zeir Anpin* (n.59 final) – siendo en común para los tres la encarnación de los atributos. Así, traer los *jasadim* en *Daat* hacia el "cuerpo" – i.e., el amor que está en *Daat* hacia los atributos– también puede ser descrito como traerlos hacia *Tiferet*. Antropomorficamente, *Tiferet* es un paralelo del torso (ver Apéndice: Las Sefirot y el Hombre). Es por ello que al traer el *lulav* de vuelta al cuerpo cuando realizamos la mitzvá de las Cuatro Especies, lo hacemos hacia el área del pecho. Es decir, estamos trayendo los *jasadim*/amor que están en *Daat*/*mojín* hacia el cuerpo/atributos/*Tiferet*.

122. Maljut...el etrog. El *Zohar* (III, 296a) enseña que las Cuatro Especies se alinean con las siete *sefirot* inferiores como sigue: Los tres *hadasim* (mirtos) corresponden a las *sefirot* de *Jesed*, *Guevurá* y *Tiferet*; las dos *aravot* (sauces) corresponden a *Netzaj* y *Hod*; el *lulav* corresponde a *Iesod*; y el *etrog* corresponde a *Maljut*.

La mitzvá de las Cuatro Especies implica tomar el *lulav* –las tres especies– junto con el *etrog* y agitarlos en las seis direcciones. En base al *Zohar* vemos que el *lulav* corresponde a las seis *sefirot* de *Zeir Anpin*. El *etrog*, por otro lado, corresponde a *Maljut*, la última *sefirá* y la más conectada con este mundo. De modo que agitar el *lulav* simboliza traer los *jasadim* desde *Daat* hacia *Zeir Anpin*, con el objetivo de hacer que descienda abundancia a este mundo, representado por el *etrog*/*Maljut*.

123. Su Reinado gobierna sobre todo. Ver más arriba, secciones 2-3, que Dios está en todas partes y que es nuestra obligación encontrarlo, incluso en los lugares que están muy alejados de la santidad. Pues al anular la mala inclinación, la persona puede revelar el amor de Dios que permea a toda la Creación. Éste es el significado de "Su *Maljut* gobierna sobre todo" – i.e., la

LIKUTEY MOHARÁN #33:9

וְזֶהוּ שֶׁאָנוּ אוֹמְרִים אַחַר נְטִילַת לוּלָב וְהַקָּפוֹתָיו: "לְמַעַן דַּעַת כָּל עַמֵּי הָאָרֶץ כִּי ה' הוּא הָאֱלֹקִים אֵין עוֹד".

וְכָל זֶה מְבֹאָר בְּהַתּוֹרָה הַזֹּאת כַּמְבֹאָר לְעֵיל בַּאֲרִיכוּת: וַעֲדַיִן צְרִיכִין עִיּוּנָא רַבָּא, לְבָאֵר כָּל הַכַּוָּנוֹת שֶׁל לוּלָב עַל־פִּי הַתּוֹרָה הַנַּ"ל בָּאֵר הֵיטֵב. וַה' יָאִיר עֵינֵינוּ בְּתוֹרָתוֹ, שֶׁנִּזְכֶּה לְהָבִין דְּבָרָיו וּרְמִיזוֹתָיו הַנּוֹרָאִים וְהַנִּפְלָאִים]:

tomar un préstamo, el Tzadik, en lugar de resignarse al mal, trabaja mucho más para encontrar el bien. Cuanto más grande sea el ocultamiento, más trabajará para revelar las letras de la Torá que también se encuentran en los malos tiempos, construyendo a partir de ellas nuevas enseñanzas de Torá, tal cual se explicó. Pues la verdad es que no hay lugar ni día ni tiempo que esté tan alejado como para no contener al menos un aspecto oculto y restringido de la Divinidad. De modo que el Tzadik busca más profundamente en todas las cosas que le suceden y toma fuerzas del hecho de que *sabe* que "no hay lugar vacío de Él". En última instancia, encontrará el bien en abundancia precisamente allí en donde parece que no está – suficiente bien no sólo para devolver sus propias deudas, si así pudiera decirse, sino también para distribuirles el bien a los demás. Y así el mundo se beneficia del hecho de que el Tzadik se vio forzado hacia los malos días, los niveles muy bajos. Además, al retornar de allí, el Tzadik produce una revelación de Divinidad en esos ámbitos en los cuales, de otra manera, probablemente nunca habría descendido. De esa manera les trae beneficios a muchos de aquellos que están en esos bajos niveles, alejados de la Divinidad. También aprendemos del ejemplo del Tzadik que ninguna persona debe perder la esperanza. No importa cuán desesperada pueda parecer la situación, Dios está allí. Si la persona desea con sinceridad buscar la Divinidad, todos sus malos días podrán transformarse en buenos días (*Likutey Halajot, Halvaa* 5:5).

Agrega el *Ikara deShabata*: Los conceptos de paz y de amor, de los que habla el Rebe Najmán en esta lección, son aspectos correspondientes al Día de Descanso, el Shabat (ver *Zohar* III, 176b; liturgia del Shabat: "un descanso de amor y bondad"). El Shabat también corresponde a *Daat* como en (Éxodo 31:13), "Deberán guardar el Shabat… porque deben *saber* que Yo, Dios, los santifico". Al observar y honrar el Shabat, la persona merece saber que "el mundo entero está lleno de Su Gloria" y que Él puede ser encontrado en todas partes, en cada lugar y tiempo. El Shabat es conocido por lo tanto como "un anticipo del Mundo que Viene", un atisbo del Futuro, pues al observar el Shabat uno obtiene acceso a la Torá del Anciano Oculto, al amor que está en *Daat*.

Y es por esto que después de tomar el *lulav* y de hacer las *hakafot*–circuitos[127] con él, decimos, "para que todos los pueblos del mundo sepan que Dios es el Señor y que no hay otro" (Reyes I, 8:60).

Todo esto está aclarado en esta lección, como se explica en gran detalle más arriba. Aun así, es necesario un profundo estudio para poder explicar plenamente todas las meditaciones del *lulav* basadas en esta lección. Quiera Dios iluminarnos en sus enseñanza, para que tengamos el mérito de comprender sus tremendas y maravillosas palabras y alusiones}.[128]

127. hakafot-circuitos con él. Durante cada día de Sukot, después del Halel (en algunas sinagogas después de la plegaria de Musaf) es costumbre recitar plegarias especiales denominadas *Hoshanot* ("¡Por favor, salva!"). Éstas son leídas llevando el *lulav* y el *etrog* en la mano mientras se camina alrededor de la *bimá* (plataforma) en el centro de la sinagoga, sobre la cual se ha colocado el rollo de la Torá. Las palabras finales de las plegarias de las *Hoshanot* son: "para que todos los pueblos de la tierra sepan…". Mediante la mitzvá del *lulav* le revelamos el conocimiento de Dios al mundo entero.

128. maravillosas palabras y alusiones. Al aplicar algunas de estas maravillosas enseñanzas del Rebe Najmán a la vida diaria, el rabí Natán escribe: El concepto de los buenos días y de los malos días mencionados en esta lección se relaciona con el tema de tomar dinero prestado. Cuando el dinero que obtiene la persona a partir de su trabajo no es suficiente para cubrir sus gastos, toma dinero prestado. Su razonamiento es que ahora está experimentando "malos días", pero más tarde, cuando vengan los "buenos días", tendrá suficiente dinero para pagar su deuda. La falta de un sustento suficiente está asociada por lo tanto con los malos días. Pero si piensas al respecto, agrega el rabí Natán, la gente siempre está diciendo, "*Estos* son malos tiempos; *aquéllos* sí eran buenos tiempos". En verdad, la persona debe hacer lo posible para no tomar dinero prestado. En su lugar, debe creer que incluso en los malos tiempos hay bien. Sólo debe buscarlo. Como afirman las Escrituras: "En un buen día, disfruta y en un mal día, mira". Incluso en un mal día, debe mirar para encontrar la Divinidad inherente a ese día. Al encontrar a Dios, encuentra la *shefa*/el bien de *ese* día y no necesita tomar prestado de los demás (ver *Likutey Halajot, Halvaa* 5:1).

Ahora bien, podría preguntarse: ¿Qué sucede con los Tzadikim? Ellos están buscando constantemente Su Divinidad, en todas partes. Aun así, a veces, ellos también toman dinero prestado. La respuesta, explica el rabí Natán, es que hay una diferencia. En un nivel más elevado, cuando el Tzadik tiene que tomar prestado, ello es en beneficio del mundo en general. Pues cuando los malos días aumentan al punto en que incluso el Tzadik carece de *shefa* y tiene que

ליקוטי מוהר"ן סימן ל"ד

לְשׁוֹן רַבֵּנוּ זִכְרוֹנוֹ לִבְרָכָה

וְאַתֶּם תִּהְיוּ לִי מַמְלֶכֶת כֹּהֲנִים וְגוֹי קָדוֹשׁ. אֵלֶּה הַדְּבָרִים אֲשֶׁר תְּדַבֵּר אֶל בְּנֵי יִשְׂרָאֵל: (שמות יט)

א. כְּתִיב (תהלים סט): "חֶרְפָּה שָׁבְרָה לִבִּי", הַיְנוּ הַחֲרָפוֹת וּבִזְיוֹנוֹת שׁוֹבְרִין לִבּוֹ שֶׁל אָדָם. וְהַתִּקּוּן הוּא, עַל יְדֵי שֶׁמְּקַשֵּׁר אֶת לִבּוֹ לְהַנְקֻדָּה הַשַּׁיָּךְ לְלִבּוֹ בָּעֵת הַזֹּאת, וְעַל-יְדֵי-זֶה נִתְבַּטֵּל הַחֶרְפָּה הַשְּׁוּרָה עַל לִבּוֹ:

fuente de tradiciones de Breslov, solía decir que esta lección era considerada fundamental para seguir las enseñanzas del Rebe Najmán y que por lo tanto era repasada regularmente por los jasidim del Rebe de las generaciones anteriores. Por lo tanto, hemos desarrollado y elaborado algunos conceptos sobre su aplicación práctica, pues esto le permitirá al lector comprender cuán fundamental puede ser esta lección para su crecimiento espiritual.

2. ultraje...el corazón. En este salmo el rey David se queja del tormento y de la burla a los que se ve sometido por sus enemigos. "Gente prominente habla mal de mí... el ultraje me ha quebrantado el corazón y me enfermé gravemente; esperé quien se compadeciera de mí mas no lo hubo; y consoladores mas no los hallé". De modo que es difícil servir a Dios, insiste el rey David. Más adelante (§7), el Rebe Najmán explica que "ultraje" hace referencia al pecado producido por la mala inclinación que reside en el corazón; es esa mala inclinación la que quebranta el corazón. El Rebe enseña ahora cómo eliminar esa fuente de ultraje y reparar lo que ha sido quebrado.

Como regla general, el Rebe Najmán comienza cada lección estableciendo en el párrafo de apertura el objetivo de esa enseñanza en particular. El resto de lección es una serie de declaraciones y pruebas que sustentan ese punto y muestran cómo puede ser alcanzado (*rabí Eliahu Jaim Rosen*). Aquí, el Rebe Najmán ha presentado el tema central de la lección, "El ultraje me ha quebrantado el corazón", al que sólo volverá a tratar más adelante, en la sección 7.

3. la nekudá aplicable al corazón en ese momento.... El *Parparaot LeJojmá* explica que el Rebe Najmán está haciendo referencia, de una manera general, a las tres diferentes *nekudot* (puntos) mediante las cuales la persona puede despertar su corazón a Dios y eliminar el ultraje (ver más adelante, §8). Agrega el rabí Natán: Debido a que la persona enfrenta diariamente nuevas situaciones y desafíos, la *nekudá* aplicable a su corazón en un momento determinado cambia constantemente. Y dado que cada momento es diferente del que le precedió y del que le seguirá, es esencial que la persona utilice cada momento para el crecimiento espiritual y no dilate el arrepentimiento o la devoción a Dios para un tiempo posterior. La persona que realmente quiera servir a Dios podrá tomar fuerzas del hecho de que cada momento es único y le otorga la posibilidad de acercarse siempre a Dios (*Torat Natán #2-3*).

LIKUTEY MOHARÁN 34[1]

"*Vatem Tihiu Li Mamlejet Cohanim* (Serán para Mí un reino de sacerdotes) y una nación santa. Éstas son las palabras que les dirás a los Hijos de Israel". (Éxodo 19:6)

Está escrito: "El ultraje me ha quebrantado el corazón" (Salmos 69:21).[2] Es decir, el ultraje y la humillación quiebran el corazón de la persona. La rectificación para ello es unir el corazón con la *nekudá* aplicable al corazón en ese momento. Con esto se elimina el ultraje que pesa sobre el corazón.[3]

---

1. **Likutey Moharán 34.** Esta lección es *leshón Rabeinu z'l*, proveniente del manuscrito del Rebe Najmán (ver Lección #33, n.1). *Tovot Zijronot* afirma que fue dada mientras el Rebe vivía en Medvedevka, durante el mes de Shvat (invierno), aunque no se menciona el año. Nota del compilador: El hecho de que esta enseñanza aparezca en el *Likutey Moharán* y que el Rebe Najmán no haya querido que las lecciones que dio antes de su peregrinaje a la Tierra Santa fueran incluidas en sus escritos, sugiere que el único año en el cual podría haber sido dada en Medvedevka fue el 5560 (1800), dado que el Rebe Najmán volvió de la Tierra Santa en el verano de 1799 y en el verano siguiente se mudó de allí a Zlatipolia. Sin embargo, esto contradice en algo el *Tovot Zijronot* del cual también aprendemos que el Rebe enseñó esta lección cuando Reb Aarón, que más tarde fue rabí en Breslov y uno de los seguidores más cercanos del Rebe Najmán, se unió por primera vez a los seguidores del Rebe. En su primer encuentro, el Rebe Najmán habló sobre un corazón puro, sobre cuidarse de no quebrarlo con el ultraje, su rectificación mediante el punto (*nekudá*) aplicable al corazón en ese momento y sobre el Tzadik como la raíz abarcadora de todas las almas judías – todo lo cual aparece en esta lección. En ese tiempo, Reb Aarón le pidió al Rebe que lo bendijera para ser digno de al menos comprender las conversaciones simples y cotidianas del Rebe. El problema es que este primer encuentro tuvo lugar *antes* del peregrinaje del Rebe (ver *Tovot Zijronot* #7, págs. 121-123; *Tzadik* #509; y *Until The Mashiach* p.21). Una posible solución es que, como es sabido, más de una vez el Rebe Najmán tenía preparada una lección pero no la revelaba sino hasta más tarde (ver *Likutey Moharán* I, 21:1, n,1; *Tzadik* #136-138). Así, es posible que haya mencionado algunos puntos de esta enseñanza cuando Reb Aarón se acercó por primera vez, pero sólo la enseñó en público en una ocasión posterior.

Los temas principales de la lección son: desarrollar la *nekudá* (punto) interior del corazón; conversar con nuestros amigos sobre el servicio a Dios, para recibir su *nekudá*; unirse al Tzadik para recibir su *nekudá*; reparar nuestro corazón quebrantado; el estudio de la Torá; la plegaria; el *hitbodedut*. También están tratados los conceptos de la Rotura de los Recipientes, Iosef, el sacerdocio y el pacto de paz. El Rebe Najmán dijo que esta lección contenía alusiones a las meditaciones místicas de los tefilín (ver Lección #38:11). El rabí Natán compuso un discurso sobre los tefilín en base a esta enseñanza, que también será reseñado al final de la lección. El rabí Leví Itzjak Bender, un líder de la comunidad de Breslov en Jerusalén y una importante

ב. כִּי הִנֵּה הַכְּלָל, שֶׁהַמֶּמְשָׁלָה בְּיַד הַצַּדִּיק לִפְעֹל פְּעֻלּוֹת כִּרְצוֹנוֹ, כְּמוֹ שֶׁדָּרְשׁוּ חֲכָמֵינוּ זִכְרוֹנָם לִבְרָכָה (מועד קטן טז:): "צַדִּיק מוֹשֵׁל" וְכוּ' – מִי מוֹשֵׁל בִּי? צַדִּיק, וְזֶהוּ בְּחִינַת (בראשית מב): "וְיוֹסֵף הוּא הַשַּׁלִּיט". וְהוּא שֹׁרֶשׁ כְּלָלִיּוּת נִשְׁמוֹת יִשְׂרָאֵל, וְהֵם הָעֲנָפִים שֶׁלּוֹ הַמְקַבְּלִים מִמֶּנּוּ.

וְעִקַּר הַמֶּמְשָׁלָה, לְהָאִיר וּלְהִתְעוֹרֵר לָבָם לַעֲבוֹדַת הַשֵּׁם יִתְבָּרַךְ. כְּמוֹ שֶׁכָּתוּב (דברים לג): "שְׁמַע ה' קוֹל יְהוּדָה וְאֶל עַמּוֹ תְּבִיאֶנּוּ", הַיְנוּ לְהָאִיר הֶאָרַת הַצַּדִּיק בַּעֲנָפִים, הַיְנוּ בְּלֵב יִשְׂרָאֵל, וְזֶהוּ: "וְאֶל

onanismo, la homosexualidad y otras transgresiones sexuales). Hemos visto que la persona que merece el nivel del Tzadik se transforma en un gobernante. De este modo, Iosef, quien rechazó los avances de la esposa de su amo (Génesis 39:7-12), mereció el nombre de Tzadik y se volvió gobernante en Egipto. Así, las Escrituras afirman, "Iosef fue el gobernante de la tierra; era él quien le proveía al pueblo". Debido a que Iosef era el gobernante, pudo proveer a las necesidades del pueblo tal cual lo consideraba apropiado.

En la terminología de la Kabalá, "Iosef era el gobernante" alude al papel de *Iesod* en su unión básica con *Maljut*, en el que *Iesod* carga con la responsabilidad primaria de transferir la *shefa* desde las *sefirot* superiores hacia *Maljut*. Esto es: Iosef/*Iesod* es el gobernante sobre la tierra/*Maljut*, proveyéndola de la *shefa* (abundancia) que requiere. Sin embargo, si hay una separación entre *Iesod* y *Maljut*, Dios no lo permita, la *shefa* va en su lugar a las *klipot* (el Otro Lado) y es malgastada. De esta manera, cuando la persona alcanza el nivel de Tzadik, debe ser muy cuidadosa y no abusar de su poder. Más bien, su poder y autoridad deben ser un canal a través del cual pueda proveerle el beneficio espiritual y material al pueblo (ver también *Ikara deShabata*). (La necesidad de esta unión entre *Iesod* y *Maljut* será desarrollada en la siguiente sección).

8. la raíz que abarca.... Encontramos en los escritos del Ari que todas las almas están enraizadas en el alma del Tzadik, siendo el Tzadik equivalente al tronco de un gran árbol, y sus seguidores como las diferentes ramas, ramillas y hojas (ver *Shaar HaGuilgulim* #31, págs. 83-88). Es por este motivo que ciertas almas gravitan hacia un Tzadik mientras que otras van hacia otra parte, cada una siendo una extensión de una diferente raíz-alma o "árbol".

El Rebe Najmán hizo notar cierta vez que mediante esta lección uno puede ver a todos los Tzadikim de la generación – el carácter, el nivel y la grandeza de cada uno de ellos (*Tzadik* #148; *Parparaot LeJojmá*). De alguna manera podemos sentir esas cualidades al observar el grado en el cual el temor a Dios juega un papel en la relación entre los diferentes Tzadikim y todos los que están unidos a ellos. Ésta debería ser la esencia de su "gobierno" por sobre sus seguidores, como el Rebe continúa diciendo.

9. la esencia de este gobierno...Dios. Como se mencionó anteriormente, el Tzadik gobierna mediante el temor a Dios. Dado que ésta es la esencia de su gobierno y todas sus ramas/almas deben recibir de él, su misión es por lo tanto inspirarlas con el temor a Dios.

10. la voz de Iehudá.... Iehudá, al igual que el Tzadik, personifica la autoridad y el gobierno, como está indicado en la bendición de Iaacov a su hijo (Génesis 49:8, 10), "Iehudá, tus hermanos se someterán a ti. Tu mano estará sobre el cuello de tus enemigos; los hijos de tu padre se inclinarán ante ti.... El cetro no se apartará de Iehudá... las naciones se le someterán

2. Pues el principio general es que el Tzadik tiene el poder de ejercer el gobierno como lo considere apropiado.⁴ Como enseñaron nuestros Sabios: "el Tzadik gobierna..." (Samuel 2, 23:3)⁵ – ¿Quién gobierna sobre Mí? El Tzadik (*Moed Katán* 16b).⁶ Esto corresponde a "Iosef era el gobernante" (Génesis 42:6).⁷ Él es la raíz que abarca a todas las almas judías y ellas son las ramas que reciben de él.⁸

Ahora bien, la esencia de este gobierno es iluminar sus corazones y despertarlos al servicio a Dios.⁹ Como está escrito (Deuteronomio 33:7), "Que Dios oiga la voz de Iehudá y lo haga regresar a su pueblo".¹⁰ En otras palabras, hacer brillar la luz del Tzadik en las ramas – i.e., en el

---

El rabí Natán demuestra también cómo la *nekudá* aplicable al corazón se relaciona con la fe. Explica: Toda la Torá se apoya en la fe, como en (Salmos 119:86), "Todos Tus preceptos son fe". De este modo la fe es la base misma de la conexión de la persona con Dios. También es fundamental para unirse al Tzadik, quien encarna la fe, como en (Habakuk 2:4), "El Tzadik vive por su fe" (*Torat Natán* #1). Como veremos más adelante, la *nekudá* aplicable al corazón tiene que ser desarrollada mediante la meditación del *hitbodedut*, a través de la conversación con un amigo y al hablar con el Tzadik. En las siguientes secciones el Rebe Najmán trata el concepto del Tzadik que tiene el poder de gobernar sobre el mundo que lo rodea y más tarde explica cómo un elemento de ese poder también es accesible a todo aquel que lo quiera adquirir.

4. lo considere apropiado. Esto se aplica a todas las áreas, pues mediante su poder, el Tzadik puede trascender incluso las fuerzas de la naturaleza. Ver las notas siguientes.

5. el Tzadik gobierna. Afirman las Escrituras, "El Dios de Israel ha hablado, la Roca de Israel dijo concerniente a mí, 'Un gobernador de hombres; el Tzadik gobierna con el temor a Dios'". El significado simple es que el rey David dice que fue elegido para ser gobernante de los hombres, y así será mientras se mantenga recto y lleve a la nación hacia el temor a Dios (*Radak*). Pues cuando el Tzadik recibe autoridad sobre el pueblo, gobierna con el temor a Dios – él inspira en ellos el temor a Dios (*Metzudat David*).

6. ¿Quién gobierna sobre Mí? El Tzadik. Nuestros Sabios leen este versículo enigmático como sigue: "El Dios de Israel... me dijo, '*Yo* soy el Gobernante de los hombres'". En ese caso, las palabras "el Tzadik gobierna" parecen redundantes, a no ser que, como dicen nuestros Sabios, enseñen que aunque Dios gobierna sobre el hombre, están aquellos que pueden gobernar sobre Dios. De aquí: "¿Quién gobierna sobre Mí? El Tzadik". Mediante su temor a Dios, el Tzadik puede gobernar sobre Dios, si así pudiera decirse. Así, si el Cielo emite un decreto en contra del hombre, el Tzadik tiene el poder de anularlo. Como enseña el Rebe: El Tzadik tiene el poder de ejercer el gobierno como lo considere apropiado. Es por ello que los Tzadikim pueden llevar a cabo milagros. Ellos pueden pasar por sobre las leyes de Dios, tales como las leyes de la naturaleza y hacer algo sobrenatural. También pueden anular los decretos Divinos sobre la enfermedad, la pobreza y demás.

7. Iosef era el gobernante. En las enseñanzas de la Kabalá, Iosef está asociado con la *sefirá* de *Iesod* y el *brit* (ver Lección #33, n.9; *brit* significa "pacto", pero también implica el órgano sexual masculino). En otra instancia, el Rebe Najmán cita el *Zohar* (III, 165a) que enseña que sólo cuando alguien cuida el *brit* puede ser llamado un Tzadik (*Likutey Moharán* I, 23:3; cuidar el pacto implica la abstención de los matrimonios prohibidos y el adulterio, la inmoralidad, el

עַמּוֹ תְּבִיאֶנּוּ":

ג. **וּבְחִינָה הַזֹּאת,** הַיְנוּ "וְיוֹסֵף הוּא הַשַּׁלִּיט", הוּא בְּחִינַת מְלָאפוּם. כְּמוֹ שֶׁכָּתוּב (בכל ספרי קבלה, ומובא בשערי ציון בשער תיקון הנפש) בְּרִית - מֶרְכָּבָה לַיְסוֹד, אֲשֶׁר הוי"ה שֶׁלּוֹ בְּנִקּוּד מְלָאפוּם. כִּי הַמְלָאפוּם הוּא הָאוֹתִיּוֹת מְלֹא פוּם, לְהוֹרוֹת, שֶׁכְּלֵי הַשֶּׁפַע, הַיְנוּ הַפֶּה שֶׁל הַצַּדִּיק, הוּא מָלֵא מֵאֱלֹקוּת שֶׁל הַשֵּׁם יִתְבָּרַךְ.

כִּי לִכְאוֹרָה קָשֶׁה, לָמָּה אָנוּ צְרִיכִין לִתְפִלָּה, וְהַשֵּׁם יִתְבָּרַךְ יוֹדֵעַ מַחֲשָׁבוֹת? אֲבָל מֵחֲמַת שֶׁהַדִּבּוּר הוּא כְּלֵי הַשֶּׁפַע, שֶׁבָּהֶם מְקַבְּלִין הַשֶּׁפַע, כְּמוֹ שֶׁכָּתוּב (דברים א): "וִיבָרֵךְ אֶתְכֶם כַּאֲשֶׁר דִּבֶּר לָכֶם",

particular. Por ejemplo el *IHVH* de *Keter*, la primera *sefirá*, está punteado con el *kamatz*. Aquí, el Rebe Najmán hace referencia al *IHVH* de *Iesod*, la novena *sefirá*, que está punteado con el *melopum*. En nuestro contexto, esto se relaciona con Iosef/Tzadik, que corresponde a *Iesod* y también al *melopum*, como el Rebe explicará.

17. MeloPUM...MeLo PUM, una boca llena. Con esto el Rebe Najmán demuestra que el Tzadik, que corresponde a *Iesod*, sólo puede ser considerado un Tzadik cuando su boca está perfecta y plena de Divinidad. Como se mencionó más arriba (n.7), "Iosef era el gobernante" indica el lazo de unión entre *Iesod* y *Maljut*. A partir del *Zohar* aprendemos que *Maljut* es conocida como "la boca" (*Tikuney Zohar*, Introducción). Ello se debe a que el Reinado (*Maljut*) sólo está completo cuando los edictos del gobernante son expresados y hechos conocer a sus súbditos (*Likutey Moharán* II, 82:1). De aquí que el Tzadik que gobierna lo haga a través del poder de su boca, "una boca llena", el *melopum*. Así, la persona que es moralmente pura y que se vuelve un vehículo para Iesod, el nivel del Tzadik, merece "una boca llena" y puede gobernar – incluso sobre Dios, si así pudiera decirse. Más específicamente, el poder del Tzadik para gobernar proviene de una boca llena de plegarias, como el Rebe continuará explicando.

18. está lleno de la Divinidad.... La Divinidad hace referencia aquí a la *shefa* (abundancia) que desciende para traer bendiciones al mundo. El Tzadik que merece perfeccionar el *brit/Iesod* se hace digno de "una boca llena"/*Maljut* – una boca plena de Divinidad y de bendiciones. El Tzadik que gobierna ha perfeccionado sus recipientes para la abundancia y puede así recibir y distribuir abundancia. Su boca es un *melopum*, una boca llena de Divinidad. Está llena de plegarias: alabanzas a Dios, pedidos, súplicas y demás.

19. por qué tenemos que orar.... Ésta es la primera vez en la lección que se menciona la plegaria. El Tzadik es el proveedor de abundancia pues su boca –i.e., su plegaria– es perfecta, capaz de recibir y de distribuir la abundancia de Dios. La pregunta sigue en pie: ¿Por qué es necesaria la plegaria, cuando el Tzadik ha cuidado su *brit* y ha alcanzado la pureza? ¿Por qué es necesario orar para traer sustento y abundancia? El Rebe Najmán responde:

20. recibimos el influjo de abundancia. Toda la *shefa* que desciende a través de *Iesod* hacia *Maljut*/la boca, se manifiesta en este mundo como resultado de las palabras del habla, los "recipientes para la abundancia". Por lo tanto, es necesario orar. Pues sin la plegaria, la boca

corazón de Israel. Esto es "lo haga regresar a su pueblo".[11]

3. Este aspecto de "Iosef era el gobernante"[12] corresponde a *melopum*.[13] Como está escrito:[14] El *brit* es el vehículo para *Iesod*,[15] cuyo *HaVaIaH* está puntuado con *melopum*.[16] Ello se debe a que las letras de *MeLoPUM* conforman la frase *MeLo PUM* ("una boca llena"),[17] indicando que el recipiente para la abundancia –i.e., la boca del Tzadik– está lleno de la Divinidad del Santo, bendito sea.[18]

Pues es difícil de comprender por qué tenemos que orar cuando Dios conoce [todos nuestros] pensamientos.[19] Sin embargo, ello se debe a que las palabras son los recipientes para la abundancia, mediante los cuales recibimos el influjo de abundancia.[20] Como está escrito (Deuteronomio 1:11),

---

hasta que llegue la tranquilidad final". El rey David, el rey de Israel, descendía por lo tanto de Iehudá, tal como lo será el recto Mashíaj cuando "llegue la tranquilidad final". En este sentido, "Que Dios oiga la voz de Iehudá" puede comprenderse como Dios prestando atención a los decretos del Tzadik y "regresar a su pueblo" indica el despertar su corazones al servicio a Dios.

11. a su pueblo. ¿Cuándo es que Dios les presta atención a los decretos del Tzadik? Cuando el Tzadik lleva sus enseñanzas de temor a Dios *hacia* el pueblo.

Resumen: La rectificación de un corazón ultrajado se lleva a cabo cuando se une el corazón a la *nekudá* (punto) aplicable a ese momento (§1). El temor a Dios del Tzadik es la base de su autoridad, mediante la cual puede incluso sobrepasar a los decretos del Cielo. Debe utilizar esa autoridad para inspirar el temor a Dios en la gente (§2).

12. Iosef era el gobernante. Habiendo demostrado que el Tzadik es alguien que puede gobernar tal cual lo considere apropiado, el Rebe Najmán explica ahora que el Tzadik lo lleva a cabo a través de su "boca" – i.e., sus plegarias.

13. melopum. Éste es el noveno punto vocal hebreo (*nekudá*) y corresponde a la *sefirá* de *Iesod*, también conocida como "Tzadik" (ver *Likutey Moharán* I, 8, n.82). El *melopum* es la letra *vav* con un punto (*nekudá*) en su centro, וֹ.

14. como está escrito. *Shaarei Tzion, Shaar Tikún Nefesh*, p.36b.

15. el vehículo para Iesod. Es axiomático en el Talmud y en la Kabalá que la santidad de algo se vuelve manifiesta a través del nivel que se encuentra por debajo. Así, Rashi comenta sobre el versículo "Dios ascendió de Abraham" (Génesis 17:22): Los Patriarcas son la carroza de Dios (i.e., el vehículo a través del cual la Divinidad se hace manifiesta). En el orden antropomórfico de las *sefirot*, *Iesod* corresponde al *brit* (órgano sexual). La persona que mantiene la pureza del *brit* puede así transformarse en un vehículo a través del cual se manifiesta la energía espiritual de la *sefirá* de *Iesod*. Éste es el significado de "El *brit* es el vehículo para *Iesod*".

16. HaVaYaH…melopum. Debido a que está prohibido pronunciar el nombre más sagrado de Dios, el Tetragrámaton, *IHVH* (יהוה) es generalmente leído con las letras traspuestas, como *HaVaYaH* (הויה). La Kabalá enseña que el Tetragrámaton se encuentra en cada una de las diez *sefirot*, con sus cuatro letras punteadas con el punto vocal correspondiente de cada *sefirá* en

הַיְנוּ לְפִי הַדִּבּוּר כֵּן הַשֶּׁפַע; אִם הַדִּבּוּר, הַיְנוּ הַכְּלִי הַשֶּׁפַע, הוּא בִּשְׁלֵמוּת וּבִמְלוֹאָהּ, אֲזַי יְכוֹלִין לְקַבֵּל בָּהֶם רֹב שֶׁפַע. וְהַדִּבּוּרִים שֶׁל הַצַּדִּיק, בְּוַדַּאי הוּא בִּשְׁלֵמוּת וּבִמְלוֹאָהּ, לָכֵן יָכוֹל לְהַמְשִׁיךְ הַשֶּׁפַע לְיִשְׂרָאֵל. וְעַל־יְדֵי־זֶה נִקְרָא בְּחִינַת מְלֹא פֻם, לְהוֹרוֹת שֶׁהַפֶּה שֶׁלּוֹ בִּמְלוֹאָהּ וּבִשְׁלֵמוּת:

ד. וְכָל אֶחָד וְאֶחָד מִיִשְׂרָאֵל, יֵשׁ בּוֹ בְּחִינַת "צַדִּיק מוֹשֵׁל" שֶׁהוּא בְּחִינַת מְלֹא פֻם, כְּמוֹ שֶׁכָּתוּב (ישעיה ס): "וְעַמֵּךְ (יִשְׂרָאֵל) כֻּלָּם צַדִּיקִים". וְזֶהוּ פֵּרוּשׁ (תהלים קיד): "יִשְׂרָאֵל מַמְשְׁלוֹתָיו", הַיְנוּ 'מִי מוֹשֵׁל בִּי? צַדִּיק'.

כִּי יֵשׁ בְּכָל אֶחָד מִיִּשְׂרָאֵל דָּבָר יָקָר, שֶׁהוּא בְּחִינַת נְקֻדָּה, מַה שֶּׁאֵין בַּחֲבֵרוֹ. כְּמַעֲשֶׂה דְאַבַּיֵּי וְאַבָּא אֻמָּנָא (תענית כא:), שֶׁהֱשִׁיבוּ לוֹ, לָא

si la fe es pobre, la persona no tiene *melopum* y su recipiente para captar la abundancia se ve dañado. Vemos entonces que mientras que la plegaria es el recipiente, la fe es el vehículo para desarrollar apropiadamente la plegaria (*Torat Natán* #9).

Resumen: La rectificación de un corazón ultrajado se lleva a cabo cuando se une el corazón a la *nekudá* (punto) aplicable a ese momento (§1). El temor a Dios del Tzadik es la base de su autoridad, mediante la cual puede incluso sobrepasar a los decretos del Cielo. Debe utilizar esa autoridad para inspirar el temor a Dios en la gente (§2). El Tzadik gobierna debido a que ha perfeccionado los recipientes para captar la abundancia – i.e., su boca es un aspecto de *melopum* (§3).

23. Tu pueblo…son Tzadikim. Anteriormente, el Rebe Najmán habló del Tzadik, quien, mediante su aspecto de *melopum* gobierna sobre Dios. Aquí demuestra cómo este concepto se aplica también a todos y a cada uno de los judíos. "Tu pueblo… son Tzadikim", de modo que lo que se aplica al Tzadik se aplica también a cada miembro individual del pueblo judío, cada uno de acuerdo a su nivel de *melopum*, como el Rebe explica a continuación.

24. Israel, Sus gobernantes…. El Salmista relata que cuando Dios redimió a los Hijos de Israel de la esclavitud en Egipto, ellos se volvieron Sus súbditos: "Israel, Su dominio". Dios Mismo fue el Gobernante. Sin embargo, como explicará el Rebe Najmán más tarde en esta sección, eso fue antes de que le entregara la Torá al pueblo judío. Pues al traspasar Su Torá, Dios también le entregó Su autoridad a Su pueblo –quienes, en potencia, son todos Tzadikim– y de esa manera le dio el poder de gobernar. Así, en nuestro contexto, el Rebe Najmán lee el versículo como: "Israel, Sus gobernantes". Los judíos se volvieron Sus gobernantes; habiendo alcanzado el nivel de Tzadik/*melopum*, ellos gobiernan sobre Dios.

25. algo valioso…. El rabí Natán explica que la *nekudá* única de cada judío es su *neshamá*, su alma preciosa (*Torat Natán* #11). Es decir, cada persona es única y debe desarrollarse de acuerdo a su capacidad y habilidades. Uno no debe por lo tanto copiar las devociones de otra persona ni su servicio a Dios, pues es posible que ese sendero no sea el que deba tomar. Cada persona debe desarrollar y utilizar sus propias fuerzas. El Rebe Najmán expande ahora este pensamiento.

"y los bendiga como Él se lo ha dicho" – i.e., el influjo de abundancia está de acuerdo con el habla.[21] Si las palabras, los recipientes para la abundancia, son perfectas y están plenas, entonces podremos recibir en ellas plena abundancia.

Y las palabras del Tzadik son ciertamente [dichas] con perfección y plenitud. Por lo tanto, pueden traer abundancia para Israel. Es por ello que es llamado un aspecto de "una boca llena", para indicar que su boca está plena y perfecta.[22]

4. Ahora bien, todos y cada uno de los judíos poseen un aspecto de "el Tzadik gobierna", correspondiente a "una boca llena", como en (Isaías 60:21), "Tu pueblo, todos ellos son Tzadikim".[23] Éste es el <aspecto> de "Israel, Sus gobernantes" (Salmos 114:2). Es decir, "¿Quién gobierna sobre Mí? El Tzadik".[24]

Pues en cada judío hay algo valioso, un aspecto de una *nekudá*, que su compañero no tiene.[25] Como en la historia de Abaie y de Aba

---

–Maljut– no está llena de Divinidad y carece por lo tanto de los medios para recibir la *shefa*.

El rabí Natán agrega que la misión del hombre en la vida es crear los recipientes necesarios para captar la *shefa*, para que haya abundantes bendiciones de las cuales pueda beneficiarse el mundo entero. Esos recipientes se crean a través de las buenas acciones y en especial de la plegaria, que es el principal vehículo para crear los recipientes (*Torat Natán* #10).

21. y los bendiga como Él se los ha dicho…habla. Este versículo proviene del sermón de Moshé a los Hijos de Israel. "Que Dios… aumente su número mil veces y los bendiga *kaasher diber lajem* ("como Él se los ha dicho")". El Rebe Najmán interpreta esto como *kaasher dibur shelajem* ("en la medida de sus palabras"). Esto es, la bendición de Dios le llega a los judíos en la medida de los recipientes de abundancia creados por sus palabras. Cuanto más perfeccionados estén los recipientes –i.e., la plegaria y el habla– mayor será la capacidad de recibir abundantes bendiciones.

22. plena y perfecta. Es por ello, como explicó el Rebe Najmán arriba, que el Tzadik gobierna sobre los decretos del Cielo. Dado que ha perfeccionado su habla y creado los recipientes necesarios, puede captar abundantes bendiciones. Su boca es "una boca llena" de plegarias y de alabanzas a Dios, un *melopum*. Por lo tanto gobierna.

El rabí Natán explica que, en verdad, cada judío, en la medida de la amplitud de su fe, es un aspecto de *melopum*. Como veremos (§5), el *melopum* es una *nekudá*, la *nekudá* de la fe (ver más arriba, n.3). Cada judío posee la capacidad de traer *shefa* (como el Rebe explicará en la siguiente sección) y mediante sus súplicas "forzar" a Dios, si así pudiera decirse, a aceptar y responder a sus plegarias. Este poder les llega a través de la fe – fe en que el Santo, bendito sea, creó todo y que es Omnipotente; que todo es gobernado por Su Divina Providencia y que es Su prerrogativa el otorgar bendiciones de abundancia como lo considere apropiado. La persona debe también tener fe en que Dios oye y acepta cada plegaria, incluso las de aquellos que están muy lejos de Él. Por lo tanto, dado que Dios oye cada plegaria, *todos* pueden pedirle a Dios que responda a sus pedidos, siempre y cuando sean sinceros en sus esfuerzos. Por el contrario,

מָצִית לְמֶעְבַּד כְּעֶבְדָּא דְאַבָּא אָמְנָא וְכוּ'. וּבְחִינָה הַזֹּאת שֶׁיֵּשׁ בּוֹ יוֹתֵר מֵחֲבֵרוֹ, הוּא מַשְׁפִּיעַ וּמֵאִיר וּמְעוֹרֵר לֵב חֲבֵרוֹ, וַחֲבֵרוֹ צָרִיךְ לְקַבֵּל הִתְעוֹרְרוּת וּבְחִינָה הַזֹּאת מִמֶּנּוּ, כְּמוֹ שֶׁכָּתוּב וּמְקַבְּלִין דֵּין מִן דֵּין:

כִּי קֹדֶם מַתַּן תּוֹרָה הָיָה הַמֶּמְשָׁלָה בְּיַד הַשֵּׁם יִתְבָּרַךְ, וְאַחַר מַתַּן תּוֹרָה נָתַן הַמֶּמְשָׁלָה לְיַד כָּל יִשְׂרָאֵל, כָּל אֶחָד לְפִי בְּחִינָתוֹ. כִּי אוֹתִיּוֹת הַתּוֹרָה הֵם הַתְלַבְּשׁוּת רְצוֹנוֹ שֶׁל הַשֵּׁם יִתְבָּרַךְ, כִּי רְצוֹנוֹ שֶׁל הַשֵּׁם יִתְבָּרַךְ שֶׁהַמִּצְווֹת יִהְיוּ כָּךְ. לְמָשָׁל מִצְוַת תְּפִלִּין, הָיָה רְצוֹנוֹ שֶׁיִּהְיֶה בְּאַרְבַּע פָּרָשִׁיּוֹת וּבָתִּים שֶׁל עוֹר, וְלֹא שֶׁל כֶּסֶף, כִּי כֵן רְצוֹנוֹ. נִמְצָא, שֶׁרְצוֹנוֹ מְלֻבָּשׁ בְּכָל הַתּוֹרָה. וְעַכְשָׁו שֶׁהַתּוֹרָה מְסוּרָה

otro. Más bien, la inspiración que la persona recibe al conversar con los demás sobre el servicio a Dios debe elevarla hacia mayores alturas en su propia búsqueda espiritual. Los jasidim de Breslov enfatizan el hecho de que la prueba que el Rebe trae para esto es el Targúm diciendo "Uno *recibe* del otro". En otras palabras, al hablar con otro sobre el servicio Divino, no debe intentarse influir o impresionar al otro para que copie sus devociones y maneras de servir a Dios. En su lugar, cada uno *recibe* inspiración del otro. La intención de cada uno debe ser específicamente recibir. Esto se aplica también a los jasidim más adultos, que en general están más asentados en sus devociones. Obviamente, los jasidim jóvenes e inexpertos deben recibir la dirección de los mayores. Pero los jasidim más adultos también tienen algo para recibir al conversar con los demás, incluyendo a los que son más jóvenes que ellos (tradición oral *Maguid Sijot*).

29. el gobierno en manos de Israel.... Es por esto que cada judío es un aspecto del Tzadik y concomitantemente del poder de gobernar: Cada alma judía estuvo en el monte Sinaí y allí recibió la Torá (n.24). El Rebe aclara ahora la conexión.

30. letras...la voluntad de Dios. En otra instancia, el Rebe Najmán enseña: "Fue la voluntad de Dios que una letra tuviera tal y tal forma y que otra letra tuviera una forma diferente. Vemos entonces que la voluntad de Dios está en las formas de las letras que sirven para revelar el *Maljut* de Dios…" (*Likutey Moharán* I, 4:9).

31. las mitzvot sean de una manera particular. No sólo las letras son la expresión de la voluntad de Dios, sino también la combinación de letras, es decir las palabras y las frases. Esas palabras, frases y capítulos definen la voluntad de Dios de forma que nos permite conocer cómo servirlo. Así, la voluntad de Dios se revela en los preceptos de la Torá, siendo cada mitzvá una expresión particular de Su voluntad.

32. mitzvá de los tefilín. Como se mencionó en la nota 1, el Rebe Najmán dijo que esta lección contenía las meditaciones místicas de los tefilín. Ésta puede ser una de las razones por las cuales utiliza la mitzvá de los tefilín para ilustrar cómo los preceptos son una expresión de la voluntad de Dios. (Una traducción del discurso del rabí Natán sobre los tefilín basado en esta lección se encuentra al final de las notas).

Umana, donde le respondieron, "Tus acciones no llegan al nivel de las de Aba Umana" (Taanit 21b)[26]. Y con ese aspecto en el cual sobrepasa a su compañero, influye, ilumina e inspira el corazón de su amigo.[27] Y, [a su vez, él] necesita recibir inspiración de su compañero y ese aspecto de él, como en (Targúm, Isaías 6:3), "Uno recibe del otro".[28]

Pues antes de la entrega de la Torá, el gobierno estaba en manos de Dios. Pero después de la entrega de la Torá, Él puso el gobierno en manos de Israel, cada [judío] en la medida de su aspecto.[29] Ello se debe a que las letras de la Torá son la encarnación de la voluntad de Dios.[30] Es voluntad de Dios que las mitzvot sean de una manera en particular.[31] Por ejemplo, fue Su voluntad que la mitzvá de los tefilín consista de cuatro porciones de Torá y cajas de cuero, no de plata. Tal es Su voluntad.[32]

De esta manera Su voluntad está investida en toda la Torá. Y

---

26. Abaie y Aba Umana. Abaie, decano de la ieshivá de Neardea, era reconocido como uno de los sabios Talmúdicos más notables. Aba Umana era un médico, cuyo principal conocimiento era la flebotomía (sangría). El Talmud relata que todos los días, en reconocimiento a sus buenas acciones, una voz del cielo solía decir, "Paz a Aba Umana". Abaie, por otro lado, sólo oía la voz del cielo deseándole paz en la víspera del Shabat. Abaie se sentía descorazonado; él era la figura líder de los judíos de Babilonia, mientras que Aba Umana no era más que un médico común. La respuesta que recibió Abaie fue que, aunque él era una importantísima figura en su generación, sus acciones (considerando su nivel espiritual) no podían equipararse a las de Aba Umana (en su nivel). El Rebe Najmán aprende de este pasaje que cada individuo tiene una *nekudá* valiosa que es suya y única. En esa *nekudá* es un Tzadik, un aspecto de *melopum*.

27. inspira el corazón de su amigo. Anteriormente (§2), el Rebe Najmán enseñó que el papel del Tzadik es inspirar el temor a Dios en el corazón de la gente para que pueda dedicarse al servicio a Dios. El Rebe ahora explica que cada persona, siendo un Tzadik en su *nekudá* única, debe utilizar esa *nekudá* para influir e iluminar a los demás, inspirando en ellos el servicio a Dios. Esto puede llevarse a cabo conversando con su compañero sobre el temor al Cielo (ver *Manuscrito*).

28. Uno recibe del otro. El profeta Ishaiahu, al describir la visión que tuvo de Dios sentado en un alto y elevado trono, dice que los ángeles flamígeros que estaban de pie delante de Él clamaban el uno al otro y decían, "¡*Kadosh*! ¡*Kadosh*! ¡*Kadosh*! (¡Santo! ¡Santo! ¡Santo!) es el Dios de las Huestes. ¡El mundo entero está lleno de Su Gloria!". El Targúm traduce "clamaban el uno al otro" como los *serafim* habiendo "recibido permiso uno del otro" para honrar a Dios. El Rebe Najmán extiende este concepto y lo aplica a cada uno de los judíos, pues también nosotros estamos obligados a honrar a Dios y a expresar Su gloria. En nuestro contexto, esto alude a "recibir permiso" de otra persona para honrar a Dios en nuestra propia y única manera y a su vez otorgarle el mismo "permiso" a la otra persona. Este respeto mutuo se muestra entonces cuando se comparten el pensamiento sobre temor al Cielo y el servicio a Dios, de modo que el "punto-Tzadik" de cada uno ilumina e inspira al otro.

Como se mencionó más arriba, esto no quiere decir que uno deba asumir las devociones del

בְּיָדֵינוּ, גַּם הָרָצוֹן שֶׁל הַשֵּׁם יִתְבָּרַךְ מָסוּרָה בְּיָדֵינוּ. שֶׁאָנוּ מוֹשְׁלִין כִּבְיָכוֹל לִהְיוֹת רְצוֹנוֹ כְּפִי רְצוֹנֵנוּ, וְזֶה בְּחִינַת "יִשְׂרָאֵל מַמְשִׁלוֹתָיו" כַּנַּ"ל.

וְזֶהוּ שֶׁדָּרְשׁוּ רַבּוֹתֵינוּ, זִכְרוֹנָם לִבְרָכָה (ירושלמי ראש השנה פרק א הלכה ג): "רַבּוֹת עָשִׂיתָ אַתָּה ה' אֱלֹקַי", קֹדֶם מַתַּן תּוֹרָה. וְאַחַר מַתַּן תּוֹרָה, נִפְלְאוֹתֶיךָ וּמַחְשְׁבוֹתֶיךָ אֵלֵינוּ. הַיְנוּ שֶׁהַכֹּל בְּיָדֵינוּ:

וְזֶהוּ (תהלים פא): "אָנֹכִי ה' אֱלֹקֶיךָ הַמַּעַלְךָ מֵאֶרֶץ מִצְרַיִם", הַיְנוּ קֹדֶם מַתַּן תּוֹרָה, הָיָה הַכֹּל אָנֹכִי. וְאַחַר מַתַּן תּוֹרָה, "הַרְחֶב פִּיךָ וַאֲמַלְאֵהוּ", זֶה בְּחִינַת מְלָאפוּם. שֶׁהוּא בְּחִינַת "יוֹסֵף הוּא הַשַּׁלִּיט", הַיְנוּ מִי מוֹשֵׁל בִּי, הַיְנוּ שֶׁהַשֶּׁפַע הוּא לְפִי הַרְחָבַת הַפֶּה, וּלְפִי כְּלֵי הַדִּבּוּר, כָּל אֶחָד לְפִי בְּחִינָתוֹ:

36. todo era Yo. El Rebe Najmán demuestra ahora cómo la enseñanza citada de nuestros Sabios, con respecto a la diferencia entre antes y después de la entrega de la Torá, está aludida en este versículo de los Salmos. "Yo soy Dios tu Señor" indica que todo aún se encuentra en un estado de "Yo" – Dios aún tiene que entregar Su voluntad al pueblo judío.

37. melopum. "Abre tu boca y Yo la llenaré" corresponde a "una boca llena" (*melo pum*) y por lo tanto *melopum*.

38. Iosef…gobernante…Tzadik. Más arriba en la lección (ver §2 y n.7), el Rebe Najmán explicó la conexión entre Iosef, el Tzadik, el gobernante y traer la *shefa*. Aquí, al Rebe agrega que desde la entrega de la Torá, cada judío tiene la posibilidad de gobernar sobre la voluntad de Dios. ¿Cómo es posible lograrlo? Mediante el propio y único aspecto de Tzadik, el aspecto de Iosef/*melopum*. Pues entonces Dios dice, "Abre tu boca y Yo la llenaré" – i.e., Él le da al hombre el poder de traer la *shefa*.

39. el influjo de abundancia depende…los recipientes del habla…su aspecto. Es decir, la medida de abundancia que el judío puede traer está determinada por el grado en el cual abre su boca y la llena de plegarias, los "recipientes del habla". La *shefa* desciende en la medida de su aspecto de Tzadik/*melopum*, como ha explicado el Rebe Najmán.

Resumen: La rectificación de un corazón ultrajado se lleva a cabo cuando se une el corazón a la *nekudá* (punto) aplicable a ese momento (§1). El temor a Dios del Tzadik es la base de su autoridad, mediante la cual puede incluso sobrepasar los decretos del Cielo. Debe utilizar esa autoridad para inspirar el temor a Dios en la gente (§2). El Tzadik gobierna debido a que ha perfeccionado los recipientes para captar la abundancia – i.e., su boca es un aspecto de *melopum* (§3). Cada judío tiene en sí un aspecto de Tzadik, mediante el cual también él, por medio de sus plegarias, puede gobernar sobre Dios (§4).

ahora, con la Torá habiendo sido entregada en nuestras manos, también la voluntad de Dios ha sido puesta en nuestras manos. Nosotros gobernamos, si así pudiera decirse, para que Su voluntad esté de acuerdo con la nuestra.[33] Éste es el aspecto de "Israel, Sus gobernantes", como se mencionó.[34]

{"Tú, Dios mi Señor, has hecho muchas cosas; Tus maravillas y Tus pensamientos son para nosotros" (Salmos 40:6)}.

Esto es como expusieron nuestros Sabios (*Ierushalmi, Rosh HaShaná* 1:3): "Tú, Dios mi Señor, has hecho muchas cosas" – antes de la entrega de la Torá. Pero después de la entrega de la Torá, "Tus maravillas y Tus pensamientos son para nosotros" – i.e., todo está en nuestras manos.[35]

{"Yo soy Dios tu Señor, Quien te sacó de la tierra de Egipto; abre tu boca y Yo la llenaré" (Salmos 81:11)}.

Y esto es, "Yo soy Dios tu Señor, Quien te sacó de la tierra de Egipto" – i.e., antes de la entrega de la Torá todo era "Yo".[36] Pero después de la entrega de la Torá, "abre tu boca y Yo la llenaré". Éste es el aspecto de *melopum*,[37] correspondiente a "Iosef era el gobernante" – i.e., "¿Quién gobierna sobre Mí? <El Tzadik>".[38] En otras palabras, el influjo de abundancia depende de la apertura de la boca y de los recipientes del habla, cada persona de acuerdo a su aspecto.[39]

---

33. Su voluntad esté de acuerdo con la nuestra. Ahora que Dios ha puesto Su Torá/voluntad en nuestras manos, podemos gobernar sobre Él, por así decirlo. En verdad, el Rebe Najmán no quiere decir que nosotros tenemos el poder de alterar los edictos de la Torá, Dios no lo permita. Más bien, al observar las mitzvot de la Torá podemos alcanzar el nivel de "el Tzadik gobierna". Como hemos visto, el Tzadik, habiendo alcanzado el aspecto de *melopum*, tiene una boca llena de bendiciones – i.e., mediante sus plegarias puede traer la *shefa* y hacer milagros. Éste es el significado del hecho de que la voluntad de Dios ha sido puesta en nuestras manos: Cuando la Torá es nuestra, tenemos la capacidad de determinar el flujo de *shefa* y traer abundantes bendiciones.

34. como se mencionó. Ver nota 24.

35. maravillas...todo está en nuestras manos. Los comentarios (cf. *Korbán Eidá, loc. cit.*) hacen notar que cuando nuestros Sabios dicen que las "maravillas y pensamientos" de Dios están en las manos del pueblo judío, se están refiriendo a las diferentes leyes y conceptos de la Torá. Antes de la Revelación en el Sinaí éstas eran el dominio privado de Dios, por así decirlo. Sin embargo, luego de la Revelación, todos los componentes de la Torá fueron entregados al pueblo judío para ser expuestos y desarrollados. En nuestro contexto, esto hace referencia a nuestro gobierno sobre Dios y a la realización de milagros y maravillas a través de nuestras plegarias, cada judío en virtud de su único y propio aspecto de Tzadik.

ה. **וּמְלָאפוּם,** הַיְנוּ בְּחִינַת: "וְיוֹסֵף הוּא הַשַּׁלִּיט", הוּא בְּחִינַת נְקֻדָּה עִם וָאו. כִּי בְּחִינַת יוֹסֵף נִמְשָׁךְ מֵחָכְמָה וּבִינָה, כְּמוֹ שֶׁכָּתוּב (בראשית מא): "אַחֲרֵי הוֹדִיעַ אוֹתְךָ אֶת כָּל זֹאת אֵין נָבוֹן וְחָכָם כָּמוֹךָ", הַיְנוּ חָכְמָה וּבִינָה, וְעַל־יְדֵי־זֶה נַעֲשֶׂה "וְיוֹסֵף הוּא הַשַּׁלִּיט". וְחָכְמָה הִיא בְּחִינַת נְקֻדָּה, הַיְנוּ יוּד, מַעְיָן. וּבִינָה הוּא נַחַל הַנִּמְשָׁךְ מִן הַמַּעְיָן. וְעַל־שֵׁם הַמַּשְׁכוּת, הוּא וָאו, נִקְרָא נַחַל הַנִּמְשָׁךְ מִן הַמַּעְיָן, שֶׁהוּא יוּד:

ו. **וּבְחִינַת** מְלָאפוּם יֵשׁ בִּכְלָלוּת וּבִפְרָטוּת, כִּי עֲשֶׂרֶת הַדִּבְּרוֹת עִם הַלּוּחוֹת, הוּא בְּחִינַת מְלָאפוּם. שֶׁהוּא יוּד, וְהַלּוּחוֹת הֵם וָאו,

---

sefirot aún se encuentran indiferenciadas (en esta cuenta de diez, *Daat* reemplaza a *Keter*, la *sefirá* oculta). Así, en nuestro contexto, *Jojmá* es la *iud*, la *nekudá* o el punto del *melopum*. Y debido a que *Jojmá* es la primera *sefirá* que se manifestó en la Creación, de la cual emergen todas la demás, es vista como la fuente de todo lo creado, como en (Salmos 104:24), "Tú has creado todo con *Jojmá*". Así, metafóricamente hablando, *Jojmá* es la fuente.

45. Biná...arroyo...vav. En la metáfora que ve a *Jojmá* como una fuente, *Biná*, que emerge directamente de *Jojmá* y en donde se separan y se diversifican las otras *sefirot*, es vista como el arroyo que fluye desde la fuente. Esto está descripto también en las letras que representan a esas dos *sefirot*. Como se mencionó, *Jojmá* corresponde a la letra *iud*. El arroyo que fluye de la fuente, su extensión, es representado como la extensión de la pata de la *iud* (י) hasta formar la letra *vav* (ו). Debido a esta descripción, *Biná* es el arroyo y corresponde a la letra *vav*.

En la versión impresa del *Likutey Moharán* esta sección termina con, "Por lo tanto es llamado un arroyo que proviene de la fuente, que es una *iud*". La versión manuscrita elimina esto y del contexto de la sección las palabras parecerían redundantes.

Resumen: La rectificación de un corazón ultrajado se lleva a cabo cuando se une el corazón a la *nekudá* (punto) aplicable a ese momento (§1). El temor a Dios del Tzadik es la base de su autoridad, mediante la cual puede incluso sobrepasar a los decretos del Cielo. Debe utilizar esa autoridad para inspirar el temor a Dios en la gente (§2). El Tzadik gobierna debido a que ha perfeccionado los recipientes para captar la abundancia – i.e., su boca es un aspecto de *melopum* (§3). Cada judío tiene en sí un aspecto de Tzadik, mediante el cual también él, por medio de sus plegarias, puede gobernar sobre Dios (§4). El *melopum* –formado por una *iud* y una *vav*, que alude al Tzadik– proviene de *Jojmá* y *Biná* (§5).

46. melopum existe en lo general y en lo particular. El Rebe Najmán introdujo anteriormente el concepto de *melopum*, demostrando cómo sus letras aluden a *melo pum*, la boca del Tzadik llena de Divinidad. En la sección anterior el Rebe trató sobre la forma del *melopum*, la *iud* y la *vav*. Aquí hace referencia a esta forma, trayendo cuatro ejemplos –en lo general y en lo particular– de cómo los aspectos correspondientes de la *iud* y de la *vav* se juntan como *melopum*.

5. El *melopum* –i.e., el aspecto de "Iosef era el gobernante" – es un punto con una *vav*.[40] Ello se debe a que el aspecto de Iosef proviene de *Jojmá* y *Biná*,[41] como está escrito (Génesis 41:39), "Ahora que [Dios] te ha hecho saber todo esto, no hay nadie que tenga tanta comprensión y sabiduría como tú" – esto es Sabiduría y Comprensión.[42] Y el resultado de esto fue que "Iosef era el gobernante".[43]

Y *Jojmá* corresponde a una *nekudá*, una *iud*, la fuente.[44] *Biná* es el arroyo que proviene de esa fuente. Debido a ese provenir [*Biná*] es una *vav*.[45]

6. Ahora bien, el aspecto de *melopum* existe en lo general y en lo particular.[46] Los Diez Mandamientos <son> *iud* y las Tablas son *vav*,

---

40. un punto con una vav. En esta sección, el Rebe Najmán hace otra conexión entre *melopum* y *Iesod*/Iosef. Demuestra aquí que ambos, Iosef y el *melopum*, están enraizados en las *sefirot* de *Jojmá* (Sabiduría) y *Biná* (Comprensión), que en la terminología Kabalista corresponden respectivamente a una *nekudá* (un punto) y a la letra *vav*.

Agrega el rabí Natán: Al hacer esta conexión entre *Jojmá* y *Biná*, el Rebe enseña que para que la persona alcance el nivel de Tzadik y *melopum* –pureza del *brit/Iesod* (ver notas 7, 15) – su mente y su intelecto (los *mojín*, *Jojmá* y *Biná*) también deben estar puros. Ello se debe a que cuidar el *brit* (i.e., pureza sexual) y cuidar la mente son una y la misma cosa (*Torat Natán* #6).

41. Iosef proviene de Jojmá y Biná. Como se mencionó en el segundo párrafo de la nota 7, *Iesod* transfiere la *shefa* desde las *sefirot* superiores hacia *Maljut*. Más específicamente, *Jojmá*, a la cabeza de la columna de la derecha de las *sefirot* y *Biná*, a la cabeza de la columna de la izquierda, le tramiten a *Iesod* la *shefa* preparada para *Maljut*/este mundo. En este sentido, la *sefirá* de *Iesod* –el concepto de Iosef, el Tzadik– proviene de *Jojmá* y *Biná*.

42. tanta comprensión y sabiduría como tú…. El faraón le dijo esto a Iosef después de que éste interpretó correctamente sus sueños crípticos. Ello alude a la conexión que Iosef/*Iesod* tiene con la comprensión/*Biná* y con la sabiduría/*Jojmá*. ¿Qué es lo que llevó a Iosef a ese nivel tan elevado de sabiduría y comprensión, tal que no había nadie que tuviese "tanta comprensión y sabiduría" como él, al punto de llegar a interpretar los sueños del faraón? Como enseñó el Rebe Najmán anteriormente, el *brit* es el vehículo para *Iesod* (§3, n.15). Iosef, al cuidar el *brit* y al refrenarse de pecar con la esposa de su amo (ver n.7), se transformó en el vehículo para *Iesod*. Por lo tanto fue digno de tomar de los niveles superiores de *Jojmá* y *Biná* y con su mente pura pudo percibir el significado oculto del mensaje de Dios para el faraón.

43. Y el resultado de esto…. Como resultado de la unión de *Jojmá* y *Biná* en Iosef, éste se volvió el gobernante (*melopum*, capaz de proveer sustento), como el Rebe Najmán continúa explicando.

44. Jojmá…una nekudá…iud…fuente. La Kabalá enseña que la letra *iud*, que tiene la forma de un punto, corresponde a la *sefirá* de *Jojmá*. Ello se debe a que, como una *nekudá* simple, la *iud* significa el poder unificado de *Jojmá*, la primera *sefirá* que se manifestó en la Creación. Además, la *iud* tiene el valor numérico de diez, indicando el hecho de que en *Jojmá* las diez

כְּמוֹ שֶׁאָמְרוּ חֲכָמֵינוּ זִכְרוֹנָם לִבְרָכָה (בבא-בתרא יד.) וְהַלּוּחוֹת אָרְכָּן שִׁשָּׁה וְרָחְבָּן שִׁשָּׁה. וְהַתּוֹרָה עִם הָעוֹלָם גַּם כֵּן יוּד וָאו. כִּי הַתּוֹרָה הִיא יוּד, שֶׁנִּקְרֵאת (תהלים קיא): "רֵאשִׁית חָכְמָה". וְהָעוֹלָם הוּא וָאו, שֶׁנִּבְרָא בְּשֵׁשֶׁת יְמֵי הַמַּעֲשֶׂה.

וְצַדִּיק עִם יִשְׂרָאֵל, הֵם גַּם כֵּן יוּד וָאו. כִּי צַדִּיק הוּא יוּד, כִּי הַצַּדִּיקִים הֵם נִקְרָאִים חַכְמֵי הָעֵדָה. וְיִשְׂרָאֵל הֵם בְּחִינַת וָאו, שֶׁהֵם תּוֹמְכֵי אוֹרַיְתָא, וְנִקְרָאִים וָוֵי הָעַמּוּדִים.

וְאֵצֶל כָּל אֶחָד מִיִּשְׂרָאֵל בִּפְנֵי עַצְמוֹ, יֵשׁ גַּם כֵּן בְּחִינַת יוּד וָאו.

Talmúdica del versículo, "*Im meinei haeida* (Si debido a los ojos de la congregación)..." (Números 15:24). Nuestros Sabios enseñan que "los ojos de la congregación" alude al Sanedrín, a los líderes de la nación (ver *Horaiot* 5a). En nuestro contexto, esto hace referencia a los Tzadikim. También vemos que "ojos" corresponde a *Jojmá*, como explica Rashi (Génesis 3:7): "Los ojos de ambos [Adán y Eva] se abrieron" – ellos vieron con la sabiduría del ojo de la mente. Así los Tzadikim son llamados "los sabios", haciendo referencia a *Jojmá*, la *iud*.

53. quienes sustentan la Torá. Concerniente al versículo "El principio de la sabiduría es el temor a Dios; todo aquel que la practique obtendrá comprensión", el *Zohar* (I, 8a) enseña que "comienzo de la sabiduría" hace referencia a aquellos que estudian la Torá, mientras que "todo aquel que la practique" hace referencia a los que apoyan su estudio. En nuestro contexto, los estudiosos de la Torá corresponden al Tzadik, quien es la *iud/Jojmá*, "El comienzo de la sabiduría" (ver n.50); los que sustentan la Torá corresponden a los judíos comunes, que siguen al Tzadik y reciben de su *nekudá*, de su *iud*. Estos, que sustentan la Torá, son la *vav*, tal cual se demuestra en el texto de prueba que ahora trae el Rebe.

Los judíos comunes también son llamados "quienes sustentan a la Torá" debido a la caridad que dan para apoyar al Tzadik y a sus enseñanzas. El rabí Natán trata esta idea en detalle y más abajo se presentarán algunos extractos de su discurso (§7, n.75).

54. vavei...pilares. Los ganchos sobre los pilares del Santuario eran utilizados para sostener las cortinas. El término hebreo para ganchos, *vavei*, sugiere así "soportes". Cuando los judíos comunes sustentan el estudio de la Torá, se transforman en la *vav* con respecto al estudioso de la Torá/Tzadik, quien es la *iud*. Y, como en el ejemplo previo de la Torá y del mundo, el Tzadik e Israel apuntan al *melopum* en general, al marco más abarcador de la *iud* y de la *vav*.

El rabí Natán indica que aunque el Rebe ahora concentra su atención en el Tzadik y en los judíos como la *iud* y la *vav*, la Torá sigue siendo el tema central de su enseñanza. Ello se debe a que el Tzadik sólo puede alcanzar el nivel de Tzadik mediante el apego a la Torá, representada por los Diez Mandamientos, la *iud*. Éste es el significado del versículo (Deuteronomio 28:69), "Éstas son las palabras del pacto..." – i.e., "las palabras" de Torá son lo que hacen el pacto, el nivel del Tzadik (ver n.7; *Torat Natán* #24).

55. cada judío.... Como se explicó en la sección 4, cada judío tiene un aspecto de Tzadik que es propio de él, un elemento de Tzadik que su compañero no posee. El Rebe Najmán demuestra como enseñaron nuestros Sabios: Las Tablas tenían seis palmos de largo por seis palmos de ancho (Bava Batra 14a).[47] <Y *iud vav* forman un *melopum*>.[48] La Torá y el mundo también son <un aspecto de *melopum*>.[49] La Torá es *iud*, porque es llamada "el comienzo de la sabiduría" (Salmos 111:10),[50] y el mundo es *vav*, pues fue creado durante los Seis Días de la Creación.[51]

El Tzadik e Israel son también <un aspecto de *melopum*>. El Tzadik es *iud*, pues los Tzadikim son llamados "los sabios de la congregación",[52] e Israel corresponde a la *vav*, pues [los judíos] son quienes "sustentan la Torá"[53] y son llamados "*vavei* (ganchos) para los pilares" (Éxodo 27:10).[54]

{"Mi boca expresa sabiduría y la meditación de mi corazón es comprensión" (Salmos 49:4)}.

Y cada judío es un aspecto también de <*melopum*>.[55] *Iud*, debido a

---

47. Diez Mandamientos…seis palmos de ancho. Como se explicó, junto con los Diez Mandamientos el pueblo judío también recibió el poder de gobernar sobre la voluntad de Dios (§4). Esto apunta a la conexión entre "el Tzadik gobierna", que es el aspecto de *melopum* y la Torá. Más específicamente, los Mandamientos son diez, correspondientes a la letra *iud*; y las tablas de piedra sobre las cuales estaban grabados los Diez Mandamientos tenían seis palmos de largo por seis palmos de ancho, relacionándose así conceptualmente con la *vav*, cuyo valor es seis. Por lo tanto, aquel que merece la Torá, que es la voluntad de Dios, merece el *melopum*.

48. iud vav forman un melopum. Los Diez Mandamientos grabados sobre las Tablas son un ejemplo del aspecto de *melopum* en lo particular, pues tanto la *iud* como la *vav* están aludidas dentro del marco de los Mandamientos mismos.

49. La Torá y el mundo…. El Rebe Najmán ya ha mencionado este concepto de la Torá tal cual se relaciona con el mundo (ver n.33). Sin embargo, a diferencia de los Diez Mandamientos y de las Tablas, este ejemplo apunta a un marco más general y abarcador, de la *iud* y de la *vav* como componentes del *melopum*.

50. La Torá es iud…comienzo de la sabiduría. Enseña el Midrash: "*Bereshit* (En el comienzo) creó Dios…" – lee esto como *Bet-reshit*, la *Bet* sugiriendo *Bishvil* ("en aras de"). "En aras de *reshit* (del comienzo) creó Dios el mundo" (*Bereshit Rabah* 1:1). ¿Y qué es *reshit*? La Torá, como en, "Dios me creó [la Torá] al comienzo de Sus caminos…" (Proverbios 8:22). La Torá corresponde así a "comienzo". *Jojmá*, también corresponde a "comienzo", como en el versículo de los Salmos que cita el Rebe, "El comienzo de la sabiduría…". Así la Torá y *Jojmá*, que es una *iud*, son ambos aspectos de *reshit* y, el Rebe Najmán dice aquí, también la Torá corresponde a una *iud*.

51. el mundo es vav…Seis Días…. Nuevamente el Rebe Najmán basa su prueba en el valor numérico de la letra *vav*.

52. los sabios de la congregación. El texto de prueba del Rebe se basa en la interpretación

יוּ"ד – עַל־שֵׁם הַפֶּה, כְּמוֹ שֶׁכָּתוּב (תהלים מט): "פִּי יְדַבֵּר חָכְמוֹת".
וָא"ו – עַל שֵׁם "וְהָגוּת לִבִּי תְבוּנוֹת", שֶׁהוּא בְּחִינַת לוּחוֹת, שֶׁהֵם וָאו כַּנַּ"ל, כְּמוֹ שֶׁכָּתוּב (משלי ג): "קָשְׁרֵם עַל גַּרְגְּרוֹתֶיךָ כָּתְבֵם עַל לוּחַ לִבֶּךָ":

ז. וּכְשֶׁהַלֵּב, הַיְנוּ בְּחִינַת וָאו, בְּחִינַת לוּחוֹת, הוּא מֻשְׁקָע בַּאֲהָבוֹת רָעוֹת. הַיְנוּ חֲרָפוֹת וּבִזְיוֹנוֹת, הַנִּקְרָא עָרְלַת לֵב. אֲזַי הוּא בִּבְחִינַת שִׁבְרֵי לוּחוֹת. וְחֶרְפָּה הוּא בְּחִינַת עָרְלָה, כְּמוֹ שֶׁכָּתוּב (בראשית לד): "לֹא נוּכַל לָתֵת אֶת אֲחוֹתֵנוּ לְאִישׁ אֲשֶׁר לוֹ עָרְלָה כִּי חֶרְפָּה הוּא לָנוּ".

וְהוּא בְּחִינַת אַהֲבָה נְפוּלָה וּשְׁבוּרָה, כִּי יָדוּעַ, שֶׁהַיֵּצֶר הָרַע וְהַקְּלִפּוֹת

final de la sección anterior. El Rebe Najmán retorna ahora al concepto mencionado al comienzo de la lección, el ultraje que quiebra el corazón, aplicándole a cada persona el concepto de un corazón quebrantado/*vav*/Tablas. También hace referencia aquí, y más específicamente en la próxima sección, a la rectificación que ya introdujo más arriba: reparar el corazón quebrantado uniéndose a la *nekudá* aplicable a él en ese momento.

59. malos amores...el ultraje y la humillación. "Malos amores", *ahavot raot*, hace referencia a las pasiones inmorales, a los deseos y a la lujuria (se ha preferido la traducción literal pues el término "amores" se relaciona con varios conceptos mencionados en la lección). La inmoralidad es sinónimo de mala reputación y de humillación, pues la persona que cae presa de sus malos amores seguro que llegará al ultraje (cf. *Sabiduría y Enseñanzas del Rabí Najmán de Breslov* #304).

60. corazón incircunciso. Los comentarios explican que un "corazón incircunciso" alude a las barreras que separan a la persona de la verdad, incluyendo la insensatez del corazón, la mala inclinación, los pensamientos de pecado, los bajos deseos y los malos rasgos. De la misma manera, en nuestro contexto, la noción del corazón incircunciso indica el ultraje que se sufre debido a los malos amores.

61. las Tablas quebradas. Como se explicó, el corazón corresponde a las Tablas. El corazón espiritualmente obtuso debido a que "está incircunciso" es por lo tanto conceptualmente afín a las Tablas quebradas, incapaces de contener la sabiduría de la Torá.

62. incircunciso...un ultraje para nosotros. Estas palabras fueron la respuesta dada por los hijos de Iaacov a Shejem quien, después de violar a su hermana, pedía su mano para casarse con ella. Rashi explica que el solo hecho de estar incircunciso es un ultraje. En nuestro contexto, el amor de Shejem por Dina era un ejemplo de un mal amor y la respuesta de los hermanos indica la conexión entre la falta de la circuncisión y el ultraje, correspondiente a las Tablas quebradas/corazón.

63. amor caído y quebrado. El Rebe Najmán explica ahora por qué el amor que surge de los malos deseos es llamado caído y quebrado.

la boca, como está escrito, "Mi boca expresa sabiduría".⁵⁶ *Vav*, debido al <corazón, como en,> "y la meditación de mi corazón es comprensión" – siendo éste el aspecto de las Tablas, que, como se explicó, son una *vav*, como está escrito (Proverbios 3:3), "Cíñelas a tu garganta, escríbelas en la tabla de tu corazón".⁵⁷

7. Y cuando el corazón, que corresponde a la vav, a las Tablas,⁵⁸ está inmerso en los malos amores –i.e., el ultraje y la humillación⁵⁹– que son llamados "el corazón incircunciso" (cf. Deuteronomio 10:16)⁶⁰ – se encuentra entonces en un aspecto de las Tablas quebradas.⁶¹ Y el ultraje corresponde al prepucio, como en (Génesis 34:14), "No podemos... dar nuestra hermana a un hombre que está incircunciso, pues ello sería un ultraje para nosotros".⁶²

También es un aspecto del amor caído y quebrado.⁶³ Pues es sabido

---

ahora cómo este aspecto del Tzadik en cada judío se manifiesta como un *melopum* – siendo esto un ejemplo del *melopum* en lo particular, dentro de cada persona, complementando el ejemplo más abarcador del *melopum* formado por el Tzadik e Israel.

56. Iud...mi boca expresa sabiduría. La boca, que el Salmista conecta con la sabiduría, corresponde así a la *iud/Jojmá*.

Esto parece problemático debido al hecho de que, en general, la boca corresponde a la *sefirá* de *Maljut* (ver más arriba, n.17) y no a *iud/Jojmá*. Sin embargo, cuando *Maljut*/la boca está perfeccionada y plena, se transforma en el recipiente ideal a través del cual se revela el flujo de abundancia/*Jojmá* (ver notas 17, 20, 41, 44). Por lo tanto, en este sentido, la boca del judío representa la *iud* del *melopum*.

57. Tablas...vav...la tabla de tu corazón. Anteriormente (§5 y n.45), el Rebe Najmán estableció la conexión entre *Biná* (Comprensión) y la letra vav. Esto también está aludido en el versículo citado aquí, "y la meditación de mi corazón es comprensión". Pues el corazón corresponde a las Tablas, como en "la tabla de tu corazón" y más arriba hemos visto que las Tablas son la *vav* (ver n.47). Así el corazón de cada judío corresponde a una *vav*.

Con esto el Rebe ha demostrado que cada judío es un aspecto del Tzadik, incluyendo la *iud* (boca) y la *vav* (corazón) del *melopum*.

Resumen: La rectificación de un corazón ultrajado se lleva a cabo cuando se une el corazón a la *nekudá* (punto) aplicable a ese momento (§1). El temor a Dios del Tzadik es la base de su autoridad, mediante la cual puede incluso sobrepasar a los decretos del Cielo. Debe utilizar esa autoridad para inspirar el temor a Dios en la gente (§2). El Tzadik gobierna debido a que ha perfeccionado los recipientes para captar la abundancia – i.e., su boca es un aspecto de *melopum* (§3). Cada judío tiene en sí un aspecto de Tzadik, mediante el cual también él, por medio de sus plegarias, puede gobernar sobre Dios (§4). El *melopum* –formado por una *iud* y una *vav*, que alude al Tzadik– proviene de *Jojmá* y *Biná* (§5). El *melopum* se manifiesta como diferentes aspectos de la *iud* y de la *vav* (§6).

58. el corazón...vav, a las Tablas. Esta conexión entre el corazón y la *vav*/Tablas fue el elemento

נִתְהַוִּים מִן שְׁבִירַת כֵּלִים. וּמוּבָא בְּ"עֵץ־חַיִּים" (בהיכל הנקודים שער שבירת הכלים פרק ג): כִּי שְׁבִירַת כְּלֵי הַחֶסֶד נָפְלוּ אֶל בִּינָה דִּבְרִיאָה, הַיְנוּ בִּינָה לִבָּא. וְהָאוֹר הַחֶסֶד נִשְׁאַר בִּיסוֹד דַּאֲצִילוּת, שֶׁהוּא בְּחִינַת (משלי י): "צַדִּיק יְסוֹד עוֹלָם".

נִמְצָא, שֶׁאֲהָבוֹת רָעוֹת בָּאִים מִשְּׁבִירַת כְּלֵי הַחֶסֶד, וְזֶה שֶׁתִּרְגֵּם אֻנְקְלוֹס: "כִּי חֶרְפָּה הִיא לָנוּ", 'אֲרֵי חִסּוּדָא הִיא לָנָא'. כִּי הַחֶרְפָּה, הַיְנוּ עָרְלַת לֵב, הַיְנוּ אֲהָבוֹת רָעוֹת, נַעֲשֶׂה מִשְּׁבִירַת כְּלֵי הַחֶסֶד.

los Recipientes, el recipiente de *Jesed* de *Atzilut* que cayó a *Biná* de *Beriá* llegó al nivel del "corazón". En nuestro contexto, esto indica que los recipientes de *Jesed* que se quebraron fueron transformados en un aspecto del corazón quebrantado, en un aspecto de los amores caídos. [Los textos más antiguos de la Kabalá intercambian en general *Jesed* (Bondad) con *Ahavá* el término hebreo para "amor". El amor, al igual que *Jesed*, está asociado con el corazón].

68. la luz de Jesed quedó en Iesod del Mundo de Atzilut. Cuando los recipientes se quebraron y descendieron, sus correspondientes luces también cayeron. Sin embargo, su descenso no fue tan grande como el de los recipientes; la luz de *Jesed* sólo cayó hasta *Iesod* de *Atzilut* y no al Mundo que estaba por debajo.

El Ari enseña que, en verdad, sólo los recipientes se quebraron, mientras que las luces de las *sefirot* se mantuvieron intactas. ¿Por qué entonces las luces tuvieron un descenso? Ello fue necesario porque la luz de una *sefirá* dada tiene el objetivo de darle vida a su correspondiente recipiente. Si las luces de las *sefirot* quebradas no hubiesen descendido, sus recipientes se habrían perdido irremediablemente. Sin embargo, al descender, aunque no tanto como los recipientes mismos, esas luces podían iluminar los trozos de los recipientes desde lejos y así permitirles su rectificación (ver *Etz Jaim, Heijal HaNekudim, Shaar Shevirat Hakeilim*, Capítulo 3).

69. El Tzadik es el Iesod del mundo. Así vemos que la luz de *Jesed*/amor se encuentra en el nivel de *Iesod*, el nivel del Tzadik. El *Metzudat David* explica que, siendo el cimiento del mundo, el Tzadik está firmemente enraizado en su lugar. En nuestro contexto, esto sugiere la luz de *Jesed* manteniéndose firmemente en *Iesod*, para iluminar el recipiente de *Jesed* que cayó a *Biná* de *Beriá* y producir así rectificación de ellos. Esto también enseña que aunque estemos distantes del Tzadik/*Iesod* –quizás en otro mundo totalmente– la luz del Tzadik siempre puede despertarnos e iluminarnos para servir a Dios.

70. malos amores...recipiente de Jesed. Los trozos del recipiente de *Jesed* que cayeron a *Biná*, al corazón, hacen referencia al ámbito de las *klipot*, a los malos deseos. Los malos amores corresponden así al corazón quebrado. El Rebe Najmán vuelve ahora a referirse a la historia de Shejem y a los hijos de Iaacov.

71. JiSuDa para nosotros. Onkelos traduce al arameo la palabra hebrea para "ultraje" como *jisuda*. Hay otra palabra para ultraje (e.g., *klona*) de modo que su elección de *JiSuDa* implica que el amor de Shejem por Dina era un amor caído – proveniente del recipiente quebrado de *JeSeD*. Esto enseña que el amor caído, los malos deseos y demás, surge del recipiente quebrado de *Jesed*.

que la mala inclinación y las fuerzas del mal existen debido a la rotura de los recipientes.⁶⁴ Como se explica en el *Etz Jaim* (Heijal HaNekudim, Shaar Shevirat HaKeilim 3): Los trozos quebrados del recipiente de *Jesed*⁶⁵ cayeron a *Biná* del Mundo de *Beriá*.⁶⁶ Esto es: *Biná* es el corazón.⁶⁷ Pero la luz de *Jesed* quedó en *Iesod* del Mundo de *Atzilut*.⁶⁸ Esto es el aspecto de "El Tzadik es el *iesod* (cimiento) del mundo" (Proverbios 10:25).⁶⁹

Vemos, por lo tanto, que los malos amores provienen de la rotura del recipiente de *Jesed* (Bondad).⁷⁰ De aquí que Onkelos traduce [la frase] "pues ello sería un ultraje para nosotros" [como] "pues ello sería una *JiSuDa* para nosotros".⁷¹ Ello se debe a que el ultraje –i.e., el corazón incircunciso/los malos amores– surge de la rotura del recipiente de *JeSeD*.

---

64. rotura de los recipientes. Esto hace referencia a la enseñanza Kabalista relacionada con las primeras etapas de la Creación, conocida como la Rotura de los Recipientes. La siguiente breve introducción se centra en la aplicación de esta enseñanza dentro del marco de la lección. Para una explicación más completa de la Rotura de los Recipientes, se remite al lector al Capítulo 10 del libro *Innespace*, por el rabí Aryeh Kaplan (Moznaim Publishers, Jerusalén, 1990).

Si la Luz Infinita de Dios se manifestase constantemente, el hombre no tendría libertad de elección. Pues si la persona estuviese constantemente consciente de la presencia de Dios, le sería imposible transgredir Su voluntad. Dios, por lo tanto, ocultó Su luz y así le permitió al hombre el ejercicio del libre albedrío, para que pudiese elegir entre el bien y el mal. Para ello, al crear los Cuatro Mundos (ver Apéndice: Niveles de Existencia), cada uno con sus diez *sefirot*, Dios diseñó las *sefirot* originales con una falla intrínseca. Una *sefirá* consiste de luz y de un recipiente (una luz menor que actúa como un receptáculo con respecto a la luz mayor). Dios diseñó los recipientes originales de las *sefirot* como entidades separadas, incapaces de sustentarse las unas a las otras. Como resultado, cuando los recipientes originales fueron llenados con la Luz de Dios, no pudieron soportar la intensidad de ese influjo y se quebraron, dando lugar a un ámbito externo donde la presencia de Dios está casi totalmente oculta. El Ari explica que este proceso, la Rotura de los Recipientes, llevó a la formación de las fuerzas del mal a partir de la materia externa de los recipientes originales. La existencia de esas *klipot* (fuerzas del mal) produce un equilibrio entre el bien y el mal en la creación y le permite al hombre la libertad de elección (*Etz Jaim* 8:6, p.116; ver también Lección #33, §2, n.16). Es esto lo que el Rebe quiere decir al afirmar que las *klipot* y la inclinación al mal surgen de la Rotura de los Recipientes.

65. del recipiente de Jesed. Antes de la Rotura de los Recipientes, las diez *sefirot* originales estaban en el Mundo de *Atzilut* (Cercanía). Cuando los recipientes se quebraron, tanto los recipientes como sus luces descendieron hacia niveles más bajos que los que inicialmente tenían destinados. Ver las notas siguientes.

66. cayeron a Biná del Mundo de Beriá. Como se mencionó, cada uno de los Cuatro Mundos está compuesto de diez *sefirot*. Los trozos de los recipientes de *Jesed* de *Atzilut* cayeron al Mundo de *Beriá* (Creación) y más específicamente al nivel de *Biná* del Mundo de *Beriá*.

67. Biná es el corazón. Como se explicó, el corazón corresponde a *Biná* (Comprensión), como en, "y la meditación de mi corazón es comprensión". De esta manera, en la Rotura de

כִּי זֶה נִרְאֶה בְּחוּשׁ, שֶׁ"עַל כָּל פְּשָׁעִים תְּכַסֶּה אַהֲבָה" (משלי י). אֲפִלּוּ אִם אֶחָד פּוֹשֵׁעַ נֶגֶד חֲבֵרוֹ, אֲזַי אֵינוֹ מְחָרְפֵהוּ, כִּי הָאַהֲבָה מְכַסָּה עַל כָּל פְּשָׁעִים. וּכְשֶׁמִּתְקַלְקֵל בְּרִית הָאַהֲבָה בֵּינֵיהֶם, הַיְנוּ בְּחִינַת שְׁבִירַת כְּלֵי הַחֶסֶד, אֲזַי מְחָרְפֵהוּ, כִּי הַחֶרְפָּה הוּא מְשַׁבֶּרֶת כְּלֵי הַחֶסֶד כַּנַּ"ל.

וּכְשֶׁהַלֵּב הוּא מְשֻׁקָּע בְּחֶרְפָּה, הַיְנוּ בְּעָרְלַת לֵב, בְּחִינַת שִׁבְרֵי לוּחוֹת, הַיְנוּ "חֶרְפָּה שָׁבְרָה לִבִּי". וּכְשֶׁמְקַשֵּׁר הַלֵּב, הַיְנוּ בְּחִינַת וָאו כַּנַּ"ל, לְהַיּוּ"ד, הַיְנוּ נְקֻדָּה, שֶׁהוּא בְּחִינַת צַדִּיק. שֶׁשָּׁם הָאוֹר הָאַהֲבָה הַקְּדוֹשָׁה שׁוֹרָה, כִּי אוֹר הַחֶסֶד נִשְׁאָר בִּיסוֹד דַּאֲצִילוּת. אֲזַי נִתְבַּטֵּל הָאַהֲבוֹת רָעוֹת, הַיְנוּ הַחֲרָפוֹת, הַיְנוּ עָרְלַת לֵב. כִּי הַצַּדִּיק שֶׁהוּא נְקֻדָּה, שֶׁשָּׁם שׁוֹרָה הָאַהֲבָה הַקְּדוֹשָׁה, יָאִיר לְהַוָּאו, שֶׁהוּא בְּחִינַת לֵב. וְנִתְבַּטֵּל הַחֶרְפָּה, הַיְנוּ עָרְלַת לֵב. כִּי עַל כָּל פְּשָׁעִים תְּכַסֶּה אַהֲבָה, כִּי שָׁם שׁוֹרָה אַהֲבָה הַקְּדוֹשָׁה:

medio de la conversación con un amigo y en otros momentos al oír el consejo y el aliento del Tzadik. Así la persona debe unirse al punto-Tzadik particular que brilla en *ese* momento y ello eliminará el ultraje y la humillación que quiebra su corazón.

En su repaso de este pensamiento, el rabí Natán explica cómo esto se conecta con dar caridad, lo que también actúa como un catalizador para reparar los recipientes quebrados. Aquel que da caridad es comparable a un Tzadik, como en (Salmos 37:21), "El Tzadik es generoso y da". Es por ello que Iosef, el Tzadik, pudo distribuir la abundancia y alimentar a su familia y a los egipcios durante la hambruna, en verdad al mundo entero. Así, al dar caridad uno desarrolla su punto-Tzadik. Es por lo tanto importante dar caridad antes de orar (*Oraj Jaim* 92:10), para perfeccionar nuestro recipiente y formar el *melopum* (ver §3). Es por ello también que la caridad se equipara con el cumplimiento de toda la Torá (*Ierushalmi, Peá* 1:1), pues al dar, la persona merece el nivel de Tzadik, de *melopum*, de modo que puede quebrar sus malos deseos y reparar su corazón quebrado. Éste es el significado de lo que dice el Salmista (Salmos 106:3), "Afortunados aquellos que guardan la justicia, que dan caridad en todo momento". El término "justicia" hace referencia a la plegaria y en particular a la plegaria del *hitbodedut*, porque cuando la persona hace un recuento de sus acciones y se vuelve hacia Dios para todo aquello que necesita, se dedica entonces al proceso del juicio y de la justicia (ver *Likutey Moharán* I, 59:2, que el *hitbodedut* es llamado *mishpat*, justicia). La frase "caridad en todo momento" hace referencia al valor de la caridad como un catalizador que permite que quien da se una a la *nekudá* más aplicable a él en ese momento. Dar caridad continuamente ayuda por lo tanto a que la persona pueda desarrollar su *nekudá* en todo momento (*Likutey Halajot, Melamdim* 4:10-11). Vemos por lo tanto que la caridad, que es un acto de *Jesed*, también sirve para reparar los recipientes quebrados de *Jesed*.

Pues esto es algo que podemos ver de manera empírica, que "el amor cubre todas las faltas" (Proverbios 10:12). Incluso si la persona peca contra su compañero, [éste último] no la ultraja, porque el amor [entre ambos] cubre todas las faltas.[72] Pero cuando se quiebra el lazo de amor entre ambos –i.e., un aspecto de la rotura del recipiente de *Jesed*– entonces [su compañero] la ultraja, porque el ultraje proviene de la rotura del recipiente de *Jesed*.[73]

Y cuando el corazón está inmerso en <los malos amores>/el ultraje/el corazón incircunciso –correspondiente a las Tablas quebradas, i.e., "El ultraje me ha quebrantado el corazón"[74]– y la persona une el corazón/*vav* a la *iud/nekudá* –correspondiente al Tzadik, que es donde reside la luz del amor sagrado debido a que la luz de *Jesed* permaneció en *Iesod* del Mundo de *Atzilut*– entonces son eliminados los malos amores/el ultraje/el corazón incircunciso. Pues "el amor cubre todas las faltas", porque allí es donde reside el amor sagrado.[75]

---

72. el amor cubre todas las faltas. Mientras que la mínima ofensa puede enojar a una persona cuando el ofensor es su enemigo, la peor ofensa perpetrada por un amigo es pasada por alto debido a la amistad que reina entre ambos (*Metzudat David*).

73. cuando se quiebra el lazo de amor entre ambos.... Cuando el atributo de *jesed* (bondad) se quiebra, por así decirlo, la persona ya no perdona el mal. Por el contrario, puede llegar a ultrajar a la otra en cualquier momento.

74. malos amores/el ultraje/el corazón incircunciso...Tablas quebradas.... Como se explicó más arriba, el corazón es la *vav*/Tablas (§6). Si el corazón de la persona está inmerso en los malos amores, correspondientes a los trozos remanentes de *Jesed*, verá su corazón quebrado por el ultraje (*jisuda*). Esto se relaciona con la afirmación que hizo el Rebe Najmán al comienzo de la lección, que el ultraje y la vergüenza quiebran el corazón de la persona. El Rebe continúa explicando que la rectificación de un corazón quebrado sólo se lleva a cabo al unir el corazón con la *nekudá* aplicable a él en ese momento.

75. une el corazón/vav a la iud/nekudá...amor sagrado. Hemos visto que en nuestro contexto la luz de *Jesed* que se mantiene en el *Iesod* de *Atzilut* se traduce como el amor sagrado firmemente embebido en el Tzadik. Este amor sagrado es comparable a la luz de la *sefirá*. Como tal, es mayor que los recipientes de las *sefirot* y tiene el poder de contrarrestar los malos amores que surgen de los recipientes quebrados. Más aún, la luz tiene el poder de sustentar y de iluminar los recipientes quebrados mismos, para repararlos (n.68). ¿Cómo? Cuando la persona que experimenta los malos deseos/el corazón ultrajado, que es la bondad quebrada, se une a la *nekudá*/Tzadik, que es la *iud* y así forma el aspecto de *melopum*. Pues cuando la *vav* está unida a la *iud*, que es la luz del Tzadik (*Iesod*), esa luz puede iluminar el corazón (*Biná*) y producir su rectificación. Como explicará el Rebe Najmán en la próxima sección, la iluminación de la *nekudá* tiene diferentes aspectos. Hay veces en que la persona se siente inspirada y despierta espiritualmente debido a la plegaria o al estudio de la Torá, otras veces por

וְזֶהוּ שֶׁאָמְרוּ חֲכָמֵינוּ, זִכְרוֹנָם לִבְרָכָה (נדרים לב:): בִּקֵּשׁ הַקָּדוֹשׁ־בָּרוּךְ־הוּא לְהוֹצִיא כְּהֻנָּה מִשֵּׁם, וּבִשְׁבִיל שֶׁהִקְדִּים בִּרְכַּת אַבְרָהָם לְבִרְכַּת הַמָּקוֹם, נְטָלָהּ מִשֵּׁם וּנְתָנָהּ לְאַבְרָהָם, שֶׁנֶּאֱמַר: "אַתָּה כֹהֵן לְעוֹלָם עַל דִּבְרָתִי מַלְכִּי צֶדֶק":

וְזֶהוּ כְּשֶׁהַקָּדוֹשׁ־בָּרוּךְ־הוּא נָתַן הַכְּהֻנָּה לְפִינְחָס, אָמַר: "הִנְנִי נוֹתֵן לוֹ אֶת בְּרִיתִי שָׁלוֹם" (במדבר כה). כִּי הַכְּהֻנָּה הִיא בְּחִינַת אַהֲבָה, הוּא אַבְרָהָם, שׁוֹרָה בִּמְקוֹם בְּרִית שָׁלוֹם, הַיְנוּ צַדִּיק יְסוֹד עוֹלָם:

sagrado. *Parparaot LeJojmá* agrega que esto está aludido en el versículo mismo: "Tú serás un sacerdote por siempre, debido a *dibrati* (las palabras de) Malkitzedek". Como indica Rashi, la *iud* en el término *dibrati* (דברתי) está demás. Anteriormente en la lección vimos que la frase "Mi boca expresa sabiduría" indica la conexión conceptual entre la boca y la *iud* (§6). La *Iud* extra en *DiBRatI* indica *DiBRatI* – i.e., una alusión al habla externa, palabras que no son *DiBuR*, habla sagrada. La *iud* extra indica que está dañada – que *Jojmá* está dañada. Shem por tanto perdió el sacerdocio, que corresponde a *Jesed*, cuya luz reside en el punto-Tzadik.

79. sacerdocio a Pinjas...pacto de paz. Cuando Dios les confirió el sacerdocio a los descendientes de Aarón, sólo estaban incluidos Aarón, sus hijos y sus futuros descendientes. Pinjas, el nieto de Aarón, que ya había nacido, estaba por lo tanto excluido. Pero cuando Pinjas santificó públicamente el nombre de Dios al matar a Zimri, Dios lo recompensó con Su pacto de paz – i.e., el sacerdocio (*Rashi*, Números 25:13).

80. sacerdocio...amor...Abraham. Como se mencionó (ver n.78), Abraham corresponde a *Jesed*, que es amor. Es por ello que Abraham recibió la mitzvá de la circuncisión, el *brit* (pacto) de paz. Ver la nota siguiente.

81. el lugar del pacto de paz. Más arriba, el Rebe Najmán hizo referencia a esto como: "la luz de *Jesed* que permaneció en *Iesod* del Mundo de *Atzilut*". Como hemos visto, el amor/Abraham es *Jesed*, el lugar del pacto es el *brit*, que corresponde a *Iesod* (ver §3, n.15). Como el Rebe explica en otra instancia, *Iesod* es sinónimo de paz; en virtud de estar ubicado en la columna del centro de las *sefirot*, *Iesod* une las diversas energías de *Netzaj* y *Hod*. Esto es paz; cuando los opuestos se juntan y se unen (ver Lección #33, notas 9, 27). En nuestro contexto, Pinjas mereció el pacto de paz porque retiró el ultraje que cayó sobre el pueblo judío debido a los malos amores de Zimri por la mujer midianita. Aunque Moshé olvidó la ley de cómo castigar a alguien culpable de relaciones ilícitas, Pinjas le hizo recordar lo que Moshé mismo le había enseñado – que alguien celoso golpea sin preguntar (ver *Sanedrín* 81b; *Iad HaJazaká*, *Hiljot Isurei Biá* 12:4). De esta manera Pinjas demostró una unión del corazón con la *nekudá* aplicable a él en ese momento – es decir, la cualidad de los celos requerida para eliminar los malos amores. Debido a ello, debido a su unión con el Tzadik/*iud*, que es la *nekudá* de *Jesed* (amor) que se encuentra en *Iesod*/*brit* – Pinjas mereció el pacto de paz (*Parparaot LeJojmá*).

82. iesod del mundo. El rabí Natán agrega que la *nekudá* que reside en el lugar de *Iesod* sólo puede iluminar a través de *Maljut*, del habla sagrada, como en, "Mi boca expresa sabiduría". Es decir, aunque el poder de *Iesod*, la *nekudá*/*iud*/Tzadik, es tan grande que puede rectificar

Esto es lo que enseñaron nuestros Sabios (Nedarim 32b): El Santo, bendito sea, tuvo la intención de que el sacerdocio proviniera de Shem,⁷⁶ pero debido a que él bendijo a Abraham antes de bendecir al Omnipresente, le fue quitado a Shem y le fue dado a Abraham.⁷⁷ Como está dicho (Salmos 110:4), "Tú serás un sacerdote (cohen) por siempre, debido a las palabras de Malkitzedek".⁷⁸

Y esto es lo que el Santo, bendito sea, dijo cuando le entregó el sacerdocio a Pinjas: "Yo le estoy dando a él Mi pacto de paz" (Números 25:12).⁷⁹ El sacerdocio es un aspecto de amor, que es Abraham,⁸⁰ que reside en el lugar del pacto de paz⁸¹ –i.e., "El Tzadik es el iesod del mundo".⁸²

---

76. Shem. Éste era el hijo de Noaj, que también era conocido como Malkitzedek (ver *Rashi*, Génesis 14:18). En la época de Abraham, Shem sirvió como sacerdote de Dios. Dios tenía la intención de darles el sacerdocio a sus descendientes.

77. le fue quitado a Shem y le fue dado a Abraham. Las Escrituras relatan que cuando Abraham retornó victorioso de la batalla contra los Cuatro Reyes, rescatando a su sobrino Lot, Malkitzedek (Shem) salió a recibirlo. Shem bendijo a Abraham y sólo después bendijo a Dios. Esto fue algo impropio, pues se debe siempre bendecir primero a Dios. Como resultado, Shem perdió el sacerdocio. En su lugar éste le fue dado a Abraham, de modo que sólo sus descendientes actuarían como sacerdotes de Dios. Maharsha explica: Dios recompensó a Abraham con el sacerdocio porque fue él quien le reveló a Shem que uno debe primero bendecir a Dios (*Maharsha, v.i. amar lei*). Es interesante notar que el *Etz Iosef* (*loc. cit., v.i., keivan*) comenta que el motivo por el cual Shem bendijo a Abraham primero tenía que ver con el poder único que tiene el Tzadik para gobernar sobre Dios (ver más arriba, §2). Sin embargo, la respuesta de Abraham fue que dado que en última instancia es Dios quien decide quién es el Tzadik que puede alcanzar esa autoridad, uno debe siempre bendecirlo primero a Él.

78. las palabras de Malkitzedek. El Talmud cita al Salmista para indicar que Dios le prometió el sacerdocio a Abraham específicamente debido a que Malkitzedek se equivocó con sus palabras. Rashi (*loc. cit.*) hace notar que la frase "un sacerdote por siempre" en este salmo sugiere el servicio del Templo y el reinado (*maljut*), los cuales merecieron los descendientes de Abraham. *Parparaot LeJojmá* expone la conexión de este pasaje Talmúdico con nuestra lección: Como es sabido, el sacerdocio corresponde a *Jesed*, el amor (ver Lección #33, n.95). Siendo sacerdote de Dios, Shem (Malkitzedek) poseía esas cualidades. Además, el Midrash dice que Shem era un Tzadik y que había nacido circunciso (*Bereshit Rabah* 26:3), que en nuestro contexto indica que su punto-Tzadik estaba rectificado. Shem, como sacerdote y Tzadik, poseía la luz de *Jesed* en *Iesod*. Por lo tanto merecía el sacerdocio y el reinado (Malkitzedek significa "Rey de Tzedek", y algunos comentaristas dicen que recibió ese título pues era el rey de Jerusalén). Más específicamente, Dios quiso que el sacerdocio emergiera de Shem pues él poseía la *nekudá* del amor sagrado y así era el aspecto de *melopum*. Sin embargo, el hecho de bendecir a Abraham antes de bendecir a Dios fue un daño en este aspecto de *melopum* – i.e., su boca no era un *melo pum*, no estaba llena de bendiciones a Dios (ver §3). Por lo tanto perdió el sacerdocio ante Abraham, quien ejemplificaba el atributo de *jesed* y que obtuvo el amor

LIKUTEY MOHARÁN #34:8

ח. נִמְצָא, שֶׁצָּרִיךְ כָּל אֶחָד לְדַבֵּר בֵּינוֹ לְבֵין קוֹנוֹ, כְּדֵי שֶׁיָּאִיר בְּחִינַת נְקֻדָּה, בְּחִינַת: "פִּי יְדַבֵּר חָכְמוֹת", לְהַוּאו, שֶׁהוּא בְּחִינַת: "וְהָגוּת לִבִּי תְבוּנוֹת". וְעַל־יְדֵי־זֶה נִתְבַּטֵּל עָרְלַת לִבּוֹ, הַיְנוּ חֲרָפוֹת, הַיְנוּ אֲהָבוֹת רָעוֹת.

extensión, sólo tiene un elemento de esa *nekudá*, una *nekudá* personal. A esto el Rebe agrega que, en verdad, cada judío posee una *nekudá* única en la cual es considerado un Tzadik frente a su compañero (§4). En este sentido, al menos, cada persona es un Tzadik, con un punto-Tzadik abarcador, siendo así capaz de inspirar a su compañero en el servicio a Dios (aunque en un nivel menor que el del Tzadik más grande). Esto sugiere dos *nekudot* separadas: la *nekudá* propia y personal y la *nekudá* única de su amigo. Así el Rebe de hecho ha introducido tres *nekudot* separadas: 1) la del Tzadik, la *nekudá* abarcadora; 2) la del amigo (que es un Tzadik frente a la persona); 3) y la de la persona misma. Cada uno de estos tres niveles incluye el intelecto (*Jojmá* y *Biná*) del cual se forma el aspecto del *melopum*. Así, cada nivel es conceptualmente la "boca llena" (*melopum*) que trae *shefa* al mundo. Y, como se explicó, cuando esas *nekudot* están operando, se ilumina el bien dentro de la persona y se anula el ultraje.

Un ejemplo simple de cómo las tres *nekudot* trabajan en conjunto puede ser visto prácticamente en su aplicación al estudio de la Torá. El estudiante oye la lección de su maestro (el Tzadik). Al repasarla con otro estudiante, su amigo lo ayuda a desarrollar los elementos más difíciles de la lección hasta que quedan claros en su mente. Más tarde, cuando repasa sus estudios en privado, la lección se vuelve más clara aún y más difícil de olvidar. Lo mismo es verdad en el servicio a Dios; las *nekudot* son necesarias para alcanzar la perfección. La persona debe aprender del Tzadik el camino apropiado. Entonces, necesita repasar las enseñanzas del Tzadik con su compañero y conversar sobre cómo aplicarlas de manera práctica. Finalmente, debe dedicarse a la plegaria del *hitbodedut* con Dios, pidiendo ser capaz de alcanzar los niveles espirituales revelados por el Tzadik (*Torat Natán* #21; ver también n.89).

84. hablar en privado...brille en el corazón.... La primera *nekudá* que menciona el Rebe Najmán aquí es la *nekudá* personal, que uno desarrolla a través de la práctica de la conversación privada con Dios conocida como *hitbodedut*. Esta plegaria personal, expresada en la lengua materna, contiene alabanzas a Dios por el bien que uno ya ha experimentado junto con pedidos y súplicas por las propias necesidades, actuales y futuras. Aunque el *hitbodedut* tiene esencialmente el objetivo de centrarse en el desarrollo espiritual, también debe incluir pedidos por las otras necesidades, tales como pareja matrimonial, paz en el hogar, el sustento, los hijos y demás. El *hitbodedut* lleva a la persona a centrar su corazón en sus necesidades, de modo que al expresarlas en plegaria une su *vav* con su *iud* – "la meditación de mi corazón" con "mi boca expresa sabiduría" (ver notas 56-57) – eliminando así sus malos amores y acercándose a Dios. (Para más sobre el *hitbodedut* ver *Expansión del Alma*, en el libro *Meditación, Fuerza Interior y Fe*; *Cruzando el Puente Angosto*, Capítulo 9; *Donde la Tierra y el Cielo se Besan*).

El rabí Natán explica por qué la plegaria es fundamental para despertar la *nekudá* de la persona y por qué uno debe orar con todo su corazón. Nuestros Sabios enseñan que la plegaria es la devoción del corazón (*Taanit* 2a). Pues el objetivo primario de la plegaria, y en especial del *hitbodedut*, es purificar el corazón de los malos deseos y de las pasiones mediante las palabras de la plegaria (§3). Cuando el corazón está unido a la *nekudá* –cuando el corazón anhela servir a Dios al buscar la *iud*, intentando ser recto– entonces prevalece el amor sagrado. Es por

8. Consecuentemente,[83] cada persona debe dedicarse a hablar en privado con Su Hacedor para que la *nekudá* –el aspecto de "Mi boca expresa sabiduría"/<la *iud*> – brille en el <corazón> – el aspecto de "y la meditación de mi corazón es comprensión"/<la *vav*>. Y mediante esto se elimina <el ultraje, los malos amores>/el corazón incircunciso.[84]

y reparar los recipientes quebrados, esto sólo puede lograrse cuando *Iesod* está unido con *Maljut*, formando el *melopum* (ver §3; *Torat Natán* #15). Es por ello que "el Tzadik es el *iesod* (cimiento) del mundo" – i.e., está firmemente enraizado en su lugar y nivel, *Iesod*, e ilumina los niveles por debajo de él para que puedan retornar a Dios (ver §2; también ver n.69). El *Parparaot LeJojmá* agrega que dado que la fe es la *nekudá* que lleva a la persona a rectificar su amor caído, vemos por lo tanto que después de recitar la proclama judía de la fe, el *Shemá*, inmediatamente agregamos, "Amarás a Dios…". Pues cuando la *nekudá* se ilumina, se manifiesta el amor.

Resumen: La rectificación de un corazón ultrajado se lleva a cabo cuando se une el corazón a la *nekudá* (punto) aplicable a ese momento (§1). El temor a Dios del Tzadik es la base de su autoridad, mediante la cual puede incluso sobrepasar a los decretos del Cielo. Debe utilizar esa autoridad para inspirar el temor a Dios en la gente (§2). El Tzadik gobierna debido a que ha perfeccionado los recipientes para captar la abundancia – i.e., su boca es un aspecto de *melopum* (§3). Cada judío tiene en sí un aspecto de Tzadik, mediante el cual también él, por medio de sus plegarias, puede gobernar sobre Dios (§4). El *melopum* –formado por una *iud* y una *vav*, que alude al Tzadik– proviene de *Jojmá* y *Biná* (§5). El *melopum* se manifiesta como diferentes aspectos de la *iud* y de la *vav* (§6). El ultraje en el corazón es un aspecto del *Jesed*/ amor caído del cual fueron creadas las *klipot*. Las *klipot* dan origen a los malos deseos que llevan al pecado que quiebra el corazón. Pero al unir el corazón/*vav* a la *nekudá/iud* aplicable a él en ese momento, es posible gobernar por sobre los malos deseos y reparar el corazón quebrantado (§7).

83. Consecuentemente. Habiendo explicado de manera general el papel que tiene la *nekudá* en eliminar el ultraje del corazón –i.e., al unir el corazón/*vav* con la *nekudá/iud* aplicable a él en ese momento– el Rebe Najmán se centra ahora en la *nekudá* en cada una de sus tres manifestaciones y explica cómo desarrollarla. En verdad, las tres ya han sido indicadas en los puntos anteriores de la lección, sólo que aquí el Rebe las muestra trabajando en conjunto y hace referencia a cada una como una *nekudá* .

Hasta aquí el Rebe Najmán ha explicado que el Tzadik, el ejemplo del cuidado del *brit*, gobierna a través de su *melopum* – i.e., las plegarias perfeccionadas mediante las cuales gobierna sobre Dios para efectuar sus propios pedidos y traer las bendiciones (§3). La clave para ese gobierno son los *mojín* (intelectos) puros, *Jojmá* y *Biná*, que son la *iud* (*nekudá*) y la *vav* (extensión) del *melopum* (§5). El objetivo de ese gobierno es que el Tzadik –la raíz abarcadora de todas las almas judías– pueda inspirar a los judíos hacia una mayor devoción en el servicio a Dios (§2).

El Rebe extiende entonces este concepto y demuestra cómo se aplica a todos los judíos. Vale decir, en el grado en que cada judío perfecciona su aspecto del *brit* y purifica su mente, alcanza el aspecto de *melopum* en su nivel, con su propia *nekudá* y *vav*. Pues hay dos niveles separados, el del Tzadik y el del judío común. La diferencia entre ambos es que mientras que la *nekudá* del Tzadik es abarcadora, siendo el alma-raíz, el judío simple, que es un alma-

וְגַם צָרִיךְ כָּל אָדָם לְדַבֵּר עִם חֲבֵרוֹ בְּיִרְאַת שָׁמַיִם, כְּדֵי לְקַבֵּל הִתְעוֹרְרוּת בְּלִבּוֹ מֵהַנְּקֻדָּה שֶׁיֵּשׁ בַּחֲבֵרוֹ יוֹתֵר מִמֶּנּוּ, כְּמוֹ שֶׁכָּתוּב: "וּמְקַבְּלִין דֵּין מִן דֵּין". כִּי בָּזֶה הַבְּחִינָה שֶׁיֵּשׁ בַּחֲבֵרוֹ יוֹתֵר מִמֶּנּוּ, זֹאת הַבְּחִינָה הוּא בְּחִינַת נְקֻדָּה. וְשָׁם בְּהַנְּקֻדָּה הַזֹּאת, שׁוֹרָה הָאַהֲבָה הַנִּקְרָא כֹּהֵן. וְהַנְּקֻדָּה הַזֹּאת, הוּא בְּחִינַת צַדִּיק לְגַבֵּי חֲבֵרוֹ. וְהַנְּקֻדָּה הַזֹּאת, מֵאִיר לְלֵב חֲבֵרוֹ, הַנִּקְרָא וָאו:
וְכָל הַנְּקֻדוֹת הַלָּלוּ, הַיְנוּ הַנְּקֻדָּה הַנִּקְרָא "פִּי יְדַבֵּר חָכְמוֹת", וְגַם הַנְּקֻדָּה שֶׁיֵּשׁ בְּכָל אֶחָד מַה שֶׁאֵין בַּחֲבֵרוֹ, הֵם עֲנָפִים לְהַצַּדִּיק, שֶׁהוּא נְקֻדָּה כְּלָלִיּוּת שֶׁל כָּל יִשְׂרָאֵל. שֶׁהַכֹּל צְרִיכִין לְקַבֵּל מִתְּחִלָּה מֵהַצַּדִּיק, וְאַחַר-כָּךְ יְקַבְּלוּ דֵּין מִן דֵּין, וְכָל אֶחָד יְקַבֵּל מִמֶּנָּה וּבָהּ. וְעַל-יְדֵי שְׁלֹשָׁה בְּחִינוֹת אֵלּוּ, נִתְבַּטֵּל הַחֲרָפוֹת, הַיְנוּ עָרְלַת לֵב,

judías. El individuo y su compañero son extensiones de la raíz del Tzadik, de su *nekudá*. Para desarrollar la espiritualidad uno debe por lo tanto obtener esa tercera *nekudá*, la *nekudá* general y abarcadora del Tzadik, como el Rebe continúa explicando.

89. primero recibir del Tzadik.... Esto se debe a que la *nekudá* del Tzadik es abarcadora, la raíz de todas las *nekudot* personales. De este modo la persona debe primero recibir una iluminación del Tzadik. Luego podrá recibir la iluminación de la *nekudá* de su compañero, habiendo éste recibido también una iluminación del Tzadik. Finalmente, cuando esas dos *nekudot* estén operando, la persona podrá centrarse mejor en sí misma, en sus fallas y ultrajes y conversar con Dios, desarrollando en plenitud su propia *nekudá* personal.

El rabí Natán explica que, debido a que el Tzadik es el fundamento y la raíz de todas las bendiciones (la *shefa* debe pasar a través de *Iesod* para llegar a *Maljut*; n.7), la iluminación de la *nekudá* más cercana al corazón debe comenzar con el Tzadik. Después de haber recibido inspiración del Tzadik, la persona debe buscar la inspiración a partir de su compañero, cuya propia *nekudá* corresponde al Tzadik con respecto a ella. Cuanto más la gente se reúna con amor y amistad, mayor será el beneficio de la iluminación de la *nekudá* del Tzadik accesible a la gente, a sus "extensiones". Por lo tanto, se debe tratar de conversar con un amigo sobre las enseñanzas del Tzadik. Luego, uno se sentirá inspirado a practicar *hitbodedut*, a desarrollar plenamente sus propias e individuales cualidades y *nekudot*, especialmente la *nekudá* que siente en ese momento, para así eliminar el ultraje y los malos amores de su corazón (*Torat Natán* #20). Y si bien la persona debe comenzar con la *nekudá* del Tzadik y también recibir de la *nekudá* de un amigo, su crecimiento esencial en el servicio a Dios proviene del desarrollo de su propia *nekudá* personal mediante el *hitbodedut*. La iluminación procedente del Tzadik y la del amigo son necesarias para su desarrollo pero, en última instancia, la iluminación plena de la *nekudá* más cercana al corazón proviene de dentro de uno mismo. Por lo tanto, es necesario practicar el *hitbodedut* (*Torat Natán* #22). En otra instancia el rabí Natán hace notar que las otras dos *nekudot* no son de igual importancia. Allí explica que las dos *nekudot* más importantes

Y cada persona también debe conversar con su compañero sobre el temor a Dios, para que su corazón reciba inspiración de la *nekudá* en la cual su amigo la sobrepasa, como en, "Y uno recibe del otro".[85] Pues ese aspecto en el cual su amigo la sobrepasa es aspecto de una *nekudá*. Allí, en esa *nekudá*, reside el amor, que es llamado "sacerdote". Esa *nekudá* es un aspecto del Tzadik con respecto a su compañero y esa *nekudá* brilla en el corazón del compañero, que es llamado *vav*.[86]

Ahora bien, todas esas *nekudot* –i.e., la *nekudá* que es llamada "Mi boca expresa sabiduría"[87] y también la *nekudá* que tiene cada persona y que no posee su compañero– son extensiones del Tzadik. Pues él es la *nekudá* que abarca a todo Israel.[88] Cada uno debe primero recibir del Tzadik y luego recibir entre ellos. Y cada uno recibirá desde dentro de sí mismo, <al dedicarse a hablar en privado con Su Hacedor>.[89] Y mediante

---

ello que cuando la persona comienza a orar se encuentra súbitamente asediada por multitud de distracciones y de pensamientos impropios que interrumpen su concentración. Como se explicó, esos malos pensamientos emanan de un corazón quebrado. Dado que la persona quiere orar para eliminarlos y purificar su corazón, esos pensamientos salen a la palestra para luchar en su contra. De aquí que la plegaria sea un tiempo de gran batalla y que se deba por tanto recitar las palabras con todo el corazón y con la mayor concentración (*Torat Natán* #14).

85. amigo…del otro. La segunda *nekudá* mencionada por el Rebe Najmán es la *nekudá* del amigo. Más arriba (§4), esto fue explicado como la *nekudá* única de la persona en la cual ella es un Tzadik frente a su compañero y mediante la cual influye, ilumina e inspira el corazón de su compañero. Aquí, el Rebe la considera desde una perspectiva inversa: la iluminación que se recibe de un amigo, desde su propia y única *nekudá* en la cual él es un Tzadik. Al conversar con un amigo sobre el temor a Dios –incluyendo las prácticas devocionales, ideas de Torá y en general todo aquello que tenga que ver con Dios– el corazón de la persona se inspira en el servicio Divino. Por supuesto, mediante su interacción ella, a su vez, inspira a su compañero, siendo éste un aspecto de "Uno recibe del otro".

86. nekudá…vav. Es decir, conversar con un amigo sobre el servicio a Dios es una expresión de amor, cuyo objetivo es desarrollar la amistad (y no imponer la voluntad de uno sobre el otro; ver más arriba, n.28). Esto permite que el corazón (*vav*) se abra y exprese sus propias ideas a través de la boca (*iud*). Ésta también es la forma del *melopum* y puede reparar el corazón quebrado debido a los malos amores. De esta manera, conversar con un amigo también desarrolla la *nekudá*, aunque diferente de la *nekudá* personal. Y ambas formas de conversación –con Dios y con un amigo– son esenciales para el crecimiento espiritual.

87. Mi boca expresa sabiduría. Ésta es la *nekudá* personal, como se explicó en la sección 6 y en las notas 55-57. El Rebe Najmán ha demostrado que esta *nekudá* se desarrolla mediante el *hitbodedut*, la plegaria, que forma el *melopum* (ver §3).

88. extensiones del Tzadik…a todo Israel. El Rebe Najmán introdujo primero esto más arriba, en la sección 2 (ver n.8), donde habló del Tzadik como la raíz abarcadora de todas las almas

הַיְנוּ אֲהָבוֹת רָעוֹת. וְזֶהוּ: "עַל כָּל פְּשָׁעִים תְּכַסֶּה אַהֲבָה", כִּי שָׁם שׁוֹרָה אַהֲבָה הַקְּדוֹשָׁה:

וְזֶהוּ כְּשֶׁנּוֹלַד יוֹסֵף הַצַּדִּיק, אָמְרָה רָחֵל: "אָסַף אֱלֹקִים אֶת חֶרְפָּתִי" (בראשית ל). כִּי כְּשֶׁנִּתְגַּלָּה הַנְּקֻדָּה שֶׁשָּׁם אַהֲבָה הַקְּדוֹשָׁה, אֲזַי נִתְבַּטֵּל הַחֲרָפוֹת, הַיְנוּ עָרְלַת לֵב, הַיְנוּ אֲהָבוֹת רָעוֹת:

וְזֶה שֶׁכָּתוּב אֵצֶל יוֹסֵף (שם מה): "כִּי פִּי הַמְדַבֵּר אֲלֵיכֶם", וּפֵרֵשׁ רַשִׁ"י: 'כְּפִי כֵּן לִבִּי'. הַיְנוּ שֶׁהֵאִיר הַנְּקֻדָּה שֶׁלּוֹ, בַּוָּאו שֶׁלּוֹ. שֶׁהֵאִיר פִּי יְדַבֵּר חָכְמוֹת, בְּהָגוּת לְבִּי תְבוּנוֹת. וּכְתִיב בּוֹ (שם נ): "וַיְדַבֵּר עַל לִבָּם", פֵּרֵשׁ רַשִׁ"י: 'דְּבָרִים הַמִּתְיַשְּׁבִין עַל הַלֵּב'. הַיְנוּ שֶׁהֵאִיר הַנְּקֻדָּה כְּלָלִיּוּת שֶׁלּוֹ, בְּלֵב כָּל יִשְׂרָאֵל:

נִמְצָא, שֶׁעַל־יְדֵי שָׁלֹשׁ בְּחִינוֹת אֵלּוּ, הַיְנוּ הִתְקַשְּׁרוּת הַצַּדִּיקִים, וְהֵם יָאִירוּ בּוֹ, כִּי הֵם הַנְּקֻדָּה כְּלָלִיּוּת יִשְׂרָאֵל, וִיעוֹרְרוּ אֶת לִבּוֹ.

le creyeron. El virrey de Egipto les mostró entonces que estaba circuncidado y habló con ellos en la Lengua Sagrada (*Rashi, loc. cit.*) – i.e., una "boca llena". En nuestro contexto, esto alude a Iosef como el Tzadik, el hecho de estar circuncidado corresponde al *brit*, en donde reside el amor sagrado. Y Iosef les dijo a sus hermanos, "Así como es mi boca, así es mi corazón" es decir, aunque ellos lo habían vendido como esclavo, Iosef los perdonó por completo, dado que "el amor cubre todas las faltas". Ello se debió a que él unió su corazón con su boca (ver la nota siguiente).

93. boca...sabiduría...comprensión. Al unir su corazón (*vav*) con su boca (*iud*) formó el *melopum*. De esa manera alcanzó el amor sagrado y pudo perdonar sus ofensas.

94. hizo brillar su nekudá abarcadora.... Después del fallecimiento de Iaacov, los hermanos fueron a pedirle perdón a Iosef, "y él les habló a sus corazones...". Hemos visto que Iosef corresponde al *brit* en el cual reside el amor sagrado; él había perfeccionado su propia *nekudá*, la *nekudá* abarcadora del Tzadik. Cuando los hermanos comprendieron que Iosef era el Tzadik, reconocieron la necesidad de arrepentirse y de eliminar el ultraje (de sus quebrantados corazones) por el hecho de haberlo vendido como esclavo. Y Iosef los perdonó, dado que él tenía el amor sagrado para cubrir sus faltas (como más arriba, n.96). Así, en nuestro contexto, Iosef "les habló a sus corazones..." alude al hecho de haber hecho brillar en sus hermanos la *nekudá* abarcadora del Tzadik, iluminando sus *nekudot*. El hecho de juntarse para pedir perdón es equivalente a cada uno de ellos iluminando la *nekudá* de su compañero (i.e., hermanos). El hecho de acercarse a Iosef por su propia voluntad sugiere que cada uno estaba motivado por la iluminación de su propia y personal *nekudá*. De este modo Iosef pudo iluminar los corazones de sus hermanos cuando se reveló por primera vez ante ellos y fue entonces que comenzaron a brillar sus propias y personales *nekudot*: esto es como el Rebe Najmán ha enseñado, que la iluminación comienza con el Tzadik, la *nekudá* abarcadora.

esas tres <*nekudot*> se elimina el ultraje/el corazón incircunciso/los malos amores. Esto es: "El amor cubre todas las faltas", porque allí es donde reside el amor sagrado.⁹⁰

Y esto es: Cuando nació Iosef, el Tzadik, Raquel dijo, "Dios ha quitado mi ultraje" (Génesis 30:23). Pues cuando se revela la *nekudá* en la cual reside el amor sagrado, entonces se elimina el ultraje/el corazón incircunciso/los malos amores.⁹¹

Esto es lo que está escrito en conexión a Iosef: "es mi misma boca la que les está hablando" (Génesis 45:12). Rashi explica: "Tal como es mi boca, así es mi corazón".⁹² En otras palabras, él hizo brillar su *nekudá* en su *vav*; hizo brillar "Mi boca expresa sabiduría" en "la meditación de mi corazón es comprensión".⁹³ Y como está escrito de él (Génesis 50:21), "y él les habló a sus corazones", que Rashi explica: palabras que calman el corazón. Es decir, él hizo brillar su *nekudá* abarcadora en todos <los> corazones.⁹⁴

Es así que, como resultado de esas tres *nekudot* [el corazón se inspira]. Es decir, [mediante] la unión con los Tzadikim y su brillar sobre [la persona], pues [los Tzadikim] son la *nekudá* abarcadora, ellos

---

son la *nekudá* del Tzadik, recibida a través de sus enseñanzas o de las conversaciones con él, y la *nekudá* personal, desarrollada a través del *hitbodedut*. La *nekudá* del amigo, aunque esencial, es de hecho una iluminación muy general, una que a veces proviene de un amigo que se encuentra en un nivel espiritual inferior al de uno y que incluso, como indica el Rebe al final de la lección, es posible que no tenga conciencia de la *nekudá* ni intención de despertarla. Así, el principal objetivo de la persona debe consistir en recibir primero del Tzadik, la *nekudá* abarcadora y que corresponde al aspecto del intelecto, para ser capaz de *saber* (intelecto) cómo desarrollar la *nekudá* personal. Deberá viajar para estar con el Tzadik o buscar sus enseñanzas, para comenzar el proceso del desarrollo de su propia *nekudá* y reparar su corazón quebrantado (*Torat Natán* #19, #25).

90. donde reside el amor sagrado. Pues cuando se forma el *melopum* al unir la *vav* con la *iud*, prevalece entonces el amor sagrado, cuyo lugar está en el *brit* de paz. Este amor "cubre todas las faltas" – i.e., elimina el ultraje del corazón, que son los malos deseos (ver más arriba, §7, n.72-75, 80-82).

91. Iosef…los malos amores. Cuando la gente se dio cuenta de que Raquel era estéril, comenzó a decir: Iaacov deberá divorciarse de Raquel y ella será la esposa de Esaú (*Rashi, loc. cit.*). En nuestro contexto, Esaú alude a los malos deseos que contaminan y ultrajan el corazón. Así cuando nació Iosef, Raquel le agradeció a Dios por el hecho de que Él "ha quitado mi ultraje" – i.e., el corazón (*vav*) estaba ahora unido a Iosef/Tzadik/*nekudá* (*iud*) y por tanto se eliminó su ultraje/Esaú/malos deseos.

92. mi boca…mi corazón. Cuando Iosef se reveló por primera vez ante sus hermanos, ellos no

וְגַם עַל־יְדֵי שֶׁיְּדַבֵּר עִם חֲבֵרוֹ, יָכוֹל גַּם כֵּן כָּל אֶחָד וְאֶחָד לְהָאִיר וּלְעוֹרֵר לֵב חֲבֵרוֹ. וְגַם עַל־יְדֵי עַצְמוֹ, שֶׁמְּדַבֵּר בֵּינוֹ לְבֵין קוֹנוֹ, יָכוֹל גַּם כֵּן לְעוֹרֵר אֶת לִבָּבוֹ, עַל־יְדֵי "פִּי יְדַבֵּר חָכְמוֹת". וְיָסִיר מִמֶּנּוּ עָרְלַת לֵב:

וְזֶהוּ פֵּרוּשׁ:

וְאַתֶּם תִּהְיוּ לִי מַמְלֶכֶת כֹּהֲנִים – הַיְנוּ בְּחִינַת אַהֲבָה הַקְּדוֹשָׁה כַּנַּ"ל.

וְגוֹי קָדוֹשׁ – הַיְנוּ "קֹדֶשׁ" שֶׁהוּא בְּחִינַת נְקֻדָּה, וּ"וָאו" הוּא בְּחִינַת לֵב כַּנַּ"ל.

עַל־יְדֵי מָה תָּבוֹא לִבְחִינַת אַהֲבָה, וְלִבְחִינַת קֹדֶשׁ וָאו? עַל־יְדֵי

llevó a Pinjas a iluminar su propia *nekudá*. Al recordar lo que Moshé le había enseñado y al hacerle recordar la ley a Moshé, Pinjas demostró que su *nekudá* única estaba en verdad en sintonía con la *nekudá* abarcadora del Tzadik. De esa manera unió su corazón con la *nekudá* de la fe y llevó a cabo la mitzvá que le correspondía en ese momento. Como resultado, mediante su celo, Pinjas mereció el *brit* de paz, que es el amor sagrado.

Resumen: La rectificación de un corazón ultrajado se lleva a cabo cuando se une el corazón a la *nekudá* (punto) aplicable a ese momento (§1). El temor a Dios del Tzadik es la base de su autoridad, mediante la cual puede incluso sobrepasar a los decretos del Cielo. Debe utilizar esa autoridad para inspirar el temor a Dios en la gente (§2). El Tzadik gobierna debido a que ha perfeccionado los recipientes para captar la abundancia – i.e., su boca es un aspecto de *melopum* (§3). Cada judío tiene en sí un aspecto de Tzadik, mediante el cual también él, por medio de sus plegarias, puede gobernar sobre Dios (§4). El *melopum* –formado por una *iud* y una *vav*, que alude al Tzadik– proviene de *Jojmá* y *Biná* (§5). El *melopum* se manifiesta como diferentes aspectos de la *iud* y de la *vav* (§6). El ultraje en el corazón es un aspecto del *Jesed*/amor caído del cual fueron creadas las *klipot*. Las *klipot* dan origen a los malos deseos que llevan al pecado que quiebra el corazón. Pero al unir el corazón/*vav* a la *nekudá*/*iud* aplicable a él en ese momento, es posible gobernar por sobre los malos deseos y reparar el corazón quebrantado (§7). Así, la persona debe desarrollar tres *nekudot*: primero, la *nekudá* abarcadora que se recibe del Tzadik; luego la *nekudá* que uno recibe al conversar con su compañero; y finalmente la *nekudá* personal desarrollada mediante el *hitbodedut* (§8). Al desarrollar esa *nekudá* y unir el corazón a la *nekudá* en particular aplicable a él en ese momento, es posible rectificar el corazón ultrajado por el pecado (§1).

97. versículo de apertura. El Rebe Najmán pasa revista ahora a la lección dentro del contexto del versículo de apertura.

98. sacerdotes…amor sagrado, como se explicó. Ver más arriba, sección 7 (notas 79 y 82), que el sacerdote corresponde al amor y al *brit*.

99. KaDOsh…nekudá…vav…como se explicó. En la sección 5 el Rebe Najmán explicó que

inspiran su corazón; y al hablar con su compañero, cada persona puede iluminar el corazón de su amigo e inspirarlo;[95] y [la persona] misma, al dedicarse a hablar en privado con Su Hacedor <en *hitbodedut*>, puede también inspirar su propio corazón por medio de "Mi boca expresa sabiduría" y así eliminar de sí el corazón incircunciso, los malos amores.[96]

9. Y ésta es la explicación [del versículo de apertura]:[97]
{"**Serán para Mí un reino de sacerdotes y una nación santa. Éstas son las palabras que les dirás a los Hijos de Israel**"}.

Serán para Mí un reino de sacerdotes – Éste es un aspecto del amor sagrado, como se explicó.[98]

y una nación KaDOSH – Esto es, *KoDeSH*, que es un aspecto de una *nekudá* y una *vav* (O), que es un aspecto de corazón, como se explicó.[99]

¿Cómo es que uno llega al aspecto de amor y al aspecto de *kodesh vav*? Por medio de

---

95. su compañero...el corazón de su amigo. La versión manuscrita del *Likutey Moharán* dice lo siguiente: "La segunda categoría es cuando uno habla con su compañero sobre el temor a Dios, de modo que pueda inspirar *su propio* corazón y que su compañero pueda quizás inspirarlo a él [en el servicio a Dios]". Esto difiere de nuestro texto en el hecho de que agrega otra dimensión al valor de hablar con un amigo. No siempre tal conversación da como resultado el sentirse inspirado por un amigo. Así el Rebe Najmán dice que cuando se habla con un amigo, también existe otra posibilidad: la persona puede sentirse inspirada por las palabras que le dice a su compañero (ver *Likutey Moharán* I, 184).

96. ...los malos amores. En base a este concepto de inspirar el corazón por medio de las tres *nekudot*, el *Parparaot LeJojmá* explica en gran detalle la historia de Pinjas (mencionada más arriba en §7 y n.79): Dos de los hijos de Aarón, Nadav y Avihu, se equivocaron cuando, por su propia voluntad, llevaron un sacrificio en el día de la inauguración del Santuario. No buscaron el consejo de Moshé ni se aconsejaron entre ellos; cada uno decidió actuar por sí mismo. Como relatan las Escrituras, ese atrevimiento les costó la vida (Levítico 10:1-2; *Sifra, Shemini* 1; *Shaar HaPesukim*, p.161). El Ari enseña: Cuando Pinjas santificó el nombre de Dios al matar a Zimri, su alma quedó "embarazada" con las almas de Nadav y Avihu (*Likutey Torá, VaIrá*, p.134). Su acto de celo fue una rectificación de ese atrevimiento. Y con las almas de esos sacerdotes dentro de él, Pinjas mereció el sacerdocio. En nuestro contexto, al no aconsejase con Moshé, Nadav y Avihu no tuvieron la *nekudá* abarcadora del Tzadik para iluminarlos. Al no conversar el asunto entre ellos, también les faltó la *nekudá* del amigo. Finalmente, el hecho de que cometieron lo que fue en verdad un grave error indica que cada uno carecía también de su propia y única *nekudá*. Su muerte alude así al ultraje del corazón quebrantado (en la terminología Kabalista, la Rotura de los Recipientes es denominada a veces "muerte"). Aun así, éste es precisamente el motivo por el cual lo que hizo Pinjas se transformó en su rectificación. Pues cuando Zimri pecó y Moshé olvidó la ley del celoso, Pinjas no se aconsejó con Moshé, el Tzadik, ni discutió el tema con un compañero. En su lugar, la necesidad de actuar de inmediato

אֵלֶּה הַדְּבָרִים אֲשֶׁר תְּדַבֵּר אֶל בְּנֵי יִשְׂרָאֵל – כִּי מֹשֶׁה הוּא נְקֻדָּה כְּלָלִיּוּת נִשְׁמוֹת יִשְׂרָאֵל.

שֶׁבַּתְּחִלָּה צְרִיכִין הַכֹּל לְקַבֵּל מֵהַנְּקֻדָּה כְּלָלִיּוּת, וְאַחַר־כָּךְ [צָרִיךְ] כָּל אֶחָד וְאֶחָד לְהָאִיר בַּחֲבֵרוֹ מֵהַנְּקֻדָּה שֶׁיֵּשׁ בּוֹ, וְגַם יוּכַל לְהָאִיר מִמֶּנּוּ וּבָה מֵהַנְּקֻדָּה שֶׁבּוֹ, שֶׁהוּא "פִּי יְדַבֵּר חָכְמוֹת", לְהַוָּאו, שֶׁהוּא "וְהָגוּת לִבִּי תְבוּנוֹת".

וְאָז נִקְרָא גּוֹי קָדוֹשׁ, הַיְנוּ קֹדֶשׁ וָאו. שֶׁהַנְּקֻדָּה מֵאִיר לְהַוָּאו. וְעַל־יְדֵי־זֶה, "וְאַתֶּם תִּהְיוּ לִי מַמְלֶכֶת כֹּהֲנִים", הַיְנוּ אַהֲבָה הַקְּדוֹשָׁה. כִּי כְּשֶׁיִּתְקַבֵּל מִן כָּל הַנְּקֻדּוֹת הַלָּלוּ הֵן מִמֶּנּוּ וּבָהּ, וְהֵן מֵהַנְּקֻדוֹת שֶׁבְּכָל אֶחָד מִיִּשְׂרָאֵל, הֵן מִנְּקֻדָּה כְּלָלִיּוּת.

שֶׁשָּׁם אֵצֶל כָּל הַנְּקֻדוֹת שׁוֹרָה אַהֲבָה קְדוֹשָׁה, הַנִּקְרָא כֹּהֵן, כְּמוֹ שֶׁכָּתוּב: "הִנְנִי נוֹתֵן לוֹ אֶת בְּרִיתִי שָׁלוֹם". וְהַנְּקֻדָּה הוּא בְּרִית שָׁלוֹם, כְּמוֹ שֶׁכָּתוּב בְּ"עֵץ־חַיִּים": שֶׁהָאוֹר הַחֶסֶד נִשְׁאַר בִּיסוֹד דַּאֲצִילוּת:

[וּכְשֶׁמְּדַבֵּר עִם חֲבֵרוֹ בְּיִרְאַת שָׁמַיִם, מְקַבֵּל הַנְּקֻדָּה שֶׁבְּלֵב חֲבֵרוֹ בְּלִי לְבוּשׁ. וְלִפְעָמִים מְקַבֵּל הַנְּקֻדָּה מֵחֲבֵרוֹ עַל־יְדֵי דְּבָרִים אֲחֵרִים

---

103. como se explicó. Esto proviene de la versión manuscrita y no se encuentra en las ediciones impresas del *Likutey Moharán*.

El versículo se traduce en nuestro texto como sigue: **Serán para Mí un reino de sacerdotes** – ¿Cómo es posible alcanzar el amor sagrado? **una nación kadosh** – Al desarrollar la *iud* y la *vav*, formando así el *melopum*. De esa manera se completan los recipientes para poder captar las bendiciones. **Éstas son las palabras que les dirás a los Hijos de Israel** – Más específicamente, esto implica desarrollar la *iud* y la *vav* en las tres manifestaciones: la *nekudá* abarcadora del Tzadik, la *nekudá* del amigo y la *nekudá* propia y personal. Esto conforma el *melopum*, la *iud* y la *vav*, y produce "un reino de sacerdotes" en el que cada judío ha quebrado su mala inclinación, anulado sus malos amores y deseos y, de esa manera, es llevado cerca del Dios Único.

104. Cuando la persona.... Esto fue agregado por el rabí Natán y no aparece como parte del manuscrito original del Rebe Najmán.

105. sin ninguna vestimenta. En general, uno recibe iluminación de la *nekudá* de un amigo cuando la conversación se centra directamente en el temor a Dios y en Su servicio (como se explicó más arriba, §8). En tal conversación está clara la base para la inspiración y la conexión que tiene la *nekudá* con la fe en Dios, "sin ninguna vestimenta".

Éstas son las palabras que les dirás a los Hijos de Israel – Pues Moshé es la *nekudá* abarcadora de las almas de Israel.[100]

Todos tienen que recibir primero de la *nekudá* abarcadora. Luego, cada persona debe hacer que brille en su amigo la *nekudá* que tiene en sí <en la que sobrepasa a su compañero>. <Entonces, luego de ello,> puede hacer brillar sobre sí misma la *nekudá* que tiene en ella –i.e., "Mi boca expresa sabiduría"– sobre la *vav*, que es, "y la meditación de mi corazón es comprensión".[101]

Entonces, es llamada **una nación santa** – i.e., *kodesh vav*, con la *nekudá* iluminando la *vav*. Y como resultado, **Serán para Mí un reino de sacerdotes** – i.e., el amor sagrado. Pues cuando recibes de todas esas *nekudot*: desde dentro de ti mismo, de la *nekudá* que tiene cada judío y de la *nekudá* abarcadora…

Pues allí, junto con cada una de las *nekudot*, reside el amor sagrado, que es llamado "sacerdote", como en, "Yo le estoy dando a él Mi pacto de paz". [Esto es] lo que está escrito en el *Etz Jaim*: La luz de *Jesed* permaneció en *Iesod* del Mundo de *Atzilut*.[102] <…como resultado,

Serán para Mí un reino de sacerdotes – i.e., el amor sagrado – y entonces serán eliminados los amores externos/el corazón incircunciso. En su lugar habrá *kodesh vav*, como se explicó>.[103]

{Cuando la persona habla con su compañero sobre el temor a Dios,[104] recibe la *nekudá* del corazón de su compañero sin ninguna vestimenta.[105]

---

el intelecto, *Jojmá* y *Biná*, es *iud* y *vav*. La Kabalá enseña que *kodesh* corresponde a *reshit* ("el comienzo"), que alude a *Jojmá* (ver n.50; ver *Likutey Moharán* I, 21, n.22). Así el término hebreo *KaDOsh* (קדוש) –conformado por la palabra *KoDeSh* (קדש) y la letra *O* (ו) – es una *iud* y una *vav*.

El versículo hasta aquí se traduce como: "El amor sagrado se manifiesta cuando hay una unión de la *iud* con la *vav*".

100. Moshé…la nekudá abarcadora…. Moshé es el Tzadik. Dios habló con él y le dijo que le hablase a todo Israel. La *nekudá* abarcadora del Tzadik ha sido explicada más arriba, en la sección 2 y en la nota 8 (ver también §8, n.88).

101. abarcadora…amigo…sí misma…. Como se explicó más arriba, sección 8. Ver también la sección 6, nota 56-58.

102. sacerdote…pacto…Mundo de Atzilut. Como se explicó, la *iud* corresponde al pacto, a la *nekudá* del Tzadik, que es donde reside el amor sagrado (§7). Cuando uno toma de la *iud*, toma el amor sagrado –el aspecto de sacerdote, el pacto de paz– y rectifica su corazón, la *vav*. La conexión que esto tiene con la enseñanza del Ari en el *Etz Jaim* ha sido explicada más arriba, en la sección 7 y en las notas 65-68.

שֶׁמְּסַפֵּר עִמּוֹ, כִּי יֵשׁ לִפְעָמִים שֶׁיְּכוֹלִין לְקַבֵּל אוֹר וְהִתְעוֹרְרוּת לַעֲבוֹדַת הַשֵּׁם יִתְבָּרַךְ, מֵהַנְּקֻדָּה שֶׁל חֲבֵרוֹ, עַל־יְדֵי שִׂיחַת חֻלִּין שֶׁמְּדַבְּרִין עִמּוֹ. וְאָז מְקַבְּלִין אוֹר הַנְּקֻדָּה עַל־יְדֵי הַתְלַבְּשׁוּת. כִּי לִפְעָמִים צְרִיכָה הַנְּקֻדָּה לְהִתְלַבֵּשׁ, וְהִיא מִתְלַבֶּשֶׁת בְּדִבּוּרִים אֵלּוּ, וְהוּא מְקַבֵּל מִמֶּנָּה]:

tefilín de la mano tiene la forma de la letra *iud*, para indicar la necesidad de unir el corazón con la *iud* (*Likutey Halajot, Tefilín* 2:2).

Las *parashiot* (pasajes de la Torá) de los tefilín están escritas sobre pergamino, sobre cuero de animales que son kosher (e.g., vacas, ovejas). En nuestra lección el Rebe Najmán habla del ultraje que proviene de los amores caídos y quebrados. Esos amores caídos se asemejan a los deseos animales; la persona que sucumbe a esas pasiones desciende del nivel de ser humano para seguir los dictados de sus deseos animales. Escribir los tefilín sobre cuero animal demuestra que es posible elevarse por sobre los impulsos y llevar incluso lo "animal" de retorno hacia el ámbito de la santidad. La forma primaria en la cual los cueros se vuelven sagrados es escribiendo en ellos las letras y las palabras de Torá. Esas palabras aluden al habla perfeccionada, a una boca plena, que es el *melopum* – la luz de la *nekudá* que ilumina los deseos inferiores y animales y los eleva hacia la santidad. El Ari enseña que, en un sentido general, las *parashiot* de los tefilín que se encuentran dentro de las cajas corresponden a los *mojín* (intelecto) dentro del cráneo. En nuestro contexto, ese intelecto es *Jojmá* y *Biná*, la iud y la vav que forman el *melopum* (ibid.:3).

Encontramos en las enseñanzas del Ari que, como aspectos correspondientes a los *mojín*, hay en verdad tres tefilín: los tefilín de la cabeza; los tefilín de la mano; y el nudo de los tefilín de la cabeza, que también corresponde al intelecto pero en un nivel inferior al de los tefilín mismos. En nuestro contexto, esos tres tefilín corresponden a las tres *nekudot*. Los tefilín de la cabeza corresponden al Tzadik, a la *nekudá* abarcadora, pues él es considerado el intelecto superior, la "cabeza del pueblo judío". Los tefilín de la mano corresponden a la *nekudá* personal; su nudo tiene la forma de la *iud*, que la persona ajusta sobre el brazo para subyugar el corazón ante Dios. Y el nudo de los tefilín de la cabeza, que tiene la forma de la letra *dalet*, corresponde a la tercera *nekudá*, la del amigo. Ésta es la *nekudá* menos esencial de las tres (ver más arriba, n.89), por lo cual en verdad no encierra a los *mojín*, pero es el nudo que une a las tres *nekudot* entre sí (ibid.:4).

Otro requerimiento de la mitzvá de los tefilín es que la caja de cuero que guarda las *parashiot* de los tefilín de la cabeza debe tener la *shin* grabada en relieve sobre dos lados. Esta *Shin* más el nudo de los tefilín de la cabeza con la forma de la letra *Dalet* y el nudo de los tefilín de la mano con la forma de una *Iud*, conforman el santo nombre *ShaDaI*. Éste es el santo nombre de Dios que corresponde a *Iesod*, el *brit* (ver Apéndice: Las Sefirot y los Nombres de Dios Asociados) y como tal alude a la *nekudá* de santidad y al amor sagrado que se encuentra sobre la persona que lleva los tefilín. También, como es sabido, cada letra *shin* en los tefilín de la cabeza tiene una forma diferente; una está conformada por tres cabezas y la otra por cuatro. La *shin* común con tres cabezas corresponde a la tres *nekudot* que la persona debe buscar: la propia, la que uno recibe del amigo y la que recibe del Tzadik. Pero también hay una cuarta *nekudá*, la *nekudá* personal del Tzadik mismo. Esta *nekudá* es demasiado exaltada como para que el hombre común pueda recibir una iluminación de ella; como aspecto del intelecto, esta

Pero hay veces en que recibe la *nekudá* de su amigo por medio de otras cosas sobre las cuales conversan. Porque es posible ocasionalmente recibir luz e inspiración para servir a Dios de la *nekudá* de su compañero por medio de las conversaciones cotidianas que se tienen con él. Entonces uno recibe la luz de la *nekudá* en virtud del hecho de que está encubierta.[106] Pues a veces la *nekudá* debe estar cubierta de modo que se inviste en las palabras y uno recibe de allí}.[107]

106. del hecho de que está encubierta. Es decir, Dios siempre le provee a la persona nuevas ideas y pensamientos sobre cómo acercarse a Él. En las conversaciones sobre el temor a Dios, esto es obvio. Sin embargo, otras veces esos pensamientos son más como alusiones, si así pudiera decirse, dado que le llegan a la persona a través de las conversaciones diarias. Incluso así, aquel que verdaderamente quiera reconocer a Dios encontrará su *nekudá* iluminada y se verá inspirado a servir a Dios incluso a partir de conversaciones sobre temas mundanos.

107. recibe de allí. Hay veces en que la única manera de recibir la *nekudá* aplicable al corazón *en ese momento* es de manera indirecta. Entonces, aunque la iluminación sea recibida de manera oculta, la persona puede sin embargo unir el corazón a su *nekudá*, eliminar el ultraje y reparar el corazón quebrantado.

* * *

El Rebe Najmán dijo cierta vez que todas y cada una de sus lecciones pueden ser aplicadas a toda la Biblia y a la Torá Oral (*Sabiduría y Enseñanzas del Rabí Najmán del Breslov* #201). Dado que esta lección es central en el pensamiento de Breslov (ver n.1), presentamos aquí varios pasajes provenientes de los escritos del rabí Natán y de Reb Najmán de Tcherin que se relacionan con el discurso del Rebe. A partir de estos diversos pasajes el lector podrá obtener un atisbo de cuán profundas y amplias son las enseñanzas del Rebe Najmán. También podrá aprender de estos ejemplos cómo es posible aplicar y beneficiarse de las muy profundas y absolutamente prácticas enseñanzas en todos los aspectos de la vida diaria. Habiendo visto cómo el concepto de unir el corazón con la *nekudá* se aplica a la plegaria (n.84) y a la caridad (n.75), comenzaremos aquí con el discurso del rabí Natán sobre los tefilín (que se encuentra en *Likutey Halajot, Tefilín* 2), siguiendo con el comentario del Rebe de que esta lección explica algunas de las meditaciones místicas asociadas con esta mitzvá.

Tefilín. Uno de los requerimientos de la mitzvá de los tefilín es colocarse los tefilín del brazo sobre el biceps del brazo izquierdo, adyacente al corazón. Esto significa subyugar los deseos y los pensamientos del corazón ante la autoridad de Dios. El corazón es la *vav*, como hemos visto (n.57). Los tefilín se colocan cerca del corazón pues los tefilín son una señal (Deuteronomio 6:8), al igual que el *brit* (Génesis 17:11) y así corresponden a la *nekudá*, a la *iud*. Unir los pensamientos del corazón a los tefilín es así comparable a unir la *vav* con la *iud*. Uno coloca los tefilín sobre el brazo izquierdo dado que el lado izquierdo corresponde a los juicios (ver Lección #33, n.8), cuya predominancia produjo la Rotura de los Recipientes. Ajustar los tefilín sobre el brazo izquierdo alude así a la reparación de los recipientes quebrados. Más aún, enrollamos la correa de los tefilín con la mano derecha, demostrando que la mitzvá de los tefilín se encuentra, sin embargo, indisolublemente unida con *Jesed* y que al llevar a cabo actos de bondad, el amor sagrado, también podemos reparar el corazón quebrado. Es por esto también que el nudo de los ellas" hace referencia a las palabras de Torá que uno recita al desarrollar la *nekudá* personal. "Cuando estés en tu hogar, al andar por el camino, cuando te acuestes y cuando te levantes". Todo esto alude a la unión del corazón con la *nekudá* aplicable a él en ese momento – en el hogar, al viajar, etc. Esto es necesario pues cada momento es diferente del anterior y del momento que le seguirá. La persona debe buscar a Dios en todo momento y en cada situación. Por lo tanto, es necesario tener fe en que, sea donde fuere que uno esté, en el momento que sea y cualesquiera sean las circunstancias – Dios está allí, con uno, dispuesto a escuchar y a aceptar nuestras plegarias (*Likutey Halajot, Melamdim* 4:5-6).

* * *

Negocios. El comercio es una manera ética de elevar todo hacia su Fuente. Hacer negocios de manera honesta alude así a la prosperidad, a la *nekudá* del Tzadik, quien canaliza la abundancia hacia el mundo. La persona que comercia de manera honesta también promueve el amor, en el hecho de que ambos, el comprador y el vendedor están satisfechos. Como hemos visto, el amor es la *nekudá* que reside en el *brit*, que puede reparar un corazón quebrado. Pero la persona que engaña en sus prácticas comerciales quiebra el corazón, la *vav*. El valor numérico de la *vav*, seis, también es un paralelo de los seis días de trabajo de la semana. También alude a la práctica del engaño comercial (*oná*), en el cual el vendedor le cobra de más al comprador (o cuando el comprador engaña al vendedor) en un sexto del precio, lo que anula la transacción (ver *Shuljan Aruj, Joshen Mishpat* 227). Ello se debe a que la persona culpable de tales engaños ha dañado la *vav*, el corazón y también el mundo en general, que fue creado durante los Seis Días de la Creación (*Likutey Halajot, Oná* 2:1-4).

* * *

Jánuca. Los griegos que invadieron la Tierra Santa esperaban anular el estudio de la Torá, la *nekudá* de la entidad judía, la *iud*. El milagro de Jánuca se celebra por lo tanto encendiendo lámparas de aceite, aludiendo a la luz de la Torá que nunca se extingue. Los griegos simbolizan los malos deseos y los malos amores. Los Macabeos que los derrotaron eran sacerdotes, símbolo del amor sagrado que reside en el *brit*. Otro elemento de Jánuca es el recitado de la plegaria del Halel, llenando nuestras bocas de alabanzas a Dios, el *melopum*. También es importante dar caridad en Jánuca. La caridad alude a los recipientes de *Jesed* que uno repara por medio de la luz del *brit*/sacerdocio/Tzadik, que brilla en Jánuca (*Likutey Halajot, Oná* 2:5-7).

El requerimiento halájico básico para el encendido de las luces en Jánuca es encender una lámpara cada una de las ocho noches de la festividad. Aquel que es más meticuloso en la observancia de la mitzvá también hará que cada uno de los miembros de su hogar encienda una lámpara cada noche. Y aquel que sea especialmente meticuloso encenderá una lámpara adicional en cada una de las noches y hará que los miembros de su hogar hagan lo mismo. Esos tres niveles del cumplimiento de la mitzvá de encender las luces de Jánuca aluden a las tres *nekudot*. La mitzvá básica alude al Tzadik, a la luz simple y abarcadora. El segundo nivel alude a la *nekudá* del amigo, pues cada miembro de la familia comparte la luz de Jánuca con los demás. La mitzvá más especial, sin embargo, es cuando las lámparas encendidas por cada persona crecen en número cada noche. Esto alude a la *nekudá* personal – i.e., cada persona creciendo espiritualmente al desarrollar su *nekudá*. Hay ocho noches en las cuales se encienden las lámparas de Jánuca, correspondientes al *brit* y a la mitzvá del *brit milá* realizada en el octavo día después del nacimiento (*Likutey Halajot, Birkat HaMazón* 3:15).

* * *

nekudá corresponde a los elevados *mojín* propios del Tzadik. Por lo tanto, desde la perspectiva del Tzadik de hecho hay una cuarta *nekudá*, aludida por la *shin* con cuatro cabezas (ibid.:4-5).

Finalmente, al ponernos los tefilín, dejamos los tefilín de la cabeza sin cubrir. Esto alude a la necesidad de difundir las enseñanzas del Tzadik, haciéndolas accesibles a todos aquellos que quieran acercarse a Dios a través de ellas. Por el contrario, los tefilín de la mano pueden estar cubiertos. Ello se debe a que los tefilín de la mano corresponden a la *nekudá* personal, que se desarrolla a través de la plegaria privada del *hitbodedut* (ibid.:6).

* * *

Las plegarias diarias. De las tres plegarias diarias, *Shajarit* y *Maariv* incluyen el recitado del *Shemá* (que alude tanto a la fe como a los *mojín*), pero no así la plegaria de *Minjá*. Ello se debe a que las plegarias de la mañana y de la noche corresponden a la *nekudá* del Tzadik y a la *nekudá* personal, que implican aplicar los *mojín* – utilizar el intelecto para comprender y aplicar las enseñanzas que uno recibe del Tzadik y utilizar el intelecto para componer y concentrarse en la plegaria privada. Pero la plegaria de *Minjá* corresponde a la *nekudá* adquirida a través de la conversación con un amigo, que no requiere de un intelecto aplicado (ver el final de la lección, notas 105-107). Las tres *nekudot* son también un paralelo de las plegarias diarias en otro aspecto. Recitamos las plegarias diarias con un *minian*, un quórum de diez hombres, pues la persona debe unirse a la *iud*, que equivale a diez. La gente que se reúne para formar un *minian* es un paralelo de recibir la *nekudá* del amigo. El *jazán* que lidera la oración del servicio de la plegaria corresponde a la *nekudá* del Tzadik. La plegaria silenciosa dicha por cada individuo se asemeja a la plegaria privada de cada persona, el *hitbodedut* (*Likutey Halajot, Tefilín* 2:9-10).

Además, cada una de las cuatro secciones de la plegaria de la mañana –los *Korbanot*-sacrificios, *Pesukey deZimra*, el *Shemá* y la *Amidá*– corresponden a los diferentes conceptos mencionados en la lección. Los sacrificios tienen por objeto obtener el perdón de los pecados, de los comportamientos animales y de los malos deseos que ultrajan el corazón. Los salmos del *Pesukey deZimra* son las palabras de alabanza a Dios que forman el *melopum*. El *Shemá*, en el cual proclamamos la unidad del Santo, bendito sea, y nos unimos a Él, se asemeja a la unión del judío común con el Tzadik. Finalmente y como se explicó más arriba (n.84), la *Amidá*, que es la devoción del corazón, corresponde al *hitbodedut* – uniendo "mi boca expresa sabiduría" con "la meditación de mi corazón es comprensión" (*Likutey Halajot, Nesiat Kapaim* 5:5-11; ver allí para un extraordinario repaso de esta lección en base al concepto de las cuatro formaciones del *melopum* tal cual están tratadas en §6).

* * *

El Shemá y la fe. Como se explicó anteriormente, la fe es la esencia de la *nekudá* sagrada aplicable al corazón y es el fundamento de toda la Torá (ver n.3). El pasaje bíblico conocido como el *Shemá* (Deuteronomio 6:4-9) es nuestra proclama de esta fe. Como plegaria, el *Kriat Shemá* revela la *nekudá* del Tzadik, el *melopum*. Nos corresponde por lo tanto proclamar nuestra fe con la boca, para perfeccionar nuestras bocas y desarrollar apropiadamente nuestra *nekudá*. Entonces, después de proclamar la unidad de Dios en el versículo de apertura del *Shemá*, agregamos, "Y amarás…", pues la *nekudá* reside en el aspecto del *brit*, el asiento del amor sagrado. Y el *Shemá* continúa: "Estas palabras… pondrás en tu corazón", indicando que cuando la persona rectifica su boca mediante la plegaria, une su corazón con la sabiduría de su boca, la *vav* con la *iud*. "Enséñalas a tus hijos…" implica conversar con un amigo, "y habla de

"nación tripartita" es el pueblo judío, una nación de Cohanim, de Levitas y de Israelitas. El "tercero" era Moshé, el tercer hijo nacido de su madre, después de Aarón y Miriam. El "tercer día" hace referencia al tercer día de preparación antes de que el pueblo judío recibiera la Torá (Éxodo 19:16). Y el "tercer mes" es Sivan, cuando fue dada la Torá. Cada uno de estos aspectos de tres corresponde a las tres *nekudot*. El hecho de que la Torá corresponda a "tres" también puede verse a partir de la ley que determina que sean tres el mínimo número de versículos de la Torá que deban ser leídos en la sinagoga. Tres es el número de personas llamadas para leer la Torá durante la semana, sin embargo, en Shabat, un mínimo de siete son llamadas para la Torá. Esto corresponde a los seis días de la semana (la *vav*) y el Shabat (la *iud*). El hecho de que se lea cada semana un pasaje diferente de la Torá alude a las muchas y diferentes situaciones en las cuales la persona puede encontrarse y al hecho de que siempre debe unirse a la *nekudá* aplicable a su corazón en ese momento (*Likutey Halajot, Nesiat Kapaim* 5:27-28).

* * *

Arrepentimiento. El poder del arrepentimiento es muy grande. La *teshuvá* puede rectificar incluso la peor de las transgresiones, incluso el pecado del onanismo, para el cual el *Zohar* afirma explícitamente que no hay arrepentimiento (ver *Zohar* I, 188a; ver también *Sabiduría y Enseñanzas del Rabí Najmán de Breslov* #71). Como hemos visto, la *nekudá* de santidad, la *iud*, reside en el lugar del *brit*. La rectificación de un corazón quebrado debido a los malos deseos tiene lugar cuando la persona une su corazón con esa *nekudá*. En la Kabalá, esto es *Iesod* uniéndose con *Maljut* para transferirle *shefa* a este mundo. Pero, ¿qué sucede si la persona peca con el *brit*, especialmente si hay emisión en vano de simiente? Esto es considerado uno de los peores pecados porque no sólo ha redirigido la *shefa*, de modo que ahora fluye hacia el ámbito de lo no santo, sino que también ha dañado su *brit*, su punto-Tzadik, al grado en que incluso la *nekudá* ha salido de la santidad. De modo que ahora se encuentra sin una *nekudá* personal con la cual poder unirse. Peor aún, ha quebrado su propio recipiente de *Jesed* (Bondad), un elemento vital en el arrepentimiento (i.e., el pecado siempre obligaría al castigo si no fuera porque el Amor de Dios le da al arrepentimiento el poder de trascender el pecado). ¿Cómo puede entonces una persona así llegar a arrepentirse? Y más aún, es un axioma de la Creación que nada puede mantenerse frente al camino del arrepentimiento; todo aquel que realmente quiera arrepentirse podrá hacerlo. El rabí Natán responde que, como hemos visto, siempre hay al menos una *nekudá* a la cual la persona puede unirse: la *nekudá* del Tzadik, la *nekudá* abarcadora. Dado que su *nekudá* personal está ahora dañada, debe recibir otra del Tzadik, la raíz de todas las *nekudot*. Además debe orarle a Dios para que lo perdone, no porque lo merezca sino debido a Su gran bondad. Esas plegarias, junto al hecho de estar unido al Tzadik, el ejemplo de la *iud/nekudá*, despertarán nuevos niveles de Bondad. Esos recién creados recipientes de *Jesed* le permitirán unir ahora su corazón (*Biná*, en donde cayeron los recipientes de *Jesed*) a la *nekudá*, rectificando así incluso el grave pecado del onanismo (*Likutey Halajot, Tefilín* 2:11).

* * *

Shabat. Las Escrituras dicen del Shabat, "Es una señal entre Yo y los Israelitas". En esto es como el *brit*, que también es llamado "una señal" (Génesis 17:11) y así corresponde a la *nekudá* – la *iud* que ilumina el corazón. De este modo el día del Shabat ilumina la *vav*, los seis días de la semana. En hebreo, los días de la semana son llamados *JoL*, similar a *JuLin* (profano) y *JiLul* (desacralización) y así implica el ultraje. Pero al unir la *vav*, los días de la semana, con

Comer y el Birkat HaMazón. Todas las cosas de este mundo de las cuales la humanidad deriva placer tienen en sí el potencial de llevar a la persona hacia el amor sagrado o hacia el amor caído. Es éste el motivo por el cual antes de comer se debe recitar una bendición sobre el alimento. Por medio de la bendición (una plegaria) se une el corazón con la *nekudá*, el amor sagrado que se encuentra en ese alimento. Con esto se cumple con, "Mi boca expresa sabiduría...". Esto también está aludido en el *Birkat HaMazón*, que originalmente estaba compuesto de tres bendiciones (una cuarta bendición se agregó luego de la destrucción del Segundo Templo). Estas bendiciones corresponden a las tres *nekudot* a las cuales la persona debe unirse para elevar sus amores caídos y reparar su corazón quebrado (*Likutey Halajot, Birkat HaMazón* 3:1).

Es interesante notar que la mayor parte de las bendiciones sobre el alimento comienzan con las palabras "Bendito seas Tú, Dios, Rey de Universo, Quien crea...". Ello se debe a que, cuando la persona alaba a Dios, llenando su boca con esa alabanza, forma el *melopum* y así eleva los amores caídos y repara los recipientes quebrados. ¡Es como si estuviese creando algo completamente nuevo! Esto se debe a que la persona que perfecciona su *melopum* adquiere un aspecto de "el Tzadik gobierna". Como hemos visto, este gobierno incluye el poder de gobernar sobre Dios y "crear" (*Likutey Halajot, Nedarim* 1:2).

* * *

El estudio de la Torá. Al estudiar Torá uno debe enunciar las palabras en voz alta (ver *Eruvin* 54a), porque entonces las palabras iluminarán su *nekudá/iud* y rectificarán su corazón/*vav*. Pues aunque el corazón esté quebrado por los malos amores, la palabra hablada de la Torá, que es un habla perfeccionada, ilumina el corazón y quiebra la mala inclinación. Las Escrituras afirman así sobre la Torá, "Es algo muy cercano a ti; en tu boca y en tu corazón, para guardarla" (Deuteronomio 30:14). Es decir, cuando uno abre la boca y lee en voz alta la Torá, ello ilumina su corazón. La ley judía estipula también que la persona está obligada a estudiar Torá para sí y también enseñarla a sus hijos y nietos (*Iore Dea* 246). Estos tres corresponden a las tres *nekudot*. Cuando la persona estudia para sí, desarrolla su *nekudá* personal. Enseñarla a su hijo es equivalente a conversar con un amigo, haciendo brillar su *nekudá*, su punto-Tzadik, en él. Y al enseñarle al nieto, uno entrega lo que es equivalente a la *nekudá* abarcadora del Tzadik, pues a través de su *nekudá* guía a su progenie hacia el servicio a Dios. Esto es un paralelo de los patriarcas: Abraham, el primer patriarca, estaba solo y tuvo que desarrollar su propia *nekudá* mediante la fe en Dios. Al hacerlo, mereció el pacto, el *brit*, que es la *nekudá* del amor sagrado. El nacimiento de Itzjak llevó el concepto de la *nekudá* personal de Abraham de la fe hacia la *nekudá* de un amigo. Entonces, cuando nació Iaacov, hubo tres *nekudot*. Abraham se transformó en la *nekudá* abarcadora, Itzjak, en la *nekudá* del amigo y Iaacov, en la *nekudá* personal. Sin embargo vemos que Abraham tuvo otro hijo, Ishmael y que Itzjak tuvo a Esaú. La maldad de esos hijos produjo un daño en las tres *nekudot*, una corrupción en la fe, que es la base misma de la conexión del hombre con Dios. Pero Iaacov, que completó la tríada y mediante quien se perfeccionó cada una de la tres *nekudot*, fue bendecido con hijos rectos, todos ellos Tzadikim. Como enseña el Talmud: Si un estudioso de la Torá les enseña a su hijo y a su nieto y éstos también se vuelven estudiosos de Torá, la Torá nunca abandonará a sus descendientes (*Bava Metzía* 85a; ver *Tosafot* sobre *Ketuvot* 62b, *v.i., vehajut*). Ello se debe a que, en esa familia de estudiosos de Torá, las tres *nekudot* se han desarrollado plenamente (*Likutey Halajot, Melamdim* 4:3-3).

Enseña el Talmud: Bendito sea Dios Quien dio una enseñanza tripartita, a una nación tripartita por medio de un tercero, en el tercer día, el tercer mes (*Shabat* 88a). La "enseñanza tripartita" es el *TaNaJ* (*Torá, Neviim, Ketuvim* – Pentateuco, Profetas y Escritos Sagrados). La

nos ordena tener tres comidas en Shabat. Esas comidas corresponden a las tres *nekudot*. Es posible elevar los amores caídos y recibir iluminación de las *nekudot* mediante la santidad del Shabat (*Ikara deShabata*).

A partir de estos pocos ejemplos, que engloban un amplio espectro del judaísmo y de la vida judía, el lector podrá comprender cómo es posible aplicar a la vida diaria los conceptos enseñados por el Rebe en esta lección. Esto le permitirá a la persona encontrar a Dios en todas partes, en todo momento y en cualquier circunstancia. Podamos todos trabajar para ello y merecerlo, amén.

el Shabat, se elimina el ultraje de la *vav* de la persona, del corazón. Por lo tanto, comenta la Torá (Éxodo 20:8), "Recuerda el Shabat…", sobre lo cual enseñan nuestros Sabios: Recuérdalo desde el primer día de la semana (ver *Beitzá* 15b). El Shabat también corresponde a la Torá. "Cuando la persona observa el Shabat, es como si observase toda la Torá" (*Zohar* II, 92a). También enseñan nuestros Sabios (*Shabat* 118b), "A aquel que se deleita en el Shabat se le otorgan los deseos de su corazón". Esto se debe a que observar el Shabat es igual a recibir la Torá – uno merece el aspecto de "el Tzadik gobierna" y puede por lo tanto gobernar sobre Dios, determinando el flujo y la distribución de la *shefa* tal cual lo considere apropiado. También se

ליקוטי מוהר"ן סימן ל"ה
לְשׁוֹן רַבֵּנוּ זִכְרוֹנוֹ לִבְרָכָה

אַשְׁרֵי הָעָם יֹדְעֵי תְרוּעָה ה' בְּאוֹר פָּנֶיךָ יְהַלֵּכוּן: (תהלים פט)

א. דַּע, כִּי תְּשׁוּבָה הִיא לְשׁוּב אֶת הַדָּבָר לַמָּקוֹם שֶׁנִּטַּל מִשָּׁם. וְהוּא בְּחִינַת זַרְקָא הַמּוּבָא בַּזֹּהַר הַקָּדוֹשׁ, (תיקונים תיקון כא דף מג: ובדף ס., ותיקון סד דף פו:): 'דְּאִזְדְּרִיקַת לַאֲתַר דְּאִתְנְטִילַת מִתַּמָּן, וּמָאן הַהוּא אֲתַר, הוּא חָכְמָה'. כִּי חָכְמָה הִיא שֹׁרֶשׁ כָּל הַדְּבָרִים, כְּמוֹ שֶׁכָּתוּב (תהלים קד): "כֻּלָּם בְּחָכְמָה עָשִׂיתָ". לָכֵן צָרִיךְ כָּל אֶחָד לִשְׁמֹר אֶת שִׂכְלוֹ מִשְּׂכִלְיּוֹת חִיצוֹנִיּוֹת, הַמְכֻנֶּה בְּשֵׁם **בַּת פַּרְעֹה**. כִּי עִקַּר הַחָכְמָה לִקְנוֹת שְׁלֵמוּת, אֵינָם

5. Es Jojmá. En general, las Diez *Sefirot* comienzan con *Keter*, luego de lo cual viene la *sefirá* de *Jojmá* (ver Apéndice: La Estructura de las Sefirot). Sin embargo, como se explica en las enseñanzas Kabalistas, debido a la naturaleza tremendamente exaltada e incomprensible de *Keter*, a veces se lo omite y es reemplazado por su manifestación inferior, *Daat*. En ese caso, *Jojmá* es la primera *sefirá* – la primera *sefirá* de la cual podemos decir algo. Es por ello que el Rebe Najmán se referirá a *Jojmá*, como "la raíz de todas las cosas".

6. Jojmá...raíz.... La Torá comienza con "*Bereshit* (En el comienzo) creó Dios...", que el Midrash (*Bereshit Rabah* 1:1) lee como *Bet-Reshit*. *Reshit* es también sabiduría, como en (Salmos 111:10), "*Reshit jojmá* (El comienzo de la sabiduría)...". *Jojmá* es así vista como el comienzo y la raíz de toda la Creación. Y enseñan nuestros Sabios: La persona sólo peca debido a que se ve dominada por un espíritu de locura (*Sotá* 3a). En otras palabras, toda transgresión es resultado de haberse separado de *Jojmá*. Por lo tanto, para arrepentirse, la persona debe retornar a la raíz de todas las cosas, a *Jojmá*.

Como veremos, la referencia del Rebe Najmán a *Jojmá* se relaciona también con el nivel de la sabiduría y del intelecto humano – la persona que tiene *Jojmá* es *consciente* de Dios en todas las situaciones. Éste es el significado del versículo de Salmos, pues todo lo que Dios creó, lo creó con *Jojmá*, una Sabiduría que refleja la presencia de Dios en todo momento y en todo lugar. Comenzando con la sección 2, el Rebe demuestra cómo la persona puede alcanzar ese muy elevado nivel y también indica por cuáles medios puede apreciar la percepción Divina que tiene, aunque no llegue a la verdadera *Jojmá* en su sentido más pleno.

7. cuidar su intelecto de...la hija del faraón. Habiendo visto que *Jojmá* es la raíz de todas las cosas, la Divinidad en todas las cosas, podemos comprender que aquel que está unido a la verdadera *Jojmá* está unido a Dios y por lo tanto no cometerá ningún pecado. Por otro lado, en el momento en que la persona se separa de *Jojmá*, se ve separada de Dios. Por lo tanto, antes de desarrollar estas ideas, el Rebe Najmán advierte que la persona debe "cuidar su intelecto de los

LIKUTEY MOHARÁN 35[1]

"*Ashrei HaAm* (Feliz es el pueblo) que conoce el sonido del shofar; Dios, a la luz de Tu rostro andarán".[2]

(Salmos 89:16)

¡Debes saber! El arrepentimiento implica retornar la cosa adonde fue tomada.[3] Éste es el aspecto de *zarka*, sobre lo cual dice el santo *Zohar*: Ello fue *zarak* (arrojado de vuelta) al lugar del cual fue tomado.[4] ¿Qué lugar es ése? Es *Jojmá* (Sabiduría).[5] Pues *Jojmá* es la raíz de todas las cosas, como está escrito (Salmos 104:24), "Tú has creado todo con sabiduría".[6]

Como resultado, cada uno debe cuidar su intelecto de los conceptos externos, que son conocidos como "la hija del faraón".[7] Pues la sabiduría primordial, por medio de la cual uno adquiere plenitud, sólo

---

1. Likutey Moharán 35. Esta lección es *leshón Rabeinu z'l*, proveniente del manuscrito del Rebe Najmán. Aunque no se sabe cuándo dio el Rebe esta enseñanza, es muy probable que fuera en Rosh HaShaná, 5562 (8 de septiembre de 1801), en Zlatipolia (ver Lección #33, n.1; *Until The Mashiach*, p.68). Los temas principales de la lección son: el arrepentimiento; la sabiduría; la fe; la verdad; el sueño; el estudio de la Torá en su significado simple; y la honestidad en los negocios. Además, tal como el mismo Rebe Najmán dijo, esta lección contiene alusiones a las meditaciones místicas de los tefilín (ver Lección #38:11). También están tratados los conceptos de las notas musicales de la Torá, el significado de la ofrenda diaria (*Tamid*), de la ofrenda de incienso (*ketoret*) y del shofar.

2. Ashrei HaAm.... Esta lección es conocida como "*Ashrei HaAm-Zarka*", y no debe ser confundida con otra lección basaba en el mismo versículo de apertura, *Likutey Moharán* I, 13, que es conocida como "*Ashrei HaAm-Hashgajá*".

3. El arrepentimiento implica retornar.... Las Escrituras equiparan al pecador con un ladrón, como en (Proverbios 28:24), "El que roba a su padre y a su madre... compañero es del destructor". Rashi comenta: "Padre" es una alusión a Dios, mientras que "Madre" alude a la Presencia Divina. Así, tal como aquel que roba y quiere enmendarse debe retornar el objeto robado a su dueño, aquel que peca y quiere arrepentirse deberá retornar lo que ha "robado" a su lugar original (*Likutey Halajot, Guezeila* 4:1). El *Zohar* asemeja a alguien que peca con un ladrón que le roba a Dios la Presencia Divina – i.e., que hace que la Presencia Divina vaya al exilio (*Tikuney Zohar* #21, págs. 59b-60a). El Rebe Najmán continuará explicando cuál es ese lugar original y qué es lo que uno debe retornar para alcanzar el verdadero arrepentimiento.

4. zarka...zarak.... Las letras de la raíz de la palabra ZaRKa (זרקא) forman la palabra hebrea que designa "arrojar" (זרק). *Zarka* es también una de las notas musicales utilizadas al leer la Torá en la sinagoga. Al cantar la nota *zarka* uno eleva o "arroja" la voz hacia un tono más agudo. El *Tikuney Zohar* (#21, p.47 y sig.) trata en profundidad el tema de esta nota y explica su significado espiritual.

רַק חָכְמוֹת אֱלֹקוּת. וּשְׁאָר הַחָכְמוֹת הֵם רַק חָכְמוֹת בְּטֵלוֹת, וְאֵינָם חָכְמוֹת כְּלָל.

וּבַת, הִיא מְרַמֶּזֶת עַל הַחָכְמָה שֶׁאֵינָהּ חָכְמָה. כְּמוֹ שֶׁאָמְרוּ חֲכָמֵינוּ זִכְרוֹנָם לִבְרָכָה (מנחות קי.): "הָבִיאִי בָנַי מֵרָחוֹק וְכוּ', וּבְנוֹתַי, אֵלּוּ גָּלִיּוֹת שֶׁבִּשְׁאָר אֲרָצוֹת שֶׁדַּעְתָּן אֵינָהּ מְיֻשֶּׁבֶת עֲלֵיהֶם כְּבָנוֹת". **פַּרְעֹה** לְשׁוֹן בִּטּוּל, כְּמוֹ שֶׁכָּתוּב (שמות ה): "אַל תַּפְרִיעוּ אֶת הָעָם":

וְחָכְמוֹת חִיצוֹנִיּוֹת, הֵם בְּחִינַת קָנֶה. כִּי יֵשׁ קָנֶה בִּקְדֻשָּׁה, הֵם חָכְמוֹת קְדוֹשׁוֹת, כְּמוֹ שֶׁכָּתוּב (משלי ד): "קְנֵה חָכְמָה". "וְזֶה לְעֻמַּת זֶה עָשָׂה אֱלֹקִים". הַיְנוּ קָנֶה שֶׁבַּקְּלִפּוֹת, כְּמוֹ שֶׁכָּתוּב (תהלים סח): "גְּעַר חַיַּת

no sufrían las severas dificultades y la opresión a las cuales estaban sujetos los judíos en otras tierras y la estabilidad de la vida permitía que sus mentes estuvieran más tranquilas y compuestas (*v.i. bnei*). Maharsha agrega que fueron particularmente los rectos y los eruditos quienes fueron exilados a Babilonia (*v.i. amar*). En nuestro contexto, la conexión entre Babilonia y los "hijos" alude a *Jojmá*. Así, en los otros exilios, donde las difíciles condiciones llevaron a una marcada disminución del estudio, hubo un distanciamiento de la verdadera *Jojmá* que lleva a la Divinidad. La sabiduría de los allí exilados, las "hijas", era de hecho una negación de la sabiduría – una sabiduría que no era sabiduría en absoluto.

En otra instancia (*Likutey Moharán* I, 30:3), el Rebe Najmán asocia "hijos" con *Jojmá* e "hijas" con *Maljut*, que siempre corresponde a la *emuná* (fe). La diferencia entre la fe y la sabiduría o el conocimiento, es que la fe sólo se aplica en aquellas áreas en las que uno no comprende, donde falta la sabiduría. Es en este sentido que el Rebe dice aquí que "hijas" hace referencia a las sabidurías que no son sabidurías, a una mente inestable.

10. PaRÓ...taFRIÓ. Las tres letras básicas del nombre *PaRÓ* (פרעה) (la letra hebrea *pei* puede leerse tanto "p" como "f") son las letras de la raíz de *taFRIÓ* (תפריעו), que significa "distraer" y "desestabilizar". Así el término "la hija del faraón" indica una mente inestable, una sabiduría que no es sabiduría en absoluto. El Rebe ahora explicará por qué uno debe evitar "la hija del faraón".

11. KaNé, caña, de santidad...KNÉ sabiduría. Dice el rey Salomón en Proverbios: "Adquiere *Jojmá* (sabiduría), adquiere *Biná* (comprensión)". El Rebe Najmán se apoya en la similitud entre las palabras *KaNé* (caña) y *KNÉ* (adquirir). Esa "caña" alude a la sabiduría hueca (ver las dos notas siguientes).

El *Zohar* (III, 232a) agrega que el valor numérico de קנה-*KaNéH* es equivalente al de בינה-ה חכמה-י (*IuD-Jojmá, Hei-Biná*). Como es sabido, *Jojmá* y *Biná* corresponden a las dos primeras letras del Tetragrámaton, la *Iud* y la *Hei*. Esto conecta con nuestra lección, que habla de cómo ambos *Jojmá* y *Biná* se manifiestan como el conocimiento de Dios. El Rebe Najmán ha introducido aquí el concepto de *Jojmá* y hará referencia a *Biná* en la sección 7.

12. una caña de impureza. Así como existe una sabiduría sagrada, también hay sabidurías profanas y externas. Escribe el rabí Moshé Jaim Luzzatto: Dios decretó que el universo debía incluir tanto bien como mal y por lo tanto estableció que el mal debía existir en todos los niveles posibles.... Por lo tanto dispuso que todo concepto bueno tuviese su contraparte en el mal (*El* es la sabiduría de la Divinidad. Las otras sabidurías son negaciones de la sabiduría. No son sabidurías en absoluto.[8]

{"**Traigan a Mis hijos desde lejos y a Mis hijas desde los confines de la tierra**" (Isaías 43:6)}.

La palabra "hija" alude a la sabiduría que no es sabiduría, como enseñaron nuestros Sabios: "Traigan a Mis hijos desde lejos y a Mis hijas" – esto último corresponde a los exilados en otras tierras, cuyas mentes están inestables, como las hijas (Menajot 110a).[9] "*PaRÓ*" connota negación, como está escrito (Éxodo 5:4), "¿Por qué *taFRiÓ* (están distrayendo) al pueblo [de sus tareas]?".[10]

Ahora bien, las sabidurías externas son un aspecto de una caña. Porque hay una *KaNé* (caña) de santidad. Ésta es la sabiduría sagrada, como está escrito (Proverbios 4:5), "*KNé* (adquiere) sabiduría".[11] Pero "Dios hizo uno frente al otro" (Eclesiastés 7:14) – i.e., una caña de impureza,[12] como está escrito (Salmos 68:31), "Reprende a la bestia del *KaNé*". Éstas

---

conceptos externos" –sabidurías externas e ideologías ajenas– pues éstos la engañarán y la llevarán lejos de Dios. El Rebe pronto explicará por qué llama a estos conceptos "la hija del faraón".

El Rebe Najmán hace referencia a esta segunda clase de sabiduría en plural, *sabidurías externas*, pues ello incluye todas las diferentes formas de pseudo intelecto que las fuerzas del Otro Lado (*klipot*) utilizan para alejar a la gente de Dios (ver *Los Cuentos del Rabí Najmán*, #12, "El Señor de la Plegaria" págs. 149-201; *Mashíaj*; *¿Quién? ¿Qué? ¿Por qué? ¿Cómo? ¿Dónde? Y ¿Cuándo?*, Capítulos 13-15).

8. uno adquiere plenitud…la sabiduría de la Divinidad…. "Plenitud" en hebreo es *shleimut*, que connota un estado de completitud y perfección (términos utilizados de manera indistinta a lo largo de estas notas). Dios es Uno – por definición completo, pleno y perfecto. Así aquel que busca estar con Dios se encuentra en el camino de adquirir plenitud, mientras que aquel que se separa de Él nunca estará completo. De la misma manera, la sabiduría que conecta a la persona con Dios produce plenitud, siendo así verdadera *Jojmá*; mientras que toda otra clase de sabiduría fragmenta a la persona y no es *Jojmá* en absoluto. Explica el rabí Natán: Cada persona tiene un rol muy importante que cumplir en el plan maestro de Dios para la Creación (de otra manera no habría sido creada) y debe ocuparse de completar su misión. Al obtener plenitud perfecciona su porción de la Creación –la hace retornar a su raíz, *Jojmá*– y así la hace completa (*Torat Natán* #1).

Debe hacerse notar que el rechazo del Rebe Najmán a las sabidurías externas no incluye el conocimiento necesario para la vida diaria o para ganarse el sustento. En verdad, uno de los temas más importantes de esta lección es el dedicarse a los negocios con fe; aunque el estudio del arte de los negocios, del comercio y demás difícilmente pueda ser considerado como un medio para llegar a conocer los caminos de Dios. Más bien, lo que el Rebe rechaza son las filosofías y las sofisticaciones intelectuales que le enseñan a la persona a desafiar a la Divinidad con preguntas cuyas respuestas se encuentran más allá de la comprensión humana (por ejemplo, pruebas de la existencia de Dios). Éstas son "negaciones de la sabiduría y no son sabidurías en absoluto".

9. hijos…inestables, como las hijas. El Talmud enseña que el versículo hace referencia a los judíos en el exilio; "Mis hijos" son aquellos que estaban exilados en Babilonia, "Mis hijas" son los exilados en otras tierras (*Menajot, loc. cit.*). Rashi explica que los exilados en Babilonia

קָנֶה", וְהֵם חָכְמוֹת חִיצוֹנִיּוֹת.

"יִשְׂרָאֵל הֵם עַם קָדוֹשׁ". וְכָל אֶחָד וְאֶחָד מִיִּשְׂרָאֵל, יֵשׁ לוֹ חֵלֶק אֱלוֹהַּ מִמַּעַל, שֶׁהוּא בְּחִינַת חָכְמָה, כְּמוֹ שֶׁכָּתוּב (תהלים קד): "כֻּלָּם בְּחָכְמָה עָשִׂיתָ". וְעַל שֵׁם זֶה נִקְרָאִים רֵאשִׁית, כְּמוֹ שֶׁכָּתוּב (ירמיה ב): "קֹדֶשׁ יִשְׂרָאֵל לַה' רֵאשִׁית" וְכוּ'.

אֲבָל בִּשְׁעַת הוֹלָדָה, הַשֵּׂכֶל מְצֻמְצָם אֵצֶל כָּל אֶחָד וְאֶחָד. וּכְשֶׁמַּתְחִילִין לְהִשְׁתַּמֵּשׁ בּוֹ בְּהִתְבּוֹנְנוּת עֲבוֹדַת הַשֵּׁם יִתְבָּרַךְ, אֲזַי שִׂכְלוֹ הוֹלֵךְ וְגָדוֹל, כְּמוֹ שֶׁכָּתוּב (מלכים א' ה): "וַתֵּרֶב חָכְמַת שְׁלֹמֹה".

וּכְשֶׁאָדָם מַכְנִיס בְּתוֹךְ שִׂכְלוֹ הַקֹּדֶשׁ מַחֲשָׁבוֹת חִיצוֹנִיּוֹת, הֵם חָכְמוֹת חִיצוֹנִיּוֹת, אֲזַי נִתְמַעֵט קְדֻשַּׁת שִׂכְלוֹ, כְּפִי תְּפִיסַת הַמָּקוֹם שֶׁל חָכְמָה חִיצוֹנִיּוֹת, שֵׂכֶל חִיצוֹנִי, בְּתוֹךְ שֵׂכֶל הַקֹּדֶשׁ. וְהַחָכְמָה חִיצוֹנִי הִיא נָעוּץ בְּתוֹךְ הַשֵּׂכֶל הַקֹּדֶשׁ כְּקָנֶה, וּמְחַסֵּר מְקוֹם הַקְּדֻשָּׁה. וְעַל זֶה הַקָּנֶה, הַיְנוּ זֶה הַשֵּׂכֶל, מִתְלַקְּטִים וּמִתְחַבְּרִים כָּל הַמִּדּוֹת רָעוֹת וּמְגֻנּוֹת:

וְזֶהוּ (סנהדרין כא:): 'כְּשֶׁנָּשָׂא שְׁלֹמֹה אֶת בַּת פַּרְעֹה, יָרַד גַּבְרִיאֵל

---

encuentra por lo tanto, de manera innata, muy lejos de toda sabiduría externa.

16. La sabiduría de Shlomo era más grande. Las Escrituras relatan que la sabiduría de Shlomo "era más grande que la sabiduría de todos los hombres del Este y mayor que la sabiduría en Egipto. Él era más sabio que toda la humanidad...". En nuestro contexto, la similitud entre *ShLoMo* y *ShaLeM* indica que él había alcanzado un grado de plenitud y de perfección debido a la sabiduría Divina que poseía. El Rebe cita este versículo para demostrar que así como la *Jojmá* del rey Shlomo creció cuando él buscó la sabiduría Divina para gobernar sobre el pueblo judío (ver más adelante notas 80, 84), de la misma manera, la persona que busca la plenitud, la Divinidad, verá que su intelecto se expande y se desarrolla a medida que lo utiliza en la búsqueda de Dios.

17. su intelecto disminuye.... En lugar de aumentar la "*Jojmá* de Shlomo", la mente de la persona se embota con sabidurías externas y de hecho su *Jojmá* decrece.

18. caña...el mal y los rasgos detestables. El Rebe Najmán vuelve a su afirmación anterior, que "Dios hizo uno en contraste con el otro". El Rebe enseñó que hay dos cañas, una santificada con la verdadera sabiduría y la otra mancillada por "la bestia", por las sabidurías externas. Con *Jojmá* la persona se acerca a Dios y puede alcanzar la plenitud. Por otro lado, con la "hija del faraón", no sólo está lejos de Dios sino que también se acerca al mal y a los rasgos detestables.

son las sabidurías externas.[13]

<Aun así,> Israel es una nación santa. Cada uno de los judíos posee "una porción del Dios de Arriba" (Job 31:2), que es un aspecto de sabiduría.[14] Es en virtud de ello que son llamados *reshit* (primero), como está escrito (Jeremías 2:3), "Israel es santo para Dios, el primero de Su cosecha" – <debido al *reshit* (comienzo) de la sabiduría (cf. Salmos 111:10)>.[15]

Sin embargo, en el momento del nacimiento, el intelecto es contraído. Pero cuando se lo comienza a usar, contemplando el servicio Divino al Santo, bendito sea, entonces el intelecto empieza a expandirse, como está escrito (Reyes 1, 5:10), "La sabiduría de Shlomo era más grande".[16]

Pero si la persona hace entrar en su intelecto sagrado pensamientos externos, que son sabidurías externas, la santidad de su intelecto disminuye en la medida del espacio ocupado por la sabiduría externa, por el intelecto externo dentro del intelecto sagrado.[17] Esta sabiduría externa se clava en el intelecto sagrado como una caña, disminuyendo el espacio de la santidad. Y alrededor de esa caña –i.e., de ese intelecto– se juntan y se recolectan todo el mal y los rasgos detestables.[18]

{Cuando Shlomo se casó con la hija del faraón, Gabriel descendió y clavó una caña en el mar. Un banco de arena se formó a su alrededor sobre el cual se construyó la gran *kraj* (ciudad) de Roma (*Sanedrín* 21b)}.

Éste es el significado de "Cuando Shlomo se casó con la hija del faraón,

---

Camino de Dios 3:2:8, Ediciones Obelisco, 2007). Éste es el significado de "Dios hizo uno en contraste con el otro", versículo que el Rebe Najmán suele citar para subrayar el equilibrio entre lo santo y lo no santo en este mundo (ver n.85 más adelante).

13. La bestia del KaNé...sabidurías externas. Ésta era la plegaria del rey David para que Dios destruyera el reinado del mal. Rashi explica que la "bestia" es la nación de Amalek, a quien el Rebe Najmán equipara con las sabidurías externas (ver *Likutey Moharán* II, 19).

14. una porción del Dios...aspecto de sabiduría. La "porción del Dios de Arriba" que posee el judío es su alma. En la siguiente sección el Rebe Najmán trata sobre la conexión entre *Jojmá* y el alma del judío. Su mención aquí establece el hecho de que es su alma elevada lo que hace que Israel sea sagrado.

La versión impresa del *Likutey Moharán* inserta en este punto el versículo "Tú has hecho todo con sabiduría". Hemos seguido la versión manuscrita, que no incluye el versículo, pues este texto de prueba ya ha sido presentado y explicado más arriba (ver n.6).

15. santo...primero de Su cosecha...reshit de la sabiduría. Israel, quien es santo, también es llamado, *reshit*, indicando primero y comienzo. Y fue "*Be-Reshit*" –en aras de *reshit*/Israel– que Dios creó el mundo (*Vaikrá Rabah* 36:4). Tanto Israel como la santidad y *reshit* tienen en común el hecho de que son aspectos correspondientes de *Jojmá* (ver n.6). En nuestro contexto, Israel es un aspecto de *Jojmá* y el pueblo judío –santo y enraizado en la sabiduría sagrada– se

וְנָעַץ קָנֶה בַּיָּם'. הַיְנוּ שֶׁגַּם לְמַעְלָה, מֵהִשְׁתַּלְשְׁלוּת הַגְּבוּרוֹת, שֶׁזֶּהוּ בְּחִינַת יָרַד גַּבְרִיאֵל. נַעֲשָׂה סוּסְפִּיתָא דְּדַהֲבָא, הַיְנוּ בְּחִינַת קְלִפּוֹת, שֶׁהֵם חָכְמוֹת חִיצוֹנִיּוֹת, הַנִּקְרָא גַּם כֵּן קָנֶה, וְנָעַץ בְּיָם הַחָכְמָה, שֶׁמְּחַסֵּר מְקוֹם הַקְּדֻשָּׁה. וְהֶעֱלָה עָלָיו שִׂרְטוֹן, הַיְנוּ בְּחִינַת מִדּוֹת מְגֻנּוֹת. וְעָלָיו נִבְנָה כְּרָךְ גָּדוֹל שֶׁל רוֹמִי, הַיְנוּ נָחָשׁ הַקַּדְמוֹנִי, הַכָּרוּךְ אַחַר קְדֻשָּׁה.

וְעַל שֵׁם זֶה נִקְרָא כְּרָךְ גָּדוֹל, כְּמוֹ שֶׁאָמְרוּ חֲכָמֵינוּ זִכְרוֹנָם לִבְרָכָה

Vemos a partir de esto que *Guevurá* y las *guevurot* son elementos necesarios y beneficiosos en la Creación. Sin embargo, esto es así siempre y cuando las *guevurot* se mantengan en la santidad y no haya un descenso de esas fuerzas hacia el ámbito de lo no santo, como se trata en la próxima nota.

21. GueVuRot…GaVRiel…sabidurías externas…caña. El Rebe Najmán enseña en otra instancia que las *klipot* (fuerzas del mal) fueron creadas de los elementos externos de las *guevurot* caídas (*Likutey Moharán* I, 72). En la Kabalá esto es conocido como "La Rotura de los Recipientes"; la Luz Infinita era demasiado intensa para que la Creación pudiera soportarla y como resultado las luces espirituales menores del Mundo de *Atzilut*, aquellas conocidas como "recipientes", cayeron de nivel (ver Lección #34:7, n.64). Los elementos externos dentro de esos recipientes dieron lugar entonces a las *klipot* ("cáscaras"), que son las fuerzas del mal en el mundo. Así, aunque las *guevurot* son necesarias para el funcionamiento apropiado del mundo, debido a su caída o descenso, sus elementos externos se han vuelto dañinos para el mundo. Ésta es la conexión entre el ángel "GaVRiel (גבריאל) descendió" y el descenso de las *guevurot* (גבורות), y en nuestro contexto estas escorias/*klipot* corresponden a las sabidurías externas – i.e., la "bestia del cañaveral" que atrae los rasgos detestables.

22. disminuyendo el espacio de la santidad. Pues, como se explicó, las sabidurías externas embotan el intelecto sagrado –i.e., el propio "mar de la sabiduría"– y disminuyen el espacio de santidad dentro de él en la medida del espacio ocupado por las sabidurías de escorias y los elementos externos.

23. rasgos detestables. Así como la caña clavada en una corriente de agua atrae toda clase de desechos y de arena hasta que se forma un banco, de la misma manera, cuando la persona permite que una sola sabiduría externa o mal pensamiento fermente en su mente, ello atrae a su alrededor toda clase de rasgos malos y detestables. Su "mar de la sabiduría" se embota y, hablando figurativamente, se crea a su alrededor un banco de arena o un pantano.

24. KRaJ de Roma…que KaRuJ a la santidad. A partir del Talmud podemos ver que lo hecho por el rey Shlomo tuvo graves consecuencias: Ese solo acto dio nacimiento al imperio bárbaro que terminó aniquilando la civilización judía. El Rebe Najmán conecta el *KRaJ* (כרך) de Roma con la serpiente primordial, que, al igual que la Mala Inclinación *KaRuJ* (כרוך, se aferra) a la santidad y busca aniquilarla. En nuestro contexto, lo que hizo el rey Shlomo es similar a la persona que permite que un solo pensamiento malo fermente en su mente, en el espacio del intelecto sagrado. Ello hizo que descendiera Gabriel/*guevurot* y dio nacimiento a Roma/el mal y a los rasgos detestables. El Rebe expande ahora esta conexión entre la serpiente primordial (la mala inclinación) y Roma.

Gabriel descendió y clavó una caña en el mar".[19] En otras palabras, también Arriba, a partir del desencadenamiento descendente de las *GueVuRot* (severidades)[20] –siendo éste el aspecto del ángel "Gabriel descendió"– se creó la escoria del oro. Esa [escoria del oro] es un aspecto de las fuerzas del mal, de las sabidurías externas, que también son llamadas "una caña".[21] "Y la clavó" en el mar de la sabiduría, disminuyendo el espacio de la santidad.[22] "Un banco de arena se formó a su alrededor" – i.e., el aspecto de los rasgos odiosos.[23] "Sobre el cual se construyó la gran *KRaJ* de Roma" – i.e., la serpiente primordial que *KaRuJ* (se aferra) a la santidad.[24]

Es por ello que se la llama "la gran *KRaJ*", como enseñaron

---

19. Shlomo se casó con la hija del faraón.... Maharsha explica que, siendo esposa del rey Shlomo, la hija del faraón introdujo la idolatría en la ciudad sagrada de Jerusalén. Ese acto fue la anunciación de la destrucción de Jerusalén en manos de los conquistadores romanos, unos 900 años más tarde. Pues en el día en que Shlomo se casó con la hija del faraón, Gabriel, el mismo ángel que más tarde estuvo a cargo de incendiar la ciudad sagrada, clavó una caña en el mar, plantando así los cimientos del futuro imperio romano.

El Rebe Najmán ahora explica cómo este pasaje alude alegóricamente a todo lo que ha enseñado con respecto a cuidar el intelecto sagrado de las influencias negativas de las sabidurías externas.

20. GueVuRot, severidades. Como es sabido, las diez *sefirot* a través de las cuales se filtra hacia la Creación la tremenda Luz de Dios están ordenadas en tres columnas (ver Apéndice: La Estructura de las Sefirot). En general, la columna de la derecha es conocida como el lado de *Jesed*, en el cual el amor y la bondad son las manifestaciones primarias; y la columna de la izquierda es conocida como el lado de *Guevurá*, en la cual el juicio y la justicia son las manifestaciones primarias. Sin embargo, debido a que la predominancia de un lado o del otro sería dañina (una bondad indiscriminada puede ser tan mala para el receptor como una rigidez al pie de la letra), existe una columna central, en la cual predomina el elemento regulador de *Tiferet*. Simplemente, *Tiferet* y las otras *sefirot* ubicadas a lo largo de esta columna central representan un equilibrio entre la bondad y el juicio. Como resultado, el bien que experimenta el hombre es mesurado, asegurando que pueda beneficiarse de él y, a la inversa, el sufrimiento que deba soportar es suficientemente endulzado, asegurando que no sucumba bajo su peso.

Esta división también se aplica a las *sefirot* conocidas como *mojín* (mentalidades o intelecto; ver Lección #33, n.59), con *Jojmá* ubicada a la derecha, *Biná* a la izquierda y *Daat* en el centro. Sin embargo, los *mojín* corresponden a niveles conceptuales más allá de la comprensión humana, niveles que trascienden los atributos. Por lo tanto los elementos de la derecha y de la izquierda –por ejemplo, los atributos de la bondad y del juicio– que contienen estas *sefirot*, se encuentran en un estado potencial. El elemento potencial de la bondad, que tiene su raíz en el lado derecho, en *Jojmá*, es conocido como *jasadim* (benevolencias). El elemento potencial del juicio, que tiene su raíz en el lado izquierdo, en *Biná*, es conocido como *guevurot* (juicios, severidades). Esas energías espirituales, los *jasadim* de *Jojmá* y las *guevurot* de *Biná*, se unen como la luz en *Daat*. Siendo la confluencia de *Jojmá* y *Biná*, la *sefirá* de *Daat*, en la columna del centro, combina y equilibra esas energías opuestas. Así en *Daat* las *guevurot* están atemperadas por los *jasadim* y los *jasadim* están atemperados por las *guevurot*, siendo el resultado el elemento potencial de la verdadera compasión (que más tarde se manifiesta en *Tiferet*).

(סוכה נב.): 'כִּי הִגְדִּיל לַעֲשׂוֹת'. (שֶׁדָּרְשׁוּ שָׁם, שֶׁהַיֵּצֶר הָרַע מִתְגָּרֶה בְּיִשְׂרָאֵל דַּיְקָא, וּבִגְדוֹלִים דַּיְקָא, כְּמוֹ שֶׁאָמְרוּ שָׁם: 'וּבְתַלְמִידֵי־חֲכָמִים יוֹתֵר מִכֻּלָּם'. וְעַל שֵׁם זֶה נִקְרָא הַנָּחָשׁ וְהַיֵּצֶר הָרָע כְּרַךְ גָּדוֹל). שֶׁהוּא כָּרוּךְ תָּמִיד אַחַר גְּדוֹלֵי הַדּוֹר בְּיוֹתֵר מִשְּׁאָר אֲנָשִׁים, שֶׁהוּא בּוֹנֶה בִּנְיָנוֹ עַל זֶה הַשֵּׂכֶל הַחִיצוֹנִי:

ב. וְאַחַר־כָּךְ, כְּשֶׁאָדָם שׁוֹמֵר אֶת עַצְמוֹ מִשְּׂכָלִיּוֹת חִיצוֹנִים, לֹא זוֹ אַף זוֹ, שֶׁצָּרִיךְ לְחַדֵּשׁ הַשֵּׂכֶל בְּכָל עֵת. וְזֶה בְּחִינַת: 'וּבְטוּבוֹ מְחַדֵּשׁ בְּכָל יוֹם תָּמִיד מַעֲשֵׂה בְרֵאשִׁית', כִּי חִדּוּשׁ בְּרֵאשִׁית הוּא חִדּוּשׁ הַחָכְמָה, כְּמוֹ שֶׁכָּתוּב: "כֻּלָּם בְּחָכְמָה עָשִׂיתָ". כִּי חִדּוּשׁ הַשֵּׂכֶל הִיא חִדּוּשׁ הַנְּשָׁמָה, כִּי הַשֵּׂכֶל הוּא הַנְּשָׁמָה, כְּמוֹ

"la hija del faraón". Después de rescatar a Moshé del río (ver *Likutey Moharán* I, 23, n.25), *Bat Faró* se arrepintió y fue llamada *BaTIaH*, "la hija de *IaH*, Dios" (en la Kabalá, *IaH* corresponde a *Jojmá* y *Biná*, las mentalidades; ver Lección 36:5, n.77). En otras palabras, las sabidurías externas retornaron a su raíz, *Jojmá* – siendo éste el verdadero arrepentimiento (*Likutey Halajot, Nezikin* 3:4).

Resumen: Para poder arrepentirse es necesario volver a reconectarse con *Jojmá*, que, siendo la sabiduría de la Divinidad, es la raíz de toda la Creación. Para ello hace falta mantener el propio intelecto sagrado libre de toda sabiduría externa, de la "escoria del oro", que embota la mente y atrae los rasgos detestables, al no permitir que el intelecto se expanda.

26. ello no es todo. Habiendo explicado qué es lo que la persona *no debe hacer* con su intelecto –es decir, corromperlo con las sabidurías externas– el Rebe Najmán ahora explica qué es lo que uno *sí debe hacer* con él.

27. renovar el intelecto…renovación de la Creación…con sabiduría. Así como hay una renovación diaria de la Creación –i.e., *Jojmá* se renueva cada día, pues Dios "*creó* todo con sabiduría"– la persona tiene que renovar diariamente su intelecto. No debe considerar el día de hoy como una repetición de ayer, sino que debe encarar cada nuevo día con una renovada energía en sus devociones a Dios. Como se explicó, buscar la verdadera *Jojmá* es buscar la Divinidad en la Creación. Dado que cada día es una creación totalmente nueva –nunca fue y nunca volverá a ser– cada día tiene su propio y único elemento de *Jojmá*. Es tarea del hombre buscar la nueva *Jojmá*, encontrando a Dios en la existencia de ese nuevo día. Esto sólo puede lograrse mediante un enfoque nuevo hacia cada día, sin los hábitos de ayer ni las preocupaciones del mañana (ver *Likutey Halajot, Basar veJalav* 4:12).

28. renovación del intelecto…alma. La lección se vuelca ahora a tratar sobre los beneficios de la renovación del intelecto, que es la renovación de la persona misma.

Dado que el Rebe continúa explicando la conexión entre el intelecto (*Jojmá*) y el alma, se hace necesaria la siguiente y breve introducción a los niveles del alma: Hay cinco niveles del alma, cada uno alineado con una de las personas Divinas. El *nefesh* (alma inferior) corresponde al nivel más básico de la existencia, a las necesidades físicas de la persona y a los bajos deseos (los

nuestros Sabios (*Suká* 52a): "debido a la gran [destrucción] que trajo" (Joel 2:20). {Ellos expusieron allí que la Mala Inclinación tiene sus ojos puestos en Israel y en especial en sus grandes líderes. Como se enseñó allí: "y en los estudiosos de la Torá más que en todos los otros". Es debido a ello que la Serpiente y la inclinación al Mal son llamadas "la gran *kraj*"}.

Pues [la Serpiente] se aferra a los grandes líderes de la generación más que a otra gente, <y construye> sus estructuras sobre ese intelecto externo.[25]

2. <Y aunque la persona> se cuide de los intelectos externos, ello no es todo.[26] <También> tiene que renovar el intelecto en todo momento. Éste es el aspecto de "En Su bondad Él renueva diariamente, siempre, la obra de la Creación" (Liturgia de la Mañana). Pues la renovación de la Creación es la renovación de la sabiduría, como en, "Tú has creado todo con sabiduría".[27]

Ello se debe a que la renovación del intelecto es la renovación del alma.[28] Pues el intelecto es la *neshamá*, como está escrito (Job 32:8),

---

25. gran kraj...gran destrucción...grandes líderes.... Este pasaje citado del tratado *Suká* presenta diferentes nombres para la Mala Inclinación, cada uno sustentado en un texto de prueba. Una de esas pruebas es este versículo de Joel, del cual los Sabios aprenden que los principales esfuerzos de la Mala Inclinación están dirigidos a minar aquello que es más sagrado: al judío más que al no judío, al Tzadik más que a una persona simple. Así, la Mala Inclinación también puede ser llamada "grande", debido al gran esfuerzo que pone en contra de la santidad más grande. Aquí, el Rebe Najmán asocia igualmente "grande" con la serpiente. Pues la serpiente se aferra (*KaRuJ*) a su presa, así como la mala inclinación/Roma, que es una "gran" ciudad (*KRaJ gadol*), se aferra a aquello que es más sagrado.

El pasaje Talmúdico se traduce así en nuestro texto como sigue: **Cuando Shlomo** – Cuando el intelecto sagrado de la persona, que puede llevarla hacia la plenitud, **se casó con la hija del faraón** – acepta y se une a las sabidurías externas, **Gabriel descendió** – ello hace que desciendan las *guevurot* y **clavó una caña en el mar** – implantando las *klipot* en su "mar de la sabiduría", en su mente. **Un banco de arena se formó a su alrededor** – Entonces se juntan alrededor de esa sabiduría externa los rasgos malos y detestables que formaron el cimiento **sobre el cual se construyó la gran ciudad de Roma** – sobre la cual la Mala Inclinación construye su fortaleza y eventualmente termina tomando el control.

Desde una perspectiva histórica, uno puede apreciar inmediatamente cómo lo enseñado por el Rebe Najmán en la lección hasta aquí también tenía la intención de ser una crítica al naciente movimiento de la Haskalá de esos días. Predicando el "iluminismo" judío, la Haskalá promovía la búsqueda de las sabidurías seculares, de las sabidurías externas, como opuesto a la tradicional búsqueda del conocimiento de la Torá y de la Divinidad, i.e., la verdadera *Jojmá*. Visto en esta perspectiva, el reciente retorno a las raíces, con los judíos de todos los ámbitos de la vida y de muy diferentes culturas rechazando las sabidurías externas a favor de los valores tradicionales puede comprenderse como lo que el Rebe denomina aquí un retorno a *Jojmá*, un retorno a Dios en arrepentimiento. En el contexto de nuestra lección, ésta es la rectificación de las sabidurías externas,

שֶׁכָּתוּב (איוב לב): "נִשְׁמַת שַׁדַּי תְּבִינֵם". כְּמוֹ שֶׁאָמְרוּ רַבּוֹתֵינוּ, זִכְרוֹנָם לִבְרָכָה (ברכות י.): 'מַה הַקָּדוֹשׁ־בָּרוּךְ־הוּא זָן אֶת הָעוֹלָם אַף הַנְּשָׁמָה זָנָה אֶת גּוּפָהּ', נִמְצָא שֶׁהַנְּשָׁמָה הִיא מְחַיָּה אֶת הַגּוּף, וְהִיא בְּעַצְמָהּ הַשֵּׂכֶל, כְּמוֹ שֶׁכָּתוּב (קהלת ז): "הַחָכְמָה תְּחַיֶּה" וְכוּ':

ג. וְחִדּוּשׁ הַשֵּׂכֶל, הַיְנוּ חִדּוּשׁ הַנְּשָׁמָה, הוּא עַל־יְדֵי שֵׁנָה, כַּמּוּבָא בַּזֹּהַר הַקָּדוֹשׁ (בראשית יט. ויקהל ריג:): 'חֲדָשִׁים לַבְּקָרִים רַבָּה אֱמוּנָתֶךָ'.

fortalece en el servicio a Dios y se cuida de las sabidurías externas. El sendero más adecuado para lograr esto es la plegaria; orar para que Dios siempre lo ayude a encontrar verdadera *Jojmá* y evitar la atracción de la Mala Inclinación (*Torat Natán* #2).

30. el Santo, bendito sea, nutre…el alma nutre…. Enseña el Talmud: ¿Sobre quién dice cinco veces el rey David, "Bendice, oh mi alma"? Sobre Dios y sobre el alma, que son similares de cinco maneras diferentes. Así como Dios llena el mundo entero, el alma llena todo el cuerpo… Así como Él ve pero no es visto, el alma ve… Así como Él nutre al mundo, el alma nutre…, etc. Que aquella que tiene esas cinco cualidades venga y bendiga a Aquél Uno que tiene esas cinco cualidades. En nuestro contexto, este nutriente o vitalidad alude al enfoque nuevo que la persona debe tener cada día. Al renovar su intelecto/alma, la persona comienza cada día con una nueva perspectiva y una nueva vitalidad que nutre su cuerpo. Pero si no lo hace, su alimento, por así decirlo, se pone rancio. Queda hundida en los hábitos del pasado y su cuerpo se vuelve demasiado lento como para enfrentar los desafíos del nuevo día en el servicio a Dios.

31. La sabiduría les da vida…. Como se explicó, *Jojmá* corresponde al nivel del alma de *jaiá* (esencia viviente) y así "les da vida…" y sustenta a los niveles por debajo de ella (n.28). *Jojmá* es así un paralelo de la fuerza de vida que sustenta el alma.

El Rebe Najmán presenta aquí una muy sutil idea sobre nuestra lección. Se ha explicado que *Jojmá* es *jaiá*, aquello que provee la fuerza de vida. Sin embargo, a partir de este pasaje de *Berajot* el Rebe deduce que la *neshamá*, el alma superior de la persona, nutre el cuerpo. Anteriormente hemos visto que la *neshamá* corresponde a *Biná*, el intelecto inmanente, más que a *Jojmá*, que es trascendente (ver n.15). Así, el Rebe Najmán está aludiendo a que hay diferentes niveles de fuerza de vida, con *Biná/neshamá* recibiendo primero su vitalidad de *Jojmá* para luego traspasarla. Pues el principio general es que cada nivel o elemento en la Creación se nutre de otro nivel o elemento que se encuentra por encima, el que, a su vez, toma del nivel superior, *ad infinitum* (ver también *Likutey Moharán* I, 21:4, n.28). Es por ello que el alma busca renovarse; al renovarse se nutre de lo que se encuentra por encima de ella, para sustentar, a su vez, a aquello que se encuentra por debajo – es decir, el cuerpo. El Ari explica que éste es el significado de "Ellos mueren, pero sin sabiduría" (Job 4:21) – cuando la persona carece de sabiduría, es incapaz de renovar su alma y así fallece (ver *Shaar HaGuilgulim* #7, p.29).

Resumen: Para poder arrepentirse es necesario volver a reconectarse con *Jojmá*, que, siendo la sabiduría de la Divinidad, es la raíz de toda la Creación. Para ello hace falta mantener el propio intelecto sagrado libre de toda sabiduría externa, de la "escoria del oro", que embota la mente y atrae los rasgos detestables, al no permitir que el intelecto se expanda (§1). Es necesario renovar siempre el intelecto, que es el alma y encarar diariamente un nuevo enfoque en el servicio a Dios (§2).

32. renovación del intelecto…dormir. El rabí Natán explica que la esencia de la batalla por la

"la *neshamá* proveniente del Todopoderoso les da la comprensión".[29] Como enseñaron nuestros Sabios (*Berajot* 10a): Así como el Santo, bendito sea, nutre al mundo, de la misma manera, el alma nutre al cuerpo. De modo que es el alma la que le da vitalidad al cuerpo,[30] siendo en sí misma el intelecto, como está escrito (Eclesiastés 7:12), "La sabiduría les da vida a quienes la poseen".[31]

3. Ahora bien, la renovación del intelecto –i.e., la renovación del alma– se produce por medio del dormir,[32] como dice en el santo *Zohar* (I, 213b) <basado en> "Ellas son renovadas cada mañana; abundante es

---

animales también tienen un *nefesh* pero inferior al del hombre). *Nefesh* se alinea con la última persona Divina, *Nukva* o *Maljut* y está aludido en el versículo (Génesis 23:8) "Si *nafshejem* (es el deseo de ustedes)…". El siguiente nivel del alma es *rúaj* (espíritu), que corresponde al corazón, a las emociones. *Rúaj* está alineado con la persona Divina *Zeir Anpin*. El siguiente nivel es *neshamá* (alma superior), que está asociado con la mente y la capacidad intelectual de la persona. *Neshamá* se alinea con la persona Divina conocida como *Ima* (*Biná*). Se dice de estos tres niveles del alma que son inmanentes pues corresponden a elementos paralelos dentro de la psique humana, mientras que los dos niveles finales son trascendentes y no tienen paralelos aparentes. El siguiente nivel superior es *jaiá* (esencia viviente), que se alinea con la persona Divina *Aba*, o *Jojmá*. Finalmente, el nivel más elevado, *iejidá* (esencia única), se alinea con *Arij Anpin* (*Keter*). El término *ieJiDá* (יחידה) tiene la misma raíz que *eJaD* (אחד, uno), sugiriendo que es a través de su esencia única, su *iejidá*, que la persona se conecta con el Dios Único (ver Apéndice: Niveles de existencia; ver también *Anatomía del Alma*, Breslov Research Institute).

Ahora bien, como se mencionó anteriormente (n.5), *Keter* es tan exaltado que la mente humana no puede comprenderlo y mucho menos hablar de él. Lo mismo se aplica a su correspondiente nivel del alma, *iejidá* – pues ¿cómo es posible que la persona pueda comprender que posee "una porción del Dios de Arriba"? Pero el nivel más abajo de *iejidá*, el nivel de *jaiá* (esencia viviente), corresponde a *Jojmá* y puede ser estudiado. El Rebe Najmán ha enseñado que *Jojmá* es la raíz de todas las cosas. Siendo la "esencia viviente", *Jojmá* es el corazón de todo lo creado y así permea y sustenta a todos los niveles inferiores de la creación de Dios. Su naturaleza trascendental le permite a *Jojmá* incluir y englobar a todo lo que se encuentra por debajo. Directamente por debajo de *Jojmá* está *Biná*, que en el alma es el nivel de *neshamá*, correspondiente al intelecto humano. Aunque la *neshamá*/intelecto es en sí misma inmanente, es la facultad más elevada dentro del hombre y es el medio a través del cual le es posible conectarse con el nivel trascendente de *Jojmá*. En otras palabras, el hombre utiliza su intelecto sagrado para tomar de la esencia viviente y así unirse al Dios Único. Por ello es tan importante la renovación diaria de la *neshamá*. Mientras que, Dios no lo permita, si la persona no renueva su *neshamá*, se separa de la verdadera *Jojmá* y de la esencia viviente de la Creación. En ese caso, su vida no es más que una mera existencia, pues solamente subsiste en el nivel animal del *nefesh*.

29. neshamá proveniente del Todopoderoso…comprensión. Este versículo no sólo enseña la conexión entre "comprensión" (intelecto) y la "*neshamá* proveniente del Todopoderoso", sino también que el intelecto (sabiduría) proviene directamente de Dios Mismo.

El rabí Natán agrega que el hombre, precisamente debido que es un ser con inteligencia, nunca debe perder el sentido del tremendo nivel de la raíz de su alma. Siempre debe recordar cuán grande es el nivel de *Jojmá* y de percepción de la Divinidad que puede alcanzar si se

כִּי כְּשֶׁהַמֹּחִין מִתְיַגְּעִים, אָז עַל־יְדֵי הַשֵּׁנָה הֵם מִתְחַדְּשִׁים, כַּנִּרְאֶה בְּחוּשׁ.

וְזֶהוּ שֶׁאָנוּ מְבָרְכִין הַנּוֹתֵן לַיָּעֵף כֹּחַ, כִּי הָיוּ מִתְחִלָּה עֲיֵפִים וְעַכְשָׁו נִתְחַזְּקוּ.

וּבִשְׁעַת הַשֵּׁנָה, הַמֹּחִין, הַיְנוּ הַנְּשָׁמָה, בָּאָה בְּתוֹךְ אֱמוּנָה, בְּחִינַת: "חֲדָשִׁים לַבְּקָרִים" וְכוּ' כַּמּוּבָא בַּזֹּהַר הַקָּדוֹשׁ:

Aquí se han traducido partes de este pasaje que se relacionan con nuestro texto (comenzando al final de la p.213b del vol.II), incluyendo los comentarios pertinentes de *Matok Midbash*.

Afortunados los que saben cómo pensar profundamente en los misterios de su Señor y se unen a Él. Pues con estos misterios la persona se unifica con su Señor al punto de alcanzar una completa sabiduría…. Por la noche, cuando la persona se acuesta a dormir, debe pensar cómo su alma está en el proceso de abandonarla y de retornar al Señor de todo…. Pues a la noche, todo el mundo retorna a su raíz… y las fuerzas de la noche (*klipot*) toman lo que les pertenece…. Por lo tanto el alma retorna a su raíz… y el cuerpo yace dormido como una piedra…. El cuerpo atrae las fuerzas del Otro Lado, que impurifican las manos, de modo que al levantarse por la mañana es necesario lavarlas. Las almas de aquellos que no pecan, los Tzadikim, ascienden y retornan a su raíz en *Maljut*, que se ve adornada por sus buenas acciones…. En verdad, cada una de las almas asciende a *Maljut*, pero sólo en la medida de sus buenas acciones que son juzgadas de antemano. *Maljut* recibe esas almas que ascienden en un aspecto de *ibur* (embarazo), donde son reconectadas con su raíz e imbuidas de una fuerza renovada. Luego, *Maljut* "da nacimiento" a esas almas – i.e., las devuelve a sus respectivos cuerpos. Esto es como en el versículo, "Ellas son renovadas cada mañana, abundante es Tu fidelidad" – específicamente "fidelidad", pues cada mañana las almas, sin importar su valía, son hechas retornar fielmente a sus cuerpos.

En nuestro contexto, "Afortunados los que saben cómo pensar profundamente en los misterios" se relaciona con aquellos que se dedican a encontrar la Divinidad en toda la Creación. Es decir, buscan *Jojmá* y encuentran la Divinidad de Dios imbuida en cada cosa creada por Él. En la Kabalá, el concepto de *ibur* se aplica a un alma o a una idea que es absorbida y ocultada en un nivel superior, donde se encuentra en estado de gestación hasta que está lista para "nacer" (ver *Likutey Moharán* I, 21, n.56). En nuestro contexto, esto es un paralelo del alma exhausta y debilitada debido a los esfuerzos diarios, de modo que, por la noche, asciende hacia su raíz para descansar. Este descanso es el alma que asciende hacia *Maljut*, que funciona como una interfaz para unir el alma con su raíz, *Jojmá* (ver §1). Una vez que el alma es renovada, retorna con nueva vitalidad – i.e., renace. El *Zohar* enseña así que la renovación del alma no ocurre directamente en *Jojmá*, como uno podría haber imaginado dado que es la raíz de todas las cosas, sino más bien a través de *Maljut*, que supervisa el ascenso del alma. Como enseña el Ari, cuando la persona ha pecado durante el día, las fuerzas de la noche (las *klipot*) impiden que su alma ascienda y sea renovada. Es por ello que recitar el *Shemá* antes de irse a dormir es tan importante; el *Shemá*, como la proclamación de nuestra fe en Dios, tiene el poder de vencer las fuerzas de la noche y de limpiar el camino para el ascenso del alma (ver *Shaar HaKavanot, Drushei HaLaila* 5, p.354). Y el momento para esa renovación es específicamente por la noche (el tiempo de *Maljut*), cuando reinan las *klipot*. La persona se va entonces a dormir para no ser abrumada por esas fuerzas. Mientras duerme, su alma asciende a través de *Maljut* y se vuelve a conectar con su raíz, *Jojmá*, donde es renovada.

Tu fidelidad" (Lamentaciones 3:23).³³ Pues cuando los *mojín* (mentalidades, intelecto) están sobrecargados, entonces, como vemos de manera empírica, ellos se renuevan por medio del dormir.

Es por ello que recitamos la bendición "Quien le da fuerzas al débil". Anteriormente estaban exhaustos, pero ahora están revitalizados.³⁴

Y al dormir, las mentalidades –i.e., el alma– entran en la fe; siendo éste el aspecto de "Ellas son renovadas cada mañana; <abundante es Tu fidelidad>", como dice en el santo *Zohar*.³⁵

Divinidad tiene lugar en la mente, que está constantemente asediada por pensamientos que se relacionan con sabidurías externas y malos deseos. Para poder arrepentirse y retornar a la santidad, que en nuestro contexto es retornar a *Jojmá*, uno debe luchar una batalla continua y desgastante. Dormir es por lo tanto una necesidad, pues permite que descanse la mente y pueda renovarse (*Torat Natán* #3). El rabí Natán agrega que esto no significa dormir mucho, pues cada hora que uno pasa durmiendo es "tiempo que nunca vuelve". En verdad, perder horas durmiendo demasiado es peor que perder un gran tesoro, pues "no hay pérdida mayor que la pérdida de tiempo" (*Likutey Tefilot*). Y lo mismo se aplica al tiempo malgastado, pues la persona que pierde el tiempo no es mejor que si hubiese estado durmiendo (*Mishná Brurá* 583:9). En su lugar, dice el rabí Natán, uno debe dormir para descansar la mente y tener mayor energía en el servicio a Dios. Tal dormir es una mitzvá. En relación a cuánto tiempo se debe dormir, ello difiere para cada persona y cambia con las circunstancias de la vida. Por lo tanto, como indica el rabí Natán, lo mejor que uno puede hacer es pedirle a Dios que nos ayude a dormir el tiempo justo para mantener la salud y el bienestar.

33. renovadas cada mañana.... Este versículo proviene de la lamentación de Irmiahu sobre la destrucción de Jerusalén y del Santo Templo. Pese a todo el sufrimiento del cual fue testigo, el profeta renovó su fe en la rectitud de Dios y afirmó la abundante fidelidad de Dios para con Su pueblo. Esta renovación, dice Irmiahu, tiene lugar cada mañana. "Cada mañana" sugiere que el dormir es el medio para la renovación: uno se retira por la noche y despierta fresco por la mañana. El Midrash equipara el despertar cada mañana con el despertar de la Resurrección (*Eija Raba* 3, *jet*). En nuestro contexto, la Resurrección es la renovación de la Creación, que, tal como enseña el Rebe, se aplica a cada persona, cada mañana.

El pasaje del *Zohar* basado en este versículo, sobre el que el Rebe Najmán basa su enseñanza, será aclarado más adelante en la nota 35.

34. fuerzas al débil...revitalizados. Ésta es una de las bendiciones recitadas diariamente al despertar. Mientras que, antes de descansar, los *mojín* de la persona estaban saturados y exhaustos, ahora han sido renovados y revitalizados gracias al dormir, y por lo tanto uno bendice a Dios, "Que le da fuerzas al débil". "Fuerza" en hebreo es *KoaJ* (כח), cuyo valor numérico de 28 es igual a la cantidad de letras en el primer versículo del Génesis, en el cual se bosqueja la Creación (ver Lección #44). En nuestro contexto esto se alinea con la ecuación que hace el Rebe Najmán entre la renovación del alma –i.e., darle "fuerzas al débil"– y la renovación de la Creación. Dado que la renovación se produce a través del dormir, recitamos esta bendición cada mañana –el tiempo de la renovación de la Creación– agradeciéndole así a Dios por la renovación del alma.

35. Y al dormir...entran en la fe.... Este pasaje muy importante del *Zohar* es básico para numerosas enseñanzas en los escritos del Ari al igual que para ésta y otras de las lecciones del Rebe Najmán.

ד. וְיֵשׁ כַּמָּה בְּחִינוֹת שֵׁנָה, כִּי יֵשׁ שֵׁנָה בְּגַשְׁמִיּוּת, שֶׁהִיא נַיְחָא לַמֹּחִין. גַּם יֵשׁ בְּחִינַת לִמּוּד, שֶׁהוּא נִקְרָא גַּם כֵּן שֵׁנָה, לְגַבֵּי דְבֵקוּת הַבּוֹרֵא

וְהוּא לִמּוּד פְּשָׁטָא אוֹרַיְתָא, שֶׁהוּא בְּחִינַת שֵׁנָה (זהר פינחס רמד:; עיין בראשית-רבה סט). כְּמוֹ שֶׁאָמְרוּ חֲכָמֵינוּ זִכְרוֹנָם לִבְרָכָה (סנהדרין כד.): "בְּמַחֲשַׁכִּים הוֹשִׁיבַנִי" - זֶה תַּלְמוּד בַּבְלִי. וְזֶה בְּחִינַת אֱמוּנָה, כְּמוֹ שֶׁכָּתוּב (תהלים צב): "וֶאֱמוּנָתְךָ בַּלֵּילוֹת", "וְלַחֹשֶׁךְ קָרָא לָיְלָה" (בראשית א).
וְאָדָם הַדָּבוּק תָּמִיד בַּעֲבוֹדַת הַבּוֹרֵא, וְנִתְיַגְּעִים הַמֹּחִין שֶׁלּוֹ מֵחֲמַת

tiene *Jojmá* es consciente de Dios en todas las situaciones. Éste es un nivel muy elevado de conciencia. Sin embargo, también hemos visto que, siendo humanos, es imposible que nuestras mentes se mantengan permanentemente en ese nivel. La mente tiene que descansar, debe renovarse a través del dormir. Aquí el Rebe Najmán define otra forma de "dormir", una manera de descansar la mente mientras se está despierto.

38. el estudio de la Torá en su sentido simple...dormir. Enseña el *Zohar* (III, 244b): El estudio de la Mishná (y del Talmud) es conceptualmente un aspecto del dormir en comparación con el estudio de los misterios de la Torá y de la Kabalá. Ello se debe a que la Kabalá explora los pensamientos más profundos de la Torá y luego revela cómo es posible encontrar a Dios en cada aspecto de la Creación. En ese sentido la Kabalá corresponde a *Jojmá*, mientras que la Mishná corresponde a *Maljut* (esto será explicado a la brevedad; ver también n.35). De manera similar, el Midrash enseña concerniente al versículo (Génesis 28:16), "Iaacov despertó *Mi-ShNaTó* (de su sueño)" – lee esto *miMiShNaTó* (*Bereshit Rabah* 69:7). A partir de su estudio de la Mishná Iaacov pudo ascender al nivel de la profecía (*Matanot Kehuna, loc. cit.*). En nuestro contexto, esto indica que luego de que la mente de la persona ha quedado exhausta de las profundas exploraciones de la Torá –la unión de los *mojín* con el Creador– la única manera de proseguir y de profundizar más es permitiéndole primero algo de descanso. Esto es posible mediante el dormir o mediante el estudio de la Mishná, del Talmud o de otras ramas de la Torá de acuerdo a su significado simple.

El mismo pasaje del *Zohar* enseña que los Sabios autores de la Mishná basaron sus enseñanzas en los misterios profundos de la Torá. Es un error suponer que esos Sabios no estaban versados en la Kabalá. Por el contrario, todo lo que ellos enseñaron incluía tanto los aspectos simples y halájicos de la Torá *como* los misterios de la Torá. En la superficie sólo percibimos la Torá en su sentido simple, pero bajo la superficie, investidos en las anécdotas, en las leyes y en las lecciones para la vida diaria, se encuentran los misterios más profundos de la Creación.

39. oscuridad – éste es el Talmud de Babilonia. Como se mencionó, "oscuridad" alude a un estado mental confuso (n.35). Los Sabios vieron por lo tanto en esto una alusión al Talmud de Babilonia, que está repleto de numerosas cuestiones, argumentos y de disputas sobre puntos de la ley (ver *Rashi, loc. cit.*).

40. fidelidad...oscuridad...noche. Mediante estos dos versículos el Rebe Najmán también ha conectado la fe con la oscuridad y la noche. La fe corresponde entonces a la Mishná y al Talmud, "el estudio de la Torá en su sentido simple" y así es un aspecto del dormir.

4. Ahora bien, hay varios aspectos del dormir. Está el dormir físico, que es un descanso para las mentalidades.[36] Y también hay un aspecto del estudio que es igualmente llamado "dormir" en relación al apego <de las mentalidades> al Creador.[37]

Éste es el estudio de la Torá en su sentido simple. Ello es un aspecto del dormir,[38] como enseñaron nuestros Sabios (*Sanedrín* 24a): "Él me ha hecho habitar en la oscuridad" (Lamentaciones 3:6) – éste es el Talmud de Babilonia.[39] Éste es también el aspecto de la fe, como está escrito, "Tu fidelidad en las noches" (Salmos 92:3); "y a la oscuridad Él llamó Noche" (Génesis 1:5).[40]

Así, cuando la persona se apega constantemente al servicio al

---

El rabí Natán explica que "noche" no sólo hace referencia al tiempo nocturno; incluye también todos aquellos momentos oscuros en los que la persona está confundida y mentalmente restringida. Pues cuando *Jojmá* prevalece (i.e., un aspecto de la luz del día; ver *Likutey Moharán* I, 1:2), la gente *sabe* lo que debe hacer. Pero cuando la persona está confundida y su mente sobrecargada (cansada), debe dormir y descansar para renovar sus energías. Al igual que la noche, el dormir también es conceptualmente un estado de mente restringida. Como opuesto a *Jojmá*, que es un conocimiento claro, el dormir corresponde a la fe. Hemos visto anteriormente que la diferencia entre la fe y la sabiduría es que la fe sólo se aplica en aquellos ámbitos en los que uno no puede comprender, donde falta la sabiduría. Por lo tanto, cuando la persona se siente abrumada por las dudas y las confusiones, no debe recurrir al intelecto/*Jojmá* para responderlas. Más bien, necesita descansar su intelecto y apoyarse sólo en la fe. La fe corresponde a *Maljut* de Santidad, el Reinado de Dios, pues al aceptar el Reinado y la Soberanía de Dios uno demuestra su fe en Dios. Como se explicó, el alma asciende hacia *Maljut*, donde es examinada antes de permitirle ascender más aún y volver a conectarse con su raíz. Aquel que tiene fe puede ascender a *Maljut* y así ser renovado. Más aún, cuanto más grande sea el esfuerzo puesto en cuidar la mente de los pensamientos externos y buscar la verdadera *Jojmá* durante el día, mayor será el ascenso que experimente el alma al volver a conectarse por la noche con su raíz. Ésta es una razón más para recitar el *Shemá* antes de irse a dormir. Dado que el *Shemá* es nuestra proclama de fe en Dios, recitarlo forja un lazo entre el alma y *Maljut*, que es en sí mismo un aspecto de fe. Así, fortalecer la fe antes de dormir permite entrar en el ámbito de la fe (*Maljut*) con mayor fuerza y recibir un grado mayor de renovación (*Torat Natán* #4-5). El rabí Natán agrega que esta fe es innata en todo judío. Se mantiene con él siempre – incluso al dormir, incluso cuando sus esfuerzos en el servicio a Dios están "dormidos". Y mediante esa fe su intelecto es finalmente renovado – despierta de su sueño. De modo que emerge desde la confusión hacia el reconocimiento de Dios, con verdadera *Jojmá* y una devoción revitalizada (*Torat Natán* #6).

Resumen: Para poder arrepentirse es necesario volver a reconectarse con *Jojmá*, que, siendo la sabiduría de la Divinidad, es la raíz de toda la Creación. Para ello hace falta mantener el propio intelecto sagrado libre de toda sabiduría externa, de la "escoria del oro", que embota la mente y atrae los rasgos detestables, al no permitir que el intelecto se expanda (§1). Es necesario renovar siempre el intelecto, que es el alma y encarar diariamente un nuevo enfoque en el servicio a Dios (§2). Esta renovación se logra mediante el dormir, permitiendo que la mente descanse de su búsqueda de *Jojmá* (§3).

36. dormir físico...descanso para las mentalidades. Como se explicó en la sección 3.

37. estudio...dormir...mentalidades.... Como se explicó anteriormente (n.6), la persona que

גֹּדֶל הַדְּבֵקוּת, אֲזַי יִלְמַד פְּשָׁטָא אוֹרַיְתָא. וּכְשֶׁלּוֹמֵד פְּשָׁטָא אוֹרַיְתָא,
אֲזַי הַמֹּחִין שֶׁלּוֹ, הַיְנוּ נִשְׁמָתוֹ, בָּאָה בְּתוֹךְ אֱמוּנָה, בִּבְחִינַת: "חֲדָשִׁים
לַבְּקָרִים", וּמִתְחַדְּשִׁים, וּמִתְחַזְּקִים מֵעֲיֵפוּתָם.

וְזֶה בְּחִינַת 'פְּשָׁטָא מִנַּח זַרְקָא', שֶׁפְּשָׁטָא אוֹרַיְתָא, שֶׁהֵם בְּחִינַת
"וֶאֱמוּנָתְךָ בַּלֵּילוֹת", הֵם נִיחָא לַמֹּחִין, וְהַמֹּחִין נִתְחַדְּשׁוּ
כְּבָרִאשׁוֹנָה. וְזֶהוּ זַרְקָא, דְּאִזְדְּרִיקַת לַאֲתַר דְּאִתְנְטִילַת מִתַּמָּן:

ה. וְעִקַּר הַמֹּחִין שֶׁמְּקַבְּלִין עַל-יְדֵי הָאֱמוּנָה, אֵין מְקַבְּלִין אֶלָּא
מְאוֹר הַפָּנִים, כְּמוֹ שֶׁכָּתוּב (משלי טז): "בְּאוֹר פְּנֵי מֶלֶךְ חַיִּים".
"חַיִּים", הֵם הַמֹּחִין, כְּמוֹ שֶׁכָּתוּב: "הַחָכְמָה תְּחַיֶּה"; מְקַבְּלִין
מְאוֹר הַפָּנִים, דֶּרֶךְ הָאֱמוּנָה, הַנִּקְרֵאת מַלְכוּת. שֶׁהוּא בְּחִינַת

y también buscar a Dios (*Jojmá*). Y aunque el Rebe no menciona específicamente la plegaria en esta lección, sí enfatiza la importancia de *Maljut* como un medio para alcanzar *Jojmá*. Como es sabido, el *Tikuney Zohar* (Introducción, p.17a) enseña: "*Maljut* es la boca" (ver Lección #37:6, n.77), y así corresponde tanto a la plegaria como a la fe (cf. *Likutey Moharán* I, 7:1). El *hitbodedut* aparece en la lección previa (Lección #34:8 y notas 84, 89) y es tratado en profundidad en otras instancias del corpus de las enseñanzas de Breslov, incluyendo *Expansión del Alma, Bajo La Mesa*, Capítulo 6; *Cruzando el Puente Angosto*, Capítulo 9; *Donde la Tierra y el Cielo se Besan*.

Resumen: Para poder arrepentirse es necesario volver a reconectarse con *Jojmá*, que, siendo la sabiduría de la Divinidad, es la raíz de toda la Creación. Para ello hace falta mantener el propio intelecto sagrado libre de toda sabiduría externa, de la "escoria del oro", que embota la mente y atrae los rasgos detestables, al no permitir que el intelecto se expanda (§1). Es necesario renovar siempre el intelecto, que es el alma y encarar diariamente un nuevo enfoque en el servicio a Dios (§2). Esta renovación se logra mediante el dormir, permitiendo que la mente descanse de su búsqueda de Jojmá (§3) o mediante el estudio de la Torá en su significado simple (§4).

45. lo esencial de las mentalidades...fe. Como se explicó, ésta es la renovación de los *mojín/Jojmá* a través de la fe/*Maljut*.

46. Luz del Rostro...rostro del rey.... Ésta es el *Or HaPanim*. La Kabalá enseña que el *Or HaPanim* es la luz del Rostro de *Arij Anpin*, la persona Divina que es un paralelo de la *sefirá* de *Keter*, que ilumina a través del Atributo de Verdad (*Etz Jaim, Shaar Arij Anpin*, 14, p.200). Así está relacionada con un nivel que es mayor y más profundo incluso que *Jojmá* (ver n.28; ver también *Likutey Moharán* I, 30:5 y n.55).

47. Vida...mentalidades...da vida. Ver más arriba, nota 31. Así el término "vida" en el versículo "En la luz del rostro del rey está la vida" sugiere *mojín/Jojmá*, que es vida.

48. por medio de la fe. Como se explicó más arriba, en las secciones 3-4.

Creador, de modo que como resultado de ese gran apego sus mentalidades se sobrecargan, debe entonces estudiar la Torá en su sentido simple. Pues cuando estudia la Torá en su sentido simple, sus mentalidades/alma entran entonces en la fe, en el aspecto de "Ellas son renovadas cada mañana", y se renuevan y revitalizan de su cansancio.[41]

Éste es el aspecto de *PaShTA, muNaJ, ZaRKA*.[42] El *PShaTa* (sentido simple) de la Torá, que es el aspecto de "Tu fidelidad en las noches", es *NiJa* (un descanso) para las mentalidades, de modo que las mentalidades se renuevan como inicialmente.[43] Esto es *ZaRKa* – ello fue *ZaRaK* (arrojado) al lugar del cual fue tomado, <i.e., a *Jojmá*>.[44]

5. Ahora bien, lo esencial de las mentalidades que recibimos por medio de la fe,[45] sólo proviene de la Luz del Rostro, como está escrito (Proverbios 16:15), "En la luz del rostro del rey está la vida".[46] "Vida" son las mentalidades, como en, "La sabiduría da vida".[47] Ellas reciben de la Luz del Rostro por medio de la fe, que es llamada *Maljut*.[48]

---

41. se renuevan.... La fe, como elemento de la noche/oscuridad/Mishná, le da descanso a la mente agotada como resultado de su búsqueda de *Jojmá*. En este sentido es similar al dormir físico, como se explicó en la sección 3 y la nota 35.

42. PaShTA.... Estos son los nombres de las tres primeras notas musicales de la Torá. El Rebe Najmán demuestra cómo es posible verlos como una mnemotécnica para tres de los conceptos de la lección.

43. PaShTA...NiJa.... La nota musical *PaShTA* (פשטא) se asemeja a *PaShuT*, que significa "simple" y *PShaTa* (פשטא), el significado simple de la Torá. *MuNaJ* (מונח) es similar al término arameo para "descansar", *NiJa* (ניחא) y su equivalente hebreo, *MeNuJa* (מנוחה). Así *pashta munaj* alude al estudio de la Torá en su significado simple, como un descanso para la mente.

44. ZaRKa...a Jojmá. Después de descansar la mente, la persona puede retornar a su búsqueda de *Jojmá*, la raíz de todas las cosas. Así la tercera nota musical, *ZaRKa*, alude a *ZaRaK* – retornar las cosas a su raíz. Esto, como se explicó al comienzo de la lección (ver notas 3-4), es el aspecto del arrepentimiento.

Hablando prácticamente, la enseñanza del Rebe Najmán demuestra que la persona sólo puede arrepentirse *después* de haber descansado la mente. Este descanso le da a la persona la paz y la tranquilidad mental para considerar sus acciones y reflexionar sobre los días pasados. Pues aquel que nunca examina sus acciones no puede arrepentirse de la manera apropiada; carece del estado mental apropiado para reconocer y aceptar la insensatez de su comportamiento y darse cuenta que ha plagado su mente de sabidurías externas en lugar del verdadero intelecto. Para alcanzar esta paz mental, el Rebe Najmán recomienda la práctica del *hitbodedut*: la plegaria privada, en reclusión, en la cual, luego de reflexionar sobre los actos y las necesidades, uno clama a Dios por ello. Esto le permite a la persona reflexionar introspectivamente (descansar su mente)

יְרוּשָׁלַיִם, כְּמוֹ שֶׁכָּתוּב (בראשית יד): "וּמַלְכִּי צֶדֶק מֶלֶךְ שָׁלֵם",
וְתַרְגּוּמוֹ: 'מַלְכָּא דִירוּשְׁלֵם'.
וְהִיא בְּחִינַת אֱמוּנָה, כְּמוֹ שֶׁכָּתוּב (ישעיה א): "עִיר הַצֶּדֶק קִרְיָה
נֶאֱמָנָה". וְהִיא בְּחִינַת לַיְלָה, כְּמוֹ שֶׁכָּתוּב: "וֶאֱמוּנָתְךָ בַּלֵּילוֹת".
וְהִיא בְּחִינַת פְּשָׁטָא אוֹרַיְתָא, כְּמוֹ שֶׁכָּתוּב: "בְּמַחֲשַׁכִּים הוֹשִׁיבַנִי"
וְכוּ', וּכְתִיב: "וְלַחֹשֶׁךְ קָרָא לָיְלָה". וְהוּא בְּחִינַת מָאוֹר הַקָּטָן,
כְּמוֹ שֶׁכָּתוּב (קהלת ט): "עִיר קְטַנָּה". וּכְמוֹ שֶׁכָּתוּב (בראשית א):
"אֶת הַמָּאוֹר הַקָּטֹן לְמֶמְשֶׁלֶת הַלַּיְלָה":

וְיֵשׁ כַּמָּה בְּחִינוֹת בְּאוֹר הַפָּנִים, כִּי יֵשׁ מְקַבְּלִים הַשֵּׂכֶל מְאוֹר
הַפָּנִים שֶׁל הַתּוֹרָה, כִּי שִׁבְעִים פָּנִים לַתּוֹרָה. וְיֵשׁ מְקַבְּלִים מְאוֹר
פְּנֵי הַצַּדִּיקִים, כְּשֶׁהַצַּדִּיק מַסְבִּיר לוֹ פָּנִים. אֲזַי מְקַבֵּל שֵׂכֶל חָדָשׁ,
וּנְשָׁמָה חֲדָשָׁה. כִּי עִקַּר הַשֵּׂכֶל מְאוֹר הַפָּנִים, כְּמוֹ שֶׁכָּתוּב (קהלת

54. una cantidad de aspectos de la Luz del Rostro. Habiendo mencionado que es necesario recibir los *mojín/Jojmá* del *Or HaPanim*, el Rebe Najmán explica ahora cómo se manifiesta el *Or HaPanim* para que uno pueda recibir de él.

55. la Torá tiene setenta rostros. Esta enseñanza se encuentra en el Midrash (*Bamidbar Rabah* 13:16) y varias veces en el *Zohar* (I, 47b; III, 216a; *Tikuney Zohar* #32, p.76b, etc.). Éstos "rostros" son las diferentes maneras en que puede percibirse cada faceta de la Torá; hay 70, para contrarrestar las 70 naciones que están en oposición a la santidad (un tema principal de la Lección #36, ver notas 3-4). Otro motivo para 70 tiene que ver con la conexión entre la Torá y el patriarca Iaacov. Iaacov, progenitor de las Doce Tribus, descendió a Egipto con una familia de 70 miembros. De ese núcleo surgió todo el pueblo judío. De la misma manera, los 70 rostros de la Torá son el núcleo del cual emergen las múltiples y legítimas interpretaciones de la Torá (*Tikuney Zohar, ad. loc.*).

En nuestro contexto, recibir de los setenta rostros de la Torá hace referencia a recibir *mojín* desde su raíz, la Luz del Rostro. Aquellos que quieran ofrecer interpretaciones de Torá deberán asegurarse de que sus ideas estén conectadas con su raíz –i.e., con Dios Mismo– y no con las sabidurías externas, que alejan a la persona de Dios.

56. está bien dispuesto hacia la persona. En hebreo esto es *masbir lo panim*, que literalmente se traduce como "aclara el rostro de" (ver *Taanit* 8a). El Talmud enseña que cuando a uno le cuesta comprender lo que estudia, ello se debe a que el maestro no le ha explicado el tema con claridad. Idiomáticamente, *masbir lo panim* indica ser hospitalario y mostrar un rostro amable hacia los demás. Aquí, el Rebe Najmán conecta esto con el *Or HaPanim*. El Tzadik, al hacer brillar la luz de su rostro sobre sus seguidores, les permite conectarse con la Luz del Rostro a través de él.

Éste es el aspecto de Ierushalaim, como está escrito (Génesis 14:18), "Y Malkitzedek, rey de Shalem" – que Onkelos traduce como: rey de Ierushalem.[49]

Y [Ierushalaim] es un aspecto de la fe, como está escrito (Isaías 1:26), "Ciudad de rectitud, ciudad fiel".[50] Y ello es un aspecto de la noche, como en, "Tu fidelidad en las noches". También es un aspecto del sentido simple de la Torá, como en, "Él me ha hecho habitar en la oscuridad", y como en, "y a la oscuridad Él llamó Noche".[51] Y ello es un aspecto de la luz pequeña, como está escrito (Eclesiastés 9:14), "Había una pequeña ciudad"; [52] y como en (Génesis 1:16), "y a la luz pequeña para gobernar la noche".[53]

Y hay una cantidad de aspectos de la Luz del Rostro.[54] Están aquellos que reciben el intelecto de la Luz del Rostro de la Torá. Pues la Torá tiene setenta rostros.[55] Y están aquellos que reciben de la Luz del Rostro de los Tzadikim. Cuando el Tzadik está bien dispuesto hacia la persona,[56] entonces ella recibe un nuevo intelecto y una nueva alma. Ello se debe a que la esencia del intelecto proviene de la Luz del Rostro, como está escrito (Eclesiastés 8:1), "La sabiduría del hombre [proviene] de

---

49. Malkitzedek...rey de Ierushalem. Malkitzedek era Shem el hijo de Noaj (*Nedarim* 32b). La traducción del Targúm de *MeLeJ ShaLeM*, "rey de Ierushalem" demuestra la conexión entre *MaLJut* (Reinado) y Ierushalaim (Jerusalén). En el siguiente párrafo el Rebe Najmán brinda otros textos de prueba para demostrar que Ierushalaim también corresponde a los conceptos mencionados anteriormente: la fe, la noche, la oscuridad, etc.

La traducción del Targúm de *ShaLeM* como *IeRuShaLeM* (ירושלם) también alude a la cualidad de *IRá ShaLeM* (יראה שלם, un temor al Cielo completo y perfecto). Así *Maljut*/ Ierushalaim también corresponde al temor al Cielo. En nuestro contexto, el temor al Cielo, al igual que *Maljut*, permite que la persona renueve sus *mojín* y reasuma su búsqueda de *Jojmá*. Sin embargo, sin ese temor, carece de Maljut y no puede renovar su intelecto/alma.

50. ciudad fiel.... El profeta Isaías llama a la ciudad de Jerusalén *neemaná* ("fiel"), conectando así Ierushalaim y con la *emuná* (fe).

51. fidelidad...oscuridad...Noche. Estas conexiones han sido explicadas en la sección previa.

52. luz pequeña...pequeña ciudad. Las Escrituras hacen referencia a Ierushalaim como "una pequeña ciudad... en la cual había un hombre pobre y sabio, quien con su sabiduría salvó a la ciudad" de un gran rey que la estaba asediando. Así Ierushalaim también corresponde a la luz pequeña (i.e., oscuridad), la luna, como opuesta al sol, cuya luz es grande.

53. la luz pequeña para gobernar la noche. La "luz pequeña", la luna, brilla durante la noche, el aspecto de Ierushalaim/oscuridad/fe. Como hemos visto, todos éstos son aspectos correspondientes de *Maljut*. En nuestro contexto, esto alude a *Maljut* como una luz pequeña, como opuesta a *Jojmá*, que es la gran luz. La lección retornará al concepto de la pequeña luz, particularmente tal cual se relaciona con la fe/fidelidad, en la sección 7 más adelante.

ח): "חָכְמַת אָדָם תָּאִיר פָּנָיו":

ו. גַּם יֵשׁ כַּמָּה בְּחִינוֹת בְּשֵׁנָה, כִּי יֵשׁ שֵׁנָה שֶׁהִיא בְּחִינַת לִמּוּד פְּשָׁטָא אוֹרַיְתָא כְּפִי הַדְּבֵקוּת. וְיֵשׁ שֵׁנָה שֶׁהוּא בְּחִינַת מַשָּׂא וּמַתָּן בֶּאֱמוּנָה, שֶׁהוּא גַּם כֵּן פְּשָׁטָא אוֹרַיְתָא. כִּי כְּשֶׁעוֹסֵק בְּמַשָּׂא וּמַתָּן בֶּאֱמוּנָה, אֲזַי הַמֹּחִין, הַיְנוּ נִשְׁמָתוֹ, בָּאָה לְתוֹךְ אֱמוּנָה, בִּבְחִינַת: "חֲדָשִׁים לַבְּקָרִים", וְנִתְחַדְּשׁוּ שָׁם, וְנִתְחַזְּקוּ מֵעֲיֵפוּתָם:

וְזֶה שֶׁאָמְרוּ חֲכָמֵינוּ זִכְרוֹנָם לִבְרָכָה (בבא בתרא קעה:): 'הָרוֹצֶה לְהַחְכִּים יַעֲסֹק בְּדִינֵי מָמוֹנוֹת', הַיְנוּ הָרוֹצֶה לְחַדֵּשׁ אֶת שִׂכְלוֹ, הַיְנוּ נִשְׁמָתוֹ. יַעֲסֹק בְּדִינֵי מָמוֹנוֹת, הַיְנוּ מַשָּׂא וּמַתָּן בֶּאֱמוּנָה. כִּי הָעוֹסֵק בְּמַשָּׂא וּמַתָּן בֶּאֱמוּנָה, הוּא בְּוַדַּאי עוֹסֵק בְּדִינֵי מָמוֹנוֹת. כִּי כָּל דִּינֵי מָמוֹנוֹת שַׁיָּךְ לְמַשָּׂא וּמַתָּן, כִּי אִי אֶפְשָׁר לַעֲסֹק בְּמַשָּׂא וּמַתָּן בֶּאֱמוּנָה, כִּי אִם בָּקִי בְּדִינֵי מָמוֹנוֹת, שֶׁלֹּא יִכָּשֵׁל בָּהֶם:

---

varios aspectos del dormir. Está el dormir que es el estudio del significado simple de la Torá frente al concepto de la unión con Dios". Esto es similar a la afirmación de apertura del Rebe Najmán en la sección 4. Esta traducción, sin embargo, sigue la versión manuscrita, que omite estas frases.

59. actividades comerciales...en la fe.... La fidelidad que demuestra en sus actividades comerciales hace que su intelecto entre en la fe y allí sea renovado. Esto se explicará con más detalle.

60. ...a las leyes asociadas con el dinero. Enseña el Talmud: Todo aquel que busque sabiduría deberá dedicarse a las leyes asociadas con el dinero, porque no hay rama más intrincada de la Torá; sus leyes son como una fuente surgente. El *Iun Iaacov* explica que emitir una regla correcta en temas monetarios implica una considerable capacidad en el arte de indagar e investigar. Ello se debe a que el fraude y el engaño son muy comunes en las prácticas comerciales, así sea por parte de los litigantes o de los testigos. Por lo tanto, la persona que se dedica a la ley monetaria adquiere en el proceso inteligencia y sabiduría. Al igual que una "fuente surgente" aumenta constantemente su conocimiento como resultado de su capacidad siempre mayor para el razonamiento y el análisis. Esto distingue a las leyes que pertenecen a los temas monetarios, haciendo que ellas sean mucho más complicadas ("más abarcadoras") que la mayor parte de las otras áreas de la *halajá*, donde las leyes, intrincadas como son algunas de ellas, no hacen necesario ver a través del engaño y de la estafa.

61. renovar su intelecto...actividades comerciales. En nuestro contexto, la afirmación de los Sabios se lee como sigue: **Todo aquel que busque sabiduría** – Todo aquel que busque renovar su intelecto, **deberá dedicarse a las leyes asociadas con el dinero** – podrá hacerlo a través de las actividades comerciales, que son un aspecto del dormir. El Rebe Najmán explica ahora por qué esto es así.

62. actividades comerciales...plenamente versado.... Llevar a cabo los negocios con fidelidad es así equivalente a estudiar la Torá en su significado simple, que, como ya hemos

la luz de su rostro".⁵⁷

6. Y <también> está el dormir que es un aspecto de las actividades comerciales llevadas a cabo con fidelidad, que también es el significado simple de la Torá.⁵⁸ <Y así,> cuando la persona se dedica a sus actividades comerciales con fidelidad, sus mentalidades/alma entran entonces en la fe, en el aspecto de "Ellas son renovadas cada mañana". Ellas son renovadas allí y revitalizadas de su agotamiento.⁵⁹

Esto es como enseñaron nuestros Sabios: Todo aquel que busque sabiduría deberá dedicarse a las leyes asociadas con el dinero (*Bava Batra* 175b).⁶⁰ Es decir, aquel que quiera renovar su intelecto/alma deberá dedicarse a las leyes monetarias – i.e., a las actividades comerciales llevadas a cabo con fidelidad.⁶¹ Pues aquél que se dedica a las actividades comerciales con fidelidad ciertamente está dedicado a las leyes monetarias, pues todas las leyes monetarias están conectadas con su actividad comercial. Pues es imposible llevar a cabo las actividades comerciales con fidelidad a no ser que uno esté plenamente versado en las leyes monetarias, no sea que cometa un error en esos temas.⁶²

---

57. de la luz de su rostro. La traducción simple de este versículo es "La sabiduría del hombre ilumina su rostro". Sin embargo, la lectura del Rebe Najmán tiene la intención de subrayar el hecho de que la manifestación de *Jojmá* se debe al *Or HaPanim*. La persona puede comprobar esta manifestación en su capacidad para comprender la Torá en sus diversas interpretaciones, o cuando el Tzadik le demuestra una disposición amable. Si posee el temor al Cielo, su fe/*Maljut* reflejará el intelecto/*Jojmá* que la ilumina con el *Or HaPanim*.

Resumen: Para poder arrepentirse es necesario volver a reconectarse con *Jojmá*, que, siendo la sabiduría de la Divinidad, es la raíz de toda la Creación. Para ello hace falta mantener el propio intelecto sagrado libre de toda sabiduría externa, de la "escoria del oro", que embota la mente y atrae los rasgos detestables, al no permitir que el intelecto se expanda (§1). Es necesario renovar siempre el intelecto, que es el alma y encarar diariamente un nuevo enfoque en el servicio a Dios (§2). Esta renovación se logra mediante el dormir, permitiendo que la mente descanse de su búsqueda de Jojmá (§3) o mediante el estudio de la Torá en su significado simple (§4). Esta *Jojmá*, que uno alcanza por medio de la fe/*Maljut*, se origina en la Luz del Rostro (§5).

58. actividades comerciales...significado simple. En las secciones 3 y 4 el Rebe Najmán explicó cómo el dormir y el estudiar el significado simple de la Torá renuevan el intelecto. En esta sección introduce otro aspecto del dormir: la honestidad en las actividades comerciales. La palabra hebrea para "actividades comerciales con fidelidad" es *masá umatán veemuná*. En este contexto, *veemuná* (con fidelidad) sugiere "con fe" y "honestidad". Lo primero implica creer que es sólo Dios Quien le provee al hombre el sustento, mientras que el segundo concepto implica ejercitar la honestidad en todas las relaciones. Esto es algo tan importante que nuestros Sabios enseñan: La primera pregunta que se le hace a la persona cuando llega delante de la Corte celestial después de fallecer es, "¿Fuiste fiel en tus tratos comerciales?" (ver *Shabat* 31a).

En las versiones impresas del *Likutey Moharán* esta sección comienza, "Existen también

וְזֶה בְּחִינַת (משלי לא): "הָיְתָה כָּאֳנִיּוֹת סוֹחֵר", הַיְנוּ עַל-יְדֵי מַשָּׂא וּמַתָּן, הַיְנוּ עַל-יְדֵי פְּשָׁטָא אוֹרַיְתָא. אֲזַי: "מִמֶּרְחָק תָּבִיא לַחְמָהּ", וּמַמְשִׁיךְ שֵׂכֶל חָדָשׁ מֵאוֹר הַפָּנִים. כִּי הַשֵּׂכֶל נִקְרָא רָחוֹק, כְּמוֹ שֶׁכָּתוּב (קהלת ז): "אָמַרְתִּי אֶחְכָּמָה וְהִיא רְחוֹקָה":

ז. אֲבָל כְּשֶׁאָדָם מַכְנִיס שִׂכְלוֹ, הַיְנוּ נִשְׁמָתוֹ, בְּתוֹךְ הָאֱמוּנָה, הַיְנוּ פְּשָׁטָא אוֹרַיְתָא, הַיְנוּ מַשָּׂא וּמַתָּן, בִּבְחִינַת: "חֲדָשִׁים לַבְּקָרִים". אֲזַי צָרִיךְ לִשְׁמֹר הָאֱמוּנָה, שֶׁלֹּא יִינְקוּ מִמֶּנָּה הַחִיצוֹנִים. כִּי הִיא שׁוֹכֶנֶת בְּתוֹךְ הַחִיצוֹנִים, בְּחִינַת (יחזקאל ה): "זֹאת יְרוּשָׁלַיִם שַׂמְתִּיהָ בְּתוֹךְ הַגּוֹיִם וּסְבִיבוֹתֶיהָ אֲרָצוֹת". וִירוּשָׁלַיִם הוּא בְּחִינַת אֱמוּנָה, כְּמוֹ שֶׁכָּתוּב: "קִרְיָה נֶאֱמָנָה". וְהוּא בְּחִינַת לַיְלָה, כְּמוֹ

intelecto sagrado libre de toda sabiduría externa, de la "escoria del oro", que embota la mente y atrae los rasgos detestables, al no permitir que el intelecto se expanda (§1). Es necesario renovar siempre el intelecto, que es el alma y encarar diariamente un nuevo enfoque en el servicio a Dios (§2). Esta renovación se logra mediante el dormir, permitiendo que la mente descanse de su búsqueda de Jojmá (§3) o mediante el estudio de la Torá en su significado simple (§4). Esta *Jojmá*, que uno alcanza por medio de la fe/*Maljut*, se origina en la Luz del Rostro (§5). Llevar a cabo las actividades comerciales con fidelidad también es un aspecto del dormir, a través del cual se renueva el intelecto (§6).

65. cuidar la fe.... Aunque entrar en la fe es necesario si se quieren renovar las mentalidades/alma, este descanso para el intelecto no carece de peligros. El intelecto puede asemejarse a la luz del día cuyo brillo le provee a la persona de una dirección en la vida. La fe, por otro lado, es equivalente a la oscuridad de la noche en la cual la claridad de la dirección le está oculta a la persona. La fe debe por lo tanto ser protegida de las fuerzas externas, las *klipot*, hasta que las mentalidades –que "son renovadas cada mañana"– se despierten y reanuden la búsqueda de la verdadera *Jojmá* con una devoción revitalizada (ver §3, n.35). Hablando de manera práctica, cuando uno percibe con claridad la Mano de Dios trabajando en el mundo, tiene poca dificultad para reconocer y aceptar Su autoridad, pues prevalece el intelecto/*Jojmá*. Pero cuando la autoridad de Dios está oculta y la gente se ve obligada a apoyarse sólo en la fe, entonces esa fe/*Maljut* se encuentra continuamente bajo el ataque y el desafío de la duda.

66. Ierushalaim...naciones...a su alrededor. "Ierushalaim", que corresponde a la fe, está rodeada por "las naciones", las sabidurías externas que la asedian perpetuamente. Cuando es cuidada, Ierushalaim puede mantenerse fuerte; dejada sin protección, Ierushalaim puede ser rápidamente abrumada. El Rebe Najmán repite ahora varios de los textos de prueba mencionados más arriba para demostrar que Ierushalaim corresponde a la fe, a la noche, etc. Porque así como Ierushalaim está rodeada y necesita ser protegida de las naciones, sus aspectos correspondientes también deben ser cuidados. (Esta noción de Ierushalaim rodeada por las naciones –el bien asediado y atrapado por el mal– se aclara más aún en la sección 8, más adelante).

67. ciudad fiel. Como se explicó más arriba, sección 5, nota 50.

{"**Ella es como los navíos mercantes; ella trae su alimento desde lejos**" (Proverbios 31:14)}.[63]

Y éste es el aspecto de "Ella es como los navíos mercantes". Es decir, mediante las actividades comerciales/el significado simple de la Torá "ella trae su alimento desde lejos" – <i.e., trae> un nuevo intelecto desde la Luz del Rostro. Pues el intelecto es llamado "lejano", como está escrito (Eclesiastés 7:23), "Yo dije que sería sabio, pero ello estaba lejos de mí".[64]

7. Sin embargo, cuando la persona coloca su intelecto/alma en la fe/el significado simple de la Torá/actividades comerciales –en el aspecto de "Ellas son renovadas cada mañana"– debe entonces cuidar la fe para que las fuerzas externas no se alimenten de ella.[65] Pues ella reside entre las fuerzas externas, el aspecto de "Ésta es Ierushalaim, Yo la puse entre las naciones, con las tierras a su alrededor" (Ezequiel 5:5).[66] Y Ierushalaim es un aspecto de la fe, como en, "la ciudad fiel";[67] y esto es un aspecto

---

visto, es un aspecto del dormir (§4). Es por lo tanto posible descansar la mente en las actividades comerciales con fidelidad y así emerger con el intelecto renovado.

El Rebe Najmán acentúa la importancia de estudiar diariamente la Ley Judía (ver *Sabiduría y Enseñanzas del Rabí Najmán de Breslov* #29). La Halajá es la piedra angular para alcanzar el temor al Cielo; pues, "¿cómo es posible saber cómo servir a Dios si nunca se estudia lo que uno debe y no debe hacer? Esto es especialmente así con respecto a las leyes monetarias, donde las "resoluciones" que uno toma durante las actividades comerciales diarias son numerosas, donde la tentación a favor de uno es muy grande y donde una decisión equivocada con respecto incluso a una pequeña suma es considerada un robo. Las leyes relacionadas con la práctica monetaria aparecen principalmente en la sección *Joshen mishpat* del *Shuljan Aruj*, con diversas leyes dispersas a lo largo de las otras tres secciones. El *Kitzur Shuljan Aruj* del rabí Shlomo Ganzfried ("Síntesis del Código de Leyes Judías") presenta muchas de las leyes básicas en un formato simple, al igual que numerosas otras obras que aclaran las obligaciones de la persona en temas monetarios y la guían en el *masá umatán veemuná*.

63. como los navíos mercantes.... El capítulo 31 de Proverbios habla sobre "Una mujer de valor…" y detalla su alabanza. Una interpretación es que esa "mujer" es la Torá (*Ialkut*, Proverbios 31).

64. intelecto…lejos de mí. El Rebe Najmán trae este texto de prueba para demostrar que también las actividades comerciales le permiten a la persona descansar sus mentalidades y así traer una nueva *Jojmá* a partir del *Or HaPanim*. La manera de percibir esa *Jojmá*, que está "lejos de mí" debido a su elevación, es a través de *Maljut* – i.e., la fe, el dormir, el estudio de la Torá en su significado simple y el dedicarse a las actividades comerciales con honestidad.

Este versículo se traduce así en nuestro texto como sigue: **Ella es como los navíos mercantes** – Al dedicarse a las actividades comerciales/ley monetaria, el significado simple de la Torá, **ella trae su alimento desde lejos** – uno adquiere aquello que es conocido como "lejos de mí", es decir *Jojmá*.

Resumen: Para poder arrepentirse es necesario volver a reconectarse con *Jojmá*, que, siendo la sabiduría de la Divinidad, es la raíz de toda la Creación. Para ello hace falta mantener el propio

שֶׁכָּתוּב: "וֶאֱמוּנָתְךָ בַּלֵּילוֹת". וְהוּא פְּשָׁטָא אוֹרַיְתָא, כְּמוֹ שֶׁאָמְרוּ חֲכָמֵינוּ זִכְרוֹנָם לִבְרָכָה: "בְּמַחֲשַׁכִּים הוֹשִׁיבַנִי", "וְלַחֹשֶׁךְ קָרָא לָיְלָה". וְהִיא בְּחִינַת הַמָּאוֹר הַקָּטֹן, כְּמוֹ שֶׁכָּתוּב: "וְאֶת הַמָּאוֹר הַקָּטֹן לְמֶמְשֶׁלֶת הַלָּיְלָה".

וְצָרִיךְ לְהַמְשִׁיךְ בְּחִינַת חַשְׁמַ"ל מֵעוֹלָם הַבִּינָה, לְהַלְבִּישׁ אֶת הַמַּלְכוּת, הַיְנוּ אֱמוּנָה, שֶׁלֹּא יִינְקוּ מִמֶּנָּה הָעַכּוּ"ם וְהָאֲרָצוֹת שֶׁסְּבִיבוֹתֶיהָ.

וּכְשֶׁאָדָם עוֹסֵק בְּמַשָּׂא וּמַתָּן כָּל כָּךְ בֶּאֱמוּנָה, כְּמוֹ רַב סַפְרָא, וּמְקַיֵּם (תהלים טו): "וְדֹבֵר אֱמֶת בִּלְבָבוֹ" (כמו שאמרו רז"ל, מכות כד.), זוֹ הַבְּחִינָה נַעֲשֶׂה חַשְׁמַ"ל, הַיְנוּ מַלְבּוּשׁ, סְבִיב הָאֱמוּנָה. וַאֲזַי אִמָּא

mercader se le acercó y le ofreció comprar sus mercaderías. Como está prohibido incluso hacer gestos hacia los demás mientras se recita el *Shemá*, Rav Safra no respondió. Pensando que lo estaba ignorando porque consideraba que la oferta era muy baja, el mercader levantó su propuesta. Luego de concluir su plegaria, Rav Safra cerró trato con el mercader sobre el primer precio, más bajo. Explicó que había considerado a la primera oferta como buena y la habría aceptado de inmediato de no haber estado ocupado con el recitado del *Shemá*. Nuestros Sabios alaban a Rav Safra como alguien que "habla con la verdad en su corazón", pues podría haberse aprovechado del mercader y aceptado el precio más elevado. Nadie se hubiera dado cuenta, pues nadie podría saber que había aceptado la primera oferta en su corazón. Esto es llevar a cabo el *masá umatán veemuná*, con total honestidad y fe.

En el contexto de nuestra lección, el *Shemá*, la proclamación de fe del judío, corresponde a *Maljut*. Al llevar a cabo sus actividades comerciales con fidelidad, el intelecto de Rav Safra entró en la fe, un aspecto del dormir. Comprendiendo que debía también cuidar su fe, Rav Safra superó la tentación y siguió siendo honesto – i.e., dijo la verdad en su corazón. Como el Rebe Najmán mostrará, el corazón es *Biná*. De su corazón/*Biná*, Rav Safra tomó la vestimenta del *jashmal* como una protección para su fe/*Maljut*.

73. ese aspecto...JaShMaL...MaLBUSh alrededor de la fe. "Ese aspecto" hace referencia a la verdad y a la honestidad. El *jashmal* que se vuelve una vestimenta para la fe está conformado a partir de la cualidad de la verdad. Esta verdad es *Jojmá*, la *verdadera* sabiduría que produce plenitud, como opuesto a las sabidurías externas (§1). Cuando el aspecto de *Maljut* de la persona está unido a *Jojmá* a través de *Biná*, su fe es verdadera fe. Es decir, cuando habla y actúa de acuerdo con la verdad que siente en su corazón, lleva la verdad hacia su fe y así cuida la fe. Esto es como enseña el Ari: El *Or HaPanim* consiste de 370 luces sagradas que brillan a través de 8 pelos superiores de la Barba Superior. Esto alude a *JaShMaL* (חשמל) y *MaLBUSh* (מלבוש), ambos con un valor numérico de 378 (*Etz Jaim, Shaar Arij Anpin* 13:14, p.200; ver Lección #41:3 y notas 42, 43). El Ari explica allí que en verdad hay dos niveles de *Or HaPanim*: el primero es el nivel oculto que ilumina a través de *Jojmá* y el segundo es el nivel revelado que ilumina a través de *Biná* (ver n.31 más arriba, que *Jojmá* y *Biná* son *jaiá* y *neshamá*, los

de la noche, como en, "Tu fidelidad en las noches";⁶⁸ y es el significado simple de la Torá, como enseñaron nuestros Sabios: "Él me ha hecho habitar en la oscuridad", "y a la oscuridad Él la llama Noche".⁶⁹ Y ello es un aspecto de la luz pequeña, como en, "y la luz pequeña para gobernar la noche".⁷⁰

Y es necesario traer el aspecto de *jashmal* desde el Mundo de *Biná* para cubrir a *Maljut*, que es la fe, para que las naciones y las tierras que la rodean no se nutran de ella.⁷¹

De modo que cuando la persona lleva a cabo sus actividades comerciales con una fe como la de Rav Safra, y cumple con "él habla con la verdad en su corazón" (Salmos 15:2)⁷² – ese aspecto se transforma en *JaShMaL*, un *MaLBUSh* (vestimenta) alrededor de la fe.⁷³ Entonces, "*IMa* (Madre)

68. Tu fidelidad en las noches. Ver más arriba, sección 4, nota 40.

69. el significado simple de la Torá...oscuridad...Noche. Ver más arriba, sección 5, notas 49-50.

70. la luz pequeña para gobernar la noche. Ver más arriba, sección 5, nota 53.

El Rebe Najmán explica ahora qué es lo que debe hacer la persona para cuidar su fe.

71. Jashmal desde el Mundo de Biná para cubrir a Maljut.... El concepto de *jashmal* proviene de la visión de Iejezquel de la Carroza Divina (Ezequiel 1:4): "Miré y he aquí, un viento tormentoso que venía del norte, una gran nube y un fuego ardiente, con un brillo a su alrededor; y desde dentro del fuego había un *jashmal* (fulgor)". El *Zohar* (II, 203b) enseña que el *jashmal* dentro del brillo es una fuerza que aniquila a las *klipot* (ver también *Likutey Moharán* I, 19, notas 17-20). Como explica el Ari: Así como un *malbush* (vestimenta) protege a quien lo usa de los elementos externos, este *jashmal* anula el mal y protege a la santidad del ataque de las *klipot* (ver *Etz Jaim, Shaar Arij Anpin* 13:14).

El Rebe Najmán ha enseñado en esta sección que cuando la persona pone su intelecto/alma en la fe, tiene que cuidar esa fe de las fuerzas externas. El *malbush* que protege a la santidad –i.e., la fe/*Maljut*– es el *jashmal* proveniente de *Biná*. Como se explicó más arriba, *Jojmá/jaiá* es la raíz de todo, la fuerza de vida que sustenta la vida en general. *Biná*, el nivel que se encuentra inmediatamente por debajo de *Jojmá*, es la *neshamá* (alma superior) que, a su vez, sustenta el cuerpo (§2, notas 30-31). Así como *Jojmá* trascendente sustenta todo lo que se encuentra por debajo, el intelecto trascendente, una vez que se vuelve inmanente en la *neshamá*, sustenta a todo lo que está por debajo, en este caso, la fe. Así, cuando el intelecto y la fe se unen, el *jashmal* proveniente de *Biná/neshamá* es como una vestimenta que protege a *Maljut*. En nuestro contexto, *Jojmá* es la sabiduría elevada y el reconocimiento de Dios que ilumina los niveles inferiores para que incluso aquel que carece de un conocimiento claro de Dios pueda percibirlo, al aceptar Su *Maljut* – i.e., teniendo fe. Este *Maljut* está unido a *Jojmá* a través del intelecto inmanente de la persona, *Biná*. Por lo tanto el *jashmal* es traído desde *Biná* directamente hacia el *Maljut* de la persona, para protegerlo. El Rebe continuará desarrollando este punto a medida que progrese la sección.

72. Rav Safra...la verdad en su corazón. Rashi explica, sobre este versículo, que decir la verdad que está en el corazón significa hablar con sinceridad, sin duplicidad alguna; Radak dice que significa honrar las promesas e incluso las buenas intenciones. Rashi sobre el Talmud (*Makot* 24a, *v.i. Rav Safra*) relata: Rav Safra estaba cierta vez recitando el *Shemá* cuando un

מְסַכֶּכֶת עַל בְּנָהָא. שֶׁלֹּא יִינְקוּ מִמֶּנָּה. וְהִיא: "אִם לַבִּינָה תִקְרָא" (משלי ב), וּבִינָה לִבָּא (הקדמת תיקונים).

וְזֶה שֶׁמְּקַיֵּם: "וְדוֹבֵר אֱמֶת בִּלְבָבוֹ", אֲזַי אִמָּא מְסַכֶּכֶת עַל בְּנָהָא. שֶׁהַלֵּב עוֹשֶׂה חַשְׁמַ"ל, הַיְנוּ מַלְבּוּשׁ, סָבִיב הָאֱמוּנָה, שֶׁלֹּא יִינְקוּ מִמֶּנָּה הַחִיצוֹנִים:

וְזֶה שֶׁאָמְרוּ חֲכָמֵינוּ זִכְרוֹנָם לִבְרָכָה (בבא בתרא קעה:): הָרוֹצֶה שֶׁיִּתְעַסֵּק בְּדִינֵי מָמוֹנוֹת, יְשַׁמֵּשׁ אֶת שִׁמְעוֹן בֶּן נַנָּס.

הַיְנוּ הָרוֹצֶה לַעֲסֹק בְּמַשָּׂא וּמַתָּן בֶּאֱמוּנָה, הַיְנוּ פְּשָׁטָא אוֹרַיְתָא. הַנִּקְרָא חֹשֶׁךְ, כְּמוֹ שֶׁכָּתוּב: "בְּמַחֲשַׁכִּים הוֹשִׁיבַנִי". וְנִקְרָא אֱמוּנָה, כְּמוֹ שֶׁכָּתוּב: "וֶאֱמוּנָתְךָ בַּלֵּילוֹת". אֲזַי צָרִיךְ לְהַמְשִׁיךְ חַשְׁמַ"ל מֵהַלֵּב, הַיְנוּ שֶׁיְּקַיֵּם "וְדוֹבֵר אֱמֶת בִּלְבָבוֹ". וְהַחַשְׁמַ"ל הַזֶּה, הוּא מַלְבִּישׁ אֶת הַמָּאוֹר הַקָּטֹן, הַיְנוּ אֶת הָאֱמוּנָה, בִּבְחִינַת: 'אִמָּא מְסַכֶּכֶת עַל בְּנָהָא'.

וְזֶהוּ: 'יְשַׁמֵּשׁ אֶת שִׁמְעוֹן בֶּן נַנָּס', כִּי שְׁמִיעָה תַּלְיָא בְּלִבָּא. כִּי **חַשְׁמַ"ל לֵב גְּמַטְרִיָּא שְׁמַע**, כְּמוֹ שֶׁכָּתוּב (מלכים א' ג): "וְנָתַתָּ

---

el texto directamente con el juego de palabras del *Zohar*: "*Em* llamas a *Biná*". Aquí, sin embargo, no aparece esa enmienda de modo que el versículo está citado tal cual se presenta en Proverbios.

76. Biná es el corazón. En una segunda introducción, conocida también como *Pataj Eliahu HaNavi* (La Enseñanza del Profeta Elías), el *Tikuney Zohar* muestra cómo las diez *sefirot* se alinean de manera antropomórfica con el cuerpo humano, correspondiendo *Biná* al corazón. Así vemos que *Biná*/corazón/*Ima* sobrevuela y le provee protección/*jashmal* a *Maljut*.

77. enseñaron nuestros Sabios.... Ésta es la continuación del pasaje Talmúdico traído anteriormente por el Rebe Najmán (§6): "Todo aquel que busque sabiduría deberá dedicarse a las leyes asociadas con el dinero... Y todo aquel que quiera dedicarse a las leyes monetarias deberá ser un aprendiz de Shimón el hijo de Nanás".

78. Es decir, todo aquel que quiera…jashmal…Ima. En las secciones 4-6 el Rebe Najmán explicó cómo la actividad comercial es equivalente al significado simple de la Torá, que corresponde a la noche/oscuridad/fe/*Maljut*/la luz pequeña. Hasta aquí, en esta sección, el Rebe ha demostrado que al decir la verdad uno trae el *jashmal* desde el corazón, para proteger la fe. Ahora conectará esto con Shimón *ben* Nanás.

79. JaShMaL LeV...SheMA. El Rebe Najmán trae dos pruebas que conectan el oír –i.e., el oír de la comprensión (*Biná*)– con el corazón. La primera se basa en *Guematria*. Como se explicó, el *jashmal* proviene del *lev* (corazón), que es *Biná*. El valor numérico de *JaShMaL LeV* (חשמל

se echa sobre sus polluelos" (Tikuney Zohar, Introducción, p.2a), para que no puedan tomar alimento de allí.[74] Ella es "Si (*IM*) llamas a *Biná*" (Proverbios 2:3).[75] Y Biná es el corazón (Tikuney Zohar, Introducción, p.17a).[76]

Así, como resultado de aquel que cumple con "él habla con la verdad en su corazón", "*Ima* se coloca sobre sus polluelos" – el corazón produce un *jashmal*, una vestimenta alrededor de la fe, para que las fuerzas externas no se alimenten de ella.

Esto es lo que enseñaron nuestros Sabios: Y todo aquel que quiera dedicarse a las leyes monetarias deberá ser un aprendiz de Shimón el hijo de Nanás (Bava Batra 175b).[77]

Es decir, todo aquel que quiera dedicarse a la actividad comercial con fidelidad – i.e., el significado simple de la Torá, que es llamado "oscuridad", como en, "Él me ha hecho habitar en la oscuridad", y es llamado fe, como en, "y a la oscuridad Él la llamó Noche" – tiene entonces que traer el *jashmal* desde el corazón – i.e., cumplir con "él habla con la verdad en su corazón". Y ese *jashmal* cubre la luz pequeña/fe, en el aspecto de "*Ima* se coloca sobre sus polluelos".[78]

Éste es el significado de "deberá ser un aprendiz de Shimón *ben* (el hijo de) Nanás". Pues el oír depende del *lev* (corazón). Ello se debe a que *JaShMaL LeV* tiene el mismo valor numérico que *SheMA* (oír),[79] y como está escrito (Reyes 1, 3:9), "Dale, entonces, a Tu siervo un corazón

---

intelectos trascendentes e inmanentes que sustentan a *Maljut*). Es decir, *Jojmá* toma la luz de la Luz del Rostro e ilumina los niveles inferiores. Sin embargo, esa luz es trascendente y debe pasar a través de otro filtro, a través de *Biná*. Éste es el corazón, el intelecto inmanente, que actúa como un canal a través del cual desciende hacia *Maljut*/fe el *jashmal*/*malbush*/la verdad que se origina en el *Or HaPanim*, con el objetivo de protegerlo.

74. Ima se echa sobre sus polluelos.... Afirman las Escrituras: "Si encuentras algún nido de pájaro delante de ti... con polluelos o huevos, estando la madre echada sobre los polluelos o sobre los huevos..." (Deuteronomio 22:6). Enseña el *Tikuney Zohar* (loc. cit.): Esto alude a la persona Divina *Ima* (Madre), que es *Biná* (ver nota siguiente), sobrevolando sobre sus polluelos, *Zeir Anpin* y *Maljut*, para protegerlos. En nuestro contexto, esto es similar al *jashmal* proveniente de *Biná* que es como una vestimenta que protege a *Maljut* de las sabidurías externas y de las fuerzas malignas (ver también *Etz Jaim* 39:10; *Likutey Moharán* I, 12, n.73).

75. IM llamas a Biná. Para demostrar la conexión entre la persona Divina *Ima* (Madre) y la *sefirá* de *Biná*, el *Tikuney Zohar* lee el versículo "Si (*Im*) llamas a *Biná*" como si fuera "*Em* (Madre) llamas a *Biná*". Ambos *im* y *em* se escriben אם (la primera vocalizada con *jirik* y la última con *tzeirei*). Mediante este juego de palabras, "*Im/Em* llamas a *Biná*" puede comprenderse como una directiva para llamar a *Biná* mediante su persona correspondiente, *Ima*.

Esto también aparece en la Lección #38:5 (y notas 76-77), donde la versión manuscrita lee

לְעָבְדְּךָ לֵב שׁוֹמֵעַ". וּבֶן נֵס, בְּחִינַת אֱמוּנָה, הִיא בְּחִינַת בֶּן נֵס, הַיְנוּ הַמָּאוֹר הַקָּטֹן:

ח. וּכְשֶׁאָדָם עוֹסֵק בְּמַשָּׂא וּמַתָּן בֶּאֱמוּנָה, עוֹסֵק בְּדִינֵי מָמוֹנוֹת, הַיְנוּ פְּשָׁטָא אוֹרַיְתָא, זֶהוּ בְּחִינַת הַקְרָבַת הַקָּרְבָּן תָּמִיד, וְהַקְטָרַת הַקְּטֹרֶת. כִּי עַל-יְדֵי הַתָּמִיד עוֹלִים חָכְמָה בִּינָה דַּעַת דַּעֲשִׂיָּה

Maljut, protegiéndolo así de las sabidurías externas. Pero cuando se casó con la hija del faraón, cayó presa de esas sabidurías y su *maljut* (reinado) comenzó a declinar.

Resumen: Para poder arrepentirse es necesario volver a reconectarse con *Jojmá*, que, siendo la sabiduría de la Divinidad, es la raíz de toda la Creación. Para ello hace falta mantener el propio intelecto sagrado libre de toda sabiduría externa, de la "escoria del oro", que embota la mente y atrae los rasgos detestables, al no permitir que el intelecto se expanda (§1). Es necesario renovar siempre el intelecto, que es el alma y encarar diariamente un nuevo enfoque en el servicio a Dios (§2). Esta renovación se logra mediante el dormir, permitiendo que la mente descanse de su búsqueda de Jojmá (§3) o mediante el estudio de la Torá en su significado simple (§4). Esta *Jojmá*, que uno alcanza por medio de la fe/*Maljut*, se origina en la Luz del Rostro (§5). Llevar a cabo las actividades comerciales con fidelidad también es un aspecto del dormir, a través del cual se renueva el intelecto (§6). Pero colocar el intelecto/alma en la fe conlleva sus peligros, pues la fe es susceptible a las sabidurías externas. De modo que para cuidar la fe uno debe cubrirla con el *jashmal* que se forma a partir de la verdad en el corazón (§7).

85. ...la ofrenda diaria...encendido del incienso. Anteriormente, el Rebe Najmán enseñó que las prácticas comerciales honestas corresponden al estudio de la Torá en su significado simple, que a su vez corresponde a la fe, *Maljut*, etc. El Rebe introduce ahora algunos aspectos adicionales. Para comprender mejor esta nueva sección, el lector deberá tomar en cuenta la siguiente síntesis general sobre las plegarias y luego la introducción más específica al *Tamid* (ofrenda diaria) y al Ketoret (ofrenda de incienso). (La familiaridad con varias de las tablas del Apéndice, específicamente con la "Estructura de las Sefirot" y los "Niveles de existencia" mejorarán la comprensión de las enseñanzas Kabalistas relacionadas con esta sección).

La plegaria de la mañana consiste de cuatro secciones generales: los *Korbanot* (sacrificios), *Pesukey deZimra* (salmos), el *Shemá* y sus bendiciones y la Amidá. La Kabalá enseña que esas cuatro secciones corresponden respectivamente a los Cuatro Mundos: *Asiá, Ietzirá, Beriá* y *Atzilut* (ver Apéndice: Niveles de Existencia). Comenzamos la plegaria de la mañana, *Shajarit*, en el nivel más bajo de la existencia, en el mundo inferior, el Mundo de *Asiá*. Esto corresponde a los deseos más bajos y animales en el hombre. Recitamos los pasajes de los sacrificios como una ofrenda a Dios de nuestros bajos deseos y como una expresión de nuestro gran anhelo de ascender por sobre los deseos materiales. Después de completar los *Korbanot*, comenzamos a recitar el *Pesukey deZimra*, salmos de agradecimiento y de alabanza a Dios. Hemos ascendido desde *Asiá*, el Mundo de la Acción, hacia *Ietzirá*, el Mundo de la Formación. *Ietzirá* es el mundo angélico; así como los ángeles proclaman continuamente alabanzas a Dios, nosotros recitamos con alegría el *Pesukey deZimra* en honor a Su gloria. A medida que progresa la plegaria, avanzamos a través de los mundos espirituales, recitando el *Shemá* en el Mundo de la Creación y la *Amidá* mientras estamos de pie delante de Dios en el Mundo de la Cercanía, uniéndonos a Él. El resto de la plegaria de la mañana y en particular la plegaria de

que oiga".⁸⁰ <Es decir, "deberá ser un aprendiz de *ShiMOn*", deberá traer el *jashmal* desde el lev, que es un aspecto de *SheMA*⁸¹ – hacia "*BeN* Nanás" – i.e., la fe,⁸² que es una aspecto de *BaN* y Nanás>, la luz pequeña.⁸⁴

8. Ahora bien, cuando la persona lleva a cabo sus actividades comerciales con fidelidad, cuando se dedica a las leyes monetarias –i.e., el significado simple de la Torá– ello es un aspecto de traer la ofrenda

לב) es el mismo que el de la palabra hebrea que designa oír/comprensión, *SheMA* (שמע). Ambos son iguales a 410.

80. un corazón que oiga. La segunda prueba del Rebe Najmán proviene de las palabras del rey Shlomo. Cuando Dios le preguntó qué es lo que más deseaba, el rey Shlomo desestimó la riqueza y el poder y en su lugar pidió que se le otorgase la comprensión y el conocimiento necesarios para administrar justicia al pueblo de Dios. Él dijo, "Dale, entonces, a Tu siervo un *lev ShoMeA* (un corazón que oiga)"... y Dios, complacido por su pedido, respondió, "Haré como has pedido. Por lo tanto te doy un corazón sabio y comprensivo" (Reyes I, 3:5-12). El rey Shlomo recibió un "*lev shomea*" para oír la verdad de los reclamos de los litigantes y juzgar sus numerosas disputas monetarias, algo que requiere de un gran conocimiento (ver *Rashi*, *Metzudat David*; ver también *Zohar* II, 116b; *Tikuney Zohar* #58, p.29 a). Esto también indica que el oír/comprensión depende del corazón.

81. ShiMOn...SheMA. Ahora el Rebe Najmán presenta las dos pruebas juntas, de modo que "aprendiz de *ShiMOn* (שמעון)" alude a traer el *jashmal* desde el corazón, que es *SheMA* (שמע). Éste es el significado de "oír depende del corazón" – uno oye en las palabras de los demás aquello con lo que su corazón está en armonía. La persona cuyo corazón contiene verdad reconocerá de acuerdo a ello la verdad en los demás. Y es a partir de esa verdad que se forma el *jashmal* para proteger la fe.

82. BeN Nanás...fe. Este *jashmal* debe ser traído hacia *Nanás*, que es la palabra aramea para "pequeño" y así alude a la luz pequeña y a la fe.

83. BeN Nanás...Ban. Las cuatro expansiones del Tetragrámaton –*AB*, *SaG*, *MaH* y *BaN*– corresponden a *Jojmá*, *Biná*, *Zeir Anpin* y *Maljut*, respectivamente (ver Apéndice: Expansiones de los Santos Nombres de Dios). En nuestro contexto, *BaN/Maljut*, la última expansión, alude a *BeN Nanás*.

84. ...la luz pequeña. El pasaje Talmúdico se traduce así en nuestro texto como sigue: **Todo aquel que busque sabiduría** – Todo aquel que busque *Jojmá*, **deberá dedicarse a las leyes asociadas con el dinero** – podrá hacerlo a través de las actividades comerciales, que también son un aspecto del dormir/*Maljut*/fe. **Y todo aquel que quiera dedicarse a las leyes monetarias** – Ello requiere proteger a la fe de las sabidurías externas. Por lo tanto, **deberá ser un aprendiz de Shimón** – deberá traer *shemá*, el *jashmal* desde el corazón, para proteger **el hijo de Nanás** – la luz pequeña, que es *Maljut*/fe.

Esto explica más aún la cita anterior del Rebe Najmán, proveniente de Reyes, con respecto a la sabiduría del rey Shlomo (§1, n.16). "La sabiduría de Shlomo era más grande" pues él tenía un "corazón que oía" – i.e., era capaz de traer el *jashmal* desde *Biná*/corazón hacia

בִּיצִירָה, וְכָל הַנִּיצוֹצוֹת הַקְדוֹשִׁים שֶׁבַּקְּלִפָּה עוֹלִים בְּסוֹד אַחַד-עָשָׂר סַמְמָנֵי הַקְּטֹרֶת, בִּבְחִינַת מַלְכוּת.
וּכְשֶׁהָאָדָם עוֹסֵק בְּמַשָּׂא וּמַתָּן, וְהַמַּשָּׂא וּמַתָּן הוּא בִּבְחִינַת דִּינֵי מָמוֹנוֹת, הַיְנוּ פְּשָׁטָא אוֹרַיְתָא. נִמְצָא בִּשְׁעַת עֲשִׂיַּת הַמַּשָּׂא וּמַתָּן, עוֹסֵק בִּפְשָׁטָא אוֹרַיְתָא, שֶׁהֵם בְּחִינַת מַטָּ"ט הַמְקַנֵּן בַּיְצִירָה.

(santidad), pero debido a que han sucumbido a las *klipot* sólo son chispas de su esencia anterior. En ese sentido ellas son "Ierushalaim rodeada por las naciones" (§7). Son como "la hija del faraón", apegadas a las sabidurías externas y así, distantes de Dios (§1, n.18 y 19). Sin embargo, mediante el arrepentimiento pueden ser rectificadas y elevadas hacia la verdadera sabiduría. Éste es el propósito del incienso, elevar esas chispas caídas desde el ámbito de las *klipot* hacia *Maljut*, el nivel inferior de la santidad, para que también ellas puedan ascender hacia *Jojmá* y renovar sus almas.

Estos conceptos, tal como se relacionan con nuestro texto, se volverán más claros con el avance de la sección. Para una explicación más detallada de las *kavanot* (meditaciones) relacionadas con la ofrenda diaria y su aplicación práctica a la vida diaria, ver *Likutey Moharán* I, 28. Para un comentario detallado similar sobre el encendido del incienso, ver *Likutey Moharán* I, 24. Estos conceptos generales son una síntesis de *Shaar HaKavanot, Drushei Tefilat HaShajar* 3, págs. 81 y sig. El Rebe Najmán comienza aquí equiparando a aquel que se dedica a las actividades comerciales con fidelidad, que estudia la Torá en su significado simple, con alguien que trae una ofrenda diaria y quema el incienso.

86. la ofrenda diaria...hacia el Mundo de la Formación. El Ari explica que cuando la persona comienza a orar, empieza en el nivel de *Maljut* del mundo más bajo, el mundo de *Asiá*. (Es un axioma importante en las enseñanzas Kabalistas el hecho de que cada nivel está compuesto por todos los otros niveles. Así, por ejemplo, aunque el Mundo de *Asiá*, desde una perspectiva macrocósmica, corresponde a *Maljut*, desde una perspectiva microcósmica, *Asiá* contiene en sí mismo las diez *sefirot*). Desde ese primer nivel de santidad, al ascender, la persona eleva a *Maljut* de *Asiá* hacia *Netzaj, Hod* y *Iesod* de *Asiá*. Luego eleva esas *sefirot* hacia *Jesed, Guevurá* y *Tiferet* de *Asiá* y después hacia *Jojmá, Biná* y *Daat* de *Asiá*. En ese punto, habiendo elevado las diez *sefirot* del Mundo de la Acción, pasa al siguiente mundo espiritual, el Mundo de la Formación. Comenzando con *Maljut* de *Ietzirá*, atraviesa el mismo procedimiento anterior, elevando las diez *sefirot* de ese mundo hacia el próximo, y así en más. De las diferentes partes de la plegaria de la mañana, la función del pasaje de la ofrenda diaria en los *Korbanot* es elevar a *Jojmá, Biná* y *Daat* de *Asiá* hacia *Ietzirá*. En nuestro contexto, la ofrenda diaria corresponde a perfeccionar el aspecto personal de *Maljut*, siendo fidedignos en los asuntos comerciales y demás. Con ello la persona asciende a niveles espirituales más elevados, hacia el Mundo de la Formación y más arriba, hasta el Mundo de la Cercanía, el nivel de *Jojmá*, del cual proviene la renovación para su alma.

87. chispas de santidad...ascienden...especias del incienso...Maljut. El Ari explica que *Maljut*, siendo el nivel más bajo, está en cercana proximidad con el ámbito del mal y así las *klipot* toman de allí el sustento. Al mismo tiempo, precisamente debido a esa proximidad, *Maljut* es la *sefirá* que tiene el poder de descender *hacia* el ámbito de las *klipot* y recolectar las chispas de santidad que han caído en el mal. Como se mencionó, el propósito del incienso es elevar esas chispas y hacerlas retornar hacia el ámbito de la santidad.

88. actividades comerciales...el significado simple de la Torá.... Como se explicó, las

diaria y del encendido del incienso.[85] Ello se debe a que por medio de la ofrenda diaria, *Jojmá*, *Biná* y *Daat* del Mundo de la Acción ascienden hacia el Mundo de la Formación,[86] y todas las chispas de santidad que están dentro de la *klipá* (las fuerzas del mal) ascienden, en el misterio de las once especies del incienso, hacia el aspecto de la <fe>/*Maljut*.[87]

Ahora bien, cuando la persona se dedica a las actividades comerciales –siendo estas actividades comerciales un aspecto de las leyes monetarias, del significado simple de la Torá– en el momento en que se dedica a sus negocios, está ocupada con la Torá en su significado simple.[88] Éste

---

Tajanun, es conocido como *ieridat hashefa*, guiando el descenso de la abundancia que proviene de Dios como respuesta a nuestras plegarias. En nuestro contexto, los *Korbanot* corresponden a *Maljut*, el nivel más bajo de la santidad (fe, el significado simple de la Torá, la honestidad en los negocios, etc.), que debe ser elevado hacia el nivel más alto, *Jojmá*, correspondiente al Mundo de *Atzilut*. En ese sentido, la plegaria de *Shajarit* es un paralelo del acto del arrepentimiento – i.e., "retornar la cosa adonde fue tomada", retornar *Maljut* a su raíz en *Jojmá*. Entonces, con la finalización de la plegaria, se trae una nueva vitalidad (una renovación del alma) desde *Jojmá* hacia *Maljut*.

La ofrenda diaria del animal que se hacía en el Templo significaba la elevación de los bajos deseos materiales hacia el deseo superior de anhelo espiritual por la Divinidad. Hoy en día, el recitado del pasaje que detalla la ofrenda diaria se realiza en lugar del sacrificio que se llevaba al Templo (ver *Targúm* sobre Hoshea 14:3). Más adelante, en esta sección, el Rebe Najmán enseña que el intelecto del hombre es un paralelo del Santo Templo. En ese sentido, la ofrenda diaria se equipara con la elevación del aspecto personal de *Maljut*/fe hacia *Jojmá*. Pero, como hemos visto, la fe del hombre necesita protección de las *klipot* (§7). Éste es el misterio del encendido del incienso, que también formaba parte del servicio del Templo y ahora es parte de la sección de los *Korbanot* de *Shajarit*. A partir de la Kabalá sabemos que así como hay Diez *Sefirot* de santidad, hay Diez *Sefirot* de la impureza. Pero la absoluta impureza no puede existir, de modo que incluso aquello que es impuro debe contener alguna chispa de santidad que le dé su vitalidad. Por lo tanto, como hemos visto más arriba (§1), las *klipot* se nutren del desencadenamiento de las *guevurot*. Esto también está representado en las once especies del incienso, que corresponden a los diez niveles de impureza más una chispa de santidad. Es decir, el propósito del encendido del incienso es calcinar el poder de las *klipot*, dejándolas sólo con el mínimo necesario para sustentar su existencia – i.e., protegiendo el bien (la fe, etc.) de las fuerzas del mal.

Como se explica en otra instancia, la razón para prolongar la existencia de las *klipot* está relacionada con el deseo de Dios de que haya libertad de elección en el mundo. Mediante las *klipot* se mantiene el equilibrio entre el bien y el mal, pues la predominancia de alguno de ellos daría como resultado la negación de la libertad de elección del hombre. Sólo cuando el mundo alcance un estado de perfección, cuando llegue el Mashíaj, el bien sobrepasará al mal y la libertad de elección ya no será necesaria (cf. Lección #38:9 y notas 161, 165). Ahora bien, como hemos visto (§1), aunque toda la sabiduría surge de *Jojmá*, cuanto más alejada esté de la verdadera *Jojmá*, más probable será que se desarrolle en la forma de sabidurías externas. Y por ello es importante que la fe esté unida a la verdadera *Jojmá* (teniendo fe en Dios y no en creencias pasajeras y demás). Pero cuando la gente cae víctima de las sabidurías externas, que llevan a la mentira, a la insensatez y al pecado, se hunde en el ámbito de las *klipot* y se encuentra a merced de las fuerzas del mal. Esas almas son llamadas "chispas de santidad" – ellas están enraizadas en *Jojmá*

נִמְצָא, שֶׁחָכְמָה בִּינָה דַּעַת שֶׁלּוֹ בַּעֲשִׂיַּת הַמַּשָּׂא וּמַתָּן עוֹלִים בִּיצִירָה, הַיְנוּ לִפְשָׁטָא אוֹרַיְתָא. וְכָל נִיצוֹצוֹת הַקְּדֻשָּׁה שֶׁיֵּשׁ בְּתוֹךְ הָעַכּוּ"ם וְהָאֲרָצוֹת שֶׁסְּבִיבוֹת יְרוּשָׁלַיִם, עוֹלִים לִבְחִינַת אֱמוּנָה, הַנִּקְרָא יְרוּשָׁלַיִם וּמַלְכוּת. 'כְּשֶׁזֶּה קָם זֶה נוֹפֵל'. כִּי חֻרְבַּן אֱמוּנָה הוּא נִקְרָא חֻרְבַּן יְרוּשָׁלַיִם, כְּמוֹ שֶׁדָּרְשׁוּ חֲכָמֵינוּ זִכְרוֹנָם לִבְרָכָה (שבת קיט:): 'לֹא חָרְבָה יְרוּשָׁלַיִם עַד שֶׁפָּסְקוּ מִמֶּנָּה אַנְשֵׁי אֱמוּנָה'. (עַיֵּן שָׁם, מְבֹאָר דְּכַוָּנָתָם עַל מַשָּׂא וּמַתָּן בֶּאֱמוּנָה) וּכְשֶׁיְּרוּשָׁלַיִם, הַיְנוּ הָאֱמוּנָה, הַיְנוּ מַשָּׂא וּמַתָּן, שֶׁהוּא פְּשָׁטָא אוֹרַיְתָא, מִתְגַּבֶּרֶת. אֲזַי אֵלּוּ הָעַכּוּ"ם וְהָאֲרָצוֹת נוֹפְלִים, וְעוֹלִים

en su significado simple son un paralelo de la ofrenda diaria y del encendido del incienso. El Rebe Najmán explicará ahora esto en conexión con Ierushalaim, otro aspecto de *Maljut*/fe, sobre la cual Dios dice, "Yo la puse entre las naciones, con las tierras a su alrededor" (ver n.66).

91. Cuando uno asciende, el otro desciende. Cuando, luego de muchos años de esterilidad nuestra matriarca Rivka quedó embarazada (con Iaacov y Esaú), su gran alegría estaba opacada por una situación de lo más perturbadora. Cada vez que pasaba delante de una casa de estudio de Torá, la criatura dentro de ella comenzaba a moverse como si quisiese salir. Aun así, cada vez que pasaba delante de una casa de idolatría, la criatura hacía exactamente lo mismo. Rivka estaba perpleja. ¿Acaso su hijo seguiría los caminos de sus padres o, Dios no lo permita, andaría tras la idolatría? ¡¿O ambas cosas a la vez?! Fue a ver a Shem, el hijo de Noaj, el sabio más importante de ese tiempo, para que le diese una explicación. Él le informó a Rivka que daría a luz mellizos, dos hijos que estaban destinados a encarar una batalla eterna por el dominio del mundo. Y, como explica Rashi, debido a que los dos no pueden gobernar de manera simultánea, siempre será que "cuando uno ascienda, el otro descienda".

Aquí, el Rebe Najmán aplica esto al contexto de nuestra lección: El conflicto entre Iaacov y Esaú es un conflicto entre el Reinado de Santidad y el Reinado del Mal. Cuando *Maljut* asciende (mediante la honestidad y el estudio de la Torá), las *klipot* son vencidas. Pero si el poder de las *klipot* está en ascenso, Dios no lo permita, entonces *Maljut* estará en descenso. Por lo tanto hacen falta la honestidad en los negocios y el estudio de la Torá para fortalecer a *Maljut* de Santidad y permitirle revertir su declinación.

También en nuestro contexto, el conflicto entre Iaacov y Esaú es el conflicto entre Ierushalaim y Roma. Pues también aquí, "cuando uno asciende, el otro desciende". Aunque el Rebe Najmán no presenta este tema de manera directa, anteriormente introdujo a Roma como la Mala Inclinación, la serpiente primordial que se aferra a la santidad (§1). En ese sentido, es la antítesis misma de la ciudad sagrada de Ierushalaim, de la fe santa.

92. la destrucción de la fe es la destrucción de Ierushalaim…. El Talmud (*loc. cit.*) enumera varias razones por las cuales fue destruida Jerusalén, entre ellas las prácticas comerciales deshonestas de los habitantes de la Ciudad Santa. El Rebe Najmán contempla la falta de fidelidad de la gente como un sinónimo de la declinación de *Maljut*/fe de modo que la destrucción de la fe es la destrucción de Ierushalaim.

es un aspecto de *Metat*, quien reside en el Mundo de la Formación.[89] Consecuentemente, al dedicarse a los negocios, *Jojmá*, *Biná* y *Daat* de la persona ascienden hacia el Mundo de la Formación – i.e., hacia la Torá en su significado simple. Y todas las chispas de santidad que están entre las naciones y las tierras que rodean a Ierushalaim ascienden hacia el aspecto de la fe, que es llamado Ierushalaim y *Maljut*.[90] "Cuando uno asciende, el otro desciende" (*Rashi*, Génesis 25:23).[91] Ello se debe a que la destrucción de la fe es la destrucción de Ierushalaim. Como expusieron nuestros Sabios: Ierushalaim solo fue destruida cuando ya no hubo más hombres de fe (*Shabat* 119b). {Ver allí, donde se explica que lo que ellos tenían en mente eran las actividades comerciales llevadas a cabo con fidelidad}.[92]

Pero cuando Ierushalaim, que es la fe/actividades comerciales/el significado simple de la Torá, toma fuerzas <por medio del *jashmal*>,

---

actividades comerciales llevadas a cabo con honestidad son equivalentes al estudio de la Torá en su significado simple pues la persona debe estar bien versada en la ley monetaria si quiere llevar a cabo sus negocios de manera honesta y fidedigna (§6). La Mishná y el Talmud, que contienen los fundamentos de toda la ley monetaria, son conocidos como Torá en su significado simple (§4, ver n.38). Así, la ley monetaria, el significado simple de la Torá, es un aspecto de *Maljut*, de la fe. Esto puede verse en numerosos lugares del *Zohar*, donde se equipara a la Kabalá con el Árbol de Vida (i.e., *Jojmá*) y a la Mishná con el Árbol del Conocimiento del Bien y del Mal (pues la Mishná y el Talmud tratan con tres grupos de leyes: permitido-prohibido, kosher-no kosher, puro-impuro – i.e., el "bien" y "mal"). Por lo tanto, la persona que estudia la Torá en su significado simple o que se dedica a las actividades comerciales con honestidad ha colocado su intelecto en *Maljut*, la Mishná.

89. Metat, quien reside en el Mundo de la Formación. Metat, el ángel a cargo de todos los ángeles, reside en el Mundo de *Ietzirá*, el mundo angélico (está prohibido articular el nombre completo del ángel, Metatrón). El *Zohar* enseña que Metat personifica la Mishná y el Árbol del Conocimiento del Bien y del Mal: el "bien" del lado de la santidad y el "mal" del lado de las *klipot* pues él obstruye el mal y le impide su entrada al ámbito de la santidad (*Tikuney Zohar* #30, p.75b; ibid. #53, p.87b; cf. *Likutey Moharán* I, 11:5; ibid. 31:5). Como tal, cuando la mente de la persona está centrada en la Torá y en su significado simple o está dedicada a las actividades comerciales con honestidad, su intelecto está apegado a Metat, quien es el Señor de la Mishná, y al Mundo de *Ietzirá*. En ese sentido, sus estudios o actividades corresponden a llevar la ofrenda diaria, cuyo propósito es elevar el intelecto (*Jojmá*, *Biná*, *Daat*) hacia *Ietzirá* (como se explicó más arriba, n.86).

90. chispas de santidad...Maljut. Como hemos visto, aunque *Maljut* descienda hacia el ámbito del mal y esté rodeada por las *klipot* –Ierushalaim está rodeada por las naciones– se transforma en el vehículo mediante el cual pueden elevarse las chispas de santidad que se encuentran entre las *klipot* (n.66, 85, 87). Así, cuando la persona renueva su intelecto al dedicarse a las actividades comerciales con honestidad, trayendo de *Jojmá* la vitalidad necesaria para renovar su fe (§3-4) y uniendo su aspecto de *Maljut* a *Jojmá*, en el proceso eleva las chispas de santidad desde el ámbito del mal. Como se explicó, éste es el propósito del encendido del incienso en el Templo.

Vemos, entonces, que las actividades comerciales con honestidad y el estudio de la Torá

מִמֶּנָּה כָּל הַנִּיצוֹצוֹת הַקְּדוֹשִׁים שֶׁבְּתוֹכָם בְּסוֹד אַחַד־עָשָׂר סַמְמָנֵי הַקְּטֹרֶת:

וְזֶהוּ שֶׁאָמְרוּ חָכְמֵינוּ, זִכְרוֹנָם לִבְרָכָה (סנהדרין כ:) 'שָׁלֹשׁ מִצְווֹת נִצְטַווּ יִשְׂרָאֵל בִּכְנִיסָתָן לָאָרֶץ, הַעֲמָדַת הַמֶּלֶךְ, וּכְרִיתוּת זַרְעוֹ שֶׁל עֲמָלֵק, וּבִנְיַן בֵּית־הַמִּקְדָּשׁ. וְהָא בְּהָא תַּלְיָא', כִּי הַעֲמָדַת הַמֶּלֶךְ הִיא בְּחִינַת אֱמוּנָה כַּנַּ"ל.

וּכְרִיתוּת זַרְעוֹ שֶׁל עֲמָלֵק, הֵם הַנִּיצוֹצוֹת שֶׁעוֹלִים מִבֵּין הָעַכּוּ"ם וְהָאֲרָצוֹת, בִּבְחִינַת אַחַד־עָשָׂר סַמְמָנֵי הַקְּטֹרֶת. כְּמוֹ שֶׁמּוּבָא בַּמִּדְרָשׁ (פסיקתא זוטרתא כי תצא): 'לָמָּה נִסְמְכָה פָּרָשַׁת כְּרִיתוּת זַרְעוֹ שֶׁל עֲמָלֵק לְפָרָשַׁת מִשְׁקֹלֶת? לוֹמַר שֶׁבְּעָווֹן מִשְׁקֹלֶת הָיָה מִלְחֶמֶת עֲמָלֵק', וְהַיְנוּ הָךְ, כַּיָּדוּעַ.

וּבִנְיַן בֵּית־הַמִּקְדָּשׁ, הוּא בְּחִינַת אוֹר הַפָּנִים, שֶׁהוּא בְּחִינַת חִדּוּשׁ הַמֹּחִין, חִדּוּשׁ הַנְּשָׁמָה, כְּמוֹ שֶׁאָמְרוּ חָכְמֵינוּ זִכְרוֹנָם לִבְרָכָה (ברכות לג.): 'מִי שֶׁיֵּשׁ בּוֹ דֵּעָה, כְּאִלּוּ נִבְנָה בֵּית־הַמִּקְדָּשׁ בְּיָמָיו'. וְכַנַּ"ל:

---

falsas medidas de seguro sufrirá a manos de las naciones. Las Escrituras aluden a esto al hacer que inmediatamente después de la advertencia de Moshé al pueblo judío indicándole que debía tener medidas honestas se presente un recordatorio de su obligación de aniquilar a Amalek (*loc. cit.*). Esta yuxtaposición demuestra que la honestidad en los negocios y la destrucción de Amalek son sinónimos. La deshonestidad, por otro lado, vuelve a la persona susceptible a las *klipot*.

98. como es sabido. La versión manuscrita del *Likutey Moharán* dice que "pesas" hace referencia a las almas y chispas de santidad que están sentenciadas a la *tikla*, a la "balanza" (ver, Lección #39:2, n.24). Esta balanza es el Juicio, tanto verdadero como fraudulento, en la cual queda atrapada la gente. Corresponde al malvado Amalek, quien atacó los flancos y atrapó al pueblo judío (ver Deuteronomio 25:18). En ese sentido, Amalek es sinónimo de las balanzas fraudulentas, de las falsas pesas y medidas. Por lo tanto la Kabalá, que habla de "pesas" como correspondientes a *Netzaj*, *Hod* y *Iesod* de *Biná*, enseña que Amalek toma su fuerza de los aspectos de *Biná* que corresponden a la pesas (*Kehilat Iaacov, Erej "Ain Mem" Amalek*). El Rebe Najmán afirma por lo tanto que Amalek y las pesas son una y la misma cosa. "Cuando uno asciende", cuando prevalecen las pesas honestas, "el otro desciende", Amalek es vencido, como se explicó más arriba (n.91).

99. Santo Templo…renovación…daat…. A partir del Talmud (*loc. cit.*) vemos que la tercera mitzvá que se le encargó al pueblo judío, la construcción del Santo Templo, es equivalente a tener intelecto (*daat*). En nuestro contexto, el Santo Templo mismo corresponde al *Or HaPanim*. Por lo tanto todos los versículos que describen la ordenanza de hacer la peregrinación al Santo Templo durante las Tres Festividades mencionan el Rostro del Señor, siendo éste el *Or*

entonces esas naciones y tierras caen. Y todas las chispas de santidad dentro de ellas ascienden en el misterio de las once especies del incienso.[93]

Esto es lo que enseñaron nuestros Sabios: Al entrar en la Tierra Santa, el pueblo judío recibió el encargo de tres mitzvot: nombrar un rey; aniquilar a la simiente de Amalek; y construir el Santo Templo (*Sanedrín* 20b). Una depende de la otra. Pues el "nombrar un rey" es un aspecto de la fe, como se explicó.[94]

Y "aniquilar la simiente de Amalek" son las chispas que ascienden desde las naciones y las tierras, en el aspecto de las once especies del incienso.[95] Como dice en el Midrash: ¿Por qué el capítulo de la aniquilación de la simiente de Amalek está yuxtapuesto con las leyes de las pesas?[96] Esto es para decirnos que la guerra con Amalek se debió al pecado de las pesas (*Ruth Rabah* 1:2).[97] Éstas son una y la misma cosa, como es sabido.[98]

Y la construcción del Santo Templo es un aspecto de la Luz del Rostro, que es la renovación de las mentalidades, la renovación del alma, como enseñaron nuestros Sabios: Cuando alguien tiene *daat*, es como si el Santo Templo se construyese durante su vida (*Berajot* 33a).[99]

El agregado {"Ver allí..."} parece ser del rabí Natán aunque puede haber sido insertado por el Rav de Tcherin.

93. Ierushalaim...toma fuerzas...especies del incienso. Sin embargo, cuando la verdad en el corazón forma el *jashmal* para proteger a *Ierushalaim/Maljut*/fe, entonces las naciones/*klipot* son vencidas. Ierushalaim toma fuerzas y asciende desde las *klipot*, al igual que el encendido de las once especies del incienso hace que asciendan las chispas de santidad.

94. Nombrar un rey es un aspecto de fe, como se explicó. La conexión entre el reinado, que es *Maljut*, y la fe aparece a lo largo de la lección (ver §1, 3, 4 y notas 9, 35, 44).

95. Y aniquilar la simiente de Amalek.... Amalek, la primera nación que se atrevió a atacar a la naciente nación judía después de que Dios la redimió de Egipto (Éxodo 17), personifica las fuerzas del mal. El Rebe Najmán explica en otra instancia que Amalek corresponde a las sabidurías externas, que continuamente luchan en contra de la verdadera fe y tratan de minarla (ver n.13). Por lo tanto, alcanzar *Maljut* de Sanidad (nombrar a un rey) depende de la mitzvá de aniquilar a Amalek, las sabidurías externas. Destruir a Amalek, la destrucción de las fuerzas del mal, hace que asciendan las chispas de santidad al igual que cuando se quema el incienso.

96. Amalek está yuxtapuesto con las leyes de las pesas. Ver Deuteronomio 25:12-19. "Pesas" hace referencia a las medidas para sólidos y líquidos utilizadas para pesar la mercancía en venta. En nuestro contexto, esto corresponde a las prácticas comerciales con honestidad mediante las cuales se elevan las chispas de santidad de entre las *klipot*/Amalek. Por el contrario, las prácticas comerciales deshonestas fortalecen las fuerzas del mal/Amalek, como el Rebe continúa explicando.

97. se debió al pecado de las pesas. Enseña el Midrash: La generación en la cual predominen las

ט. וְזֶה הַחַשְׁמַ"ל הַנַּעֲשֶׂה מִבְּחִינַת: "וְדוֹבֵר אֱמֶת בִּלְבָבוֹ", וּמַלְבִּישׁ לְהָאֱמוּנָה, הוּא בְּחִינַת רְצוּעוֹת. כִּי רְצוּעוֹת הֵם מַקִּיפֵי מַלְכוּת, הַיְנוּ אֱמוּנָה.

368. Ésta es exactamente la cantidad de *mané* (una media aproximadamente igual a 340 gr) de incienso utilizado durante el curso del año (*Kritut* 6a; ver *Shaar HaKavanot, Tefilín* 4, p.61). Ésta es una de las *kavanot* de los tefilín, conectando el concepto del incienso/arrepentimiento con los tefilín de la cabeza. Como se explicó anteriormente (§5, n.49, 57), el temor al Cielo corresponde a *Maljut*/Ierushalaim/fe. A partir del pasaje Talmúdico citado más arriba hemos aprendido que una de las razones para usar los tefilín de la cabeza es instilar el temor a Dios en las naciones. Cuando este temor se manifiesta, se fortalece la fe en Dios, de modo que incluso aquellas chispas de santidad que se encuentran en el ámbito del mal retornan hacia la santidad.

En la misma enseñanza el Ari explica que con respecto a los tefilín, las tres cabezas de la letra *shin* corresponden a *Netzaj*, *Hod* y *Iesod* de *Biná*. Como hemos visto, en nuestro contexto esto corresponde a las pesas y medidas honestas (actividades comerciales con fidelidad) que tienen el poder de vencer el aspecto de Amalek/*klipot* (§8, n.98).

El Rebe Najmán demostrará ahora cómo las *kavanot* relacionadas con las correas de los tefilín también se relacionan con nuestra lección.

101. correas. La caja de cuero de los tefilín de la cabeza, que se coloca arriba de la cabeza por sobre la línea del cabello, se mantiene en su lugar por medio de una correa de cuero anudada en oposición a la caja. Las dos puntas de la correa caen por los hombros y descienden: una hasta el ombligo y la otra hasta el *brit*.

102. las correas son lo que rodea a Maljut/fe. Esto se basa en una de las *kavanot* de los tefilín que aparece en *Pri Etz Jaim* (*Shaar HaTefilín* 2, p.71). El término "rodear", *makif* en hebreo, hace referencia al concepto Kabalista del intelecto trascendente. A diferencia de los *mojín*/intelectos que son comprendidos e interiorizados, denominados *pnimi*, este intelecto se encuentra más allá de la percepción y así rodea o circunda el nivel al cual pertenece (cf. *Likutey Moharán* I, 21, n.26). El Ari explica que las cajas de cuero y los pergaminos de los tefilín de la cabeza son una manifestación de los *mojín* de *Zeir Anpin*, mientras que las cajas de cuero y el pergamino de los tefilín de la mano son una manifestación de los *mojín* de *Maljut*. Aunque esos *mojín* se originan en el nivel más elevado, *Keter*, o la persona Divina *Arij Anpin*, son suplidos tanto a *Zeir Anpin* como a *Maljut* por *Biná*, la persona Divina *Ima*. De modo que, en un sentido general, los tefilín corresponden a *Biná*. Esto es verdad incluso aunque cada nivel sólo recibe *mojín*/intelecto a través del nivel superior a él, de modo que los *mojín* que *Biná* le da a *Maljut* son canalizados a través de *Zeir Anpin*. Otra forma de *mojín* suplido a *Maljut* desde *Biná* a través de *Zeir Anpin* es el intelecto trascendente representado por las correas de los tefilín de la cabeza. Los tefilín de la cabeza corresponden a *Zeir Anpin*. Sus correas rodean la cabeza y luego cuelgan pasando cerca del pecho y de la parte superior del brazo sobre la cual se llevan los tefilín del brazo. Se dice por lo tanto que las correas rodean a *Maljut*, los tefilín de la mano.

Al comienzo de la sección 5 el Rebe Najmán dijo: "Ahora bien, lo esencial de las mentalidades… sólo proviene de la Luz del Rostro". Esto parecería indicar que los tefilín, como representaciones de los *mojín*, no se relacionan con *Biná* sino con el nivel mucho más elevado del *Or HaPanim*. Sin embargo, como se explicó, los *mojín*/intelectos que *Biná* le entrega a *Zeir Anpin* y *Maljut* son recibidos del nivel directamente superior a ella, de *Jojmá*, y *Jojmá* toma del nivel superior, el *Or HaPanim* (ver notas 31, 46). En este sentido, la correa de los tefilín de

9. Ese *jashmal* –que se conforma a partir del aspecto de "él habla con la verdad en su corazón", y que cubre a la fe[100]– es un aspecto de "correas".[101] Ello se debe a que las correas son lo que rodea a *Maljut*/fe.[102]

HaPanim (ver Éxodo 23:15, 17; ibid. 34:23-24; Deuteronomio 16:16). El Templo era el sitio desde el cual se revelaba el *Or HaPanim*. Como se explicó más arriba, *Jojmá* toma luz de la Luz del Rostro e ilumina los niveles inferiores (§5). Así el Santo Templo, como la Luz del Rostro, ilumina a *Jojmá* y produce una renovación del alma (§2).

La enseñanza Talmúdica se traduce así en nuestro texto como sigue: **Al entrar en la Tierra Santa, el pueblo judío recibió el encargo de tres mitzvot: nombrar un rey** – Cada uno debe dedicarse a rectificar su aspecto de *Maljut*/fe. Para ello tiene que **aniquilar a la simiente de Amalek** – dedicarse a las actividades comerciales con honestidad, lo que fortalece la fe y permite el ascenso de las chispas de santidad desde las *klipot*. Como resultado, podrá **construir el Santo Templo** – elevar a *Maljut* hacia *Jojmá*, que recibe la luz del *Or HaPanim* para renovar su alma.

Resumen: Para poder arrepentirse es necesario volver a reconectarse con *Jojmá*, que, siendo la sabiduría de la Divinidad, es la raíz de toda la Creación. Para ello hace falta mantener el propio intelecto sagrado libre de toda sabiduría externa, de la "escoria del oro", que embota la mente y atrae los rasgos detestables, al no permitir que el intelecto se expanda (§1). Es necesario renovar siempre el intelecto, que es el alma y encarar diariamente un nuevo enfoque en el servicio a Dios (§2). Esta renovación se logra mediante el dormir, permitiendo que la mente descanse de su búsqueda de Jojmá (§3) o mediante el estudio de la Torá en su significado simple (§4). Esta *Jojmá*, que uno alcanza por medio de la fe/*Maljut*, se origina en la Luz del Rostro (§5). Llevar a cabo las actividades comerciales con fidelidad también es un aspecto del dormir, a través del cual se renueva el intelecto (§6). Pero colocar el intelecto/alma en la fe conlleva sus peligros, pues la fe es susceptible a las sabidurías externas. De modo que para cuidar la fe uno debe cubrirla con el *jashmal* que se forma a partir de la verdad en el corazón (§7). Y las actividades comerciales con fidelidad corresponden a la ofrenda diaria y al encendido del incienso (§8).

100. jashmal…la verdad en su corazón…cubre a la fe. El concepto del *jashmal* y cómo se relaciona con la verdad y la fe ha sido explicado más arriba, en la sección 7. El Rebe Najmán retorna ahora a este tema, para conectarlo con los tefilín. Como se mencionó en la nota 1, el Rebe dijo que esta lección contenía alusiones a las meditaciones místicas de los tefilín. Las *kavanot* (meditaciones) relacionadas con los tefilín son muy largas y complejas, de modo que estas notas sólo presentarán aquellas que pertenecen a nuestra lección.

Más arriba, en la sección 8, el Rebe Najmán habló del encendido del incienso como un acto en el cual las chispas de santidad son elevadas desde las *klipot*/naciones hacia *Maljut*/Ierushalaim. En las notas se demostró cómo esto es en esencia un acto de arrepentimiento – i.e., retornar la cosa adonde fue tomada (ver n.85). Esto conecta con una de las *kavanot* de los tefilín. Nuestros Sabios dicen: "Y verán todas las naciones de la tierra que el nombre de Dios está asociado contigo y te temerán" – éstos son los tefilín de la cabeza (Deuteronomio 28:10; *Berajot* 6a). El Ari indica que en hebreo las iniciales de "El nombre de Dios está asociado contigo – *Shem IHVH Nikra* (שם יהוה נקרא)" deletrean la palabra *ShIN* (שין). Es por ello que la letra *shin* está repujada en ambos lados de la caja de cuero de los tefilín de la cabeza. Como es sabido, cada shin tiene una forma diferente; una está construida con tres cabezas y la otra con cuatro. Sumando todo, el valor numérico de *ShIN* (שין) de 360, las 7 cabezas y uno más por la unidad misma (tal cual lo permiten las reglas de la *Guematria*-Numerología), se obtiene

וְזֶה שֶׁאָמַר רַב לְרַב שְׁמוּאֵל בַּר שִׁילַת (בבא בתרא כא.): 'כַּד תִּמְחֵי לְיָנוּקָא, לָא תִּמְחֵי אֶלָּא בְּעַרְקְתָא דִמְסָאנֵי'. תִּמְחֵי, לְשׁוֹן טָהֳרָה, כְּמוֹ שֶׁכָּתוּב (ישעיה מד): "מָחִיתִי כָעָב פְּשָׁעֶיךָ". 'יָנוּקָא', הִיא בְּחִינַת מְאוֹר הַקָּטָן, הִיא בְּחִינַת שֵׁנָה. 'לָא תִמְחֵי אֶלָּא בְּעַרְקְתָא דִמְסָאנֵי', הַיְנוּ רְצוּעוֹת שֶׁל תְּפִלִּין. כְּמוֹ שֶׁאָמְרוּ חֲכָמֵינוּ זִכְרוֹנָם לִבְרָכָה (סוטה יז.): 'בִּשְׂכַר שֶׁאָמַר אַבְרָהָם מֵחוּט וְעַד שְׂרוֹךְ נַעַל, זָכוּ בָּנָיו לִשְׁנֵי מִצְווֹת, לְחוּט שֶׁל תְּכֵלֶת, וְלִרְצוּעוֹת שֶׁל תְּפִלִּין'. וְעַד שְׂרוֹךְ נַעַל, תַּרְגּוּמוֹ: 'עַרְקְתָא דִמְסָאנֵי'.

הַיְנוּ כְּשֶׁאַתָּה רוֹצֶה לִשְׁמֹר אֶת הַמָּאוֹר הַקָּטָן, הַיְנוּ מַשָּׂא וּמַתָּן בֶּאֱמוּנָה, שֶׁלֹּא יִינְקוּ מִמֶּנָּה הַחִיצוֹנִים. לֹא תּוּכַל לִשְׁמֹר אֶת הַנָּנַס, הַיְנוּ מְאוֹר הַקָּטָן, הַיְנוּ יָנוּקֵי, אֶלָּא בְּעַרְקְתָא דִמְסָאנֵי, הַיְנוּ רְצוּעוֹת שֶׁל תְּפִלִּין. הַיְנוּ שֶׁתַּמְשִׁיךְ חַשְׁמַ"ל מִבִּינָה לָבָא, לְהַלְבִּישׁ אֶת

105. Un niño...luz pequeña...dormir. "Un niño" connota un intelecto constreñido y el aspecto del dormir (ver n.103) y así alude a la luz pequeña.

106. hilo de tejelet.... Una referencia a la mitzvá de los tzitzit, uno de cuyos elementos es el hilo de lana azul celeste, el *tejelet*.

107. la correa de los tefilín...cordón de los zapatos. Cuando Abraham volvió triunfante después de vencer a los Cuatro Reyes y de haber salvado a Lot, llevaba consigo el botín que ellos habían tomado después de su victoria sobre los Cinco Reyes. Uno de los cinco, el rey de Sodoma, le ofreció a Abraham el botín en remuneración por sus heroicos esfuerzos. Pero Abraham se negó. "¡Ni siquiera un hilo ni el cordón de los zapatos!", insistió. Dios lo recompensó por ello; sus descendientes merecieron el hilo de *tejelet* de los tzitzit y la correa de los tefilín. Rashi explica que Abraham fue recompensado debido a que se alejó incluso de algo que podía ser una insinuación de robo (*loc. cit., v.i. bisjar*). Así Abraham estuvo libre de pecado (equivalente al robo, n.3). Y su negación de aceptar el botín fue una demostración de su gran fe en Dios. Abraham amonestó al rey de Sodoma porque Dios le había prometido que Él haría rico a Abraham y así se negó a aceptar cualquier ayuda de la gente (ver *Rashi*, Génesis 14:23). Inmediatamente después de la negativa de Abraham de recibir el botín, las Escrituras relatan que tuvo una visión profética (Génesis 15). En nuestro contexto, su acción alude a la actividad comercial con fidelidad que lleva a la renovación de la fe al conectar con *Jojmá*.

En base a este pasaje Talmúdico que conecta "cordón de los zapatos" con las correa de los tefilín, y la traducción de Onkelos de "cordón de los zapatos" como "correa de los zapatos", el Rebe Najmán ha demostrado que "*timjei* sólo con un cordón de zapato" alude a la correa de los tefilín.

108. que las fuerzas externas no se nutran de ellas. Ver el comienzo de la sección 7.

109. cuidando el Nanás...con el cordón/la correa de los tefilín. Esto es un paralelo con lo que el Rebe Najmán mencionó al comienzo de la sección, que *Maljut*/fe, que es Nanás/luz pequeña/

{**Esto es lo que Rav le dijo a Rav Shmuel el hijo de Shilat: Cuando castigues a un niño, castígalo sólo con un cordón de zapato. Si aprende, aprende; pero si no aprende, deja entonces que se quede en compañía de sus amigos** (*Bava Batra* 21a)}.[103]

"Esto es lo que Rav le dijo a Rav Shmuel el hijo de Shilat: 'Cuando castigues a un niño, castígalo sólo con un cordón de zapato'". "*TiMJé*" sugiere pureza, como está escrito, "*MaJiTi* (Limpiaré), como una nube, tus pecados" (Isaías 44:22)[104] "Un niño" es un aspecto de la luz pequeña, que es un aspecto del dormir.[105] "Castígalo sólo con un cordón de zapato" – i.e., las correas de los tefilín. Como enseñaron nuestros Sabios: En mérito a que Abraham dijo "¡Ni siquiera un hilo ni el cordón de los zapatos!" (Génesis 14:23), sus descendientes merecieron dos mitzvot: el hilo de *tejelet*[106] y las correas de los tefilín (*Sotá* 17a). La traducción al arameo de "cordón de los zapatos" es "correa de los zapatos".[107]

En otras palabras, si quieres cuidar la luz pequeña/las actividades comerciales con fidelidad, para que las fuerzas externas no se nutran de ellas,[108] sólo podrás [hacerlo] cuidando el Nanás/la luz pequeña/un niño, con el cordón/la correa de los tefilín.[109] Es decir, deberás traer el *jashmal* desde

---

la cabeza de hecho representa las luces trascendentes de los *mojín* del *Or HaPanim* rodeando a *Maljut*. Esto se verá más adelante, donde el Rebe demuestra que *retzua* (correa) tiene el valor numérico de 370, el número de luces del *Or HaPanim*.

En general, por lo tanto, estas *kavanot* para las correas de los tefilín corresponden a lo que el Rebe Najmán ha enseñado, que el *jashmal* de *Biná* protege a *Maljut*. El Rebe explicará ahora esto con más detalle y lo conectará con otros conceptos mencionados en la lección. Comienza demostrando cómo la siguiente discusión Talmúdica sobre las leyes relacionadas a la enseñanza de los niños se relaciona tanto con nuestra lección como con las *kavanot*.

103. Esto es lo que Rav le dijo a Rav Shmuel.... El Talmud (*loc. cit.*) enseña que es necesario ser amables con un alumno joven. Aunque el niño no muestre interés en sus estudios, uno igualmente debe ser cálido con él y permitirle quedarse cerca de los alumnos diligentes, pues quizá a su tiempo su "buena compañía" tendrá un efecto positivo sobre él. El rabí Natán escribe que, para el maestro, constreñir su propio su intelecto para educar al joven es conceptualmente equivalente al dormir –i.e., el estudio de la Torá en su significado simple– y así ello renueva el intelecto del maestro (*Torat Natán* #8). Esto también se aplica al consejo del Rebe Najmán en la Lección #34, que la persona debe conversar diariamente con sus amigos sobre el servicio a Dios. Conversar con los demás es también un medio para refrescar la mente y renovar el intelecto.

104. TiMJé...MaJiTi.... El consejo de Rav a Rav Shmuel el hijo de Shilat era sobre cómo amonestar a un niño para que mejore su comportamiento – i.e., el arrepentimiento. El Rebe Najmán conecta así la palabra *TiMJé* (תמחה) con *MaJiTi* (מחיתי), que sugiere limpiar el pecado y otorgar perdón. El versículo se lee como "Limpiaré como una nube tus pecados... retorna a Mí, pues Yo te redimo". Así como Dios nos perdonó en el pasado, Él nos perdonará nuevamente. Por lo tanto, uno nunca debe perder la esperanza de retornar a Dios. Tal como el Rebe comenzó la lección: "¡Debes saber! El arrepentimiento implica retornar la cosa adonde fue tomada".

הָאֱמוּנָה, הַיְנוּ בְּחִינַת יְשַׁמֵּשׁ אֶת שִׁמְעוֹן בֶּן נַנָּס כַּנַּ"ל, הַיְנוּ שֶׁיְּקַיֵּם "וְדוֹבֵר אֱמֶת בִּלְבָבוֹ", בִּשְׁעַת עֲשִׂיַּת הַמַּשָּׂא וּמַתָּן, כְּרַב סַפְרָא:

וּרְצוּעָה גִּמַטְרִיָּא שְׁ"עַ, לִרְמֹז שֶׁעַל יְדֵי הַחַשְׁמַ"ל הַזֶּה, שֶׁהוּא בְּחִינַת: "דּוֹבֵר אֱמֶת בִּלְבָבוֹ", נִשְׁמָר הָאֱמוּנָה, וְהַנְּשָׁמָה, הַיְנוּ הַמֹּחִין שֶׁבְּתוֹכָהּ. וּמְקַבֶּלֶת מְאוֹר הַפָּנִים, שֶׁהוּא שְׁ"עַ נְהוֹרִין שֶׁל פָּנִים עֶלְיוֹנִים, הַנִּמְשָׁכִין מִתִּקּוּן וֶאֱמֶת, כַּיָּדוּעַ:

וְזֶהוּ שֶׁאָמַר (שם רב לרב שמואל הנ"ל): 'דְּקָרֵי קָרֵי, וּדְלָא קָרֵי לֶהֱוֵי צַוְתָּא לְחַבְרוֹ'. כִּי הַדָּבָר קָשֶׁה: הָא תִּינַח מִי שֶׁהוּא בַּר אוֹרְיָן, וְעוֹסֵק בְּמַשָּׂא

en etapas. Las luces, o *mojín*, emergen del *Or HaPanim* para iluminar a *Jojmá* y desde allí iluminan a *Biná*, que a su vez "se coloca sobre sus polluelos" – *Zeir Anpin* y *Maljut*. En esta última etapa, cuando esas 370 luces alcanzan a *Maljut* a través de las correas de los tefilín/*jashmal* desde *Biná*, uno está seguro que su *Maljut*/fe está rodeado y protegido de las sabidurías externas. Como tal, puede unir su aspecto de *Maljut* a *Jojmá*, la fe a la sabiduría y así merecer el arrepentimiento. (Ver también *Likutey Moharán* I, 7, notas 21, 75, sobre la conexión entre la fe –también un aspecto del *makif*– y el intelecto trascendente).

116. rectificación...tal cual es sabido. El Ari escribe: El *Or HaPanim* denota la Luz del Rostro de *Arij Anpin*, la persona Divina que es un paralelo de la *sefirá* de *Keter* (*Etz Jaim, Shaar Arij Anpin* 14, págs. 200-201; ver más arriba, n.46). Allí, el Ari explica por qué hay específicamente 370 luces, sugiriendo varias posibilidades para llegar a ese número. Explica también que esas 370 luces están enraizadas en el Atributo de "Verdad", el séptimo de los Trece Atributos de Misericordia. Esos Atributos, rectificaciones, están enumerados en Éxodo 34:6-7 – "Omnipotente, misericordioso y bueno, lento para la ira, con tremendos [recursos de] amor y *verdad*..." (ver también *Likutey Moharán* I, 8:4 y notas 31-36; ibid. 20, notas 2, 42). Es por ello que uno trae el *jashmal* desde el corazón sólo diciendo la verdad que está en su corazón. Porque entonces se está conectado con el *Or HaPanim*, cuyas luces brillan hasta *Maljut*. Un tratamiento paralelo de la verdad y de la Luz del Rostro aparece en el *Likutey Moharán* I, 23. La nota 19 allí termina diciendo: "Y así, la búsqueda de la verdad es en esencia una búsqueda de los niveles más elevados, el rostro de la santidad – i.e., la búsqueda de Dios Mismo".

Considerando el carácter central que tiene la verdad en esta lección, uno puede apreciar la necesidad de la sinceridad en el arrepentimiento. Sin embargo, esto no significa que si la persona no es cien por ciento sincera, su arrepentimiento no será aceptado. Dios no lo permita que se llegue a pensar esto. Lo que significa es que cuanto más grande sea el grado de sinceridad en el corazón de la persona al arrepentirse, mayor será su revelación de la verdadera *Jojmá*. Esto, a su vez, le otorga a la persona un mayor grado de renovación, que entonces produce un mayor grado de *jashmal* para proteger su aspecto de *Maljut*. Esto le otorga una mayor conexión entre su *Maljut* y la verdadera *Jojmá*, a la cual retorna, de modo que *ahora*, su arrepentimiento es incluso más sincero y se encuentra en un nivel mayor que el de antes.

117. Rav le dijo a Rav Shmuel. El Rebe Najmán retorna ahora al pasaje Talmúdico citado más arriba, sobre la enseñanza a los niños.

"*Biná* es el corazón" para cubrir la fe.[110] Éste es el aspecto mencionado más arriba de servir bajo Shimón el hijo de Nanás, cumpliendo con "él habla con la verdad en su corazón" cuando se dedica a los negocios, como Rav Safra.[112]

Y *ReTzUAH* (correa) tiene el valor numérico de 370.[113] Esto es para aludir al hecho de que mediante ese *jashmal*, que es un aspecto de "él habla con la verdad en su corazón", se cuidan la fe y las mentalidades en el alma[114] y se recibe de la Luz del Rostro – siendo éstas las 370 luces de los Rostros Superiores[115] tomadas de la rectificación [correspondiente a] "y Verdad", tal cual es sabido.[116]

Y esto es lo que {Rav le dijo a Rav Shmuel}:[117] "Si aprende, aprende; pero si no aprende, deja entonces que se quede en compañía de sus amigos". Aunque el tema es problemático, porque es posible

---

un niño, está rodeada por las correas.

110. jashmal de Biná…corazón…fe. Esto ha sido explicado más arriba, en la sección 7 y en las notas 71-76. Con ello el Rebe Najmán ha retornado a la conexión que hizo al comienzo de esta sección, entre *jashmal* y las correas de los tefilín – ambos protectores de *Maljut*. Esto se desarrolla más plenamente en el próximo párrafo y en las notas 114-117.

111. Shimón el hijo de Nanás…verdad…. Como se explicó más arriba, en la sección 7 y en las notas 79-84. Shimón hace referencia al oír, que es el corazón. Y "con la verdad en su corazón" alude a *jashmal lev*, que protege el Nanás/el pequeño/*Maljut*.

112. verdad…como Rav Safra. Ver más arriba, sección 7, nota 72.

El Rebe Najmán retorna ahora a la afirmación de apertura de esta sección, para demostrar cómo todo esto se une con el *jashmal* y las correas de los tefilín.

113. ReTzUAH…370. Ver *Shaar HaKavanot, Tefilín* (4, p.61), donde el Ari hace notar que la palabra hebrea para "correa", *ReTzUAH* (רצועה) tiene el valor numérico de 371, correspondiente al *Or HaPanim* con sus 370 luces (agregando 1 más por la unidad misma). Como hemos visto, las correas de los tefilín de la cabeza que rodean a *Maljut* son los *mojín* que *Biná* trae desde *Jojmá* y que *Jojmá* trae desde el *Or HaPanim* (ver n.102).

114. correa…jashmal…verdad…. Como se explicó anteriormente en la lección, el *jashmal* que protege a *Maljut* se forma a partir de la verdad en el corazón (ver n.73). También hemos visto que los *mojín* que *Maljut* recibe desde *Biná* están canalizados a través de *Zeir Anpin* (n.102). Como es sabido, *Zeir Anpin* es *Tiferet*/Iaacov y así corresponde a la verdad, como en (Mija 7:20), "Da verdad a Iaacov". Así *Biná* proveyendo el *jashmal* formado de la verdad para proteger la fe es una y la misma cosa que *Biná* canalizando los *mojín*/correas de los tefilín trascendentes a través de *Zeir Anpin* hacia *Maljut*.

115. Rostros Superiores. Los Rostros Superiores, *Panim Elionim* en hebreo, son el *Or HaPanim* con sus 370 luces. El Rebe Najmán ha agregado aquí que lo que las correa de los tefilín le proveen a *Maljut* son las 370 luces del *Or HaPanim*. Como se explicó, esto sucede

וּמַתָּן בֶּאֱמוּנָה. אֲזַי הַמַּשָּׂא וּמַתָּן הוּא טוֹבָה אֶצְלוֹ, שֶׁהַמֹּחִין שֶׁלּוֹ מִתְחַדְּשִׁין. אֲבָל מִי שֶׁהוּא אֵינוֹ בַּר אוֹרְיָן, מַה הֲנָאָה יֵשׁ לוֹ שֶׁעוֹסֵק בְּמַשָּׂא וּמַתָּן?

דַּע, מִי שֶׁהוּא עוֹסֵק בְּמַשָּׂא וּמַתָּן בֶּאֱמוּנָה, הוּא עוֹשֶׂה טוֹבָה לַחֲבֵרוֹ שֶׁהוּא מִשָּׁרְשׁוֹ, שֶׁמֹּחִין שֶׁל חֲבֵרוֹ מִתְחַדְּשִׁין בְּתוֹךְ הַמַּשָּׂא וּמַתָּן שֶׁלּוֹ שֶׁבֶּאֱמוּנָה. וְזֶהוּ דְקָרֵי קָרֵי, מִי שֶׁהוּא בַּר אוֹרְיָן, אֲזַי טוֹבָה לוֹ, שֶׁנִּתְחַדֵּשׁ שִׂכְלוֹ בְּתוֹךְ הָאֱמוּנָה, וְיִהְיֶה לוֹ מֹחִין חֲדָשִׁים לְלִמּוּד וּלְדַבְקוּת הַבּוֹרֵא. וּדְלָא קָרֵי לֶהֱוֵי צַוְתָּא לַחֲבֵרוֹ, הַיְנוּ שֶׁהוּא עוֹשֶׂה טוֹבָה לַחֲבֵרוֹ שֶׁמִּשָּׁרְשׁוֹ:

י. וְזֶה בְּחִינַת תְּקִיעוֹת רֹאשׁ־הַשָּׁנָה כִּי רֹאשׁ־הַשָּׁנָה הוּא בְּחִינַת שֵׁנָה כַּיָּדוּעַ, שֶׁהוּא בְּחִינַת מַשָּׂא וּמַתָּן בֶּאֱמוּנָה, בְּחִינַת פְּשָׁטָא אוֹרַיְתָא, בְּחִינַת עוֹסֵק בְּדִינֵי מָמוֹנוֹת. וּתְקִיעוֹת הֵם הִתְעוֹרְרוּת

La capacidad que tiene cada persona de traer iluminación desde un nivel tan elevado como el *Or HaPanim* y hacer que brille sobre las demás es un tema importante del *Likutey Moharán* I, 25,. Ver allí, especialmente las secciones 3 y 8 y la nota 27.

121. su amigo que proviene de su raíz. El pasaje Talmúdico se traduce así en nuestro texto como sigue: **Cuando castigues a un niño** – Aquel que está conceptualmente dormido, en un estado constreñido de la mente (*Maljut*/fe y las actividades comerciales con fidelidad) y desea renovar su intelecto/alma para retornar a *Jojmá* y arrepentirse, debe **castígalo sólo con un cordón de zapato** – debe traer la luz del *Or HaPanim* a través del *jashmal*/verdad en el corazón que protegerá su fe de las sabidurías externas y le permitirá descansar con seguridad y renovar su intelecto. **Si aprende, aprende** – Esto es así para aquel capaz de buscar Jojmá y de unirse a Dios. **Pero si no aprende, deja entonces que se quede en compañía de sus amigos** – Pero, ¿qué sucede con la persona que es incapaz de ello? Mediante su honestidad en los negocios trae una iluminación desde el *Or HaPanim* hacia aquellos que están cerca. Finalmente, esto tendrá un efecto positivo también en ella, de modo que también ella será llevada hacia *Jojmá* – i.e., retornar a hacia su raíz y hacia el arrepentimiento.

122. hacer sonar el shofar en Rosh HaShaná. Ver la nota 1 de que esta enseñanza fue dada en Rosh HaShaná, 5562 (1801). El Rebe Najmán une ahora la lección con el concepto del shofar de Rosh HaShaná.

123. Rosh HaShaná...dormir.... Adán fue creado en Rosh HaShaná. Dios lo hizo entonces dormir para crear a Eva. Las enseñanzas Kabalistas relacionan así el concepto de Rosh HaShaná con el dormir y el sonar el shofar en Rosh HaShaná con el despertar del sueño. Como explica el Ari, en Rosh HaShaná se vuelve a reactivar el Acto de la Creación, con *Zeir Anpin* "quedando dormido" para que *Maljut* pueda ser formada. En nuestro contexto, Rosh HaShaná/dormir alude al intelecto constreñido – i.e., las actividades comerciales con fidelidad y el estudio de la Torá que esto sea cuando un erudito se dedica a las actividades comerciales con fidelidad, pues las actividades comerciales son buenas para él en el hecho de que sus mentalidades se renuevan. Pero para alguien que no es un estudioso, ¿qué gana con dedicarse a las actividades comerciales?[118]

<Pero,> ¡debes saber! Alguien que lleva a cabo las actividades comerciales con fidelidad beneficia a su compañero, que comparte su misma raíz,[119] de modo que las mentalidades de su amigo se renuevan dentro de *sus* actividades comerciales con fidelidad.[120] Éste es el significado de "Si aprende, aprende" – alguien que es un erudito se beneficia del hecho de que su intelecto se renueva dentro de la fe. Tendrá entonces nuevas mentalidades para estudiar y aferrarse al Creador. "Pero si no aprende, deja entonces que se quede en compañía de sus amigos". Es decir, le hace un favor a su amigo que proviene de su raíz.[121]

10. Y esto corresponde a hacer sonar el shofar en Rosh HaShaná.[122] Rosh HaShaná, como es sabido, es un aspecto del dormir, que es un aspecto de las actividades comerciales con fidelidad/del significado simple de la Torá/del dedicarse a las leyes monetarias.[123] Pero los sonidos del shofar

---

118. Pero para alguien que no es un estudioso.... Como se explicó, llevar a cabo las actividades comerciales con fidelidad es equivalente a estudiar la Torá en su significado simple. Luego del descanso de la mente, ésta se refresca, de modo que la persona está lista para retornar a su búsqueda de *Jojmá*, la sabiduría profunda de la Divinidad. Al igual que un niño, se siente entusiasmado por cada nueva percepción y siempre curioso por aprender más. Pero, ¿qué sucede con una persona simple que no es capaz de buscar *Jojmá* y de unirse a Dios? ¿De qué sirve el descanso que le da a su mente mediante el sueño, las actividades comerciales con fidelidad o incluso el estudio simple de la Torá? Si es como un niño que "no aprende", entonces ¿de qué sirve dejarlo "en compañía de sus amigos"?

119. compañero, que comparte su misma raíz. Como enseña el Ari, todas las almas están enraizadas en el alma del Tzadik, siendo éste como el tronco de un gran árbol y todos sus seguidores sus diferentes ramas, hojas, etc. (ver *Shaar HaGuilgulim* #31, págs. 83-88, 102; ver también Lección #34, n.8). Éste es el motivo por el cual ciertas almas gravitan hacia un Tzadik mientras que otras van hacia otro. También explica por qué la gente se acerca a ciertas personas y no a otras. Sus almas provienen del mismo "árbol"; comparten la misma raíz del alma y así se vuelven amigos.

120. las mentalidades de su amigo.... Cuando el *Or HaPanim* ilumina un alma en particular, también brilla sobre todas las diferentes almas que provienen de la misma raíz. Así, incluso si la persona no puede traerle ningún beneficio a su intelecto/alma mediante los diferentes aspectos del dormir, aun puede llevar una iluminación a las otras almas provenientes de su misma raíz y así ayudarlas a renovar su intelecto/almas. Más aún, cuando sus almas ascienden y son elevadas, también su alma es llevada junto con ellas y merece retornar a Dios.

הַשָּׁנָה. שֶׁהוּא חִדּוּשׁ הַמֹּחִין מְאוֹר הַפָּנִים. וּמִזֶּה הוּא הִתְאַדְּמוּת פְּנֵי הַתּוֹקֵעַ, שֶׁנִּתְעוֹרְרוּ אוֹרוֹת מִפָּנִים עֶלְיוֹנִים:

וְזֶהוּ פֵּרוּשׁ:

אַשְׁרֵי הָעָם יֹדְעֵי תְרוּעָה – הוּא בְּחִינַת הַעֲלָאַת אַחַד־עָשָׂר סַמְמָנֵי הַקְּטֹרֶת, שֶׁבְּתוֹךְ הָעַכּוּ"ם וְהָאֲרָצוֹת הַשּׁוֹכְנִים סְבִיבוֹת הַמַּשָּׂא וּמַתָּן בֶּאֱמוּנָה, שֶׁנִּתְחַבְּרִים אֵלָיו הַנִּיצוֹצוֹת. וְזֶה:

יֹדְעֵי תְרוּעָה – "יֹדְעֵי", לְשׁוֹן הִתְחַבְּרוּת. תְּרוּעָה, מִלְּשׁוֹן שְׁבִירָה, כִּי הַנִּיצוֹצוֹת הֵם מִשְּׁבִירַת כֵּלִים.

ה' בְּאוֹר פָּנֶיךָ יְהַלֵּכוּן – בְּחִינַת מַשָּׂא וּמַתָּן, כְּמוֹ שֶׁכָּתוּב (דברים

simple de la Torá y de la fe como podemos renovarnos. Incluso si, como resultado de esos aspectos del dormir, ya no estamos conectados con la luz/intelecto del *ReTzuAh* (רצועה, las correas de los tefilín) y así experimentamos *TzaAR* (צער, sufrimientos), debemos recordar que ese "castigo con el cordón de los zapatos" tiene por objetivo el que podamos ser puros nuevamente, para que podamos renovarnos y arrepentirnos. Entonces, toda la *Jojmá* que traigamos será protegida por el *JaShMaL* (חשמל), de modo que en lugar de las sabidurías externas lo que tendremos será verdadera sabiduría, *Jojmat ShLoMo* (חכמת שלמה, ver n.16).

127. explicación. El Rebe Najmán pasa revista ahora a la lección dentro del contexto del versículo de apertura.

128. elevar las once especias del incienso…las chispas. Como se explicó más arriba, sección 8 y notas 85 y 87, el propósito del incienso es elevar esas chispas de retorno al ámbito de la santidad. El Rebe Najmán explica ahora la conexión que esto tiene con el sonido del shofar.

129. Conocer connota unir. Como enseña el Midrash (ver Bereshit Rabah 22:1): "Adam conoció a su esposa…" (Génesis 4:1) – i.e., él cohabitó con ella. En nuestro contexto, "conocer" hace referencia a Jojmá, el gran intelecto.

130. terúa indica romper. *TeRúA* (sonido del shofar) es similar a "*TRoAm* (Los romperás) con una barra de hierro" (Salmos 2:9) y así connota quebrar y romper.

131. las chispas provienen de la Rotura de los Recipientes. Como se explicó más arriba en la nota 21, con la Rotura de los Recipientes, los elementos externos de los recipientes dieron lugar a las *klipot* dentro de las cuales quedaron atrapadas las chispas de santidad de los recipientes quebrados (ver también *Likutey Moharán* I, 62:5; ibid. 64:2). El Ari explica que esas *klipot* provenientes de los recipientes quebrados trajeron el mal al mundo con el objetivo de contrarrestar el bien y así permitir la libertad de elección (*Etz Jaim*, 8:6, p.116; ver también n.85).

Así "conoce el sonido del shofar" significa unir, recolectar y elevar esas almas quebradas que han caído en el ámbito de las *klipot*.

son un despertar del dormir,[124] que es la renovación de las mentalidades a través de la Luz del Rostro.[125] De aquí proviene la rojez del rostro de aquel que sopla el shofar – pues se han despertado las luces de los Rostros Superiores.[126]

11. Y ésta es la explicación [del versículo de apertura]:[127]
{"Feliz es el pueblo que conoce el sonido del shofar; Dios, a la luz de Tu rostro andarán"}.

Feliz es el pueblo que conoce el sonido del shofar – Éste es el aspecto de elevar las once especies del incienso que están dentro <de las tierras y de las naciones> que residen alrededor de las actividades comerciales llevadas a cabo con fidelidad, a las cuales se apegan las chispas.[128] Esto es:

conoce el terúa – "Conocer" connota unir;[129] *terúa* indica romper,[130] pues las chispas provienen de la Rotura de los Recipientes.[131]

Dios, a la luz de Tu rostro andarán – <"Andarán" es> un aspecto

---

en su significado simple. Como hemos visto, estos conceptos también se aplican a *Maljut*. Es por ello que Rosh HaShaná es llamado también el "Día del Juicio" y es el primero de los Diez Días de Arrepentimiento. Como se explicó (§1), las *klipot* llegan a la existencia mediante el desencadenamiento de las *guevurot*. Éstas atacan y acusan a la persona por sus pecados. Si ella se arrepiente, lo que implica retornar la cosa a su raíz –i.e., unir su aspecto de *Maljut* con *Jojmá*– trae entonces una renovación de la Creación (§2). Pero, de lo contrario, las *klipot* creadas por el desencadenamiento de las *guevurot* se vuelven sus acusadores y demandan justicia. La persona necesita ser despertada al arrepentimiento mediante los sonidos del shofar.

124. los sonidos del shofar...despertar del dormir. El Rambam explica que el sonido del shofar tiene por objetivo despertar a la persona del sueño espiritual para que no malgaste su vida en la búsqueda del materialismo (*Iad HaJazaká, Hiljot Teshuvá* 3:4).

125. renovación de las mentalidades.... Como hemos visto (§2), el intelecto necesita descansar de la búsqueda de la sabiduría. Una vez que ha descansado, trae nueva *Jojmá* de modo que la persona experimenta una renovación de su intelecto – un acto que es paralelo a la renovación de la Creación en Rosh HaShaná.

126. la rojez del rostro...las luces de los Rostros Superiores.... El Ari explica que cuando una persona recta hace sonar el shofar en Rosh HaShaná se llena de luz proveniente de la Luz del Rostro que desciende a través de *Biná*. Esto se manifiesta como una rojez que podemos ver en sus mejillas (*Shaar HaKavanot, Rosh HaShaná* 7, p.261). En nuestro contexto, este resplandor es el *jashmal* que protege a las mentalidades que duermen en *Maljut*/fe, de las *klipot*/ sabidurías externas, para que puedan ser renovadas y despertar al arrepentimiento.

El *Biur HaLikutim* agrega que los sonidos del shofar aluden al llamado de los Tzadikim despertando a la gente hacia el arrepentimiento, un llamado que emiten para todos aquellos perdidos en las sabidurías externas. En general, esas sabidurías son una negación del significado simple de la Torá y un daño en la fe. Paradójicamente, es precisamente a través del significado

לג): "שְׂמַח זְבוּלוּן בְּצֵאתֶךָ".

הַיְנוּ כְּשֶׁעוֹסֵק בְּמַשָּׂא וּמַתָּן בֶּאֱמוּנָה, כְּדֵי לְהָבִיא אֶת נִשְׁמָתוֹ בִּבְחִינַת: "חֲדָשִׁים לַבְּקָרִים רַבָּה אֱמוּנָתֶךָ", כְּדֵי לְקַבֵּל מְאוֹר הַפָּנִים, חִדּוּשׁ הַמֹּחִין, חִדּוּשׁ הַנְּשָׁמָה, עַל־יְדֵי־זֶה עוֹלִים כָּל הַנִּיצוֹצוֹת עַל־יְדֵי אַחַד־עָשָׂר סַמְמָנֵי הַקְּטֹרֶת:

despertadas y retornan a *Jojmá* – i.e., el arrepentimiento. El versículo así se traduce en nuestro texto como sigue:

Feliz es el pueblo que conoce el sonido del terúa – Hay una manera de elevar las almas caídas y quebradas que se encuentran en el ámbito de las *klipot*, para hacerlas retornar a *Jojmá*, al arrepentimiento.

Dios, a la luz de Tu rostro andarán – Al llevar a cabo las actividades comerciales con honestidad, *Jojmá* iluminada por el *Or HaPanim* es llevada hacia *Maljut*. *Maljut* se une así con su raíz y eleva de esa manera las chispas caídas de las almas. Esto es el arrepentimiento, mediante el cual todas las almas serán un día rectificadas – que suceda pronto y en nuestros días, Amén.

de las actividades comerciales, como está escrito (Deuteronomio 33:18), "Regocíjate, Zebulun, en tus viajes".[132]

Es decir, cuando la persona se dedica con fidelidad a las actividades comerciales, para llevar a su alma al aspecto de "Ellas son renovadas cada mañana; abundante es Tu fidelidad"[133] –para que se pueda recibir una renovación de las mentalidades, una renovación del alma, a partir de la Luz del Rostro[134]– con ello todas las chispas ascienden por medio de las once especies del incienso.[135]

---

132. Andarán...viajes. Así como "los viajes" de la tribu de Zebulun hacen referencia al hecho de salir para dedicarse a comerciar, de la misma manera "andarán" hace referencia a las actividades comerciales.

133. actividades comerciales...Tu fidelidad. Esto fue explicado más arriba, en la sección 6 y en la nota 58.

134. una renovación...de la Luz del Rostro. Como se explicó en la sección 2-5.

135. las chispas ascienden por medio de las once especies del incienso. Pues cuando la luz del *Or HaPanim* ilumina a *Maljut*, las chispas de santidad que han caído en las *klipot* son

ליקוטי מוהר"ן סימן ל"ו
לְשׁוֹן רַבֵּנוּ זִכְרוֹנוֹ לִבְרָכָה

בִּקְרֹב עָלַי מְרֵעִים לֶאֱכֹל אֶת בְּשָׂרִי וְכוּ': (תהלים כז)

א. וְזֶהוּ כְּלָל, כִּי כָל נֶפֶשׁ מִיִּשְׂרָאֵל הוּא מְשֹׁרָשׁ בְּשִׁבְעִים נֶפֶשׁ שֶׁל בֵּית יַעֲקֹב. וְשִׁבְעִים נֶפֶשׁ שֶׁל בֵּית יַעֲקֹב, מְשֹׁרָשִׁים בְּשִׁבְעִים פָּנִים שֶׁל תּוֹרָה.

וְזֶה לְעֻמַּת זֶה עָשָׂה הָאֱלֹקִים, שֶׁכְּנֶגֶד שִׁבְעִים נֶפֶשׁ שֶׁל בֵּית יַעֲקֹב, הֵם שִׁבְעִים לָשׁוֹן. שֶׁכָּל לָשׁוֹן וְלָשׁוֹן יֵשׁ לָהּ מִדָּה רָעָה בִּפְנֵי עַצְמָהּ, מַה שֶּׁאֵין בַּחֲבֶרְתָּהּ. וּמֵחֲמַת הַמִּדּוֹת הָאֵלּוּ הֵם מְרֻחָקִים מִשִּׁבְעִים

3. setenta almas...rostros de la Torá. Esta enseñanza, que la Torá tiene setenta rostros, aparece en el Midrash (*Bamidbar Rabah* 13:16) y varias veces en el *Zohar* (I, 47b; III, 216a; *Tikuney Zohar* #32, p.76b, etc.). Estos "rostros" son las setenta perspectivas diferentes con las que se puede percibir cada faceta de la Torá. La explicación Kabalista para esto es que la Torá –la Ley Escrita y la Ley Oral– corresponde a las personas Divinas *Zeir Anpin* y *Maljut*, que en conjunto comprenden siete *sefirot* (ver Apéndice: Las Personas Divinas). Además, cada *sefirá* incluye las Diez *Sefirot*, de modo que el producto de 10 x 7 *sefirot* son los 70 rostros de la Torá (*Zohar* III, 160a y *Matok Midbash*; cf. *Shabat* 88b). En otra instancia, el *Zohar* (I, 27b) enseña que el pueblo judío está intrínsecamente unido con Dios y con la Torá. Así las setenta almas judías están enraizadas en los setenta rostros de la Torá. Y, como explica el *Tikuney Zohar* (#32, p. 76b), esos setenta rostros tienen el poder de proteger las setenta almas básicas judías del mal de las setenta naciones (ver las notas siguientes).

4. setenta lenguas. El Rebe Najmán hace referencia aquí a las setenta lenguas básicas o lenguajes que la literatura Talmúdica asocia con las setenta naciones primarias mencionadas en Génesis 10 (cf. *Suká* 55b). El último versículo de ese capítulo dice: "Esas fueron las familias de los hijos de Noaj… y por éstas fueron divididas las naciones en la tierra, después del diluvio", y el siguiente capítulo comienza con la historia de la Torre de Babel con el versículo "Y era toda la tierra de una misma lengua…". Pero después de construir la Torre, Dios decidió castigarlos, diciendo, "Vamos, descendamos y confundamos allí su lengua" (Génesis 11:7). El Rebe ve a esas naciones gentiles originales, que más tarde rechazaron la Torá, como un ejemplo de cómo "Dios hace uno en contraste con el otro" – un versículo citado muy a menudo por el Rebe Najmán para subrayar el equilibrio existente entre lo santo y lo no santo en este mundo (ver Lección #35, n.12). Así, las setenta almas judías/rostros de la Torá están contrastadas por las setenta naciones/lenguas.

5. su propio rasgo negativo…. Ver *Likutey Moharán* I, 19:3 que cada nación tiene sus propias características negativas inherentes (por ejemplo, la arrogancia, la ira, el orgullo, la venganza, etc.) que están implícitas en su lenguaje y en su habla. De modo que hay un lenguaje de ira, un lenguaje de codicia, y así en más. Aquel que se expresa con el lenguaje de un habla no santa se inviste con las características de ese lenguaje.

LIKUTEY MOHARÁN 36[1]

*"**Bikrov Alai Mereiim** (Cuando se acercan los malvados) para devorar mi carne, ellos mismos, mis adversarios y mis enemigos, son quienes tropiezan y caen".*
(Salmos 27:7)

Ahora bien, el principio es que cada alma judía está enraizada en las setenta almas de la Casa de Iaacov.[2] Y las setenta almas de la Casa de Iaacov están enraizadas en los setenta rostros de la Torá.[3]

Pero "Dios hizo uno frente al otro" (Eclesiastés 7:14), de modo que en contraste con las setenta almas de la Casa de Iaacov están las setenta lenguas.[4] Cada una de esas lenguas tiene su propio rasgo negativo, que las otras no poseen[5] Y debido a esos rasgos, están alejadas de los setenta

---

1. Likutey Moharán 36. Esta lección es *leshón Rabeinu z'l*, proveniente del manuscrito del Rebe Najmán, aunque no se sabe cuándo fue dada (ver Lección #33, n.1). Los temas principales de la lección son: el motivo del exilio; cuidar el Pacto (*brit*) y superar las tentaciones; comprender las enseñanzas del Tzadik; y las nuevas almas. También se explica el significado profundo del *Kriat Shemá* y la historia de Bilaam. El rabí Leví Itzjak Bender, un líder de la comunidad de Breslov en Jerusalén e importante fuente de la tradición de Breslov, decía que, al igual que la Lección #34 (ver n.1, allí), esta lección fue considerada fundamental para seguir las enseñanzas del Rebe Najmán y por lo tanto era estudiada regularmente por los jasidim del Rebe de las generaciones anteriores. Por lo tanto hemos desarrollado y elaborado conceptos sobre sus aplicaciones prácticas, pues esto le permitirá al lector comprender precisamente cuán fundamental puede ser esta lección para el crecimiento espiritual.

2. setenta almas de la Casa de Iaacov. Las Escrituras afirman que "el número de *nefesh* (almas) de la Casa de Iaacov que bajaron a Egipto era setenta", y continúa enumerándolas (Génesis 46:8-27). A partir de esas setenta almas surgieron los 600.000 judíos del Éxodo quienes recibieron la Torá en el Sinaí. El Ari enseña que todas las almas humanas están enraizadas en el alma del Primer Hombre, que fue el prototipo de toda la humanidad. El alma singular de Adán se dividió en tres raíces (correspondientes a los Patriarcas), que continuaron dividiéndose en doce raíces adicionales (correspondientes a las Doce Tribus). A partir de ellas surgieron las setenta almas que fueron la raíz de las 600.000 almas básicas del pueblo judío. El Ari agrega que esas 600.000 almas son en sí mismas raíces secundarias de almas adicionales, lo que explica cómo habiendo sólo 600.000 almas básicas, hay millones de judíos en vida en cada generación (ver *Shaar HaGuilgulim* #31, p.84 y siguientes).

Como el Rebe Najmán explicará a la brevedad, antes que la persona pueda merecer una revelación de Torá, su alma debe sufrir el exilio. Históricamente, por lo tanto, fueron los descendientes de las setenta almas que descendieron a Egipto, las 600.000 almas básicas judías, quienes soportaron el sufrimiento del exilio y así merecieron la Revelación en el Sinaí.

פָּנִים שֶׁל תּוֹרָה.
וּכְשֶׁהַנֶּפֶשׁ שֶׁל בֵּית יַעֲקֹב בָּאָה בַּגָּלוּת תַּחַת יַד שִׁבְעִים לְשׁוֹנוֹת, הַיְנוּ בְּמִדּוֹתֵיהֶם הָרָעִים. אֲזַי הִיא רָאמַת שַׁבְעִין קָלִין, כַּיּוֹלֶדֶת שֶׁקֹּדֶם הַלֵּדָה הִיא צוֹעֶקֶת שַׁבְעִין קָלִין (זהר פינחס רמט:), כְּנֶגֶד שַׁבְעִין תֵּבִין שֶׁבַּמִּזְמוֹר "יַעַנְךָ", שֶׁבִּלֹא זֶה אִי אֶפְשָׁר לָהּ לֵילֵד:
וְזֶהוּ כְּלָל שֶׁכָּל נֶפֶשׁ מִיִּשְׂרָאֵל קֹדֶם שֶׁיֵּשׁ לָהּ הִתְגַּלּוּת בַּתּוֹרָה וּבַעֲבוֹדָה, אֲזַי מְנַסִּין וּמְצָרְפִים אֶת הַנֶּפֶשׁ, בְּגָלוּת שֶׁל שִׁבְעִים לָשׁוֹן, הַיְנוּ בְּתַאֲוֹתֵיהֶן. וּכְשֶׁהִיא בָּאָה בְּמִדּוֹתֵיהֶן בַּגָּלוּת, אֲזַי הִיא רָאמַת שַׁבְעִין קָלִין. כִּי הִתְגַּלּוּת הִיא בְּחִינַת לֵדָה.
כִּי קֹדֶם הִתְגַּלּוּת שֶׁל תּוֹרָה, אֲזַי הִיא בִּבְחִינַת עִבּוּר. שֶׁהַתּוֹרָה הִיא נֶעְלָם מִמֶּנּוּ, כַּעֲצָמִים בְּבֶטֶן הַמְּלֵאָה. בִּבְחִינַת (דברים לא): "וְאָנֹכִי

9. le sería imposible dar a luz. Esta enseñanza, que equipara los setenta clamores del alma con los setenta clamores de la parturienta que está por dar a luz, se basa en el *Zohar* (III, 249b; ver también *Likutey Moharán* I, 21:7, n.60). Brevemente, la mujer encinta sólo da a luz después de pasar trabajo y de clamar muchas veces debido al dolor que siente. El *Zohar* aplica este pensamiento a *Maljut*, afirmando que *Maljut* sólo puede entregar su "hijo" –la *shefa* (abundancia) que tiene para el mundo– después de haber clamado setenta veces. Esos setenta clamores deben ascender desde *Maljut* hacia la persona Divina de *Zeir Anpin*, y ambos en conjunto equivalen a 70 (como se explicó más arriba, n.3). Esos clamores corresponden a las 70 palabras del Salmo 20 con el cual la persona clama a Dios para que la salve de las dificultades. *Maljut* tiene otra conexión también aquí en el hecho de que es un paralelo del nivel del *nefesh* del alma (ver Apéndice: Niveles de Existencia). Así, en nuestro contexto, el Rebe Najmán equipara el sufrimiento de *Maljut* con el *nefesh* que ha caído en el exilio bajo la influencia de las setenta naciones. El alma/*Maljut* debe clamar setenta veces –una por cada rasgo negativo– hasta llegar a tener el mérito de ser redimida.

10. la revelación es un aspecto del nacimiento. El Rebe Najmán explica ahora cómo el exilio puede ser transformado en una experiencia positiva. El judío siempre debe trabajar para alcanzar revelaciones cada vez más grandes de Divinidad. Ello se logra mediante el estudio constante de la Torá y el cumplimiento de las mitzvot. Los obstáculos que uno enfrenta al hacerlo son, para el alma, equivalentes a las aflicciones del exilio; es necesario superarlas y dejar el exilio para experimentar la Divinidad. Sin embargo, si la persona es poco exigente en sus devociones y peca, se encontrará subyugada bajo los rasgos negativos de las naciones. En ese exilio, deberá clamar a Dios y pedir ser redimida. El Rebe continúa ahora su explicación de por qué el alma debe pasar por el exilio.

11. ella se encuentran en el aspecto de embarazo. "Ella" es el alma. Durante el embarazo, aquello que comienza como un embrión llega a la madurez. En la Kabalá, el concepto de embarazo, *ibur*, se define como el método mediante el cual algo pequeño y con carencias se desarrolla y llega a su plenitud. Esto se aplica aquí al alma. Como enseña el *Zohar* (II, p.213): *Maljut* toma las almas que ascienden en un aspecto de *ibur*, tal que esas almas vuelven a conectarse con su raíz y reciben una fuerza renovada.

rostros de la Torá.[6]

Así, cuando un alma de la Casa de Iaacov cae en el exilio bajo el control de las setenta naciones –i.e., en sus rasgos negativos[7]– clama entonces con setenta clamores. Esto es como la mujer parturienta que antes de dar a luz clama con setenta clamores paralelos a las setenta palabras en el salmo "*Iaanja*".[8] Pues sin ello le sería imposible dar a luz.[9]

El principio es que antes de que un alma judía pueda tener una revelación en la Torá y en el servicio Divino, ese alma es probada y refinada en el exilio de las setenta lenguas – i.e., en sus deseos. Y así, al estar en contacto con sus rasgos en el exilio, ella clama con setenta clamores. Ello se debe a que la revelación es un aspecto del nacimiento.[10]

Pues antes de una revelación de Torá, ella se encuentra en el aspecto de embarazo,[11] en el hecho de que la Torá está oculta de ella "como los

---

A partir del *Zohar* sabemos que, hoy en día, esas setenta naciones básicas están encarnadas en Esaú/Edom. Esaú, el hermano de Iaacov, es el mal paradigmático; Edom, los descendientes de Esaú, fueron los fundadores del imperio romano, la cuna de la civilización occidental. Así, la frase "Dios hizo uno en contraste con el otro", puede también comprenderse como contraste entre las 70 almas de la Casa de Iaacov y las 6 almas de la casa de Esaú. Como afirman las Escrituras: "Esaú tomó sus esposas, sus hijos, sus hijas y todas las *nafshot* (almas) de su casa..." (Génesis 36:6). Rashi cita el Midrash (*Vaikrá Rabah* 4,6) que explica por qué las Escrituras hacen referencia a los seis descendientes de Esaú como *nafshot*, la forma plural, mientras que los setenta descendientes de Iaacov son descritos con el término singular *nefesh* (ver n.2). Ello se debe a que la casa de Esaú servía a muchos dioses diferentes, mientras que todos los miembros de la familia de Iaacov servían a un solo Dios (*Rashi*, Génesis 46:26). Aunque eran una sola familia, las *nafshot* de los miembros de la casa de Esaú no estaban unidas, en ese sentido eran como muchas naciones diferentes (cf. *Sabiduría y Enseñanzas del Rabí Najmán de Breslov* #77), cada uno con una idolatría diferente, con un rasgo negativo diferente.

6. alejadas de los setenta rostros de la Torá. Como se mencionó (n.3), el *Tikuney Zohar* enseña que los setenta rostros de la Torá protegen a los judíos, las setenta almas, de ser influenciados por los rasgos negativos enraizados en las setenta naciones. Por lo tanto la persona que se sumerge en el estudio de la Torá y cumple con la Torá se ve libre del yugo de las setenta naciones, i.e., de la influencia de sus rasgos negativos. Pero si desatiende el estudio de la Torá y se aleja de sus caminos, queda sujeta al gobierno, a la influencia, de las setenta naciones (*Tikuney Zohar* #32, p.76 b).

7. cae en el exilio...sus rasgos negativos. Aquí el Rebe introduce el concepto del exilio. Como se mencionó, alejarse de la Torá hace que el alma judía sea subyugada por los rasgos negativos de las naciones. Al no estar en su lugar apropiado –i.e., el ámbito de la Torá y de la santidad– se dice que el alma está en el exilio. Aunque el exilio es en sí mismo negativo y debe ser evitado, el Rebe demuestra ahora cómo ese exilio puede ser beneficioso para aquel que lo experimenta.

8. salmo Iaanja. Éste es el Salmo 20: "*Iaanja* Hashem (Que Dios te responda) en el tiempo de dificultad...". Este salmo de setenta palabras se recita tradicionalmente en situaciones difíciles. Le pedimos a Dios que tenga misericordia de nosotros y nos redima, como concluye el salmo, "¡Oh Dios, salva[nos]! El Rey nos responderá en el día en que clamamos".

הַסְתֵּר אַסְתִּיר", הַיְנוּ בַּגָּלוּת בַּמִּדּוֹת הָרָעוֹת שֶׁל שִׁבְעִים לָשׁוֹן. כִּי הַקְּלִפָּה קָדְמָה לַפְּרִי, וּמִי שֶׁרוֹצֶה לֶאֱכֹל הַפְּרִי, צָרִיךְ לְשַׁבֵּר מִקֹּדֶם הַקְּלִפָּה. לָכֵן קֹדֶם הַהִתְגַּלּוּת, מֻכְרָח הַנֶּפֶשׁ לָבוֹא בַּגָּלוּת, הַיְנוּ בְּמִדּוֹתֵיהֶם, כְּדֵי לְשַׁבְּרָם, וְלָבוֹא אַחַר־כָּךְ לַהִתְגַּלּוּת:

ב. וְדַע, שֶׁכְּלָלוּת שֶׁל שִׁבְעִים לָשׁוֹן שֶׁל מִדּוֹתֵיהֶן הָרָעוֹת הַלָּלוּ, הִיא תַּאֲוַת נִאוּף. וְהוּא תִּקּוּן הַכְּלָלִי, מִי שֶׁמְּשַׁבֵּר הַתַּאֲוָה הַזֹּאת, אֲזַי בְּקַל יָכוֹל לְשַׁבֵּר כָּל הַתַּאֲווֹת.

por las dificultades y las pruebas antes de merecer los "frutos" de la revelación de Torá. Si reconoce que los obstáculos y las trampas que debe sufrir son lo que realmente son –un medio para alcanzar una mayor revelación de Divinidad– entonces el exilio tendrá sentido y podrá ser transformado en una experiencia positiva.

15. revelación. Resumen: Cada alma está enraizada en la Torá, que tiene el poder de contrarrestar los rasgos negativos y su influencia. Pero para alcanzar una mayor revelación de Torá y de Divinidad, uno debe pasar por el exilio – ser probado en los rasgos negativos de las setenta naciones.

16. inmoralidad. En el contexto de nuestra lección y en verdad cada vez que el Rebe Najmán utiliza el término *niuf* (literalmente, adulterio), su intención, tal cual está indicado por nuestros Sabios, es referirse a toda clase de pecado sexual y de inmoralidad. En la sección de apertura el Rebe explicó la conexión entre las setenta almas y la Torá, enseñando que hay setenta naciones/rasgos negativos que contrastan con los setenta rostros de la Torá, el ámbito de la santidad. En esta sección, el Rebe Najmán expande el concepto de las setenta naciones, explicando que su rasgo negativo general es la inmoralidad.

17. quebrar todos los otros deseos. Por lo tanto, quebrar el deseo de inmoralidad les permite a unos salir del exilio y merecer una revelación de Torá.

La mayor parte de las versiones del *Likutey Moharán* concluyen aquí con: "Éste es el Remedio General" (omitido aquí en base a la versión manuscrita). El concepto del Remedio General, el *Tikún HaKlalí*, como el guardián del Pacto (el pacto que Dios hizo con Abraham, sellado en la circuncisión) es tratado en profundidad en el *Likutey Moharán* I, 29. Sintéticamente, el Rebe Najmán enseña que es muy difícil rectificar todas las malas acciones que uno ha cometido. El consejo del Rebe por lo tanto es trabajar para rectificar la transgresión que se encuentra en el nivel más elevado, dentro del cual se incluyen todos los niveles inferiores. Al remediar lo general, también se rectifica lo específico. En la Lección #29, al igual que aquí, el Rebe Najmán enseña que la inmoralidad es el peor de los rasgos negativos. Es el mal que engloba a todos los males. Sin embargo, al cuidar el Pacto –i.e., restableciendo y manteniendo la pureza sexual– es posible rectificar todos los pecados de inmoralidad. Y, habiendo quebrado este deseo, la persona puede fácilmente quebrar todos los otros deseos, pues ha alcanzado la rectificación en lo más elevado, en el nivel global. El *Parparaot LeJojmá* cita del *Zohar* (I, 176b): "Todos los mandamientos de la Torá se encuentran íntimamente conectados con el Pacto del brit (pureza sexual)". Por lo tanto, cuidarse del comportamiento inmoral, que es cuidar el Pacto, se equipara a observar toda la Torá.

huesos en el seno de la que está encinta" (Eclesiastés 11:5)[12] – correspondiente a "En cuanto a Mí, Yo me ocultaré" (Deuteronomio 31:18). En otras palabras, [el alma está] en el exilio, en los malos rasgos de las setenta lenguas.[13] Pues la cáscara precede al fruto de modo que aquel que quiera comer el fruto deberá primero quebrar la cáscara.[14] Por lo tanto, antes de la revelación, el alma se ve obligada a ir al exilio –i.e., hacia sus rasgos– para quebrarlos y así, más tarde, acceder a una revelación.[15]

2. ¡Y debes saber! Abarcando a las setenta lenguas, [a todos] los rasgos negativos de ellas, se encuentra el deseo de inmoralidad.[16] <Así, todo aquel que> quiebre ese deseo podrá luego, fácilmente, quebrar todos los [otros] deseos.[17]

12. como los huesos en el seno de la que está encinta. Kohelet habla de aquellas cosas que, en la superficie, son conspicuas pero que en esencia están ocultas del hombre. "Así como no sabes cuál es el camino del viento ni cómo los huesos en el seno de la que está encinta, así tampoco puedes conocer la obra de Dios, Quien lo hace todo". Es obvio que la mujer embarazada lleva un niño, pero con solo mirarla no sabemos cuál es su naturaleza. De la misma manera, la persona que está exilada bajo la influencia de los rasgos negativos reconoce que no son deseables y que hay una manera mejor, la Torá. Aun así, ella misma tiene dificultades para seguir el camino de la Torá, dado que éste le está oculto. También en nuestro contexto, cuando el alma de la persona está en un estado de *ibur*, la Torá le está oculta.

13. Yo me ocultaré...setenta lenguas. Dios les advierte a los judíos que si continúan pecando, Él Se ocultarán de ellos. Con el versículo previo el Rebe Najmán demostró que ciertos conocimientos de la Torá están ocultos del hombre, de modo que su alma se encuentra en un aspecto de embarazo, aunque la persona no haya pecado. Hay obstáculos que debe superar para llegar a merecer su revelación. Con este versículo el Rebe agrega otra forma de ocultamiento, aquel que proviene de la persona que ha caído bajo la influencia de los rasgos negativos. Ambos conceptos indican la necesidad de un "nacimiento", una revelación de Divinidad que se produce cuando la persona supera los obstáculos que le impedían alcanzarla.

14. Pues la cáscara precede al fruto...primero quebrar la cáscara. Las *klipot*, en la terminología Kabalista las "fuerzas del mal", significan literalmente "cáscaras". A lo largo de las enseñanzas sagradas las *klipot* (singular: *klipá*) son conocidas como "materia sobrante" (*siguim*) pues no tienen un valor intrínseco ni utilidad alguna. Tomemos por ejemplo la cáscara de la nuez o del huevo; aunque sirva para proteger aquello que es de valor, la cáscara misma no tiene ningún uso de modo que es retirada y descartada. Esta *klipá*, que precede al fruto y lo protege mientras se desarrolla pero que más tarde debe ser quebrada, es equiparada con el exilio que es necesario pasar primero, antes de merecer una revelación de Torá. Ese exilio precede a la revelación, *la permite*, pero finalmente debe ser quebrado y superado. El Ari ve esto como el significado interno del versículo (Génesis 36:31), "Estos son los reyes que gobernaron en la tierra de Edom antes de que gobernase algún rey sobre los Hijos de Israel". Centrándose en la palabra "antes", el Ari explica que Esaú tenía que preceder a Iaacov en el nacimiento, al igual que sus descendientes, los Edomitas, tuvieron que establecer una monarquía anterior a los judíos. De la misma manera, el Rebe Najmán enseña que la persona debe pasar por el exilio,

וּבִשְׁבִיל זֶה, מֹשֶׁה רַבֵּנוּ, לְפִי שֶׁהוּא כְּלָל שֶׁל הִתְגַּלּוּת הַתּוֹרָה, שֶׁהוּא בְּחִינַת דַּעַת, כִּי הַתּוֹרָה נִקְרָא רֵאשִׁית דַּעַת (משלי א). גַּם אִיתָא, **מֹשֶׁה רַבֵּינוּ** עוֹלֶה בְּגִימַטְרִיָּא **תַּרְיַ"ג** (ספר הקנה יב; רוקח סימן רצו; מגלה עמוקות אופן קיג), שֶׁהוּא כְּלָלוּת כָּל הַתּוֹרָה. וּבִשְׁבִיל זֶה הָיָה צָרִיךְ לְפָרֵשׁ אֶת עַצְמוֹ מִכֹּל וָכֹל, כְּמוֹ שֶׁכָּתוּב (דברים ה): "וְאַתָּה פֹּה עֲמֹד עִמָּדִי".

וּבִלְעָם, שֶׁהָיָה כְּנֶגֶד מֹשֶׁה בַּקְּלִפָּה, כְּמוֹ שֶׁכָּתוּב (במדבר כד): "וְיוֹדֵעַ דַּעַת עֶלְיוֹן". גַּם אוֹתִיּוֹת **בִּלְעָם** מְרַמְּזִין שֶׁהוּא בַּקְּלִפָּה כְּנֶגֶד הַתּוֹרָה, כִּי ב' הִיא הַתְחָלַת הַתּוֹרָה, וְל' הִיא סוֹף הַתּוֹרָה, וְע' כְּנֶגֶד שִׁבְעִים פָּנִים, וּמ' כְּנֶגֶד אַרְבָּעִים יוֹם שֶׁנִּתְּנָה תוֹרָה.

habían recibido la orden de aumentar su pureza para el momento en el cual recibirían la Torá, entonces él, Moshé, que podía ser llamado para conversar con Dios en cualquier momento, debía mantenerse siempre en un estado de elevada pureza. Dios elogió a Moshé por ello y le dijo, "Diles [a los judíos] que retornen a sus tiendas, pero tú permanece aquí Conmigo". Es decir, los judíos debían retornar a sus hogares, a sus obligaciones maritales, mientras que Moshé debía continuar absteniéndose (*Shabat* 87a). En nuestro contexto, para que el pueblo judío pudiera llegar a merecer la Revelación se vio obligado a subyugar su deseo sexual. Ello podía lograrlo absteniéndose durante un cierto período. Pero Moshé, que podría recibir revelaciones de manera continua, fue obligado a mantenerse completamente puro, absteniéndose incluso de lo permitido. En ese sentido, la pureza de Moshé lo hizo la encarnación de la revelación de la Torá en su plenitud.

22. Bilaam...la contraparte de Moshé.... Las Escrituras dicen que "Nunca se levantó en Israel un profeta como Moshé..." (Deuteronomio 34:10). Nuestros Sabios enseñaron: En Israel nunca se levantó otro profeta como Moshé, pero entre las naciones hubo un profeta así – Bilaam (*Ialkut Shimoni* #966). Éste es el concepto que el Rebe Najmán mencionó anteriormente: "Dios hizo uno en contraste con el otro". Bilaam alcanzó un nivel de profecía igual al de Moshé. Sin embargo, él traía su profecía a través de las fuerzas del mal, desde el ámbito de la impureza y usaba su conocimiento para propagar la impureza y el mal.

23. conoce el daat del Altísimo. Las Escrituras dicen esto al describir el nivel de percepción mística de Bilaam. Al entrar en un estado de trance meditativo podía alcanzar el nivel más elevado de *Daat* (Conocimiento) y percibir así la voluntad de Dios. En ese sentido, Bilaam, al igual que Moshé, personificaba la cualidad de *daat*. Sin embargo, él era la contraparte de Moshé, cuyo aspecto es el *daat* de santidad.

24. Bet. Génesis comienza con la palabra *Bereshit*, así la primera letra es una *Bet*.

25. Lamed.... Deuteronomio concluye con la palabra *israeL*, y así la letra final es una *Lamed*.

26. Ain.... Explicado más arriba, en la sección 1.

Es por esto que Moshé Rabeinu, quien es la encarnación de la revelación de la Torá[18] –siendo él un aspecto de *daat* (conocimiento unificador y conciencia de Dios), pues la Torá es llamada "el comienzo de *daat*" (Proverbios 1:7);[19] y, como es sabido, *MoShé RaBeINU* tiene el mismo valor que *TaRIaG*, que engloba toda la Torá[20]– de acuerdo a ello tuvo que separarse completamente, como está escrito (Deuteronomio 5:28), "pero tú permanece aquí Conmigo".[21]

Pero Bilaam –que es la contraparte de Moshé dentro de las fuerzas del mal,[22] como está escrito (Números 24:16), "que conoce el *daat* del Altísimo";[23] y también las letras [del nombre] *BiLAaM* aluden al hecho de que es la contraparte de la Torá dentro de las fuerzas del mal, pues la *Bet*[24] es el comienzo de la Torá, la *Lamed* es el final de la Torá,[25] la *Ain* corresponde a los *ain* (70) rostros,[26] y la *Mem* corresponde a los

---

18. Moshé Rabeinu...encarnación de la revelación de la Torá. El Rebe Najmán trae ahora pruebas, a partir de varias figuras bíblicas, de que la revelación de la Torá debe ser precedida por la pureza. Comienza con Moshé. Primero el Rebe demuestra que Moshé es la encarnación de la revelación de la Torá, pues en verdad la Torá se le reveló al mundo a través de él. Luego completa la prueba demostrando que Moshé ejemplifica la cualidad de la pureza.

19. el comienzo de daat. El primer elemento que conecta a Moshé con la Torá es el hecho de que ambos son aspectos de *daat*. En la Kabalá, el Ari enseña que Moshé corresponde a *Daat* de *Zeir Anpin* (*Etz Jaim* 32:1; ver *Likutey Moharán* I, 15:3, n.16). El que la Torá también corresponda a *daat* lo sabemos a partir de las Escrituras, que conectan los dos elementos en la frase, "el comienzo de *daat*". El Midrash enseña que la palabra "comienzo" (*reshit*) alude a la Torá (*Bereshit Rabah* 1:1). Así el comienzo/Torá es sinónimo de *daat*. Por lo tanto, como dice el Rebe Najmán, Moshé (*daat*) es la encarnación de la Torá (*daat*). En otra instancia (*Likutey Moharán* I, 20:10), el Rebe enseña que clamar a Dios trae una revelación de *daat*. En nuestro contexto, ésta es el alma en el exilio que clama setenta veces, lo que lleva a la revelación de la Torá, de *daat*.

El versículo completo de Proverbios dice: "El temor a Dios es el comienzo de *daat*". Rashi explica que el primer paso en el servicio a Dios es el temor al Cielo, que lleva al verdadero estudio de la Torá y a *daat*. Esto se une con lo que el Rebe Najmán enseña más adelante en la lección, concerniente al temor al Cielo que viene con el recitado del *Shemá* (§3).

20. MoShé RaBeINU...TaRIaG...Torá. El *Megalé Amukot* (#113) enseña que el valor numérico de "Moshé Rabeinu" (משה רבינו) es *TaRIaG* 613 (תריג). Hay 613 mitzvot en la Torá. Moshé corresponde así a toda la Torá.

21. permanece aquí Conmigo. Con esto el Rebe Najmán completa la conexión entre la revelación de la Torá y la pureza tal cual está ejemplificada en Moshé Rabeinu. Antes de la recepción de la Torá, los judíos recibieron la orden de abstenerse de tener relaciones maritales durante un periodo de tres días (Éxodo 19:15). El Talmud enseña que ello tenía el objetivo de que los judíos estuviesen en un estado superior de pureza para la Revelación. De ahí en adelante Moshé se abstuvo completamente de las relaciones maritales. Él concluyó que si los judíos

וּמֵחֲמַת שֶׁהוּא בַּקְּלִפָּה, לְפִיכָךְ הוּא מֻשְׁקָע בַּתַּאֲוָה הַזֹּאת בְּיוֹתֵר, כְּמוֹ שֶׁכָּתוּב (שם כב): "הַהַסְכֵּן הִסְכַּנְתִּי".

גַּם יוֹסֵף קֹדֶם שֶׁהָיְתָה לוֹ הִתְגַּלּוּת בַּתּוֹרָה, הַיְנוּ חָכְמָה בִּינָה, כְּמוֹ שֶׁכָּתוּב (תהלים קיא): "רֵאשִׁית חָכְמָה", כִּי "אִם לַבִּינָה תִקְרָא" (משלי ב). וְקֹדֶם שֶׁזָּכָה לְהִתְגַּלּוּת הַתּוֹרָה, הֻצְרַךְ לָבוֹא בְּנִסָּיוֹן בְּצֵרוּף בְּתוֹךְ הַתַּאֲוָה הַכְּלָלִיּוּת שֶׁל שִׁבְעִים לָשׁוֹן הַנַּ"ל. וְעַל־יְדֵי שֶׁעָמַד בַּנִּסָּיוֹן וְשָׁבַר הַקְּלִפָּה שֶׁקָּדְמָה לַפְּרִי, זָכָה לַפְּרִי. הַיְנוּ לְהִתְגַּלּוּת הַתּוֹרָה, שֶׁהִיא חָכְמָה וּבִינָה, כְּמוֹ שֶׁכָּתוּב (בראשית מא): "אֵין נָבוֹן וְחָכָם כָּמוֹךָ":

y el concepto de "70" mencionado más arriba]. De este modo Bilaam era "uno cuyo ojo está abierto" (Números 24:16), concerniente a lo cual enseña el *Zohar* (III, 63b): "Lo que miraba Bilaam quedaba maldito". Su inmoralidad producía en él un mal ojo (*Torat Natán* #3).

29. Iosef. El Rebe Najmán trae ahora el ejemplo de Iosef para demostrar que la pureza en temas sexuales lleva a la revelación de la Torá/*daat*.

30. revelación de Torá...Jojmá y Biná.... Antes de explicar la conexión de Iosef con la revelación de la Torá, el Rebe Najmán trae dos textos de prueba, uno conectando la Torá con *Jojmá* (Sabiduría) y el otro conectándola con *Biná* (comprensión). Como se explicó más arriba (ver n.19), la Torá es *reshit* (comienzo). De aquí su conexión con Jojmá, como en "*Reshit jojmá* (El comienzo de la sabiduría)". La Torá es también *Biná*, pues el versículo "Si llamas a *Biná* comprensión" se está refiriendo a la Torá. Estas pruebas no contradicen lo que se dijo más arriba, que la Torá es un paralelo de *Daat*. Como explican los kabalistas, *Daat* es una cuasi *sefirá* formada por una confluencia de *Jojmá* y *Biná*. Así, la revelación de Torá, de *Jojmá* y *Biná*, es sinónimo de una revelación de *Daat*.

31. tuvo que ser probado...setenta lenguas. Esto fue cuando Iosef rechazó los avances de la esposa de su amo (Génesis 39:7-12), fue probado con la inmoralidad, el rasgo negativo global.

32. mereció el fruto. Como el Rebe Najmán explicó anteriormente, para disfrutar del fruto la persona debe primero pasar la prueba mediante la cual quiebra la cáscara que lo rodea (§1, n.14). Iosef estaba destinado a la grandeza, a ser el virrey de Egipto y líder de sus hermanos mientras estuviesen en Egipto. Sin embargo, para ganarlo tuvo que pasar por su propio exilio personal en Egipto y ser probado en su compromiso con la pureza sexual.

33. comprensión y sabiduría.... En un nivel más profundo, la grandeza a la cual estaba destinado Iosef era una revelación de Torá. En ello se basaba la importancia de ser probado en el cuidado del *brit* y en ganar el apodo de "Tzadik" (ver nota 7 en la Lección #34, donde esto se explica en profundidad). También es el significado profundo de la alabanza del faraón a Iosef: "no hay nadie que tenga tanta *Jojmá* y *Biná* como tú". Iosef había alcanzado *Jojmá* y *Biná* –una revelación de Torá– al vencer el deseo de inmoralidad. Así, al igual que Moshé, Iosef es un ejemplo de cómo la revelación de la Torá y la pureza van de la mano.

mem (40) días en los que fue dada la Torá²⁷– dado que él se encontraba hundido en las fuerzas del mal, estaba por lo tanto extremadamente inmerso en ese deseo, como está escrito (Números 22:30), "¿He tenido el hábito de hacer contigo de esta manera?".²⁸

También Iosef,²⁹ antes de acceder a una revelación de Torá –i.e., *Jojmá* y *Biná*, como está escrito, "El comienzo de la sabiduría" (Salmos 111:10), pues "Si llamas a la comprensión" (Proverbios 2:3)³⁰– tuvo que ser probado y refinado dentro del mencionado deseo abarcador de las setenta lenguas.³¹ Al superar la prueba y quebrar la cáscara que precedía al fruto, mereció el fruto³² – i.e., la revelación de Torá, que es *Jojmá* y *Biná*, como está escrito (Génesis 41:39), "no hay nadie que tenga tanta comprensión y sabiduría como tú".³³

---

27. Mem…la Torá. Como en Éxodo 24:18, "Moshé permaneció en la montaña durante cuarenta días y cuarenta noches".

Explica el rabí Natán: Bilaam, como la contracara de Moshé y el paralelo en la Torá en el ámbito del mal, quería negar la Torá –desde la *bet* hasta la *lamed*– y sustraerla a los judíos…. Más aún, todo aquel que quiera negar la Torá es conceptualmente similar a Bilaam. Y, agrega el rabí Natán: Todo aquel que tenga un mínimo de inteligencia comprenderá que nadie podría haber formulado y revelado a partir de su propia mente una obra tan sagrada como la Torá. Tiene que provenir de Dios; y sólo a través de Moshé, el profeta a quien el Santo, bendito sea, le habló de manera directa. Esto es especialmente así con respecto a todos los tremendos misterios de la Torá que fueron revelados a través de los Sabios Talmúdicos y de los individuos rectos de las generaciones posteriores. Es evidente que un espíritu Divino habló a través de esos santos Tzadikim. Pues es imposible revelar tal profundidad mediante la mente humana. Todos los setenta rostros de la Torá que han sido revelados mínimamente y todo lo que Moshé pasó durante sus tres estadías de cuarenta días en el cielo sin comer ni beber, al igual que todos los otros milagros que acompañaron la Revelación – todos son testimonios del diseño Divino de la Torá y del nivel espiritual único de Moshé. Así, todo aquel que oculte la Torá y niegue su verdad se equipara a Bilaam, quien, como la contraparte de la Torá/Moshé, buscó minarla en todos sus aspectos y niveles (*Torat Natán* #2).

28. extremadamente inmerso…manera. Relata el Talmud que cuando aquellos que acompañaban a Bilaam le preguntaron por qué había elegido cabalgar en su mula en lugar de utilizar un caballo, Bilaam les respondió que su caballo estaba en el campo. La mula de Bilaam lo refutó, diciendo que Bilaam siempre la llevaba y la mantenía cerca. Nuestros Sabios explican que cuando la mula dijo "*hahasken hiskanti* (he tenido el hábito)", estaba aludiendo a Bilaam que tenía el hábito de dedicarse al bestialismo con ella (*Sanedrín* 105b). De aquí aprendemos que Bilaam, aunque era capaz de alcanzar un exaltado nivel de profecía, estaba hundido en los niveles más bajos de la inmoralidad. Estaba totalmente inmerso en el mal deseo global de las setenta naciones. El rabí Natán agrega que un mal ojo (buscando siempre lo malo en los demás) es conceptualmente un aspecto de un Pacto dañado – el rasgo negativo global [de las *ain* (70) naciones. Aquí es necesario saber que la palabra hebrea para "ojo" es ain (עין), que en hebreo es también la letra ע, que tiene el valor numérico de 70. Esto subraya la conexión entre los ojos

וּבִשְׁבִיל זֶה דָּרְשׁוּ חֲכָמֵינוּ זִכְרוֹנָם לִבְרָכָה (ברכות יב:) עַל פָּסוּק: "אַחֲרֵי לְבַבְכֶם" וְכוּ', (אַחֲרֵי לְבַבְכֶם - זֶהוּ מִינוּת. וְאַחֲרֵי עֵינֵיכֶם - זוֹ נִאוּף). גַּם שִׁמְשׁוֹן הָלַךְ אַחַר עֵינָיו (שם, וסוטה ט:), גַּם בִּלְעָם נִקְרָא "שְׁתוּם הָעָיִן" (במדבר כד) מֵחֲמַת שֶׁהוּא כְּלָלִיּוּת מִדָּה רָעָה שֶׁל מִדּוֹת רָעוֹת שֶׁל הַשִּׁבְעִים לָשׁוֹן:

ג. לְפִיכָךְ כְּשֶׁקּוֹרִין פָּסוּק רִאשׁוֹן שֶׁל קְרִיאַת־שְׁמַע, צָרִיךְ לְהַעֲצִים אֶת עֵינָיו, בִּבְחִינַת: 'עוּלֵימְתָּא שַׁפִּירְתָּא דְּלֵית לָהּ עֵינִין' (סבא

Shimshon, por otro lado, fue cegado de ambos ojos. Como juez y líder de su pueblo, fue medido con una vara más estricta. Al extraviarse detrás de sus ojos, trajo el daño a los dos aspectos de los ojos – la inmoralidad (como se explica más arriba) y también una caída desde los setenta rostros de la Torá.

37. lenguas. Resumen: Cada alma está enraizada en la Torá, que tiene el poder de contrarrestar los rasgos negativos y su influencia. Pero para alcanzar una mayor revelación de Torá y de Divinidad, uno debe pasar por el exilio – ser probado en los rasgos negativos de las setenta naciones (§1). La inmoralidad es el rasgo negativo global de las setenta naciones. Subyugar la lujuria le permite a la persona vencer más fácilmente todos los otros rasgos negativos. Uno merece entonces *daat* – i.e., revelaciones de Torá (§2).

38. Keriat Shemá. Hay varios aspectos del *Keriat Shemá* que se relacionan con la lección: El versículo de apertura del *Shemá* es la afirmación del pueblo judío de nuestra fe en la Unidad de Dios, incluyendo la aceptación de Su absoluta soberanía (*kabalat ol Maljut Shamaim* – aceptación del yugo del Reinado del Cielo). Aceptar el Reinado eterno de Dios, el yugo de Su Torá, es tener temor al Cielo. Esto en contraste con aceptar la autoridad humana y/o perseguir la existencia material bajo el yugo de los rasgos negativos y del exilio. Por lo tanto, cada vez que recitamos el *Shemá* – el versículo "*Shemá Israel IHVH Eloheinu IHVH Ejad* - Oye, Israel, Dios es nuestro Señor, Dios es Uno" (Deuteronomio 6:4), junto con la afirmación "*Baruj shem kvod maljutó leolam vaed* - Bendito sea el nombre de Su glorioso Reinado por toda la eternidad" (ver notas 41, 47) – estamos despertando nuestro temor al Cielo y aceptando la absoluta autoridad de Dios. Esto es así tanto al decir el *Shemá* como parte de las plegarias diarias de la mañana y de la noche, como al sentir la necesidad de reafirmar nuestra fe. (Nota: Salvo que esté indicado de otra manera, las referencias al "*Shemá*" en estas notas se relacionan específicamente al primer versículo y al párrafo que lo acompaña).

A partir de lo que el Rebe Najmán enseña aquí podemos apreciar mejor por qué nuestros Sabios agregaron el pasaje de los tzitzit (Números 15:37-41) al recitado diario del *Keriat Shemá*. Este pasaje contiene el versículo citado arriba (§2, n.34), "Tras sus ojos...", que nos exhorta a alejarnos de la inmoralidad.

39. cierra los ojos. La persona debe cerrar y cubrir sus ojos con la mano derecha al recitar el primer versículo del Shemá para no ser perturbada (*Oraj Jaim* 61:5, *Mishná Brurá*, op. cit.).

40. hermosa doncella carente de ojos. El *Zohar* (II, 95a) habla de cierto *Saba* (anciano) quien se expresaba con acertijos tales que incluso los discípulos del rabí Shimón bar Iojai tenían

Éste es el motivo por el cual nuestros Sabios (*Berajot* 12b) expusieron el versículo "Tras sus corazones…" (Números 15:39). {"Tras sus corazones" es la herejía; "tras sus ojos" es la inmoralidad}.[34] También Shimshon fue tras sus ojos.[35] De la misma manera, Bilaam fue llamado "aquel cuyo ojo está abierto" (ibid. 24:3),[36] pues él es el rasgo malo abarcador de los rasgos malos de las setenta lenguas.[37]

3. Por lo tanto, al recitar el primer versículo del *Keriat Shemá*,[38] la persona debe cerrar los ojos,[39] correspondiente a "una hermosa doncella carente de ojos".[40] Ello se debe a que la rectificación de los

---

34. Tras sus corazones es la herejía…tras sus ojos es la inmoralidad. Seguir al corazón lleva a la herejía pues el corazón, como el asiento de las emociones, es donde uno acepta (o rechaza) el yugo del Cielo. Seguir tras los ojos lleva a la inmoralidad porque sólo después de ver algo uno lo desea. Por lo tanto el versículo advierte, "Y serán para ustedes como tzitzit y cuando los vean recordarán todos los mandamientos de Dios para guardarlos. No irán entonces tras sus corazones ni tras sus ojos". De este modo enseña el Talmud (*loc. cit.*) que los tzitzit sirven como un recuerdo constante de todas las mitzvot y evitan que la persona caiga en puntos de vista heréticos y en la inmoralidad. También podemos comprender a partir de ello por qué los Sabios llaman al corazón y a los ojos "agentes del pecado". Los ojos ven y el corazón desea y ello lleva a los pensamientos y a las acciones que consuman las transgresiones. Mientras que Dios dice, "Si ustedes Me dan su corazón y sus ojos, entonces sabré que son Míos" (*Ierushalmi, Berajot* 1:5).

Esta cita del pasaje Talmúdico al cual hace referencia el Rebe Najmán fue agregada por el rabí Natán y no estaba en el texto original del Rebe. Con ello, el Rebe demuestra la conexión entre el deseo sexual y el concepto de los ojos. Así el *ain*-ojo, como un aspecto de la inmoralidad, lleva a la persona al rasgo negativo global de las setenta naciones/lenguas. Y por el contrario, cuando es santificado, venciendo a la inmoralidad, el mismo *ain*-ojo lleva a la persona hacia revelaciones de los setenta rostros de la Torá.

35. También Shimshon fue tras sus ojos. Shimshon fue un juez y líder del pueblo judío que luchó con éxito en contra de los filisteos. Aun así, cuando se extravió tras las mujeres filisteas sufrió una derrota ignominiosa (Jueces 13-16). Dicen nuestros Sabios: Shimshon fue tras sus ojos, por lo tanto los filisteos le sacaron los ojos (*Sotá* 9b). En nuestro contexto, la caída de Shimshon en la inmoralidad y el ser llevado cautivo por los filisteos indican su descenso al exilio. Al ir tras su *ain* (ojo) y sucumbir al rasgo negativo global de las *ain* (70) naciones, cayó desde los setenta rostros de la Torá y fue incapaz de juzgar a su pueblo o de seguir guiándolo a través de nuevas revelaciones de Torá.

36. cuyo ojo está abierto. Rashi ofrece dos explicaciones para el término hebreo *shetum haain*: una posibilidad es que Bilaam, ciego de un ojo, sólo tenía un "ojo abierto"; o que tenía salido el ojo, de modo que el hueco aparecía abierto. De cualquier manera, en nuestro contexto, ello alude al comportamiento inmoral de Bilaam que, al igual que en Shimshon, dio como resultado el daño de su aspecto de *ain*. Sin embargo, la diferencia entre ambos es que Bilaam estaba lejos de la Torá y así su daño estaba en un solo *ain*, el rasgo negativo global de la inmoralidad.

דמשפטים דף צה.). כִּי תִּקּוּן שֶׁל הִרְהוּרֵי זְנוּת שֶׁבָּא לָאָדָם, שֶׁיֹּאמַר 'שְׁמַע' וּ'בָרוּךְ שֵׁם'.

כִּי תַּאֲוַת נִאוּף הִיא בָּאָה מֵעֲכִירַת דָּמִים, הַיְנוּ מִטְחוֹל, שֶׁהִיא לִילִית, שֶׁהִיא שִׁפְחָה בִּישָׁא, אִמָּא דְעֵרֶב רַב. שֶׁהִיא מַלְכוּת הָרְשָׁעָה.

וּמַלְכוּתָא דִּשְׁמַיָּא, הוּא בִּבְחִינַת גְּבִירְתָּא, "אִשָּׁה יִרְאַת ה'". שֶׁהִיא בִּבְחִינַת יָם שֶׁל שְׁלֹמֹה, הָעוֹמֶדֶת עַל שְׁנֵים עָשָׂר בָּקָר, שֶׁהֵם שְׁנֵים

las emociones y de las pasiones (cf. *Likutey Moharán* I, 23, n.11) y el *Zohar* (I, 27b) lo asocia directamente con el comportamiento sexual inmoral. El Rebe Najmán lo conecta así con la inmoralidad.

43. Lilit. Las fuentes tradicionales hablan de Lilit, una de las *klipot* (fuerzas del mal), como la esposa del Satán. El *Zohar* (I, 27b) asocia al bazo y a Lilit con la sangre; el bazo con la sangre turbia y Lilit con la sangre impura de la menstruación. El *Tikuney Zohar* (Agregado 3, p.140a) los conecta directamente: "El bazo es Lilit, la madre de la multitud mezclada, la frivolidad del insensato. ¿Quién es el insensato? Es un otro dios..." (Nota: El Ari advierte que nunca se debe articular este nombre completo pues invoca esa fuerza del mal y lleva al daño. La práctica común es dejar sin pronunciar la letra final).

44. la mala criada...la multitud mezclada...Reinado del Mal. Estas designaciones adicionales para Lilit se encuentran en el *Tikuney Zohar* (*op. cit.* e Introducción, p.15a). Lilit, siendo el aspecto femenino de las *klipot*, es *Maljut* del Mal (para otras conexiones de *Maljut* como el principio femenino ver Apéndice: Las Personas Divinas). Cuando el equilibrio entre el bien y el mal en el mundo es como debe ser, *Maljut* del Mal está subyugado bajo *Maljut* de Santidad. Lilit es entonces una "criada" de su "señora" (ver la nota siguiente). Ella es llamada también "madre de la multitud mezclada", pues las almas de esa multitud –que están unidas a la inmoralidad– están enraizadas en ella.

45. la mujer temerosa de Dios. El último capítulo del Libro de Proverbios del rey Shlomo está dedicado a la alabanza de la *eshet jail* (la mujer de valor), quien es "una mujer temerosa de Dios" y ama de su hogar. En un nivel más profundo, los comentaristas dicen que esto alude a la *Shejiná* (Presencia Divina), quien es *Maljut* de Santidad. Ella cuida de su hogar –i.e., de este mundo inferior en el cual vivimos– y es su señora. Lilit/*Maljut* del Mal, que es su criada, debe estar sujeta a su autoridad; el rasgo de la inmoralidad debe estar dominado por la pureza y el temor al Cielo.

46. el mar de Shlomo que se encuentra sobre doce toros. Entre las cosas que construyó el rey Shlomo para el Santo Templo estaba "el mar que se encuentra sobre doce toros". Ésta era una gran mikve (baño ritual) utilizada por los sacerdotes para purificarse cuando era necesario. El tanque de metal fundido, con su borde circular y su base cuadrada, tenía una capacidad de aproximadamente 70.000 litros. Estaba sustentado por doce toros de bronce, que miraban hacia afuera, tres en cada dirección (Reyes I, 7:23-26). El *Zohar* (I, 241a) habla de ese "mar" como *Maljut* de Santidad que se encuentra sobre doce pilares – i.e., las Doce Tribus de Israel.

pensamientos de lujuria que le llegan a la persona [se produce mediante] el recitado del *Shemá* y *Baruj Shem* <*kvod maljutó leolam vaed* con gran concentración>.[41]

Esto se debe a que el deseo de inmoralidad proviene de la turbidez de la sangre – i.e., del bazo,[42] que es Lilit,[43] la mala criada, la madre de la multitud mezclada, quien es el Reinado del Mal.[44]

Pero el Reinado de <Santidad> corresponde a la dueña de casa, "la mujer temerosa de Dios" (Proverbios 31:30).[45] Ella es un aspecto del mar de Shlomo que se encuentra sobre doce toros,[46] que son las Doce

---

dificultades para comprenderlo (esta sección del *Zohar*, que es un comentario de la porción de Éxodo conocida como *Mishpatim*, es conocida como *Saba de Mishpatim*). El Rebe Najmán cita una frase de uno de los acertijos, concerniente "a una hermosa doncella carente de ojos". Esto es contradictorio; ¿cómo puede ser hermosa si no tiene ojos? (El Rebe Najmán se ocupa de estos acertijos en profundidad en el *Likutey Moharán* I, 62 y 63).

Los comentarios del *Zohar* explican que "la hermosa doncella" hace referencia a *Maljut*, la *Shejiná* (Presencia Divina). *Maljut* también es conocida a veces como Rajel (ver Apéndice: Las Personas Divinas). Las Escrituras dicen que Lea tenía ojos débiles pero que Rajel era hermosa y atractiva (Génesis 29:17). Nada se dice de los ojos de Rajel, de modo que ella es la "hermosa doncella carente de ojos". En la Kabalá, cuando se relaciona esto con la Presencia Divina, indica que *Maljut* (Rajel) no tiene luz propia con la cual iluminar (ver *Zohar* I, 249b). También implica que aunque la Torá es muy hermosa, la gente no aprecia su belleza porque no puede comprender su profundidad (*Matok Midbash, loc. cit.*; esto tendrá su importancia en §5). Otros explican que esta frase hace referencia al *Shemá* (*Nitzutzei Orot, loc. cit.* #1). El *Shemá* se recita con los ojos cerrados, tal que uno no puede ver. Esto corresponde a la fe, cuando falta la claridad de la visión que proviene del conocimiento (ver *Likutey Moharán* I, 62:5). De la misma manera, la persona debe tener fe en Dios y aceptar Su Reinado, aunque no comprenda a Dios ni Sus caminos. Este acto de fe es la aceptación del yugo del Cielo y fortalece el temor al Cielo.

Ver más adelante, sección 8, que el rabí Natán encontró un manuscrito adicional que trata de los temas de esta lección. Allí, el Rebe Najmán menciona la idolatría como equivalente a la inmoralidad. Ello se debe a que la inmoralidad hace que la persona se aleje del *Maljut* de Dios, un acto que es en sí mismo idólatra. Esto se volverá más claro más adelante, donde el manuscrito se presenta traducido como una agregado a la lección.

41. gran concentración. Tanto el versículo de apertura del *Shemá* como la frase recitada inmediatamente después en voz baja: "Bendito sea el nombre de Su glorioso Reinado...", deben ser recitados concentrándose profundamente en el *Maljut* de Dios sobre el cielo y la tierra y sobre los cuatro rincones del mundo.

El Rebe Najmán ahora aclarará las diferencias entre aceptar el gobierno del Maljut de Dios y caer en el exilio bajo el gobierno de los rasgos negativos. Introduce varios conceptos correspondientes, cuyas características en común serán especificadas en las notas.

42. inmoralidad...sangre...bazo.... El bazo es parte del sistema linfático que filtra los excesos del cuerpo. Su función es limpiar el sistema sanguíneo retirando las células sanguíneas usadas y anormales y eliminar de la sangre las partículas irregulares y las bacterias. El bazo así se relaciona con la sangre turbia del cuerpo. La fisiología antigua veía el bazo como el asiento de

עֲשָׂר שִׁבְטֵי יָהּ (זהר ויחי רמא.).
וּכְשֶׁאָדָם מְקַבֵּל עָלָיו עֹל מַלְכוּת שָׁמַיִם בְּאֵלּוּ הַפְּסוּקִים, שֶׁכּוֹלֵל אֶת נִשְׁמָתוֹ בִּשְׁנֵים עָשָׂר שִׁבְטֵי יָהּ, וּמַפְרִישׁ אֶת נִשְׁמָתוֹ מִנִּשְׁמַת עֵרֶב־רַב, הַבָּאִים מֵאִשָּׁה זוֹנָה, שֶׁהִיא שִׁפְחָה בִּישָׁא, שֶׁהִיא בִּבְחִינַת (בראשית טז): "מִפְּנֵי שָׂרַי גְּבִרְתִּי אָנֹכִי בֹּרַחַת", שֶׁהִתְגָּאֲוָה בּוֹרַחַת וְנִפְרֶדֶת מִמֶּנָּה. וְאִם אֵינוֹ מִשְׁתַּדֵּל לְגָרֵשׁ אֶת הָאִשָּׁה זוֹנָה, אֲזַי הוּא בִּבְחִינַת (משלי ל): "שִׁפְחָה תִירַשׁ גְּבִרְתָּהּ".
כִּי בִּשְׁנֵי פְסוּקִים אֵלּוּ, יֵשׁ שְׁתֵּים־עֶשְׂרֵה תֵּבוֹת, נֶגֶד שְׁנֵים־עָשָׂר שִׁבְטֵי יָהּ. וְאַרְבָּעִים וְתֵשַׁע אוֹתִיּוֹת, כְּנֶגֶד אַרְבָּעִים וְתֵשַׁע אוֹתִיּוֹת שֶׁבִּשְׁמוֹת שִׁבְטֵי יָהּ. וּבְקַבָּלַת עֹל מַלְכוּת שָׁמַיִם, הוּא בְּחִינַת יָם

Santidad. En la medida en que se esfuerce por aceptar el *Maljut* de Dios, fortalecerá su fe en Dios (*Torat Natán* #7).

48. separa su alma.... Como se demostró más arriba (n.47) en virtud de su afirmación de fe la persona queda incluida dentro del ámbito de *Maljut* de Santidad, las Doce Tribus. Este Reinado corresponde al "Mar de Shlomó", que era una mikve. El propósito de la mikve es purificar; la persona se sumerge en ella y queda limpia de la impureza espiritual. Lo mismo sucede cuando la persona "se sumerge" en las Doce Tribus, afirmando su fe mediante el *Shemá*. De esa manera se separa de su situación anterior. Se separa de aquellos que han caído bajo el dominio del Reinado del Mal y queda incluida en el Reinado de Santidad.

49. la mala criada. Como se explicó más arriba, nota 44.

50. mi señora Sarai...se separa de ella. Éstas son las palabras de Hagar, la sierva de Sarai (Sara), que huyó de su ama cuando Sarai la trató duramente. En nuestro contexto, Sarai es el ama/temor al Cielo/*Maljut* de Santidad, mientras que Hagar, la madre de Ishmael, es Lilit/la mala criada/la madre de la multitud mezclada y de los rasgos negativos. Cuando Sarai/el temor a Dios ejerce su autoridad, entonces Hagar/los rasgos negativos es subyugada y vencida. Hagar huye.

51. una criada que usurpa a su señora. "Por tres cosas tiembla la tierra y una cuarta no la puede sufrir: Por un esclavo cuando se hace rey, por el vil cuando se harta de alimento, por una mujer odiosa cuando se casa y por una criada que usurpa a su señora" (Proverbios 30:21-23). A partir de las Escrituras queda claro que la última situación, la criada que usurpa a su señora, es la peor de todas. En nuestro contexto, esto hace referencia a la mala criada que suplanta el temor al Cielo y a la moralidad. Como el Rebe Najmán hace notar, la persona que no acepta la autoridad del Reinado de Santidad y el temor al Cielo, ipso facto cae bajo la autoridad del Reinado del mal y de los rasgos negativos.

52. doce palabras...cuarenta y nueve letras.... El Rebe Najmán ahora demuestra cómo el *Shemá* mismo corresponde al Reinado de Santidad, a las Doce Tribus. La esencia del Shemá

Tribus de Dios.⁴⁷

De modo que cuando, mediante esos versículos, la persona acepta sobre sí el yugo del Reinado del Cielo, con lo cual su alma queda incluida en las Doce Tribus de Dios, separa su alma del alma de la multitud mezclada,⁴⁸ que surge de la mujer promiscua, de la mala criada.⁴⁹ <Entonces, ella> está en el aspecto de "Estoy huyendo de mi señora Sarai" (Génesis 16:8) – el deseo huye y se separa de ella.⁵⁰ Pero si no se ocupa de expeler a la mujer promiscua, entonces <Dios no lo permita, produce> el aspecto de "una criada que usurpa a su señora" (Proverbios 30:23).⁵¹

Pues en esos dos versículos hay doce palabras, paralelas a las Doce Tribus de Dios. Y hay cuarenta y nueve letras, paralelas a las cuarenta y nueve letras en los nombres de las Tribus de Dios.⁵² Al aceptar el yugo

---

47. doce toros...Doce Tribus de Dios. En su lecho de muerte, Iaacov estaba por revelarles a sus doce hijos el tiempo de la Redención Final cuando de pronto el espíritu de profecía lo abandonó. Esto lo inquietó, pues Iaacov supuso que sus hijos no eran suficientemente temerosos de Dios y que por lo tanto no merecían tal revelación. Las Doce Tribus afirmaron su fe en la Unidad de Dios y en la aceptación de Su *Maljut* al proclamar el versículo *Shemá*. Iaacov, a su vez, respondió con las palabras *Baruj shem*.... Sus temores se disiparon y Iaacov entonces los bendijo (ver *Pesajim* 56a). Al equiparar los doce pilares que sustentan a *Maljut* de Santidad con las Doce Tribus, el *Zohar* (I, 241a) indica que todo aquello que está dentro del ámbito de las Doce Tribus se encuentra dentro del Reinado de Santidad. Por lo tanto, así como las Doce Tribus merecieron la bendición debido a su fe, todos aquellos que afirman su fe al recitar el *Shemá* están incluidos dentro del Reinado de Santidad (*Torat Natán* #6). Esto se alinea con lo que se enseñó más arriba, que las setenta almas básicas están, en sí mismas, enraizadas en las doce almas de las Doce Tribus, el Reinado de Santidad (n.2). El Rebe Najmán pronto demostrará la conexión entre el *Shemá* y las Doce Tribus.

En nuestro contexto, el rey Shlomo personifica el Reinado de Santidad; bajo su soberanía reinó la paz y fue construido el Santo Templo. El nombre *ShLoMo* no sólo se asemeja a *ShaLoM* (paz), sino también al término hebreo para plenitud y perfección, *ShaLeM*, indicando que él había conquistado sus rasgos negativos y se había perfeccionado (ver la Lección #35:1 y n.16). En otra instancia, el Rebe Najmán enseña que el Templo corresponde a *daat* – cuando el templo está en pie, prevalece el conocimiento sagrado (*Likutey Moharán* I, 13:1; ibid. 25:3). Esto es como el Rebe enseñó más arriba, que *daat* corresponde a la revelación de la sabiduría de la Torá, una predominancia de conocimiento sagrado que se produce cuando uno conquista los rasgos negativos. El "Mar de Shlomo" es así también el "mar de la sabiduría" (ver *Zohar* I, 259b). De aquí aprendemos que la persona sólo puede obtener *daat*/revelaciones de Torá cuando perfecciona sus rasgos y posee verdadero temor al Cielo.

El rabí Natán hace notar que las Doce Tribus también engloban los diferentes conceptos del tiempo: los doce meses, las doce horas del día y las doce horas de la noche. Esto sugiere que en cualquier momento –sin excepción– la persona puede tomar sobre sí el yugo del Reinado de

שֶׁל שְׁלֹמֹה, הוּא נִפְרָד מִנִּשְׁמוֹתֵיהֶן דְּעֵרֶב־רַב, שֶׁהִיא שִׁפְחָה בִּישָׁא, אִשָּׁה זוֹנָה, וְנִכְלָל בְּנִשְׁמוֹת שִׁבְטֵי יָהּ, בִּבְחִינַת אִשָּׁה יִרְאַת ה'. אֲזַי הוּא בִּבְחִינַת סְגִירַת עֵינַיִם בִּשְׁעַת קַבָּלַת עֹל מַלְכוּת שָׁמַיִם, לְהוֹרוֹת שֶׁעַל־יְדֵי קַבָּלַת עֹל מַלְכוּת שָׁמַיִם, הוּא בִּבְחִינַת עוּלֵימְתָּא שַׁפִּירְתָּא דְּלֵית לָהּ עֵינִין, שֶׁהִיא הַתַּאֲוָה שֶׁכּוֹלֶלֶת הַמִּדּוֹת רָעוֹת שֶׁל שִׁבְעִים לְשׁוֹנוֹת:

ד. וְכָל זֶה כְּשֶׁיֵּשׁ לוֹ לָאָדָם הִרְהוּר בְּאַקְרָאִי בְּעָלְמָא, אֲזַי דַּי לוֹ בַּאֲמִירַת שְׁנֵי פְּסוּקִים הַנַּ"ל. אֲבָל אִם הוּא, חַס וְשָׁלוֹם, רָגִיל בְּהִרְהוּר שֶׁל הַתַּאֲוָה הַכְּלָלִיּוּת, רַחֲמָנָא לִצְלָן, וְאֵינוֹ יָכוֹל לְהַפְרִיד מִמֶּנָּה, אֲזַי צָרִיךְ גַּם כֵּן לְהוֹרִיד דְּמָעוֹת בִּשְׁעַת קַבָּלַת מַלְכוּת שָׁמַיִם.

de Santidad uno debe recitar el *Shemá*, aceptando así el yugo del *Maljut* de Dios. El *Shemá* corresponde a las Doce Tribus de Dios, de modo que al recitarlo, el alma se separa de los rasgos negativos y queda en su lugar bajo el dominio de la santidad (§3).

55. Ahora bien, todo esto.... Como se explicó, mediante estos versículos, que encarnan la aceptación del Reinado de Santidad uno anula los rasgos negativos y especialmente el apego al rasgo negativo global de la inmoralidad.

56. derramar lágrimas.... El Rebe Najmán explicará ahora por qué derramar lágrimas es necesario y cómo ayuda. Sin embargo con ello se presenta la dificultad de establecer un tiempo específico para derramar lágrimas. La mayor parte de la gente no puede hacerlo así; llorar desde el corazón no es algo que la mayor parte de la gente puede hacer de manera espontánea y voluntaria. Si es así, ¿cómo es posible beneficiarse del consejo del Rebe y derramar lágrimas al recitar el *Shemá*? Los jasidim de Breslov han sugerido que cuando la persona que conoce la enseñanza del Rebe se encuentra llorando y derramando lágrimas, debe rápidamente recitar el *Shemá*. Eso la ayudará a liberarse del deseo global. Podemos comprender mejor esto cuando recordamos que, para dejar el exilio, uno debe clamar a Dios setenta veces (§1). Si reconoce su exilio personal bajo el dominio de los rasgos negativos y clama a Dios con plegarias y súplicas para ser salvado de esa amarga existencia, podrá derramar lágrimas más fácilmente. En tales momentos, deberá recitar el *Shemá* y afirmar su fe en Dios (*tradición oral*).

Esta práctica de llorar ante Dios así sea de manera espontánea o en un momento determinado es parte de la plegaria privada en reclusión conocida en las enseñanzas del Rebe Najmán como *hitbodedut*. La práctica del *hitbodedut* se explica más detalladamente en *Expansión del Alma* (en el libro *Meditación, Fuerza Interior y Fe*); *Bajo la Mesa*, Capítulo 6; *Cruzando el Puente Angosto*, Capítulo 9; *Donde la Tierra y el Cielo se Besan*. Ver también Lección #34, donde el *hitbodedut* es un tema central.

del Reinado del Cielo <con los dos versículos que son> un aspecto del Mar de Shlomo, se desconecta de las almas de la multitud mezclada/la mala criada/la mujer promiscua, y queda incluido en las almas de las Tribus de Dios, un aspecto de "la mujer temerosa de Dios".[53]

Éste es un aspecto de cerrar los ojos al aceptar el yugo del Reinado del Cielo, para demostrar que al aceptar el yugo del Reinado del Cielo uno está en el aspecto de "una hermosa doncella que no tiene ojos" – [siendo los ojos] el deseo que abarca los malos rasgos de las setenta lenguas.[54]

4. Ahora bien, todo esto es así cuando la persona tiene un pensamiento [lujurioso] de manera ocasional. Entonces, es suficiente con recitar los dos versículos mencionados más arriba.[55] Pero si, Dios no lo permita, tiene regularmente esos pensamientos sobre el deseo abarcador y no puede deshacerse de ellos, entonces también deberá derramar lágrimas al aceptar el yugo del Reinado del Cielo.[56]

---

son los dos versículos: *SheMA ISRaEL IHVH ELoHeINU IHVH EJaD* y *BaRUJ SheM KVOD MaLJUTO LeOLaM VaED*. Las doce palabras en esos dos versículos (6 + 6) son un paralelo del número de Tribus de Dios y su total de 49 letras (25 + 24) es equivalente al total de letras en los nombres de las Doce Tribus. Así las Doce Tribus, que corresponden a *Maljut* de Santidad (como se explicó más arriba, n.47), están aludidas en los versículos centrales del Shemá. La persona que recita esos versículos con una gran concentración se incluye por lo tanto en el Reinado de Santidad.

53. Al aceptar...Mar de Shlomo, se desconecta.... Como se explicó, el Mar de Shlomo, la mikve, separa entre la impureza y la pureza (ver n.48). Así, al aceptar sobre uno el Reinado de Santidad, que corresponde al Mar de Shlomo, uno inmediatamente se separa del Reinado del Mal y de todos sus aspectos y, por otro lado se une a todos los aspectos correspondientes de la santidad.

54. cerrar los ojos...de las setenta lenguas. Como se explicó más arriba (ver el segundo párrafo de la n.34), los ojos son *ain*, correspondientes a las setenta lenguas, los setenta rasgos negativos. Cuando la persona acepta el yugo del Cielo, cierra su *ain*-ojo – i.e., sus setenta rasgos negativos y los vence. Se compara entonces con "la hermosa doncella carente de ojos", sin traza alguna de los rasgos negativos que surgen de las setenta naciones (*Torat Natán* #5).

Resumen: Cada alma está enraizada en la Torá, que tiene el poder de contrarrestar los rasgos negativos y su influencia. Pero para alcanzar una mayor revelación de Torá y de Divinidad, uno debe pasar por el exilio – ser probado en los rasgos negativos de las setenta naciones (§1). La inmoralidad es el rasgo negativo global de las setenta naciones. Subyugar la lujuria le permite a la persona vencer más fácilmente todos los otros rasgos negativos. Uno merece entonces *daat* – i.e., revelaciones de Torá (§2). Para vencer al Reinado del Mal y quedar incluido en el Reinado

כִּי אִיתָא, שֶׁהַדְּמָעוֹת הֵם מִמּוֹתָרוֹת הַמָּרָה שְׁחוֹרָה, וּמָרָה שְׁחוֹרָה הִיא טְחוֹל (תיקון נו), שֶׁהִיא בְּחִינַת מַלְכוּת הָרְשָׁעָה, אִשָּׁה זוֹנָה, שֶׁמְּשַׁמֵּשׁ נְשָׁמוֹתֵיהֶן דְּעֵרֶב־רַב. וּכְשֶׁמּוֹרִיד דְּמָעוֹת, אֲזַי נִדְחִין וְיוֹצְאִין לַחוּץ הַמּוֹתָרוֹת. הַיְנוּ הַתַּאֲווֹת נָאוּף, הַבָּאִים מֵעֲכִירַת דָּמִים שֶׁל טְחוֹל, וּמֵהַמּוֹתָרוֹת, וְכוֹלֵל נִשְׁמָתוֹ בְּמַלְכוּת שָׁמַיִם: וְזֶה שֶׁתִּרְגֵּם יוֹנָתָן עַל פָּסוּק (במדבר כה): "וְהֵמָּה בֹּכִים פֶּתַח אֹהֶל מוֹעֵד" - 'בָּכִין וְקוֹרִין אֶת שְׁמַע'. וְזֶה לֹא עָשׂוּ אֶלָּא כְּדֵי לְהִנָּצֵל

Con estas ideas de nuestra lección podemos comprender mejor lo que sucedió en lo que debió haber ido una reunión plena de emoción entre Iaacov, padre de las Doce Tribus y su amado hijo Iosef. En su descripción en Génesis, las Escrituras relatan que Iosef cayó sobre el hombro de su padre y lloró con profusión. Sin embargo, como observa Rashi, sorprendentemente no se dice nada de la reacción de Iaacov. En verdad, parece no haber habido ninguna. Ello, pese a la dolorosa separación de 22 años. El motivo, enseñan nuestros Sabios, es que Iaacov estaba en medio del recitado del *Shemá* (*Rashi*, Génesis 46:29). Explica el rabí Natán: Sabemos que Iaacov y Iosef eran considerados como uno (ver *Likutey Moharán* I, 1 y n.55). El recitado del *Shemá* de Iaacov y las lágrimas de Iosef son así sinónimos. Más aún, su reencuentro ocurrió al comienzo del exilio, cuando Iaacov descendió con sus setenta almas a Egipto. El naciente pueblo judío se vio obligado a descender allí, para ser probado en el rasgo negativo global de la inmoralidad, para poder más tarde experimentar la Revelación en el Sinaí. Así, al comienzo mismo de ese exilio, Iaacov les dio a sus descendientes la protección que uno obtiene al recitar el *Shemá*. Pero Iosef lloró y derramó lágrimas. Ello se debió a que él ya había vivido en Egipto. Iosef conocía la inmoralidad de los egipcios, habiendo sido él mismo puesto a prueba y comprendió que el solo recitado del *Shemá* no sería suficiente. Él sabía que es necesario también derramar lágrimas para ser protegido más plenamente de la inmoralidad (*Torat Natán* #8).

61. Ionatán. Éste es *Targúm Ionatán* sobre la Biblia, compilado por el Sabio Talmúdico, discípulo de Hilel, Ionatán ben Uziel. El *Targúm Ionatán* es conocido por sus muchas y profundas enseñanzas Midráshicas.

62. llorando…la Tienda de Reunión. Este versículo proviene del pasaje en Números (25:1-9) que relata cómo los hombres de Israel fueron seducidos y llevados a la inmoralidad y la idolatría (ver n.40 que los dos son sinónimos) por las promiscuas mujeres midianitas (moabitas). Esto despertó la ira de Dios en contra de Israel y una plaga estalló entre el pueblo. Dios entonces instruyó a Moshé para que ordenara a los líderes del pueblo que ejecutasen públicamente a los idólatras. Cuando los hombres de la tribu de Shimón oyeron que iban a ser ejecutados, se volvieron hacia su príncipe, Zimri ben Salu e insistieron en que los ayudase. Zimri tomó a una mujer midianita y la llevó delante de Moshé y de los jueces. "Moshé, ¿esta mujer me está prohibida o permitida?" preguntó. "Pues si dices que está prohibida, entonces, ¿quién te permitió a ti casarte con la hija de Itró [también una mujer midianita]?". Zimri llevó entonces a esa mujer, Kozbi la hija de Tzur a su tienda. Las Escrituras relatan entonces que Moshé y los jueces "estaban llorando en la Tienda de Reunión", habiendo olvidado la ley de cómo castigar a alguien culpable de relaciones ilícitas. Pero Pinjas les hizo recordar lo que Moshé mismo

Pues dice <en el *Shviley Emuná*⁵⁷> que las lágrimas provienen de la materia en exceso de la melancolía.⁵⁸ La melancolía es el bazo, que es un aspecto del Reinado del Mal, la mujer promiscua, de la cual provienen las almas de la multitud mezclada.⁵⁹ Y cuando [la persona] derrama lágrimas al aceptar el yugo del Reinado del Cielo, la materia en exceso –i.e., los deseos lujuriosos que surgen de la turbidez de la sangre del bazo y de la materia en exceso– es expelida y sale. De esta manera ella incluye su alma en el Reinado del Cielo.⁶⁰

Así es como Ionatán⁶¹ traduce el versículo "ellos estaban llorando a la entrada de la Tienda de Reunión" (Números 25:6):⁶² "ellos estaban

---

57. Shviley Emuná. Escrito por el rabí Meir Aldabi (1310-1360), *Shviley Emuná* se imprimió por primera vez en el año 1559. La obra es una colección basada en las enseñanzas de varias luminarias de la Torá, principalmente del Rambam y del Ramban, e incluye tópicos tales como la fe en Dios, la Creación y sus elementos fundamentales, las estrellas y las constelaciones, la creación del hombre y de la mujer, la anatomía y la fisiología, la psicología, las mitzvot, conceptos tales como recompensa y castigo, reencarnación, la Redención, la Resurrección de los Muertos y el Mundo que Viene. El principio citado en la lección aparece en *Netiv* 4 de esa obra.

58. la materia en exceso de la melancolía. Más arriba, en la nota 14, se encuentra una explicación del concepto de "materia en exceso". El cabello y las uñas también son considerados materia en exceso, pues pueden ser cortados y descartados sin costo alguno para el cuerpo (y en esto comparten el concepto de "externo" que caracteriza a las *klipot*). También las lágrimas se encuentran en esta categoría (descargadas a través de los lagrimales que expelen el exceso de fluidos, similar al sistema linfático; ver n.42). El Rebe Najmán equipara así las lágrimas con la materia en exceso y en particular la materia en exceso de la melancolía. El término en nuestra lección para melancolía es *mará shejorá*. *Mará* (la vesícula biliar) y el bazo operan como filtros para asegurar el funcionamiento apropiado del cuerpo. De acuerdo a la fisiología antigua, la disposición de la persona está gobernada por humores o bilis, cuatro fluidos con sus proporciones relativas dentro de la constitución del cuerpo, que determinan el estado de salud de la persona y su temperamento. La bilis negra, cuya traducción literal es *mará shejorá*, es el fluido particular asociado con la ira y la melancolía. Hoy en día, está asociado con el fluido alcalino segregado por el hígado que es acumulado en la vesícula biliar. También el bazo absorbe algo de ese fluido y por ello esos dos órganos son considerados como directamente asociados con los estados emocionales de la amargura, la melancolía y la depresión. El *Tikuney Zohar* (#48, p.85a) enseña que el *tjol* (el bazo) y la *mará* (vesícula biliar) son comparados a un pozo, el pozo de la melancolía y del exilio.

59. ...multitud mezclada. Estos conceptos y sus conexiones han sido explicados más arriba, en la sección 3 y en la nota 44.

60. derrama lágrimas...materia en exceso.... Es por ello que es necesario llorar al recitar el *Shemá*. Derramar lágrimas al aceptar el yugo del Reinado de Santidad indica un profundo deseo de expeler la materia en exceso, los rasgos negativos y es por lo tanto más efectivo que simplemente recitar las palabras del *Shemá*.

מֵהִרְהוּר שֶׁל אִשָּׁה זוֹנָה, שֶׁהִיא קְלִפָּה הַקּוֹדֶמֶת לַפְּרִי, וְלָבוֹא לְהִתְגַּלּוּת הַתּוֹרָה:

ה. וּכְשֶׁבָּא לְהִתְגַּלּוּת הַתּוֹרָה, אֲזַי נַעֲשֶׂה מֵהַהִתְגַּלּוּת נְשָׁמוֹת חֲדָשׁוֹת. כְּמוֹ שֶׁכָּתוּב: "לְמֶעְבַּד נִשְׁמָתִין וְרוּחִין חַדְתִּין בְּתַרְתֵּין וּבִתְלָתִין" – הִיא הַתּוֹרָה, שֶׁיֵּשׁ בָּהּ שְׁלֹשִׁים וּשְׁנַיִם נְתִיבוֹת הַחָכְמָה. "וּבִתְלָתָא שִׁבְשִׁין" – הַיְנוּ 'אוֹרַיְתָא תְּלִיתָאִי' (שבת פח.).

daat – i.e., revelaciones de Torá (§2). Para vencer al Reinado del Mal y quedar incluido en el Reinado de Santidad uno debe recitar el *Shemá*, aceptando así el yugo del *Maljut* de Dios. El *Shemá* corresponde a las Doce Tribus de Dios, de modo que al recitarlo, el alma se separa de los rasgos negativos y queda en su lugar bajo el dominio de la santidad (§3). Este recitado del *Shemá* sólo ayuda cuando los pensamientos lujuriosos son ocasionales. Pero si la persona se encuentra regularmente plagada de pensamientos inmorales, también deberá derramar lágrimas al recitar el *Shemá* (§4).

66. Azamer Bishvajin. Estas palabras provienen del himno del Shabat *Azamer Bishvajin* compuesto por el santo Ari para ser cantado durante la comida de la noche del viernes. El himno completo, que incluye muchas alusiones a los profundos misterios del Shabat, aparece en *Shaar HaKavanot, Shabat, Inian Shuljan*, págs. 85-86, y ha sido incorporado en la mayor parte de los libros de oraciones junto con el *Kidush* para la noche del viernes. (La melodía tradicional de Breslov para *Azamer Bishvajin* fue compuesta por el Rebe mismo y puede obtenerse en CD del Breslov Research Institute).

67. nuevas almas. Al comienzo de la lección el Rebe Najmán explicó que todas las almas judías están enraizadas en los setenta rostros de la Torá (ver n.2). En ese caso, las nuevas ideas y revelaciones de Torá son en efecto revelaciones de nuevas almas (*Parparaot LeJojmá*). Hay varias maneras de explicar lo que el Rebe quiere decir por "nuevas almas". Puede comprenderse de manera literal, que nuevas almas llegan al mundo. Ello se debe a que "dar a luz" revelaciones de Torá trae al plano físico una energía espiritual correspondiente, lo que hace que las mujeres estériles puedan concebir (cf. *Likutey Moharán* I, 60:5; *Tzadik* #151). "Nuevas almas" también puede significar que aquellas almas que están lejos de Dios son renovadas y ahora retornan para servirlo a Él. O, la "nueva alma" puede ser la propia. Al revelar nuevas ideas de Torá, la persona puede acceder a una percepción nueva y fresca en el servicio a Dios.

68. treinta y dos senderos de Sabiduría. El *Sefer Ietzirá* comienza: "Con 32 senderos místicos de *Jojmá* [Él] grabó *IH*, el Dios de las Huestes… y creó el universo…". Los comentarios explican que los 32 senderos a través de los cuales Dios creó el mundo se manifiestan como las Diez *Sefirot* y las 22 letras del alfabeto hebreo, los conceptos más básicos de la existencia. Más aún, esos 32 senderos están contenidos en la Torá, tal como enseña el Midrash: Dios utilizó la Torá como el plano para la Creación (ver *Bereshit Rabah* 1:1).

69. tres ramas…enseñanza tripartita. Enseña el Talmud: Bendito sea Dios Quien dio una enseñanza tripartita, a una nación tripartita, por medio de un tercero, en el tercer día, en el tercer mes (*Shabat* 88a). La "enseñanza tripartita" es la Torá, que está compuesta por *Torá, Neviim* y

llorando y recitando el *Shemá*". Esto lo hicieron sólo para verse libres de los pensamientos <lujuriosos>,[63] que es la cáscara que precede al fruto,[64] y así llegar a una revelación de Torá.[65]

5. {"**Creando así nuevas almas y espíritus con el treinta y dos y con las tres ramas**" (*Azamer Bishvajin*)[66]}.

Y cuando la persona llega a una revelación de Torá, entonces a partir de la revelación se conforman nuevas almas,[67] como está escrito, "Creando así nuevas almas y espíritus con el treinta y dos" – ésta es la Torá, que contiene treinta y dos senderos de Sabiduría[68] – "y con las tres ramas" – i.e., una enseñanza tripartita.[69]

---

le había enseñado el pueblo: que una persona celosa puede atacar sin preguntar. Pinjas mató inmediatamente a Zimri y a Kozbi y la plaga cesó (ver *Sanedrín* 82a; *Iad HaJazaká, Hiljot Isurei Biá* 12:4). El Rebe Najmán explica ahora esto dentro del contexto de la lección.

63. llorando y recitando el Shemá.... Como el Rebe Najmán ha explicado, derramar lágrimas contrarresta la inmoralidad. Es por ello que Moshé y los jueces estaban llorando. Pues al ser testigos del comportamiento inmoral de sus compañeros israelitas, y especialmente el de Zimri, un príncipe tribal, comprendieron que estaba en peligro el fundamento mismo de la pureza espiritual – la santidad del *brit* y de la mente. Simplemente recitar el *Shemá* y aceptar el Reinado de Santidad era por lo tanto insuficiente en esa situación. El único recurso que Moshé y los jueces tuvieron para eliminar los pensamientos lujuriosos causados por esa demostración pública de inmoralidad fue derramar lágrimas al recitar el *Shemá* (*Parparaot LeJojmá*).

64. la cáscara que precede al fruto. Como se explicó más arriba en la nota 14. El *Parparaot LeJojmá* explica que esta prueba de moralidad del pueblo judío fue necesaria entonces debido a que habían alcanzado las llanuras de Moab y pronto recibirían el libro final de la Biblia, el Deuteronomio. Para ser dignos de esas revelaciones de Torá tuvieron que ser probados mediante las mujeres midianitas y dejar su exilio llorando a Dios con setenta clamores. Esto constituyó el romper la cáscara que precede al fruto. El Talmud (*Berajot* 12b) enseña que nuestros Sabios quisieron incorporar en el *Shemá* la historia de Bilaam – cuya idea fue enviar a las mujeres moabitas para seducir a los hombres de Israel. En nuestro contexto, ello se debe a que el *Shemá* contrarresta la inmoralidad – i.e., los malos pensamientos traídos por la *klipá* conocida como Bilaam.

65. llegar a una revelación de Torá. En nuestro contexto, las lágrimas derramadas por Moshé y por los jueces correspondieron a llorar con setenta clamores, lo que lleva a la revelación de Torá, de *daat* (ver n.19). Sus lágrimas vencieron a la inmoralidad y les devolvieron a los hombres de Israel el *daat*, la pureza de la mente. También trajeron un aspecto de la revelación de Torá – i.e., Pinjas tuvo una revelación y recordó la regla de la Torá para ese caso.

Resumen: Cada alma está enraizada en la Torá, que tiene el poder de contrarrestar los rasgos negativos y su influencia. Pero para alcanzar una mayor revelación de Torá y de Divinidad, uno debe pasar por el exilio – ser probado en los rasgos negativos de las setenta naciones (§1). La inmoralidad es el rasgo negativo global de las setenta naciones. Subyugar la lujuria le permite a la persona vencer más fácilmente todos los otros rasgos negativos. Uno merece entonces

נִמְצָא, כְּשֶׁהַצַּדִּיק מְגַלֶּה אֵיזֶה דְּבַר תּוֹרָה, אֲזַי מוֹרִיד נְשָׁמוֹת חֲדָשׁוֹת, לְכָל אֶחָד מֵהַשּׁוֹמְעִין הַתּוֹרָה לְפִי בְּחִינָתוֹ וּתְפִיסָתוֹ. כִּי הַתּוֹרָה יֵשׁ לָהּ שְׁנֵי כֹּחוֹת: לְהָמִית וּלְהַחֲיוֹת. כְּמוֹ שֶׁאָמְרוּ "וְשַׂמְתֶּם" - זָכָה, נַעֲשֵׂית לוֹ סַם חַיִּים וְכוּ' (יומא עב:, ועיין תענית ז.), וּכְתִיב (הושע יד): "יְשָׁרִים דַּרְכֵי ה' צַדִּיקִים יֵלְכוּ בָם" וְכוּ'. כָּךְ הַתּוֹרָה שֶׁל הַצַּדִּיק לְכָל אֶחָד כְּפִי תְּפִיסָתוֹ, יֵשׁ אָדָם שֶׁנַּעֲשֶׂה לוֹ נְשָׁמָה חֲדָשָׁה מֵהִתְגַּלּוּת הַתּוֹרָה, וְיֵשׁ אָדָם שֶׁהוּא, חַס וְשָׁלוֹם, לְהֵפֶךְ, כְּמוֹ שֶׁכָּתוּב: "צַדִּיקִים יֵלְכוּ בָם". הַכֹּל לְפִי הַכְּלִי שֶׁלּוֹ, הַיְנוּ כְּפִי תְּפִיסָתוֹ, תְּפִיסַת הַמֹּחִין שֶׁלּוֹ.

la sierva usurpa a su señora. En la misma vena, uno puede acercarse a la Torá con la intención de acercarse a Dios y entonces la Torá será un elixir de vida. Sin embargo, si el interés de la persona en la Torá no está dirigido al servicio a Dios, entonces la Torá se transforma en una poción mortal. La Torá que estudie lo inducirá al error y reafirmará los rasgos negativos que ya posee. Un ejemplo de ello es aquél que estudia la Torá como mera búsqueda intelectual y rechaza sus obligaciones, al no cumplir con las mitzvot. Tendremos ocasión de volver a estos conceptos más adelante en la lección y serán explicados en gran detalle en las notas.

72. los Tzadikim andarán en ellos.... El Talmud (*Nazir* 23a) aprende de este versículo que es posible que dos personas lleven a cabo precisamente el mismo acto y que, mientras que para una ello es una mitzvá, para la otra es un pecado. El ejemplo que dan nuestros Sabios es Lot. Después de huir de Sodoma con sus dos hijas y de refugiarse en una caverna, Lot se emborrachó y durmió con cada una de sus hijas (Génesis 19:30-38). Mientras que las intenciones de Lot eran inmorales, su hija mayor, aunque llevó a cabo el mismo acto, fue motivada por la virtud. Habiendo sido testigo de la total destrucción de Sodoma y Gomorra, supuso, equivocadamente, que Dios había destruido nuevamente el mundo tal cual lo había hecho en la época del Diluvio. Ella hizo que su padre se emborrachara y durmió con él; a la noche siguiente hizo que su hermana hiciese lo mismo, de modo que entre ambas pudieran volver a repoblar el mundo de Dios.

El Rebe Najmán trajo el anterior texto de prueba para demostrar que la Torá puede ser tanto un elixir de vida como una poción mortal. Aquí muestra que la persona puede elegir por sí misma caminar en el sendero de la rectitud o, Dios no lo permita, lo contrario. Es decir, *debe tener la voluntad de* elegir de manera correcta y así clamar a Dios (sus setenta clamores) para merecer una revelación correcta de Torá.

73. la comprensión de su mente. El Rebe Najmán enfatiza ahora el hecho de que las revelaciones de Torá que renuevan el alma de la persona dependen de su anhelo de servir a Dios. Pues la recepción apropiada de las verdaderas enseñanzas de Torá del Tzadik, que renuevan el alma de la persona, depende del esfuerzo que ponga en alcanzar el temor al Cielo. Como el Rebe Najmán continuará mostrando, esos esfuerzos y el anhelo que los inspira son vitales para alcanzar el grado de comprensión necesario para entender las enseñanzas del Tzadik. El Rebe hace referencia al grado de comprensión de la mente como el "recipiente" de la persona, un concepto que desarrolla plenamente más adelante (§6).

Es así que cuando el Tzadik revela alguna enseñanza verdadera de Torá, hace descender nuevas almas para aquellos que oyen esa enseñanza, cada uno en la medida de su aspecto y comprensión.⁷⁰ Ello se debe a que la Torá tiene dos poderes: para muerte y para vida. Como enseñaron [nuestros Sabios]: "Colócala..." (Deuteronomio 11:18) – si lo merece, ella se transforma en su elixir de vida; [pero si no lo merece, se vuelve su poción mortal] (Ioma 72b).⁷¹ Y está escrito, "Los caminos de Dios son rectos; los Tzadikim andarán en ellos, [pero los malvados en ellos tropezarán]" (Hosea 14:10).⁷²

De la misma manera, para cada persona la enseñanza de Torá del Tzadik estará en relación a su comprensión. Una persona tendrá una nueva alma <para servir a Dios> hecha para ella a partir de la revelación de la enseñanza, y otra persona lo opuesto, Dios no lo permita, como en, "los Tzadikim andarán en ellos". Todo depende del recipiente – i.e., <de la medida de la comprensión> de su mente.⁷³

Ketuvim (Pentateuco, Profetas y Escritos Sagrados). La "nación tripartita" es el pueblo judío, una nación de cohanim, levitas e israelitas. El "tercero" era Moshé, el tercer hijo nacido de su madre, después de Miriam y de Aarón. El "tercer día" hace referencia al tercer día de preparación antes de que el pueblo judío recibiera la Torá (Éxodo 19:16). Y el "tercer mes" es el tercer mes del año, Sivan, cuando fue dada la Torá. Así la Torá, la "enseñanza tripartita" son las "tres ramas" a las cual hace referencia el Ari. En nuestro contexto, esto se une con lo que se explicó más arriba, que las almas judías provienen de las 70 almas de la Casa de Iaacov, que son ramas de las 12 almas de las Tribus, las que a su vez son ramas de las 3 almas progenitoras de los Patriarcas (ver más arriba, n.2). Y así, la revelación de la enseñanza tripartita, de las tres ramas de la Torá, trae una revelación de esas tres ramas de las almas progenitoras – i.e., se crean nuevas almas judías.

70. nuevas almas...su aspecto y comprensión. Aquí el Rebe Najmán comienza a relacionar las "nuevas almas" con la renovación de la propia alma. El Rebe también introduce el elemento del Tzadik, las enseñanzas del Tzadik, como la fuente de revelaciones de Torá y de renovación del alma (aunque ya aludió a esto anteriormente al conectar a Iosef, la personificación del Tzadik, con las revelaciones de Torá). Pues la renovación que obtiene la persona al oír las revelaciones de Torá del Tzadik está en relación directa con sus esfuerzos y con la sinceridad en tomar sobre sí el yugo del Reinado del Cielo y rechazar la inmoralidad de las naciones. El Rebe explica ahora cómo.

71. Colócala...elixir...poción.... Este versículo, en el cual "ella" hace referencia a las palabras de la Torá, aparece en el segundo capítulo del *Shemá* (Deuteronomio 11:13-21). Nuestros Sabios hacen notar que el término hebreo para "Colócala...", *veSaMtem* (ושמתם) es similar en sonido a la palabra *SaM* (סם), que significa "elixir" o "poción" (*Kidushin* 30b). El Rebe Najmán une esto con el pasaje que cita proveniente de *Ioma*: dependiendo de las intenciones y de las motivaciones, la Torá puede ser un elixir de vida o una poción mortal. Esto se une con lo que se ha enseñado en nuestra lección sobre la búsqueda del temor al Cielo, elevando así el Reinado de Santidad. Al hacerlo se subyuga el Reinado del Mal. Sin embargo, si uno es débil en su temor,

LIKUTEY MOHARÁN #36:5

דְּזֶה הוּא כְּלָל גָּדוֹל, שֶׁאִי אֶפְשָׁר לְשׁוּם אָדָם לְהַשִּׂיג וְלִתְפֹּס בְּדִבּוּרוֹ שֶׁל הַצַּדִּיק, אִם לֹא שֶׁיְּתַקֵּן תְּחִלָּה אוֹת בְּרִית קֹדֶשׁ כָּרָאוּי, וַאֲזַי יָכוֹל לְהָבִין וְלִתְפֹּס דִּבּוּרוֹ שֶׁל הַצַּדִּיק. דְּאִיתָא בַּזֹּהַר: 'סְלּוּקָא דִיסוֹדָא עַד אַבָּא וְאִמָּא'. שֶׁהֵם בְּחִינַת חָכְמָה וּבִינָה, שֶׁהֵם י"ה, שֶׁהֵם מֹחִין.

נִמְצָא כְּשֶׁיְּתַקֵּן אוֹת בְּרִית קֹדֶשׁ כָּרָאוּי, אֲזַי הַמֹּחִין שֶׁלּוֹ בִּשְׁלֵמוּת, וְיָכוֹל לְהָבִין דִּבּוּרוֹ שֶׁל הַצַּדִּיק. כְּפִי הַתִּקּוּן שֶׁל כָּל אֶחָד, כָּךְ הוּא הַשָּׂגָתוֹ:

que hace la Kabalá del orden antropomórfico de las Diez *Sefirot* en *mojín* (mentalidades o intelecto) y *midot* (atributos o cualidades). Los *mojín* son las tres primeras *sefirot* – *Jojmá* y *Biná*, con la cuasi *sefirá* de *Daat* reemplazando ocasionalmente a *Keter*, como en nuestra lección (*Daat* es la confluencia de *Jojmá* y *Biná*). El segundo grupo, las midot, incluye las siete *sefirot* inferiores – *Jesed, Guevurá, Tiferet, Netzaj, Hod* y *Iesod* (colectivamente conocidas como la persona Divina *Zeir Anpin*) y *Maljut*.

76. Iesod...Aba e Ima.... En el orden antropomórfico de las *sefirot*, *Iesod* (Cimiento) corresponde al *brit*, al órgano sexual (ver Apéndice: Las Sefirot y el Hombre). Ver Lección #34:3, donde el Rebe Najmán cita del *Shaarey Tzion* que "el *brit* es el vehículo para *Iesod*". Esto significa que la persona que mantiene la pureza del *brit* –i.e., cuidando el santo Pacto– se transforma así en un vehículo a través del cual la energía espiritual de la *sefirá* de *Iesod* se canaliza hacia el mundo. Como es sabido, *Iesod* es también el concepto del Tzadik, el individuo recto cuyo sello es el cuidado del santo Pacto (ver *Likutey Moharán* I, 23:3 y Lección #34:3).

Las personas Divinas *Aba* e *Ima* son conocidas alternativamente por sus *sefirot* paralelas, *Jojmá* y *Biná* (ver Apéndice: Las Personas Divinas).

77. Iud Hei, las mentalidades. Como se explicó (n.75), los *mojín* son las *sefirot* de *Jojmá, Biná* y *Daat*. De éstas, *Jojmá* y *Biná* corresponden a las dos primeras letras del Tetragrámaton, *Iud Hei*, y forman a *Daat* (ver también n.30 más arriba).

Así, a partir de este pasaje en el *Zohar* vemos que antes de unirse con *Maljut* en una unión de santidad, *Iesod*/*brit*/Tzadik debe ascender para traer iluminación/*daat* desde los niveles superiores – de los mojín de *Jojmá*/*Aba* y *Biná*/*Ima*, que juntos conforman *Daat*/Mente Superior (ver *Zohar* II, 110a y *Matok Midbash* allí). En nuestro contexto, esto se relaciona con el cuidado del aspecto del *brit* y la purificación de los deseos inmorales, lo que lleva a revelaciones de Torá. Como el Rebe Najmán ya ha demostrado, *Jojmá* y *Biná* representan la Torá, y las revelaciones de Torá son revelaciones de *Daat* (§2, notas 19, 30). En ese sentido, por lo tanto, las revelaciones de Torá son un aspecto de *maskil*, correspondientes al intelecto iluminado.

La enseñanza del *Zohar* se traduce así en nuestro contexto como sigue: **El ascenso de Iesod** – Cuando la persona asciende espiritualmente cuidándose de la inmoralidad, **es hasta Aba e Ima** – alcanza las mentalidades necesarias para las revelaciones de Torá. Alternativamente, esto puede comprenderse como el Tzadik (*Iesod*) ascendiendo para recibir mentalidades, que luego transfiere a este mundo en la forma de verdaderas enseñanzas de Torá y de "nuevas almas".

78. ...santo Pacto...mentalidades estarán plenas...rectificación personal. Dado que las

Pues éste es un principio muy importante: Es imposible que una persona pueda aferrar y comprender la enseñanza del Tzadik a no ser que haya primero rectificado la señal del santo Pacto. Entonces, podrá comprender y entender la enseñanza del Tzadik.[74] Como encontramos en el *Zohar*:[75] El ascenso de *Iesod* es hasta *Aba* e *Ima*, que son un aspecto de *Jojmá* y *Biná*,[76] *Iud Hei*, las mentalidades.[77]

Consecuentemente, cuando haya rectificado la señal del santo Pacto como debe ser, entonces sus mentalidades estarán plenas y será capaz de comprender la enseñanza del Tzadik de acuerdo a <su rectificación personal>.[78]

74. es imposible…rectificado…el santo Pacto…. Como se explicó más arriba, para alcanzar revelaciones de Torá uno debe primero experimentar el exilio – i.e., ser probado en el rasgo negativo global de las setenta naciones, es decir la inmoralidad. Al superar esa prueba uno deja el exilio y puede merecer revelaciones de Torá. Esto es así en cada nivel; cada nivel tiene su propio exilio, sus propias pruebas y sus propias revelaciones. Así cada persona, en la medida en que haya anulado su deseo de inmoralidad, merecerá nuevas ideas de Torá – revelaciones que son su elixir de vida.

Aquí, el Rebe Najmán ha agregado la idea de que las revelaciones de Torá y la renovación del alma que genera provienen de las enseñanzas del Tzadik. Así, para que pueda apreciar plenamente y beneficiarse de las enseñanzas del Tzadik, la persona debe primero superar el aspecto del exilio, la inmoralidad y rectificar su aspecto del Pacto (*brit*). Pues sólo aquel que tenga un total control sobre sus deseos sexuales podrá comprender las enseñanzas del Tzadik y así hacer que las enseñanzas sean un elixir a través del cual se renueve su alma. Pero esto presenta un problema, ¿cuán seguido la gente logra el nivel de cuidar apropiadamente el *brit*? Dado que aquéllos que lo hacen son una excepción y no la regla, ¿qué esperanza tiene la gente de comprender apropiadamente las enseñanzas del Tzadik? Y si es así, ¿cómo es que la gente puede llegar a renovarse? ¿Cómo pueden estar seguros de que no van a distorsionar la Torá que estudian o malinterpretar el consejo que reciben del Tzadik, para que esa Torá y ese consejo no se transformen en una poción mortal, Dios no lo permita? Tanto el rabí Natán como el *Parparaot LeJojmá* presentan esta cuestión y ofrecen extensas respuestas (ver n.78 al final de esta sección). El Rebe Najmán trae ahora un texto de prueba proveniente de la Kabalá para demostrar la conexión entre la rectificación del aspecto del santo Pacto y la comprensión de las enseñanzas del Tzadik.

75. en el Zohar. Este pasaje, que aparece en el volumen II, p.110a, también proviene del ya mencionado *Saba deMishpatim* (ver n.40). Contrastando las palabras de apertura del Salmo 89, "*Maskil LeEitan HaEzrají*", con "*Maskil le David*" el *Zohar* afirma que cada *maskil* ("iluminación") alude a diferentes partes del proceso mediante el cual la *sefirá* de *Iesod* se une con *Maljut*. Primero *Iesod* asciende al nivel de la Mente Superior, que la ilumina con el *daat* que necesita para esa unión – esto es *Maskil LeEitan HaEzraji*. Entonces *Iesod* se une con *Maljut* y en esa unión *Iesod* le transfiere a *Maljut* la iluminación de *daat* que recibe de la Mente Superior – eso es *Maskil leDavid*.

Al parafrasear aquí esa enseñanza, el Rebe Najmán reemplaza "Mente Superior" con *Aba* e *Ima* y sus equivalentes – i.e., los *mojín*. Ver Lección #33 nota 59 donde se explica la división

LIKUTEY MOHARÁN #36:6

ו. וְזֶה הוּא כְּלָל גָּדוֹל, "כִּי מִפִּי עֶלְיוֹן לֹא תֵצֵא". כִּי אִם אוֹר פָּשׁוּט. אַךְ לְפִי בְּחִינַת כְּלִי הַמְקַבֵּל אֶת הָאוֹר, כָּךְ נִצְטַיֵּר הָאוֹר

que no es por la Torá misma". La clase positiva es cuando uno cree en la Torá y cumple con sus preceptos y le gustaría, en su corazón, estudiar *lishmá* pero debido a sus faltas personales tiene motivos ulteriores tales como avanzar en su situación social o en su ganancia material. Este estudio puede transformarse en Torá *lishmá*. Lo que no puede ser transformado y se vuelve una poción mortal es la Torá que se estudia sin intenciones de cumplir sino como mera búsqueda intelectual, o para saber lo suficiente como para desafiar y criticar a los demás (*Tosafot, Taanit* 7a, *v.i. vekol*; cf. *Tosafot, Pesajim* 50b, *v.i. vekan*). Vemos, por lo tanto, que son las *intenciones* de la persona al estudiar lo que determina la naturaleza de las prescripciones que recibe de la Torá y de las enseñanzas del Tzadik. Si no reconoce sus propias fallas y atribuye las dificultades que encuentra en el estudio a una falta en el Tzadik o en la Torá, Dios no lo permita, entonces la Torá y las enseñanzas del Tzadik se transforman en una poción mortal. Pero si comprende que al haber dañado el pacto también su intelecto quedó dañado y acepta toda deficiencia como propia, entonces su estudio de Torá y lo que reciba del Tzadik será un elixir de vida. Admitirá que las dificultades surgen de su propia incomprensión del Tzadik y de la Torá y continuará buscando la verdad y actuando de acuerdo a ella. De esa manera, finalmente se acercará a los Tzadikim y a la Torá y recibirá su rectificación.

Resumen: Cada alma está enraizada en la Torá, que tiene el poder de contrarrestar los rasgos negativos y su influencia. Pero para alcanzar una mayor revelación de Torá y de Divinidad, uno debe pasar por el exilio – ser probado en los rasgos negativos de las setenta naciones (§1). La inmoralidad es el rasgo negativo global de las setenta naciones. Subyugar la lujuria le permite a la persona vencer más fácilmente todos los otros rasgos negativos. Uno merece entonces *daat* – i.e., revelaciones de Torá (§2). Para vencer al Reinado del Mal y quedar incluido en el Reinado de Santidad uno debe recitar el *Shemá*, aceptando así el yugo del *Maljut* de Dios. El *Shemá* corresponde a las Doce Tribus de Dios, de modo que al recitarlo, el alma se separa de los rasgos negativos y queda en su lugar bajo el dominio de la santidad (§3). Este recitado del *Shemá* sólo ayuda cuando los pensamientos lujuriosos son ocasionales. Pero si la persona se encuentra regularmente plagada de pensamientos inmorales, también deberá derramar lágrimas al recitar el *Shemá* (§4). En la medida del grado en que la persona rectifique su aspecto del santo Pacto será capaz de comprender la Torá y de recibir el consejo que se encuentra en las enseñanzas del Tzadik (§5).

79. De...luz indiferenciada. Ésta es una paráfrasis de Lamentaciones 3:38, "De la boca del Altísimo no procede ni lo malo ni lo bueno". El Midrash comenta: Desde el momento en que Dios le dijo al pueblo judío, "Mira que hoy pongo delante de ti la bendición y la maldición" (Deuteronomio 11:26; citado más adelante en el texto), ni el bien ni el mal surgen [directamente] de Él. El bien les llega por sí mismo a aquellos que hacen el bien y el mal les llega por sí mismo a aquellos que hacen del mal (*Eijá Rabah* 3:13). El Rebe Najmán aplica este principio a los elementos básicos de la Creación misma: La Luz Infinita que sale del Altísimo es indiferenciada, sin estructura ni forma, ni bien ni mal. Como el Rebe explica a continuación, lo que gobierna la naturaleza de esa luz es su receptor: el "recipiente" con el cual la persona capta la luz determina si éste atraerá bendición o lo contrario. Hacia el final de esta sección y nuevamente al final de la lección demuestra cómo este principio también se aplica a la Torá y a las enseñanzas del Tzadik, que son luz que proviene de la boca del Altísimo. Cf. *Likutey Moharán* I, 31:12 y notas 139,

6. Y éste es un principio muy grande: De la boca del Altísimo sólo surge una luz indiferenciada.[79] Sin embargo, dependiendo del aspecto

revelaciones de Torá son una manifestación de las mentalidades y las mentalidades sólo están plenas cuando el *brit* está puro, entonces sólo aquel que ha rectificado la señal del santo Pacto podrá comprender las revelaciones de Torá que enseña el Tzadik. Como concluye el Rebe Najmán aquí, esto es algo diferente para cada persona. En otras palabras, la capacidad de cada persona de obtener dirección en el servicio a Dios a partir de las enseñanzas del Tzadik y hacer que esas revelaciones la beneficien como un elixir de vida está en relación al grado en el que esa persona haya rectificado su aspecto del *brit* y perfeccionado sus mentalidades.

Ahora podemos comprender por qué la rectificación del *brit*, que es *Iesod*, es tan importante. Como hemos visto, *Iesod* es tanto el recipiente en el cual es captado *daat* como el conducto a través del cual *daat* es transmitido hacia más abajo. Pero, como se explicó, la única manera en que la persona puede ser el vehículo a través del cual la energía espiritual de la *sefirá* de *Iesod* se hace manifiesta en el mundo es manteniendo la pureza del *brit* – i.e., si cuida el santo Pacto. Sólo entonces puede estar segura de que el *daat* –las revelaciones de Torá y las enseñanzas de los Tzadikim– que recibe y que canaliza son "dadoras de vida" (cf. *Torat Natán* #10).

Con esto, volvemos a la cuestión presentada más arriba (ver n.74): ¿Cómo puede la gente llegar a renovarse y a estar segura de que la Torá que estudia o que oye del Tzadik no es una poción mortal, Dios no lo permita, cuando ello requiere de algo poco común como es la perfección en el cuidado del santo Pacto? El rabí Natán explica que el Rebe Najmán da una respuesta para esto al comienzo de la lección (§3), cuando enseña que el recitado del *Shemá* protege de la inmoralidad. Como se mencionó, el *Shemá* indica fe, que en este caso significa fe en que Dios nos dirigirá por el sendero correcto. También implica fe en los Tzadikim, siguiendo fielmente sus directivas aunque no los comprendamos a ellos ni a sus enseñanzas. Y si bien es indiscutible, agrega el rabí Natán, que es más probable que la persona que ha dañado el santo Pacto malinterprete la Torá y las enseñanzas del Tzadik haciendo que la Torá se vuelva una poción mortal, es igualmente indudable que cuando la persona deja de lado voluntariamente su propia mente, sus mentalidades dañadas por el *brit* impuro y busca honestamente la verdad, puede confiar en que Dios la dirigirá hacia la verdad y hacia los verdaderos Tzadikim. Recibirá entonces revelaciones de Torá y enseñanzas del Tzadik que se volverán su elixir de vida. Los Tzadikim mismos construirán sus enseñanzas de Torá para que la persona pueda comprender cómo sus revelaciones se relacionan directamente con ella, enseñándole cómo mejorar y acercarse a Dios. Así, el *Shemá*, la afirmación de fe del pueblo judío, es la mejor manera para beneficiarse de la Torá y de las enseñanzas del Tzadik (*Torat Natán* #9). Esto es lo que se quiso decir anteriormente al describir a la Torá como "una hermosa doncella carente de ojos" (ver n.40). Las profundidades de la Torá se sustraen de la persona. Su poder está oculto y raramente es posible beneficiarse de él de manera directa, pues "carece de ojos". Sin embargo, cuando la persona "cierra los ojos" y pone su fe en Dios y en los verdaderos Tzadikim, merece purificar su aspecto del santo Pacto y recibir verdaderas revelaciones de Torá.

El *Parparaot LeJojmá* cita la respuesta del rabí Natán y agrega un número de puntos adicionales. Nuestros Sabios enseñan que cuando la persona estudia Torá sin ningún motivo ulterior y sólo por la Torá misma, *lishmá*, ella se vuelve un elixir de vida. Mientras que si su estudio no es por la Torá misma, *lo lishmá*, entonces la Torá se transforma en una poción mortal (*Taanit* 7a). *Tosafot* presenta una objeción: ¿Acaso no hemos aprendido en otra instancia que la persona debe siempre estudiar la Torá, aun con motivos ulteriores, pues el estudio *lo lishmá* lleva al estudio *lishmá*? (*Pesajim* 50b). La respuesta de *Tosafot* es que hay dos clases de "estudio

בְּתוֹכוֹ; אִם הַכְּלִי הוּא בִּשְׁלֵמוּת, אֲזַי הוּא מְקַבֵּל בִּבְחִינַת מְאוֹרוֹת מָלֵא, וְאִם, חַס וְשָׁלוֹם, הַכְּלִי אֵינוֹ בִּשְׁלֵמוּת, אֲזַי הוּא מְקַבֵּל בִּבְחִינַת מְאֵרַת חָסֵר וָאו, כְּמוֹ שֶׁכָּתוּב (משלי ג): "מְאֵרַת ה' בְּבֵית רָשָׁע". וְזֶה הוּא "צַדִּיקִים יֵלְכוּ בָם" [וְכוּ'].

כִּי אוֹר הַפָּשׁוּט הַבָּא מִלְעֵיל, הוּא בְּחִינַת 'קָמֵיץ וּסְתִים'. אַךְ לְפִי בְּחִינַת הַכְּלִי הַמְקַבְּלִים, הוּא בְּחִינַת צֵירֵי, שֶׁנִּצְטַיֵּר הָאוֹר לְפִי בְּחִינַת הַכְּלִי.

recibirá la luz, pero se transformará en "*meerat*... en la casa del malvado". Por el contrario, aquel que busque la cercanía con Dios encontrará *meorot*, luz y bendición.

En la terminología Kabalista, esta *vav*, con su valor numérico de seis, está reflejada en el recipiente y conducto de las luces superiores, *Iesod*, la sexta de las seis *sefirot* de *Zeir Anpin* (ver el final de la nota 75). Así, la persona cuyo *brit/Iesod* está rectificado tiene el aspecto de la *vav* y puede recibir luz y bendición. Pero aquel cuyo signo del santo Pacto está dañado por la inmoralidad carece de la *vav* y así no recibe la luz indiferenciada como *meorot* sino como *meeirat*, una maldición. Por lo tanto el Rebe concluye: Éste es el significado de "los Tzadikim andarán en ellos pero los malvados tropezaban en ellos".

82. cerrada y sellada.... En hebreo, "cerrada y sellada" es *kemitz vesatim*. El Rebe Najmán pronto relacionará la palabra *KeMiTz* con *KaMaTz*, el primero y más elevado de los puntos vocales del alfabeto hebreo (ver Apéndice: Sefirot y el Tetragrámaton). Hay nueve puntos vocales, correspondientes a las *sefirot* en el siguiente orden: *kamatz* = Keter, *pataj* = Jojmá, *tzeirei* = Biná, *segol* = Jesed, *shva* = Guevurá, *jolem* = Tiferet, *jirik* = Netzaj, *shuruk* = Hod y *melopum* = Iesod (*shuruk* es a veces llamado *kubutz*; *melopum* es a veces llamado *shuruk*). La *sefirá* final, *Maljut*, no tiene luz propia (ver n.40) y por lo tanto no tiene un punto vocal correspondiente, en su lugar corresponde a las letras mudas. Varios de los puntos vocales y las maneras en que se aplican a nuestro desarrollo espiritual han sido tratados por el Rebe Najmán en otras lecciones del *Likutey Moharán* (por ejemplo, *jirik* y *segol* en I:6; *shuruk* en I:7; *melopum* en I:8 y I:34; *tzeirei* en I:48; *pataj* en I:66).

83. TzeIReI...niTztaIeR.... El punto vocal *TzeIReI* (צירי) toma su nombre de la raíz *leTzaIIeR* (לצייר), "formar" o "dar forma". En *Keter* la Luz Infinita es indiferenciada, sin forma; está cerrada y sellada, correspondiente a *kamatz*. En *Jojmá* la luz comienza a ser revelada, así el punto vocal que le corresponde es *pataj*, que connota abrir y descubrir. Al descender, esta luz comienza a tomar forma, tal cual está indicado por el siguiente punto vocal, *tzeirei*, que corresponde a *Biná*. Podemos comprender mejor esto al utilizar la metáfora de la construcción de una casa. La persona decide que le gustaría construirse un hogar. Esta idea inicial, en la cual la casa aún es un pensamiento abstracto, es *Jojmá* (Sabiduría). Para llevar a cabo su objetivo, tiene que darle forma y diseño. Ello implica realizar un plano, que incluye determinar la cantidad de habitaciones necesarias, distribuidas en determinada cantidad de pisos, con tantas y tantas ventanas, etc. Determinar esos detalles para darle forma a la casa requiere el elemento de *Biná* (Comprensión). Ese mismo proceso puede ser visto a través de los puntos vocales. Incluso antes de que la persona haya pensado en construir su casa, la idea existía de manera preconsciente en su mente. Estaba cerrada y sellada, *kamatz*, de modo que ni siquiera era consciente del hecho de

del recipiente que capte la luz, así será la forma que tome la luz allí. Si el recipiente está entero,[80] entonces recibirá una <luz> plena. Pero si, Dios no lo permita, el recipiente no está completo, entonces recibirá <la luz> en el aspecto de *meorot* que le falta una *vav*, como está escrito, "La *meerat* (maldición) de Dios está en la casa del malvado" (Proverbios 3:33). Esto es, "los Tzadikim andarán en ellos…".[81]

Pues la luz indiferenciada que proviene de Arriba [se encuentra] en el aspecto de cerrada y sellada, <y sólo más tarde la luz se abre>.[82] Pero con respecto al aspecto de los recipientes de aquellos que la reciben, ella está en el aspecto de *TzeIRei*. La luz *niTztaIeR* (cobra forma) en la medida del aspecto del recipiente.[83]

donde el Rebe también trata sobre la luz indiferenciada y conecta el concepto de los recipientes con el anhelo de Dios de la persona (ver n.73).

El rabí Natán agrega que cada mitzvá, las positivas y las prohibitivas, fue dada para ayudarnos a formar y estructurar la luz como una bendición. Dios es exaltado por sobre todas las cosas y la mente humana no puede comprenderlo. Por lo tanto Él nos dio Sus mitzvot a través de las cuales podemos acercarnos a Él (*Torat Natán* #11).

80. si el recipiente está entero. Ver más arriba (§5), que este recipiente es sinónimo de la comprensión de la mente. Tal como explicó el Rebe Najmán, el recipiente está entero cuando uno ha rectificado su aspecto del santo Pacto. Ésta es la enseñanza del *Zohar* citada por el Rebe, que demuestra la conexión que tiene *Iesod* (*brit*) con los conceptos de la Mente Superior, *mojín* y *maskil* – i.e., la comprensión mental.

El rabí Natán explica el motivo profundo por el cual la rectificación del *brit* es sinónimo de la rectificación de la comprensión mental – i.e., los recipientes de los *mojín* (mentalidades). Ello se debe a que la rectificación del *brit* es una rectificación para la Rotura de los Recipientes que tuvo lugar al comienzo de la Creación (ver Lección #34:7 y n.64). La Kabalá explica que esos recipientes se quebraron debido a que no pudieron contener la abundancia de la luz de la Creación que les llegó. La rectificación, por lo tanto, es desarrollar muchos recipientes y conductos fuertes, si así pudiera decirse, con los cuales captar y transportar la luz de manera mesurada y gradual. Esto repara el daño causado por la rotura de los recipientes y elimina el poder del mal de las setenta naciones, de modo que las bendiciones y la abundancia puedan fluir hacia el mundo. Y todo esto comienza rectificando el *brit*, que es en esencia un aspecto de traer la luz indiferenciada hacia los recipientes, si así pudiera decirse. Pues en general, los recipientes son hechos por el hombre, por sus buenas y malas acciones, y es en esos recipientes que la Luz Infinita toma forma (*Torat Natán* #10).

81. meorot…vav…meerat…. El término hebreo para luminarias, *MeORoT* (מאורת), puede deletrearse con o sin una *vav*. Con una *vav* denota luz y bendición. Sin la *vav* puede también leerse como *MeERaT* (מארת), una maldición. Por lo tanto, en el Cuarto Día de la Creación, cuando Dios hizo las luces celestiales mayores y menores, el sol y la luna, las Escrituras afirman (Génesis 1:14), "Dios dijo, 'Haya *meorot* en el cielo'". Rashi hace notar que la palabra *meorot* (מארת) en este versículo está escrita sin la *vav*, similar a *meerat*, para indicar que ese Día llevaba la maldición de la difteria de los niños pequeños. En nuestro contexto, esto enseña que la Luz de Dios es indiferenciada y puede ser conformada y estructurada tanto en la forma de una bendición como de una maldición, dependiendo de la naturaleza del recipiente. El malvado

וְעַל כֵּן כְּתִיב בְּבִלְעָם (במדבר כג): "הִנֵּה בָרֵךְ לָקָחְתִּי" - בְּקָמַץ. "וּבֵרֵךְ וְלֹא אֲשִׁיבֶנָּה" - בְּצֵירֵי. כִּי אֲפִלּוּ הַלְּקִיחָה שֶׁהִיא אָז בִּבְחִינַת קָמִיץ וּסְתִים, הִיא בִּבְחִינַת בֶּרֶךְ. רְאָיָה לָזֶה, כִּי הוּא הָיָה רוֹצֶה לְהִצְטַיֵּר לְפִי בְּחִינַת הַכְּלִי שֶׁלּוֹ, שֶׁהִיא בְּחִינַת קְלָלָה, וְלֹא הָיָה יָכוֹל לְהָשִׁיב וּלְצָרֵף וּלְהִצְטַיֵּר כְּלָל לְפִי בְּחִינָתוֹ. וְזֶה: "וּבֵרֵךְ וְלֹא אֲשִׁיבֶנָּה". וּמִפְּנֵי שֶׁהָיָה בִּשְׁעַת לְקִיחָה, הוּא בְּחִינַת בֶּרֶךְ.

וּמִפְּנֵי מָה, לְפִי שֶׁהֵעִיד עֲלֵיהֶם הַכָּתוּב שֶׁיִּשְׂרָאֵל נִקְרְאוּ שִׁבְטֵי יָהּ, כְּמוֹ (שפרשו) [שֶׁפֵּרֵשׁ רַשִׁ"י] זִכְרוֹנוֹ לִבְרָכָה: עַל הַחֲנוּכִי (במדבר כו): "שְׁמִי מֵעִיד עֲלֵיהֶם", שֵׁם יָהּ שֶׁהוּא בְּחִינַת מֹחִין, כְּמוֹ שֶׁמּוּבָא

86. le falta una vav...no puedo revocarla. Ver más arriba, nota 81, donde se trata sobre la palabra *meorot* sin una *vav*. Dado que Bilaam era tan totalmente inmoral que incluso era culpable de bestialismo, no tenía *vav*, no tenía el aspecto perfeccionado del *brit/Iesod*. Por lo tanto, allí donde miraba ello quedaba maldecido (n.28) y cada luz espiritual que traía desde Arriba se transformaba en una maldición. Sólo debido a que los recipientes del pueblo judío estaban enteros y puros, como veremos, pudieron evitar las maldiciones de Bilaam.

87. ¿Y por qué fue así? ¿Por qué las maldiciones de Bilaam no tuvieron efecto sobre el pueblo judío y no pudo revertir la luz que había sido formada como una bendición?

88. Mi nombre testifica por ellos...son las Tribus de IaH. Inmediatamente después de la historia de Bilaam, Dios instruyó a Moshé para que tomase el censo de toda la comunidad israelita de acuerdo a la línea paterna. Las Escrituras consignan una lista de las diferentes familias de cada tribu, agregando el prefijo *Hei* (ה) y el sufijo *Iud* (י) a cada nombre familiar. Rashi (Números 26:5) explica que las naciones (que estaban hundidas en la inmoralidad, el rasgo negativo global) se burlaban del pueblo judío que decía ser un pueblo puro que podía trazar su línea paterna hasta las setenta almas de la casa de Iaacov. Las naciones se burlaban de los judíos, diciendo, "Si los egipcios controlaban sus cuerpos, entonces de seguro controlaban a sus esposas". Para refutar esto, Dios contribuyó agregando las dos primeras letras de Su santo nombre, *IH*, al nombre de cada familia, como diciendo: "Yo mismo testifico que cada uno es hijo de su padre". Esto era prueba de que las mujeres judías no habían sido deshonradas por los egipcios y que, en verdad, el pueblo judío, como un todo, se había cuidado del rasgo negativo global de la impureza sexual. Y dado que los judíos se habían mantenido moralmente puros, sus recipientes estaban enteros y podían conformar la luz de Dios como una bendición. Por lo tanto, el deseo de Bilaam de maldecirlos no surtió efecto; su recipiente quebrado y dañado no podía revertir la forma que ya había asumido la luz en virtud de estar destinada para el pueblo santo de Dios, las Tribus de *IaH*.

89. IaH, que son las mentalidades. Ver más arriba, sección 5 y notas 77-78, que el *Iesod/brit* asciende a *Jojmá/Iud* y *Biná/Hei*. Tener el *IH* en sus nombres probaba que el aspecto del santo Pacto del pueblo judío estaba rectificado y que las enseñanzas de Torá que recibieron les servirían como un elixir de vida.

{"**Es una bendición que he tomado y cuando hay tal bendición, yo no puedo revocarla**" (Números 23:20)}.

Por lo tanto, se dice en conexión con Bilaam, "Es una *BaReJ* que he tomado" – con *KaMaTz* – "y cuando hay tal *BeReJ*,[84] yo no puedo revocarla" – con *tzeirei*. Porque incluso el "tomar", en general un aspecto *KeMiTz* (cerrado) y sellado era un aspecto de *berej*.[85] <Él hubiera querido que la luz tomara forma de acuerdo a su recipiente, que era un aspecto de maldición, de *meorot* que le falta [una *vav*]. Pero fue incapaz de darle forma o de responder de acuerdo a su aspecto.> Éste es el significado de "y cuando hay tal *berej* (con *tzeirei*), yo no puedo revocarla".[86]

¿Y por qué <fue así>?[87] Ello se debió a que, como atestiguan las Escrituras con respecto a ellos, <[el pueblo judío] tenía recipientes puros y claros>. Como explica Rashi en relación a "*HajanojI*" (Números 26:5): Mi nombre testifica por ellos – <que ellos son las Tribus de> *IaH*,[88] <que son> las mentalidades.[89] Como dice en el Midrash: Las naciones

---

que estaba pensando construir algo. Cuando se hizo consciente del deseo de construir una casa, el pensamiento se abrió, *pataj*, en su mente. Y cuando continuó desarrollando ese pensamiento y le dio forma y estructura, *tzeirei*, el pensamiento estuvo completo, esperando a ser puesto en acción.

El rabí Natán agrega que esta noción de la luz de Dios como indiferenciada en su fuente y que sólo toma forma más tarde se aplica a todos y cada uno de los niveles. Así, cada persona, en cada nivel, encuentra una luz que está oculta y sellada para ella y la cual debe trabajar para alcanzar y darle la forma de una bendición (*Torat Natán* #12).

84. BaReJ...BeReJ. A lo largo de la historia de Balak y Bilaam (Números 22:2-24, 25), las Escrituras relatan una y otra vez cómo Bilaam fue obligado a actuar en contra de su voluntad. Pese al hecho de haber tratado con todas sus fuerzas de encontrar el momento apropiado para traer una maldición sobre el pueblo judío, Dios se negó a permitir que llegase ese momento. Bilaam trató entonces al menos de evitar bendecirlo, pero aquí nuevamente Dios intervino y lo forzó a actuar en contra de su voluntad. Así cuando Balak le pidió a Bilaam que maldijese al pueblo judío, Bilaam le respondió que Dios lo había instruido para que los bendijese y que no había manera de revertir esa bendición.

85. ...el tomar...un aspecto de berej. Como se explicó al comienzo de esta sección, la luz proveniente del Altísimo generalmente comienza, o es "tomada", mientras aún es indiferenciada y sin forma. Éste es el nivel de *Keter*, cuyo punto vocal, *KaMaTz* (קָמַץ), implica que la luz aún está *KeMiTz* (קָמִץ) y sellada – esperando a ser formada. En nuestro contexto, lo que Bilaam quería era tomar esa luz indiferenciada y sin forma –i.e., *bArej* pronunciada con *kamatz*– y darle forma de acuerdo a su recipiente, para poder utilizarla como una maldición en contra de los judíos. Pero para desespero de Bilaam, por más que se esforzaba, no podía conformar esa luz de acuerdo a su recipiente. Como el Rebe Najmán explicará, ello se debía a que la luz ya había sido formada como una bendición debido a los recipientes enteros y perfectos del pueblo judío (ver el próximo párrafo y las notas que lo acompañan). La luz indiferenciada que Bilaam esperaba transformar en una maldición ya era una bendición –un aspecto de *bErej* pronunciado con *tzeirei*– y no había nada que pudiera hacer para revertirlo.

(בגמרא) [בַּמִּדְרָשׁ], שֶׁהָעַכּוּ"ם הָיוּ אוֹמְרִים: אִם בְּגוּפָם הָיוּ מוֹשְׁלִים וְכוּ'; לְפִיכָךְ הֵעִיד הַכָּתוּב עֲלֵיהֶם.
וְזֶה שֶׁכָּתוּב (דברים יא): "רְאֵה אָנֹכִי נוֹתֵן לִפְנֵיכֶם" דַּיְקָא, כִּי לְמַעְלָה [הוּא] בִּבְחִינַת קָמַץ, שֶׁקָּמַץ וּסְתִים. אֲבָל "לִפְנֵיכֶם" לְמַטָּה, נִצְטַיֵּר הָאוֹר לְפִי בְחִינַת הַכְּלִי.
וּבִשְׁבִיל זֶה יָעַץ בִּלְעָם לְבָלָק לְהַכְשִׁילָם בִּדְבַר עֶרְוָה, כְּדֵי לְקַלְקֵל כְּלֵיהֶם: וְזֶה שֶׁכָּתְבוּ חַכְמֵי הָרְפוּאוֹת, שֶׁהַסֵּרוּס רְפוּאָה לִמְשֻׁגָּע.
וְזֶה הוּא 'סְלוּקָא דְיסוֹדָא עַד אַבָּא וְאִמָּא', הַיְנוּ בְּחִינַת שְׁמִי מֵעִיד עֲלֵיהֶם:

91. Bilaam le aconsejó...arruinar sus recipientes. Incapaz de maldecir a los judíos, Bilaam le aconsejó a Balak que enviase a las mujeres moabitas a seducirlos (ver n.62 más arriba). Bilaam intentó minar su pureza, con la esperanza de que sus fallidos intentos de maldecirlos aún pudieran dar fruto.

Nuestros Sabios enseñan que las maldiciones de Bilaam finalmente tuvieron efecto sobre Israel, cuando, más tarde, el pueblo judío fue enviado al exilio después de haber pecado (*Sanedrín* 105b). Sin embargo, mientras estuvieron en el desierto los judíos se mantuvieron moralmente puros. Aparte de Zimri y de algunos otros miembros de su tribu que también habían sucumbido a sus deseos, todos los intentos de minar su pureza fueron en vano. El *Parparaot LeJojmá* pregunta por qué, de todas las veces en que se hizo un censo del pueblo judío, Dios sólo agregó Su nombre a los de los judíos después del incidente de Bilaam. Su respuesta es que ello era para demostrar que, pese a los esfuerzos de Balak y de Bilaam para seducirlos con la inmoralidad, ellos se mantuvieron puros y sus recipientes enteros. De modo que es específicamente entonces que las Escrituras testifican que eran las Tribus de *IaH*.

92. la castración cura la locura. Esto aparece en *Sefer Masse Tovia, Maamar Maian Jitun*, Capítulo 1.

93. El ascenso de Iesod.... Ver más arriba, notas 75-77 y nota 80. El Rebe Najmán ahora explica por qué la castración cura la demencia. Aquel que está loco carece de sus facultades mentales. Lo mismo se aplica a aquel que ha dañado el *brit*, pues al hacerlo también ha dañado su mente, como se explicó más arriba en la sección 5. Por el contrario, liberar a la persona del rasgo negativo global de la inmoralidad le permite curar sus mentalidades, aunque no de manera automática. La inmoralidad es global, pero también hay rasgos negativos individuales propios de cada nación que extravían a la persona y la llevan al exilio; si se dejan sin corregir, traen la demencia. Como el Rebe enseñó más arriba (§1), uno debe clamar a Dios setenta veces para salir de ese exilio.

94. Mi nombre testifica por ellos. Como hemos visto, *Aba* es *Jojmá* y la *Iud* del *IHVH* e *Ima* es *Biná* y la *Hei* de Su nombre. Cuando la persona posee esas mentalidades –i.e., cuando las letras del nombre de Dios atestiguan de su pureza– ellas son prueba de que su aspecto de *Iesod/brit/* Pacto es como debe ser. Así merece *daat*, revelaciones de Torá que para ella son una bendición y un elixir de vida.

dirían, "Si tenían control sobre sus cuerpos, [entonces ciertamente también sobre sus esposas]". Por lo tanto, las Escrituras dan testimonio concerniente a ellos (*Shir HaShirim Rabah* 4:12).

Esto es también como está escrito (Deuteronomio 11:26), "Mira que hoy pongo delante de ti [la bendición y la maldición]". El lenguaje es exacto. Arriba, [la luz] es un aspecto de *kamatz*, cerrada y sellada. Pero "delante de ti", abajo, la luz toma forma de acuerdo al aspecto del recipiente.[90]

Fue debido a ello que Bilaam le aconsejó a Balak tentarlos con la inmoralidad, para arruinar sus recipientes.[91] Esto es tal como escriben los expertos en medicina, que la castración cura la locura[92] <de modo que las mentalidades se vuelven puras y claras, como se explicó más arriba>. Y esto corresponde a "El ascenso de *Iesod* es hasta *Aba* e *Ima*"[93] – i.e., correspondiente a "Mi nombre testifica por ellos".[94]

---

90. Mira, que hoy...aspecto del recipiente. Con este versículo el Rebe Najmán demuestra que todo aquello que ha enseñado con respecto a la luz indiferenciada del Altísimo también se aplica a la luz de la Torá y de las enseñanzas de Torá del Tzadik – en particular, que esas luces/enseñanzas sólo toman forma en la medida del recipiente (ver n.78 más arriba). Esto se hará más claro más adelante, al final del manuscrito incluido por el rabí Natán, donde el Rebe vuelve a explicar este versículo y estos conceptos de una manera algo diferente. El rabí Natán agrega que a partir de este versículo aprendemos que todas las bendiciones dependen de la pureza del Pacto (*Torat Natán* #14).

Cuán importante es que el recipiente esté entero al recibir la luz indiferenciada de la Torá y de las enseñanzas del Tzadik puede verse en la explicación del rabí Natán de la siguiente y sorprendente conversación que tuvo lugar en el Monte Sinaí. Cuando el pueblo judío estaba por recibir la Torá, se acercó a Moshé y le dijo, "Tú habla con nosotros y nosotros escucharemos. Pero que Dios no hable con nosotros, no sea que muramos" (Éxodo 20:16). Si los judíos estaban por recibir la Torá directamente de Dios, ¿por qué preferían oirla de Moshé? Como hemos visto, "de la boca del Altísimo sólo surge una luz indiferenciada". La manera en que la persona la reciba dependerá subsecuentemente de la forma que tome la luz dentro de *su* recipiente. Por lo tanto, para ser capaz de recibir la luz directamente de Dios y hacer que ella sea un elixir de vida, la persona misma debe encontrarse en un alto grado de pureza. Sólo Moshé mereció esto (ver §2, n.21). Cuando estuvieron frente al Monte Sinaí, los judíos se abstuvieron de relaciones maritales sólo por tres días y por lo tanto temían no ser capaces de conformar la luz de Dios en una forma positiva. "No sea que muramos", dijeron, temiendo que podían transformar la luz de la Torá en una poción mortal. Sin embargo, si Moshé recibía la luz primero y luego se la pasaba a ellos, los judíos tenían esperanza de recibir la Torá de Dios como un elixir de vida. Incluso aunque, como se explicó en nuestra lección, cuidar el santo Pacto es también esencial para recibir las enseñanzas del Tzadik como un elixir de vida –pues en relación a la mayor parte de la gente sus enseñanzas también son un aspecto de la luz indiferenciada– sin embargo, es más fácil recibir la luz como una bendición teniendo sólo un limitado grado de pureza una vez que ha sido recibida por el Tzadik de la boca del Altísimo y ya ha tomado la forma de una bendición (*Torat Natán* #1).

וְזֶה:

בִּקְרֹב עָלַי מְרֵעִים – 'תְּרֵין רֵעִין דְּלָא מִתְפָּרְשִׁין' (זהר ויקרא ד.), הַיְנוּ הַמֹּחִין.

וַאֲכִילָתָם, שֶׁנֶּאֱמַר (שיר-השירים ה): "אִכְלוּ רֵעִים", הַיְנוּ הִתְחַזְּקוּתָם, הוּא בְּשַׂר קֹדֶשׁ, הַיְנוּ לֶאֱכֹל אֶת בְּשָׂרִי. שֶׁהוּא בְּחִינַת סְלוּקָא דְיְסוֹדָא, הַיְנוּ תִּקּוּנוֹ מַגִּיעַ עַד הַמֹּחִין, שֶׁהֵם אַבָּא וְאִמָּא. וְהוּא תִּקּוּן הַכְּלָלִי, שֶׁעַל יָדוֹ

צָרַי וְאֹיְבַי לִי הֵמָּה כָּשְׁלוּ וְנָפָלוּ – שֶׁהֵם בְּחִינַת שִׁבְעִים לְשׁוֹנוֹת. וּכְשֶׁיְּשַׁבֵּר הַתַּאֲוָה הַזֹּאת, מִמֵּילָא נוֹפְלִים כָּל הַתַּאֲווֹת רָעוֹת:

[זֹאת הַתּוֹרָה הִיא לְשׁוֹן רַבֵּנוּ זִכְרוֹנוֹ לִבְרָכָה. וְאָמַר: שֶׁהִיא סוֹד כַּוָּנוֹת קִדּוּשׁ, וְיִתְבָּאֵר בְּמָקוֹם אַחֵר, אִם יִרְצֶה הַשֵּׁם (עיין בספר חיי מוהר"ן שיש אומרים שאמר זאת על מאמר "בקרוב" בסימן קטו).

reiim (amantes)". Así como el comer fortalece a la persona, "comer" fortalece a las mentalidades.

97. carne consagrada. Literalmente, este término hace referencia a aquella carne de los sacrificios, que, después de ser consagrada y faenada en el Templo, contrajo impureza. Sin embargo aquí, como en otras instancias de las sagradas escrituras, el término "carne consagrada" es una referencia figurativa al *brit*, carne consagrada a través de la mitzvá de la circuncisión y cuidada mediante un estilo de vida altamente moral (ver *Likutey Moharán* I, 7:7 y notas 79-80; ibid 19:3 y n.49). Así en nuestro contexto, esto alude a la enseñanza que el Rebe Najmán ha recalcado a lo largo de esta lección, que las mentalidades/*reiim* se fortalecen mediante el cuidado del *brit*/carne consagrada – i.e., para que el alma judía pueda tener una revelación de Torá y de servicio Divino debe primero ser probada y refinada venciendo la inmoralidad.

98. El ascenso de Iesod.... Como se explicó más arriba, ver notas 75-77. Pues es *Iesod*/el santo Pacto, el que protege y fortalece las mentalidades.

99. los malos deseos desaparecen por sí mismos. Como el Rebe Najmán enseñó al comienzo de la sección 2. Aquí, como allí, las palabras "éste es el Remedio General" han sido omitidas en base a la versión manuscrita del *Likutey Moharán* (ver n.17).

El versículo de apertura se lee así: **Cuando se acercan los Mereiim para devorar mi carne** – Cuando la persona se encuentra asediada por los rasgos negativos, debe fortalecer sus facultades mentales. Esto puede lograrse mediante la santificación de su carne – venciendo el rasgo negativo global de la inmoralidad mediante el cuidado del *brit*. Entonces **mis adversarios y mis enemigos, son quienes tropiezan y caen** – Al controlar el rasgo negativo global, se puede vencer fácilmente los otros rasgos negativos y así merecer revelaciones de Torá que son un elixir de vida.

100. Leshón Rabeinu z'l. Ver más arriba, nota 1 y la referencia cruzada para una explicación de este término. Este párrafo entre llaves fue insertado por el rabí Natán.

101. Kidush...en otro lugar. Ver *Tzadik* #362. El rabí Natán escribe allí que las *kavanot*

7. Así, ésta es [la explicación del versículo de apertura]:
{"Cuando se acercan los *Mereiim* (malvados) para devorar mi carne, ellos mismos, mis adversarios y mis enemigos, son quienes tropiezan y caen"}.

Cuando se acercan los Mereiim – "Dos *reiin* (amantes) que nunca se separan" – <i.e., *Aba* e *Ima*>, la mentalidades.⁹⁵

[para devorar mi carne – Esto alude al hecho de que] su comer – como está dicho, "Coman, amantes" (Cantar de los Cantares 5:1)– es decir, su fortalecerse,⁹⁶ es "carne consagrada" (Jagai 2:12).⁹⁷ Esto es **para devorar mi carne**, el aspecto de: "El ascenso de *Iesod* <es hasta *Aba* e *Ima*", que constituye el recipiente⁹⁸> a través del cual

ellos mismos, mis adversarios y mis enemigos, son quienes tropiezan y caen – Ellos son el aspecto de las setenta lenguas. <En otras palabras, cuando se quiebra este deseo,> todos los malos deseos desaparecen por sí mismos.⁹⁹

8. {Esta lección es *leshón Rabeinu z'l*.¹⁰⁰ Él dijo que ella contenía las *kavanot*-meditaciones místicas del *Kidush* y que, Dios mediante, explicaría esto en otro lugar.¹⁰¹

Resumen: Cada alma está enraizada en la Torá, que tiene el poder de contrarrestar los rasgos negativos y su influencia. Pero para alcanzar una mayor revelación de Torá y de Divinidad, uno debe pasar por el exilio – ser probado en los rasgos negativos de las setenta naciones (§1). La inmoralidad es el rasgo negativo global de las setenta naciones. Subyugar la lujuria le permite a la persona vencer más fácilmente todos los otros rasgos negativos. Uno merece entonces *daat* – i.e., revelaciones de Torá (§2). Para vencer al Reinado del Mal y quedar incluido en el Reinado de Santidad uno debe recitar el *Shemá*, aceptando así el yugo del *Maljut* de Dios. El *Shemá* corresponde a las Doce Tribus de Dios, de modo que al recitarlo, el alma se separa de los rasgos negativos y queda en su lugar bajo el dominio de la santidad (§3). Este recitado del *Shemá* sólo ayuda cuando los pensamientos lujuriosos son ocasionales. Pero si la persona se encuentra regularmente plagada de pensamientos inmorales, también deberá derramar lágrimas al recitar el *Shemá* (§4). En la medida del grado en que la persona rectifique su aspecto del santo Pacto será capaz de comprender la Torá y de recibir el consejo que se encuentra en las enseñanzas del Tzadik (§5). Pues en su fuente la luz de Dios es indiferenciada y es el recipiente el que le da forma como bendición o lo contrario (§6).

95. Cuando se acercan los Mereiim...dos reiin... mentalidades. El *Raaia Mehemna* (*Zohar* III, 4a) habla de las Personas Divinas *Aba* e *Ima* como "amantes que nunca se separan" (como opuesto a las Personas Divinas *Zeir Anpin* y *Maljut*, que a veces están separadas y deben juntarse). Así *Jojmá* y *Biná*, las mentalidades, siempre están unidas. En nuestro contexto, el Rebe Najmán relaciona la palabra *Mereiim* con *reiin*. Cuando la persona se sienta acuciada por los *Mereiim* (malvados), los rasgos negativos de las naciones, deberá asegurarse de evitar el daño a sus *reiin*/mentalidades. De otra manera, será incapaz de recibir el *daat* de la luz de Dios como un elixir de vida.

96. su comer...su fortalecerse. El Rebe Najmán demuestra ahora que los *reiin*/mentalidades requieren ser fortalecidos para protegerlos de los malos rasgos. Esto está aludido en "Coman,

עוֹד מָצָאתִי מִכְתַב יַד קֹדֶשׁ שֶׁל אֲדוֹנֵנוּ מוֹרֵנוּ וְרַבֵּנוּ זִכְרוֹנוֹ לִבְרָכָה, מֵעִנְיַן הַתּוֹרָה הַזֹּאת, בְּשִׁנּוּי לָשׁוֹן קְצָת. וְהַנְּיָר הָיָה קָרוּעַ חֶצְיוֹ, וּמַה שֶּׁנִּמְצָא כָּתוּב עַל הַנִּשְׁאָר הֶעְתַּקְתִּי. וְזֶהוּ:]

צָפְנַת פַּעְנֵחַ דִּמְגַלְיָן...שִׁבְעִים פָּנִים...תּוֹרָה...סוֹד אַחֵר, כְּמוֹ שֶׁכָּתוּב (משלי כה): "וְסוֹד אַחֵר אַל תְּגָל", כַּמּוּבָא בַּזֹּהַר (בתיקונים תיקון לד, נו, סט) כְּשֶׁמַּפְסִיק הַנְּקֻדָּה מֵהַדָּלֶ"ת שֶׁל אֶחָד, וְהַנְּקֻדָּה הִיא אוֹת בְּרִית, אֲזַי נַעֲשֶׂה אַחֵר. הַיְנוּ כְּשֶׁמַּכְנִיס בְּרִיתוֹ בְּזוֹנָה, הַנִּקְרֵאת מַלְכוּת הָרִשְׁעָה, הַנִּקְרָא אֵל אַחֵר. אֲבָל מִי שֶׁמְּקַדֵּשׁ אֶת עַצְמוֹ מִזֹּאת הַתַּאֲוָה, אֲזַי הוּא נִתְקַשֵּׁר בְּמַלְכוּת שָׁמַיִם הַנִּקְרָא אֲנִי, כְּמוֹ שֶׁכָּתוּב

Tikuney Zohar (#21, p.55b) enseña que el punto de la *dalet* es el Tzadik. Esto es como vimos más arriba (n.33), al cuidar el *brit* la persona recibe el nombre de "Tzadik". Como explica el Rebe Najmán en el *Likutey Moharán* I, 10:5, el Tzadik subyuga a *ajeR*, como idolatría y lo transforma en *ejaD*, la unidad de Dios. Aquí agrega que mediante el aspecto del Tzadik –i.e., cuidado del *brit*– *ajeR*, en tanto que deseos inmorales, es quebrado y transformado en *ejaD*, la unión santa y la pureza moral.

Esto se une con lo que se enseñó más arriba concerniente al recitado del *Shemá*, cuya última palabra (del primer versículo) es *ejad* (ver n.38). Como se explicó, recitamos el *Shemá* para afirmar nuestra fe en la Unidad de Dios, que incluye nuestra aceptación del yugo del *Maljut* del Cielo y nuestro rechazo del *Maljut* del Mal. Así, al escribir este versículo de Deuteronomio en la Torá, el escriba dibuja la *dalet* de *ejad* más grande que las otras letras. Esto es para que nadie se equivoque y lea la palabra *ejaD* como *ajeR*, Dios no lo permita. Pues como enseña el *Tikuney Zohar* (*loc. cit.*): Separar ese punto separa a la persona del Dios Único, del Reinado de Santidad y le da fuerzas al Reinado del Mal, a la idolatría.

Contemplando esto más profundamente, podemos ver cómo este pasaje del *Tikuney Zohar* también se une con una cantidad de elementos kabalistas tratados anteriormente en nuestra lección. Las letras de la palabra *EJaD* son *alef*, *jet* y *dalet* (א-ח-ד). El valor numérico de *alef* (1) y de *jet* (8) suma nueve. Esto corresponde a las nueve *sefirot* que sustentan a *Maljut*, mientras que *Maljut* misma está representada por la letra final, la *DaLeT*, que alude a aquello que se dice de *Maljut* – es decir, *DeLeT la* (ella no tiene) luz propia y debe recibirla de las *sefirot* superiores a través de *Iesod* (*Zohar* I, 257a; ver notas 40, 82). *Iesod*, un aspecto correspondiente tanto del *brit* como del Tzadik (ver n.76), es así también el punto de la *dalet* que transforma a *ajer* en *ejad*. A partir de todo esto podemos vislumbrar el significado profundo de la enseñanza del *Tikuney Zohar* de que cuando la *dalet* de *ejaD* se une a las dos letras precedentes mediante el punto de atrás, ello indica la unidad de Dios. Replanteado en términos de las *sefirot* esto se lee: Cuando *Maljut* de Santidad está unida a las otras nueve *sefirot* a través de *Iesod*, ello indica un estado de Unidad y de conexión santa.

107. daña el brit.... Al volcarse a la inmoralidad fortalece a la sierva, el Reinado del Mal, que se opone a su ama, el Reinado de Santidad, el *Maljut* de Dios. Así, la inmoralidad se compara con la idolatría, *el ajer*. Ver también más arriba, sección 3 y el final de la nota 40.

108. se santifica...Reinado del Cielo.... Como se explicó en la sección 3, notas 45-47.

También encontré un manuscrito perteneciente a nuestro santo maestro, de bendita memoria, sobre los temas de esta lección, expresados de manera algo diferente. Pero una parte del papel estaba rasgada. He copiado más abajo lo que estaba registrado en la parte que quedaba:[102]}

"Tzafnat-Paaneaj" que revelamos[103]... setenta rostros... Torá[104]... el secreto de *ajer* (otro), como está escrito (Proverbios 25:9), "pero no le revele el secreto a otro".[105] Como dice en el *Zohar*: Cuando el punto de la *dalet* de *ejaD* –siendo este punto la señal del Pacto– es separado, se forma *ajeR* (Tikuney Zohar #34, p.77b).[106] Esto es cuando daña el brit con una prostituta, que es llamada Reinado del Mal, *el ajeR* ("otro dios").[107] Pero aquel que se santifica de ese deseo estará unido al Reinado del Cielo,[108] que es llamado *Ani*, como está escrito (Levítico 19:2), "Serán

---

(meditaciones) del *Kidush* pueden encontrarse en *Likutey Moharán* I, 101. Esa lección también está basada en el versículo de apertura, "Cuando se acercan los *Mereiim* para devorar mi carne...".

102. copiado más abajo.... Mucho de lo que aparece en el manuscrito parcial del cual el rabí Natán transcribe lo que queda de esta lección ha sido explicado más arriba, aunque hay algunos conceptos nuevos al igual que nuevas conexiones no tratadas previamente. La falta de palabras en la primera línea se debe, como indica el rabí Natán, a la mala condición en la cual encontró el manuscrito. Las conexiones postuladas presentadas en las notas se basan en conexiones ya establecidas por el Rebe Najmán en la lección misma.

103. Tzafnat-Paaneaj que revelamos. Cuando Iosef fue nombrado virrey de Egipto, el faraón le dio el nombre de *Tzafnat-Paaneaj* (Génesis 41:45). *Tzafnat* connota algo "oculto" (*tzafun*) y *paaneaj* significa "descubrir" o "revelar" – Iosef era el "revelador de aquello que está oculto", el misterio de los sueños del faraón. En nuestro contexto, Iosef había superado la prueba del exilio al anular el rasgo negativo global de la inmoralidad. Él fue por lo tanto recompensado con el aspecto de *tzafnat paaneaj*, la capacidad de descubrir revelaciones de Torá.

104. setenta rostros...Torá. Esto hace referencia a las nuevas almas que se revelan cuando se revela la Torá (ver más arriba, §5 y n.67).

105. pero no le revele el secreto a otro. En nuestro contexto, este versículo se relaciona con lo impropio de revelar enseñanzas de Torá cuando se está en el exilio, bajo el dominio de los rasgos negativos de los "otros". Esto está aludido en el hebreo, "*vesod ajer al tigal*". La palabra *tiGaL* ("rebela") también connota *GaLut* (el exilio). En un estado de exilio –i.e., inmoralidad– es imposible tener revelaciones de Torá y aquellos "secretos" que son revelados no pueden ser un elixir de vida sino sólo pociones mortales. El Rebe Najmán identifica ahora a esos "otros".

106. dalet de ejaD...se forma ajeR. Las letras *dalet* (ד) y *resh* (ר) son similares en forma. La diferencia entre ellas es que el ángulo derecho de la cabeza de la *resh* es redondeado mientras que el ángulo derecho de la cabeza de la dalet se extiende sobrepasando su trazo vertical. Este punto de atrás, aunque es sólo una pequeña adición, transforma la palabra אחר (*ajer*) en אחד (*ejad*). Ésta no es una diferencia menor, pues *ejad* significa "uno" y connota la unidad de Dios, mientras que *ajer* significa "otro" y connota la idolatría. El Rebe Najmán agrega aquí que el punto que transforma la *resh* en una *dalet* es el *brit*, la señal del Pacto. En otra instancia, el

(ויקרא יט): "קְדוֹשִׁים תִּהְיוּ כִּי קָדוֹשׁ אֲנִי", וּבְכָל מָקוֹם שֶׁאַתָּה מוֹצֵא גֶּדֶר עֶרְוָה, תִּמְצָא קְדֻשָּׁה (זהר מקץ רד:).

'אֲבָל מָאן דְּגָלֵי עֶרְיָין, הָכִי אִיהוּ אִתְגַּלִּי בֵּין אִנּוּן עֶרְיָין, דְּאִנּוּן אֱלֹקִים אֲחֵרִים', תִּקּוּנִים (תיקון נו) דַּף צ"ג: וּבִשְׁבִיל [זֶה] מוּבָא בַּזֹּהַר (קדושים פד.): כַּד חָזֵי רַבִּי שִׁמְעוֹן נָשֵׁי שַׁפִּירִין, אָמַר: "אַל תִּפְנוּ אֶל אֱלִילִים". כִּי נִאוּף הִיא עֲרָיוֹת, אֱלֹקִים אֲחֵרִים, מַלְכוּת הָרְשָׁעָה. וּבִשְׁבִיל זֶה, סְגֻלָּה לְבַטֵּל הַרְהוּרֵי נִאוּף, לִקְרֹא שְׁמַע יִשְׂרָאֵל וּבָרוּךְ שֵׁם כְּבוֹד וְכוּ', כַּמּוּבָא עַל פָּסוּק: "וַיַּקְרֵב אֶל אֶחָיו הַמִּדְיָנִית" וְכוּ' דַּף א: נִמְצָא, שֶׁעִקַּר הַנִּסָּיוֹן וְהַצֵּרוּף שֶׁמְּנַסִּין לָאָדָם, אֵין מְנַסִּין אוֹתוֹ אֶלָּא בְּנִאוּף, שֶׁהִיא כְּלוּלָה מִשִּׁבְעִים אֻמּוֹת, שֶׁהִיא כְּלוּלָה מִסּוֹד אַחֵר, אֵל אַחֵר.

וּכְשֶׁצּוֹעֵק לֶאֱלֹקִים, כְּמוֹ שֶׁכָּתוּב (תהלים מב): "כֵּן נַפְשִׁי תַעֲרֹג אֵלֶיךָ", וְצוֹעֵק שִׁבְעִין קָלִין לֹא פָּחוֹת, אֲזַי נִפְתָּחִין לוֹ סוֹדוֹת הַתּוֹרָה, דְּמִטַּמְּרִין מְגַלִּין לֵהּ, וּמוֹלִיד נַפְשִׁין חַדְתִּין. כִּי מוֹלִיד תּוֹרָה, וְהַתּוֹרָה הִיא כְּלוּלָה מִנַּפְשׁוֹת יִשְׂרָאֵל. וּמְגַלֶּה הַפָּנִים שֶׁל

Torá tremendamente exaltada – el santo *Zohar*. En nuestro contexto, él es el Tzadik que puede traer la luz indiferenciada desde Arriba y hacerla accesible al hombre común (§7).

113. la mujer midianita a sus hermanos…. El final de este versículo, "ellos estaban llorando a la entrada de la Tienda de Reunión", fue explicado más arriba (§4), donde el Rebe Najmán cita del *Targúm Ionatán* que los líderes israelitas estaban llorando y recitando el *Shemá* (ver notas 62, 63).

En este punto, en los textos hebreos impresos, aparecen las palabras "*daf alef*" (página uno). Esto también fue transcrito del manuscrito rasgado encontrado por el rabí Natán, cuya primera página aparentemente terminaba aquí.

114. setenta naciones…. Ver más arriba, sección 2. Como el Rebe Najmán ya ha demostrado, la idolatría y la inmoralidad son sinónimos.

115. clama con setenta clamores…secretos…nuevas almas. Estos conceptos han sido explicados más arriba, en las secciones 1, 2 y 5. Esta cita de los Salmos, "así es como mi alma clama por Ti", aparece en el *Zohar* en conexión con los setenta llamados de *Maljut* (ver más arriba, n.9). El rabí Natán explica las palabras del Rebe Najmán: "Lo oculto le es revelado", citando Salmos (25:14), "El misterio de Dios es para los que Le temen y Su pacto les hará conocer". Aquello que está oculto es "el misterio de Dios"; Él lo revela y hace que sea conocido por aquellos que guardan el santo Pacto. El término hebreo para "misterio" es *sod* (סוד), que tiene el valor numérico de 70. La persona que quiebra sus deseos inmorales, el rasgo negativo global de las 70 naciones, merece percibir los misterios de Dios (*Torat Natán* #15).

santos, porque santo soy *Ani* (Yo)".[109] Y cada vez que encuentres una barrera contra la inmoralidad sexual allí encontrarás la santidad (Zohar I, 204b).[110]

Pero aquel que descubre la desnudez[111] ciertamente será exilado entre los desnudos, que son los "otros dioses" – *Tikunim* (Tikuney Zohar #56) página 90. Debido a ello dice en el *Zohar* (III, 84a): Cuando el rabí Shimón veía mujeres hermosas, decía, "No se vuelvan hacia los falsos dioses" (Levítico 19:4). Ello se debe a que la inmoralidad implica desnudez, "otros dioses", el Reinado del Mal.[112]

Debido a ello, un método especialmente propicio para eliminar los pensamientos de lujuria es recitar *Shemá Israel* y *Baruj shem kvod*.... Como dice en el versículo, "él acercó a la mujer midianita a sus hermanos..." (Números 25:6).[113] Por lo tanto vemos que la principal prueba con la que la persona es examinada y refinada no es otra cosa que la inmoralidad, que está compuesta de setenta naciones y del "secreto de *ajer*"/*el ajer*.[114]

Pero cuando la persona clama a Dios, como está escrito (Salmos 42:2), "así es como mi alma clama por Ti" y clama con setenta clamores, no menos, entonces los secretos de la Torá se abren para ella. Lo oculto le es revelado y ella da nacimiento a nuevas almas.[115] Pues da nacimiento a la Torá y la Torá está compuesta de todas las

---

109. ...que es llamado Ani.... Ver *Zohar* I, 261b, que la *Shejiná*, que es *Maljut*, es *Ani* (Yo). Así el versículo, que en nuestro contexto se lee: "Serán santos, porque santo es el *Maljut* del Cielo", enseña que al santificarse la persona se une al Reinado de Santidad y queda libre del Reinado del Mal.

110. una barrera contra la inmoralidad sexual..... Nuestros Sabios hacen notar que cada vez que las Escrituras advierten en contra del comportamiento inmoral aparece el término para "santo", *kadosh*. Esto enseña que sólo al comportarse con santidad es posible combatir la tentación de la conducta inmoral.

111. descubre la desnudez. Ésta es una expresión idiomática para designar el comportamiento sexual ilícito, el término hebreo para lo cual es *guiluy araiot* (גילוי עריות), literalmente, "descubrir la desnudez" (cf. *Rashi*, Levítico 20:18). Como en la nota 105 más arriba, la similitud entre *GuiLuy* y *GaLut* sugiere que aquél que es culpable de comportamiento inmoral está, en efecto, en el exilio (ver §1).

112. falsos dioses...la inmoralidad implica desnudez.... Nuevamente vemos que la inmoralidad y la idolatría son sinónimos (ver notas 40, 62, 107), siendo ambos aspectos de *ajer* (n.106). El "rabí Shimón" mencionado aquí es el rabí Shimón bar Iojai, quien mediante una total separación del rasgo negativo global y un sublime nivel de santidad mereció una revelación de

הַתּוֹרָה, כִּי עַד עַכְשָׁו הָיְתָה סְתוּמָה בִּקְלִפִּין, כִּי הַקְּלִפָּה קָדְמָה
לַפְּרִי. וְיָכוֹל הַצַּדִּיק לְהוֹרִישׁ בְּתוֹרָתוֹ שֶׁמְּחַדֵּשׁ נְשָׁמָתִין חַדְתִּין,
לְכָל אֶחָד מֵאַנְשֵׁי מְקֹרָבָיו הַמְקֻשָּׁרִים בְּתוֹרָתוֹ. כַּמּוּבָא בַּהֲזַמֵּר:
'לְמֶעְבַּד נִשְׁמָתִין חַדְתִּין בְּתַרְתֵּין וּבִתְלָתִין', הַיְנוּ בְּהַתּוֹרָה
הַמַּתְחֶלֶת בְּבֵית וּמְסַיֶּמֶת בְּלָמֶד, 'וּבִתְלָתָא שַׁבְשִׁין', הַיְנוּ אוֹרַיְתָא
תְּלִיתָאָה, הוּא 'עָבֵד נִשְׁמָתִין וְרוּחִין חַדְתִּין'.

וְהַתּוֹרָה זָכָה - נַעֲשֶׂה לוֹ סַם חַיִּים; לֹא זָכָה וְכוּ', כְּמוֹ שֶׁכָּתוּב
וְשַׂמְתֶּם וְכוּ', וּכְמוֹ שֶׁכָּתוּב: "צַדִּיקִים יֵלְכוּ בָם" וְכוּ', לְכָל אֶחָד
וְאֶחָד כְּפִי שֶׁמְּקַבֵּל. אֲבָל מֵאִתּוֹ לֹא תֵצֵא הָרָעוֹת, כְּמוֹ שֶׁכָּתוּב
(איכה ג): "מִפִּי עֶלְיוֹן לֹא תֵצֵא הָרָעוֹת".

וְהַבְּרָכָה וְהַקְּלָלָה נַעֲשֶׂה אֵצֶל הָאָדָם, כְּפִי הַכְּלִי שֶׁיֵּשׁ לוֹ. כְּמוֹ
שֶׁכָּתוּב: "רְאֵה אָנֹכִי נוֹתֵן לִפְנֵיכֶם בְּרָכָה וּקְלָלָה", "לִפְנֵיכֶם"
דַּיְקָא. כִּי מִלִּפְנֵי הַקָּדוֹשׁ־בָּרוּךְ־הוּא יוֹצֵא אוֹר פָּשׁוּט, הַיְנוּ
אוֹתִיּוֹת פְּשׁוּטִים, וּלְפִי הָאָדָם כֵּן נַעֲשֶׂה הַצֵּרוּף. אִם הוּא אָדָם
טוֹב, נַעֲשֶׂה צֵרוּף שֶׁל בְּרָכָה. וְאִם לָאו, לְהֵפֶךְ. וְזֶה: "לִפְנֵיכֶם
בְּרָכָה וּקְלָלָה" דַּיְקָא, כִּי לִפְנֵי ה' עֲדַיִן אֵין צִיּוּר לַצֵּרוּף הַזֶּה, אִם

un aspecto de Moshé, hizo esto para que las almas del pueblo judío estuviesen enraizadas en la Casa de Iaacov y separadas de las almas de la multitud mezclada.

119. canción. *Azamer Bishvajin.* Ver nota 66 más arriba.

120. treinta y dos…Bet…Lamed. El manuscrito del Rebe Najmán presenta otro motivo por el cual la Torá es llamada "treinta y dos". La primera y la última letra del Pentateuco son vistas como englobando a toda la Torá desde el comienzo hasta el final – desde la *Bet* hasta la *Lamed*. En *Guematria*-Numerología, *Bet* (2) más *Lamed* (30) es igual a 32. "Con el treinta y dos" alude así a la Torá. Ver también más arriba, sección 5 y notas 68.

121. Torá tripartita…. Ver más arriba, sección 5 y nota 69. Mediante las revelaciones de la Torá –la Torá tripartita desde la *Bet* hasta la *Lamed* que comprende los treinta y dos senderos de Sabiduría– se crean nuevas almas y se renueva el alma de la persona.

122. Torá…en la medida de la forma en que la recibe. Como se explicó en la sección 5 y notas 71-72.

123. de Él no proviene mal alguno…. Como se explicó más arriba, en la sección 6 y nota 79. Mientras que más arriba la relación entre la Torá o las enseñanzas del Tzadik con la luz indiferenciada está sólo sugerida, en este párrafo el Rebe Najmán las conecta claramente.

almas de Israel.[116] Y ella revela el rostro de la Torá, que hasta ahora estaba oculto dentro de las cáscaras. Pues la cáscara precede al fruto.[117] Pero mediante las enseñanzas de Torá que el Tzadik origina es capaz de otorgarles nuevas almas a cada uno de sus seguidores que están unidos a su enseñanza.[118] Como dice la canción:[119] "Creando así nuevas almas y espíritus con el treinta y dos" – i.e., con la Torá, que comienza con una *Bet* y concluye con una *Lamed*[120] – "y con las tres ramas" – i.e., con la Torá tripartita, él hace nuevas almas y espíritus.[121]

En cuanto a la Torá, si lo merece, se vuelve su elixir de vida; pero si no lo merece, [se vuelve su poción mortal]. Como se enseñó: "Ponla...", y como en, "los Tzadikim andarán en ellos, [pero los malvados en ellos tropezarán]". Ella le llega a cada una de las personas en la medida de la forma en que la recibe,[122] mientras que de Él no proviene mal alguno. Como está escrito (Lamentaciones 3:38), "No es de la boca del Altísimo que proviene el mal".[123]

Más bien, la bendición o la maldición son hechas por el hombre, de acuerdo a su particular recipiente, como en, "Mira que pongo delante de ti hoy [la bendición y la maldición]. Específicamente "delante de *ti*", pues delante del Santo, bendito sea, la luz emerge de manera indiferenciada – i.e., letras individuales. La combinación [que las transforma en palabras] se lleva a cabo de acuerdo a la persona. Si es una buena persona, se hace una combinación para bendición; pero si no, entonces lo contrario. Esto es "delante de ti la bendición y la maldición" – ¡Exactamente! Pues delante de Dios, esta combinación no

116. la Torá está compuesta.... Como se explicó en las secciones 1 y 5.

117. la cáscara precede al fruto. Ver la sección 1 que todo aquel que quiera comer el fruto deberá primero quebrar la *klipá*. También la nota 14 con respecto a cómo esto se relaciona con el exilio que precede a las revelaciones de Torá.

118. origina...nuevas almas...unidos a su enseñanza. Como se explicó en la sección 5.

Agrega el *Parparaot LeJojmá*: Al utilizar la palabra *horish* ("otorgar") diciendo que el Tzadik es capaz de otorgarles nuevas almas a aquellos de sus seguidores unidos a sus enseñanzas, el Rebe Najmán parece estar conectando esto con el versículo en Deuteronomio (33:4), "Moshé nos encargó la Torá, *morashá* (una herencia) para la congregación de Iaacov". El Rebe ha enseñado que cada alma judía está enraizada en las setenta almas de la Casa de Iaacov, que están en sí mismas enraizadas en los setenta rostros de la Torá (§1), y también ha diferenciado entre las almas enraizadas en las Doce Tribus de aquellas enraizadas en la multitud mezclada (§3). Así al decir "Moshé nos encargó la Torá...", las Escrituras aluden al hecho de que mediante su enseñanza de Torá, Moshé *morish* (estaba otorgando) a sus seguidores almas santas, almas provenientes "de la congregación de Iaacov". Moshé, al igual que todos los Tzadikim que son

הוּא בְּרָכָה אִם לָאו.

וְזֶה שֶׁהִתְמִיהַּ אֶת עַצְמוֹ בִּלְעָם עַל זֶה, הִנֵּה "בָּרֵךְ" לָקַחְתִּי "וּבֵרַךְ" וְלֹא אֲשִׁיבֶנָּה, בָּרֵךְ בְּקָמַץ, גַּם לָקַחְתִּי מַשְׁמַע בִּרְצוֹנוֹ לָקַח...

Infinita de Dios, las letras de la Torá están combinadas "delante de ti" – de modo que la manera en la cual las experimente la persona, como una bendición o como una maldición, dependerá sólo de ella.

125. Barej con kamatz. Todo esto ha sido explicado en la sección 6. Ver notas 82-86.

126. la tomó de acuerdo a su voluntad. Esto es, Bilaam trató de tomar la luz y conformarla de acuerdo a su propia mente dañada, como una maldición. Pero las Escrituras afirman (Deuteronomio 23:6): "Dios no quiso escuchar a Bilaam; en su lugar Dios tu Señor transformó la maldición en una bendición para ti, pues Dios tu Señor te ama". Amén, que así sea Su voluntad.

tiene forma, ni para bendición ni para lo otro.[124]

Y es por ello que Bilaam se preguntaba sobre esto, "Es una *barej* que he tomado y cuando hay tal *berej*, yo no puedo revocarla". *Barej*, con *kamatz*.[125] De la misma manera, "he tomado" indica que él la tomó de acuerdo a su voluntad….[126]

---

124. la bendición o la maldición…letras individuales…. Ver sección 6 y notas 79 y 90, donde el Rebe Najmán explica que la luz emerge de Dios de manera indiferenciada y sólo toma forma en la medida del recipiente. Aquí el Rebe asocia la luz indiferenciada con las letras individuales, letras que aún deben ser formadas con palabras. La naturaleza de las palabras formadas dependerá de la naturaleza del recipiente particular, de la persona en particular, en la cual se lleven a cabo las combinaciones de letras. Esto es como enseña el *Sefer Ietzirá* (2:4): "No hay nada en el bien más elevado que *ONeG* (ענג, Deleite); no hay nada en el mal más bajo que *NeGA* (נגע, Plaga)". Las letras son las mismas. Lo que diferencia al Deleite, un término utilizado para describir una experiencia directa de Dios y la Plaga, que es una señal de desaprobación Divina, es sólo el orden en el cual están colocadas las letras. Al igual que la Luz

ליקוטי מוהר"ן סימן ל"ז
לְשׁוֹן רַבֵּנוּ זִכְרוֹנוֹ לִבְרָכָה

דִּרְשׁוּ יְיָ וְעֻזּוֹ בַּקְּשׁוּ פָנָיו תָּמִיד: (תהלים קה)

א. כִּי עִקַּר הַבְּרִיאָה הִיא בְּגִין דְּיִשְׁתְּמוֹדְעִין לֵהּ (זהר בא מב.), כְּמוֹ שֶׁכָּתוּב (ישעיה מג): "לִכְבוֹדִי בְּרָאתִיו יְצַרְתִּיו אַף עֲשִׂיתִיו":

ב. **וְגוּף וָנֶפֶשׁ**, הֵם בְּחִינַת אָדָם וּבְהֵמָה, חֹמֶר וְצוּרָה, חָכְמָה וְסִכְלוּת, בְּחִינַת אוֹר וָחֹשֶׁךְ. כְּמוֹ שֶׁכָּתוּב (קהלת ב): "כִּיתְרוֹן אוֹר מִן הַחֹשֶׁךְ" וְכוּ', וּכְמוֹ שֶׁאָמְרוּ (ברכות לג.): 'גְּדוֹלָה דֵעָה שֶׁנִּתְּנָה

4. el cuerpo y el alma...al hombre y al animal. En esta sección el Rebe Najmán comienza a explicar los medios por los cuales la persona puede alcanzar el reconocimiento de Dios. Dado que la naturaleza de la Divinidad se relaciona con el espíritu del hombre, la base para el reconocimiento de Dios por parte del hombre debe implicar un reconocimiento de lo espiritual, particularmente tal cual se encuentra en su propio mundo. Pues a diferencia de Dios, todo en la Creación, incluyendo al hombre mismo, es una combinación de espíritu y materia. El hombre debe aprender a distinguir entre esas propiedades opuestas; más aún, como el Rebe continuará explicando, debe aprender a crear la relación apropiada entre ambos. Pues el espíritu y la materia son la esencia misma de la existencia y al reconocerlos apropiadamente y reconocer su naturaleza la persona llega a reconocer y a apreciar a su Creador – que es, como afirma el *Zohar* citado más arriba, el motivo principal de la Creación. Para este fin, el Rebe introduce varios grupos de opuestos, cada uno compuesto por un aspecto correspondiente al espíritu y que ayuda al desarrollo espiritual y un aspecto correspondiente a la materia y que aumenta el apego material. El primer grupo es el alma y el cuerpo. Opuestos por naturaleza, el Rebe los establece como el paradigma de las dos categorías en las cuales se dividen los otros grupos. Así, en el próximo grupo de opuestos, el hombre y el animal, el aspecto del hombre se alinea con la categoría del Alma y el aspecto del animal se alinea con la categoría de Cuerpo – es axiomático en las enseñanzas del Rebe Najmán que todo nivel inferior es denominado "animal" en relación al nivel superior, "hombre". En el curso de esta sección el Rebe Najmán presentará aspectos adicionales de cada categoría. Para varios de estos aspectos provee textos de prueba para demostrar a qué categoría pertenecen, para otros es obvio. En la categoría del Cuerpo tendremos: el animal, la materia, la insensatez, la oscuridad, la muerte, el olvido y el juicio. En la categoría del Alma tendremos: el hombre, la forma, la sabiduría (Torá), la luz, la vida, la memoria y la bondad.

5. a la materia y a la forma. "Materia" (*jomer*, también "arcilla") hace referencia a lo material y a lo corporal, y así se encuentra en la categoría del Cuerpo; "forma" (*tzura*) se refiere a la esencia interna y así se encuentra en la categoría del Alma. En general, *tzura* es lo que le da al *jomer* su valor y riqueza.

6. la luz por sobre la oscuridad. Dice el rey Shlomo: "He visto que hay una ventaja de la

LIKUTEY MOHARÁN 37[1]

"Dirshu HaShem Veuzo **(Busquen a Dios y Su poder); busquen Su presencia constantemente".**

(Salmos 105:4)

El principal motivo de la Creación es que podamos reconocerlo a Él,[2] como está escrito (Isaías 43:7), "que Yo he creado, formado y hecho por Mi gloria".[3]

2. Ahora bien, el cuerpo y el alma son aspectos correspondientes al hombre y al animal,[4] a la materia y a la forma[5], a la sabiduría y a la insensatez; un aspecto de luz y de oscuridad, como está escrito (Eclesiastés 2:13), "como hay una ventaja de la luz por sobre la oscuridad".[6]

---

1. Likutey Moharán 37. Esta lección es *leshón Rabeinu z'l*, del manuscrito del Rebe Najmán, aunque no se sabe cuándo fue dada (ver Lección #33, n.1). Los temas principales de la lección son: reconocer a Dios perfeccionando el alma; el ayuno; dar caridad, especialmente a la Tierra Santa; el estudio de la Torá; *shejitá* (faenado ritual); y el sustento. También se tratan los conceptos de la memoria, la reencarnación y el habla rectificada.

Uno de los seguidores del Rebe Najmán estaba pensando en ser un *shojet* (carnicero ritual) y le preguntó al Rebe qué pensaba al respecto. El Rebe le contestó dando esta lección, luego de lo cual el hombre desistió de hacerlo (*Siaj Sarfei Kodesh* 1-190).

2. reconocerlo a Él. El reconocimiento de Dios requiere *daat* – i.e., el conocimiento de Dios a través del intelecto. Aunque el Rebe Najmán es conocido principalmente por su fuerte acento en la fe y en la simpleza, también enfatizó la importancia de desarrollar el intelecto en plenitud y trabajar para comprender las cosas tan claramente como sea posible (ver *Likutey Moharán* I, 62:2). Esto es ciertamente así con respecto al reconocimiento de Dios. Pero aun así la persona debe entender que hay aspectos de la Divinidad que el hombre no puede comprender; donde uno debe apoyarse en la fe. Así la enseñanza del Rebe de que el motivo de la Creación es para que podamos conocer a Dios con la finalidad de reconocerlo, debe ser visto en este sentido: El hombre debe trabajar para conocer y comprender lo que pueda, aquello que su intelecto no alcance a comprender sobre Dios deberá ser aceptado mediante la fe.

3. hecho por Mi gloria. Las Escrituras relatan sobre la Redención Futura: "Traeré de retorno a tus hijos desde el este y te juntaré desde el oeste... A cada uno que he llamado de Mi nombre y que Yo he creado, formado y hecho por Mi *kavod* (gloria)". El Rebe Najmán relaciona esto con toda la Creación; todo lo que Dios "creó, formó e hizo" fue para que el hombre pudiese llegar a reconocerlo a Él. El Rebe también demuestra cómo esto puede lograrse incluso ahora, mientras el mundo aún se encuentra lejos de un estado de perfección.

בֵּין שְׁתֵּי אוֹתִיּוֹת', שֶׁנֶּאֱמַר (שמואל א' ב): "כִּי אֵל דֵּעוֹת ה'". וּכְתִיב (תהלים קיח): "אֵל ה' וַיָּאֶר לָנוּ", וּכְתִיב (שם פב): "לֹא יָדְעוּ וְלֹא יָבִינוּ":

וְהֵם בְּחִינַת חַיִּים וּמִיתָה, כְּמוֹ שֶׁכָּתוּב (קהלת ז): "הַחָכְמָה תְּחַיֶּה" וְכוּ', וּכְתִיב (איוב ד): "יָמוּתוּ וְלֹא בְחָכְמָה". וּכְתִיב (איכה ג): "בְּמַחֲשַׁכִּים הוֹשִׁיבַנִי" וְכוּ':

וְהֵם בְּחִינוֹת שִׁכְחָה וְזִכָּרוֹן, כְּמוֹ שֶׁכָּתוּב (תהלים לא): "נִשְׁכַּחְתִּי כְּמֵת מִלֵּב", וּכְתִיב (שם צח): "זָכַר חַסְדּוֹ". וְזֶה שֶׁאָמְרוּ רַבּוֹתֵינוּ, זִכְרוֹנָם לִבְרָכָה (אבות פרק ג משנה ח): 'הַשּׁוֹכֵחַ דָּבָר אֶחָד מִמִּשְׁנָתוֹ כְּאִלּוּ מִתְחַיֵּב בְּנַפְשׁוֹ', שֶׁנֶּאֱמַר: "רַק הִשָּׁמֶר לְךָ וּשְׁמֹר (אֶת) נַפְשְׁךָ מְאֹד פֶּן תִּשְׁכַּח":

11. mueren, pero sin sabiduría. El Midrash parafrasea esto como: ellos mueren sin alcanzar la sabiduría de la Torá (*Bereshit Rabah* 26:6). Esto conecta el aspecto de la muerte con una falta de sabiduría de Torá, con la insensatez y así con la categoría del Cuerpo.

En un sentido más profundo, el Ari ve las palabras "ellos mueren, pero sin sabiduría" como indicando la necesidad de buscar activamente la sabiduría en lugar de esperar que llegue por sí misma (*Shaar HaGuilgulim* #7, p.29).

12. habitar en la oscuridad. El versículo completo dice: "Él me hace habitar en la oscuridad como los muertos". Este texto de prueba demuestra que la oscuridad está asociada con la muerte y que se encuentra también en la categoría del Cuerpo.

13. del olvido y de la memoria. El Rebe Najmán agrega ahora a la categoría de Cuerpo y Alma, el olvido y la memoria y con ellos el aspecto del juicio (*din*) y la bondad (*jesed*). *Din* es *guevurá* (fuerza), e implica limitación y restricción. En nuestro contexto ello corresponde a una memoria restringida – i.e., el olvido. La naturaleza de *jesed*, por otro lado, es ser irrestricto y expansivo. En nuestro contexto corresponde a una memoria amplia.

14. olvidado...como un muerto. Este versículo asocia el olvido con la muerte y por lo tanto también se encuentra en la categoría del Cuerpo.

15. recordó Su bondad. Este versículo asocia la memoria con la bondad, colocándola así en la categoría de Alma. En otra instancia, las Escrituras afirman (Salmos 52:3): "La bondad de *El* todo el día". Vemos a partir de esto que *jesed* está asociado con el santo nombre *El*, que, como se explicó más arriba (notas 7-8), es luz, vida, etc. *Mei HaNajal* explica que todos los aspectos en la categoría de Alma están relacionados con *jesed*, mientras que todos los aspectos en la categoría de Cuerpo están relacionados con *din*.

16. ...guarda mucho tu alma...olvides. Las Escrituras le advierten al pueblo judío de no olvidar que fue testigo de la Revelación en el Sinaí. El Talmud (*loc. cit.*) explica que la culpa de aquel que olvida la Torá se aplica sólo a alguien que descuida la Torá o se aleja intencionalmente

Y como enseñaron [nuestros Sabios]: Grande es el conocimiento pues se encuentra entre dos señales, como está dicho (Samuel 1, 2:3), "porque el Omnipotente de conocimiento es Dios" (*Berajot* 33a).⁷ También está escrito (Salmos 118:27), "Dios es el Omnipotente, Él nos ha dado luz";⁸ y está escrito (ibid. 82:5), "ellos no conocieron ni comprendieron".⁹

[La sabiduría y la insensatez] también corresponden a la vida y a la muerte, como está escrito (Eclesiastés 7:12), "La sabiduría le da vida [a quien la posee]";¹⁰ y está escrito (Job 4:21), "ellos mueren, pero sin sabiduría";¹¹ y está escrito (Lamentaciones 3:6), "Él me hace habitar en la oscuridad".¹²

Y [la vida y la muerte] son aspectos del olvido y de la memoria,¹³ como está escrito (Salmos 31:13), "He sido olvidado del corazón como un muerto";¹⁴ y está escrito (ibid. 98:3), "Él recordó Su bondad".¹⁵ Y esto es lo que enseñaron nuestros Sabios (*Avot* 3:8): Todo aquel que olvida algo de sus lecciones de Torá, es como si trajese la culpa sobre su misma alma, pues está dicho (Deuteronomio 4:9), "Sólo ten cuidado y guarda mucho tu alma, no sea que olvides".¹⁶

---

sabiduría por sobre la insensatez, como hay una ventaja de la luz por sobre la oscuridad". A partir del Midrash sobre este versículo aprendemos que "sabiduría" hace referencia a la sabiduría de la Torá, mientras que "insensatez" hace referencia a palabras tontas y carentes de sentido (*Kohelet Rabah* 2:13). Así, tal como la luz es superior a la oscuridad, la sabiduría, que es Torá, es superior a la insensatez y la locura. Los comentaristas hacen notar que la persona puede realmente apreciar la ventaja de la luz *sólo* cuando es contrastada por la oscuridad. En nuestro contexto, esto significaría que la manera de apreciar verdaderamente la ventaja y el valor superior del alma, de la luz y de la sabiduría de la Torá es al contrastarla con la inutilidad de la búsqueda material, de la oscuridad y de la insensatez (ver más adelante, n.17). El rabí Natán agrega que *JoSheJ* (oscuridad, חשך) es similar a *JaSaJ* (restricción, חסך). Mientras que la sabiduría es luz, la insensatez es oscuridad – i.e., un oscurecimiento de la luz y una restricción de la sabiduría (*Torat Natán* #2).

7. dos señales.... Rashi explica: Las dos señales entre las cuales se encuentra la palabra "*daat* (conocimiento)" en el versículo son los dos nombres de Dios, *El* y *IHVH*. Daat es conocimiento y conciencia de Dios, la sabiduría que proviene de la Torá. El hecho de aparecer entre dos nombres sagrados de Dios, indica que *daat*/sabiduría de la Torá pertenece a la categoría de Alma, Divinidad.

8. Dios...nos ha dado luz. "Dios" y "el Omnipotente", que en los anteriores textos de prueba estaban asociados con el conocimiento, aquí están asociados con la luz. El conocimiento y la luz son así aspectos correspondientes asociados con el alma, el aspecto espiritual en el hombre.

9. no conocieron ni comprendieron. Y el versículo continúa, "y andan en la oscuridad". Esto demuestra lo opuesto de los anteriores textos de prueba, que una falta de conocimiento —insensatez en lugar de sabiduría de Torá— es equivalente a estar en la oscuridad.

10. la sabiduría le da vida.... El Rebe Najmán agrega ahora otro par de opuestos, vida y muerte, a las categorías de Alma y Cuerpo. Trae este texto de prueba del Eclesiastés para demostrar que la vida es un aspecto correspondiente a la sabiduría y así pertenece a la categoría del Alma.

וְהֵם בְּחִינַת חָכְמוֹת הַתּוֹרָה, שֶׁחָכְמוֹת חִיצוֹנִיּוֹת הֵם חֹמֶר וְסִכְלוּת וּבְחִינַת בְּהֵמָה, כְּנֶגֶד חָכְמוֹת הַתּוֹרָה:

ג. וְצָרִיךְ כָּל אָדָם לְהַכְנִיעַ הַחֹמֶר, הַיְנוּ בְּחִינוֹת מִיתָה, בְּחִינַת סִכְלוּת שֶׁל הַגּוּף שֶׁל הָאַרְבַּע יְסוֹדוֹת. כְּמוֹ שֶׁכָּתוּב בַּזֹּהַר (בראשית

podemos ver que el olvido, aunque en la categoría del Cuerpo, tiene un propósito muy útil para el alma (siempre y cuando, tal como el Rebe Najmán explicará en la lección, esté subordinado a la memoria, pues la persona siempre debe recordar a Dios y pensar en Él). Y lo mismo se aplica a los otros aspectos en la categoría de Cuerpo. Pues como dijo el rey Shlomo: "Para cada cosa hay un momento y un tiempo para cada propósito bajo el cielo" (Eclesiastés 3:1).

Resumen: Toda la Creación tiene por objeto que el hombre pueda alcanzar el reconocimiento de Dios (§1). Este reconocimiento viene de aprender de todo lo que Dios creó para distinguir entre los aspectos polares de la materia y del espíritu, las categorías de Cuerpo y Alma, etc. (§2; ver la lista al final de la nota 4).

18. subordinar la materia. Como se explicó en la nota 4, el espíritu y la materia son la esencia misma de la existencia. Al identificarlos apropiadamente e identificar su naturaleza, la persona llega a reconocer y a apreciar a su Creador – siendo este conocimiento el motivo de la Creación. El Rebe Najmán seguirá explicando que la relación apropiada entre el espíritu y la materia es una en la cual cada aspecto de la categoría de Cuerpo está subordinado a su aspecto opuesto en la categoría de Alma: el cuerpo al alma, la oscuridad a la luz, la insensatez a la sabiduría, etc.

19. los cuatro elementos del cuerpo. La doctrina de los cuatro elementos se define sucintamente en la siguiente enseñanza del *Shaarey Kedushá* (1:1) por el rabí Jaim Vital: El cuerpo del hombre está formado por los cuatro elementos físicos inferiores: fuego, aire, agua y tierra, que en sí mismos están compuestos de bien y mal. El cuerpo del hombre está formado a partir del bien en los cuatro elementos, pero el mal en ellos produce la formación de los cuatro humores corporales: el blanco, el negro, el rojo y el verde. El discípulo principal del Ari explica igualmente que el alma del hombre también es una mezcla de bien y mal. Ella también está conformada por los cuatro elementos, aunque en el caso del alma son los aspectos espirituales de esos elementos. Así, al igual que con el cuerpo del hombre, el alma tiene dos partes: el alma Divina, proveniente del bien de los cuatro elementos espirituales y el alma animal, proveniente del mal en los cuatro elementos espirituales. Y mientras que, en un extremo, la raíz superior de los cuatro elementos es el santo nombre de Dios de cuatro letras, *IHVH*, en el otro extremo el alma animal formada a partir del mal en los cuatro elementos es la raíz de la inclinación al mal en el hombre. El Rambam también trata sobre los cuatro elementos y explica que todo en la Creación contiene propiedades de esos elementos (ver *Hiljot Iesodei HaTorá*, Capítulos 3 y 4. Para un tratamiento detallado de los cuatro elementos y cómo se relacionan con el cuerpo ver *Anatomía del Alma*, Capítulo 4).

En nuestra lección el Rebe Najmán hace referencia a los cuatro elementos de manera general, como pertenecientes a la categoría del Cuerpo y no del Alma y con la necesidad de ser subordinados. Sin embargo, una lectura cuidadosa de sus palabras revela que se está refiriendo al mal en esos elementos – i.e., "la *insensatez* de los cuatro elementos del cuerpo" y "sus pasiones" (ver la siguiente cita del *Zohar*). Son esos elementos del cuerpo que la persona debe subordinar bajo el alma al trabajar para iluminar la Divinidad dentro de ella.

Y ellos son un aspecto de la sabiduría de la Torá. Pues la sabiduría externa es materia, insensatez y un aspecto de animal frente a la sabiduría de la Torá.[17]

3. Ahora bien, cada persona debe subordinar a la materia[18] – i.e., el aspecto de la muerte, el aspecto de la insensatez de los cuatro elementos del cuerpo.[19] Como está escrito en el *Zohar*: "Dios, el Señor, tomó al

---

de ella, pues entonces pone en peligro su misma alma. El rabí Natán explica que recordar y olvidar son como el alma y el cuerpo. El olvido es similar al alma cuando deja el cuerpo, por lo que el olvido se compara con la muerte (*Torat Natán* #3). Por supuesto, como hace notar el rabí Natán, recordar y olvidar están relacionados con la persona que ya ha alcanzado al menos un cierto grado de *daat* (conocimiento), que es Torá (*Torat Natán* #1)

17. Y ellos son…la sabiduría de la Torá. "Ellos" hace referencia a los diferentes aspectos en la categoría del Alma. Todos corresponden a la verdadera sabiduría de Torá, *daat* (ver notas 6-7). La sabiduría externa, por otro lado, corresponde a todos los aspectos que pertenecen a la categoría del Cuerpo.

El rabí Natán expone sobre la relación de la sabiduría de la Torá con el alma y el cuerpo: Así como Dios es Infinito, la Torá/*daat*, que es la expresión de la voluntad de Dios es inconmensurable y no tiene límites. Pero Dios, sabiendo que el hombre finito no podría comprender el Infinito, hizo un recipiente, un "cuerpo", para la luz de la Torá en la forma de letras, palabras, frases y párrafos que forman los pasajes y mandamientos de la Torá. El Infinito se *encarna* así dentro de parámetros, de atributos y de medidas, para que el hombre, dentro de *su* cuerpo, pueda comprender y acceder al conocimiento de la Torá. Y aunque parezca paradójico que la Torá, que corresponde al alma/memoria, deba estar investida en un cuerpo/olvido, así es como Dios diseñó precisamente Su Creación – como en, "Tú deseas la alabanza de montículos de tierra, de trozos de arcilla" (*Liturgia de Iom Kipur*). De hecho, la perfección esencial de *daat*, que corresponde a la memoria, sólo se alcanza con la ayuda del cuerpo y de aspectos tales como el olvido. Éste es el significado profundo del principio que encontramos más arriba (n.6), que "hay una ventaja de la luz por sobre la oscuridad". Allí explicamos que podemos apreciar y reconocer las ventajas de aquellos aspectos en la categoría del Alma (luz, Torá infinita, memoria, etc.), sólo cuando están *contrastados* con la inutilidad de aquellos aspectos en la categoría de Cuerpo (oscuridad, insensatez, olvido, etc.). Pero, en un nivel más profundo, como hemos visto, no solamente es contraste lo que provee el cuerpo sino también *ayuda*: "La ventaja de la luz viene *de* la oscuridad". Comprendiendo esto, podremos ver por qué no hay una paradoja en la existencia física, siendo un factor necesario para el verdadero reconocimiento y comprensión de *daat*/Torá. Esto es, siempre y cuando la persona reconozca que debe subordinar el cuerpo frente al alma, el cuerpo realmente podrá servir como una ayuda para adquirir *daat* y así llegar al reconocimiento de Dios mencionado en el pasaje de apertura del Rebe Najmán (*Torat Natán* #1). Consideremos la siguiente ilustración: Aunque la gente en general considera que el olvido es algo desventajoso, el Rebe no lo veía exclusivamente así. Pues si bien una buena memoria es esencial para el desarrollo espiritual, si la persona recordase todo el mal que ha hecho, perdería toda esperanza de mejorar. Se angustiaría e incluso caería en la depresión, y como resultado nunca se arrepentiría (ver *Sabiduría y Enseñanzas del Rabí Najmán de Breslov* #26). De aquí

כז): "וַיִּקַּח ה' אֱלֹקִים אֶת הָאָדָם", 'מָאן נָטַל לֵהּ, מֵאַרְבַּע יְסוֹדִין דִּילֵהּ, דְּאַפְרִישׁ לֵהּ מִתַּאֲוָה דִּילְהוֹן'.

וְזֶה נַעֲשֶׂה עַל-יְדֵי הַתַּעֲנִית, שֶׁעַל-יְדֵי הַתַּעֲנִית מַחֲלִישִׁין הָאַרְבַּע יְסוֹדוֹת. וְנִתְבַּטֵּל הַחֹמֶר, בְּחִינַת הַחֹמֶר, סִכְלוּת, חֹשֶׁךְ, שִׁכְחָה, בְּהֵמָה. וְנִתְגַּבֵּר וְנִתְעַלֶּה בְּחִינַת הַשֵּׂכֶל וְהַצּוּרָה, הָאוֹר וְהַזִּכָּרוֹן, אָדָם: וְזֶה שֶׁאָמְרוּ רַבּוֹתֵינוּ, זִכְרוֹנָם לִבְרָכָה (ברכות ו:) 'אַגְרָא דְתַעֲנִיתָא צִדְקְתָא', כִּי צְדָקָה רֶמֶז לָאוֹר, כְּמוֹ שֶׁכָּתוּב (מלאכי ג): "וְזָרְחָה לָכֶם יִרְאֵי שְׁמִי שֶׁמֶשׁ צְדָקָה".

notar que la palabra hebrea para ayunar, *TaANIT* (תענית), es un compuesto de *TeT ANI* (תת עני) "dar al pobre" (*Sefer Jaredim*, p.246). Esto también apunta a la conexión entre el ayuno y la caridad. El *Parparaot LeJojmá* agrega que, por lo tanto, en un día de ayuno, uno debe tener cuidado y dar tanta caridad como sea posible (especialmente en los días de ayuno público tales como Tisha beAv, el Ayuno de Esther, etc.).

Un comentario general sobre el ayuno: El Talmud habla en términos muy elevados de aquel que ayuna en aras de Dios, llamándolo una persona santa y un *jasid* (piadoso) (ver también §4 y n.56 más adelante). Aun así, al mismo tiempo, desaprueba al estudioso de Torá que ayuna, pues el ayuno debilita el cuerpo y hace que uno sea incapaz de estudiar y de servir a Dios con todas sus fuerzas (*Taanit* 11b). Igualmente, el Rebe Najmán les advirtió a sus seguidores en contra de dedicarse a los ayunos voluntarios (ayunar en días diferentes a aquellos prescritos por la Torá o los Sabios). En su lugar, les aconsejó que estuviesen con él para Rosh HaShaná. Dijo que todo aquel que estuviese con él para Rosh HaShaná no tendría necesidad de ayunar; y todo aquel que no estuviese, en todo caso, no ganaría nada con ayunar (*Tzadik* #491). Sin embargo, la persona que tiene motivos suficientes para ayunar deberá hacerlo y eso le será considerado como una mitzvá. Sin embargo, deberá cuidar su salud. A la luz de esto, el Rebe enfatiza aquí –una lección que se centra en el gran valor del ayuno– aquello que enseñan nuestros Sabios: El mérito principal del ayuno es la caridad. Así vemos en el *Shuljan Aruj* que la persona incapaz de ayunar debe redimir su ayuno con caridad (*Oraj Jaim* #568:2; *Kitzur Shuljan Aruj* #127:12). Podemos aplicar esto a nuestros tiempos, cuando la práctica del ayuno se ha vuelto mucho más difícil, física y emocionalmente. La persona que quiera arrepentirse pero que no pueda sobrellevar las pesadas aflicciones prescritas en los escritos de los primeros sabios, deberá dedicarse a obras de caridad. Si puede dar, que dé; cuanto más dé, más subordinará su cuerpo y todos sus aspectos correspondientes y elevará su alma y todos sus aspectos correspondientes. Si, por otro lado, no tiene dinero y no puede gastar mucho, aún podrá "dar" caridad haciendo que otros den, o "dando" de su tiempo y energía para propósitos caritativos.

24. la caridad alude a la luz.... Con este versículo y en particular con las palabras "sol de caridad", el Rebe Najmán conecta la caridad/ayuno con la luz y los otros aspectos en la categoría del Alma. Es decir, en recompensa por ayunar la persona merece luz y también alejarse de los aspectos de la oscuridad, de la insensatez y demás (*Parparaot LeJojmá*). Además, a partir de este versículo de Malaji vemos que son aquellos "que temen Mi nombre" –en nuestro contexto, aquellos que buscan la Divinidad en lugar del materialismo– quienes merecen el "sol de caridad" y todos los aspectos correspondientes en la categoría del Alma.

hombre" (Génesis 2:15).[20] ¿De dónde lo tomó? De sus cuatro elementos.... Él lo separó de [ser arrastrado por] sus pasiones (Zohar I, 27a).[21]

Esto se logra mediante el ayuno. Al ayunar, debilitamos los cuatro elementos.[22] De esa manera se anula la materia –los aspectos de la materia: la insensatez, la oscuridad, el olvido y lo animal– a la vez que se fortalecen y ascienden los aspectos del intelecto y de la forma – la luz, la memoria y el hombre. Esto es como enseñaron nuestros Sabios: La recompensa por el ayuno es la caridad (Berajot 6b).[23] Pues la caridad alude a la luz, como está escrito (Malaji 3:20), "Pero un sol de caridad brillará sobre ustedes que temen Mi nombre".[24]

20. Dios...tomó al hombre. Las Escrituras relatan que Dios tomó a Adán y lo colocó en el Jardín del Edén. Dios "lo tomó" para que el hombre pudiera vivir una vida espiritual. Pregunta el *Zohar*: ¿De dónde lo tomó?

21. cuatro elementos...Él lo separó.... Para que Adán pudiese entrar al Jardín del Edén tuvo que ser separado de las pasiones y del materialismo inherente a la composición física del hombre. El *Zohar* enseña que esto se aplica a toda persona que subordine su materialidad – merece entrar en el Jardín del Edén.

22. Al ayunar, debilitamos los cuatro elementos. El rabí Natán escribe que el ayuno es un factor esencial para quebrar los apegos físicos del cuerpo, por lo que el alma se eleva desde el "animal" hacia el "hombre" y se vuelve dueña del cuerpo. Comer es el medio a través del cual el cuerpo y el alma se unen, pues sin el alimento el cuerpo se debilita y muere. Al mismo tiempo, es importante separar entre el fortalecimiento físico del cuerpo y el fortalecimiento espiritual del alma. Como explica el rabí Natán, todo depende de la intención al comer. Cuando la persona come para satisfacer sus deseos físicos y pasiones, su comer fortalece al cuerpo y a todos los aspectos correspondientes. Sin embargo, si la persona come con la intención de nutrir su alma animal y elevarla, para que pueda servir mejor a Dios, entonces su comer fortalece el alma y subordina el cuerpo/animal ante el alma/hombre (*Torat Natán* #6).

Ayunar durante largos períodos fue una devoción común en el Baal Shem Tov y en sus seguidores. Muchos eran conocidos por abstenerse de alimento desde el atardecer al final del Shabat hasta el atardecer del siguiente viernes, conocido como "ayunar de Shabat en Shabat". El Rebe Najmán también practicó muchas veces esta devoción, ayunando una vez de Shabat en Shabat 18 veces en un solo año. Sin embargo, el rabí Natán hace notar que si bien el ayuno es una devoción muy elevada, la persona debe ser muy cuidadosa y no ir más allá de sus capacidades, pues al dañar seriamente su cuerpo puede a su vez dañar gravemente su alma (ver *Likutey Tefilot* #37). En sus últimos años el Rebe mismo dijo que de haber conocido el poder de la plegaria, no habría malgastado su cuerpo mediante los ayunos extensos que practicó en su juventud (*Hishtafjut HaNefesh*, Introducción, p.24). Ver la nota siguiente.

23. el ayuno es la caridad. Afirma el Maharsha: Cuando la persona ayuna, ahorra de sus ingresos y debe por lo tanto contribuir con sus comidas (o su equivalente monetario) para los pobres (*loc. cit., v.i. igra detaanita*; ver también *Torat Natán* #6). De esa manera, no recibe ningún beneficio de su abstinencia y su ayuno es verdaderamente altruista y meritorio. Es de

וְהוּא הַתּוֹרָה, כְּמוֹ שֶׁכָּתוּב בַּזֹּהַר (לך־לך עו:): "שִׁמְעוּ אֵלַי אַבִּירֵי לֵב הָרְחוֹקִים מִצְּדָקָה" - 'דְּאִנּוּן רְחִיקִין מֵאוֹרַיְתָא'. וְהוּא בְּחִינַת אָדָם, כְּמוֹ שֶׁכָּתוּב (במדבר יט): "זֹאת הַתּוֹרָה אָדָם".

וְזֶה אוֹתִיּוֹת אָדָם, מֵ"ם סְתוּמָה הוּא בְּחִינַת תַּעֲנִית, שֶׁהוּא בְּחִינַת עוֹלָם הַבָּא, דְּלֵית בֵּהּ אֲכִילָה וּשְׁתִיָּה (תיקון כא). וְדָלֶת, הוּא רֶמֶז לְאַרְבַּע יְסוֹדִין שֶׁנִּשְׁפָּלִים עַל־יְדֵי הַתַּעֲנִית. וְנִתְעַלֶּה הַשֵּׂכֶל הָרָמוּז בְּאָלֶף, כְּמוֹ שֶׁכָּתוּב (איוב לג): "וַאֲאַלֶּפְךָ חָכְמָה":

וְזֶה שֶׁכָּתוּב בַּזֹּהַר (בהקדמה יג:) "נַעֲשֶׂה אָדָם", עַל־יְדֵי הַתַּעֲנִית נִתְהַוֶּה בְּחִינַת אָדָם. כְּתִיב הָכָא "נַעֲשֶׂה", וּכְתִיב הָתָם "וְשֵׁם הָאִישׁ

28. ADaM. Aquí el Rebe Najmán une el aspecto del hombre con la Torá (*daat*), ayuno/caridad y los cuatro elementos. Esto lo hace examinando las letras de la palabra hebrea para "hombre", *ADaM* (אדם).

29. la Mem cerrada...ayuno...Mundo que Viene.... Este pasaje del *Tikuney Zohar* dice: Hay veces en que es llamada una *Mem* cerrada, de la cual está escrito (*Avot* 5:21), "Cuarenta es *Biná*"... el Mundo que Viene, en el cual no hay comer ni beber. Se dice de Moshé cuando ascendió allí [*Biná*] (Éxodo 24:18), "Moshé estuvo en la montaña cuarenta días y cuarenta noches".

Con este pasaje el Rebe Najmán conecta varios de los conceptos de nuestra lección. En la Kabalá, la *sefirá* de *Biná* representa el Mundo que Viene, un mundo más allá de la comprensión humana (Isaías 64:3; *Berajot* 34b). En este sentido es como una *Mem* cerrada (ם), que, debido a que está cerrada por todos lados, es vista como conteniendo aquello que se sustrae a nuestra comprensión. Esto corresponde al conocimiento del Uno Infinito, que está más allá de la comprensión humana (ver más arriba, n.17). El *Zohar* enseña así que la *mem* cerrada se compara con el Mundo que Viene. Además, la *mem* tiene el valor numérico de 40, correspondiente a los 40 días que Moshé estuvo arriba, sin comida ni bebida, para recibir la Torá. En nuestro contexto esto alude al ayuno, a subordinar el cuerpo ante el alma, para alcanzar el conocimiento de la Torá.

30. Dalet...cuatro elementos...ayuno. El valor numérico de la letra *dalet* (ד) es cuatro, correspondiente a los cuatro elementos. Como se enseñó más arriba, el ayuno subyuga las pasiones de los cuatro elementos y permite que el alma ascienda.

31. Alef...sabiduría. La letra *ALeF* (א) en *Adam* connota intelecto, como está indicado por la palabra *AaLeFja* (אאלפך), que es la enseñanza de sabiduría. Así, a partir de estas últimas tres pruebas podemos ver que el nivel de *ADaM* (אדם) –i.e., el alma y sus aspectos correspondientes– se obtiene a través del ayuno (*Mem*), que subordina a los cuatro elementos (*Dalet*) y permite que ascienda la sabiduría (*Alef*). Esto también indica que la persona puede ser llamada "hombre" (*adam*) sólo cuando está inmersa en la sabiduría de la Torá, el conocimiento de Dios.

32. al ayunar...hombre. El Rebe Najmán continúa explicando ahora el pasaje en el *Zohar* que aprende del versículo "Hagamos un hombre", que el hombre se hace a través del ayuno.

[La caridad] también es la Torá,[25] como está escrito en el *Zohar*: "Escúchenme ustedes, duros de corazón, que están lejos de la caridad" (Isaías 46:12) – que están lejos de la Torá (*Zohar* I, 76b).[26] Y [la Torá] corresponde al hombre, como está escrito (Números 19:14), "Ésta es la Torá: un hombre".[27]

Éstas son también las letras *ADaM* (hombre).[28] La *Mem* cerrada es un aspecto del ayuno, que es un aspecto del Mundo que Viene en el cual no hay comer ni beber (*Tikuney Zohar* #21, p.56a).[29] La *Dalet* alude a los cuatro elementos, que se dominan por medio del ayuno,[30] para que ascienda el intelecto – que está aludido por la *ALeF*, como está escrito (Job 33:33), "y *AaLeFja* (yo te enseñaré) sabiduría".[31]

Y esto es lo que está escrito en el *Zohar*: "Hagamos un hombre" (Génesis 1:26) – al ayunar, se hace el aspecto de hombre.[32] Aquí está escrito, "*naASé* (Hagamos)", y allí está escrito, "El nombre del hombre

---

25. Torá. El Rebe Najmán conecta ahora directamente la caridad/ayuno con otro aspecto en la categoría de Alma, el aspecto de Torá/*daat*. Dar caridad y estudiar Torá son dos de los temas principales restantes de la lección y así, después de probar su conexión y demostrar cómo se unen en el aspecto de hombre, el Rebe desarrollará esos aspectos en la sección siguiente.

26. lejos de la caridad...de la Torá. Las Escrituras hacen referencia a los malvados que endurecen sus corazones y no dan caridad. En nuestro contexto, esto hace referencia a aquellos que eligen el materialismo por sobre lo espiritual. Endurecer el corazón dándole fuerza al cuerpo aleja automáticamente a la persona de la caridad, i.e., del alma. El *Zohar* define así al "duro de corazón" como aquel que aunque reconoce los beneficios espirituales de la Torá elige endurecer su corazón y alejarse de la Palabra de Dios. Al igual que dar caridad, guardar la Torá promueve la bondad y los tres comparten la cualidad de estar en la categoría de Alma (n.13).

27. Y la Torá...un hombre. Esta lectura de las Escrituras que equipara la Torá con el hombre está expuesta en muchas de las obras de los Sabios (por ejemplo, *Berajot* 63b, *Shabat* 83b, *Shir HaShirim Rabah* 1:1, *Tanjuma, Bejukotai* 4:1, *Zohar* II, 117b, *Tikuney Zohar*, p.5 a). En nuestro contexto, esto enseña que aquel que alcanza el nivel de Torá es llamado un "hombre". Como se ha explicado en volúmenes anteriores, el Rebe Najmán construye su lección introduciendo una serie de conceptos, trayendo un texto de prueba para unir el primer concepto con el segundo concepto, el segundo con el tercero, y así en más, uniéndolos más aún con pruebas adicionales e ilustraciones. Esto sucede a lo largo de la lección, de modo que al finalizar, toda la enseñanza está unida desde el comienzo hasta el final (ver *Likutey Moharán* I, 1, n.11). En esta sección, por ejemplo, el Rebe ha unido la caridad con la luz y luego con la Torá. Tal como ha demostrado más arriba, tanto la bondad (caridad) como la luz son aspectos que están en la categoría de Alma y así ambos son aspectos correspondientes del hombre, que también está en esta categoría. En ese caso, podemos deducir que la Torá también es un aspecto correspondiente al hombre. Aun así el Rebe ha traído un texto de prueba definitivo conectando directamente la Torá con el hombre. Ahora expandirá esto y con ello construirá más conexiones con los otros conceptos de la lección.

אֲשֶׁר עָשִׂיתִי עִמּוֹ", מַה הָתָם צְדָקָה, אַף כָּאן צְדָקָה.
[פֵּרוּשׁ: כִּי בַּזֹּהַר מְפֹרָשׁ שָׁם שֶׁעַל-יְדֵי צְדָקָה הוּא בִּדְיוּקְנָא דְּאָדָם, וְלָמַד שָׁם מִמִּקְרָא זֶה, "נַעֲשֶׂה אָדָם", כְּתִיב הָכָא עֲשִׂיָּה, וּכְתִיב הָתָם "וְשֵׁם הָאִישׁ אֲשֶׁר עָשִׂיתִי עִמּוֹ" וְכוּ', לְעִנְיַן צְדָקָה וְכוּ'. וְרַבֵּנוּ זִכְרוֹנוֹ לִבְרָכָה, מֵבִיא רְאָיָה מִזֶּה לְעִנְיַן תַּעֲנִית, כִּי צְדָקָה וְתַעֲנִית הֵם בְּחִינָה אַחַת, כִּי 'אַגְרָא דְּתַעֲנִיתָא - צִדְקְתָא' כַּנַּ"ל. וְעַל כֵּן מְבֹאָר מִזֶּה, שֶׁעַל-יְדֵי הַתַּעֲנִית, שֶׁהוּא בְּחִינַת צְדָקָה, נַעֲשִׂין בְּגֶדֶר אָדָם, שֶׁהוּא הַדַּעַת הָאֲמִתִּי שֶׁל הַתּוֹרָה, שֶׁהוּא בְּחִינַת אוֹר וָנֶפֶשׁ וְכוּ'. כִּי הַכְנָעַת הַחֹמֶר וְהַגּוּף בְּחִינַת בְּהֵמָה וְכוּ', לְגַבֵּי הַנֶּפֶשׁ, שֶׁהוּא בְּחִינַת אָדָם, הוּא עַל-יְדֵי הַתַּעֲנִית, שֶׁהוּא בְּחִינַת צְדָקָה כַּנַּ"ל]:

ד. אֲבָל יֵשׁ שְׁנֵי בְּחִינוֹת צְדָקָה, כִּי יֵשׁ צְדָקָה בְּחוּץ לָאָרֶץ, וְיֵשׁ צְדָקָה בְּאֶרֶץ יִשְׂרָאֵל. וְצִדְקַת אֶרֶץ-יִשְׂרָאֵל, הִיא גְּדוֹלָה וּלְמַעְלָה מִצִּדְקַת חוּץ לָאָרֶץ.

35. como se explicó. Nuestros Sabios enseñan que la pobreza es una falta de *daat* (*Nedarim* 41a) y que el pobre es comparable a un muerto (ibid. 64b). La falta de *daat*, o insensatez, y la muerte son aspectos que ya hemos encontrado en nuestra lección. El reintroducirlos aquí (las categorías de Cuerpo y Alma) los une también con el aspecto de caridad. Pues en un sentido profundo, como enseñaron los Sabios, el pobre es aquel que carece de *daat*; utiliza su intelecto para tonterías y así se asemeja a los muertos. Pero dar caridad les trae vida a los pobres y enseñan nuestros Sabios: Todo aquel que sustenta un alma judía es considerado como si hubiese sustentado al mundo entero (*Sanedrín* 37a). En nuestro contexto, dar caridad sustenta a todos los aspectos en la categoría del Alma, incluyendo *daat*, vida, etc.

Resumen: Toda la Creación tiene por objeto que el hombre pueda alcanzar el reconocimiento de Dios (§1). Este reconocimiento viene de aprender de todo lo que Dios creó para distinguir entre los aspectos polares de la materia y del espíritu, las categorías de Cuerpo y Alma, etc. (§2). Uno debe subordinar el cuerpo y todos sus aspectos correspondientes, elevando a su vez el alma y todos sus aspectos correspondientes. Esto se logra mediante el ayuno y la caridad (§3).

36. dos tipos de caridad. En esta sección el Rebe Najmán desarrolla más aún los conceptos de caridad y de Torá. Cada uno de estos conceptos tiene dos clases y, tal como el Rebe indica, cuanto más grande sea la clase, mayor será la capacidad de uno para elevar todos los aspectos correspondientes del alma de los cuales se habló en esta lección.

37. en la diáspora…en la Tierra de Israel. Por un lado, uno puede dar dinero para caridad a los necesitados o para una causa digna en la diáspora y, por otro, puede darles a los necesitados o a una causa digna en la Tierra Santa.

38. caridad para la Tierra…más grande…. Ver *Shuljan Aruj, Iore Dea* 251:3, que dar caridad para la Tierra Santa toma precedencia por sobre dar para la diáspora. En lo que queda de la lección el Rebe Najmán dará una explicación para ello.

con quien *ASiti* (yo trabajé)" (Ruth 2:19). Así como allí [el sujeto] es la caridad, aquí también, es la caridad (Zohar, Introducción, p.13b).[33]

{La explicación es: Está explicado allí en el *Zohar* que al dar caridad la persona asume la forma de ser humano. Esto se aprende allí del versículo "Hagamos un hombre". Aquí está escrito *ASiá* y allí está escrito, "El nombre del hombre con quien *ASiti*…", en conexión con la caridad. El Rebe Najmán, de bendita memoria, trae esto entonces como una prueba relacionada con el ayuno. Ello se debe a que la caridad y el ayuno son un mismo aspecto, como "la recompensa por el ayuno es la caridad".[34] Así, a partir de esto, queda claro que al ayunar, que es un aspecto de la caridad, somos llevados hacia la categoría de ser humano. Éste es el verdadero *daat* de la Torá, que es un aspecto de luz y de alma, etc. Pues subordinar a la materia y al cuerpo –el aspecto de animal, etc.– ante el alma, que es el aspecto de ser humano, se logra por medio del ayuno, que es un aspecto de la caridad, como se explicó}.[35]

4. Sin embargo, hay dos tipos de caridad.[36] Pues está la caridad en la diáspora y la caridad en la Tierra de Israel.[37] Y la caridad para la Tierra de Israel es más grande y más exaltada que la caridad de la diáspora.[38]

---

33. naASé…ASiti…. Si alguna gavilla se cae mientras se está cosechando el campo, el dueño no puede recogerla y debe dejarla para los pobres. Esta mitzvá, llamada *leket* (literalmente, recolectar), es una de las formas de caridad especificadas por la Torá (ver Levítico 19:9, *Rashi*). El Libro de Ruth relata cómo cuando Ruth volvió a su hogar después de pasar el día recolectando *leket* junto con los pobres, llevaba consigo una cantidad sorprendentemente grande de gavillas provenientes del campo de Boaz. Cuando su suegra, Naomi, le preguntó cómo había llegado a juntar tanto, ella respondió, "El nombre del hombre con quien *ASiti*…". El Midrash (*Ruth Rabah* 5:9) infiere de esto que más que lo que la persona rica hace por el pobre (proveyéndole sustento material) hace el pobre por el rico (dándole una mitzvá, sustento espiritual). A partir de esto podemos ver que *ASiti* ("trabajé") connota caridad; al recibir caridad de Boaz, Ruth "trabajó" caridad para Boaz. Así al traer un paralelo entre *nASé* (נעשה) y *ASiti* (עשיתי) el *Zohar* enseña que naASé *adam* ("Hagamos un hombre") alude al poder que tiene la caridad para hacer que la persona sea digna de ser llamada un "hombre".

En otra instancia, el Rebe Najmán enseña: La expresión esencial de "*asiá* en santidad", una obra sagrada, es el acto de caridad (*Tzadik* #567). El rabí Natán explica que cada mitzvá que lleva a cabo la persona contiene un elemento de caridad. Así como la caridad beneficia al necesitado, la mitzvá es un acto de bondad para con el alma (*Likutey Halajot, Tzedaka* 1; ver el final de esta sección).

Con esta última prueba el Rebe Najmán ha demostrado que la caridad es lo que "hace al hombre", pero aun así su intención explícita era demostrar que el aspecto de hombre se hace a través del ayuno. El agregado del rabí Natán aclara este punto demostrando cómo aquello que se aplica a la caridad se aplica también al ayuno.

34. la recompensa por el ayuno es la caridad. Ver nota 23. De modo que la afirmación de que mediante la caridad se hace el *adam*, se aplica también al ayuno, como el Rebe enseñó más arriba.

וְכֵן יֵשׁ שְׁנֵי בְּחִינוֹת תּוֹרָה, כִּי אֵין דּוֹמָה הַתּוֹרָה הַיּוֹצֵאת מֵהֶבֶל שֶׁיֵּשׁ בּוֹ חֵטְא, לְהַתּוֹרָה הַיּוֹצֵאת מֵהֶבֶל שֶׁאֵין בּוֹ חֵטְא (שבת קיט:) כִּי אֵין הַדִּין נִמְתָּק, 'וְאֵין הָעוֹלָם מִתְקַיֵּם, אֶלָּא עַל הֶבֶל פֶּה שֶׁל תִּינוֹקוֹת.'

כְּמוֹ שֶׁכָּתוּב בַּזֹּהַר (בהקדמה דף א:): "הַנִּצָּנִים נִרְאוּ בָאָרֶץ" - אִלֵּין אָבוֹת

presencia de juicios. Sin embargo, cuando no falta el aliento de los niños que estudian Torá, esos juicios estrictos, o *dinim*, son mitigados y prevalece la bondad, que es *jesed*.

42. Las primeras flores se ven en la tierra.... Este versículo proveniente del Cantar de los Cantares describe la primavera, cuando aparecen las primeras flores en la tierra y las aves llenan el aire de trinos. El Midrash (*Shir HaShirim Rabah* 2:12) interpreta "las primeras flores" como aludiendo a los dos líderes de Israel, Moshé y Aarón, y dice que "el tiempo del *zamir* (cantar)" alude a que ya ha llegado el momento: el tiempo en que Israel debe ser redimido de Egipto y cantar la Canción de la Redención frente al Mar Rojo, y que también es el tiempo para *zamir* (cortar) y desarraigar a los malvados egipcios y a su idolatría. Así "la voz de la ToR", que el Midrash lee como "la voz del *TaiaR* (guía)" –es decir Moshé Rabeinu anunciando la redención– "se oye en nuestra tierra". El Rebe Najmán cita ahora una interpretación algo similar de este versículo proveniente del *Zohar* (I, 1b) que demuestra cómo ello se aplica a nuestra lección.

43. Como está escrito en el Zohar. El *Zohar* enseña (I, 1b): Las "primeras flores" son los Patriarcas (los primeros en revelarle al mundo la Unidad de Dios) que ascienden en el aspecto de un despertar desde abajo hacia el Mundo del Pensamiento y el Mundo que Viene. Ellos se recluyen allí y entonces emergen con *shefa* (abundancia) que ocultan en los verdaderos profetas. Iosef nace y la *shefa* se oculta en él, hasta que entra en la Tierra Santa y entrega la *shefa* allí. Como resultado "las primeras flores se ven en la tierra" y son reveladas allí.... Es entonces cuando "El tiempo del *zamir* ha llegado" – i.e., ha llegado el tiempo de cortar a los malvados del mundo. Si es así, ¿por qué son salvados de este juicio? Sólo debido a que "las primeras flores se ven en la tierra". De otra manera, los malvados y el mundo entero dejarían de existir (debido a los juicios severos). ¿Qué es lo que hace que el mundo exista y que los patriarcas sean revelados? El sonido del aliento de los niños que estudian la Torá. Debido a su estudio de Torá el mundo se mantiene, por lo que se dice de ellos (Cantar de los Cantares 1:11), "*Torei* (coronas) de oro hemos hecho para ti" – i.e., los niños que estudian Torá, como está escrito (Éxodo 25:18), "Haz dos querubines de oro".

Para comprender este pasaje del *Zohar* y apreciar mejor la interpretación que hace de él el Rebe Najmán, será de ayuda repasar primero varios conceptos kabalistas fundamentales. El medio por el cual Dios provee al mundo e interactúa con él es el marco conocido como las Diez *Sefirot*. Específicamente, las *sefirot* son los senderos a través de los cuales se canaliza la *shefa* (abundancia) hacia el mundo. Comenzando con *Keter*, la *shefa* desciende a través de diferentes niveles hasta que alcanza la *sefirá* de *Iesod*. *Iesod* debe entonces transferir la abundancia a *Maljut*, la *sefirá* más baja y la que más asociada está con nuestro mundo. Para que esto suceda, *Iesod* tiene que unirse con *Maljut*. Los kabalistas explican que al llevar a cabo las mitzvot de Dios, el hombre produce esa unificación y se transforma, a su vez, en beneficiario de la *shefa* una vez que ha sido recibida por *Maljut*. Éste es el significado de *Maljut*, "Reinado"; cuando aceptamos a Dios como nuestro Rey, podemos recibir directamente a través de *Maljut* toda la abundancia que desciende desde Dios a través de las diferentes *sefirot*. Y de manera recíproca, al servir a Dios hacemos que *Maljut* ascienda hacia Él, dándole así a Él el placer y la alegría, si

También hay dos tipos de Torá[39]. Pues la Torá que proviene del aliento en el cual hay pecado no puede compararse con la Torá que proviene del aliento en el cual no hay pecado (*Shabat* 119b).[40] Pues el juicio se mitiga y el mundo sólo existe debido al aliento de los niños [que estudian la Torá].[41]

{"**Las primeras flores se ven en la tierra, el tiempo del *zamir* (cantar) ha llegado y la voz de la *tor* (tórtola) se oye en nuestra tierra**" (Cantar de los Cantares 2:12)}.[42]

Como está escrito en el *Zohar*:[43] "Las primeras flores se ven en la

---

39. dos tipos de Torá. Nuestros Sabios enseñan que la Torá de la Tierra Santa es más grande que la Torá de la diáspora (*Bereshit Rabah* 16:4). El Rebe Najmán tratará ahora cada uno de los tipos de caridad y de Torá tal cual se aplican dentro del contexto de la lección.

40. aliento…pecado…no hay pecado. El Talmud enseña que el mundo sólo existe en virtud del aliento de los niños que estudian la Torá, dado que su aliento no está dañado (*Maharsha, loc. cit., v.i. eino dome*). De modo que cuando rav Papa le preguntó a Abaie, "¿Y qué hay de nuestro estudio de Torá?", éste último le respondió, "La Torá que proviene del aliento en el cual hay pecado no puede compararse con la Torá que proviene del aliento en el cual no hay pecado". Los comentarios explican que "pecado" hace referencia específicamente al pecado del deseo sexual (ver *Bnei Isajar, Kislev-Tevet* 14). Como resultado, el aliento de los niños, debido a su inocencia, no está contaminado por pensamientos de lujuria y demás. Sin embargo, una vez que el niño alcanza la edad en la que es capaz de dañar su pureza moral, si no se cuida de los pensamientos lujuriosos, su aliento (i.e., el estudio de Torá) ya no será más puro. Vemos entonces que hay dos tipos de Torá, uno más puro que el otro. Y que el estudio de Torá puro de nuestros niños adquiere un valor mayor más tarde, pues ayuda a la persona a alejarse del pecado incluso al madurar; mientras que el que sólo comienza a estudiar Torá más tarde en la vida carecerá de la protección que le da la pureza (y la inocencia) de los niños (*Rif, v.i. uma*). No es de sorprender entonces que el rabí Natán, en su *Likutey Halajot*, hable una y otra vez de la importancia de instilar sabiduría de Torá en nuestros jóvenes y en la necesidad de alejarlos de las sabidurías externas y de la insensatez (ver §2). El *Parparaot LeJojmá* también menciona esto, advirtiendo sobre las tremendas consecuencias que surgen del hecho de enseñarles a los niños sabidurías externas y filosofías que llevan a la persona lejos de Dios. Esos estudios destruyen el aliento libre de pecado de los niños y dejan en su lugar un mundo lleno de oscuridad, de olvido, de juicios y de sufrimiento.

En resumen, el Rebe Najmán ha introducido dos tipos de estudio de Torá y dos tipos de caridad. La caridad más elevada es aquella dada para la Tierra Santa y el estudio de Torá más grande es aquel que está libre de pecado. Como veremos más adelante, ambos están interrelacionados: el estudio de la Torá libre de pecado es comparable al aire de la Tierra Santa, que es considerado puro (ver también Lección #44, §1).

41. el juicio se mitiga…el mundo sólo existe…. La última parte de la afirmación del Rebe Najmán es una cita proveniente del pasaje Talmúdico mencionado: "El mundo sólo existe…". El Rebe deduce la primera parte, que el aliento de los niños mitiga el juicio, del mismo pasaje, que también enseña que Jerusalén fue destruida después de que se suspendiera el estudio de Torá de los niños. Más aún, el Talmud afirma que ello es verdad de cualquier ciudad en la cual falte el estudio de Torá de los niños; será destruida (*Shabat, loc. cit.*). Y tal destrucción es la

הָעוֹלָם. "עֵת הַזָּמִיר הִגִּיעַ" - כַּד אָתָא עִדָּן לְקַצָּצָא חַיָּבַיָּא מִן עָלְמָא.

Con estos conceptos introductorios podemos acercarnos a comprender la interpretación dada por el *Zohar* al versículo del Cantar de los Cantares, "Las primeras flores se ven en la tierra, el tiempo del *zamir* ha llegado y la voz de la *tor* se oye en nuestra tierra".

En el lenguaje de la Kabalá, los Patriarcas (las primeras flores) son aspectos correspondientes de las tres *sefirot*, *Jesed*, *Guevurá* y *Tiferet*. Esas *sefirot* ascienden hacia las *sefirot* de *Jojmá* y *Biná*, el Mundo del Pensamiento y el Mundo que Viene y allí obtienen sustento para *Maljut*. Sin embargo *Jesed*, *Guevurá* y *Tiferet* no transfieren ellas mismas la *shefa* a *Maljut*, sino más bien, como afirma el *Zohar*, lo ocultan dentro de "los profetas", es decir las *sefirot* de *Netzaj* y *Hod* (ver n.103 más adelante). Esas dos *sefirot* depositan entonces la abundancia en la *sefirá* de *Iesod*, que corresponde a Iosef. Éste es el significado de lo que el *Zohar* afirma: "Iosef nace y la *shefa* se oculta en él". Y Iosef/*Iesod* entra entonces en la "Tierra Santa", que es *Maljut*, el objetivo de la abundancia. *Iesod* entrega allí la *shefa* y, como resultado, "las primeras flores (Patriarcas) se ven en la tierra" – i.e., *Jesed*, *Guevurá* y *Tiferet* se hacen manifiestas en *Maljut*. Y cuando esto sucede, "el tiempo del *zamir* ha llegado" – i.e., ha llegado el tiempo para cortar de la tierra a los malvados. Como se explicó, *Maljut* también corresponde a los juicios. Por lo tanto, si *Maljut* no hubiera sido mitigada por la transferencia de *shefa* proveniente de las *sefirot* superiores, el juicio estricto habría requerido que los malvados fuesen destruidos y el mundo irredento junto con ellos. ¿Por qué no son destruidos? ¿Qué hace que los Patriarcas aparezcan y le provean a *Maljut* los *mojín* mitigantes? El sonido de los niños que estudian Torá; es debido al aliento sagrado con el que recitan sus estudios de *TORá*, que el mundo y los malvados son dispensados. Éste es el significado de "La voz de la *TOR* se oye en nuestra tierra". Esos niños, enseña el *Zohar*, son los *TORei zaav* (coronas de oro; *torei* es una forma plural de *tor*), correspondientes a los dos querubines sobre el Arca sagrada, que también estaban hechos de oro. Los querubines tenían rostros de niños. Su presencia en el Arca, que contenía las Tablas de los Diez Mandamientos sugiere así los niños que estudian la Torá. Por lo tanto, el *Zohar* deduce que el aliento sagrado de los niños que estudian Torá despierta el mérito de los Patriarcas, lo que salva al mundo del juicio.

Ahora podemos retornar al texto del Rebe Najmán para ver cómo la interpretación que hace el *Zohar* de este versículo del Cantar de los Cantares se une con nuestra lección.

44. las primeras flores se ven.... Como enseña el *Zohar*, los términos "primeras flores" aluden a Abraham, Itzjak y Iaacov, los Patriarcas que ascienden al Mundo que Viene (el conocimiento de Dios). En nuestro contexto, esto corresponde al ayuno, que es un aspecto del Mundo que Viene (ver §3 y n.29). Ayunar, como hemos visto, subordina el cuerpo al alma, permitiendo que brille el espíritu en el hombre. Esa luz corresponde a *jesed* (n.15) y a la caridad (n.23). Así los Patriarcas, que son aspectos correspondientes del Mundo que Viene/el ayuno, también corresponden a todos los diferentes aspectos en la categoría de Alma. Al igual que el ayuno o el dar caridad y mostrar compasión, los Patriarcas tienen el poder de proveer a *Maljut*.

45. El tiempo del zamir.... Éste es el comienzo de la primavera en la tierra de Israel, cuando las viñas son podadas y su exceso de follaje es retirado y descartado. La primavera es también cuando aparecen las primeras flores. El *Zohar* asemeja el acto de podar lo superfluo con el hecho de cortar y descartar del mundo a los malvados. Mediante sus acciones, aquellos que transgreden la voluntad de Dios atraen sobre la humanidad los juicios estrictos o *dinim*. En la terminología de la Kabalá, este estado es equivalente al estado "inmaduro" de *Maljut* antes de recibir *mojín* provenientes de las seis *sefirot* que constituyen la persona Divina *Zeir Anpin* (*Jesed*,

tierra" – estos son los Patriarcas del mundo.[44] "El tiempo del *zamir* ha llegado" – cuando llega el tiempo de cortar del mundo a los culpables.[45]

así pudiera decirse, que provienen del hecho de que Su Creación hace Su voluntad. Esto, en un sentido, es el ascenso y la construcción de *Maljut* (ver el párrafo siguiente). Sin embargo, si la humanidad no reconoce el Reinado de Dios, entonces *Maljut* se ve dañado y no puede unirse con *Iesod*. En su lugar, la abundancia que desciende es transferida a las fuerzas del Otro Lado, Dios no lo permita; ella cae en las manos de los malvados. El bienestar de la humanidad, tanto espiritual como físico, depende del grado en el que aceptemos el *Maljut* de Dios y Lo sirvamos. En el ámbito corpóreo, esta *shefa* se manifiesta como beneficios físicos y materiales: buena salud, riqueza, paz, etcétera. En el ámbito espiritual, se manifiesta como *mojín* (mentalidades o intelecto), a través de los cuales toda la Creación llega a un reconocimiento mayor de Dios.

Ahora bien, una característica importante de la *sefirá* de *Maljut* es que, al igual que la luna, crece y decrece; se encuentra constantemente en un estado de cambio. Se dice que a veces *Maljut* es "pequeña", otras veces se la describe como en un estado de "crecimiento", y otras más es descrita como habiendo alcanzado la "madurez". Como se indicó en el párrafo previo, el estado de *Maljut* en un momento dado determina el grado de capacidad de la humanidad para recibir *shefa* desde Arriba. Cuando *Maljut* está "madura", el hombre recibe abundancia en toda su plenitud. De lo contrario, en la medida de las carencias de *Maljut*, así será redirigida la *shefa* hacia el Otro Lado, las fuerzas del mal en el mundo. También, como se explicó, los cambios en el estado de *Maljut* dependen de la devoción a Dios de la humanidad. Ese servicio Divino es conocido como un "despertar desde abajo", con el hombre tomando la iniciativa para servir a Dios por su propia voluntad. Pues al aceptar la absoluta soberanía de Dios, Su Reinado (ver Lección #36, n.38), *Maljut* alcanza la "madurez" y toda la humanidad se beneficia del constante descenso de la *shefa* a través de las sefirot. Sin embargo, cuando la gente peca, de modo que *Maljut* está incompleta y la *shefa* es redirigida, la humanidad carece de bendiciones y de paz y en su lugar sufre pobreza, enfermedad, guerras y demás. La explicación más profunda de por qué esto sucede está relacionada con la *sefirá* de *Maljut* como aspecto del juicio. Cuando las propiedades del juicio en *Maljut* no están atemperadas por la bondad –por *Maljut* recibiendo *mojín*– abundan los juicios estrictos. (Podemos ver que los *mojín* mitigan el juicio a partir del hecho de que es necesario *daat* –uno de los tres *mojín*, junto con *Jojmá* y *Biná*– para ser verdaderamente compasivos y bondadosos. Careciendo de *daat*, la persona puede verse llevada a una compasión mal dirigida; puede ser misericordiosa con los malvados y en el proceso permitirles que continúen dañando a los demás, o al apiadarse de un niño puede echar a perder a ese niño en lugar de beneficiarlo).

Como hemos explicado, el hombre está siempre obligado a servir a Dios y, a través de ese servicio, perfeccionar el estado de *Maljut*. Sin embargo, hay veces en que las *sefirot* que están por sobre *Maljut* la proveen de *mojín* como resultado de otros factores, de modo que *Maljut* alcanza la "madurez" no como resultado de las acciones de los hombres sino a través de un "despertar desde Arriba". Esta construcción de *Maljut* y el resultante influjo de *shefa* en el mundo en virtud de un despertar desde Arriba pueden manifestarse de numerosas maneras. Dios puede emitir un decreto severo para alentar a la humanidad al arrepentimiento. En ese caso, el arrepentimiento resultante "carece", por el hecho de que fue forzado, si así pudiera decirse, desde Arriba. Otro ejemplo sería cuando Dios le muestra favor y bondad al mundo pese a que la humanidad no es digna de Su benevolencia. Aquí también es el despertar desde Arriba lo que promulga el flujo de *shefa* hacia el mundo. Y a veces, las acciones de unos pocos son tan meritorias que *ellos* hacen que Dios muestre Su favor. Esto, también, le trae *mojín* a *Maljut*, pero no es el verdadero despertar desde abajo a través del cual se manifiesta la absoluta soberanía del Reinado de Dios.

"וְקוֹל הַתּוֹר נִשְׁמַע" - דָּא קָלָא דְּיָנוּקָא דְּרַבְיָא דְּלָעֵי בְּאוֹרַיְתָא. כְּמוֹ שֶׁכָּתוּב (שיר-השירים א): "תּוֹרֵי זָהָב", וּכְתִיב (שמות כה): "וְעָשִׂיתָ שְׁנַיִם כְּרֻבִים זָהָב". עַל-יְדֵי קָלָא דְּיָנוּקָא דְּרַבְיָא, נִתְגַּלּוּ הָאָבוֹת בָּעוֹלָם לְהָגֵן.

נִמְצָא כְּשֶׁאַתָּה רוֹצֶה שֶׁיִּתְגַּלּוּ עַל יָדְךָ הָאָבוֹת בָּעוֹלָם, כְּדֵי לִדְחוֹת הַדִּין וְהַחֹשֶׁךְ, שִׁכְחָה וְסִכְלוּת, מִן הָעוֹלָם, צָרִיךְ שֶׁיִּהְיֶה לְךָ הֶבֶל

los pecadores malvados del mundo. Sin embargo, como hemos visto, el valor del alma se hace mucho más manifiesto al contrastarse con el cuerpo (notas 16-17). De eliminar totalmente el cuerpo se eliminarían las ventajas que se obtienen de este contraste. Más aún, incluso en el ámbito del mal hay chispas sagradas que necesitan ser redimidas. Ello no sería posible de haber una total eliminación de toda la maldad en el mundo. Esto también es verdad del microcosmos. Cada persona tiene dentro de sí propiedades de bien que deben ser desarrolladas. En este punto, una absoluta eliminación de toda la maldad y la insensatez sería prematura. Primero, todas las chispas de santidad tienen que ser redimidas y todo el bien dentro de cada persona debe manifestarse. Esto sólo tendrá lugar cuando llegue Mashíaj. Por lo tanto, los Patriarcas deben continuar "haciéndose ver en la tierra" para proteger al mundo, para que continúe la rectificación de la humanidad hasta que todo en la categoría de "alma" se haya perfeccionado completamente. Entonces "la tierra estará llena del conocimiento de Dios" (Isaías 11:9) y todos Lo conocerán a Él. En ese tiempo, como se explicó más arriba (n.17), toda la materia asumirá propiedades espirituales.

La segunda dificultad tiene que ver con *Maljut* y en particular con la comparación hecha entre *Maljut*, como la más pequeña de las *sefirot* y los niños que estudian la Torá (ver n.46). ¿Cómo puede ser que *Maljut* que recibe su iluminación de los niveles superiores también actúe como el iniciador que despierta a esos niveles para que le den su iluminación? ¿Puede este despertar depender de *Maljut* en lugar de depender de los Patriarcas, los niveles superiores que suministran la iluminación? Como veremos, éste es de hecho uno de los tópicos que tratará el Rebe Najmán en la sección 6 más adelante: el concepto de *main nukvin* ("aguas femeninas"), que es un aspecto del despertar desde abajo (mencionado también en n.43). En la terminología de la Kabalá un despertar desde Arriba es *Zeir Anpin* iluminando a *Maljut*, mientras que un despertar de abajo es *Maljut* despertando a *Zeir Anpin* para que la ilumine. En el nivel de este mundo, un despertar desde Arriba hace referencia a cuando Dios despierta al hombre – i.e., Él nos despierta al arrepentimiento o nos envía abundancia aunque no la merezcamos. Un despertar desde abajo, por otro lado, hace referencia a cuando llevamos a cabo las mitzvot y somos merecedores de la abundancia de Dios. Esto hace que Dios haga descender Su abundancia sobre nosotros. En nuestro contexto, diríamos que nuestras buenas acciones y el estudio de Torá que es puro son lo que despierta a los Patriarcas para "hacerse ver en la tierra". Es decir, si ayunamos (y/o damos caridad) para subordinar nuestro cuerpo a nuestro espíritu (§3), podemos alcanzar el nivel del Mundo que Viene – i.e., el conocimiento de Dios (§1).

50. se revelan los Patriarcas...libre de pecado. Así, hemos visto que despertar el aspecto del "aliento sagrado" hace que los Patriarcas aparezcan en la Tierra Santa (*Zeir Anpin* transfiriendo *mojín/shefa* a *Maljut*) para mitigar los juicios. En nuestro contexto, los juicios se encuentran en la categoría de Cuerpo, mientras que la *shefa*/bondad está en la categoría de Alma (n.4). Por lo

"La voz de la *TOR* se oye" – éste es el sonido de un niño que estudia *TORá*,[46] como está escrito, "*TURei* (coronas) de oro"; [47] y como está escrito (Éxodo 25:18), "Haz dos querubines de oro".[48] Por medio de la voz de los niños [que estudian la Torá] se revelan los Patriarcas en el mundo para protegerlo.[49]

Consecuentemente, cuando quieras que se revelen los Patriarcas en el mundo –para eliminar del mundo el juicio, la oscuridad, el olvido y la insensatez– deberás tener un aliento que esté libre de pecado.[50] Y

Guevurá, Tiferet, Netzaj, Hod, Iesod) – un estado de juicio estricto. Dado que los malvados son responsables de producir un aumento en los juicios, *Maljut*, si así pudiera decirse, demanda justicia contra ellos y contra el mundo en general. ¿Qué es lo que mitiga la demanda de *Maljut*?

46. La voz de la TOR...un niño que estudia TORá. *Maljut* (por ejemplo, cuando se encuentra en un estado de "inmadurez") es conocida como la más pequeña de las *sefirot*, de aquí su conexión con los jóvenes, los niños. Dado que el estudio de la Torá de los niños es puro, despierta el mérito de los Patriarcas, las *sefirot* superiores, cuya aparición en *Maljut*/la "tierra" mitiga sus *dinim* (juicios). Hemos visto que "se ven en la tierra" hace referencia a la Tierra Santa (n.43). Así el despertar de abajo engendrado por el estudio de la Torá de los niños despierta el aspecto de los Patriarcas para aparecer en la Tierra Santa y transferirle la *shefa/mojín* que mitiga todos los juicios. Éste es el significado de "La voz de la *tor*" – i.e., el sonido del estudio de la Torá de los niños– "se oye en nuestra tierra" – i.e., provee a *Maljut*.

47. TORei de oro. Esto hace referencia al regalo de coronas de oro que Dios les dio a los judíos cuando partieron de Egipto. El Midrash (*Shir HaShirim Rabah* 1:11) enseña que "*TORei* de oro" alude a la *TORá*, que tiene un gran valor, y al Arca sagrada, que estaba hecha de oro.

48. dos querubines de oro. Habiendo conectado la voz de la *tor* (paloma), los sonidos del estudio de la Torá y torei de oro, el Rebe Najmán trae ahora un texto de prueba del *Zohar* que une a los niños con el oro. Las figuras esculpidas de oro que estaban sobre la cubierta del Arca, los querubines, tenían rostros de niños. En la Kabalá, los dos querubines corresponden a *Netzaj* y *Hod* (ver n.103 más adelante), las dos *sefirot* que, junto con *Iesod*, reciben la iluminación desde *Jesed, Guevurá* y *Tiferet* y la transfieren a *Maljut*.

El rabí Natán hace notar que el sumo sacerdote tenía permitido entrar en el Santo de los Santos para efectuar el perdón de los judíos en Iom Kipur, mientras estaba ayunando. Ello se debe a que los querubines simbolizan la fuente del estudio de la Torá de los niños. Cuando la persona ayuna, despierta el poder de los niños que estudian la Torá, cuyo aliento es puro y así mitiga los juicios y los decretos severos (*Torat Natán* #11).

49. se revelan los Patriarcas...para protegerlo. El Rebe Najmán retornará más adelante en la lección al tema de la transferencia de abundancia por medio de la unificación entre *Zeir Anpin* (particularmente *Iesod*) y *Maljut* (ver más adelante, §6). Hasta aquí hemos visto que cuando *Maljut* y *Zeir Anpin* se unen, ello mitiga los juicios y los malvados se salvan, pues los "Patriarcas" y los "profetas" proveen *mojín* para protegerlos y proteger el mundo.

Dos dificultades surgen a partir de esto. Primero, ¿por qué los malvados deben salvarse? De la lección misma podemos ver que el objetivo del hombre es eliminar la insensatez, la oscuridad y en verdad todos los aspectos en la categoría de Cuerpo. De seguro esto incluye a

שֶׁאֵין בּוֹ חֵטְא, וְעַל־יְדֵי צְדָקָה דְּאֶרֶץ־יִשְׂרָאֵל תִּכְלֹל עַצְמְךָ בַּאֲוִירָא דְּאֶרֶץ־יִשְׂרָאֵל, שֶׁהוּא בְּחִינוֹת הֶבֶל הַקָּדוֹשׁ שֶׁאֵין בּוֹ חֵטְא:

וְזֶה פֵּרוּשׁ (ויקרא כו): "וְזָכַרְתִּי אֶת בְּרִיתִי יַעֲקוֹב" וְכוּ', פֵּרוּשׁ, אֵימָתַי יִתְגַּלּוּן הָאָבוֹת בָּעוֹלָם, כַּד "הָאָרֶץ אֶזְכֹּר". עַל־יְדֵי אֲוִירָא דְּאֶרֶץ־יִשְׂרָאֵל, וְעַל־יְדֵי הֶבֶל שֶׁאֵין בּוֹ חֵטְא, שֶׁהִיא בְּחִינַת הֶבֶל פִּיהֶם שֶׁל תִּינוֹקוֹת. כִּי כֵן נִתְבָּרְכוּ תִּינוֹקוֹת, כְּמוֹ שֶׁכָּתוּב (בראשית מח): "הוּא יְבָרֵךְ אֶת הַנְּעָרִים וְיִקָּרֵא בָהֶם שְׁמִי וְשֵׁם אֲבוֹתַי", שֶׁעַל־יְדֵי הַתִּינוֹקוֹת נִתְגַּלּוּ הָאָבוֹת לָהֵן. עַל־יְדֵי צְדָקָה דְּאֶרֶץ־יִשְׂרָאֵל, יִכָּלְלוּ בַּאֲוִירָא דְּאֶרֶץ־יִשְׂרָאֵל, אֲוִיר הַקָּדוֹשׁ, שֶׁהוּא בְּחִינַת הֶבֶל שֶׁאֵין בּוֹ חֵטְא:

וְזֶה שֶׁאָמְרוּ חֲכָמֵינוּ זִכְרוֹנָם לִבְרָכָה (תענית יא.): 'הַיּוֹשֵׁב בְּתַעֲנִית נִקְרָא חָסִיד', שֶׁנֶּאֱמַר: "גּוֹמֵל נַפְשׁוֹ אִישׁ חָסֶד". כִּי הַתַּעֲנִית הוּא

los otros aspectos en la categoría del Alma (*jesed*, luz, ayuno y caridad) crea el aire puro y el aliento libre de pecado que despierta el mérito de los Patriarcas para eliminar la insensatez y mitigar el juicio.

Cuando el pueblo judío pecó al hacer el Becerro de Oro, Moshé oró a Dios para que lo perdonase en mérito a los Patriarcas, cosa que Él hizo (los Patriarcas mitigan el juicio). Sin embargo, cuando los espías pecaron al hablar en contra de la Tierra Santa, Moshé no oró pidiendo perdón en mérito de los Patriarcas. Ello se debió a que los espías despreciaron la Tierra Santa, la tierra que amaron nuestros Patriarcas y por la cual sacrificaron tanto. Y así Moshé no "recordó la tierra" – i.e., no pudo traer un aspecto del aire puro de la Tierra de Israel y, por lo tanto, no pudo invocar el mérito de los Patriarcas (*Parparaot LeJojmá*).

54. bendiga a los niños…nombres de mis padres…para proteger al mundo. Este versículo proviene de la bendición de Iaacov a los hijos de Iosef, Efraím y Menashé. El Rebe Najmán explica la bendición de Iaacov de la siguiente manera: **Bendiga a los niños** – los niños que estudian la Torá son bendecidos; y así **sean llamados de mi nombre y del nombre de mis padres** – ellos pueden invocar el mérito de los Patriarcas para proteger el mundo.

55. caridad a la Tierra…aire sagrado…libre de pecado. Como hemos visto, el aliento sagrado de los niños que estudian la Torá corresponde al aire puro de la Tierra Santa. En nuestro contexto, esto hace referencia a toda persona que purifica su "aliento" al ayunar o dar caridad. Con esto merece invocar el mérito de los Patriarcas para mitigar el juicio y aumentar jesed para el mundo. Ello se debe a que se subordinan los aspectos en la categoría de Cuerpo y se elevan los aspectos en la categoría de Alma (ver n.4).

56. JaSiD…JeSeD beneficia a su alma. Cuando uno se abstiene de comer para estar más cerca de Dios, es llamado un *JaSiD* (חסיד, un hombre piadoso). El texto de prueba del Talmud para esto es "Un hombre de *JeSeD* (חסד) beneficia a su alma" – él fortalece su alma y subordina a su cuerpo. En nuestro contexto, el ayuno/*jasid* corresponde a *jesed* (bondad), pues ambos son aspectos en la categoría de Alma (ver más arriba, §2).

mediante la caridad a la Tierra de Israel te incluyes en el aire de la Tierra de Israel, que es un aspecto del aliento sagrado en el cual no hay pecado.[51]

Ésta es la explicación de "Entonces recordaré Mi pacto con Iaacov, y [también Mi pacto con Itzjak y también Mi pacto con Abraham Yo recordaré; y Yo recordaré la tierra]" (Levítico 26:42).[52] La explicación es: ¿Cuándo se revelarán los Patriarcas en el mundo? Cuando "Yo recuerde la tierra" – por medio del aire de la Tierra de Israel y por medio del aliento que está libre de pecado, que corresponde al aliento de las bocas de los niños [que estudian la Torá].[53] Ello se debe a que los niños [que estudian la Torá] están bendecidos, como está escrito (Génesis 48:16), "Que él bendiga a los niños y sean llamados de mi nombre y del nombre de mis padres". Por medio de los niños [que estudian la Torá], se revelan los Patriarcas para proteger [al mundo].[54] Mediante la caridad a la Tierra de Israel ellos quedan incluidos en el aire de la Tierra de Israel, el aire sagrado, que es un aspecto del aliento que está libre de pecado.[55]

Como enseñaron nuestros Sabios (Taanit 11b): Aquel que ayuna es llamado *JaSiD* (piadoso), porque está dicho (Proverbios 11:17), "El hombre de *JeSeD* (bondad) beneficia a su alma".[56] Ello se debe a que el ayuno

---

tanto, revelar a los Patriarcas a través del aliento sagrado del estudio de Torá trae compasión y elimina todos los aspectos en la categoría de Cuerpo: juicios, oscuridad, olvido y demás.

51. el aire de la Tierra…aliento sagrado…. El Rebe Najmán comenzó esta sección indicando que hay un paralelo entre la cualidad especial de dar caridad a la Tierra de Israel y la cualidad especial del estudio de la Torá que proviene del aliento en el cual no hay pecado. Esto puede deducirse del *Zohar*, que demuestra que el aliento sagrado de los niños que estudian Torá tiene el poder de promover el flujo de *shefa*/bondad y es equivalente así a la caridad. De ese modo, tal como concluye el Rebe aquí, al dar caridad a la Tierra de Israel uno se incluye en su aire – i.e., el *aire puro* de la Tierra Santa, que corresponde al *aliento sagrado* de los niños que estudian Torá.

El *Parparaot LeJojmá* agrega que ahora podemos comprender el valor de dar caridad para la Tierra Santa: ello hace que la persona se incluya en el aire de la Tierra Santa, elimina el apego al ámbito del cuerpo, mitiga los juicios y hace que la luz y el jesed iluminen el mundo. A partir de lo que hemos visto, lo mismo puede decirse de dar caridad a las instituciones de Torá donde estudian los niños.

52. Mi pacto con Iaacov…recordaré la tierra. Este versículo proviene de la advertencia de Dios al pueblo judío sobre las terribles consecuencias, los juicios, que sobrevendrían si dejaba de cumplir con la Torá. Pero Dios agrega que en última instancia, una vez que "su espíritu sea humillado", Él perdonará su pecado y recordará Su pacto con los Patriarcas y con la tierra.

53. recuerde la tierra…aliento de la boca de los niños. El *Parparaot LeJojmá* hace notar el uso repetido del término "recordar" en las Escrituras. En nuestro contexto esto alude al aspecto de la memoria, lo opuesto del olvido, de los juicios y de la oscuridad. La memoria, al igual que

גְּמִילוּת חֲסָדִים לְנַפְשׁוֹ, הַיְנוּ לַתּוֹרָה, כְּמוֹ שֶׁכָּתוּב (תהלים יט): "תּוֹרַת ה' תְּמִימָה מְשִׁיבַת נָפֶשׁ". גְּלַל כֵּן נִקְרָא אִישׁ חָסִיד, כִּי מְבַטֵּל הַדִּין וְהַחֹשֶׁךְ, וּמַמְשִׁיךְ חֲסָדִים בָּעוֹלָם:

ה. וְזֶה פֵּרוּשׁ שְׁלֹשָׁה הַזְהָרוֹת שֶׁהִזְהִיר רַבִּי יְהוּדָה בֶּן בְּתֵירָא מִנְּצִיבִין (סנהדרין צו.): 'הִזָּהֲרוּ בְּזָקֵן שֶׁשָּׁכַח תַּלְמוּדוֹ מֵחֲמַת אָנְסוֹ', 'וְהִזָּהֲרוּ בְּוְרִידִין כְּרַבִּי יְהוּדָה', 'וְהִזָּהֲרוּ בִּבְנֵי עַמֵּי-הָאָרֶץ שֶׁמֵּהֶם תֵּצֵא תוֹרָה'.

כִּי אֵלּוּ הַשְּׁלֹשָׁה בְּחִינוֹת, הֵם כֻּלָּם רוֹמְזִים לְהִתְעַלּוּת הַנֶּפֶשׁ וְהַשֵּׂכֶל, וְהַתּוֹרָה, וְהַזִּכָּרוֹן:

'זָקֵן - זֶה שֶׁשָּׁכַח תַּלְמוּדוֹ מֵחֲמַת אָנְסוֹ', הוּא בְּחִינַת מִיתָה וְסִכְלוּת, מֵחֲמַת שִׁכְחָה. אֲבָל אֹנֶס רַחֲמָנָא פּוֹטְרוֹ; 'וְהִזְהִיר רַבִּי יְהוּדָה

---

nos advierte que debemos honrar a los ancianos que han olvidado sus estudios, pues su olvido surge de las dificultades y no debido a la negligencia.

60. las venas…rabí Iehudá. Este rabí Iehudá no es el rabí Iehudá el hijo de Beteira de Netzivin sino el más comúnmente mencionado "rabí Iehudá" en el Talmud, el rabí Iehudá el hijo del rabí Ilai (*Rashi* sobre *Beitzá* 26a, *v.i., iarad mumje*). El Talmud (*Julín* 27a) enseña que cuando la persona faena un animal para hacerlo kosher debe cortar la mayoría de la tráquea y del esófago. Cuando se faenan las aves, es suficiente con cortar sólo la tráquea o el esófago. El rabí Iehudá estableció que al faenar las aves, es necesario cortar también las venas que se encuentran en el cuello para que la sangre pueda salir. Ello se debe a que, en el caso de un animal, éste es cortado en cuartos pero es costumbre hervir las aves enteras. Por lo tanto, debe haber un medio para eliminar la sangre. El rabí Iehudá de Netzivin está de acuerdo con el rabí Iehudá en este punto (ver *Iore Dea* 22:4 que ésta es la ley).

61. hijos de los ignorantes…. Es decir, es necesario tener cuidado y honrar a los ignorantes, pues es posible que sus hijos se vuelvan eruditos de Torá. (No mostrarle respeto al ignorante puede alejarlo de la Torá y, como resultado, sus hijos no tendrán la oportunidad de estudiar la enseñanza de Dios; ver *Rashi, Maharsha, loc. cit.*). En esta sección, el Rebe Najmán trata sobre la primera advertencia, relacionada con honrar al anciano que olvidó sus estudios. Las otras advertencias son tratadas en las secciones 6-7.

62. a la muerte y a la insensatez…olvido. Podemos ver empíricamente que la persona anciana, que no se ha dedicado al estudio de la Torá durante su juventud es mucho más proclive a la insensatez y a otros aspectos en la categoría de Cuerpo que un anciano sabio. Sin embargo, incluso el anciano sabio que olvidó sus estudios está asociado con esos aspectos, incluyendo la insensatez y la muerte.

es una bondad para su alma, i.e., para la Torá, como está escrito (Salmos 19:8), "La Torá de Dios es perfecta, ella restaura el alma".⁵⁷ Debido a ello es llamado un *JaSiD*, pues anula el juicio y la oscuridad y trae *JaSaDim* (benevolencias) al mundo.⁵⁸

5. Ésta es la explicación de las tres advertencias hechas por el rabí Iehudá el hijo de Beteira de Netzivin: Ocúpate del anciano sabio que ha olvidado sus estudios debido a las dificultades;⁵⁹ ocúpate de las venas, de acuerdo con la opinión del rabí Iehudá;⁶⁰ ocúpate de los hijos de los ignorantes, pues la Torá saldrá de ellos (Sanedrín 96a).⁶¹

Pues estos tres aspectos aluden al ascenso del alma, al intelecto, a la Torá y a la memoria.

El anciano sabio que olvidó sus estudios debido a las dificultades corresponde a la muerte y a la insensatez debido al olvido.⁶² Sin embargo

---

57. alma...Torá...restaura el alma. Con este texto de prueba el Rebe Najmán demuestra cómo el ayuno también se conecta con la Torá. Como se explicó, aquel que ayuna es un *jasid*, un hombre de *jesed* (bondad); su ayuno es un aspecto de bondad que beneficia el alma. En ese sentido, ayunar se asemeja a la Torá, pues la Torá también beneficia y restaura el alma del hombre, como en, "La Torá... restaura el alma" – la Torá restablece el gobierno del alma sobre el cuerpo. Rashi (*loc. cit.*) agrega que la Torá es un aspecto de luz que, como explicó el Rebe anteriormente, también es un aspecto del alma. Cuando la persona alcanza el aspecto más elevado de la Torá, la Torá que está libre de pecado, merece el conocimiento y el reconocimiento de Dios (ver §§1-2).

58. trae JaSaDim al mundo. Es decir, al ayunar y dar caridad la persona crea el aire puro que elimina los juicios, la oscuridad, etc., y así revela *jesed/jasadim* – elevando todos los aspectos en la categoría de Alma.

Resumen: Toda la Creación tiene por objeto que el hombre pueda alcanzar el reconocimiento de Dios (§1). Este reconocimiento viene de aprender de todo lo que Dios creó para distinguir entre los aspectos polares de la materia y del espíritu, las categorías de Cuerpo y Alma, etc. (§2). Uno debe subordinar el cuerpo y todos sus aspectos correspondientes, elevando a su vez el alma y todos sus aspectos correspondientes. Esto se logra mediante el ayuno y la caridad (§3). El ayuno y la caridad corresponden al aire puro de la Tierra Santa y al aliento libre de pecado de los niños que estudian la Torá. Aquel que ayuna o da caridad a la Tierra Santa se incluye en su aire puro y eleva todos los aspectos en la categoría de Alma (§4). Y, cuando el alma se eleva uno llega al reconocimiento de Dios.

59. olvidado sus estudios debido a las dificultades. Anteriormente (§2, n.16), el Rebe Najmán citó a nuestros Sabios: Todo aquel que olvida algo de sus lecciones de Torá, es como si fuese culpable por su misma alma. Los Sabios aprenden de este versículo, "Sólo ten cuidado y guarda mucho tu alma, no sea que olvides". Es decir, como hemos visto a partir de nuestra lección, ello se debe a que el olvido es equivalente a la muerte. Sin embargo aquí el rabí Iehudá de Netzivin

לְכַבְּדוֹ', שֶׁעַל־יְדֵי הַכָּבוֹד יִתְבַּטֵּל מִמֶּנּוּ הַשִּׁכְחָה, וְיִתְגַּלֶּה הַנֶּפֶשׁ, הַיְנוּ זִכְרוֹן הַתּוֹרָה. כִּי שֹׁרֶשׁ הַתּוֹרָה הִיא כְּבוֹד הַשֵּׁם יִתְבָּרַךְ, כְּמוֹ שֶׁכָּתוּב: "לִכְבוֹדִי בְּרָאתִיו" וְכוּ', וּכְמוֹ שֶׁאָמְרוּ חֲכָמֵינוּ זִכְרוֹנָם לִבְרָכָה (אבות, פרק ו משנה ג): 'אֵין כָּבוֹד אֶלָּא תּוֹרָה':

ו. **וְזֶהוּ**: 'הִזָּהֲרוּ בְּוְרִידִין כְּרַבִּי יְהוּדָה', כִּי הַדָּם הוּא הַנֶּפֶשׁ שֶׁבָּא בְּגִלְגּוּל, וְצָרִיךְ הַשּׁוֹחֵט לְכַוֵּן לְהַעֲלוֹת הַנֶּפֶשׁ שֶׁבַּדָּם. גַּם עִקַּר

67. Ocúpate de las venas.... En esta sección el Rebe Najmán habla sobre el faenado ritual de un animal para hacerlo kosher, demostrando cómo la mitzvá de la *shejitá* (el faenado kosher) beneficia a la humanidad. También trata sobre los conceptos Kabalistas de la reencarnación, "el despertar desde abajo" y la unificación entre *Zeir Anpin* y *Maljut* para hacer que descienda la *shefa* (abundancia). El rabí Natán introduce esta sección como sigue: La ley judía prohíbe comer cualquier animal que no esté faenado apropiadamente. Ello se debe a que si un animal muere naturalmente o se lo mata sin el faenado kosher, los aspectos de la categoría del Cuerpo se sobreponen a los aspectos de la categoría de Alma. Así cuando la persona come la carne de un animal que carece de una *shejitá* apropiada, también ingiere el aspecto de animal, de la materia, de la oscuridad, de la insensatez, del juicio, del olvido y de la muerte. Sin embargo, la mitzvá de la *shejitá*, mediante la cual la carne se vuelve kosher, fue dada para subyugar el cuerpo y sus aspectos correspondientes. En ese sentido, es equivalente al ayuno, que también es un medio para subordinar el cuerpo y elevar el alma. Pues sólo el hombre, en virtud de su libertad de elección, tiene el poder de eliminar de sí mismo los aspectos del Cuerpo y de desarrollar su alma y los diferentes aspectos de Alma. En particular, este poder surge de la Torá, de la cual está escrito (Deuteronomio 30:20), "Es tu vida" (i.e., un aspecto de Alma); e igualmente (Levítico 18:5), "Y vivirá en ellos". Al alcanzar la Torá –i.e., el alma, la vida– se subordina el aspecto de la muerte, al igual que los otros aspectos en la categoría de Cuerpo. Pero un animal no tiene libertad de elección y no puede anular por sí mismo los aspectos asociados con el cuerpo. Su rectificación depende por lo tanto del hombre, quien al faenarlo de acuerdo con los dictados de la Torá lo libera del aspecto de la muerte (*Torat Natán* #7, #9).

68. Pues la sangre está asociada con el alma. Esto aparece en Deuteronomio (12:23), donde las Escrituras advierten de no comer sangre, pues la sangre está asociada con la fuerza vital, el alma, en el hombre y en los animales (ver también Levítico 17:11,14).

69. reencarnada. Enseña el Ari que la persona que fallece sin haberse arrepentido de sus pecados debe reencarnar para rectificar sus malas acciones. Aunque existen innumerables niveles en la jerarquía de la Creación en los que puede reencarnar el alma, ellos se dividen en cuatro categorías básicas: *domem* (mineral), *tzomeaj* (vegetal), *jai* (animal) y *medaber* (hombre). La naturaleza y gravedad del pecado determina la categoría particular de forma de vida en la cual uno deberá retornar. Así, es posible que la persona que tenga que rectificar un pecado especialmente grave deba sufrir el que su alma sea hecha retornar al mundo dentro de una de las muchas formas minerales (por ejemplo, agua o piedra), otras dentro de una forma vegetal (por ejemplo, granos o frutos), otras más dentro de un animal (animales kosher o no kosher, domesticados o salvajes) y los más afortunados pueden retornar como seres humanos. El Ari explica que mientras que la Torá perdona a aquel que se encuentra en situaciones difíciles y el rabí Iehudá nos advierte que debe ser honrado.[63] Pues mediante el honor, se elimina su olvido y se revela el alma[64] – i.e., se recuerda la Torá. Ello se debe a que la raíz de la Torá es la gloria de Dios, como en, "que Yo he creado por Mi gloria…".[65] Y como enseñaron nuestros Sabios: Honor no es otra cosa que la Torá (*Avot* 6:3).[66]

6. Éste es también el significado de "Ocúpate de las venas, de acuerdo con la opinión del rabí Iehudá".[67] "Pues la sangre está [asociada con] el alma"[68] reencarnada.[69] De esta manera el carnicero debe tener en mente

---

63. la Torá perdona a aquel que se encuentra en situaciones difíciles…. Ésta es la enseñanza Talmúdica que se encuentra en *Nedarim* 37a. La persona que olvida sus estudios debido a la negligencia es considerada responsable de sucumbir a los aspectos del cuerpo y carga la culpa por su alma. Pero aquel que olvida sus estudios debido a que se ve acuciado por las dificultades y las complicaciones de la vida es perdonado. No ha sucumbido al cuerpo y así existe una rectificación para su olvido.

64. Pues mediante el honor…se revela el alma. El honor es *kavod* (gloria). En otra instancia (*Likutey Moharán* I, 67:1), el Rebe Najmán demuestra que el *kavod* es de hecho la raíz del *nefesh* (alma). Así al reafirmar el honor del anciano sabio, uno hace que su alma y que todos sus correspondientes aspectos puedan manifestarse. Como hemos visto, uno de ellos corresponde a la memoria, de modo que con la revelación de su memoria se elimina el olvido del sabio.

65. se recuerda la Torá…es la gloria de Dios…. Dios creó todo, incluyendo la Torá. Dado que todo lo que Él creó tenía el objetivo de hacer conocer Su *kavod* (ver n.3), la Torá, el *daat* a través del cual uno puede llegar a reconocer a Dios, también está enraizado en la gloria de Dios.

66. Honor no es otra cosa que la Torá. A partir de los Sabios aprendemos que la Torá está relacionada con el *kavod* (honor/gloria) – que es el objetivo fundamental de Dios al crear el mundo. Por lo tanto, cuando uno honra al anciano sabio, ese *kavod* invoca a la Torá, que es un aspecto de la memoria, del alma, contrarrestando las dificultades que le hicieron olvidar. Esto es como relata el Talmud: Rav Iosef, la autoridad más importante de su época, se enfermó y olvidó sus conocimientos. Abaie, su discípulo, tomó en cuenta la advertencia del rabí Iehudá. Continuó mostrándole honor a rav Iosef y le hizo recordar constantemente la Torá que solía saber. Con el tiempo, rav Iosef recordó sus estudios (ver *Nedarim* 41a).

Resumen: Toda la Creación tiene por objeto que el hombre pueda alcanzar el reconocimiento de Dios (§1). Este reconocimiento viene de aprender de todo lo que Dios creó para distinguir entre los aspectos polares de la materia y del espíritu, las categorías de Cuerpo y Alma, etc. (§2). Uno debe subordinar el cuerpo y todos sus aspectos correspondientes, elevando a su vez el alma y todos sus aspectos correspondientes. Esto se logra mediante el ayuno y la caridad (§3). El ayuno y la caridad corresponden al aire puro de la Tierra Santa y al aliento libre de pecado de los niños que estudian la Torá. Aquel que ayuna o da caridad a la Tierra Santa se incluye en su aire puro y eleva todos los aspectos en la categoría de Alma (§4). Otra manera en que se elevan los aspectos correspondientes de Alma, particularmente el aspecto de la memoria, es a través de la elevación del *kavod* – el objetivo fundamental de Dios al crear el mundo (§5).

חֶסְרוֹן הַפַּרְנָסָה שֶׁנִּתְמַעֵט בַּדּוֹרוֹת הַלָּלוּ, אֵין זֶה אֶלָּא עַל־יְדֵי הַשּׁוֹחֲטִים שֶׁאֵינָם מְהֻגָּנִים. וְזֶה (אבות פרק ג משנה יז): 'אִם אֵין תּוֹרָה אֵין קֶמַח'. 'תּוֹרָה' הִיא בְּחִינַת נֶפֶשׁ כַּנַּ"ל, עַל־יְדֵי־זֶה אֵין קֶמַח, הַפַּרְנָסָה נִתְמַעֵט.

וּבִשְׁבִיל זֶה הַחֲלִיף נִקְרָא מַאֲכֶלֶת, כְּמוֹ שֶׁכָּתוּב (בראשית כב): "וַיִּקַּח אֶת הַמַּאֲכֶלֶת". כִּי יֵשׁ שׁוֹחֵט הָגוּן מַאֲכִיל וּמְפַרְנֵס לְיִשְׂרָאֵל, כִּי הַשּׁוֹחֵט הָגוּן הוּא מַלְבִּישׁ אֶת הַנֶּפֶשׁ שֶׁבַּחַי בִּמְדַבֵּר,

demasiado ocupada para dedicarse al estudio de la Torá. Los Sabios también afirman la inversa, que si no hay Torá, no hay harina. *Rabeinu Iona* (*loc. cit.*) explica esto como sigue: Si la persona tiene ingresos pero no tiene Torá entonces el sustento no tiene valor alguno, pues su único propósito debe ser el otorgarle lo suficiente para cubrir sus necesidades y poder así dedicarse al estudio de la Torá.

72. Torá…alma…disminuye el sustento. La Torá corresponde al alma, como se explicó más arriba (§5, n.57). Así, en nuestro contexto, la Mishná enseña que cuando no hay Torá –i.e., no hay sustento para el alma– entonces el cuerpo se vuelve su amo. Como resultado, disminuye el sustento/*shefa*, porque éste es transferido al Otro Lado (como será explicado; ver también n.43 más arriba).

73. cuchillo del carnicero…MaAJeLet…. Aunque la palabra hebrea equivalente para "cuchillo del carnicero" es generalmente *jalif*, el término bíblico es *maajelet*, como en el relato de la atadura de Itzjak, donde las Escrituras relatan que Abraham "tomó el *maajelet* para sacrificar a su hijo".

74. MaAJeLet…MaAJil y sustenta al pueblo judío. Las letras de la raíz de la palabra *maajelet* (מאכלת), *A-J-L* (אכל), forman la palabra hebrea para "alimento". El término *maajelet* sugiere así que el carnicero tiene la capacidad de *maAJIL* ("alimentar") al pueblo judío. Esto se alinea con la enseñanza del Midrash (*Bereshit Rabah* 56:3): Todo el sustento que los judíos obtienen en este mundo es en mérito a que Abraham tomó el *maajelet* para sacrificar a Itzjak.

El Rebe Najmán explicará ahora por qué el carnicero ritual digno tiene ese poder de mejorar la situación del sustento de la gente. Su prueba implica varias etapas que incluyen los conceptos de reencarnación, del habla rectificada por las bendiciones apropiadas y de la elevación de *Maljut* para unirse con *Zeir Anpin*.

75. el nivel de ser humano. El término hebreo para designar la forma de vida humana es *medaber* (el hablante), subrayando el hecho de que la capacidad del habla es única del ser humano. Mediante su habla el carnicero ritual digno eleva el alma atrapada en un animal hacia el nivel de humano, del hablante.

76. la palabra hablada de la bendición…. Faenar un animal o un ave para volverlos kosher y aptos para el consumo es una de las 613 mitzvot de la Torá. Antes del faenado, el carnicero ritual debe recitar la bendición: "Bendito seas Tú, Dios, Rey del Universo, Quien nos ha santificado con Sus mitzvot y nos ha ordenado *al hashejitá* (con respecto al faenado)". Al recitar la bendición –las palabras del habla– el carnicero eleva el alma encarnada dentro del animal (un alma muda) al nivel del *medaber* (un alma hablante). El *Mei HaNajal* explica: Como hemos visto, el alma corresponde a *jesed* (bondad, ver n.4). También el sustento llega a través de *jesed*, como en (Salmos 136:25),

elevar el alma que está en la sangre.⁷⁰ También, en su mayor parte, la carencia de sustento –que ha disminuido en las recientes generaciones– se debe a los carniceros indignos. Esto es: Si no hay Torá, no hay harina (Avot 3:17).⁷¹ La Torá es un aspecto del alma, como ha sido explicado. Debido a ello, "no hay harina" – disminuye el sustento.⁷²

Y éste es el motivo por el cual el cuchillo del carnicero es llamado *MaAJeLet*, como está escrito (Génesis 22:10), "y él tomó el *maajelet*".⁷³ Pues el carnicero digno *MaAJil* (alimenta) y sustenta al pueblo judío.⁷⁴ Ello se debe a que los carniceros dignos invisten el alma [que se encuentra] en el nivel del animal dentro del nivel de ser humano⁷⁵ – i.e., dentro de la palabra hablada de la bendición que recita.⁷⁶ Esta palabra hablada es

---

el alma en un ser humano no conoce cuál fue su encarnación anterior, las almas encarnadas en las formas de vida inferiores son conscientes de su situación y de lo que les está sucediendo (el conocimiento de su humillante circunstancia es parte de la rectificación). La rectificación requiere que el alma ascienda desde las formas de vida inferiores en las cuales ha sido reencarnada y llegue a su requerido nivel de purificación. Estos conceptos están tratados en gran profundidad en *Shaar HaGuilgulim* (*Hakdamá* #22) y aparecen también en otros escritos del Ari.

Consideremos, por ejemplo, el castigo para una persona que pecó mediante la calumnia. Su alma se encarna en una forma mineral, tal como el agua. El término hebreo para "mineral", *domem*, también significa "silente"; un castigo apropiado para su alma que ahora ya no puede calumniar pues no puede hablar. ¿Cómo es que esta alma adquiere la rectificación? Mediante el hecho de ser elevada hacia las formas de vida superiores. Así, después de que el alma del calumniador ha sufrido el suficiente castigo en la forma de agua, esa agua puede ser utilizada para irrigar la vegetación. De esa manera, las propiedades del agua ascienden hacia el nivel siguiente, volviéndose una con la vegetación en la que es absorbida. Cuando, más tarde, un animal come esa vegetación y recibe el sustento de ella, el alma del calumniador, habiendo obtenido la rectificación en el nivel de lo vegetal, asciende hacia el nivel animal. Y más tarde aún, cuando un hombre ingiere la carne de ese animal y ella se transforma en parte de su propia carne, eleva el alma del que fue calumniador al nivel de hombre. Hay muchos aspectos adicionales con respecto a la reencarnación, incluyendo aquellos relacionados con la rectificación efectuada por las bendiciones correctas sobre el alimento, especialmente cuando son recitadas con *kavaná* (concentración e intención apropiada). De esa manera se elevan las almas o chispas de santidad que se encuentran en el alimento y a veces sólo ello produce la rectificación del alma (ver más adelante, n.95).

70. elevar el alma que está en la sangre. El Rebe Najmán se refiere aquí a la rectificación de un alma que estuvo encarnada en un animal kosher y que está lista para ascender a un nivel superior. Durante el acto de *shejitá* la sangre fluye fuera del animal y el alma que estaba encarnada sale junto con ella. El *shojet* (carnicero ritual) debe por lo tanto tener en mente el hecho de elevar el alma y llevarla hacia donde pueda alcanzar su rectificación final – como comida kosher sobre la cual se recita una bendición.

71. no hay Torá, no hay harina. La Mishná enseña que si no hay sustento (harina) no puede haber Torá. Ello se debe a que si la persona está siempre presionada para conseguir el sustento, estará

הַיְנוּ בְּדִבּוּר הַבְּרָכָה שֶׁהוּא מְבָרֵךְ. וְהַדִּבּוּר הוּא בְּחִינַת שְׁכִינָה, כְּמוֹ שֶׁכָּתוּב: מַלְכוּת פֶּה.

וְזֶה פֵּרוּשׁ (ישעיה לד): "חֶרֶב לַה' מָלְאָה דָם", כִּי הַשְּׁכִינָה נִקְרֵאת "חֶרֶב לַה'" (כמובא בזהר הקדוש, ובפרדס), וְהִיא בְּחִינַת דִּבּוּר, שֶׁהוּא בְּחִינַת חֶרֶב פִּיפִיּוֹת, לְשׁוֹן פֶּה, כְּמוֹ שֶׁכָּתוּב (תהלים קמט): "רוֹמְמוֹת אֵל בִּגְרוֹנָם וְחֶרֶב פִּיפִיּוֹת" וְכוּ'. וּכְשֶׁהַנֶּפֶשׁ בָּאָה בְּתוֹךְ חֶרֶב לַה', בְּתוֹךְ הַדִּבּוּר, בִּבְחִינַת מַיִּין נוּקְבִין, אֲזַי הַשְּׁכִינָה מִזְדַּוֶּגֶת עַל-יְדֵי

de dos conceptos complementarios conocidos como *main dujrin* y *main nukvin* (literalmente, "aguas masculinas" y "aguas femeninas"). Esencialmente, *main dujrin* denota energía espiritual que desciende desde Arriba. Simboliza el flujo de *shefa* (abundancia) que Dios provee benévolamente para la humanidad y el mundo. *Main nukvin*, por otro lado, denota energía espiritual que asciende desde abajo y es símbolo del cumplimiento de la voluntad de Dios por parte del hombre. Esa energía desde abajo despierta una energía recíproca desde Arriba (ver *Likutey Moharán* I, 185, n.12 para el significado de "aguas" en conexión con este término). Consideremos la siguiente metáfora:

Una madre le lleva su bien cuidado hijo a su marido. Con orgullo le muestra cómo ha utilizado los recursos que él le dio. "Mira qué niño he traído", dice ella. Esto naturalmente le gana el favor del marido quien se ve alentado a darle más de sus recursos. La elevación de *main nukvin* sugiere un concepto similar. Un nivel espiritual o mundo demuestra que ha guardado y desarrollado la abundancia que se le dio. Entonces el mundo superior, viendo que lo que se le dio al mundo inferior ha dado frutos, se ve inclinado a dar más todavía (*rabí Iaacov Meir Shechter*).

Veamos cómo el concepto de *main nukvin* se aplica en nuestro contexto. Cuando un animal es faenado –i.e., "entra en la espada de Dios"– el alma humana encarnada dentro del animal alcanza otra etapa de su rectificación. La frase: "Entra en la espada de Dios", sugiere entrar en la *Shejiná/Maljut* como un aspecto de *main nukvin*, energía espiritual que asciende desde abajo. *Maljut* es la "fuente de las almas", de modo que el alma de hecho está siendo elevada hacia su fuente a través de la bendición (*Parparaot LeJojmá*). Así, ese ascenso por medio del judío que cumple con la voluntad de Dios al llevar a cabo la *shejitá* es la elevación de *main nukvin*. Como el Rebe Najmán explicará a continuación, este estado superior se produce cuando el habla/*Maljut* honra a Dios, como cuando se recita la bendición sobre el faenado (más adelante, el Rebe hace notar que uno también debe tener las intenciones apropiadas al recitar la bendición).

Explica el rabí Natán: El significado profundo de la *shejitá* es elevar el *jai* (animal, un ser no hablante) al nivel del *medaber* (hombre, un ser hablante). Esto se logra mediante el cuchillo del carnicero ("la espada de Dios"), que corresponde a la palabra hablada ("la espada de doble filo") del *medaber*/hombre. Anteriormente en la lección hemos visto que el hombre es uno de los aspectos en la categoría de Alma (§2) y que es posible alcanzar el nivel del hombre a través del ayuno/caridad (§2). Así el cuchillo del carnicero corresponde al ayuno; la función de ambos es subordinar el cuerpo y elevar el alma. Por lo tanto la elevación del alma desde "animal" hasta "hablante" ocurre cuando se recita la bendición con *kavaná* (concentración e intención apropiada), porque, al igual que el ayuno/caridad (ver más arriba, §4), al recitar la bendición se purifica el aire (*Torat Natán* #9).

El *Parparaot LeJojmá* agrega que, en su significado simple, el cuchillo del carnicero es llamado *maajelet* porque hace que la carne se vuelva permitida para comer (ver n.74). En nuestro

un aspecto de la *Shejiná* (Presencia Divina), como está escrito, "*Maljut* es la boca" (*Tikuney Zohar*, p.17a).[77]

Y ésta es la explicación de "La espada de Dios llena de sangre" (Isaías 34:6).[78] Pues la Presencia Divina es llamada "La espada de Dios".[79] Ella es también un aspecto de la palabra hablada, que es un aspecto de una espada de doble filo, connotando la boca, como está escrito (Salmos 149:6), "Alabanzas de Dios en su boca y espada de doble filo en su mano".[80] Así, cuando el alma entra en la espada de Dios, en la palabra hablada, como un aspecto de *main nukvin* (aguas femeninas),[81] entonces

---

"Quien le provee sustento a toda carne, pues Su *bondad* es eterna". Así, el carnicero que eleva el alma revela la cualidad de *jesed* y como resultado aumenta el sustento de la gente.

77. Shejiná…Maljut es la boca. El Rebe Najmán comienza ahora una compleja serie de pruebas en las cuales conecta la bendición, la palabra hablada, con *Maljut* y la Presencia Divina de Dios, la *Shejiná*. También demuestra cómo *Maljut*, en virtud de sus propiedades de juicio, también corresponde a "la espada de Dios" (el atributo del castigo), que es el cuchillo del carnicero que vuelve kosher el alimento y eleva el alma encarnada. El Rebe explicará seguidamente que el ascenso de esa alma crea *main nukvin* (ver n.82) con la cual *Maljut* puede ascender y unirse con *Zeir Anpin*; una unión mediante la cual se provee de *shefa* a este mundo.

La primera conexión que hace el Rebe Najmán es entre la *Shejiná* y *Maljut*. Ambos son aspectos de lo femenino y al igual que la *Shejiná*, que es la presencia inmanente de Dios en este mundo, *Maljut* es la *sefirá* que está más inmediatamente relacionada con el hombre y este mundo. *Maljut* también corresponde a la boca, pues mediante la boca –el poder del habla– uno expresa sus sentimientos íntimos, al igual que *Maljut* cuya función es "revelar", pues es el canal a través del cual las influencias supernas de las *sefirot* superiores, incluida la *shefa*, llegan a este mundo (cf. *Likutey Moharán* II, 82:1). Por lo tanto, al hablar, la persona invoca el atributo correspondiente de la boca, *Maljut*. Si sus palabras honran a Dios, su habla es sagrada y fortalece así a *Maljut* de Santidad. De lo contrario, *Maljut*/el habla se ve dañada.

78. la espada de Dios llena de sangre. El profeta Isaías describe la venganza que Dios ejecutará sobre los malvados.

79. la Presencia Divina es llamada la espada de Dios. Ello se debe a que *Maljut* corresponde al juicio y así demanda justicia en contra de los malvados (como se explicó en n.43). Cuando se revela el *Maljut* de Dios, los malvados son castigados (ver *Zohar* II, 54a; ibid. 66 b).

80. palabra hablada…espada de doble filo…boca. La alabanza de Dios se transforma en una *jerev pipiot* ("espada de doble filo") con la cual golpear al enemigo (*Metzudat David, ad. loc.*). El término hebreo *pipiot* (doble filo) es la forma plural de *pé* (boca), indicando así el habla. Hemos visto que el habla está conectada con la *Shejiná*, que es la espada de Dios y así el habla/la boca es la espada de doble filo.

Previamente, el Rebe Najmán demostró que la *Shejiná*/*Maljut* está asociada con el habla y que la Presencia Divina es llamada "la espada de Dios". Con este versículo el Rebe une la boca/el habla con el aspecto de espada.

81. el alma entra en la espada de Dios…la palabra hablada…main nukvin. La Kabalá habla

הַמַּיִין נוּקְבִין שֶׁיֵּשׁ לָהּ, בִּבְחִינַת: "חֲזִי בַּמֶּה בְּרָא קָאָתֵינָא" (זהר ויקרא יג.).

וְזֶה: "חֶרֶב לַה' מָלְאָה דָם", מִנַּפְשׁוֹת הָעוֹלוֹת בָּהּ בִּבְחִינַת מַיִּין נוּקְבִין. וְעַל־יְדֵי הַזִּוּוּג, הִיא מְקַבֶּלֶת פַּרְנָסָה לְיִשְׂרָאֵל:

de *shejitá* (*jalif*), una "espada llena de sangre", también eleva la sangre/almas en el aspecto de *main nukvin*. Siendo un aspecto de la "espada de Dios", su cuchillo corresponde a la *Shejiná/Maljut* y así alude a los juicios ejecutados sobre las almas reencarnadas – i.e., su rectificación. Cuando esas almas ascienden, *Maljut* también asciende. Puede entonces unirse con *Zeir Anpin* y así traer *shefa* para el mundo. Así el Rebe Najmán ha enseñado que el *jalif* es llamado *maajelet*: el faenado kosher apropiado de un animal aumenta el sustento. Ello se debe a que mediante el hecho de elevar las almas reencarnadas, el cuchillo para la *shejitá* promueve una unión entre *Maljut* y *Zeir Anpin* y así induce el flujo de *shefa* hacia el mundo.

El rabí Leví Itzjak de Berdichov le contó una vez la siguiente historia a alguien que había ido a visitarlo. Un cierto hombre había pecado y su alma fue sentenciada por el Tribunal Celestial a ser reencarnada en un grano de centeno para esperar su rectificación. Dado que las almas reencarnadas en las formas inferiores de vida son conscientes de su castigo (ver n.69), esa alma sufrió inmensamente durante muchos años. Al comienzo sentía preocupación por el hecho de que la semilla en la cual se encontraba no pudiese enraizar. ¿Qué sería entonces de su rectificación? ¿Tendría que comenzar el proceso nuevamente? ¿Y cuánto tiempo llevaría eso? Más tarde, cuando la semilla arraigó y comenzó a germinar, el alma temió que quizás el tallo pudiese secarse y no ser apto para el consumo. ¿Qué sucedería entonces con la rectificación? Al comenzar la cosecha, el alma temía no ser recolectada. Incluso si era recolectada, ¿quién garantizaba que la espiga pudiese llegar al molino? ¿Qué pasaba si era descartada durante uno de los diversos procedimientos que adecuaban el grano para su uso? A cada etapa del proceso de purificación el alma esperaba y anhelaba poder continuar, para que, en última instancia, pudiese llegarle su rectificación. Incluso cuando el grano fue finalmente seleccionado para ser utilizado para la producción de alcohol, el alma tuvo que esperar nuevamente, esta vez durante largos años en el proceso de añejado para que el whisky fuese apto para el consumo. Durante todo ese tiempo el alma anhelaba el momento en el cual sería servida como bebida sobre la cual un judío recitaría la bendición y así ser rectificada. Finalmente el momento llegó. Un judío llegó a la taberna y pidió un vaso de whisky. El tabernero le sirvió la bebida. El judío tomó el vaso pero no recitó la bendición. ¡Imagina la angustia que esto le produjo al alma! ¡Cuántos años había esperado! ¡Cuánto sufrimiento hubo de pasar hasta el momento en que llegó la rectificación, sólo para perderse cuando el judío no hizo la bendición! El rabí Itzjak entonces le dijo a su visitante que esa alma reencarnada había pertenecido al padre del visitante y que él, el visitante, era el judío que no había recitado la bendición. Esta historia demuestra que las bendiciones tienen el poder de elevar las almas y dado que la persona no tiene manera de saber qué alimento o bebida contiene almas o chispas de santidad que esperan su rectificación, debe recitar *todas* sus bendiciones con profunda concentración y la apropiada intención. Como enseñó el Rebe Najmán, *Maljut* es la boca/el habla, que cuando es rectificada produce la elevación del alma en el aspecto de *main nukvin*. Es por ello posiblemente por lo que nuestros Sabios enseñan que un jasid es alguien que es cuidadoso con el recitado de las bendiciones sobre el alimento (*Bava Kama* 30a), pues como hemos visto, un jasid es alguien que trae *jesed* (§4, n.56). Es decir, al recitar las bendiciones con *kavaná*, trae *shefa* y bendición al mundo – la impronta de un verdadero *jasid*.

por medio de su *main nukvin* la *Shejiná* se une, en el aspecto de "¡Mira qué niño he traído!" (*Zohar* III, 13a).[82]

Esto es, "La espada de Dios llena de sangre" de las almas que ascienden hacia ella en el aspecto de *main nukvin*.[83] Y mediante la unión ella recibe el sustento para el pueblo judío.[84]

contexto, esto alude a rectificar la "carne" – i.e., la categoría de Cuerpo y todos sus aspectos. Ello se debe a que el *medaber* consume al animal, de modo que el animal mismo forma parte del hombre y le da la fuerza para servir a Dios y decir palabras sagradas (por ejemplo, bendiciones, plegarias, estudio de la Torá). Llevando esto más adelante, el *Parparaot LeJojmá* conecta las palabras sagradas con el aire puro de la Tierra Santa y la Torá que está libre de pecado. El carnicero debe articular su bendición en una atmósfera de santidad y pureza para subordinar los aspectos en la categoría de Cuerpo y elevar los aspectos en la categoría de Alma, al igual que para aumentar *jesed* y el sustento. Explica además que una bendición sin *kavaná* es como un cuerpo sin alma. De acuerdo a ello, recitar la bendición por la *shejitá* sin la concentración y la intención apropiada no puede elevar el alma, pues en sí misma carece de alma. Por otro lado, una bendición con *kavaná* es a lo que el Rebe Najmán hace referencia en su afirmación del comienzo (§1): "El principal motivo de la Creación es que podamos reconocerlo a Él". Pues cuando la persona reúne sus pensamientos al bendecir y se concentra plenamente en Aquel que está bendiciendo –que Él creó todo y es Rey y Gobernante del mundo– esto es el reconocimiento de Dios.

El Rebe Najmán enseña en otra instancia que no toda persona es capaz de elevar *main nukvin* (*Likutey Moharán* I, 13:6 y n.136). Pero como veremos, cada persona, en la medida de su nivel espiritual, puede elevar almas en el *aspecto* de *main nukvin* y por lo tanto hacer que descienda la *shefa*. Esto también está aludido en nuestra lección (§4), donde el Rebe menciona que hay dos clases de caridad y dos clases de Torá, pero esto sólo se relaciona con la clase superior de cada una, la clase que eleva *main nukvin*. Esto parece sugerir que por, sí mismas, las clases inferiores –la caridad para la diáspora y la Torá que proviene del aliento en el cual hay pecado– son incapaces de hacerlo. Más bien, su valor estriba en su capacidad de dirigir a la persona hacia el nivel superior. Así, lo más importante es que la persona dé caridad y estudie Torá, buscando constantemente incluirse en el aire puro de la Tierra Santa y en el aliento libre de pecado. Proporcional al nivel que alcance en ello, tendrá éxito en elevar *main nukvin* y traer abundancia al mundo (ver más adelante, notas 114-115).

82. la Shejiná se une…. Ésta es la unión entre *Zeir Anpin* y *Maljut*, mediante la cual se transfiere la *shefa* y el mundo es bendecido con abundancia. (El significado de "Mira qué niño…" aparece en la nota anterior).

83. llena de sangre…main nukvin. Como se explicó, la sangre está asociada con el alma (n.68).

El versículo se lee así: **La espada de Dios** – la *Shejiná*/el habla, que es una bendición apropiada, está **llena de sangre** – permite que las almas rectificadas asciendan en el aspecto de *main nukvin*.

84. sustento por el pueblo judío. Una palabra dicha en santidad, como la bendición sobre la *shejitá*, hace que *Maljut* se una con *Zeir Anpin*, como resultado de lo cual el pueblo judío que cumple con la voluntad de Dios y obedece Sus mandamientos recibe el sustento.

En resumen: Las almas reencarnadas en los animales reciben su rectificación cuando el animal es faenado ritualmente y antes de la *shejitá* se recita la bendición apropiada. Como alabanza a Dios, las palabras del carnicero ascienden en el aspecto de *main nukvin*. Su cuchillo

וְזֶה פֵּרוּשׁ (איכה ה): "בְּנַפְשֵׁנוּ נָבִיא לַחְמֵנוּ מִפְּנֵי חֶרֶב הַמִּדְבָּר", הַיְנוּ כְּשֶׁהַשּׁוֹחֵט אֵינוֹ הָגוּן, וְאֵינוֹ מַעֲלֶה אֶת הַנֶּפֶשׁ, בִּבְחִינַת מַיִּין נוּקְבִין. וּכְשֶׁעוֹמֵד עִם הַחֲלִיף לִשְׁחֹט אֶת הַחַי, הוּא עוֹמֵד כְּרוֹצֵחַ נְפָשׁוֹת. וְהַחֲלִיף שֶׁלּוֹ הוּא חֶרֶב הַמִּדְבָּר, וְאֵינוֹ "חֶרֶב לַה'", שֶׁהוּא חֶרֶב הַמְדַבֵּר.

וְיֵשׁ צַעַר לְהַנֶּפֶשׁ הַחַי, שֶׁצּוֹעֶקֶת בְּקוֹל מַר (שיר-השירים ה):

נַפְשִׁי יָצְאָה – כְּשֶׁיָּצָאת בִּשְׁבִיל לְהַכְנִיס "בְדַבְּרוֹ" שֶׁל הַבְּרָכָה, בִּבְחִינַת מַיִּין נוּקְבִין. וּכְשֶׁיָּצָאתִי,

בִּקַּשְׁתִּיו וְלֹא מְצָאתִיו, קְרָאתִיו וְלֹא עָנָנִי – כִּי אֵינוֹ שָׁם בִּשְׁעַת הַבְּרָכָה, וְחוֹשֵׁב מַחֲשֶׁבֶת פִּגּוּל. עַל-יְדֵי-זֶה,

מְצָאֻנִי הַשּׁוֹמְרִים הַסֹּבְבִים בָּעִיר, הִכּוּנִי פְצָעוּנִי, נָשְׂאוּ אֶת רְדִידִי מֵעָלַי – הַיְנוּ שֶׁמַּעֲלָה שֶׁהָיָה לְהַנֶּפֶשׁ בִּבְחִינַת חַי, גַּם זֶה לָקַח מִמֶּנָּה, כִּי עַכְשָׁו אֵין לָהּ מָנוֹחַ לְכַף רַגְלָהּ. אוֹי לוֹ לְהַשּׁוֹחֵט הַזֶּה! אוֹי

mediante el recitado de la bendición es elevada hacia la forma de vida humana, el *medaber*. Así, "salió" a través de la bendición para entrar en el habla/*Maljut*, como un aspecto de *main nukvin*.

89. pensamientos que descalifican. Si la persona no recita la bendición con *kavaná*, sus pensamientos impropios descalifican las palabras que no pueden entonces elevar el alma en el aspecto de *main nukvin*. El alma está así condenada a un castigo y sufrimiento adicional, como ahora explica el Rebe Najmán.

En hebreo la palabra para designar los "pensamientos que descalifican" es *pigul*, un término que se encuentra principalmente en conexión con los sacrificios en el Templo (por ejemplo, Levítico 19:7). La persona que tiene pensamientos que descalifican al faenar un posible sacrificio hace que el animal se vuelva inapto para ese propósito. En nuestro contexto, la persona que le ora a Dios o recita bendiciones debe hacerlo con el pensamiento de que se está uniendo a Dios. Eso eleva su alma. Sin embargo, la persona que lleva a cabo las mitzvot sin concentrarse en lo que está haciendo pierde la capacidad de elevar su alma en el aspecto de *main nukvin*. Halájicamente hablando, sólo ciertos y pocos tipos de pensamientos son los que descalifican el faenado como para que el animal se vuelva ritualmente inapto para el consumo (ver *Iore Dea* 3-4). Sin embargo, incluso si el animal es kosher, su faenado no elevará el alma reencarnada en él. Éste es el punto del Rebe Najmán: dado que el alma no puede ser elevada en el aspecto de *main nukvin*, es incapaz de promover la unión entre *Maljut* y *Zeir Anpin*, unión que induce *shefa*. Por lo tanto, esos carniceros son responsables por la disminución del sustento.

90. no tiene lugar lugar para descansar sus pies. Las Escrituras dicen esto de la paloma que Noaj envió fuera del arca. El Rebe Najmán lo aplica aquí al alma, que ha sido condenada a un continuo sufrimiento.

Ésta es también la explicación de "Con peligro de nuestras almas conseguimos nuestro pan, a causa de la espada del desierto" (Lamentaciones 5:9).[85] En otras palabras, esto es cuando el carnicero es indigno y no eleva el alma como un aspecto de *main nukvin* – de modo que cuando está de pie, con su cuchillo, dispuesto a degollar el animal, se asemeja a un asesino de almas.[86] Entonces su cuchillo es "la espada del *MiDBaR* (desierto)" y no "la espada de Dios", que es la espada del *MeDaBeR* (hablante).[87]

Y esto produce un sufrimiento en el alma del animal, que clama con amargura:

{"Mi alma salió cuando él habló. Lo busqué pero no pude encontrarlo; lo llamé mas no me respondió. Me hallaron los guardianes que rondan por la ciudad; me golpearon, me hirieron; me quitaron mi manto de encima" (Cantar de los Cantares 5:6, 7)}.

Mi alma salió – esto es cuando [el alma en el animal] sale para entrar en el **cuando él habló** de la bendición, como un aspecto de *main nukvin*.[88] Y cuando salí

Lo busqué pero no pude encontrarlo; lo llamé mas no me respondió – debido a que él no está [mentalmente] presente en el momento de la bendición y tiene pensamientos [impropios] que descalifican.[89] Debido a ello

Me hallaron los guardianes que rondan por la ciudad; me golpearon, me hirieron; me quitaron mi manto de encima – Es decir, también le fue quitada la ventaja que tiene el alma en su forma animal, pues ahora no tiene "lugar para descansar sus pies" (Génesis 8:9).[90] ¡Ay del carnicero!

---

85. **Con peligro de nuestras almas...espada del desierto.** Esto hace referencia a las dificultades que sufre el pueblo judío para obtener el sustento cuando se encuentra en el exilio. Habiendo demostrado que la *shejitá* apropiada de un animal aumenta el sustento, el Rebe Najmán muestra ahora que un faenado impropio lo disminuye.

86. **asesino de almas.** Debido a él, el alma reencarnada no puede ascender en el aspecto de *main nukvin* y así está condenada a un sufrimiento adicional. La reencarnación inicial fue obra de la misma alma, debido a sus pecados, pero ahora está condenada a sufrir más reencarnaciones debido a los actos del carnicero. Esto es equivalente al asesinato.

87. **la espada del MiDBaR y no...del MeDaBeR.** Conceptualmente, el *midbar* (מדבר) es el desierto en el cual el alma es desterrada hasta que pueda volver a reencarnar. El carnicero que toma el cuchillo y "asesina" el alma ha tomado "la espada del desierto" y condenado a esa alma a un sufrimiento adicional. Esto contrasta con la espada del *medaber* (מדבר), "la espada de Dios", tomada por el carnicero ritual que rectifica el alma mediante la palabra hablada al elevarla en el aspecto de *main nukvin*.

88. **Mi alma salió...para entrar...como un aspecto de main nukvin.** Como hemos visto, cuando el alma está lista para ser elevada, emerge desde la forma de vida animal, el *jai*, y

לְהַנֶּפֶשׁ, שֶׁהָרַג אֶת הַנֶּפֶשׁ, וּמָסַר אוֹתָהּ בְּכַף אוֹיְבֶיהָ, וְאֵין לְהַשְּׁכִינָה
מַיִין נוּקְבִין, לְהַמְשִׁיךְ טֶרֶף לְבֵיתָהּ. וְעַל־יְדֵי־זֶה: "בְּנַפְשֵׁנוּ נָבִיא
לַחְמֵנוּ" – בִּיגִיעָה וְטִרְחָא גְדוֹלָה:

וְזֶה שֶׁאָמְרוּ חֲכָמֵינוּ זִכְרוֹנָם לִבְרָכָה (פסחים קיח.): 'קָשִׁין מְזוֹנוֹתָיו
שֶׁל אָדָם כִּקְרִיעַת יַם סוּף', כִּי יַם סוּף נִקְרַע לִשְׁנֵים־עָשָׂר קְרָעִים
(פרקי דרבי אליעזר פרק מב ובתיקון כא), כְּנֶגֶד שְׁתֵּים־עֶשְׂרֵה בְּדִיקוֹת
הַסַּכִּין. שֶׁעַל יְדֵיהֶם קָשִׁים מְזוֹנוֹתָיו שֶׁל אָדָם וְכוּ':

וְזֶה שֶׁאָמְרוּ חֲכָמֵינוּ זִכְרוֹנָם לִבְרָכָה (ברכות נה.): 'שֻׁלְחָן דּוֹמֶה לְמִזְבֵּחַ',
כִּי שִׁעוּר פְּגִימוֹת הַחֲלִיף, כְּשִׁעוּר פְּגִימוֹת הַמִּזְבֵּחַ (חולין יז:):

גַּם עַל הַשְּׁחִיטָה גִּימַטְרִיָּא תל״ז, וּבְזֵעַת אַפֶּיךָ תֹּאכַל לֶחֶם

95. La mesa se equipara con el altar. Comentando sobre el versículo, "El altar de madera era de tres codos… ésta es la mesa que está delante de Dios" (Ezequiel 41:22), nuestros Sabios explican por qué las Escrituras, al hablar del altar, lo llama una mesa. Ello es para enseñar que así como cuando el Templo estaba en pie, el altar traía expiación, ahora, con el Templo destruido, la mesa de la persona puede efectuar el perdón (*Berajot, loc. cit.*). Los comentaristas tratan sobre la comparación y explican que la función del altar era elevar las chispas de santidad que cayeron en las formas de vida de *domem, tzomeaj, jai* y *medaber* y permitir así que esas chispas volvieran a entrar en el ámbito de la santidad. Comer en santidad logra el mismo objetivo: las chispas de santidad caídas que se encuentran en el alimento que proviene del *domem, tzomeaj* y *jai* se vuelven parte del *medaber* quien ingiere esa comida, y allí pueden completar su rectificación (ver *Ahavat Eitan, loc. cit.*; ver también n.69 más arriba). Vemos entonces que, al igual que el altar, la mesa de la persona –i.e., comer en santidad y recitar con *kavaná* las bendiciones sobre el alimento– tiene el objetivo de subordinar el cuerpo y elevar el alma.

96. …que descalifica el altar. El Talmud enseña que para que el sacrificio sea apto, el altar no debe tener ninguna imperfección (*Zevajim* 59a). Algún daño, incluso una mínima muesca en las piedras, lo descalifica. Lo mismo se aplica al cuchillo del carnicero. Debe estar entero, sin melladura alguna. Una muesca, incluso del tamaño de un cabello, lo hace inapto para el faenado (*Julín* 17b; *Iore Dea* 18:2). Al comienzo de la sección anterior el Rebe Najmán estableció la conexión que tienen el carnicero y su cuchillo con el sustento. Aquí ha demostrado que lo mismo se aplica al altar, que el Talmud equipara con la mesa en la cual comemos. Y así, una muesca, un daño, en cualquiera de ellos, indica una disminución del sustento – i.e., la capacidad de poner alimento en nuestra mesa.

97. al hashejitá…. La bendición recitada antes de llevar a cabo la mitzvá de la *shejitá* es, "Bendito seas Tú, Dios, Rey del Universo… Quien nos ha ordenado *al hashejitá* (sobre el faenado)". Las letras de *Al HaSheJiTáH* (על השחיטה) son numéricamente equivalentes a 437 (ver Apéndice: Tabla de Guematria).

¡Ay del alma! Pues él asesinó el alma y la puso en manos de sus enemigos.[91] De esta manera la Presencia Divina no tiene el *main nukvin* con el cual traer alimento para su hogar. Debido a ello, "Con peligro de nuestras almas conseguimos nuestro pan" – con gran esfuerzo y lucha.[92]

Esto es lo que enseñaron nuestros Sabios: El sustento de la persona es tan difícil [de obtener] como la apertura del Mar Rojo *(Pesajim 118a)*.[93] Pues el Mar Rojo se abrió en doce caminos, paralelos a las doce inspecciones del cuchillo, debido a lo cual "el sustento de la persona es tan difícil…".[94]

Y esto es como enseñaron nuestros Sabios: La mesa se equipara con el altar *(Berajot 55a)*.[95] Pues el tamaño de la melladura [que descalifica] el cuchillo del carnicero es el mismo tamaño de la melladura [que descalifica] el altar *(Julín 17b)*.[96]

También, *"al hashejitá"* tiene el valor numérico de cuatrocientos treinta y siete.[97] Y las iniciales de *"Bezeat Apeja Tojal Lejem* ('Con el

---

91. en manos de sus enemigos. Las *klipot* (fuerzas del mal) del Otro Lado, que se aferran al alma y la torturan hasta el momento en que vuelva a ser reencarnada.

Alternativamente, el texto puede leerse: "¡Ay del carnicero ritual! ¡Ay del alma que asesinó el alma…!".

92. con gran esfuerzo y lucha. El versículo así se traduce en nuestro contexto como sigue: **Con peligro de nuestras almas conseguimos nuestro pan** – Nuestro sustento se logra con un gran trabajo y dificultad y no hay rectificación para el alma reencarnada, **a causa de la espada del desierto** – debido a que el carnicero utiliza "la espada del desierto" y no "la espada de Dios". Por tanto el alma no puede ascender en el aspecto de *main nukvin* para inducir un flujo de *shefa* hacia el mundo.

93. sustento…la apertura del Mar Rojo. El Talmud explica que el hecho de que el hombre tenga que trabajar duramente para ganarse el sustento surge de la maldición de Adán por haber comido del Árbol del Conocimiento del Bien y del Mal. Rashbam explica que obtener un sustento suficiente es tan difícil que cada vez que la persona lo logra, el milagro que debe hacer Dios para ello es equivalente a la apertura del Mar Rojo.

Aquí, en cada uno de los tres párrafos siguientes de esta sección, el Rebe Najmán trae conceptos adicionales relacionados con la *shejitá* y, como lo ha hecho más arriba, los aplica a esta lección. Más específicamente, demuestra cómo los diferentes aspectos del faenado ritual traen la bendición del sustento y cómo la falta de esos aspectos disminuye los ingresos de los judíos.

94. doce caminos…doce inspecciones…. El Midrash enseña que cuando el Mar Rojo se abrió, se dividió en doce caminos, uno para cada tribu *(Pirkey deRabí Eliezer #42;* ver *Likutey Moharán* I, 9:2, notas 11-12). La ley judía requiere que el carnicero ritual inspeccione el *jalif* doce veces antes del faenado, para cerciorarse de que no tiene ningún tipo de daño *(Rosh, Julín* 1:24; *Iore Dea* 18:9). En nuestro contexto, esas doce inspecciones del *jalif* son un paralelo de los doce caminos del Mar Rojo – ambos corresponden a un aumento en el sustento.

(בראשית ג) – רָאשֵׁי־תֵבוֹת גִּימַטְרִיָּא **תל״ז** (עם הארבע תבות), לִרְמֹז
חֶסְרוֹן הַפַּרְנָסָה עַל־יְדֵי שׁוֹחֲטִים שֶׁאֵינָם מְהֻגָּנִים:
וְזֶה פֵּרוּשׁ (תהלים קיא): "טֶרֶף נָתַן לִירֵאָיו", כִּי טֶרֶף יֵשׁ לוֹ שְׁנֵי
מַשְׁמָעוֹת, לְשׁוֹן טְרֵפָה, כַּמּוּבָא בַּזֹּהַר סוֹף מִשְׁפָּטִים (דף קכא:):
וּלְשׁוֹן מָזוֹן. לִרְמֹז, כְּשֶׁיִּשְׂרָאֵל שׁוֹמְרִים אֶת עַצְמָם מִטְּרֵפָה, עַל־
יְדֵי־זֶה יֵשׁ לָהֶם פַּרְנָסָה:
וְזֶה פֵּרוּשׁ (שבת קד.): 'מַנְצַפַּ״ךְ צוֹפִים אָמְרוּ', 'מַנְצַפַּ״ךְ' הוּא בְּחִינַת
וְרִידִין, בְּחִינַת רִי״וּ דִין. 'וְצוֹפִים', אֵלּוּ נְבִיאִים, שֶׁיְּנִיקָתָם מִבְּחִינַת

el que cada día posee sus propios y únicos aspectos que deben ser rectificados (i.e., los días de la semana son diferentes del Shabat que, a su vez, es diferente de las Festividades, una generación difiere de la otra, etc.). Y así como cada día aporta sus aspectos particulares que deben ser rectificados, de la misma manera dentro de cada animal se encuentra reencarnada un alma humana particular que sólo puede ser rectificada a través de él. Aquí yace el significado profundo de la ley de que no se debe sacrificar a la madre y a su cría en el mismo día (*Julín* 78b; *Iore Dea* 16). Pues cada generación es una parte única del proceso constante de rectificación y así, cada animal, la madre y la cría, debe recibir su tiempo particular. El sacrificarlos ambos en el mismo día no permitiría que este proceso se desarrolle siguiendo su curso natural y está por lo tanto prohibido (*Torat Natán* #8).

100. MaNTzaPaJ fue declarado por los videntes. *MaNTzaPaJ* (מנצפך) es un acróstico para las cinco letras del alfabeto hebreo que cambian su forma al ubicarse al final de una palabra: mem (ם), nun (ן), tzadi (ץ), pé (ף) y jaf (ך). El Talmud relata que las dificultades que sufrieron los judíos durante el exilio babilonio hicieron que olvidasen cuál era la forma de la letra que debía ser usada cuando aparecía en medio de la palabra y cuál cuando estaba al final. Y así "*MaNTzaPaJ* fue declarado por los videntes" – los profetas tuvieron que restaurar oficialmente la tradición de las cinco letras finales tal cual las conocemos hoy.

101. MaNTzaPaJ es un aspecto de VRIDIN. Todas juntas, las letras *MaNTzaPaJ* (מנצפך) tienen un valor numérico de 280, la misma *guematria* que el término hebreo para "venas", *VRIDIN* (ורידין). Así como las letras *MaNTzaPaJ* indican juicio y *guevurot* (severidades; ver *Likutey Moharán* I, 15, notas 15 y 6), las venas del cuerpo, y específicamente la sangre en las venas, son aspectos del juicio (*dinim*). Este juicio debe ser mitigado para que el alma (en la sangre) pueda ser extraída de ella y elevada hacia el aspecto de *jasadim*/hombre y la *Shejiná*, para producir así la unión que induce el flujo de abundancia hacia el mundo. Como hemos visto, esto se logra principalmente a través del aliento que está libre de pecado, que el Rebe Najmán conectará ahora con "*MaNTzaPaJ* fue declarado por los videntes" (*Parparaot LeJojmá*).

102. VRIDIN es un aspecto de RIU DIN. Al reordenar las letras de la palabra *VRIDIN* (ורידין) se obtiene *RIU DIN* (ריו דין). (La letra hebrea *vav* es transliterada alternativamente como una "*v*", "*o*" o "*u*", dependiendo de cómo esté punteada). La Kabalá enseña que *RIU* (ריו) –cuyas letras tienen el valor numérico de 216– es equivalente a *GueVURáH* (גבורה, fuerza) y así corresponde al juicio. De esta manera, al igual que *MaNTzaPaJ*, *VRIDIN/RIU DIN* denotan la presencia de juicios.

sudor de tu frente comerás pan')" (Génesis 3:19) tienen el valor numérico de cuatrocientos treinta y siete {con la adición de cuatro unidades por las cuatro palabras}. Y esto es para aludir al hecho de que la carencia de sustento es producida por los carniceros indignos.[98]

Y ésta es la explicación de "Él le da *teref* a aquellos que Le temen" (Salmos 111:5). Pues la palabra *teref* (ración) tiene dos significados. Connota carne que no es kosher, como trae el *Zohar* al final de *Mishpatim* (II, 121b) y también connota ración. Esto implica que cuando los judíos se cuidan y no comen carne que no es kosher, tienen suficiente sustento.[99]

Ésta es la explicación de: *MaNTzaPaJ* fue *omer* (declarado) por los videntes (*Shabat* 104a).[100] *MaNTzaPaJ* es un aspecto de *VRIDIN* (venas),[101] un aspecto de *RIU DIN*.[102] Y "los videntes" son los profetas,

---

98. Bezeat Apeja...los carniceros indignos. Este versículo es la maldición que recibió el Primer Hombre cuando desobedeció a Dios en el Jardín del Edén: de ahí en adelante debería trabajar duro para obtener el sustento. El Rebe Najmán cita esto aquí para demostrar que el trabajo duro del hombre y la falta de sustento surgen de los carniceros indignos. En hebreo las iniciales de este versículo *Bezeat Apeja Tojal Lejem* (באתל) tienen el valor numérico de 433. Sumándole uno por cada una de las cuatro letras se obtiene un total de 437, la misma *guematria* que *al hashejitá*. Así, oculta en este versículo, se encuentra la idea de que las dificultades que uno experimenta para ganarse el sustento están conectadas con la *shejitá* y, en particular, con los carniceros indignos.

99. teref...suficiente sustento. En general, la palabra *teref* significa "raciones". El *Zohar*, al conectar *teref* (טרף) con *terefá* (טריפה), que es la carne ritualmente inapta, explica que "aquellos que Le temen" –i.e., aquellos que observan la Torá y son escrupulosos sobre el comer alimentos kosher– reciben *teref* (raciones). Pero aquel que no se cuida de mantenerse kosher y come *terefá* (alimento que no es kosher), disminuye su sustento y debe trabajar más duro para obtenerlo.

El rabí Natán demuestra cómo otras leyes de la *shejitá*, no mencionadas aquí por el Rebe Najmán, se aplican también a nuestra lección. Escribe lo siguiente: La ley judía requiere que el carnicero le muestre su cuchillo a un estudioso de la Torá y nuestros Sabios explican que ello es una señal de respeto (*Julín* 17b; *Iore Dea* 18:17). En nuestro contexto, esto hace referencia a la Torá/honor, que es la gloria de Dios (§5). La Torá corresponde al alma (§4 y n.57) y así, honrar a un erudito de Torá es un símbolo de elevar el alma. De esta manera, el carnicero que honra al estudioso de la Torá al mostrarle su cuchillo se incluye en el honor sagrado y puede elevar el alma encarnada en el animal, que es sinónimo de elevar la gloria de Dios. Además, hay "cinco leyes de *shejitá*" sobre las que el *shojet* debe ser muy cuidadoso al faenar (ver *Iore Dea* 23-24): *shehiá* (vacilar durante el faenado), *drisa* (arrancar la tráquea y el esófago), *jaludá* (ocultamiento de la cuchilla por oxidación), *gramá* (degollar fuera del área permitida) e *ikur* (rasgar la tráquea y el esófago). Estas cinco leyes corresponden a los Cinco Libros de Moshé, la Torá, que es un aspecto correspondiente al alma (§4). La Torá eleva el alma hacia Dios para que pueda conocerlo y servirlo. De manera que, al adherirse a las leyes de la *shejitá* (i.e., *kashrut*), la persona merece ese aspecto de la Torá que restaura el alma. Tal rectificación debe ser la misión y el objetivo del hombre todos y cada uno de los día de su vida. Pues la rectificación de las almas es un proceso constante –que sólo será completado por el Mashíaj (ver n.49)– en

כְּרַבִּים, בְּחִינַת תִּינוֹקוֹת, בְּחִינַת הֶבֶל שֶׁאֵין בּוֹ חֵטְא, בְּחִינַת אֲוִירָא דְאֶרֶץ־יִשְׂרָאֵל, שֶׁשָּׁם מְקַבְּלִין רוּחַ הַקֹּדֶשׁ, כַּמּוּבָא בַּזֹּהַר (לך-לך פה.): "וַיָּקָם יוֹנָה לִבְרֹחַ תַּרְשִׁישָׁה".

וְאֵלּוּ הַצּוֹפִים, הַיְנוּ אֵלּוּ שֶׁהֵם בִּבְחִינַת הֶבֶל שֶׁאֵין בּוֹ חֵטְא, הֵם נְהִירִין בִּ'וְרִידִין', רִי"וּ דִּי"ן, בְּמַנְצְפַּ"ךְ. וּמַעֲלִין אֶת הַנֶּפֶשׁ בִּבְחִינַת מַיִּין נוּקְבִין, וּמַמְשִׁיכִין שֶׁפַע. וְהַשֶּׁפַע מְכֻנֶּה בְּשֵׁם א'מ'ר, כִּי מִתְחִלָּה הִיא אוֹר, וְאַחַר־כָּךְ נַעֲשֶׂה מַיִם, וְאַחַר־כָּךְ רָקִיעַ. וּכְשֶׁמַּמְתִּיקִים אֶת הַמַּנְצְפַּךְ, וְעוֹשִׂים מִמַּנְצְפַּךְ, אֲדֹנָי. כִּי מֶרְיוּ נַעֲשֶׂה צוּרַת אלף, וְנַעֲשֶׂה אֲדֹנָי. וַאֲדֹנָי הוּא דִבּוּר, הוּא הַשְּׁכִינָה,

del pasaje "*MaNTzaPaJ* fue declarado por los videntes" y demostrará cómo *omer* alude a la abundancia.

108. Omer...Or...Maim...Rakia. La palabra *omer* significa "declarar", "decir" y así indica el habla – i.e., *Maljut*. Sus letras, *OMR* (אמר), pueden entenderse como un acróstico para *Or* (אור), *Maim* (מים) y *Rakia* (רקיע). Éstos representan tres etapas en la así llamada materialización de la abundancia al descender desde Arriba. Inicialmente descrita como "luz", la *shefa* pasa a ser "agua" y finalmente "firmamento". En la terminología de la Kabalá, *Or* corresponde a *Jojmá*, *Maim* corresponde a *Biná* y *Rakia* a las seis *sefirot* que comprenden a *Zeir Anpin*. Como se explicó en la nota 43, cuando la *shefa* desciende a través de todas esas *sefirot*, ubicándose en *Iesod*, está lista para ser transferida a *Maljut* (ver *Etz Jaim* 11:6; ibid. 39:5). En ese punto, *Maljut* debe unirse con *Zeir Anpin* en el aspecto de elevar *main nukvin*, para traer la *shefa* al mundo.

De esta manera el Rebe Najmán ha demostrado cómo el pasaje Talmúdico "*MaNTzaPaJ* fue declarado por los videntes", enseña que el juicio (*MaNTzaPaJ*) es mitigado y que la *shefa* (*omer*) desciende en virtud del aire puro de la Tierra Santa y del aliento libre de pecado de los niños que estudian la Torá (los videntes). Ahora mostrará otras conexiones de *MaNTzaPaJ* y *RIU DIN* con nuestra lección.

109. transforman MaNTzaPaJ en Adonai. Hemos visto que *MaNTzaPaJ* corresponde a *RIU DIN*, juicios que deben ser mitigados. Esto se logra transformando *din* en *Adonai*. El Santo nombre de Dios, *Adonai*, está asociado con *Maljut* (ver n.112; también ver Apéndice: Las Sefirot y Los Nombres Asociados de Dios) y como tal corresponde a los juicios. Aun así es una forma mitigada del juicio, como el Rebe Najmán explicará a continuación.

110. RIU...como una Alef. La letra *Alef* (א) tiene tres partes: un punto superior, similar a la letra *iud*; una línea central, similar a la letra *vav*; y una pata inferior, que tiene la forma de una *resh*. Esas tres letras, *Iud Vav Resh*, deletrean *RIU*. Mitigar *RIU* (ריו) implica transformarlo en una *Alef*. (En verdad, hay diversas maneras de dibujar la letra *alef*. La *iud* y la *vav* son constantes, pero la pata inferior puede tener la forma de una *iud*, de una *dalet* o de una *resh*. Ver *Likutey Moharán* I, 6:5; ibid. 28:5).

111. Alef...DIN...ADoNaI. Reemplazar *RIU* con una *Alef* transforma *RIU DIN* en *Alef DIN* (דין א), las mismas letras que *ADoNaI* (אדני).

que se nutren de los aspectos de los querubines/niños/aliento que está libre de pecado/aire de la Tierra de Israel. Es de allí que ellos reciben la inspiración Divina,[103] como dice en el *Zohar* (I, 85a): "Jonás, sin embargo, se levantó para huir a Tarshish" (Jonás 1:3).[104]

En cuanto a esos videntes –i.e., aquellos que corresponden al aliento que está libre de pecado– ellos brillan en los *vridin/riu din*, en *MaNTzaPaJ*.[105] Ellos también elevan el alma como un aspecto de *main nukvin* y traen abundancia.[106] Este influjo de abundancia es llamado *OMeR*.[107] Inicialmente es *Or* (luz); luego se vuelve *Maim* (agua); y después se transforma en *Rakia* (firmamento).[108]

Entonces, una vez que mitigan el *MaNTzaPaJ*, transforman *MaNTzaPaJ* en *Adonai*.[109] Pues *RIU* se conforma como una Alef,[110] y [junto con *DIN*] se vuelve *ADoNaI*.[111] *Adonai* es la palabra hablada,

---

103. videntes…querubines…inspiración Divina. La inspiración Divina, en hebreo *rúaj haKodesh* ("espíritu/aliento de santidad"), es una forma de profecía. El *Zohar* (III, 53b) enseña que la fuente de la profecía se encuentra en las *sefirot* de *Netzaj* y *Hod*, que corresponden a los querubines. El Rebe Najmán, que introdujo estas conexiones más arriba en la sección 4 (ver n.48), las relacionará ahora con los videntes y con mitigar los juicios de *MaNTzaPaJ*. Ver también *Likutey Moharán* I, 3 y notas 3 y 6, para la conexión entre la profecía, *Netzaj* y *Hod* y los querubines.

104. a Tarshish. Instruido por Dios para profetizar la caída de Nínive, Jonás huyó a *Tarshish* – lejos de la Tierra Santa. Ello se debió a que, como regla general, el espíritu de profecía sólo descansa sobre un profeta en la Tierra Santa (cf. ver *Midrash Tanjuma, Bo* #5). Jonás huyó de la Tierra de Israel para no tener que profetizar (ver *Zohar, loc. cit.*). En nuestro contexto, el Rebe Najmán ha demostrado que los videntes/profetas toman sus profecías de los querubines, los niños cuyo aliento libre de pecado es un aspecto del aire puro de la Tierra Santa.

105. videntes…brillan en los vridin/riu din…MaNTzaPaJ. Hemos visto que el aire puro de la Tierra Santa, el aliento libre de pecado de los niños que estudian la Torá, puede mitigar los juicios (§4). Por lo tanto los videntes, cuya profecía es un aspecto del aire puro de la Tierra Santa y proviene de los querubines/los niños, tienen el poder de iluminar el aspecto de *MaNTzaPaJ* y así mitigar sus juicios.

106. elevan el alma…main nukvin…traen abundancia. Estos conceptos han sido explicados más arriba, en las notas 81-84. Aquí el Rebe Najmán agrega que al igual que el carnicero que lleva a cabo la *shejitá* de manera apropiada y con la *kavaná* adecuada, el vidente tiene el poder de elevar el alma reencarnada en el aspecto de *main nukvin*, para promover la unión que trae *shefa*, entre *Maljut* y *Zeir Anpin*.

107. …influjo de abundancia es llamado OMeR. Previamente, el Rebe Najmán ha explicado que el hecho de recitar la bendición, i.e., la palabra hablada, eleva el alma en el aspecto de *main nukvin*. Aquí ha enseñado que los videntes elevan las almas, conectando a los videntes con el aliento puro de los niños y con la *shejitá*. El Rebe explicará ahora la palabra *omer* ("declarado")

כְּמוֹ שֶׁכָּתוּב (תהלים נא): "אֲדֹנָי שְׂפָתַי תִּפְתָּח". וּמֵהֶבֶל הַזֶּה, הַיְנוּ אֲדֹנָי, יוֹצֵא הַשֶּׁפַע, וְנִתְחַלֵּק לְכָל אֶחָד לְפִי בְּחִינָתוֹ. וְזֶה פֵּרוּשׁ (תהלים סח): "אֲדֹנָי יִתֶּן אֹ'מֶ'ר", הַמְבַשְּׂרוֹת צָבָא רָב, לְכָל אֶחָד לְפִי בְּחִינָתוֹ:

וְזֶה שֶׁאָמְרוּ חֲכָמֵינוּ זִכְרוֹנָם לִבְרָכָה (סנהדרין קד:): "אֹכְלֵי עַמִּי אָכְלוּ לֶחֶם אֲדֹנָי לֹא קָרָאוּ", 'רַב אָמַר אֵלּוּ הַדַּיָּנִים, וּשְׁמוּאֵל אָמַר אֵלּוּ מְלַמְּדֵי תִּינוֹקוֹת.

cuando Dios le dará al pueblo judío toda la abundancia que Él le prometió. En nuestro contexto, "*Adonai* da *omer*" indica que cuando se forma *ADoNaI* mediante la elevación de las almas en el aspecto de *main nukvin*, desciende el *omer*/abundancia. El Targúm interpreta "heraldos" como refiriéndose a Moshé y Aarón, es decir los videntes/profetas. Así, al igual que el pasaje Talmúdico citado por el Rebe Najmán más arriba (ver el final de la nota 108), este texto de prueba también enseña que el juicio es mitigado (*Adonai*) y la *shefa* (*omer*) desciende en virtud del aire puro de la Tierra Santa y del aliento libre de pecado de los niños que estudian la Torá –i.e., los videntes (heraldos)– para cada persona de acuerdo a su capacidad de despertar el aspecto de *main nukvin*.

116. que comen a Mi pueblo…a Dios no invocan. Rashi explica por qué este versículo aparece dos veces en los Salmos: una se refiere a la destrucción del Primer Templo por Nevujadnetzar y los babilonios y la otra a la destrucción del Segundo Templo por los romanos, bajo Tito. En cada caso, el rey David se lamenta por el hecho de que los judíos "a Dios no invocaron" para que los salvase (*Metzudat David*). En nuestro contexto, "que comen a Mi pueblo" se relaciona con el sustento del pueblo judío que ha sido redirigido hacia el Otro Lado. El Rebe Najmán ha explicado que mediante el reconocimiento de Dios es posible elevar *main nukvin* y promover así el flujo de abundancia hacia este mundo. Eso era algo especialmente evidente cuando el Santo Templo estaba en pie y como resultado de las plegarias y del servicio que se llevaba a cabo en el Santuario de Dios. Sin embargo su destrucción, debido a la falta del pueblo judío al no reconocer a Dios, hizo que ellos "alimentasen" en su lugar a sus enemigos – i.e., su sustento fue hacia las fuerzas del Otro Lado. Esto se une con la enseñanza de nuestros Sabios: Las naciones no sienten placer de su propio pan. Sólo el pan de los judíos sabe bien para ellas (*Sanedrín* 104b).

El nombre de Dios que aparece en el texto hebreo que cita este versículo es *Adonai* ("El Señor"). Sin embargo, en los Salmos encontramos el Tetragrámaton: "que a *IHVH* no invocan". Dado que esta lección proviene del propio manuscrito del Rebe Najmán (*leshón Rabeinu z'l*; ver n.1), el nombre *Adonai* ha sido retenido en todas las ediciones. El *Parparaot LeJojmá* dice que aparentemente esto fue un error del impresor, aunque agrega que el Rebe puede haber escrito intencionalmente *Adonai* dado que hoy, incluso cuando se escribe *IHVH*, siempre lo pronunciamos ("lo invocamos") como *Adonai*. Si éste es el caso, continúa el *Parparaot LeJojmá*, entonces al conectar esto con los carniceros indignos el Rebe está implicando que incluso cuando ellos *invocan* a Dios por Su nombre *Adonai* ellos "no Lo invocan" a Él, porque sus mentes están en otra parte (cf. *Zohar* I, 58b).

117. …jueces…maestros de escuela. Al explicar la opinión de Rav que aquéllos "que comen a Mi pueblo" son los jueces, Rashi dice que esto hace referencia a los magistrados que

la Presencia Divina, como está escrito (Salmos 51:17), *"Adonai, abre mis labios"*.¹⁰² Entonces, a partir de ese aliento –i.e., *Adonai*– surge la abundancia¹¹³ que le es entregada a cada persona en la medida de su aspecto.¹¹⁴ Ésta es la explicación de *"Adonai da Omer* (una declaración), los heraldos son una hueste numerosa"* (ibid. 68:12) – dándole a cada uno de acuerdo a su aspecto.¹¹⁵

Esto es también como enseñaron nuestros Sabios: "los que comen a Mi pueblo, como si comieran el pan y a Dios no invocan" (Salmos 14:4, 53:5)¹¹⁶ – Rav dice que esto hace referencia a los jueces, mientras que Shmuel dice que hace referencia a los maestros de escuela *(Sanedrín* 104b).¹¹⁷

---

112. Adonai es la palabra hablada...abre mis labios. Como hemos visto, la palabra hablada corresponde a la *Shejiná/Maljut* (ver más arriba, notas 77-80). El Rebe Najmán trae este texto de prueba proveniente de los Salmos para demostrar que el nombre de Dios *Adonai* también está asociado con la palabra hablada, la boca: "Adonai, abre mis labios". Así *Adonai* es un aspecto correspondiente de la *Shejiná/Maljut*.

113. de ese aliento...surge la abundancia. El aliento de los "labios abiertos" alude al aliento libre de pecado de los niños que estudian la Torá y al aire puro de la Tierra Santa. Cuando la persona alcanza el nivel de *Maljut*, las palabras dichas en santidad, eleva las almas en el aspecto de *main nukvin*. Esto induce un flujo de abundancia, tal cual se explicó más arriba (n.84). El *Parparaot LeJojmá*, citando el *Pri Etz Jaim* (*Shaar HaAmidá* 1), explica que cada uno de los Patriarcas corresponde al santo nombre de Dios *AB* (*IHVH* expandido para ser igual a 72; ver Apéndice: Expansiones de los Santos Nombres de Dios). Los tres Patriarcas son así *RIU*, 3x72 = 216. Anteriormente en nuestra lección hemos visto que por medio del aliento libre de pecado de los niños los Patriarcas se revelan en el mundo para protegerlo, mitigando sus juicios (ver §4). En nuestro contexto aquí, estos son los Patriarcas transformando *RIU* en una *Alef* y luego uniéndola con *DIN* –como *ADoNaI*– para mitigar los juicios, elevar a *Maljut* (*Adonai*) y traer *shefa* al mundo.

114. cada persona en la medida de su aspecto. Aquí el Rebe Najmán agrega que el grado en el que la persona sea capaz de evocar el aspecto de *main nukvin* determinará directamente la porción particular de abundancia que habrá de recibir.

En resumen: *MaNTzaPaJ* corresponde a *RIU DIN*, los juicios que deben ser mitigados para traer abundancia al mundo. Para mitigar el juicio la persona debe dar caridad para la Tierra Santa, incluyéndose así en su aire, al tiempo en que debe también trabajar para alcanzar el aliento libre de pecado de los niños que estudian la Torá. Entonces tendrá en su palabra hablada el poder para elevar las almas en el aspecto de *main nukvin* y así propiciar la unión que trae *shefa*, entre *Zeir Anpin* y *Maljut*. Similar a ello es el acto de la *shejitá*, cuya bendición, cuando es recitada con las intenciones apropiadas, corresponde a las palabras dichas en santidad. En la *shejitá*, el carnicero corta los *vridin* (venas) del animal – i.e., *RIU DIN*. Esto mitiga los juicios/ *MaNTzaPaJ*. *RIU* se vuelve una *Alef* y transforma *DIN* en *ADoNaI/Maljut*, que es el habla santa rectificada. En última instancia, esto permite el flujo de *shefa*, que corresponde a *Adonai*, como el Rebe Najmán continúa explicando.

115. Adonai da omer.... Este versículo de los Salmos se relaciona con un tiempo futuro,

מַר אָמַר חֲדָא וּמַר אָמַר חֲדָא וְלָא פְּלִיגִי'. 'רַב אָמַר אֵלּוּ הַדַּיָּנִין', הַיְנוּ רִי"וּ דִין. שֶׁאֵינָם מַעֲלִין אֶת הַנֶּפֶשׁ בִּבְחִינַת מַיִּין נוּקְבִין, שֶׁאֵין עוֹשִׂין מְרִי"וּ דִין, אֲדֹנָי. רֶמֶז לַשּׁוֹחֲטִים שֶׁאֵינָם מֵהֲגוּנִים, שֶׁמְּקַלְקְלִים הַדִּינִים. הַיְנוּ רִי"וּ דִין, מַנְצְפַּ"ךְ. הַדָּמִים שֶׁהֵם הַנְּפָשׁוֹת, הֵם חָמֵשׁ אוֹתִיּוֹת, כְּנֶגֶד חֲמִשָּׁה דָמִים כַּיָּדוּעַ. רֶמֶז לְחָמֵשׁ בְּחִינוֹת שֶׁיֵּשׁ לַנֶּפֶשׁ, כְּמוֹ שֶׁאָמְרוּ חֲכָמֵינוּ זִכְרוֹנָם לִבְרָכָה (ברכות י.): הַנֵּי חֲמִשָּׁה בָּרְכִי נַפְשִׁי כְּנֶגֶד מִי וְכוּ'.

'וּשְׁמוּאֵל אָמַר אֵלּוּ מְלַמְּדֵי תִינוֹקוֹת, שֶׁמְּקַלְקְלִין אֶת הַהֶבֶל שֶׁאֵין בּוֹ חֵטְא'. כְּשֶׁדִּבּוּרוֹ וְהֶבְלוֹ שֶׁל הַשּׁוֹחֵט, אֵינוֹ בִּבְחִינַת הֶבֶל שֶׁאֵין

las ayudarán a alcanzar la rectificación o las condenarán a un mayor sufrimiento. También los jueces tienen las almas en sus manos – al distorsionar el juicio tienen el poder de destruir la vida de la gente. Así, al no mitigar *riu din*, tanto el carnicero como el juez impiden que ascienda *main nukvin*. Entonces, en lugar de estar bendecido con la abundancia, el mundo sufre de pobreza. De manera similar, enseña el Talmud: Si ves una generación que sufre dificultades, investiga a sus jueces. Todo el sufrimiento es producido por los jueces [indignos] (*Shabat* 139a). A partir de las enseñanzas del Rebe queda claro porqué esto es así.

122. La sangre, que son las almas. Como se mencionó, la sangre está asociada con el alma (n.68). Aquí el Rebe Najmán demostrará cómo ambos están conectados con las cinco letras de *MaNTzaPaJ*.

123. cinco letras…cinco sangres, como es sabido. El Talmud enseña que la sangre de la menstruación que hace que la mujer sea impura debe tener uno de cinco diferentes tintes de rojo (*Nidá* 19a). Un tono que no sea de alguno de esos cinco es considerado puro. El Ari traza un paralelo entre las "cinco sangres" y las cinco letras de *MaNTzaPaJ* (*Etz Jaim* 25:2, p.18). Enseña que hay en verdad diez tipos de sangre, cinco puras y cinco impuras. Lo mismo es verdad de *MaNTzaPaJ*, que aparece como cinco letras finales y cinco regulares.

124. cinco veces Bendice, oh mi alma. En Salmos 103-104 la frase "Bendice a Dios, oh mi alma" se repite cinco veces. Nuestros Sabios (*Berajot, loc. cit.*) explican que esto alude a los cinco niveles del alma: *nefesh* (alma inferior), *rúaj* (espíritu), *neshamá* (alma superior), *jaiá* (esencia viviente) y *iejidá* (esencia única). Como hemos visto, la sangre es el asiento del alma y así en nuestro contexto estos cinco niveles del alma corresponden a las cinco sangres. Por lo tanto un carnicero indigno (y un juez indigno) al no mitigar el juicio, hace que el alma sufra. Cuando faena a un animal, es como un asesino: la sangre/alma sale y queda sin rectificar.

125. maestros de escuela…estropean el aliento…. De acuerdo a Shmuel, aquellos "que comen a Mi pueblo" son los maestros de escuela. Como se explicó más arriba (§4), los niños que estudian la Torá tienen un aliento libre de pecado. Se espera que sus maestros nutran esa pureza instruyendo a sus alumnos en la verdadera sabiduría de la Torá. Sin embargo, si el maestro es indigno y no desarrolla el apego del niño a la Torá, mina su pureza y estropea el aliento libre de pecado de su estudio de Torá. Pues incluso en el estudio de la Torá, como hemos visto, hay

Uno dice una cosa y el otro dice otra, pero aun así no están en desacuerdo.[118] Rav dice que estos son los *DaIaNim* –i.e., *riu DIN*– quienes no elevan el alma como un aspecto de *main nukvin*,[119] Quienes no transforman *RIU DIN* en *ADoNaI*.[120] Esto alude a los carniceros indignos que corrompen los *DINim* (leyes) – i.e., *riu DIN/MaNTzaPaJ*.[121] La sangre, que son las almas,[122] son las cinco letras [de *MaNTzaPaJ*], paralelas a las cinco sangres, como es sabido.[123] Esto alude a los cinco niveles del alma, como enseñaron nuestros Sabios: ¿Sobre quién [dijo el rey David] esas cinco veces "Bendice, oh mi alma"? *(Berajot 10a).*[124]

Shmuel, sin embargo, dice que estos son los maestros de escuela – aquellos que estropean el aliento que está libre de pecado.[125] Cuando

---

distorsionan el juicio. La opinión de Shmuel es que esto se refiere a los maestros de escuela incompetentes que no cumplen con sus responsabilidades.

118. no están en desacuerdo. Aunque el Talmud está repleto de opiniones contrapuestas de los Sabios sobre muchos temas, puede demostrarse que, en general, lo que parece ser un desacuerdo es de hecho una diferencia de perspectiva. Percibiendo diversos aspectos de la misma cosa, "uno dice una cosa y el otro dice otra, pero aun así no están en desacuerdo" (ver *Bava Metzía* 11a). El Talmud (*Eruvin* 13b) relata que luego de una disputa que duró tres años entre las escuelas de Shamai y de Hilel, se escuchó una voz Celestial: "Ambas opiniones son la palabra del Dios Vivo". Es decir, incluso si las opiniones eran mutuamente excluyentes, ambas surgían del Único Dios. Ellas son aplicables simultáneamente. Encontramos por lo tanto que los eruditos de Torá posteriores, particularmente los Codificadores, se toman mucho trabajo con sus *pilpulim* (dialécticas) para demostrar un acuerdo entre los diferentes puntos de vista. Ver *Pautas Generales* #4 (*Likutey Moharán*, Vol. 1, pag. *xv*), donde se explica que las enseñanzas del Rebe Najmán toman este punto de vista. Esto queda bien claro en *El Libro de los Atributos* (Parte B) del Rebe, donde un estudio profundo de sus aforismos revela que ocasionalmente están compuestos por opiniones aparentemente opuestas de los Sabios.

119. DaIaNim...riu DIN...main nukvin. El término hebreo para "jueces", *daianim* (דינים), tiene las mismas letras que el término para "juicios", *dinim* (דינים). Por lo tanto las palabras "que comen a Mi pueblo", que Rav conecta con los jueces, en nuestro contexto corresponden a *riu DIN, MaNTzaPaJ* (ver más arriba, notas 101-102). Al distorsionar el juicio, esos jueces fortalecen el aspecto del juicio y todos los aspectos en la categoría del Cuerpo, debilitando al mismo tiempo el aspecto de *jesed* y todos los otros aspectos en la categoría de Alma. Esto incluye un debilitamiento u ocultamiento del alma, que no puede ascender en el aspecto de *main nukvin*.

120. RIU DIN en ADoNaI. Como se explicó más arriba, notas 109-114.

121. carniceros indignos...DINim...MaNTzaPaJ. El término hebreo *dinim* también significa "leyes". Los carniceros indignos violan los *dinim* (leyes) y así hacen que proliferen los *dinim* (juicios).

Con esto el Rebe Najmán ha equiparado los carniceros indignos con los jueces indignos. El carnicero ritual, como hemos visto, tiene las almas encarnadas en sus manos – sus pensamientos

בּוֹ חֵטְא, בְּחִינַת אֲוִירָא דְאֶרֶץ־יִשְׂרָאֵל, עַל־יְדֵי־זֶה, "אֹכְלֵי עַמִּי", הַפַּרְנָסָה נִתְמַעֵט.

כִּי כְּשֶׁיֵּשׁ לְהַשּׁוֹחֵט בְּחִינַת הֶבֶל שֶׁאֵין בּוֹ חֵטְא, בְּחִינַת חֶרֶב לַה׳, בְּחִינַת צְדָקָה דְאֶרֶץ־יִשְׂרָאֵל, בְּחִינַת נֶפֶשׁ, בְּחִינַת תּוֹרָה כַּנַּ״ל, גַּם הַנֶּפֶשׁ שֶׁעוֹלָה מֵהַחַי לְהַמְדַבֵּר שֶׁלּוֹ, גַּם כֵּן נִתְעַלֶּה בִּבְחִינוֹת מַעֲלוֹת אֵלּוּ הַנִּזְכָּר:

ז. וְזֶהוּ פֵּרוּשׁ: 'הִזָּהֲרוּ בִּבְנֵי עַם־הָאָרֶץ'; כִּי זֶה יָדוּעַ, שֶׁהַנְּפָשׁוֹת הַנִּכְבָּדוֹת [הַנֶּעֱשָׁקוֹת] בְּתוֹךְ הַטִּקְלָא, הָאָמוּר בַּזֹּהַר (סבא משפטים דף קיג, ובשאר מקומות), בִּקְלִפּוֹת נֹגַהּ. וּקְלִפּוֹת נֹגַהּ רוֹצָה שֶׁיִּשְׁתַּקֵּעַ

no importa cuál sea el nivel espiritual que haya alcanzado, podrá elevar las almas encarnadas en la forma de vida animal y permitirles realizar su rectificación. Pues al decir palabras de santidad –por ejemplo, bendiciones, plegarias, estudio de la Torá– la persona purifica el aire que la rodea en el aspecto del aire puro de la Tierra Santa y el aliento libre de pecado.

Resumen: Toda la Creación tiene por objeto que el hombre pueda alcanzar el reconocimiento de Dios (§1). Este reconocimiento viene de aprender de todo lo que Dios creó para distinguir entre los aspectos polares de la materia y del espíritu, las categorías de Cuerpo y Alma, etc. (§2). Uno debe subordinar el cuerpo y todos sus aspectos correspondientes, elevando a su vez el alma y todos sus aspectos correspondientes. Esto se logra mediante el ayuno y la caridad (§3). El ayuno y la caridad corresponden al aire puro de la Tierra Santa y al aliento libre de pecado de los niños que estudian la Torá. Aquel que ayuna o da caridad a la Tierra Santa se incluye en su aire puro y eleva todos los aspectos en la categoría de Alma (§4). Otra manera en que se elevan los aspectos correspondientes de Alma, particularmente el aspecto de la memoria, es a través de la elevación del *kavod* – el objetivo fundamental de Dios al crear el mundo (§5). Las almas también son elevadas en el aspecto de *main nukvin* mediante el faenado kosher apropiado, que corresponde a palabras dichas en santidad. Ello produce el ascenso de *Maljut* que induce el flujo de abundancia hacia el mundo. Por el contrario, el faenado ritual llevado a cabo por un carnicero indigno impide la rectificación de las almas encarnadas en la forma de vida animal y así disminuye el sustento (§6).

131. ocúpate de los hijos de los ignorantes. Ésta es la tercera advertencia del rabí Iehudá de Netzivin. El Rebe Najmán demuestra ahora cómo también esto se relaciona con nuestra lección.

132. almas nobles…en la balanza…de noga. Al enseñar que hay cuatro fuerzas del mal, o *klipot*, la Kabalá diferencia entre las tres que están totalmente compuestas de mal y una cuarta *klipá*, que es una mezcla de bien y mal (ver *Tikuney Zohar* #37, p.78). Esta cuarta *klipá* es llamada *noga*, "brillo". El *Zohar* citado aquí por el Rebe Najmán habla de las almas de los niños que, debido a que sus padres oprimieron o incluso asesinaron gente, ahora se encuentran atrapadas y oprimidas dentro de *tiklá* ("la balanza") del Otro Lado. Anteriormente el *Zohar* había enseñado: La columna de la cual cuelga la balanza tiene un platillo de un lado y un platillo

las palabras y el aliento del carnicero no corresponden al aliento que está libre de pecado, un aspecto del aire de la Tierra de Israel, entonces "que comen a Mi pueblo" – disminuye el sustento.[126]

Pues cuando el carnicero tiene un aliento que está libre de pecado –el aspecto de la espada de Dios[127]/caridad para la Tierra de Israel[128]/alma/Torá[129]– entonces el alma, que asciende desde el nivel del animal a su nivel de *medaber*, también asciende en un aspecto de las ya mencionadas virtudes.[130]

7. Y ésta es la explicación de "ocúpate de los hijos de los ignorantes".[131] Pues es sabido que las almas nobles {que están oprimidas} en la balanza, como está mencionado en el *Zohar* (II, 113a), se encuentran en la fuerza maligna de *noga*.[132] La fuerza maligna de *noga* quiere que el alma

---

dos clases y la Torá que proviene del aliento en el cual hay pecado no puede compararse con la Torá que proviene del aliento en el cual no hay pecado (ver notas 39-40). Así, los maestros indignos, al igual que los carniceros indignos, fortalecen el aspecto del juicio y todos los otros aspectos en la categoría del Cuerpo, al tiempo en que debilitan el aspecto de *jesed* y todos los otros aspectos en la categoría de Alma.

126. disminuye el sustento. Así, en un sentido más profundo, Rav y Shmuel no están en desacuerdo. Aquellos "que comen a Mi pueblo como si comieran el pan…" son los jueces indignos o los maestros de escuela quienes, al igual que los carniceros indignos, "a Dios no invocan". Debido a que no mitigan los juicios ni elevan *main nukvin* –pues no reconocen a Dios– son la causa de la disminución del sustento del pueblo judío.

Así, el versículo se traduce en nuestro contexto como sigue: **Los que comen a Mi pueblo** – hay almas que se pierden y sufren debido a que no pueden ser elevadas en el aspecto de *main nukvin*, **como si comieran el pan** – y ello produce una pérdida del sustento. ¿Quién es responsable de ello? Aquellos que **a Dios no invocan** – los carniceros indignos, los jueces y los maestros de escuela que no purifican el aire a su alrededor en el aspecto del aire puro de la Tierra Santa (y el aliento que está libre de pecado).

127. aliento que está libre de pecado…la espada de Dios. Es decir, cuando recita la bendición con *kavaná*, de modo que sus palabras son dichas en santidad (como más arriba, nota 78-80).

128. la espada de Dios/caridad para la Tierra de Israel. Como se explicó, el cuchillo del carnicero es la espada del *medaber* – i.e., la palabra hablada en el aspecto del aire puro de la Tierra Santa (n.81). Esta palabra hablada eleva las almas en el aspecto de *main nukvin*.

129. la espada de Dios/caridad…alma/Torá. Todos estos son aspectos en la categoría del Alma, como se enseñó más arriba en las secciones 4-6 (ver notas 57 y 81).

130. su nivel de medaber…. Como hemos visto, la capacidad de la persona para elevar almas en un aspecto de *main nukvin* está en relación a sus acciones. Es por ello que el Rebe Najmán dice aquí que las almas ascienden… a *su* nivel de *medaber*. De acuerdo a ello, cada persona debe esforzarse por decir palabras de santidad mediante las cuales rectificar a *Maljut*. Entonces,

שָׁם הַנֶּפֶשׁ, אֲזַי הִיא נוֹתֶנֶת אוֹתָן בְּתוֹךְ טִפַּת זִוּוּגוֹ שֶׁל עַם הָאָרֶץ,
כְּדֵי שֶׁיִּתְטַנֵּף הַנֶּפֶשׁ הַהִיא בְּיוֹתֵר. נִמְצָא, שֶׁבְּנֵי עַמֵּי הָאָרֶץ הֵם
נְפָשׁוֹת יְקָרוֹת, אֶלָּא שֶׁהֵם כַּצִּפֳּרִים הָאֲחוּזוֹת בַּפָּח.
מֵאַיִן אָנוּ יוֹדְעִים הֲדַר תִּפְאַרְתָּם, אֶלָּא עַל־יְדֵי תּוֹרָתָם. כְּשֶׁאָנוּ
רוֹאִים שֶׁהֵם תַּלְמִידֵי־חֲכָמִים, בְּיָדוּעַ שֶׁיֵּשׁ לָהֶם נֶפֶשׁ יְקָרָה. וְכָל
הַתּוֹרָה שֶׁהֵם מְגַלִּים, הוּא הַכֹּל גִּלּוּי לְהַשּׁוֹחֵט. כִּי הַנֶּפֶשׁ הִיא
[בְּחִינַת תּוֹרָה] כַּנַּ"ל. וְהַתּוֹרָה שֶׁהֵם מְגַלִּים בְּנֵי עַמֵּי־הָאָרֶץ, הֵם

Y esta, enseña la Kabalá, es la manera en que incluso un alma como la del Mashíaj llegó a este mundo. El alma del Mashíaj es muy valiosa y exaltada, teniendo el poder de llevar a todas las almas de retorno a Dios en arrepentimiento y así alcanzar su rectificación. Su descenso a este mundo encontró por lo tanto mucha oposición por parte de la fuerza del mal del Otro Lado, incluyendo a la *klipá* de *noga*. Pero era voluntad de Dios que debía descender. Y así Él encontró la manera de facilitarlo, pese a los pecados de la humanidad que se presentaron en contra del Mashíaj. Ello comenzó con la destrucción de Sodoma y con la huida de Lot hacia las montañas con sus dos hijas. Como relatan las Escrituras, las hijas de Lot durmieron con él y el hijo concebido por la hija mayor se transformó en el progenitor de la nación moabita. Años más tarde, Ruth, una princesa moabita, se convirtió al judaísmo y se casó con Boaz, cuyo ancestro Peretz había nacido de la unión entre Iehudá y Tamar, su nuera viuda, a quien Iehudá tomó por una prostituta. Y de Boaz y Ruth surgió un descendiente, el rey David, quien fue el progenitor del alma del Mashíaj. De esta manera Dios empleó varias artimañas, si así pudiera decirse, ensuciando aparentemente el alma sagrada del Mashíaj mediante las relaciones ilícitas para obtener el consentimiento de las *klipot* y permitirle entrar a este mundo (ver también *Mashíaj: ¿Quién? ¿Qué? ¿Por qué? ¿Cómo? ¿Dónde? y ¿Cuándo?*, capítulo 3).

134. pájaros atrapados en la trampa. Por lo tanto el rabí Iehudá de Netzivin advirtió que es necesario honrarlos. El Rebe Najmán explicará ahora cómo tal honor los afecta.

135. una revelación para el carnicero. Ésta es la única mención del carnicero que se hace en esta sección y el Rebe Najmán no volverá a ello. Sin embargo, hemos visto que para llevar a cabo la *shejitá* de manera apropiada y así ayudar al alma reencarnada en su rectificación, el carnicero debe tener el aspecto de la espada de Dios/*Maljut*/la palabra hablada en santidad, que corresponde al aire puro de la Tierra Santa. Al lograrlo, puede elevar el alma en el aspecto de *main nukvin* y así traer abundancia. El Rebe ahora demuestra que al honrar al niño cuyo padre es un ignorante, uno también eleva el alma en el aspecto de *main nukvin*. Es por ello que dice que "sea cual fuere la Torá que revelen, todo es una revelación para el carnicero". En otras palabras, la Torá de esos eruditos es para beneficio del carnicero ritual, para alentarlo a hacer su trabajo de la manera apropiada. Él debe comprender que así como sus ideas de Torá son una indicación de las almas valiosas que se han elevado por sobre sus bajas circunstancias, de la misma manera, cada alma reencarnada en un animal puede ser levantada, rectificada y elevada hacia su fuente. Sólo está esperando a que el *shojet* lo haga suceder.

136. el alma es un aspecto de la Torá, como se explicó. Ver sección 4 y nota 57.

quede atrapada allí. Por lo tanto, la implanta en la gota de semen de un hombre ignorante durante su cohabitación, para que el alma se vuelva extremadamente sucia.[133] Es por ello que los hijos de los ignorantes son almas muy valiosas, pero son "como pájaros atrapados en la trampa" (Eclesiastés 9:12).[134]

¿Cómo sabemos de su esplendorosa belleza? Sólo a partir de su [conocimiento] de Torá. Cuando vemos que son eruditos de Torá, se vuelve obvio que tienen almas valiosas. Y, sea cual fuere la Torá que revelen, todo es una revelación para el carnicero.[135] Pues el alma es {un aspecto de la Torá}, como se explicó.[136] Así, la Torá que revelan ellos,

---

del otro. Del lado derecho se encuentra la *tiklá* del Juicio Recto, mientras que del izquierdo está la *tiklá* del Juicio Fraudulento. Esos platillos nunca descansan, pues las almas siempre están ascendiendo o descendiendo en ellos (*Zohar* II, 95b). Los comentarios explican que mientras que la *tiklá* de la derecha corresponde a la santidad, la *tiklá* de la izquierda es la *klipá* de *noga*. Cuando un alma asciende de este mundo o desciende a este mundo, sus méritos son "pesados" en la balanza (ver *Nitzutzei Orot* 2, *Matok Midbash*; cf. *MeOrei Or, Tiklá*).

El pasaje del *Zohar* presentado por el Rebe aquí cita el Eclesiastés (4:1), "Consideré todas los *ashukim* (opresiones) que se hacen debajo del sol; las lágrimas de los oprimidos...". Esta "opresión" se manifiesta en el mundo de numerosas maneras. La vemos en la muerte de los infantes que son demasiado jóvenes para merecer tal destino, o en el sufrimiento del hijo ilegítimo exilado de la comunidad debido a que es un *mamzer*. Al descender a este mundo, esas almas caen en la *tiklá* y se vuelven víctimas del Juicio Fraudulento. Aunque inocentes, sufren un destino que parece ser injusto y fraudulento. Ese juicio se produce a través de *noga*. Como veremos, en nuestro contexto el Rebe Najmán relaciona este concepto de "almas nobles que están oprimidas en la balanza" a las almas nacidas de aquellos ignorantes de la Torá. Esto, a su vez, corresponde a lo que el Rebe trató anteriormente, es decir, las almas encarnadas cuya rectificación "pende de la balanza", la *tiklá*, esperando ver si el carnicero recitará o no apropiadamente la bendición, elevándolas así en el aspecto de *main nukvin*. El poder que tiene *noga* para atrapar las almas de los oprimidos proviene de su elemento de impureza, que crea una afinidad entre ella y el alma animal del hombre, sus pasiones. La persona debe por lo tanto trabajar para acercarse a la santidad, al aire puro de la Tierra Santa, para contrarrestar el poder de la *klipá* de *noga*. Esto es posible subordinando el cuerpo y todos los aspectos en la categoría de Cuerpo, mediante el ayuno y la caridad y elevando todos los aspectos en la categoría de Alma.

133. el alma se vuelva extremadamente sucia. Como se mencionó, el *Zohar* enseña que el alma que está por descender al mundo debe primero ser pesada con sus méritos en la *tiklá*. Ello determina su futuro y, en particular, cuál será el cuerpo al cual será enviada y de quién será hija. Aunque el alma misma puede provenir de una raíz muy exaltada, los pecados cometidos en una encarnación previa o los de sus ancestros pueden pesar desfavorablemente en su contra y hacer que quede atrapada en la *klipá* de *noga*. Esto significa para el alma que está por descender a este mundo en busca de su rectificación que la fuerza del mal de *noga* determinará las circunstancias bajo las cuales será reencarnada. Y para ensuciarla aún más y retrasar su rectificación, la *klipá* determina que debe ser enviada a este mundo como hija de un bruto, alguien ignorante de la Torá e inconsciente del propósito para el cual fue creado el hombre: el reconocimiento de Dios (ver §1 y n.2).

בְּחִינַת נִיצוֹצוֹת. וְעוֹלָה לְהַשְּׁכִינָה בִּבְחִינַת מַיִין נוּקְבִין, בִּבְחִינַת: 'חֲזִי בְּמַאי בְּרָא קָאָתֵינָא'.

וּבִשְׁבִיל זֶה צָרִיךְ לְכַבְּדָם, כִּי עַל־יְדֵי הַכָּבוֹד יִתְגַּלֶּה בְּיוֹתֵר הַתּוֹרָה מֵהִתְעַלְּמוּתָהּ, הַיְנוּ הַנֶּפֶשׁ. כִּי שֹׁרֶשׁ הַכֹּל הוּא הַכָּבוֹד, כְּמוֹ שֶׁכָּתוּב: "לִכְבוֹדִי בְּרָאתִיו" וְכוּ', וְהַנֶּפֶשׁ מִשְׁתּוֹקֶקֶת לְהִכָּלֵל בּוֹ בְּשָׁרְשׁוֹ.

וְזֶה: 'הִזָּהֲרוּ בִּבְנֵי עַמֵּי־הָאָרֶץ לְכַבְּדָם', כְּדֵי שֶׁיִּשְׁתּוֹקֵק הַתּוֹרָה, שֶׁהִיא הַנֶּפֶשׁ, לְהִכָּלֵל בְּשָׁרְשׁוֹ, שֶׁהוּא הַכָּבוֹד. וְעַל־יְדֵי־זֶה, 'מֵהֶם תֵּצֵא תוֹרָה':

la lección. El *Parparaot LeJojmá* demuestra cómo cada uno de los tres corresponde a uno de los temas principales de la lección del Rebe. "Ocúpate del anciano sabio…", al honrarlo, corresponde a dar caridad para la Tierra Santa. La Tierra Santa representa *Maljut*, la Presencia Divina, que provee abundancia y sustento (a través de su unión con *Zeir Anpin*). Sin embargo, cuando abunda la pobreza y los problemas que la acompañan ello es equivalente al sabio que ha olvidado sus estudios debido a las dificultades. Así, tal como al honrar al sabio ello eleva su estima, dar caridad a los pobres de la Tierra Santa eleva la estima de la Tierra Santa – i.e., despierta el aire puro de la Tierra Santa, que es el aliento sagrado de los niños que estudian la Torá. La segunda advertencia, "Ocúpate de las venas…", corresponde al ayuno. El ayuno reduce la sangre en las venas y somete al cuerpo, como resultado de lo cual se eleva el alma. Y la tercera advertencia, "Ocúpate de los hijos de los ignorantes…", corresponde a los niños cuyo estudio de Torá es puro. Cuando los hijos de los ignorantes estudian Torá, ellos rectifican cualquier impureza que hayan heredado de sus padres, y así al igual que los niños, también ellos alcanzan el aspecto del aliento que está libre de pecado.

Resumen: Toda la Creación tiene por objeto que el hombre pueda alcanzar el reconocimiento de Dios (§1). Este reconocimiento viene de aprender de todo lo que Dios creó para distinguir entre los aspectos polares de la materia y del espíritu, las categorías de Cuerpo y Alma, etc. (§2). Uno debe subordinar el cuerpo y todos sus aspectos correspondientes, elevando a su vez el alma y todos sus aspectos correspondientes. Esto se logra mediante el ayuno y la caridad (§3). El ayuno y la caridad corresponden al aire puro de la Tierra Santa y al aliento libre de pecado de los niños que estudian la Torá. Aquel que ayuna o da caridad a la Tierra Santa se incluye en su aire puro y eleva todos los aspectos en la categoría de Alma (§4). Otra manera en que se elevan los aspectos correspondientes de Alma, particularmente el aspecto de la memoria, es a través de la elevación del *kavod* – el objetivo fundamental de Dios al crear el mundo (§5). Las almas también son elevadas en el aspecto de *main nukvin* mediante el faenado kosher apropiado, que corresponde a palabras dichas en santidad. Ello produce el ascenso de *Maljut* que induce el flujo de abundancia hacia el mundo. Por el contrario, el faenado ritual llevado a cabo por un carnicero indigno impide la rectificación de las almas encarnadas en la forma de vida animal y así disminuye el sustento (§6). De manera similar, hay almas nobles que están atrapadas en la trampa de las *klipot*, el *tiklá*. Sin embargo, al honrarlas, es posible elevar esas almas hacia su raíz. Esto es equivalente a elevar la Torá hacia su raíz, la gloria de Dios, todo lo cual lleva al reconocimiento de Dios (§7).

los hijos de los ignorantes, es un aspecto de chispas[137] que asciendan a la *Shejiná* como un aspecto de *main nukvin*, correspondiente a "¡Mira el niño que he traído!".[138]

Por ello es necesario honrarlos. Pues por medio del honor, la Torá –i.e., el alma– se revela especialmente de su ocultamiento. Ello se debe a que la gloria la raíz de todo es, como en, "Que Yo he creado… por Mi gloria". Y el alma anhela estar incluida en su raíz.[139]

Éste es el significado de "ocúpate de los hijos de los ignorantes" – para honrarlos, para que la Torá, que es el alma, anhele estar incluida en su fuente: la gloria. Y mediante esto "la Torá saldrá de ellos".[140]

137. Torá…es un aspecto de chispas. El concepto de elevar chispas de santidad ha sido mencionado varias veces más arriba (ver notas 49, 69, 84, 95). Aquí el Rebe Najmán relaciona esto con la revelación de ideas de Torá. Se enseñó que la Torá contiene 600.000 letras correspondientes a las 600.000 almas esenciales del pueblo judío. En verdad, hay muchos más judíos. Sin embargo, éstas son las chispas de almas que provienen de las 600.000 originales (ver también Lección #36, n.2). Y lo mismo es verdad de la Torá, de la cual el alma es un aspecto correspondiente. Así como el número de almas judías crece y se expande en la forma de chispas de almas, de la misma manera la Torá crece y se expande con cada nueva idea de Torá que se revela (ver también *Likutey Halajot, Piria veRivia* 1:9).

138. Mira el niño que he traído. Esta expresión ha sido explicada más arriba, en la sección 6, nota 81. Al igual que sucede con la elevación de las almas hacia *Maljut* en el aspecto de "mira el niño que he traído", cuando los hijos de los ignorantes revelan ideas de Torá, esas chispas de santidad ascienden como un aspecto de *main nukvin* para promover el flujo de abundancia.

139. honor…la gloria que es la raíz de todo…. Como se explicó más arriba, "Honor no es otra cosa que la Torá" (§5, n.66). Al demostrarles honor a esos eruditos de Torá, uno eleva la Torá hacia su raíz, que es la gloria de Dios. Y dado que la Torá/alma siempre busca su raíz, cuanto más honor se le demuestre a la Torá/alma, más ascenderá desde los niveles inferiores, en donde había quedado atrapada y oculta, para ser revelada y para que todos la puedan ver. Esto, a su vez, revela más la gloria de Dios, y hace que más gente alcance un mayor reconocimiento de Él.

140. la Torá saldrá de ellos. Pues cuanto más se eleven las chispas/almas, mayor será la revelación de Torá. Éste es el significado de "saldrá", pues la Torá *sale* desde su lugar de ocultamiento. Y como hemos visto, la Torá representa al hombre, a la forma, a la sabiduría, a la luz, a la vida, a la memoria y a la bondad – los aspectos en la categoría del Alma. Cuando se eleva el alma y sus correspondientes aspectos, cuando se les otorga un lugar de privilegio en la vida de la persona y en el mundo en general, se llega a un mayor reconocimiento y conciencia de Dios. Es por lo tanto esencial que se les demuestre honor a los eruditos de Torá, especialmente cuando son hijos de los ignorantes, para promover así la revelación de la Divinidad en el mundo.

El rabí Iehudá de Netzivin emitió tres advertencias: "Ocúpate del anciano sabio que ha olvidado sus estudios debido a las dificultades; ocúpate de las venas, de acuerdo con la opinión del rabí Iehudá; ocúpate de los hijos de los ignorantes, pues la Torá saldrá de ellos". Ya hemos visto cómo el Rebe Najmán explica estas tres advertencias dentro del contexto de

וְזֶה פֵּרוּשׁ:

דִּרְשׁוּ ה' – עַל-יְדֵי אֵיזֶה חָכְמָה תּוּכַל לִדְרשׁ אוֹתוֹ? הֲדַר מְפָרֵשׁ, **וְעֻזּוֹ**. הַיְנוּ עַל-יְדֵי הַתּוֹרָה, וְלֹא עַל-יְדֵי חָכְמוֹת אֲחֵרִים, שֶׁהֵם סִכְלוּת וָחשֶׁךְ, כְּנֶגֶד חָכְמוֹת הַתּוֹרָה. וְעַל-יְדֵי מָה תִּזְכֶּה לְחָכְמוֹת הַתּוֹרָה?

בַּקְּשׁוּ פָנָיו תָּמִיד – עַל-יְדֵי צְדָקָה שֶׁל אֶרֶץ-יִשְׂרָאֵל. כַּמּוּבָא בַּמִּדְרָשׁ (בראשית-רבה מד:יב; קהלת-רבה ה:ו): 'אֵין בַּקָּשַׁת פָּנִים אֶלָּא צְדָקָה', כְּמוֹ שֶׁכָּתוּב (תהלים פה): "צֶדֶק לְפָנָיו יְהַלֵּךְ". וְאֵין תָּמִיד אֶלָּא אֶרֶץ-יִשְׂרָאֵל (שוחר טוב תהלים קה ועיין ראשית-חכמה שער התשובה פרק ו), כְּמוֹ שֶׁכָּתוּב (דברים יא): "תָּמִיד עֵינֵי ה' אֱלֹקֶיךָ בָּהּ":

147. buscar la presencia…caridad. El Midrash enseña que hay tres cosas que eliminan los malos decretos: la plegaria, la caridad y el arrepentimiento. Esto lo deduce de un solo versículo, "Cuando Mi pueblo… oren, busquen Mi presencia y se alejen de los malos caminos, Yo oiré desde el cielo y perdonaré sus pecados y curaré su tierra" (Crónicas II, 7:14). "Busquen Mi presencia", dice el Midrash, alude a dar caridad, *tzedaka*.

148. TzeDeK va delante de Él. Este versículo de los Salmos que trae el Rebe Najmán como prueba de que "busquen Mi presencia" alude a dar caridad no es el mismo presentado por el Midrash. El texto de prueba del Rebe, "*Tzedek lefanav ialej* (La justicia irá delante de Él)", tiene dos conexiones con la frase del versículo de apertura "*bakshu fanav tamid* (busquen Su presencia constantemente)". La primera es que ambos utilizan el término *fanav*, que puede ser traducido como "Su presencia" o "delante de Él". La segunda conexión es que la palabra *TzeDeK* (rectitud, צדק) tiene las mismas letras en su raíz que el término para caridad, *TzeDaKa* (צדקה). Así podemos leer el versículo de Salmos como si dijera: "La caridad lleva delante de Él". Éste es el punto que busca demostrar el Midrash: buscar la presencia de Dios corresponde a dar caridad.

149. la Tierra de Israel…constantemente sobre ella. Este versículo de Deuteronomio hace referencia a la Presencia Divina de Dios, que se extiende constantemente sobre la Tierra Santa. Vemos por lo tanto que "constantemente" se relaciona y alude a la Tierra Santa.

Así el versículo de apertura de la lección se traduce en nuestro contexto como sigue: La manera de **buscar a Dios** es mediante **Su poder** – La Torá, que es sabiduría. ¿Cómo es que uno llega a la Torá, el alma? Es necesario **buscar Su presencia constantemente** – al dar caridad para la Tierra Santa.

El *Parparaot LeJojmá* agrega que la caridad, al igual que el ayuno, somete el cuerpo y sus aspectos correspondientes de modo que uno puede entonces quedar incluido en el aire puro de la Tierra Santa (§4). Y cuando el cuerpo es subyugado, se elevan los aspectos del alma y uno alcanza el propósito esencial de toda la Creación: reconocer y ser conscientes de Dios (§1). ¡Amén!

8. Y ésta es la explicación [del versículo de apertura]:[141]
{"Busquen a Dios y Su poder; busquen Su presencia constantemente"}.

Busquen a Dios – ¿Con qué sabiduría podrán buscarlo a Él?[142] [El versículo] vuelve a explicar:

y Su poder – Es decir, mediante la Torá.[143] Y no con otras clases de sabiduría, que son insensatez y oscuridad en comparación con la sabiduría de la Torá.[144] ¿Y por medio de qué podrá merecer la sabiduría de la Torá?[145]

busquen Su presencia constantemente – Mediante la caridad para la Tierra de Israel.[146] Como viene en el Midrash (*Bereshit Rabah* 44:12): buscar la presencia no es otra cosa que *TzeDaKa* (caridad).[147] Como está escrito (Salmos 85:14), "*TzeDeK* va delante de Él".[148] Y "constantemente" no es otra cosa que la Tierra de Israel, como está escrito (Deuteronomio 11:12), "Los ojos de Dios, tu Señor, están *constantemente* sobre ella".[149]

---

141. **ésta es la explicación.** El Rebe Najmán pasa ahora revista a la lección dentro del contexto del versículo de apertura.

142. **Busquen…Con qué sabiduría….** Como se explicó más arriba (n.2), para reconocer algo es necesario el conocimiento, *daat*, de esa cosa. Si uno quiere alcanzar el reconocimiento de Dios, ¿qué sabiduría le dará el daat necesario para buscarlo –y reconocerlo– a Él?

143. **Su poder…Torá.** Enseñan nuestros Sabios: "El poder de Dios" hace referencia a la Torá (*Berajot* 6a).

144. **insensatez y oscuridad en comparación con la sabiduría de la Torá.** La Torá es el alma, y el alma es "una porción del Dios de Arriba" (Job 31:2; ver Lección 35:1 y n.14, donde se cita este versículo; allí el alma se conecta con la sabiduría). Por lo tanto el estudio de la Torá lleva al reconocimiento de Dios. Las sabidurías externas, por otro lado, son oscuridad e insensatez en comparación con la Torá. Su estudio oscurece el reconocimiento de Dios y extravía a la persona. Así aquel que "Busque a Dios" para alcanzar Su reconocimiento, deberá adquirir la sabiduría de la Torá.

145. **Y por medio de qué…la sabiduría de la Torá.** ¿Cómo es posible alcanzar la sabiduría de la Torá al igual que todos los otros aspectos en la categoría del Alma?

146. **Mediante la caridad para la Tierra de Israel.** Como ha explicado el Rebe Najmán (§4-6), al dar caridad para la Tierra de Israel uno se incluye en su aire – i.e., el aire puro de la Tierra Santa, que corresponde al aliento sagrado de los niños que estudian la Torá. Esto, a su vez, permite que el alma se eleve a hacia *Maljut*, revelando Divinidad. El Rebe trae ahora dos textos de prueba para demostrar que "busquen Su presencia constantemente" alude a dar caridad para la Tierra Santa.

ליקוטי מוהר"ן סימן ל"ח
לְשׁוֹן רַבֵּנוּ זִכְרוֹנוֹ לִבְרָכָה

מַרְכְּבֹת פַּרְעֹה וְחֵילוֹ יָרָה בַיָּם וְכוּ': (שמות טו)

א. כִּי צָרִיךְ כָּל אָדָם לְפַשְׁפֵּשׁ אֶת עַצְמוֹ בְּכָל עֵת, אִם הוּא דָּבוּק בְּהַשֵּׁם יִתְבָּרַךְ. וְהַסִּימָן שֶׁל דְּבֵקוּת הוּא תְּפִלִּין, כִּי תְּפִלִּין הֵם סִימָן עַל הַדְּבֵקוּת:

ב. וְאִי־אֶפְשָׁר לָבוֹא לִבְחִינַת תְּפִלִּין, אֶלָּא שֶׁיַּעֲלֶה אֶת הַדִּבּוּר וִיתַקְּנֵהוּ. כִּי הַדִּבּוּר שֶׁהוּא רוּחַ פִּיו שֶׁל הַקָּדוֹשׁ־בָּרוּךְ־הוּא, שֶׁהוּא

(ver también Lección #33:4, n.64). Al colocar los tefilín sobre la cabeza y el brazo estamos "haciendo que Su Presencia Divina descanse sobre nosotros" – i.e., uniéndonos a Dios. La referencia del Talmud a la mano derecha y a la mano izquierda, dice el Maharsha, alude a las manifestaciones de *jesed* y *guevurá*, atributos que corresponden a los lados derecho e izquierdo, respectivamente (ver Apéndice: La Estructura de las Sefirot). "Dios ha jurado" por los atributos de *jesed* (Torá) y *guevurá* (tefilín) que Él estará con nosotros. Además, el versículo (Cantar de los Cantares 8:6), "Déjame ser un sello sobre tu corazón, un sello sobre tu brazo..." alude a los tefilín colocados sobre el brazo izquierdo, cerca del corazón, indicando que Dios debe estar siempre cerca de nuestros corazones (*Maharsha, loc. cit., v.i., minain*). Todo esto demuestra que los tefilín son una señal de apego a Dios.

4. apego...habla...rectificarla. Como hemos visto, los tefilín connotan el apego a Dios. En épocas Talmúdicas la gente llevaba los tefilín durante el día entero, testificando sobre ese apego. Sin embargo, siendo así, ¿por qué hay veces en que los tefilín no se utilizan, como durante la noche o en el Shabat, por ejemplo? ¿Y por qué hay personas, como las mujeres, por ejemplo, que están exentas de la mitzvá de los tefilín? Ciertamente esos momentos y personas no tienen impedido estar unidos a Dios. En su lugar, su apego a través de los tefilín, si bien no es manifiesto en el acto físico de utilizar los tefilín, existe en verdad. Esto es lo que demuestra el aspecto de los tefilín y sus *kavanot*: que los tefilín se aplican a todos y en cada momento de la vida. Antes de explicar el significado conceptual de los tefilín, el Rebe Najmán introduce el primer paso para identificar nuestra conexión con Dios: el habla.

5. la palabra hablada es el aliento.... "Por la palabra de Dios fueron hechos los cielos y por el *rúaj* (aliento) de Su boca todas sus huestes" (Salmos 33:6). La palabra hablada de Dios es así análoga a Su aliento (*rúaj*), tal como lo es el habla generalmente. El término hebreo *rúaj*, traducido aquí por aliento, también significa espíritu o viento.

LIKUTEY MOHARÁN 38[1]

"Markevot Paró Vejeilo **(Las carrozas del faraón y su ejército) Él arrojó al mar; sus oficiales selectos fueron ahogados en el Mar Rojo".**[2]

(Éxodo 15:4)

Cada persona debe examinarse a sí misma, en todo momento, para comprobar si está unida a Dios. Y el indicador del apego son los tefilín, pues los tefilín son una señal de apego.[3]

2. Pero es imposible alcanzar <el apego>, el aspecto de los tefilín, si no es mediante la elevación del habla <hacia su fuente> y su rectificación.[4] Ello se debe a que la palabra hablada es el aliento del Santo, bendito sea,[5]

---

1. Likutey Moharán 38. Esta lección fue dada en el Shabat Shirá, 5562 (16 de enero de 1802; ver *Tzadik* #185; *Parparaot LeJojmá*; también *Until the Mashiach*, p.69). El texto es *leshón Rabeinu z'l*, del manuscrito del Rebe Najmán (ver Lección #33, n.1). Los temas principales de la lección son: los tefilín; evitar un habla corrompida (especialmente la calumnia) y la rectificación del habla; el estudio de la Torá, especialmente en circunstancias difíciles; el arrepentimiento; la humildad; el temor a Dios; y el Shabat. También se incluyen las *kavanot* (meditaciones) relacionadas con la mitzvá de los tefilín tal cual se enseña en los escritos del Ari. El Rebe también conecta en la lección a Adán, Caín, Moshé Rabeinu y la señal del Pacto.

2. Markevot Paró.... Este versículo de abertura corresponde a la lectura de la Torá del Shabat Shirá, cuando se lee en la sinagoga la Canción de la Liberación (Éxodo 15). Esta canción es parte de la liturgia diaria.

3. tefilín...señal de apego. Dios usa tefilín. Nuestros Sabios aprenden esto de las palabras de Ishaiahu, "Dios ha jurado por Su diestra y por Su brazo poderoso (i.e., Su mano izquierda)..." (Isaías 62:8). Presentando textos de prueba de las Escrituras, los Sabios demuestran que la mano derecha alude a la Torá y que la mano izquierda, el "brazo poderoso", alude a los tefilín. "Todas las naciones del mundo verán que el nombre de Dios está asociado contigo y te temerán" (Deuteronomio 28:10) – esto, dice el rabí Eliezer HaGadol, hace referencia a los tefilín (ver más adelante, n.79). El Talmud trata entonces sobre lo que está escrito en las *parashiot* de los tefilín (pasajes de las Escrituras escritos sobre pergamino), enseñando que así como nuestros tefilín contienen pasajes que hablan de la grandeza de Dios, los tefilín de Dios contienen alabanzas al pueblo judío (*Berajot* 6a). Maharsha comenta sobre los profundos misterios de los tefilín y explica por qué los tefilín son una señal de apego a Dios. Los tefilín son llamados *peer* (gloria y magnificencia), connontando nuestro orgullo en Dios y Su orgullo por el pueblo judío

בְּחִינַת מַלְכוּת פֶּה. הוּא בְּחִינַת יָם, שֶׁכָּל הַנְּחָלִים הוֹלְכִים לְתוֹכוֹ, כְּמוֹ שֶׁכָּתוּב (קהלת א) "כָּל הַנְּחָלִים הוֹלְכִים אֶל הַיָּם".

וְהוּא בְּחִינַת אֲדֹנָי, כְּמוֹ שֶׁכָּתוּב (תהלים נא): "אֲדֹנָי שְׂפָתַי תִּפְתָּח".

וּכְשֶׁפּוֹגְמִין הַדִּבּוּר שֶׁהוּא אֲדֹנָי, אָז עַל־יְדֵי הַפְּגָם, נַעֲשֶׂה מֵרוּחַ פִּיו, רוּחַ סְעָרָה. כִּי כ"ז אוֹתִיּוֹת כָּל אֶחָד כָּלוּל מֵעֲשָׂרָה, גִּימַטְרִיָּא **ר"ע**. וְנַעֲשֶׂה מִבְּחִינַת הַדִּבּוּר, הַיְנוּ מִבְּחִינַת **אֲדֹנָי**, ר"ע אוֹתִיּוֹת, **סְעָרָה**. ס"ה הוּא אֲדֹנָי, וְר"ע אוֹתִיּוֹת.

וְזֶה בְּחִינַת (תהלים קמח): "רוּחַ סְעָרָה עוֹשָׂה דְבָרוֹ", שֶׁעוֹשִׂים וּמְתַקְּנִים אֶת הַדִּבּוּר, וּמַעֲלִים אוֹתוֹ מִבְּחִינַת רוּחַ סְעָרָה:

---

de palabras de Torá, de plegarias, de ánimo y de bondad hacia los otros, el conversar sobre el servicio a Dios y demás. Incluso las conversaciones mundanas –por ejemplo, sobre ganarse el sustento o sobre las necesidades físicas– pueden ser consideradas "un habla santa rectificada" siempre y cuando la intención final en esos temas sea buscar la cercanía con Dios.

10. rúaj de Su boca…rúaj searah. Como se explicó, toda habla es "el *rúaj* de Su boca" (n.5). Por lo tanto, mientras que el habla plena de la persona es análoga a un viento beneficioso, el habla corrompida es como un viento tormentoso que produce mucho daño. El Rebe Najmán desarrolla primero esta conexión entre el habla dañada y el *rúaj searah* (viento tormentoso) y más tarde detallará el daño que produce.

11. compuesta de diez…RA, mal. Las veintisiete letras del alfabeto hebreo están acompañadas por diez puntos vocales: *kamatz, pataj, tzeirei, segol, shva, jolem, jirik, shuruk, melopum* y el "punto vocal" silente (ver Lección #36, n.82). Veintisiete letras multiplicadas por diez puntos vocales equivalen a 270, el mismo valor numérico que el de las dos letras que conforman la palabra hebrea para "mal", *RA* (רע). Además, esos diez puntos vocales corresponden a las diez *sefirot* (Apéndice: Las Sefirot y el Tetragrámaton). Considerando que toda el habla se encuentra en *Maljut*, ahora podemos leer el versículo: "Todos los ríos" –las diez *sefirot*– "fluyen hacia el mar" – *Maljut*. En otras palabras, todo el flujo de energía tal cual está dictado por las vocales (i.e., el "movimiento" o pronunciación de las letras) se encuentra en el habla. Sin embargo un habla corrompida despierta el mal (*BeIbey HaNajal; Mei HaNajal*).

12. SeARaH…ADoNaI…Reish Ain. La palabra *SeARaH* (סערה) está compuesta por las letras *SH* (*Samaj Hei*, סה), que tienen el mismo valor numérico que el santo nombre *ADoNaI* (אדני, 65 =) y por las letras *RA* (*Resh Ain*, רע). En lugar del habla positiva, que es el *rúaj* de Dios (*Adonai/Maljut*), existe un *rúaj searah* (viento tormentoso) – i.e., un habla corrompida.

13. un viento tormentoso que ejecuta Su palabra…. Es decir, cuando la persona busca "Su palabra", un habla sagrada, puede ejecutar y rectificar el viento tormentoso del habla corrompida.

un aspecto de "*Maljut* es la boca" (Tikuney Zohar).⁶ Y esto es un aspecto del mar, pues todos los ríos fluyen <y son llevados> hacia él, como está escrito (Eclesiastés 1:7), "Todos los ríos fluyen hacia el mar".⁷

[La palabra hablada] también es un aspecto de *Adonai*, como está escrito (Salmos 51:17), "*Adonai*, abre mis labios".⁸

Así, cuando se daña el habla/*Adonai*,⁹ el daño transforma el "*rúaj* de Su boca" en un *rúaj searah* (viento tormentoso).¹⁰ Pues <hay> veintisiete letras; <el alfabeto hebreo completo junto con las cinco letras finales suman veintisiete letras. Y cada letra> está compuesta de diez. Esto da el mismo valor numérico que *RA* (mal).¹¹ El aspecto del habla, que es *Adonai*, se transforma así en las letras *Resh Ain*. Se*ARAH* – *Samaj Heh* es *ADoNaI* y las letras *Resh Ain*.¹²

Éste es el aspecto de (Salmos 148:8), "un viento tormentoso que ejecuta Su palabra" – ellos ejecutan y rectifican la palabra hablada y la elevan desde el aspecto de viento tormentoso.¹³

---

6. Maljut es la boca. Esto aparece en la Introducción del *Tikuney Zohar*, p.17a. La *sefirá* de *Maljut* se equipara con la boca pues a través de la boca –el poder del habla– uno expresa los sentimientos íntimos, tal como la función de *Maljut* es "revelar", siendo el canal a través del cual llegan al mundo las influencias de las *sefirot* superiores. En otra instancia el Rebe Najmán explica esta conexión entre *Maljut*, que es el Reinado, y la boca trayendo una analogía con un rey y sus súbitos – su voluntad se les revela principalmente a través de las proclamas que emite (ver *Likutey Moharán* II, 82:1).

7. Todos los ríos fluyen hacia el mar. "Mar" alude a *Maljut*, la *sefirá* más baja, hacia la cual fluye toda la *shefa* (abundancia) de los "ríos", las *sefirot* superiores (*Mei HaNajal*). *Maljut*/la boca es así el depósito y el reflejo de toda la energía espiritual dirigida hacia este mundo por Dios. La persona que reconoce el Reinado de Dios recibe esta *shefa* y puede unirse a su Fuente. Pues entonces *Maljut*/el habla se eleva y es rectificada –se revela el *Maljut* de Dios, como explicará el Rebe Najmán– y uno merece los tefilín/el apego a Dios.

8. La palabra hablada...Adonai.... "*Adonai*, abre mis labios y mi boca dirá Tu alabanza". Cuando los labios se abren, las palabras pueden fluir de la boca. El Santo nombre *Adonai* está así asociado con la palabra hablada. Más aún, *Adonai* corresponde al nivel de *Maljut* (ver Apéndice: Las Sefirot y los Nombres Asociados de Dios).

9. se daña el habla/Adonai. El habla/*Adonai* corresponde a *Maljut* de Santidad, de modo que cuando las palabras son puras, incluso aunque se hable de temas mundanos, se perfecciona el *Maljut* de Dios. El habla dañada, por otro lado, indica un daño en el *Maljut* de Dios – i.e., que la persona está lejos de Dios. La categoría de habla dañada incluye la calumnia, el habla profana, la mentira, las palabras vanas, la burla, los insultos y el revelar los secretos de otro. También enseñar Torá puede ser un habla corrompida si uno se dirige a gente escarnecedora que transforma las palabras de Torá en burla. En verdad, todo aquello que insulte a Dios es considerado un habla corrompida (*Likutey Tefilot*). Por el contrario, un habla rectificada consiste

וְרוּחַ סְעָרָה הַזֶּה, הוּא מְקַטְרֵג הַגָּדוֹל, שֶׁמִּמֶּנּוּ בָּאִים כָּל הַקִּטְרוּגִים וְהַנִּסְיוֹנוֹת. וְהוּא אַחַר הַדְּבָרִים, שֶׁהוּא יוֹנֵק מֵהַדִּבּוּר, כְּשֶׁמּוֹצֵא פֶּתַח לִינֹק. הַיְנוּ "לַפֶּתַח חַטָּאת" (בראשית ד); וּכְתִיב (מיכה ז): "שְׁמֹר פִּתְחֵי פִיךָ" וְכוּ'. וּכְמוֹ שֶׁכָּתוּב בַּזֹּהַר (וירא קיט:): "וַיְהִי אַחַר הַדְּבָרִים וְהָאֱלֹקִים נִסָּה אֶת אַבְרָהָם".

וְהוּא מְסָעֵר גּוּפָה דְּבַר-נָשׁ. וְכָל הַמַּלְשִׁינוּת וְהָרָעוֹת שֶׁדּוֹבְרִים עַל אָדָם, בָּא מֵרוּחַ סְעָרָה, מֵאַחַר הַדְּבָרִים הַזֶּה. כִּי הוּא בְּחִינַת "קֵץ כָּל בָּשָׂר" (בראשית ו), שֶׁעוֹשֶׂה קֵץ וְסוֹף לְכָל בָּשָׂר.

וּבְנֵי אָדָם שֶׁהֵם דָּנִים אֶת כָּל אָדָם לְכַף חוֹבָה, וְחוֹקְרִים תָּמִיד עַל חוֹבוֹת בְּנֵי אָדָם, הֵם מִבְּחִינַת קֵץ כָּל בָּשָׂר. כְּמוֹ שֶׁכָּתוּב (איוב כח): "קֵץ שָׂם לַחֹשֶׁךְ וּלְכָל תַּכְלִית הוּא חוֹקֵר", (עיין בזהר מקץ קצג.),

de la cual tomar el sustento, el Rebe Najmán trae un texto de prueba para mostrar que "aberturas" hace referencia a la boca, a la palabra hablada. Esto es lo que le da su poder al Gran Acusador.

18. Entonces, después de esas devarim...Abraham. El *Zohar* explica que sólo "después de las *devarim*" –después del nivel del habla/*Maljut*– puede "el Señor *probar* a Abraham". En nuestro contexto, las acusaciones y pruebas sólo se producen "después de la palabra hablada", cuando, como resultado de un habla corrompida, se ha hecho una abertura para las *klipot* (*Mei HaNajal*).

19. se agite. El *Zohar* enseña que la Presencia Divina, que es *Maljut* (ver Lección #37, n.77; también *Likutey Moharán* I, 203), se encuentra junto a la cama de la persona enferma para darle fuerzas. Sin embargo, si hay un daño en *Maljut* (en el habla), de modo que las diez *sefirot* no pueden ser rectificadas, entonces la *Shejiná* (Presencia Divina) se retira. Las *klipot*, llamadas un *rúaj searah*, se quedan y *meSAeR* (agitan) a la persona enferma con el sufrimiento (por ejemplo, con temblores, escalofríos, etc.). Pero cuando la *Shejiná* está presente, "Ella calma el viento" (Salmos 107:29) y el enfermo puede ser curado (*Tikuney Zohar* #18, p.35b; ver *Matok Midbash*).

20. libelos...sobre la persona. Ver más arriba, nota 14. El hecho de que el Rebe Najmán especifique ambos sugiere que, de hecho, la calumnia y el ver las faltas en los demás son ejemplos primarios de un habla corrompida (cf. *BeIbey HaNajal*). En verdad, en la plegaria compuesta por el rabí Natán basada en esta lección, le dedica mucho espacio a pedirle a Dios una guía sobre cómo *no encontrar* errores y faltas en los demás. En su lugar, el rabí Natán pide ver siempre el bien en los demás y juzgar constantemente a los otros de manera favorable (*Likutey Tefilot*).

21. un término para toda carne. Esta frase aparece en conexión con la Generación del Diluvio, cuyos numerosos pecados fueron la causa de su final. El Rebe Najmán aplica "un término para toda carne" a todo aquel que continuamente encuentra faltas en los demás o los calumnia, pues de esa manera despierta el viento tormentoso que puede, Dios no lo permita, traer un final para toda carne.

22. pone fin a la oscuridad y examina cada límite. El *Zohar* (I, 193a) explica este versículo

Ahora bien, ese viento tormentoso es el Gran Acusador. De él provienen todas las acusaciones y pruebas.[14] Él es "después de las *devarim* (palabras)", pues saca el sustento de la palabra hablada[15] cuando encuentra una abertura de la cual tomar – i.e., "el pecado [agazapado] en la puerta" (Génesis 4:7);[16] y también está escrito (Mija 7:5), "Cuida las aberturas de tu boca".[17] Y como está escrito en el *Zohar* (I, 119b): "Entonces, después de esas *devarim*, el Señor probó a Abraham" (Génesis 22:1).[18]

[El viento tormentoso] es también lo que hace que el cuerpo de la persona se agite.[19] También del viento tormentoso provienen todos los libelos y las calumnias sobre la persona,[20] de este "después de las *devarim*", pues es un aspecto de "el final de toda carne" (Génesis 6:13) – trae un final y un término para toda carne.[21]

De la misma manera, aquellos que juzgan a sus congéneres de manera desfavorable y examinan constantemente las faltas de las otras personas provienen del aspecto de "el final de toda carne". Como está escrito (Job 28:3), "Él le pone fin a la oscuridad y examina cada límite"[22]

---

14. viento tormentoso...el Gran Acusador...pruebas. Después de demostrar la conexión entre el habla corrompida y un viento tormentoso dañino, el Rebe Najmán explica la naturaleza del daño que producen (ver n.10). El viento tormentoso creado por el habla corrompida del hombre se transforma en su Gran Acusador, condenándolo y demandando que sea castigado por sus pecados. Esas *klipot* (fuerzas del mal) también demandan que la persona deba atravesar muchas pruebas en su fe para demostrar que es digna de la benevolencia de Dios. Así, el daño causado por el viento tormentoso hace referencia a todos los sufrimientos y dificultades que la persona enfrenta a lo largo de su vida como resultado de un habla corrompida. Esto se evidencia en la vida diaria en el hecho de que la mayor parte del sufrimiento que la gente experimenta puede ser rastreado hasta algún comentario poco juicioso que dejó escapar de sus labios o por alguna palabra inadecuada que hubiera sido mejor no decir (ver más adelante en el texto).

15. después de las devarim...de la palabra hablada. Como hemos visto, la palabra hablada, *devarim*, corresponde a *Maljut*, la última de las *sefirot*. "Después de las *devarim*" –después de *Maljut*– hace referencia al ámbito que está "después", que está fuera de la santidad, el ámbito de las *klipot*. Ver las tres notas siguientes.

16. pecado...en la puerta. Las Escrituras relatan que tanto Caín como Abel le presentaron una ofrenda a Dios. La ofrenda de Abel era un animal elegido de su rebaño, pero Caín llevó solamente unos magros cereales. Cuando Dios sólo le prestó atención a la ofrenda de Abel, Caín se enojó y se deprimió. La frase citada en nuestra lección es parte de la respuesta de Dios a Caín. En esencia Él le estaba diciendo, "Si mejoras tus caminos, la mala inclinación te dejará; pero si no mejoras, el pecado estará agazapado en la puerta. Aunque éste tiene deseos de ti, tú podrás dominarlo". A partir de esto podemos ver que si se le da una entrada, la mala inclinación hará todo lo posible por atrapar a la persona con el pecado.

17. aberturas de tu boca. Habiendo demostrado que las *klipot* requieren una abertura a través

שֶׁהוּא חוֹקֵר תָּמִיד לַעֲשׂוֹת תַּכְלִית וְכִלָּיוֹן לְכָל דָּבָר, וּלְעוֹרֵר דִּין וְלַהֲלִשִׁין וּלְקַטְרֵג, כְּמוֹ שֶׁכָּתוּב (ישעיה נז): "וְהָרְשָׁעִים כַּיָּם נִגְרָשׁ כִּי הַשְׁקֵט לֹא יוּכָל":

וְצָרִיךְ כָּל אָדָם לִרְאוֹת, לְאַכְפְּיָא סִטְרָא דְּקֵץ כָּל בָּשָׂר, תַּחַת הַדִּבּוּר שֶׁל הַקְּדֻשָּׁה. כְּמוֹ שֶׁכָּתוּב בַּזֹּהַר (ויחי רלח. ובזהר בלק רז.): "אָסְרִי לַגֶּפֶן עִירֹה", "גֶּפֶן" דָּא כְּנֶסֶת־יִשְׂרָאֵל. כְּמוֹ שֶׁכָּתוּב (תהלים פ): "וּפְקֹד גֶּפֶן זֹאת", וּכְמוֹ שֶׁכָּתוּב (בראשית מט): "וְזֹאת אֲשֶׁר דִּבֶּר".

וּכְשֶׁהוּא כּוֹפֵף אֶת רוּחוֹ סְעָרָה, דְּהַיְנוּ שֶׁהוּא נוֹטֵל מִמֶּנּוּ כָּל הַדִּבּוּרִים שֶׁנָּפְלוּ לְתוֹכוֹ, אָז "יָקֵם סְעָרָה לִדְמָמָה" (תהלים קז):

ג. וְצָרִיךְ לְהַעֲלוֹת אֶת הַדִּבּוּר לְשָׁרְשׁוֹ, שֶׁהוּא הַזְּרוֹעַ. שֶׁהֵם חָמֵשׁ

26. cuida esta vid. El *Zohar* enseña que "una vid" hace referencia a la Comunidad de Israel, que es otro nombre para *Maljut*. Como prueba de esto el Rebe Najmán cita los Salmos: "cuida *esta* vid", que alude al pueblo judío (ver también *Rashi* sobre Salmos 80:9, que es el texto de prueba del *Zohar*). El burro alude a las *klipot*/el Gran Acusador. Así: "Él ata su burro" – subyuga a las *klipot* – "con una vid" – i.e., la Comunidad de Israel/*Maljut* de Santidad.

27. esto fue lo que les dijo su padre. Este texto de prueba es la conclusión de las bendiciones de Iaacov a sus hijos. Habiendo explicado que "*esta* vid" corresponde al pueblo judío, el *Maljut* de Santidad, el Rebe Najmán une "*ésta*" con el habla, demostrando que *Maljut* de Santidad es el habla sagrada. Así la persona que alcanza un habla sagrada (ver n.9) puede anular el daño de un habla corrompida.

28. tome de él todas las palabras…. La persona que posea un habla sagrada, habiendo anulado el habla corrompida, podrá hacer con ella lo que quiera. Así "tome de él todas las palabras… y calmará la tormenta (el habla corrompida)". Con los malvados/el habla corrompida silenciados y quietos, no habrá más acusaciones ni pruebas.

Resumen: Uno debe siempre examinarse para comprobar que esté unido a Dios. Esto es posible a través del aspecto de los tefilín (§1). Para lograr el aspecto de los tefilín, es necesario evitar la calumnia y todas las otras clases de habla corrompida, dándole poder en su lugar al habla sagrada (§2).

29. elevar la palabra hablada hacia su fuente. Elevar las cosas hacia su fuente les da mayor fortaleza y potencia. Así, al elevar la palabra hablada hacia su fuente, ésta obtiene poder por sobre el habla corrompida.

30. el brazo. Ver más adelante, el segundo párrafo de la nota 44, con respecto al uso de terminología antropomórfica aplicada a los conceptos espirituales.

– él examina constantemente para poner un límite y destruir todas las cosas; y para despertar el juicio, para calumniar y acusar, como está escrito (Isaías 57:20), "Pero los malvados son como un mar turbulento que nunca está tranquilo".[23]

Por lo tanto, cada persona debe tratar de subyugar el lado de "el fin de toda carne" ante la palabra hablada de santidad.[24] Como está escrito en el *Zohar*: "Él ata su burro a la vid" (Génesis 49:11)[25] – "vid" es la Comunidad de Israel (*Zohar* I, 238a). [Esto es] como está escrito (Salmos 80:15), "cuida esta vid",[26] y como está escrito (Génesis 49:28), "y esto fue lo que les dijo [su padre]".[27]

Y cuando [la persona] subyugue <el viento tormentoso> –i.e., tome de él todas las palabras que allí han caído– entonces <se cumplirá el versículo> "Él calma la tormenta" (Salmos 107:29).[28]

3. Ahora bien, es necesario elevar la palabra hablada hacia su fuente.[29] Éste es el brazo,[30] los cinco dedos de la mano izquierda, que son las

---

como refiriéndose a "un *final* proveniente del lado izquierdo, el lado del juicio", que recorre el mundo buscando las faltas y luego asciende para acusar a la humanidad por sus pecados y demandar castigo. Como se explicó, las acusaciones provienen de "después de las *devarim*", donde la santidad ha llegado a un límite y son sinónimo de la demanda de juicio. Con este texto de prueba, el Rebe Najmán conecta el "término para toda carne" con aquellos que siempre buscan el *límite* de los demás juzgando sus acciones y encontrando sus faltas, despertando así acusaciones y juicios en su contra.

23. los malvados son como un mar turbulento.... Ishaiahu equipara a los malvados con el mar, en el cual toda brisa genera olas. En nuestro contexto, las palabras de los malvados que juzgan y calumnian a los demás son como el viento tormentoso que sopla sobre el mar y levanta grandes olas. El mar es "turbulento" porque "nunca está tranquilo" – i.e., los malvados no pueden abstenerse de decir calumnias. Siempre están creando un viento que hace que el mar esté turbulento. Tanto *Rashi* como *Metzudat David* definen "el mar turbulento" como los malvados que, pese a ser testigos del sufrimiento que generan, tanto para ellos mismos como para los demás, se niegan a arrepentirse y traen así mayor sufrimiento. Es por ello que "el mar nunca está tranquilo". En nuestro contexto, esto hace referencia a ver el sufrimiento causado por haber calumniado pero aun así, continuar haciéndolo y corrompiendo las palabras.

24. subyugar...la palabra hablada de santidad. Dado que el habla corrompida surge de "después de las *devarim*", después de *Maljut*, su rectificación proviene de allí – cuando el habla dañada es controlada por *Maljut*/el habla sagrada misma. El Rebe trae ahora un texto de prueba para apoyar esta enseñanza.

25. ata su burro a la vid. Este versículo proviene de la bendición de Iaacov a Iehudá. La cosecha de Iehudá será tan abundante que se necesitará un burro para llevar un racimo de uvas.

אֶצְבָּעִין שֶׁבְּיַד שְׂמֹאל, שֶׁהֵם חֲמִשָּׁה גְבוּרוֹת, שֶׁהֵם בְּחִינַת חֲמֵשֶׁת מוֹצָאוֹת הַפֶּה. כִּי עִקָּר הַדִּבּוּר עַל־יְדֵי חֲמֵשֶׁת מוֹצָאוֹת הַפֶּה, שֶׁהֵם הַגְּבוּרוֹת. כְּמוֹ שֶׁכָּתוּב (שם קו:): "מִי יְמַלֵּל גְּבוּרוֹת ה'", שֶׁעַל יְדֵי גְבוּרוֹת נַעֲשֶׂה הַדִּבּוּר, כְּמוֹ שֶׁכָּתוּב (שם קמה.): "וּגְבוּרֹתֶיךָ יְדַבֵּרוּ", וּכְמוֹ שֶׁכָּתוּב (ירמיה כג): "הֲלוֹא כֹה דְבָרִי כָּאֵשׁ נְאֻם ה'":
וְהַתְחָלַת עֲלִיּוֹת שֶׁל הַדִּבּוּר, הוּא מֵרֹאשׁוֹ. הַיְנוּ מֵהַמֻּבְחָר הָאֱמֶת

---

desciende desde *Daat* para transformarse en luz/fuerza vital de *Jesed* de *Zeir Anpin*, otro segundo desciende para transformarse en la luz de *Guevurá* de *Zeir Anpin*, y así en más para *Tiferet, Netzaj* y *Hod* de *Zeir Anpin* (los *jasadim* que dan vitalidad a *Iesod* y *Maljut* de *Zeir Anpin* surgen de la reunión de los cinco originales). Un proceso similar tiene lugar con las *guevurot*. Una de las cinco *guevurot* desciende desde *Daat* para transformarse en la luz/fuerza vital de *Jesed* de *Maljut*, una segunda desciende para transformarse en la luz de *Guevurá* de *Maljut*, y así en más para *Tiferet, Netzaj* y *Hod* de *Maljut* (las *guevurot* que le dan vitalidad a *Iesod* y *Maljut* de *Maljut* surgen de la reunión de las cinco originales). En ese sentido, los *jasadim* se transforman en los elementos constitutivos de *Zeir Anpin* y las *guevurot* en los elementos constitutivos de *Maljut*.

Así las *guevurot* no son sólo elementos necesarios para la existencia del mundo sino que también poseen una función claramente positiva. Sin embargo, esto sólo es así si no hay acusaciones o *pruebas* demandadas por las *klipot*. Pues las *guevurot* son del lado de santidad y la persona recibe todas sus necesidades dentro de los límites apropiados. Pero si se levantan acusaciones arriba –en este contexto, si es "después de las *devarim*" – entonces las *guevurot* que descienden para construir *Maljut* son superadas por las *klipot* y transformadas en juicios severos que desatan terribles sufrimientos, el "término para toda carne", Dios nos salve. La única manera de rectificar esto es elevando las *devarim* (palabras habladas) hacia su fuente.

32. cinco articulantes. El *Sefer Ietzirá* (2:3) enseña que las letras del alfabeto hebreo se dividen en cinco grupos de acuerdo a las cinco diferentes partes de la boca utilizadas para su pronunciación. Los cinco articulantes son: la garganta (אהחע, las guturales), el paladar (גיכק, palatales), la lengua (דטלנת, linguales), los dientes (זסשרץ, dentales) y los labios (בומפ, labiales). Estos cinco articulantes corresponden a las cinco *guevurot*, como el Rebe Najmán muestra seguidamente.

33. articular las guevurot…guevurot, ellos dirán…. El Rebe Najmán trae estos dos textos de prueba para demostrar la conexión entre la articulación del habla y las *guevurot*. Pues para alcanzar un habla sagrada, las palabras deben estar unidas a las *guevurot* (con éstas provenientes de su fuente, como en la nota 61 más adelante). Entonces el habla se eleva hacia su fuente y no se ve sujeta a los vientos tormentosos de un habla corrompida.

34. Mi palabra como fuego…. El fuego, al igual que las *guevurot*, es una energía que consume y cuyo aspecto destructivo debe ser contenido (ver n.31). Con este versículo el Rebe Najmán demuestra que el habla sagrada –que connota la palabra hablada de Dios, "Mi palabra" – debe ser expresada con fervor (con fuerza y emoción), a veces incluso de manera forzada (como será explicado más adelante en §4). Esta clase de habla tiene el poder de anular el habla corrompida.

35. …comienza desde su cabeza. Al comienzo, el Rebe Najmán enseñó que para alcanzar el aspecto de los tefilín uno debe elevar el habla y rectificarla. El Rebe introdujo entonces el cinco *guevurot* (severidades),[31] los cinco articulantes.[32] Pues el habla proviene esencialmente de los cinco articulantes, que son <cinco> *guevurot*, como está escrito (Salmos 106:2), "¿Quién puede articular las *guevurot* (actos poderosos) de Dios?". Pues por medio de las *guevurot* se hace la palabra hablada, como está escrito (Salmos 145:11), "y Tus *guevurot*, ellos dirán"; [33] y como está escrito (Jeremías 23:29), "Acaso no es Mi palabra como fuego, proclama Dios".[34]

Y la elevación de la palabra hablada comienza desde su cabeza[35]

---

31. brazo...cinco dedos...mano izquierda...severidades. El Rebe Najmán enseña que la fuente de la palabra hablada se encuentra en las cinco *guevurot*. Esto será explicado en el texto y en las notas siguientes. Aquí hace referencia a esas *guevurot* tal como están representadas por el brazo – más específicamente por los cinco dedos de la mano izquierda en la cual se manifiesta la luz de las *guevurot*. Para comprender esta conexión es necesaria una explicación introductoria al concepto de las *guevurot*.

Como es sabido, las diez *sefirot* a través de las cuales se filtra hacia la Creación la tremenda Luz de Dios están ordenadas en tres columnas (ver Apéndice: Estructura de las Sefirot). En general, la columna de la derecha es conocida como el lado de *Jesed*, en el cual el amor y la bondad son las manifestaciones primarias; y la columna de la izquierda es conocida como el lado de *Guevurá*, en el cual el juicio y la justicia son las manifestaciones primarias. Sin embargo, debido a que la predominancia de un lado por sobre el otro sería dañina (una benevolencia indiscriminada puede ser tan mala para el receptor como una rigurosidad al pie de la letra), existe una columna central, en la cual predomina el elemento regulador de *Tiferet*. Simplemente, *Tiferet* y las otras *sefirot* colocadas a lo largo de esa columna central representan un equilibrio entre la bondad y el juicio. Como resultado, el bien que el hombre experimenta le llega con medida, asegurando que pueda beneficiarse de él y, por otro lado, el sufrimiento que deba soportar sea suficientemente restringido, asegurando que no se derrumbe bajo su peso.

Esta división también se aplica a las *sefirot* que son conocidas como los *mojín*, con *Jojmá* colocada a la derecha, *Biná* a la izquierda y *Daat* en el centro. Sin embargo, los *mojín* corresponden a los niveles conceptuales más allá de la comprensión humana, niveles que trascienden a los atributos. Por lo tanto los elementos de derecha e izquierda –por ejemplo, los atributos de la bondad y del juicio– que esas *sefirot* contienen se encuentran en un estado más potencial. El elemento potencial de la bondad, que tiene su raíz en el lado derecho, en *Jojmá*, es conocido como *jasadim* (benevolencias). El elemento potencial del juicio, que tiene su raíz en el lado izquierdo, en *Biná*, es conocido como *guevurot* (severidades; ver más adelante, §5 y n.61). Estas energías espirituales, los *jasadim* de *Jojmá* y las *guevurot* de *Biná*, se unen como la luz en *Daat*. La *sefirá* de *Daat*, en la columna del centro, siendo una confluencia de *Jojmá* y *Biná*, combina y equilibra esas energías opuestas. Así, en *Daat*, las *guevurot* están atemperadas por los *jasadim* y los *jasadim* están atemperados por las *guevurot*, dando como resultado el elemento potencial de la verdadera compasión (que más tarde se manifiesta en *Tiferet*).

Otra manera de comprender las *guevurot* y los *jasadim* es tal como el Ari define esas energías espirituales en *Sefer HaLikutim, Emor* p.229. Allí explica que los cinco *jasadim* y las cinco *guevurot* son la vitalidad interna que le da vida a las siete *sefirot* inferiores de las dos personas Divinas de *Zeir Anpin* y *Maljut*, respectivamente. Brevemente, cada *sefirá* está compuesta por una "luz" y un "recipiente" que contiene esa luz. Uno de los cinco *jasadim*

שֶׁיֵּשׁ בְּהַדִּבּוּר, שֶׁהוּא נִקְרָא רֹאשׁ. כִּי יֵשׁ כַּמָּה אֱמֶת, כְּמוֹ שֶׁאָמְרוּ (סנהדרין צז.): 'אֱמֶת נַעֲשֶׂה עֲדָרִים', וּכְמוֹ שֶׁכָּתוּב (תהלים קיט): "רֹאשׁ דְּבָרְךָ אֱמֶת".

כִּי קֹדֶם תִּקּוּנוֹ, הָיָה בִּבְחִינוֹת (דניאל ח): "וַתַּשְׁלֵךְ אֱמֶת אַרְצָה". וְלֹא הָיָה יָכוֹל לְדַבֵּר שׁוּם דְּבַר אֱמֶת, מֵחֲמַת שְׂרוּחַ סְעָרָה בִּלְבֵּל אוֹתוֹ, כְּמוֹ שֶׁכָּתוּב (תהלים קז): "יַעֲלוּ שָׁמַיִם יֵרְדוּ תְהוֹמוֹת" וּכְשֶׁמְּתַקְּנוֹ, אֲזַי אֵין לוֹ בִּלְבּוּל. וְזֶה בְּחִינוֹת (פסחים ג.): 'עִקֵּם הַכָּתוּב תֵּשַׁע אוֹתִיּוֹת, שֶׁלֹּא לְהוֹצִיא דָּבָר מְגֻנֶּה מִפִּיו'. זֶה רֶמֶז, כְּשֶׁרוּחַ סְעָרָה

encontraba..." parece estar fuera de lugar en este punto, especialmente dado que el Rebe continúa trayendo textos de prueba relacionados con la elevación del habla. Sin embargo, podemos deducir de esto que una vez que la persona comienza a elevar el habla, aunque todavía no la haya elevado completamente hacia su fuente, ya ha comenzado con la rectificación de sus palabras.

39. arrojó la verdad a la tierra. La verdad hace referencia a la Torá que fue arrojada debido a los pecados de los judíos, dando como resultado el que las naciones recibieran autoridad para gobernar sobre ellos (*Rashi, loc. cit.*). En nuestro contexto "la tierra" corresponde a *Maljut*. La verdad fue arrojada a la tierra –el nivel de "después de las *devarim*", después de *Maljut* de Santidad– y ahora se encuentra bajo la influencia del viento tormentoso. Al citar este versículo el Rebe Najmán también ha conectado el concepto de la verdad con la Torá, un punto importante de nuestra lección por el hecho de que demuestra que el habla que es verdadera es un habla sagrada. Por el contrario, podemos concluir que toda palabra hablada que separe al hablante de la Torá está corrompida y por tanto no puede contener verdad (ver también más adelante, §4, n.54).

40. imposible decir...viento tormentoso.... El versículo hace referencia a aquellos atrapados en un viento tormentoso en medio del mar. "Ellos se elevan... descienden...". En nuestro contexto, cuando el viento tormentoso sopla, el "mar"/*Maljut*/el habla sagrada se vuelve turbulenta y tormentosa. Ha caído bajo el dominio de las fuerzas del mal, que han tomado control del habla y creado un viento tormentoso. Este viento tormentoso "arrojó la verdad a la tierra", de modo que parece que nadie escucha ni le presta atención a la verdad, al habla sagrada. Más bien, aquellos que son "el término de toda carne", calumnian, acusan y finalmente producen una "tormenta", que confunde, extravía y aleja a la gente de Dios y de Su *Maljut*.

41. la rectifica...está confundido. Así la persona que busca la verdad debe elevar el habla e iniciar su rectificación. Esta persona puede enfrentar los vientos tormentosos y las confusiones que atacan continuamente.

42. Las Escrituras dieron un rodeo, agregando nueve letras.... Afirma el Talmud: "La persona no debe nunca dejar que una palabra indigna pase por sus labios, al igual que 'Las Escrituras dieron un rodeo, agregando...'". Si las Escrituras, cuyo lenguaje es generalmente sintético y específico, prefieren hacer un circunloquio para evitar la utilización de la palabra "impuros", ciertamente el hombre debe aprender de esto con respecto a sus propias palabras (*Rashi, loc. cit., v.i., asher*). El primer ejemplo de ello citado por el Talmud proviene de los preparativos para el Diluvio, cuando Dios instruyó a Noaj para que tomase "de los animales

– i.e., de la parte más selecta de la verdad en la palabra, que es llamada "cabeza". Porque hay numerosas verdades, como enseñaron [los Sabios]: La verdad ha sido fragmentada (Sanedrín 97a).[36] Y como está escrito, "La *cabeza* de Tu palabra es verdad" (Salmos 119:160).[37]

Ello se debe a que antes de su rectificación[38] se encontraba en el aspecto de "ella arrojó la verdad a la tierra" (Daniel 8:12).[39] De modo que le era imposible decir una palabra de verdad, debido al viento tormentoso que lo confundía, como está escrito (Salmos 107:26), "Ellos se elevan hacia el cielo, descienden a los abismos".[40] Pero cuando la rectifica, entonces, ya no está confundido.[41] Esto corresponde a: "Las Escrituras dieron un rodeo, [agregando] nueve letras, para evitar decir una palabra grosera" (*Pesajim* 3a).[42] Esto indica que cuando el viento tormentoso ejerce su

---

concepto de las cinco *guevurot* como fuentes del habla. Aquí explica cómo elevar el habla corrompida para que las palabras sean el *Maljut* de Santidad que pueda controlar el habla dañada. Uno debe comenzar con la "cabeza", que es la verdad. Ver las dos notas siguientes.

36. La verdad ha sido fragmentada. Como enseña el Talmud (*loc. cit.*), antes de la llegada del Mashíaj cada grupo dirá que está en posesión de la verdad. Éste es el significado de "La verdad ha sido fragmentada". En nuestro contexto, el Rebe Najmán aplica esto a cada persona. A cada uno, no importa lo que esté diciendo, le gusta creer que está diciendo la verdad; aunque esté calumniando a los demás o corrompiendo su habla de una manera u otra, se justifica diciendo que está diciendo la verdad. En ese caso también, "La verdad ha sido fragmentada". Por lo tanto el Rebe enseña que la elevación del habla comienza con su "cabeza" – i.e., "*la parte más selecta* de la verdad en la palabra", su verdad absoluta. Es decir, cuando la persona se examina y examina su hablar, buscando de todas las maneras posibles la verdad absoluta, ello eleva su habla.

37. La cabeza de Tu palabra.... Las Escrituras hacen referencia a la unidad de Dios mencionada a la "cabeza" o comienzo de los Diez Mandamientos (Éxodo 20:2): "Yo soy Dios tu Señor..." (ver *Rashi, loc. cit.*). Otros comentarios mantienen que esto hace referencia al pasaje de la "cabeza" de la Torá: *bereshiT barA elohiM* ("En el comienzo creó Dios") cuyas letras finales conforman la palabra hebrea para "verdad", *EMeT*. Ambas interpretaciones aluden al hecho de reconocer el *Maljut* de Dios (Reinado) en este mundo. Como Creador y Rey de toda la creación, Dios tomó a Israel como Su pueblo y por lo tanto nosotros somos Sus súbditos. En el contexto de nuestra lección, el versículo alude a elevar la verdad hacia su fuente, su "cabeza", reconociendo el *Maljut* de Dios. Dado que *Maljut* es el habla (§2, n.6), cuando la persona reconoce a Dios, su habla es un reflejo del sagrado *Maljut*, del Reinado de Dios. Así el Rebe Najmán lee este versículo como: "La cabeza de tu palabra...", significando que las palabras de la persona tienen una "cabeza", que es la verdad. Al buscar esa verdad, la verdad absoluta, se eleva el habla hacia su "cabeza", hacia su fuente. La persona puede entonces dominar el habla que no es sagrada y subyugarla. En esto reside la importancia de sólo hablar con la verdad. Pues con la verdad, uno puede anular *toda* habla corrompida. El Rebe trae ahora varios textos de prueba para apoyar esta enseñanza.

38. antes de su rectificación. En la sección previa el Rebe Najmán afirmó que el habla necesita ser elevada y rectificada. El Rebe comienza esta sección explicando la elevación del habla y sólo en la próxima sección (§4) explica cómo rectificarla. Por lo tanto la frase "antes de su rectificación se

שׁוֹלֵט, אֲזַי אֵין בִּיכָלְתּוֹ לְדַבֵּר בְּדֶרֶךְ יָשָׁר, כִּי הָרוּחַ מְבַלְבֵּל אוֹתוֹ, וְצָרִיךְ לְעַקֵּם אֶת הַדֶּרֶךְ:

ד. **וְתִקּוּן הַדִּבּוּר**, הוּא עַל יְדֵי הַתּוֹרָה שֶׁלּוֹמְדִין בַּצַּר לְאָדָם,

para la mente humana, Dios, si así pudiera decirse, toma prestados términos de Sus criaturas para expresar Su relación con el mundo. **No obstante, Dios no permita que alguien tome esas características físicas de manera literal.** Son alegorías, relacionadas con Su poder y acción tal como las experimentamos nosotros, pues las *sefirot* y las personas Divinas son conceptos totalmente espirituales **sin elemento corporal alguno.** Ver *Innerspace*, por el R. Aryeh Kaplan, Moznaim Pub., p.38-40, donde el tópico del antropomorfismo es explicado en profundidad.

Como es sabido, con la separación del mal debida a la Rotura de los Recipientes, las diez *sefirot* fueron reordenadas en un formato de tres columnas (derecha, izquierda y centro) para que pudiesen interactuar entre ellas y canalizar así la *shefa* (abundancia) hacia el mundo. Fue ese *tikún* (rectificación) el que transformó diez *sefirot* individuales en cinco estructuras o personas Divinas interactivas: *Arij Anpin, Aba, Ima, Zeir Anpin* y *Nukva* de *Zeir Anpin* (ver Apéndice: Las Personas Divinas). *Maljut*, siendo la *sefirá* inferior y la última persona Divina (incluso después de llegar a ser *Nukva* de *Zeir Anpin*, *Maljut* es conocida por su nombre original), es el medio a través del cual la humanidad interactúa con Dios. Éste es el significado de *Maljut* como Reinado; cuando aceptamos a Dios como nuestro Rey, podemos recibir directamente a través de *Maljut* toda la abundancia que desciende desde Dios a través de las diferentes *sefirot*. Y de manera recíproca, al servir a Dios hacemos que *Maljut* ascienda hacia Él, si así pudiera decirse, dándole a Él el placer y la alegría que provienen del hecho de que Su Creación hace Su voluntad. Esto, en un sentido, es el ascenso de *Maljut* hacia su fuente. Sin embargo, si la gente no reconoce el Reinado de Dios, entonces *Maljut* se ve dañada y la abundancia que desciende va en su lugar hacia las *klipot*, las fuerzas del Otro Lado. Un ejemplo de esto a partir de nuestra lección es la manifestación de *Maljut*, el habla sagrada. Cuando el hombre reconoce el *Maljut* de Dios y habla de aquello que está permitido, *Maljut* de Santidad se vuelve dominante. Pero cuando la gente transgrede, Dios no lo permita, y aparta de sí el yugo del Reinado de Dios, diciendo calumnias y mentiras, etc., entonces las *klipot* toman de la fuente del habla sagrada y obtienen el control por sobre *Maljut*/el habla. En lugar de abundancia –buena salud, prosperidad y demás– la humanidad debe soportar los vientos tormentosos del sufrimiento y la confusión.

Hay otros dos puntos importantes que deben ser aclarados aquí. Primero es el concepto de *shefa* (abundancia) mencionado en el párrafo anterior. El término *shefa* se relaciona no sólo con bendiciones físicas sino también con un influjo espiritual y, como tal, es conocida alternativamente como *mojín* (mentalidades o intelectos) y luz. En la terminología de la Kabalá, la *shefa* que desciende desde el Nivel más Elevado (Dios) hacia los ámbitos inferiores (el mundo físico) es de hecho una serie de *mojín*, o niveles de conciencia, cuya intensidad se reduce progresivamente para que los ámbitos inferiores puedan también beneficiarse de ello. De esta forma, no importa cuál sea el nivel espiritual de la persona, siempre podrá concebir maneras de acercarse a Dios. Dicho de otra manera, esos *mojín* o luces son las energías espirituales con las que la persona se conecta al llevar a cabo las mitzvot. Cumplir con la voluntad de Dios lleva a la persona hacia niveles más elevados y expandidos de conciencia, hacia *mojín* superiores o más expandidos, a través de los cuales puede interactuar con Dios. Y, así como Dios renueva la Creación diariamente, cada nuevo día trae nuevos *mojín/shefa*/luz al mundo. Mediante sus plegarias la persona puede conectarse con esos nuevos *mojín* y hacerlos descender hacia su ser.

control, la persona no puede hablar de una manera directa, pues el viento <tormentoso> la confunde. Tiene que tomar un rodeo.[43]

4. Y el habla se rectifica[44] mediante la Torá que la persona estudia en

---

puros y de los animales que no son puros..." (Génesis 7:8). Las Escrituras utilizan normalmente las palabras "puro e impuro" pero aquí prefiere "animales puros y... que no son puros". En nuestro contexto, el Diluvio corresponde al viento tormentoso. Cuando el viento tormentoso está en control hay mucha confusión y la Escritura/el habla sagrada debe seguir un camino indirecto, dando rodeos, para ser elevada y rectificada (*Mei HaNajal*).

43. tomar un rodeo. El *Mei HaNajal* hace notar que el Talmud trae varios ejemplos de circunloquios en las Escrituras. Un ejemplo agrega 9 letras, otro agrega 10 y otro más 16. El versículo que agrega 9 letras es, "Si entre ustedes hubiese un hombre que no esté puro debido a una emisión nocturna..." (Deuteronomio 23:11). De los diversos ejemplos ofrecidos por el Talmud, el Rebe Najmán cita éste con nueve letras adicionales. Ello se debe a que el versículo habla de la emisión nocturna, una referencia al Pacto (*brit*; ver más adelante, §5-6; ver también Lección #33, n.9) y es sabido que la Generación del Diluvio fue castigada esencialmente debido a su inmoralidad (Génesis 6:12, ver *Rashi*). En otra instancia (*Likutey Moharán* I, 19), el Rebe enseña que cuidar el Pacto y un habla sagrada van de la mano. Aquel que cuida sus palabras puede alcanzar la pureza del Pacto y, a la inversa, aquel que cuida el *brit* y no cae en la inmoralidad puede alcanzar un habla pura. Es por ello que cuando estaba por desatarse el Diluvio (viento tormentoso) sobre el mundo, Dios instruyó a Noaj para que entrase en el arca. La palabra hebrea para arca, *teivá*, también significa "palabra", que en nuestro contexto hace referencia a la "palabra de verdad". Al "entrar en las palabras de verdad", elevándolas a través de la verdad, Noaj fue capaz de protegerse del viento tormentoso (ver también *Likutey Moharán* I, 112).

Resumen: Uno debe siempre examinarse para comprobar que esté unido a Dios. Esto es posible a través del aspecto de los tefilín (§1). Para lograr el aspecto de los tefilín, es necesario evitar la calumnia y todas las otras clases de habla corrompida, dándole poder en su lugar al habla sagrada (§2). Para elevar el habla uno debe unirla con su fuente, las *guevurot*. Ello se logra buscando y diciendo la verdad (§3).

44. el habla se rectifica. En la sección 3 el Rebe Najmán enseñó que al elevar la palabra hablada hacia las *guevurot*, se rectifica el habla. Las *guevurot* purifican el habla corrompida al igual que el fuego refina los metales (n.34).

En esta sección el Rebe comienza a hacer referencia a las *kavanot* (meditaciones) de los tefilín. En todas las ediciones del *Likutey Moharán* esta lección está acompañada por cuatro notas marginales (en §4 y §5) que citan de las *kavanot* del Ari y que están aludidas en el texto del Rebe. Sin embargo, para facilitar el flujo de la lección en español y para conectar claramente las enseñanzas del Ari con nuestro texto, en esta edición esas notas marginales han sido insertadas en las notas al pie (en el texto hebreo las notas marginales han sido dejadas en su lugar). La siguiente introducción centrada en la interacción entre las personas Divinas de *Zeir Anpin* y *Maljut*, ha sido presentada para ayudar al lector a entender las *kavanot* del Ari. Sin embargo, antes de comenzar, debe decirse enfáticamente que todos los atributos antropomórficos adscritos a las personas Divinas y a las *sefirot* en general son sólo alegóricos. Debido a que no tenemos manera de comprender y de conocer a Dios más que a través de los conceptos comprensibles y familiares

LIKUTEY MOHARÁN #38:4

בַּעֲנִיּוּת וּבִדְחָקוּת, שֶׁהוּא בְּחִינַת לַיְלָה שֶׁאָז שָׁלְטָנוּתָא דְּקֵץ כָּל בָּשָׂר, כְּמוֹ שֶׁכָּתוּב: "קֵץ שָׂם לַחֹשֶׁךְ", וּכְתִיב (בראשית א): "וְלַחֹשֶׁךְ קָרָא לָיְלָה".

Ahora bien, cuando los *mojín* de *Zeir Anpin* están restringidos, como cuando *Zeir Anpin* "se duerme" para transferir los *mojín* a *Maljut*, *Zeir Anpin* queda solamente con un *reshimu*, una impronta o marca, dejada por los *mojín* originales que no son las mentalidades completas. ¿Qué sucede con los *mojín*? Los *mojín* de *Zeir Anpin* ascienden al caer la noche y quedan trascendentes a *Zeir Anpin*, mientras que los *mojín* de *Maljut* están guardados en el pecho de *Zeir Anpin* (trascendentes a *Maljut*). Más tarde, cuando retornan los *mojín* –cuando la persona "despierta" – la impronta-*reshimu* de los *mojín* del ascenso previo vuelven a aparecer en la forma de tefilín de la persona Divina. Éste es el significado de "Déjame ser un sello sobre tu corazón, un sello sobre tu brazo…" (Cantar de los Cantares 8:6). Éste sello corresponde a los tefilín de la mano, que están atados al brazo izquierdo cerca del corazón (en el área del pecho) – i.e., los *mojín* de *Maljut*. Más tarde, los *mojín* vuelven a *Zeir Anpin*. Estos son los tefilín de la cabeza (pues los *mojín* trascendentes estaban por sobre la cabeza). El corolario de todo esto es que conceptualmente, los tefilín representan el intelecto superior, los *mojín*.

Un motivo adicional para el hecho de que los tefilín del brazo se manifiestan antes que los tefilín de la cabeza es que las plegarias y el estudio de la Torá a los que se dedica el persona durante la noche sirven para rectificar la Presencia Divina y hacer que *Maljut* reciba sus *mojín* primero. Como hemos visto, al rayar el día la cabeza de *Maljut* se encuentra en el nivel del brazo izquierdo de *Zeir Anpin*, el aspecto de los tefilín. El Ari explica que cuando *Zeir Anpin* ve que *Maljut* ya ha alcanzado el aspecto de tefilín para su cabeza (que está en el lugar de los tefilín del brazo de *Zeir Anpin*), *Zeir Anpin* siente celos y desea sus propios tefilín de la cabeza, que logra tomando para sí el *reshimu* de sus *mojín* trascendentes de la noche anterior. Entonces, después de las plegarias, entran nuevos *mojín*, produciendo un aspecto mayor de los tefilín (*Pri Etz Jaim, Shaar HaTefilín*, capítulo 7, págs. 81-83; *Shaar HaKavanot, Inian Tefilín*, capítulo 5, págs. 61-69).

Lo anterior es una versión abreviada de las *kavanot* de los tefilín tal cual se aplican a nuestra lección en las secciones 4-5. El lector será remitido a esta nota en los puntos de la lección en que se mencionen esas meditaciones místicas. A lo largo de la lección, el Rebe Najmán demostrará cómo esas *kavanot* se aplican a todas y cada una de las personas. Debido a ello, la persona puede siempre examinar su grado de apego a Dios a través del aspecto de los tefilín (§1).

45. circunstancias difíciles…noche. En las sagradas escrituras, "día" es análogo a la iluminación y a la claridad de la sabiduría, mientras que "noche" sugiere la oscuridad de la confusión. Es fácil para la persona estudiar Torá cuando reconoce a Dios y las cosas le van bien. Pero cuando está confundida y tiene dudas en su fe, o cuando sufre de pobreza o está enferma, necesita de un gran esfuerzo para estudiar Torá. Sin embargo, si hace el esfuerzo pese a que se encuentra en la "noche", las palabras de Torá que recite tendrán el poder de rectificar su habla.

En este punto de la lección (ver el texto hebreo) aparece la primera de las notas marginales que contienen las *kavanot* del Ari para los tefilín. Sin embargo, como la nota implica una comprensión de ciertos conceptos que aún deben presentarse en la lección del Rebe Najmán, la hemos insertado más adelante en la nota 54.

46. fin de toda carne…la oscuridad…Noche. El Rebe Najmán conecta "el fin de toda carne" con "un límite a la oscuridad", y trae otro texto de prueba para conectar la oscuridad con la noche – i.e., con la confusión y las circunstancias difíciles. Anteriormente (§2-3), hemos

circunstancias difíciles, en la pobreza o en la aflicción. Éste es un aspecto de la noche.[45] Pues entonces gobierna "el fin de toda carne", como en, "Él pone un límite a la oscuridad"; y como en, "y a la oscuridad Él llamó Noche" (Génesis 1:5).[46]

Debe hacerse notar que la interacción entre las diferentes *sefirot* tiene como objetivo primario el beneficio de *Maljut* (ver también *Likutey Moharán* I, 32). Por ese motivo, la mayor parte de las enseñanzas del Ari en el *Etz Jaim* se centran en las personas de *Zeir Anpin* y *Maljut*. Dado que *Zeir Anpin* es la persona que acompaña a *Maljut*, todo lo que suceda en *Zeir Anpin* tiene un impacto en *Maljut*, lo que a su vez afecta a la humanidad (y, de manera inversa, todo lo que haga el hombre tiene un impacto sobre *Maljut*, que a su vez repercute en *Zeir Anpin* y en las *sefirot* y Personas que se encuentra por encima). Un ejemplo clásico de *Zeir Anpin* afectando a *Maljut* puede verse en la manera en que *Maljut* se construye para conformar una persona concreta al recibir los *mojín*. En lugar de ser canalizados directamente hacia *Maljut*, esos *mojín* le son dados primero a *Zeir Anpin* y desde allí transferidos a *Maljut*. Sin esos *mojín* no puede haber unión entre esas dos personas Divinas. Como se enseñó en la Kabalá, *Zeir Anpin* es el aspecto masculino y *Maljut* es el aspecto femenino. En el ámbito físico, la unión entre lo masculino y femenino da como resultado un hijo. La interacción y unión entre *Zeir Anpin* y *Maljut* genera un "hijo" – i.e., *mojín/shefa*/luz que trae bendiciones al mundo.

Ahora podemos explicar las *kavanot* de los tefilín tal cual aparecen en las enseñanzas del Ari, en el *Pri Etz Jaim* y en *Shaar HaKavanot*. (La descripción de las *kavanot* ha sido limitada en su mayor parte a aquellos conceptos relevantes a nuestra lección).

El dormir es un estado de conciencia restringida. Las Escrituras relatan que cuando Dios estuvo por crear una ayuda adecuada para el Primer Hombre, hizo dormir a Adán a fin de formar a Eva. Cada noche, se lleva a cabo un proceso paralelo en el paradigma de las personas Divinas, con *Zeir Anpin* "durmiéndose" para que los *mojín* sean transferidos desde él hacia *Maljut*, formando así la persona Femenina. Esto tiene lugar en las horas anteriores a *Jatzot* (medianoche). Por lo tanto, desde *Jatzot* ya sería posible una unión entre *Zeir Anpin* y *Maljut*, de no ser por el hecho de que *Maljut* ha descendido hacia un nivel inferior, hacia el ámbito de las *klipot*, para elevar las chispas de santidad que se encuentran allí como resultado de los pecados del hombre. Dado que estas personas Divinas no se encuentran cara a cara, la unificación no puede llevarse a cabo sino hasta la mañana, en cuyo momento asciende *Maljut*. Entretanto, durante las horas posteriores a *Jatzot* y antes del alba, *Maljut*, que es la Presencia Divina, clama a Dios en aras del pueblo judío y también Le canta alabanzas. En vista del estado de *Maljut* después de *Jatzot*, es muy beneficioso que el hombre se levante para clamar a Dios con un corazón quebrantado debido a la destrucción del Templo y que ore por la Redención. De esa manera, se alinea con *Maljut*, la representación de este mundo en los ámbitos superiores. Es por ello que después de la plegaria de *Jatzot*, la persona debe dedicarse con energía al estudio de la Torá (*Maljut* corresponde a la Ley Oral). El estudio de la Torá en esos momentos es especialmente efectivo para darle fuerzas y ánimo a *Maljut* de Santidad para que, por la mañana, *Maljut* ascienda desde las *klipot* y se una con *Zeir Anpin*. Más específicamente, al salir el sol la cabeza de *Maljut* asciende hacia el nivel del brazo izquierdo de *Zeir Anpin* (como en un abrazo). Entonces, mediante la plegaria de la mañana, descienden nuevos *mojín* hacia *Maljut*, para que, después de las plegarias, *Maljut* se encuentre finalmente cara a cara con *Zeir Anpin* (*Shaar HaKavanot, Inian Drushei HaLaila*, capítulo 4, págs. 347-353; ver también *The Sweetest Hour*, publicado por Breslov Research Institute, sobre la importancia de levantarse para *Jatzot*).

וַחֲכָמֵינוּ זִכְרוֹנָם לִבְרָכָה, אָמְרוּ (חגיגה יב:): 'הַלּוֹמֵד תּוֹרָה בַּלַּיְלָה, מוֹשְׁכִין עָלָיו חוּט שֶׁל חֶסֶד בַּיּוֹם'. 'חֶסֶד', הוּא בְּחִינַת בֹּקֶר דְּאַבְרָהָם. כְּמוֹ שֶׁכָּתוּב בַּזֹּהַר (מקץ רג.): "הַבֹּקֶר אוֹר" – 'דָּא בֹּקֶר דְּאַבְרָהָם'. וְהָאֲנָשִׁים שֻׁלְּחוּ – אִנּוּן מָארֵי דְדִינִין. הֵמָּה וַחֲמֹרֵיהֶם – אִנּוּן וְכָל סִטְרָא מְסָאֲבָא.

וּכְמוֹ שֶׁכָּתוּב (רות ג): "שִׁכְבִי עַד הַבֹּקֶר". אֲזַי נוֹפְלִים כָּל הַמְקַטְרְגִים הַשּׁוֹלְטִים עַל הַדִּבּוּר, וְאָז הַדִּבּוּר יוֹצֵא בְּשִׁיר וָשֶׁבַח וְהַלֵּל לְהַקָּדוֹשׁ־בָּרוּךְ־הוּא, כְּמוֹ שֶׁכָּתוּב (תהלים פג): "אֱלֹקִים אַל דֳּמִי לָךְ; וּכְמוֹ שֶׁכָּתוּב (תהלים ל): "לְמַעַן יְזַמֶּרְךָ כָבוֹד וְלֹא יִדֹּם",

---

mañana, cuando él la redimiría. Nuestros Sabios enseñan que "Ruth" alude a la plegaria, porque fue de Ruth que descendió del rey David (quien "saturó" a Dios con sus plegarias) (*Berajot* 7b). El tiempo ideal para la plegaria es durante la mañana, cuando se manifiesta *jesed*, pues entonces son acalladas las *klipot* que controlan (que corrompen) el habla. En nuestro contexto, la plegaria debe "recostarse hasta la mañana".

51. emerge en canción, en alabanza y en aclamación…. Al rayar el día, *Maljut*/el habla sale del ámbito de las *klipot* y es libre para cantar, alabar y aclamar a Dios. El *BeIbey HaNajal* explica que el poder del estudio de la Torá por la noche para contrarrestar el habla corrompida es como sigue: El habla corrompida (la calumnia, las palabras vanas, etc.) causa pobreza (ver *Likutey Moharán* I, 4:8). Esto trae sobre la persona la noche/oscuridad – i.e., circunstancias difíciles. Pero la persona que estudia Torá por la noche, cuando prevalecen las *klipot*, extrae toda el habla corrompida que cayó en el dominio de las *klipot*. Se calman las acusaciones/viento tormentoso (ver §2 y n.22) y la pobreza es eliminada. Esto corresponde al "hilo de *jesed*…" que es tendido sobre la persona. Habiendo rectificado el habla, sus palabras pueden "emerger en canción, en alabanza y en aclamación", agradeciendo a Dios por haberla salvado de la pobreza.

52. no permanezcas en silencio. En silencio para vengar las malas acciones de las naciones en contra del pueblo judío (*Rashi, loc. cit.*). En nuestro contexto, esto hace referencia a *Maljut* que clama a Dios debido a la opresión de los judíos pidiendo su redención. *Maljut* en silencio representa el habla corrompida que gobierna sobre el habla sagrada; pero, por otro lado, cuando prevalece el habla sagrada, ésta anula el habla corrompida y gobierna sobre ella. El Ari cita este versículo para demostrar que "*Elohim* (Señor)" corresponde a *Maljut* y que después de *Jatzot* no está en silencio sino que clama a Dios y canta Sus Alabanzas (ver *Shaar HaKavanot, Inian Drushei HaLaila*, p.351). Incluso así, la alabanza a Dios no está completa, porque la noche es aún el dominio de las klipot. La palabra hablada sólo puede emerger verdaderamente por la mañana.

53. mi alma pueda cantarte…y no quedar en silencio. Con este versículo el Rebe Najmán demuestra que el objetivo debe ser siempre cantarle a Dios y nunca callar. Esto puede lograrse mediante un habla perfeccionada. En hebreo, "para que mi alma pueda cantarte…" es *Lemaan izamereja kavod….* *ZaMeR*, traducido aquí como "cantar", se asemeja a *ZMoR*, "cortar" o "podar", indicando la fuerza asociada con las *guevurot*. En nuestro contexto, esto sugiere que la palabra hablada emerge en canción, alabanza… cuando es elevada hacia su fuente, las *guevurot*.

{"**Con la primera luz de la mañana, los hombres fueron despachados, ellos y sus burros**" (Génesis 44:3)}.

También, enseñaron nuestros Sabios: Todo aquel que estudie Torá por la noche tendrá un hilo de bondad tendido sobre él durante el día (*Jaguigá* 12b).[47] La bondad es un aspecto de "la mañana de Abraham",[48] como está escrito en el *Zohar*: "Con la primera luz de la mañana" – ésta es la mañana de Abraham; "los hombres fueron despachados" – estos son los dueños del juicio; "y sus burros" – ellos y todo el lado de la impureza.[49]

Ello es como está escrito (Ruth 3:13), "Recuéstate hasta la mañana".[50] Entonces, caen todas las fuerzas opositoras que gobiernan sobre el habla. En ese momento la palabra hablada emerge en canción, en alabanza y en aclamación del Santo, bendito sea,[51] como está escrito, "Señor, no permanezcas en silencio" (Salmos 83:2);[52] y como está escrito, "para que [mi] alma pueda cantarte a Ti y no quedar en silencio" (Salmos 30:13).[53]

---

visto que cuando hay confusión el habla está corrompida. Sin embargo "poner un límite a la oscuridad"/noche al estudiar Torá bajo circunstancias difíciles rectifica el habla.

47. un hilo de bondad tendido sobre él durante el día. El Talmud deduce esto de las palabras del rey David (Salmos 42:9), "Durante el día Dios ordena Su *jesed* (bondad)". ¿Qué es lo que Lo lleva a hacer eso? La respuesta, dicen los Sabios, proviene de la conclusión del versículo: "durante la noche Su canción está conmigo". Maharsha explica que la persona que permanece despierta durante la noche generalmente tiene un rostro macilento debido a la falta de sueño. Sin embargo, cuando la persona estudia Torá por la noche (después de *Jatzot*), Dios tiende sobre ella un hilo de bondad y de gracia (*Maharsha, Avodá Zará* 3b, *v.i., kol*; ver también *Likutey Moharán* I, 3:1 y notas 26-27). En nuestro contexto, el estudio de la Torá durante la noche corresponde a darle expresión al habla sagrada bajo circunstancias difíciles. Como resultado, al amanecer, *Maljut*/el habla adquiere el atributo de *jesed* y así está capacitada para recibir sus *mojín* (ver las notas siguientes).

48. bondad…Abraham. En la terminología de la Kabalá, el atributo de *jesed* corresponde al día, mientras que el atributo de *guevurá* corresponde a la noche. Así, cada mañana, cuando la noche se transforma en día, el atributo de *jesed*, al igual que la *sefirá* de *Jesed*, se encuentra en ascenso. Esto corresponde a Abraham, quien ejemplificó la bondad (ver Apéndice: Los Siete Pastores Superiores). Más específicamente enseña el *Zohar* (II, 170b): Abraham es símbolo de la mañana, como indican las Escrituras (Génesis 22:3), "Abraham se levantó temprano por la mañana" para hacer la voluntad del Santo, bendito sea. De aquí la frase "la mañana de Abraham".

49. Con la primera luz…a todo el lado de la impureza. Este versículo aparece en conexión con la partida de Egipto de los hermanos de Iosef. "Con la primera luz… los hombres fueron despachados… con sus burros". El *Zohar* (I, 203b) explica que "burro" representa a las *klipot* (ver n.26), que gobiernan durante la noche. Al rayar el día, todas las *klipot* retornan al Gran Abismo (un lugar de impureza; ver más adelante, n.180). Así "con la primera luz de la mañana", cuando asciende *jesed* (como resultado del estudio de la Torá durante la noche), las fuerzas de las *klipot* son anuladas y acalladas.

50. hasta la mañana. Éstas son las palabras de Boaz, quien le pidió a Ruth que esperase hasta la

וְאָז: "בְּרָן יַחַד כּוֹכְבֵי בֹקֶר" וְכוּ' (איוב לח):
וְזֶהוּ (תהלים קכב): "עוֹמְדוֹת הָיוּ רַגְלֵינוּ". כִּי הַדִּבּוּר נִקְרָא רֶגֶל,
כְּמוֹ שֶׁכָּתוּב (ישעיה מא): "צֶדֶק יִקְרָאֵהוּ לְרַגְלוֹ", וּכְמוֹ שֶׁכָּתוּב
(תהלים נח): "צֶדֶק תְּדַבֵּרוּן". בִּשְׁעָרַיִךְ יְרוּשָׁלָיִם, עַל-יְדֵי הַתּוֹרָה,
כְּפֵרוּשׁ רַשִׁ"י (והוא מדברי רז"ל, מכות י.):

Salmos, el Rebe Najmán cita a Ishaiahu para demostrar que la rectitud corresponde al pie. En verdad, la raíz del término hebreo *iKRAehu* ("encuentra") del primer versículo también significa "llamar" ("quien llamó a la rectitud... su pie"). Esto también sugiere el habla; de modo que los tres conceptos –el habla, la rectitud y el pie– pueden encontrarse en las palabras de Ishaiahu. Además, este versículo también se une con nuestra lección en el hecho de que hace referencia a Abraham, cuando él llamo a Dios desde el este (Aram) y ascendió a la Tierra Santa donde venció a los Cuatro Reyes (*Rashi, loc. cit.*). Abraham es *jesed*. Cuando se manifiesta, anula las *klipot*, los Cuatro Reyes. Así, cuando Abraham/la rectitud/*jesed* viene del este (donde comienza el día) las fuerzas del mal son aniquiladas y el habla santa/rectitud/pie emerge y se mantiene firme.

57. hablarás con rectitud. Esto demuestra que el habla también está conectada con la rectitud, que está conectada con el pie. Así "Nuestros pies están ya plantados" alude al habla sagrada.

58. por medio de la Torá.... ¿Cuándo es que el pie/habla está firme? Cuando está "dentro de tus portales, oh Ierushalaim". Como explica Rashi (Salmos, *loc. cit.*), esto hace referencia a aquellos que estudian Torá. La Torá rectifica el habla, la vuelve firme; transforma el habla en un pilar sobre el cual la persona puede apoyarse para emerger desde la noche/oscuridad y verse libre para servir a Dios sin la opresión de las *klipot*.

Habiendo visto que el pie (*ReGueL*, en hebreo) alude al habla, ahora podemos unir esto con la sección 2, donde el Rebe Najmán habla sobre la fuerza destructiva de la calumnia y del hecho de encontrar faltas en los demás. Las Escrituras describen a la persona que calumnia como alguien que "*RoGaL* con su lengua" (Salmos 15:3). Es como si la lengua del calumniador tuviese pies, yendo de un lugar a otro para hablar mal de los demás. La conexión entre el pie (*reguel*) y la calumnia (*rogal*) también puede verse en otra palabra que posee la misma raíz, *meRaGueL* (espiar). Al igual que los hombres que los judíos enviaron a explorar el territorio cananeo (Números 13:2 y sig.), que llegaron a ser conocidos como *meraglim* debido a que hablaron mal de la Tierra de Israel, un espía es alguien que mira para encontrar las faltas de los demás y sus debilidades, y luego se las hace conocer a los demás, similar a las habladurías y a la calumnia. Así, mientras que aquellos que tienen un habla rectificada se mantienen firmes debido a su rectitud y a sus buenas acciones, aquellos que poseen un habla corrompida tienen los pies dañados. Como veremos, se dice que no tienen pies sobre los cuales mantenerse (ver más adelante, §6, n.113; ver también *Likutey Moharán* I, 14:12).

Resumen: Uno debe siempre examinarse para comprobar que esté unido a Dios. Esto es posible a través del aspecto de los tefilín (§1). Para lograr el aspecto de los tefilín, es necesario evitar la calumnia y todas las otras clases de habla corrompida, dándole poder en su lugar al habla sagrada (§2). Para elevar el habla uno debe unirla con su fuente, las *guevurot*. Ello se logra buscando y diciendo la verdad (§3). Cuando la persona estudia Torá en circunstancias difíciles rectifica su habla. Así el estudio de la Torá es un importante pilar para alcanzar un habla pura (§4).

Pues entonces "las estrellas de la mañana cantan al unísono" (Job 38:7).⁵⁴

{**"Nuestros pies están ya plantados dentro de tus puertas, oh Ierushalaim"** (Salmos 122:2)}.

Y éste es el significado de "Nuestros pies están ya plantados".⁵⁵ Pues el habla es llamada "pie", como está escrito, "donde encuentra la rectitud allí en donde puso su pie" (Isaías 41:2),⁵⁶ y está escrito, "hablarás con rectitud" (Salmos 58:2).⁵⁷ "Dentro de tus portales, oh Ierushalaim" – por medio de la Torá, como explica Rashi.⁵⁸

54. las estrellas de la mañana cantan al unísono. Este versículo hace referencia a la alabanza de Dios que Sus huestes de estrellas y ángeles ofrecen cada mañana (*Metzudat David, loc. cit.*). En nuestro contexto, esto se relaciona con la unificación generada por la plegaria de la mañana de modo que las personas Divinas "cantan al unísono", cuando la palabra hablada emerge, libre para honrar a Dios.

Primera Nota Marginal (ver n.45): Está escrito en el *Pri Etz Jaim, Shaar HaTefilín* 7, sobre el versículo "Déjame ser un sello sobre tu corazón", que cuando se ha estudiado Torá por la noche, cuando llega la luz de la mañana la cabeza de *Maljut* {que es el aspecto del habla, como se explicó} asciende y descansa en el brazo de *Zeir Anpin* y recibe el *reshimu*-impronta que está en el pecho de *Zeir Anpin*. Y *Zeir Anpin* recibe su propio *reshimu*. Así, mediante la plegaria, entran nuevas mentalidades y emerge el *reshimu* en el aspecto de tefilín....

La explicación es como sigue (ver n.44). En nuestro contexto, el estudio de la Torá por la noche corresponde a la Torá que se estudia bajo situaciones difíciles, cuando se requiere un esfuerzo extra debido a las dificultades de las circunstancias. Tal estudio implica fuerza (*guevurá*), un elemento de las *guevurot* (severidades). Es por ello que resulta beneficioso para *Maljut*, pues *Maljut* corresponde al habla (§2, n.6) y la fuente del habla se encuentra en las *guevurot*. De este modo, recitar las palabras de Torá en circunstancias difíciles eleva y rectifica a *Maljut*, preparando a *Maljut* para recibir sus *mojín* de *Zeir Anpin*. Esto es lo que el Ari describe como la cabeza de *Maljut* ascendiendo para descansar en el brazo de *Zeir Anpin*, que en nuestro contexto hace referencia a la cabeza del habla, que es la verdad, la Torá (ver n.39). Así cuando *Maljut*/el habla se rectifica, asciende hacia su fuente, el brazo izquierdo (*guevurot*) de *Zeir Anpin*. Allí recibe sus *mojín*, el *reshimu* que estaba en el pecho de *Zeir Anpin*, cerca del corazón – correspondiente a los tefilín de la mano. Y una vez que *Maljut* se ve libre de las restricciones de las *klipot*, al rayar el día se hace posible ofrecer las plegarias de la mañana – i.e., "en canción, en alabanza y en aclamación de Dios…". Mediante esas plegarias nuevos *mojín* entran en la persona Divina y así el *reshimu* que hasta ahora estaba adentro, emerge como un aspecto de los tefilín.

55. Nuestros pies están. El Rebe Najmán comenzó esta sección demostrando que el estudio de la Torá en circunstancias difíciles rectifica el habla debido a que el estudio nocturno anula las *klipot* (ver más arriba, n.51). Con el siguiente texto de prueba el Rebe muestra que incluso cuando el habla no está corrompida o atrapada por las *klipot*, el estudio de la Torá es igualmente necesario para elevar el habla mundana hacia un nivel espiritual superior (*Parparaot LeJojmá*). Como se podrá ver a partir de los textos de prueba que siguen, el Rebe relaciona tal habla rectificada con "los pies firmemente plantados".

56. habla…rectitud…puso su pie. El elemento común que une el habla con el pie es el concepto de la rectitud. Antes de conectar la rectitud con el habla a través del versículo de

ה. וּכְשֶׁמַּעֲלֶה אֶת הַדִּבּוּר לְשָׁרְשׁוֹ, הַיְנוּ לַגְּבוּרוֹת, וּמַתְחִיל לְדַבֵּר בֵּינוֹ לְבֵין קוֹנוֹ בְּשַׁלְהֶבֶת הַגְּבוּרוֹת, וּמְעוֹרֵר אֶת עַצְמוֹ לַעֲבוֹדַת הַשֵּׁם יִתְבָּרַךְ, אֲזַי נִכְנָס אוֹר שֹׁרֶשׁ שֶׁל הַגְּבוּרוֹת, הַיְנוּ חֲמִימוּת הַלֵּב כִּי שֹׁרֶשׁ הַגְּבוּרוֹת הֵם בַּלֵּב, כְּמוֹ שֶׁכָּתוּב (תהלים לט): "חַם לִבִּי בְּקִרְבִּי בַּהֲגִיגִי" וְכוּ'. וְשָׁם שֹׁרֶשׁ אֲמִתִּי שֶׁל הָאֱמֶת שֶׁל הַדִּבּוּר, כְּמוֹ שֶׁכָּתוּב (שם טו): "וְדוֹבֵר אֱמֶת בִּלְבָבוֹ". וּמַתְחִיל לְדַבֵּר בַּחֲמִימוּת שֶׁבַּלֵּב, דְּבַר אֱמֶת שֶׁבַּלֵּב.

וּכְשֶׁמְּדַבֵּר בֵּינוֹ לְבֵין קוֹנוֹ דִּבְרֵי אֱמֶת שֶׁבְּלִבּוֹ, בְּהִתְעוֹרְרוּת בִּתְשׁוּבָה, וְרוֹאֶה פְּחִיתוּתָיו וּגְדֻלַּת הַבּוֹרֵא. כִּי עַד עַכְשָׁו הִשְׁלִיךְ חַטֹּאתָיו אַחַר כְּתֵפָיו וְלֹא עִיֵּן בָּהֶם, וְעַכְשָׁו כְּשֶׁיּוֹדֵעַ אוֹתָם, אֲזַי נִכְנָס בּוֹ

Rebe Najmán consideraba esencial para el crecimiento espiritual (ver *Expansión del Alma*; *Bajo la Mesa*, capítulo 6; *Cruzando el Puente Angosto*, capítulo 9; *Donde la Tierra y el Cielo se Besan*). El Rebe les aconsejó a sus seguidores levantarse para *Jatzot* y dedicarse al *hitbodedut* durante las horas de la madrugada, antes del alba (ver *Likutey Moharán* I, 52). Más adelante el Rebe Najmán trata sobre el papel de la plegaria y sus implicaciones para alcanzar el aspecto de los tefilín.

63. la verdad que está en su corazón. A partir de esto podemos ver que la verdad –i.e., la "cabeza" (raíz) de la palabra hablada– se encuentra en el corazón. Como se explicó, la verdad es Torá (ver n.39) y el corazón es *Biná*. Por lo tanto el Rebe Najmán dice, "Y allí se encuentra la verdadera fuente de la verdad de la palabra hablada".

64. las verdaderas palabras en su corazón...arrepentimiento. Mediante el estudio de la Torá (palabras verdaderas que ascienden hacia el corazón) uno llega a ser consciente de sus propias acciones, mientras que sin la Torá nunca se puede saber plenamente qué es lo correcto y qué no lo es. Por lo tanto, habiendo estudiado Torá, la persona llega a reconocer sus pecados y comienza a arrepentirse. Esto es un paralelo del ascenso del habla (el estudio de la Torá) hacia su fuente, en el hecho de que el arrepentimiento corresponde a *Biná* (como veremos). Es por ello que resulta tan beneficioso levantarse para *Jatzot*, estudiar Torá y orarle a Dios (como se explicó más arriba, n.44).

65. sus propias faltas y la grandeza del Creador. Las dos nociones son equivalentes. Mientras la persona no reconozca que tiene faltas, no podrá comenzar a comprender ni a apreciar la grandeza de Dios. Sin embargo, cuanto más reconozca sus errores –la fragilidad humana que comparte con todos los seres humanos y más aún sus faltas personales y pecados– más será capaz de reconocer y aceptar que hay un Dios Quien es grande y omnipotente. Esto puede comprenderse a partir de lo que el Rebe Najmán enseña en otra instancia (*Likutey Moharán* I, 133), que incluso una pequeña moneda frente a los ojos puede impedir que la persona vea una enorme montaña. En otras palabras, incluso un mínimo apego a lo material puede bloquear la vista de la espiritualidad. Por el contrario, cuanto más se minimice lo corpóreo, mayor será la percepción de lo espiritual.

66. no había tomado en cuenta sus pecados.... Esto conecta con lo que el Rebe Najmán

5. Ahora bien, cuando uno eleva la palabra hablada hacia su fuente –i.e., hacia las *guevurot*[59]– y comienza a hablar con Su Creador con la llama de las *guevurot* y se inspira en el servicio a Dios,[60] entonces penetra la luz de la raíz de las *guevurot* – i.e., el calor del corazón.[61] Esto se debe a que el corazón es la raíz de las *guevurot*, como está escrito, "Mi corazón se inflamó dentro de mí, en mi meditación [ardió un fuego]" (Salmos 39:4).[62] Y allí se encuentra la verdadera fuente de la verdad de la palabra hablada, como está escrito, "él habla con la verdad [que está] en su corazón" (ibid. 15:2).[63] Así comienza a hablar con el calor en su corazón – la verdadera palabra en su corazón.

Y cuando la persona le habla a Su Creador con las verdaderas palabras en su corazón, despertando al arrepentimiento,[64] y se vuelve consciente <y reconoce> sus propias faltas y la grandeza del Creador[65] –pues hasta ahora no había tomado en cuenta sus pecados ni había pensado en ellos,[66] ahora que lo reconoce– entonces se llena de una

---

59. eleva...hacia las guevurot. Como más arriba, sección 3, notas 29-34.

60. la llama de las guevurot.... Como hemos visto, las *guevurot* son comparadas con el fuego (§3, n.34). Así cuando la persona eleva el habla hacia su fuente, tiene "palabras ardientes" con las cuales dirigirse a Dios con una plegaria ferviente.

61. la raíz de las guevurot...corazón. Es decir, lleva la luz desde la raíz de las *guevurot* hacia su habla (*guevurot*), que entonces ilumina sus palabras. Como el Rebe Najmán demuestra ahora, el corazón es la raíz de las *guevurot*, que corresponde a la *sefirá* de *Biná* (ver Apéndice: Las Sefirot y el Hombre). Así, cuando la persona eleva el habla hacia su fuente (*guevurot*), despierta su corazón (*Biná*) y comienza a decir palabras ardientes en su servicio a Dios. Las Escrituras mismas apuntan a la relación entre *Biná* y *guevurot* con el versículo (Proverbios 8:14): "Yo soy *biná*; *guevurá* es mía" (*Etz Jaim, Shaar Arij Anpin* 13:8, p.192). Los comentaristas explican: Debido a que soy inteligente y tengo comprensión (*Biná*), sé cómo vencer al enemigo (*Metzudat David*).

Segunda Nota Marginal: Éste es el aspecto del *reshimu*-impronta en el corazón de *Zeir Anpin*, que pasa hacia dentro "de la cabeza de tu palabra es verdad" – i.e., hacia la cabeza de *Maljut* cuando ésta descansa en el brazo izquierdo.

La explicación es como sigue (ver n.44): Al rayar el alba, *Maljut* asciende hacia el brazo izquierdo de *Zeir Anpin* y toma sus *mojín* del *reshimu* que está allí. Esos *mojín*, que estaban en el pecho (i.e., el corazón) de *Zeir Anpin*, construyen y rectifican a *Maljut*. En la terminología de nuestra lección, al comenzar el día, el habla asciende hacia las *guevurot* (en canción y alabanza debido al estudio de la Torá/verdad) y trae luz desde allí. Esa luz, que estaba en el corazón/*Biná* (la raíz de las *guevurot*), rectifica el habla para que uno pueda recitar sus plegarias con una devoción ferviente a Dios.

62. mi corazón se inflamó...meditación.... Ese "inflamarse" (fervor) del corazón es indicativo del corazón como la raíz de las *guevurot*.

La mención de la meditación en este texto de prueba proveniente de los Salmos puede comprenderse como aludiendo al *hitbodedut*, la práctica de la plegaria personal en reclusión que el

בּוּשָׁה גְּדוֹלָה עַל גֹּדֶל פְּשָׁעָיו, כְּנֶגֶד רַב וְשַׁלִּיט עִקָּרָא וְשָׁרְשָׁא דְּכָל עָלְמִין (יֵשׁ אוֹמְרִים שֶׁבְּכָאן צְרִיכִין לְהַעְתִּיק הַהַגָּהָה הַשְּׁלִישִׁית, וְכֵן הוּא בַּכְּתַב-יָד, וְהַכֹּל עוֹלֶה בְּקָנֶה אֶחָד, וְעַיֵּן "פְּרִי-עֵץ-חַיִּים").

וְהַבּוּשָׁה הַזֹּאת עֲדַיִן אֵינֶנָּה בְּפֹעַל, הַיְנוּ שֶׁהַבּוּשָׁה הוּא בַּפְּנִימִיּוּת, וְאֵין מִתְגַּלֶּה עַל פָּנָיו, כְּמוֹ שֶׁכָּתוּב (תהלים סט): "כִּסְּתָה כְלִמָּה פָנָי"; כִּי זֹאת הַבּוּשָׁה הִיא קֹדֶם הַתְּשׁוּבָה. וְזֶה יָדוּעַ, אֵין דּוֹמֶה בֶּן כְּפָר לְבֶן כְּרָךְ; כָּל מַה שֶּׁמְּקֹרָב בְּיוֹתֵר אֶל הַמֶּלֶךְ בָּשְׁתּוֹ גָּדוֹל. וְכָל מַה שֶּׁיּוֹדֵעַ בְּיוֹתֵר בִּכְבוֹד הַמֶּלֶךְ, הוּא בּוֹשׁ יוֹתֵר מֵהַמֶּלֶךְ. וְקֹדֶם הַתְּשׁוּבָה, עֲדַיִן יְדִיעָתוֹ בְּקַטְנוּת. עַל-יְדֵי-זֶה בָּשְׁתּוֹ אֵינוֹ בְּפֹעַל עַל פָּנָיו, כִּי חֲטָאָתָיו מְטַמְטְמִין שִׂכְלוֹ וִידִיעָתוֹ, עַל-יְדֵי רוּחַ שְׁטוּת שֶׁבְּקִרְבּוֹ, כְּמוֹ שֶׁאָמְרוּ (סוטה ג.): 'אֵין אָדָם עוֹבֵר עֲבֵרָה' וְכוּ'.

las palabras del Salmista es que su rostro estaba cubierto de vergüenza. La lectura del Rebe Najmán refleja el significado profundo del versículo, que la persona puede sentir vergüenza por haber transgredido la voluntad de Dios y aun así es posible que esa vergüenza no se manifieste en su rostro. Ello sucede cuando el arrepentimiento es incompleto y uno aún tiene que alcanzar el verdadero arrepentimiento. Su vergüenza está oculta dentro de él –cubierta por su rostro– y aún debe manifestarse.

69. el habitante de un pueblo...de la ciudad. Mientras que el profeta Ishaiahu tiene una visión de Dios y sólo hace afirmaciones generales, "Yo vi a Dios" (Isaías 6:1), el profeta Iejezquel tiene una visión de Dios y continúa detallando la Carroza Divina (Ezequiel 1). Enseña el Talmud: Todo lo que vio Iejezquel también lo vio Ishaiahu. Entonces, ¿por qué Iejezquel reporta su visión en detalle y Ishaiahu no hace mención alguna de la Carroza Divina? La respuesta se encuentra en las diferentes perspectivas de los profetas. Ishaiahu era como una habitante de la ciudad que está acostumbrado a ver al rey de manera regular. No se preocupa por detallar todo lo que ve. Iejezquel, por otro lado, es como el habitante de un pueblo que sólo ve al rey en raras ocasiones. Se entusiasma y queda hipnotizado por todo lo que ve. El Rebe Najmán agrega otra dimensión a esta enseñanza: El habitante de la ciudad, estando cerca del rey, es consciente de la grandeza del rey y de sus propias fallas. Por lo tanto es más probable que sienta temor ante el rey y experimente verdadera vergüenza e ineptitud en su presencia. Por otro lado, el habitante del pueblo, estando distante del rey, tiene menos conocimiento y conciencia de la grandeza del rey. Por lo tanto es menos probable que sienta un gran temor o humildad en presencia del rey.

70. antes del arrepentimiento...espíritu de locura.... Antes de arrepentirse, la conciencia de Dios que tiene la persona es limitada y su humildad ante el Rey aún no se manifiesta, como se explicó en las notas anteriores. Ello se debe a que los pecados embotan su intelecto, impidiéndole el conocimiento de Dios. El Talmud explica que sus pecados indican un intelecto ofuscado porque "la persona sólo peca cuando se ve dominada por un espíritu de locura". Aquél que está poseído por un espíritu de locura –i.e., un anhelo por seguir los deseos del corazón

gran vergüenza por haber transgredido seriamente en contra del Señor, Gobernante, Esencia y Raíz de todos los mundos.[67]

Ahora bien, esa vergüenza aún no se hace manifiesta. En otras palabras, la vergüenza <está aún dentro de él> y no se muestra en su rostro, <correspondiente a,> "mi rostro cubrió la vergüenza" (Salmos 69:8). Ello se debe a que su vergüenza precede al arrepentimiento.[68] Y esto es sabido: No hay comparación entre el habitante de un pueblo y el habitante de la ciudad (*Jaguigá* 13b).[69] Cuanto más cerca esté del rey, mayor será su vergüenza. Y cuanto más consciente sea de la gloria del rey, más vergüenza sentirá delante del rey. Pero antes del arrepentimiento, su conciencia aún está limitada y como resultado su vergüenza no se manifiesta en su rostro. Pues los pecados embotan su intelecto y su conciencia, debido al espíritu de locura que lleva dentro. Como enseñaron [nuestros Sabios]: La persona sólo peca [cuando se ve dominada por un espíritu de locura] (*Sotá* 3a).[70]

---

explicó más arriba (§2), que *Maljut* es el habla. Desestimar la Torá es desestimar los propios pecados y atribuir la mala fortuna a otras causas – i.e., no reconocer que ella proviene de las acusaciones hechas por el "fin de toda carne". Sin embargo, aceptar el *Maljut* de Dios – reconociendo las propias fallas y reconociendo a Dios– lleva al arrepentimiento mediante el habla sagrada (el estudio de la Torá).

67. ...y Raíz de todos los mundos. Aquí se nos introduce al concepto de la vergüenza, un elemento esencial del arrepentimiento, como el Rebe Najmán demostrará en ésta y en las dos secciones siguientes. Al comenzar a arrepentirse, la persona acepta el *Maljut* de Dios y así llega a reconocer Su grandeza. Cuanto más grande sea ese reconocimiento, mayor será la vergüenza por sus propias faltas y acciones.

Tercera Nota Marginal: Éste es el aspecto de *Zeir Anpin* sintiendo celos de *Maljut* y tomando su *reshimu*-impronta para él mismo. (Aunque en el texto hebreo esto aparece más adelante, el *Parparaot LeJojmá* es de la opinión de que la nota pertenece aquí. Lo hemos explicado en ambos lugares).

La explicación es como sigue: Como hemos visto, *Maljut* asciende y toma su *reshimu* del pecho de *Zeir Anpin*. Esto se transforma en los tefilín de la mano. Cuando *Zeir Anpin* ve que *Maljut* ha tomado su *reshimu* y tiene tefilín, siente "celos" y también desea tefilín. Dado que el *reshimu* de *Zeir Anpin* es trascendente, por sobre su cabeza, el *reshimu* de *Zeir Anpin* se transforma en los tefilín de la cabeza (ver n.44). La utilización por parte del Ari del término "celos" refleja el deseo de *Zeir Anpin* de lograr la rectificación y ascender a su fuente, como lo ha hecho *Maljut*. En nuestro contexto, esto corresponde a la persona que ha elevado su habla (*Maljut*) y la ha rectificado. Viendo que su habla está rectificada, pero que aún tiene fallas, intenta rectificarse. Éste es el arrepentimiento. Logra una comprensión (un *reshimu* de *mojín*) de la grandeza de Dios y así retorna a Él.

68. mi rostro cubrió la vergüenza...precede al arrepentimiento. El significado simple de

אֲבָל אַחַר־כָּךְ כְּשֶׁעוֹשֶׂה תְּשׁוּבָה, וּמֵסִיר מִמֶּנּוּ הַטִּפְּשׁוּת, וְנִתּוֹסֵף בּוֹ שִׂכְלוֹ. אֲזַי הוּא מִתְבַּיֵּשׁ בְּיוֹתֵר, וְנִתְגַּלֶּה הַבּוּשָׁה עַל פָּנָיו. וְהַבּוּשָׁה הַזֹּאת הוּא בְּחִינַת אוֹר הַתְּפִלִּין, שֶׁנִּתְגַּלֶּה עַל פָּנָיו בְּמִצְחוֹ. וְעִקַּר הִתְגַּלּוּת הַבּוּשָׁה הִיא בַּמֵּצַח, כְּמוֹ שֶׁכָּתוּב (ירמיה ג): "וּמֵצַח אִשָּׁה זוֹנָה הָיָה לָךְ מֵאַנְתְּ הִכָּלֵם":

La explicación es como sigue: Hemos visto que cuando se rectifica a *Maljut*, éste emerge en canción, alabanzas y aclamaciones a Dios. Esto alude a las plegarias de la mañana. El Ari enseña que mediante esas plegarias *Zeir Anpin* y *Maljut* adquieren nuevos *mojín*. Como se explicó (n.44), esas nuevas mentalidades forman el aspecto de los tefilín, un nivel de *mojín* superior al que existía antes de las plegarias. Es decir, cuando los nuevos *mojín* emergen del *reshimu* del intelecto, forman un "nuevo intelecto" en el aspecto de los tefilín de la cabeza usados arriba de la frente. En nuestro contexto, *Zeir Anpin* tomando sus *mojín* del *reshimu* (notas 67, 70) alude a la primera conciencia de la persona al reconocer a Dios: cuando siente vergüenza delante de Dios pero esa vergüenza aún tiene que manifestarse. Ello indica que la conciencia de sus propias faltas no está completa y que tampoco está completo su reconocimiento de Dios. Pero cuando la persona le ora a Dios en arrepentimiento y pide el perdón de sus pecados, su conciencia de Dios crece y se expande. Finalmente esa conciencia se vuelve tan intensa que ya no puede contenerla y se manifiesta en su rostro y en su frente, en la forma de vergüenza delante de Dios. Es por ello que los tefilín de la cabeza se colocan arriba o por encima de la frente, porque representan una conciencia de Dios mayor y trascendente.

74. frente...vergüenza. Este versículo proviene del reproche de Irmiahu al pueblo judío que había pecado y se negaba a arrepentirse; el profeta lo compara con una prostituta. En nuestro contexto, esto alude a aquellos que necesitan arrepentirse pero que se niegan a hacerlo y así la vergüenza que manifiestan en su frente es vergüenza generada por el pecado y no es humildad producida por el temor y la conciencia de Dios.

La vergüenza que este texto de prueba conecta con la frente es la vergüenza de la inmoralidad. Esto se alinea con el *Mei HaNajal* presentado más arriba (§3, n.43) respecto del hecho de que cuidar el Pacto (i.e., la pureza sexual) es inseparable de cuidar la lengua. (Ver también más adelante, sección 6, nota 110).

El *BeIbey HaNajal* ofrece la siguiente síntesis que ayuda a aclarar los conceptos tratados en esta lección. Los dos pasos en la rectificación de un habla corrompida son: someterla a la autoridad de *Maljut* de Santidad a través del estudio de la Torá por la noche (bajo circunstancias difíciles; ver n.45); y elevar el habla hacia su fuente, las *guevurot* (como palabras fervientes de verdad), al decir la verdad que está en el corazón (*Biná*, como conciencia de Dios). Ahora bien, mientras que la noche corresponde a los *mojín* restringidos, el día indica una conciencia expandida de Dios. Cuando la persona experimenta oscuridad y sufrimiento, su conciencia está restringida; es muy probable entonces que utilice palabras corrompidas al quejarse de su situación. La luz del día, por otro lado, representa la salvación de Dios; uno entonces dice palabras fervientes de alabanza y de agradecimiento a Dios, palabras de verdad, mediante las cuales uno merece el arrepentimiento y el conocimiento de Dios. Éste es también el motivo por el cual los tefilín sólo se utilizan durante el día, pues la luz de los tefilín corresponde a la luz del día. La persona eleva el habla hacia su fuente, el brazo izquierdo, mediante las verdaderas

Sin embargo, después, cuando se arrepiente <completamente> y se libera de la locura –de modo que crece su intelecto[71]– entonces se avergüenza extremadamente y la vergüenza se refleja en su rostro.[72] Y esa vergüenza es un aspecto de la luz de los tefilín que se vuelve visible en su rostro, en su frente.[73] Así, la demostración primaria de la vergüenza se encuentra en la frente, como está escrito, "Tú tienes frente de ramera, y rehúsas sentir vergüenza" (Jeremías 3:3).[74]

en lugar de seguir el intelecto– inevitablemente caerá en el pecado. Y ese espíritu de locura, después que logra que la persona cometa un pecado, retorna y hace que cada vez le sea más fácil cometer pecados adicionales; lo que, a su vez, produce un mayor ofuscamiento del intelecto.

En el texto hebreo aquí aparece la tercera nota marginal: "Éste es el aspecto de *Zeir Anpin* sintiendo celos de *Maljut* y tomando su *reshimu*-impronta para él mismo". La explicación aquí es similar a la que se encuentra más arriba (ver n.67). Como se explicó, el pecado es resultado de un espíritu de locura y así indica un intelecto restringido. Cuando los *mojín* están restringidos, *Zeir Anpin* sólo se queda con un *reshimu* del intelecto. Viendo que *Maljut* ha alcanzado sus *mojín*, *Zeir Anpin* siente "celos" de *Maljut* y desea su propia rectificación. Ello hace que *Zeir Anpin* atraiga su *reshimu* hasta que éste se vuelve *mojín* en la forma de los tefilín de la cabeza. En nuestro contexto, esto corresponde a la persona que ha elevado su habla (*Maljut*) y la ha rectificado. Viendo que su habla está rectificada, pero que aún tiene fallas y que por lo tanto se siente avergonzada delante de Dios, el Rey, intenta rectificarse. Éste es el arrepentimiento. Alcanza una comprensión (un *reshimu* de *mojín*) de la grandeza de Dios y así retorna a Él.

71. crece su intelecto. El espíritu de locura embota la mente. Sin embargo, el hecho de limpiar la mente de esa locura permite que crezca el intelecto –un aumento de *mojín*– por lo que la persona se vuelve capaz de una conciencia mucho mayor de Dios.

72. la vergüenza se refleja en su rostro. Esto puede verse de manera empírica. Aquel que se siente algo avergonzado puede ocultar su vergüenza, como en, "mi rostro cubrió la vergüenza". Pero aquel que es totalmente consciente de su vergüenza no puede ocultarla. Ella se refleja en su rostro.

73. la luz de los tefilín...visible en su rostro...frente. Como se explicó (ver n.44), los tefilín representan *mojín* muy grandes, que también son llamados luces. En la sección 2 el Rebe Najmán enseñó que el aspecto de los tefilín corresponde al habla rectificada/*Maljut*, que, como acabamos de ver, lleva al arrepentimiento y a una conciencia de Dios que se manifiesta en la vergüenza ante Él. En verdad, cuanto más grande sea la conciencia, más grande será la vergüenza. Por lo tanto, si la persona se arrepiente y alcanza una conciencia mayor de Dios, sintiendo así una mayor humildad ante Él, ello indica que su intelecto (conciencia) se ha expandido y que ella ciertamente ha ascendido a niveles espirituales más grandes. Éste es el significado de "la luz de los tefilín". Ello indica una conciencia expandida de Dios, una que se manifiesta en el lugar en donde se usan los tefilín de la cabeza, arriba de la frente.

Cuarta Nota Marginal: Éste aspecto [de la luz de los tefilín] significa que mediante la plegaria se hacen presentes nuevas mentalidades y entonces el *reshimu*-impronta emerge en el aspecto de tefilín. Pues la vergüenza hace que ore y pida perdón por sus pecados.

וְזֶה פֵּרוּשׁ (משלי ב): "אָז תָּבִין יִרְאַת ה'", כַּמּוּבָא בַּזֹּהַר הַקָּדוֹשׁ (בהקדמת התיקונים דף ט:): 'תְּפִלִּין הֵם בְּחִינַת אִמָּא עַל בְּרָא', וְ"אִם לַבִּינָה תִקְרָא" (משלי ב).

וְזֶה פֵּרוּשׁ "אָז תָּבִין", הַיְנוּ עַל-יְדֵי בִּינָה יְתֵרָה שֶׁיִּהְיֶה בְּהַכָּרַת הַבּוֹרֵא, עַל-יְדֵי-זֶה "יִרְאַת ה'", הַיְנוּ בְּחִינַת תְּפִלִּין, כְּמוֹ שֶׁאָמְרוּ חֲכָמֵינוּ זִכְרוֹנָם לִבְרָכָה (ברכות ו.): "וְרָאוּ כָּל עַמֵּי הָאָרֶץ כִּי שֵׁם ה' נִקְרָא עָלֶיךָ וְיָרְאוּ מִמֶּךָּ", אֵלּוּ תְּפִלִּין. כִּי הַיִּרְאָה הוּא הַבּוּשָׁה, כְּמוֹ שֶׁכָּתוּב (נדרים כ.): "יִרְאַת ה' עַל פְּנֵיכֶם" - 'זֶה הַבּוּשָׁה', שֶׁהִיא עַל הַפָּנִים. הַיְנוּ בְּחִינַת תְּפִלִּין עַל-יְדֵי בִּינָה, שֶׁהִיא אִמָּא עַל בְּרָא:

וְזֶה שֶׁאָמְרוּ חֲכָמֵינוּ זִכְרוֹנָם לִבְרָכָה (ברכות יא.): תְּפִלִּין נִקְרָאִין פְּאֵר, שֶׁנֶּאֱמַר (יחזקאל כד): "פְּאֵרְךָ חֲבוֹשׁ עָלֶיךָ". וּפְאֵר הוּא כְּלָלִיּוּת

79. te temerán...estos son los tefilín. Enseña el Talmud que las naciones verán los tefilín de la cabeza llevados por los judíos y ello les causará temor. Como comenta *Tosafot* (*loc. cit., v.i., eilu*), los tefilín de la cabeza son visibles sobre la frente; las naciones lo verán, verán a Dios residiendo con el pueblo judío y así lo temerán. En nuestro contexto, esto es un paralelo de la vergüenza del judío delante de Dios, que es visible en su rostro. Ver las dos notas siguientes.

80. Temor a Dios...vergüenza...en el rostro. Cuando Dios Se les reveló a los judíos en el Monte Sinaí, se sintieron sobrecogidos de temor. "'No teman', le respondió Moshé al pueblo. 'Dios sólo vino para elevarlos y para que el temor a Él esté sobre sus rostros, para que no pequen'" (Éxodo 20:17). Explica el Talmud: Este temor a Dios se manifiesta como vergüenza, lo que hace que la persona no peque. De aquí aprendemos que la vergüenza lleva al temor a Dios... mientras que todo aquel que sea descarado, con seguridad que los pies de sus ancestros no estuvieron en el monte Sinaí (*Nedarim, loc. cit.*; este punto concerniente a la gente descarada se explica más adelante en §6).

81. aspecto de los tefilín por medio de la Biná...sobre su hijo. Ver notas 76 y 77. Así, al experimentar una revelación de Dios y reconocerlo en un nivel verdaderamente exaltado, el pueblo judío alcanzó un grado de temor y de vergüenza ante Dios que se manifestó en sus rostros. Éste es el aspecto de los tefilín de la cabeza, que corresponden a experimentar esa vergüenza sentida hondamente y a lograr una profunda comprensión de Dios.

82. los tefilín son llamados peer...tu peer. La persona que está de duelo tiene prohibido colocarse los tefilín el primer día (desde el momento del fallecimiento hasta el entierro de un pariente inmediato; *Kitzur Shuljan Aruj* 208:1). Ello se debe a que los tefilín están descritos como un adorno, el *peer* (gloria) de la persona; y la persona que está de duelo, sentada en el suelo y demás, ciertamente no se encuentra en un estado de gloria (*Rashi, loc. cit., v.i. alma amar rabí Aba*). El Talmud aprende de aquí que la orden de Dios a Iejezquel de no lamentarse

{"**Entonces entenderás el temor a Dios y encontrarás el conocimiento del Señor**" (Proverbios 2:5)}.

Y ésta es la explicación de "Entonces entenderás el temor a Dios" (Proverbios 2:5).[75] Como dice en el santo *Zohar* (*Tikuney Zohar*, Introducción, p.9b): Los tefilín son un aspecto de *Ima* (Madre) sobre su hijo.[76] <*Ima* es *Biná*, correspondiente a "*Em* llama a *Biná*">.[77]

Esto explica "Entonces entenderás" – i.e., por medio de la *Biná* (Comprensión) adicional que tendrá al reconocer al Creador. Con esto [él tendrá] "el temor a Dios" – i.e., el aspecto de los tefilín.[78] Como enseñaron nuestros Sabios: "Todas las naciones del mundo verán que el nombre de Dios está asociado contigo y te temerán" (Deuteronomio 28:10) – estos son los tefilín (*Berajot* 6a).[79] Pues el temor es vergüenza, como está escrito, 'el temor a Dios estará en sus rostros' – esto es la vergüenza (*Nedarim* 20a), que se refleja en el rostro.[80] En otras palabras, ello es el aspecto de los tefilín por medio de la *Biná* <adicional>, que es "*Ima* sobre su hijo".[81]

Esto es lo que enseñaron nuestros Sabios (*Berajot* 11a): Los tefilín son llamados *peer* (gloria) pues está dicho (Ezequiel 24:17), "Colócate tu *peer*".[82] Y

---

palabras en su corazón – siendo esto el aspecto de los tefilín de la mano, utilizados en el brazo izquierdo frente al corazón. Luego, cuando se arrepiente y como resultado de lo cual adquiere una mayor conciencia de Dios, la vergüenza (la humildad) se manifiesta en su rostro – siendo esto el aspecto de los tefilín de la cabeza.

75. entenderás el temor a Dios. El Rebe ofrecerá varias interpretaciones para este versículo, explicando cómo alude a los diferentes conceptos de esta lección (ver notas 78, 87, 98). Antes de ello, el Rebe introduce varios conceptos nuevos.

76. Tefilín…Ima sobre su hijo. El *Zohar* enseña que la persona Divina *Ima* (Madre), que corresponde a *Biná* (ver la nota siguiente), le entrega los *mojín* a la persona que se encuentra directamente por debajo, *Zeir Anpin* – su "hijo". Esto es como hemos visto anteriormente, que el aspecto de tefilín se crea cuando *Zeir Anpin* toma sus *mojín* de un nivel superior (ver n. 67, 70). Este nivel superior es *Biná*, que corresponde a una conciencia y comprensión de Dios.

77. Ima es Biná…Em llamas a Biná. Esto está citado de un pasaje anterior en la Introducción del *Tikuney Zohar*, ver página 2a. Para demostrar la conexión entre la persona Divina *Ima* (Madre) y la *sefirá* de *Biná* (Comprensión), el *Zohar* lee el versículo de Proverbios 2:3; "Si (*Im*) llamas a *Biná*" como si fuera "*Em* (Madre) llamas a *Biná*". Ambos *im* y *em* se escriben אם. Con este juego de palabras, "*Im/Em* llamas a *Biná*" puede entenderse como una directiva para llamar a *Biná* por su correspondiente persona, *Ima* (cf. *Targúm* sobre Proverbios 2:3).

78. entenderás…Biná…temor a Dios…tefilín. Ya hemos visto que el habla rectificada lleva a un reconocimiento y a una mayor comprensión de Dios. Esta mayor comprensión se manifiesta en la vergüenza delante de Dios, que es un paralelo del temor a Dios (como se explicará a la brevedad). Todo esto es el aspecto conceptual de los tefilín, como se explicó más arriba.

הַגְּוָנִין, כִּי הַהִתְפָּאֲרוּת עַל־יְדֵי כְּלָלִיּוּת הַגְּוָנִין, כְּמוֹ שֶׁכָּתוּב (ישעיה מט): "יִשְׂרָאֵל אֲשֶׁר בְּךָ אֶתְפָּאָר". כִּי הֵם כְּלוּלִין מִגְּוָנִין סַגִּיאִין. וְזֶה שֶׁאָנוּ רוֹאִים, כְּשֶׁאָדָם מִתְבַּיֵּשׁ נַעֲשֶׂה כַּמָּה גְוָנִין.
וּבָזֶה יְכוֹלִים אָנוּ לְהָבִין, אִם יֵשׁ לְאָדָם יִרְאַת שָׁמַיִם, הַיְנוּ בּוּשָׁה, לְאַחַר תִּקּוּן הַחֵטְא, כְּשֶׁאָנוּ מִסְתַּכְּלִין עַל פָּנָיו, וְנוֹפֵל עָלֵינוּ יִרְאָה וּבוּשָׁה, הַיְנוּ שֶׁנִּמְשָׁךְ עָלֵינוּ דַּעַת בִּגְדֻלַּת הַבּוֹרֵא יִתְבָּרַךְ שְׁמוֹ. וְזֶה פֵּרוּשׁ "אָז תָּבִין יִרְאַת ה'", פֵּרוּשׁ: בָּזֶה תָּבִין שֶׁיֵּשׁ לוֹ יִרְאַת ה', "וְדַעַת אֱלֹקִים תִּמְצָא". הַיְנוּ, כְּשֶׁיִּמָּצֵא גַּם לְךָ, דֵּעָה בִּגְדֻלַּת הַבּוֹרֵא, הַיְנוּ בּוּשָׁה וְיִרְאָה. וְזֶה בְּחִינַת: "וְרָאוּ כָּל עַמֵּי הָאָרֶץ וְכוּ'

---

el pueblo judío, los cohanim, los levitas y los israelitas, corresponden a las *sefirot* de *Jesed*, *Guevurá* y *Tiferet*, respectivamente. Esas *sefirot*, a su vez, corresponden a los tres colores básicos (ver Lección #42; n.3). Así se dice que el pueblo judío está compuesto por muchos colores (ver *Zohar* II, 229b). El judío que alcanza la luz de los tefilín/*peer* es por lo tanto un aspecto de *Tiferet* y Dios siente *hitPaARuT* por él. Éste, entonces, es el significado del versículo "Israel, en ti Me enorgullezco": Cuando **Israel** – la totalidad de los colores/*Tiferet* – está **en ti**, de modo que has alcanzado el aspecto de los tefilín, entonces **Me** *etpaer* en ti.

85. cuando la persona siente vergüenza, se pone de diferentes colores. Así como una demostración de orgullo implica una totalidad de colores, su contrario, la vergüenza, implica la aparición de diferentes colores en el rostro.

Ahora podemos comprender la conexión de "los tefilín son un aspecto de *Ima* sobre su hijo" con el hecho de que los tefilín sean llamados *peer*. Como se explicó, *Ima* es *Biná* (Comprensión). Como tal, en nuestro contexto *Ima* corresponde a la vergüenza que la persona siente después de alcanzar un exaltado nivel de *biná* (comprensión) de Dios. Al igual que *hitPaARuT*, esa vergüenza es una totalidad de colores. Hemos visto que "su hijo" hace referencia a *Zeir Anpin*, la totalidad de los colores. Así a través de que *Ima/Biná*/la vergüenza está "sobre su hijo", *Zeir Anpin/tiPhERet* también corresponde a los tefilín/*PeER*, pero en un nivel menor al arrepentimiento completo y el temor a Dios (i.e., más abajo del nivel de *Biná*).

86. podemos discernir.... Cuando la persona alcanza verdadera vergüenza delante de Dios, el aspecto de los tefilín, ello es una señal de que ha logrado el arrepentimiento. Ello se debe a que después de haber rectificado su pecado (el arrepentimiento), su rostro se llena de vergüenza delante de Dios y esa vergüenza se manifiesta en la forma de temor a Dios. Más aún, como el Rebe Najmán enseña aquí, su rostro irradia ese temor. Como resultado, cuando otros miran su rostro, también *ellos* son sobrecogidos de temor a Dios (al igual que *Zeir Anpin* que siente su *reshimu*, como en n.44) y toman de allí una comprensión más profunda de Su grandeza.

87. entenderás...conciencia...temor.... Ésta es la segunda interpretación del Rebe Najmán de "Entonces entenderás...". La persona puede darse cuenta o sentir cuándo otra siente temor a Dios si al mirar su rostro, siente una mayor conciencia de la grandeza de Dios (ver más arriba notas 75, 78).

PeER es la suma de todos los colores, pues el *hitPaARuT* (enorgullecerse) se produce a través de la totalidad de los colores,⁸³ como está escrito "Israel, en ti *etPaER* (Me enorgullezco)" (Isaías 49:3). Pues [el pueblo judío] está compuesto por muchos colores.⁸⁴ Y esto es como podemos ver, que cuando la persona siente vergüenza, se pone de diferentes colores.⁸⁵

A partir de esto podemos discernir si, luego de la rectificación del pecado, la persona siente temor a Dios, i.e., vergüenza – si, cuando miramos su rostro, nos vemos llevados al temor y a la vergüenza. En otras palabras, tomamos conciencia de la grandeza del Creador, bendito sea Su Nombre.⁸⁶

Ésta es la explicación de "Entonces entenderás el temor a Dios <y encontrarás el conocimiento del Señor>". La explicación es: Con esto sabrás si siente temor a Dios – <si tú> "encuentras el conocimiento del Señor", es decir, si alcanzas la conciencia de la grandeza del Creador, es decir, la vergüenza y el temor.⁸⁷ Esto corresponde a "Todas las naciones

---

por su esposa fallecida ni mostrar ningún signo de duelo, sino "colócate tu *peer*" (Ezequiel 24:17), hace referencia a los tefilín. Dado que Iejezquel tenía prohibido lamentarse, los Sabios infieren que todo aquello que se le dijo explícitamente –colocarse los tefilín, las sandalias, etc. – está normalmente prohibido para los que están de duelo. A partir de aquí entendemos que los tefilín son lo opuesto de un estado de lamentación. Esto podemos verlo dentro del contexto de nuestra lección. Los tefilín connotan una conciencia expandida y un reconocimiento de la grandeza de Dios. El estado de duelo es lo opuesto, pues connota restricción y falta de mojín.

83. hitPaARuT...la totalidad de los colores. Las letras de *PeER* (פאר) son la raíz de la palabra *hitPaER* (התפאר), que significa "gloriarse en" o "enorgullecerse de", e *hitPaARuT* "una demostración de orgullo". También son la base de la palabra *tiPhERet* (תפארת, "belleza"; la "f" de *Tiferet* ha sido cambiada por una "ph" para subrayar el paralelo en hebreo [ver Lección #47, notas 11 y 12]). El Rebe Najmán construye sobre esto para explicar la conexión entre la enseñanza del Talmud de que los tefilín son llamados *peer* y la enseñanza del *Zohar* de que "los tefilín son un aspecto de *Ima* (Madre) sobre su hijo".

El punto del Rebe Najmán se explica en base a una serie de conceptos introductorios. Primero está el uso que hace la Kabalá de los colores como representaciones alegóricas de los diferentes atributos y funciones de las *sefirot*. Así, el *Zohar* enseña que cada *sefirá* tiene su correspondiente color superior (*Zohar* II, 90b; ver Apéndice: Los Colores Superiores). Si aplicamos esto a las personas Divinas, podemos describir a *Zeir Anpin*, que engloba las seis *sefirot*, como una totalidad de los colores. Ahora bien, a veces *Zeir Anpin* también es llamado por su *sefirá* central y global, *Tiferet*. Así, *Tiferet*, también es considerado una totalidad de los colores. Y similar a *Tiferet* es *hitPaARuT*, pues una demostración de orgullo también es una totalidad de colores (ver la nota siguiente). Por lo tanto, como elemento de *peer*, tanto *Tiferet* como *hitPaARuT* (ver n.3) corresponden al aspecto de los tefilín.

84. etPaER...pueblo judío...muchos colores. Como es sabido, los tres grupos que componen

וְיִרְאוּ מִמֶּךָ", הַיְנוּ שֶׁנִּמְשָׁךְ עֲלֵיהֶם גַּם כֵּן יִרְאָה:

ו. **וּמֹשֶׁה** זָכָה לְאוֹר הַתְּפִלִּין, כְּמוֹ שֶׁכָּתוּב בַּזֹּהַר (בהשמטות בראשית רסב): "וַיִּתְנַצְּלוּ אֶת עֶדְיָם" - דָּא תְּפִלִּין. "וּמֹשֶׁה יִקַּח אֶת הָאֹהֶל" - שֶׁלָּקַח אוֹתָן הָאוֹרוֹת, מִלְּשׁוֹן (איוב כט): "בְּהִלּוֹ נֵרוֹ עֲלֵי רֹאשִׁי" (עיין בזהר בראשית נב:; כי תשא קצד.).

89. joyas...Moshé tomó la tienda. El Talmud enseña que cuando los judíos aceptaron la Torá en el Monte Sinaí, se les envió ángeles para adornar a cada judío con dos coronas espirituales. Sin embargo, después de pecar con el Becerro de Oro fueron enviados ángeles destructores y "ellos los despojaron de sus joyas". En su lugar, Moshé fue recompensado con todas esas coronas (*Shabat* 88a). Las Escrituras relatan entonces que Moshé tomó la Tienda de Reunión y la colocó fuera del campamento. De ahí en más, todo aquel que buscase a Dios debía ir a la Tienda de Reunión fuera del campamento israelita. El Rebe Najmán explica ahora esto dentro del contexto de nuestra lección.

90. Moshé...tefilín. En esta sección, el Rebe Najmán explica el aspecto de los tefilín en relación con las tres figuras bíblicas: Moshé, Adán y Caín.

91. joyas - estos son los tefilín. Después del pecado del Becerro de Oro los israelitas se lamentaron y por lo tanto se despojaron de sus joyas (*Rashbam*, Éxodo 33:4). En ese sentido, ellos consideraban a sus joyas equivalentes a los tefilín (ver n.82 más arriba de que la persona que está de duelo tiene prohibido llevar los tefilín).

92. oHeL...luces...Hilo.... El término hebreo para "tienda", *oHeL* (אהל), es similar a *HiLah* (הלה), un halo o brillo (cf. *Metzudat Zion*, Job 29:3). El Rebe Najmán enseñó al comienzo de la lección que los tefilín son una señal de unión a Dios. Al hacer el becerro de oro los judíos perdieron esa unión; debido a su espíritu de locura perdieron las luces y los *mojín* del aspecto de los tefilín. En su lugar, enseñan nuestros Sabios, todas esas luces le fueron dadas a Moshé. Como afirman las Escrituras: "Moshé tomó el *ohel*" – i.e., él tomó *hilah* de las "joyas", el aspecto de tefilín/*mojín*.

Lo siguiente es un repaso de la enseñanza del *Zohar* con respecto a Moshé llevando la Tienda de Reunión fuera del campamento israelita (los agregados entre paréntesis muestran conceptos correspondientes de nuestra lección): Los judíos que recibieron la Torá en el Monte Sinaí quedaron limpios del veneno espiritual que había sido parte de la humanidad desde que la Serpiente convenciera a Adán y a Eva de comer del Árbol del Conocimiento del Bien y del Mal en el Jardín del Edén. [La Serpiente sedujo y cohabitó con Eva, envenándola a ella y, a través de ella, a todos sus descendientes – i.e., a toda la humanidad. Como resultado, el hombre quedó compuesto por características tanto buenas como malas]. Sin embargo, en el Monte Sinaí los judíos quedaron limpios de ese veneno espiritual y merecieron una cota de malla superior – i.e., "las joyas" o luces espirituales radiantes. Pero al hacer el Becerro de Oro, el veneno volvió y los judíos perdieron su armadura. Una vez más se vieron sujetos a las fuerzas del mal, a las *klipot*, y nuevamente tuvieron que trabajar para vencerlas (por ejemplo, ahora hay que llevar el habla corrompida para colocarla bajo el gobierno de *Maljut* de Santidad). Podemos comprobar el poder destructivo de la Serpiente a partir de lo siguiente: Al testificar sobre el milagro de la Apertura del Mar Rojo, las Escrituras afirman, "los israelitas *vieron* la Gran Mano de Dios".

del mundo verán… y te temerán" – i.e., cuando ellas también estén llenas de temor.[88]

6. {**"Ellos se despojaron de sus joyas… Y Moshé tomó el *ohel* (tienda)"** (Éxodo 33:6, 7)}.[89]

Ahora bien, Moshé <también> mereció la luz de los tefilín,[90] como está escrito en el *Zohar* (I, 262a): "Ellos se despojaron de sus joyas" – estos son los tefilín.[91] "Moshé tomó el *oHeL*" – él tomó esas luces, como está indicado en (Job 29:3), "Cuando su lámpara *HiLo* (brillaba) sobre mi cabeza".[92]

---

88. las naciones…te temerán…. El significado simple, como se explicó más arriba (n.79), es que cuando las naciones vean los tefilín sobre las cabezas del pueblo judío, lo temerán. Aquí el Rebe Najmán lee este versículo de Deuteronomio 28:10 como si dijera: "Todas las naciones del mundo verán que el nombre de Dios está asociado contigo y ellos *adquirirán el temor a partir de ti*". Ver al pueblo judío y percibir su temor a Dios hará que las naciones también se vean imbuidas de Su temor. Ello se debe a que los judíos son un aspecto de los tefilín y los tefilín llevan al temor a Dios.

Cierta vez sucedió que el Rebe Zusha de Anipoli atravesó el mercado llevando puestos los tefilín de la cabeza. Todos los gentiles que lo vieron huyeron de allí. Cuando se le preguntó por qué había sucedido ello, él citó la enseñanza de los Sabios de que "las naciones del mundo verán… y te temerán" que alude a los tefilín de la cabeza. "Ellos vieron mis tefilín y huyeron", explicó Rebe Zusha. Pero sus interlocutores no estaban satisfechos. "Nosotros también llevamos los tefilín", dijeron, "¡pero los gentiles no huyen de nosotros con temor!". A esto respondió Rebe Zusha, "La respuesta puede encontrarse en las palabras de los Sabios. Ellos dijeron que las naciones verían los tefilín *sheberosh* – literalmente, los tefilín *en* la cabeza y no *sobre* la cabeza". El punto de Rebe Zusha era que para que se materializaran las rectificaciones generadas por los tefilín, estos también debían estar "dentro" de la cabeza –i.e., el aspecto de conciencia– pues sólo entonces son los tefilín un indicador de la unión de la persona con Dios (ver n.3).

Resumen: Uno debe siempre examinarse para comprobar que esté unido a Dios. Esto es posible a través del aspecto de los tefilín (§1). Para lograr el aspecto de los tefilín, es necesario evitar la calumnia y todas las otras clases de habla corrompida, dándole poder en su lugar al habla sagrada (§2). Para elevar el habla uno debe unirla con su fuente, las *guevurot*. Ello se logra buscando y diciendo la verdad (§3). Cuando la persona estudia Torá en circunstancias difíciles rectifica su habla. Así el estudio de la Torá es un importante pilar para alcanzar un habla pura (§4). Y cuando la persona logra un habla pura, puede alcanzar *Biná*/el arrepentimiento y así llegar a una profunda comprensión de Dios. Esa conciencia se manifiesta en el rostro de la persona en la forma de temor a Dios. Cuanto más grande sea su nivel de temor, más llevará a los demás hacia una conciencia de Dios (§5).

Ahora podemos comprender la frase de abertura del Rebe Najmán donde enseña que a través del aspecto de los tefilín la persona puede examinarse para verificar si está unida a Dios. Brevemente, el aspecto de los tefilín corresponde a ser conscientes de Dios en todo momento y en todo lugar. El aspecto de los tefilín de la mano alude al habla, que cuando está rectificada y elevada hacia su fuente, hacia *Biná*, hace que se revele el aspecto de los tefilín de la cabeza. Esa revelación de los tefilín de la cabeza indica una profunda comprensión de Dios, que se manifiesta a través de la vergüenza delante de Él. Así, a través del aspecto de los tefilín de la mano y de la cabeza –de su rectificación, elevación y revelación– la persona puede determinar cuál es su apego a Dios.

וְזֶהוּ (שמות לד): "כִּי קָרַן עוֹר פָּנָיו", עַל שֵׁם קֶרֶן אַחַת הָיָה לוֹ בְּמִצְחוֹ (שבת כח:). זֶה בְּחִינַת תְּפִלִּין, שֶׁהוּא בַּמֵּצַח. וְעַל־יְדֵי־זֶה "וַיִּרְאוּ מִגֶּשֶׁת אֵלָיו", כִּי הֵאִיר עֲלֵיהֶם הַיִּרְאָה, כְּמוֹ שֶׁכָּתוּב: "אָז תָּבִין יִרְאַת ה'" וְכוּ':

וְזֶה שֶׁאָמְרוּ רַבּוֹתֵינוּ, זִכְרוֹנָם לִבְרָכָה (ברכות יב:): 'הָעוֹבֵר עֲבֵרָה וּמִתְבַּיֵּשׁ בָּהּ מוֹחֲלִין לוֹ מִיָּד', כִּי הָעֲבֵרָה מַכְנִיס בָּאָדָם רוּחַ שְׁטוּת, וְעַל־יְדֵי בּוּשָׁה מַחֲזִיר הַמֹּחִין, כְּמוֹ שֶׁכָּתוּב: "אָז תָּבִין יִרְאַת ה'" כַּנַּ"ל:

וְזֶה שֶׁאָמְרוּ חֲכָמֵינוּ זִכְרוֹנָם לִבְרָכָה (נדרים כ.): 'מִי שֶׁיֵּשׁ בּוֹ עַזּוּת, בְּיָדוּעַ שֶׁלֹּא עָמְדוּ רַגְלֵי אֲבוֹתָיו עַל הַר סִינַי', כִּי אָדָם הָרִאשׁוֹן פָּגַם בִּבְחִינַת תְּפִלִּין, שֶׁהֵם בְּחִינַת עֵץ הַחַיִּים, כְּמוֹ שֶׁכָּתוּב (ישעיה

---

95. KaRaN…KeReN…tefilín…frente. El *KiRuN* (קרון, brillo) que irradiaba del rostro de Moshé era como un solo *KeReN* (קרן) que estaba en la cabeza del toro. En nuestro contexto, cuando la persona se arrepiente alcanza una conciencia de Dios que la lleva a sentir vergüenza delante de Él. Esa vergüenza sagrada hace que su rostro brille (§5) y así es un aspecto de los tefilín de la cabeza llevados en la frente (un solo "*keren*").

96. irradiaba el temor sobre ellos…entenderás…. Como se trató más arriba, en la sección 5 y en las notas 86-87.

97. peca y se avergüenza…. Si después de pecar siente vergüenza, ello es su arrepentimiento. Por lo tanto, es perdonado.

98. restaura las mentalidades…como se explicó. Ver más arriba, sección 5, nota 70. Mediante el arrepentimiento la persona restaura el intelecto que perdió debido a su espíritu de locura.

Con esto el Rebe Najmán agrega una tercera interpretación para el versículo, "Entonces entenderás el temor a Dios…". Anteriormente el Rebe enseñó (§5, n.78) que una mayor comprensión de Dios lleva al temor a Dios y se manifiesta en la vergüenza de la persona. También enseñó (§5, n.87) que el temor a Dios que la persona obtiene a través de la conciencia puede ser sentido por otros. Aquí el Rebe agrega que cuando la persona alcanza ese nivel de vergüenza sagrada, puede restaurar los *mojín* que se perdieron debido a sus pecados (*Parparaot LeJojmá*). El versículo así se lee: "Entonces entenderás" – podrás restaurar los *mojín* y alcanzar comprensión – cuando llegues al "temor a Dios" – i.e., la vergüenza.

99. descarado…. El texto en el Talmud (*loc. cit.*) dice: "Todo aquel que carece de humildad, con seguridad…". Los comentaristas explican que las almas de todos aquellos destinados a recibir la Torá, en ese entonces y en el futuro, estuvieron en el Monte Sinaí. Por lo tanto, fueron imbuidas con las cualidades de la humildad y de la modestia. Los descarados, aquellos que carecen de humildad, no pueden por lo tanto haber estado en el Sinaí (*Ran, v.i., lo*).

{**"Aarón y todos los hijos de Israel miraron a Moshé y he aquí que la piel de su rostro *karan* (despedía rayos de luz), por lo cual temían acercarse a él"** (Éxodo 34:30)}.⁹³

Y éste es el significado de "la piel de su rostro *KaRaN*", similar a, "tenía un solo *KeReN* (cuerno) en su frente" (*Julín* 60a).⁹⁴ Éste es el aspecto de los tefilín, que son [usados] sobre la frente.⁹⁵ Debido a ello "temían acercarse a él" – pues él irradiaba el temor sobre ellos, como en, "Entonces entenderás el temor a Dios [y encontrarás el conocimiento del Señor]".⁹⁶

Esto es también como enseñaron nuestros Sabios: Todo aquel que peca y se avergüenza de ello, <sus pecados> le son perdonados (*Berajot* 12b).⁹⁷ Ello se debe a que el pecado infunde en la persona un espíritu de locura. Pero mediante la vergüenza, [la persona] restaura las mentalidades, como en, "Entonces entenderás el temor a Dios", como se explicó.⁹⁸

Y esto es como enseñaron nuestros Sabios: Todo aquel que es descarado, con seguridad que los pies de sus ancestros no estuvieron en el monte Sinaí (*Nedarim* 20a).⁹⁹ Pues el Primer Hombre, corrompió el aspecto de los tefilín, que es un aspecto del Árbol de la Vida, <como enseñaron

---

Más tarde, en el Sinaí, ellos *vieron* "sonidos y luces" – una revelación abierta de la Divinidad. Pero entonces pecaron, luego de lo cual los israelitas fueron incapaces de mirar el rostro de Moshé (cuando descendió de la montaña por segunda vez con un rostro radiante) y tenían miedo de acercarse a él. Pues cuando el pueblo judío está unido al Árbol de la Vida, no le teme a nadie. Mientras que cuando está unido al Árbol del Conocimiento, envenenado por el consejo de la Serpiente (un espíritu de locura), entonces se encuentra continuamente bajo el ataque de la fuerza del mal (las acusaciones y pruebas de las *klipot*). Así, después de hacer el Becerro de Oro... ellos "se despojaron de sus joyas (tefilín, conciencia de Dios)... entonces Moshé tomó la tienda... la llamó la Tienda de Reunión". Moshé "tomó la tienda", originalmente un lugar (luces espirituales) del cual la gente podía tomar constantemente una elevada conciencia de Dios y la llevó fuera del campamento. Después de esto, fue conocida como un *ohel moed* (literalmente "una tienda para el tiempo específico"), pues aunque la persona debe siempre buscar la Divinidad, no siempre tiene éxito. Sólo en ciertos momentos "específicos" puede alcanzar una elevada conciencia de Dios (*Zohar* I, 52b). Este pasaje contiene varios conceptos que el Rebe Najmán tratará más adelante.

93. su rostro despedía rayos de luz.... El Midrash ofrece varias razones para explicar el brillo del rostro de Moshé (*Shmot Rabah* 47:6) una de las cuales es que su rostro reflejaba la luz de las Tablas (ver más adelante, n.123). Al descender de la montaña con las Segundas Tablas, el pueblo tuvo miedo del resplandor de Moshé y se alejó de él.

94. un solo cuerno.... Adán pecó y así cortó su unión con Dios. En arrepentimiento, trajo como sacrificio un toro que tenía un solo cuerno (ver *Julín* 60a). Los comentarios hacen notar que el daño de Adán se produjo en su fe en el Dios Único. Él se arrepintió trayendo un toro con *un* solo cuerno, expresando así su renovada fe en el Dios Único (*HaKotev, loc. cit.; Maharsha, loc. cit., v.i. vekarnav*).

לח): "ה' עֲלֵיהֶם יִחְיוּ"; וְדָבַק אֶת עַצְמוֹ בְּאִילָנָא דְּמוֹתָא, וְעַל־יְדֵי־זֶה "וַיְגָרֶשׁ אוֹתוֹ מִגַּן עֵדֶן" (בראשית ג), 'כִּי עַזּוּת־פָּנִים לְגֵיהִנֹּם' (אבות פרק ה משנה כ), וְכַד תָּב בִּתְיוּבְתָּא, כְּתִיב: "וַיַּעַשׂ לָהֶם כָּתְנוֹת עוֹר" - דָּא תְּפִלִּין (כמובא בתיקונים תיקון סט דף קה.):

וְזֶה פֵּרוּשׁ (שבת כח:; חולין ס.): 'שׁוֹר שֶׁהִקְרִיב אָדָם הָרִאשׁוֹן, קֶרֶן אַחַת הָיְתָה לוֹ בְּמִצְחוֹ', כִּי עַל־יְדֵי הַקָּרְבָּן, הַיְנוּ עַל־יְדֵי הַתְּשׁוּבָה, זָכָה לִבְחִינַת תְּפִלִּין, שֶׁהוּא בְּחִינַת קֵרוּן עוֹר הַפָּנִים:

וְקַיִן שֶׁהָיָה מִזֻּהֲמַת הַנָּחָשׁ, כְּתִיב בֵּהּ (בראשית ד): "לָמָּה נָפְלוּ פָנֶיךָ", שֶׁהוּא בְּחִינַת אוֹר הַתְּפִלִּין, שֶׁהוּא קֵרוּן עוֹר הַפָּנִים. וְקַיִן הֵבִיא מִפְּסֹלֶת, שֶׁרָאָה חוֹב לְכָל אֶחָד, וְאִיתָא (במדרש תנחומא פרשת בראשית): "וַיָּשֶׂם לְקַיִן אוֹת" - שֶׁזָּרַח לוֹ קֶרֶן, הַיְנוּ כַּנַּ"ל. וְזֶה שֶׁכָּתוּב בְּקַיִן (בראשית ד): "וַיֵּשֶׁב בְּאֶרֶץ נוֹד קִדְמַת עֵדֶן", פֵּרוּשׁ: שֶׁלֹּא זָכָה לְעֵדֶן,

Serpiente envenenó a Eva cohabitando con ella antes que ella comiese del Árbol del Conocimiento, un acto que la llevó a dar a luz a Caín. Fue por eso que Caín mató a Abel; él adquirió de la Serpiente una propensión al asesinato, lo que trajo la muerte al mundo entero (ver n.100).

El Rebe Najmán toma ahora la historia de Caín, su pobre ofrenda, su pecado y su arrepentimiento y la explica dentro del contexto de nuestra lección. En síntesis, Caín, que nació con una hermana gemela, estaba celoso de su hermano Abel, que había nacido con dos hermanas gemelas. Por ello mató a Abel y así fue sentenciado a una vida de vagabundo. Caín temía por su vida, que lo matasen las bestias salvajes. Ello lo llevó al arrepentimiento, por lo cual Dios hizo una marca en la frente de Caín para protegerlo (Génesis 4:1-10-6, con *Rashi*). El lector notará que el comentario del Rebe oscila entre el pecado de Caín y su arrepentimiento, entre Caín como culpable y el haber obtenido el perdón.

105. decaído tu rostro…la luz de los tefilín…. Como se mencionó más arriba, tanto Caín como Abel llevaron una ofrenda a Dios (ver n.16). Pero Caín, sintiéndose lejos de Dios, sólo hizo una pobre ofrenda y, cuando Dios ignoró lo que había llevado, Caín se enojó y se deprimió – en palabras de las Escrituras, "decayó su rostro". En nuestro contexto, esto alude al hecho de haber estado lejos del aspecto de los tefilín.

106. desechos…faltas en todos. ¿Por qué estaba Caín lejos de Dios? Ello fue el resultado de su inclinación a encontrar faltas en los demás. En nuestro contexto, Caín había corrompido el habla y estaba enraizado en el "fin de toda carne", pues sólo elevando el habla es posible alcanzar la luz de los tefilín, un rostro radiante.

107. una marca…un keren…como se explicó más arriba. El *keren* corresponde al *kirun*, el rostro radiante, que corresponde a los tefilín (notas 95, 103). Cuando Caín se arrepintió, le apareció un "cuerno" en la frente para distinguirlo de todos los demás, para que los animales no lo matasen (*Midrash Tanjuma, Bereshit* 10). Como se explicó en nuestra lección, el "cuerno" es el *keren*/brillo del rostro que irradia cuando la persona se arrepiente.

nuestros Sabios (*Menajot* 44a): Todo aquel que lleve tefilín merecerá la vida, pues está dicho> (Isaías 38:16), "Oh Dios, [con estas cosas] sobre ellos, ellos viven". Y [Adán] se unió al Árbol de la Muerte.[100] Como resultado, Él lo expulsó del Jardín de Edén (cf. Génesis 3:24). Pues la persona descarada [está destinada] al Gueinom (*Avot* 5:23).[101] Pero [después que] él se arrepintió, está escrito (Génesis 3:21), "[Dios] les hizo vestimentas de cuero" – estos son los tefilín.[102]

Ésta es la explicación de: El toro que sacrificó el Primer Hombre tenía un solo *keren* en la frente. Pues por medio del sacrificio, al arrepentirse, [Adán] mereció el aspecto de los tefilín – que corresponde al *kirun* (brillo) de la piel de su rostro.[103]

Pero con respecto a Caín, quien provenía del veneno de la Serpiente,[104] está escrito (Génesis 4:6), "¿Por qué ha decaído tu rostro?". Éste es un aspecto de la luz de los tefilín, que es el brillo de la piel del rostro.[105] <Y él trajo un sacrificio> de los desechos (*Bereshit Rabah* 22:5) – mirando las faltas en todos.[106] También encontramos: "Entonces Él colocó una marca sobre Caín" (Génesis 4:15) – un *keren* brilló de él, como se explicó más arriba.[107] Esto es como está escrito sobre Caín (ibid. :16), "Él se asentó en Nod, *kidmat* (al este del) Edén". La explicación es que

---

100. el Primer Hombre corrompido…tefilín…Árbol de la Vida…. En base a esta enseñanza del Talmud sobre el hecho de que usar los tefilín trae una larga vida (cf. Lección #47, n.22), el Rebe Najmán conecta los tefilín con el Árbol de la Vida. La muerte, por otro lado, sólo llegó a la existencia cuando la Serpiente indujo a Eva y Adán a comer del Árbol del Conocimiento. Mediante su pecado, el Primer Hombre corrompió el Árbol de la Vida y como resultado la muerte fue introducida en el mundo.

101. lo expulsó del Jardín…Gueinom. Al perder su sentido de vergüenza/tefilín, su apego a la vida, Adán se volvió descarado. Dado que, como enseña la Mishná, la persona descarada está destinada al Gueinom, fue expulsado del Gan Edén (ver también *Likutey Moharán* I, 22:13, n.179).

102. se arrepintió…vestimentas de cuero…tefilín. Las cajas y correas de los tefilín se hacen de cuero, de ahí la conexión con "vestimentas de cuero". Esas vestimentas fueron hechas después de que Adán se arrepintió. En nuestro contexto, el arrepentimiento es sinónimo de los tefilín (§5). Cuando Adán se arrepintió mereció "vestimentas de cuero" – i.e., tefilín (*Tikuney Zohar* #69, p.105b).

103. el Primer Hombre…keren…kirun…. Después de citar el *Tikuney Zohar* donde se enseña que cuando Adán se arrepintió mereció el aspecto de los tefilín, el Rebe Najmán agrega aquí que el mismo sacrificio de Adán representa el arrepentimiento/tefilín porque el único *KeReN* corresponde a *KiRuN* del rostro. Esto, tal como dice el Rebe aquí, también demuestra la conexión entre los tefilín y un rostro brillante.

104. Caín…veneno de la Serpiente. Ver *Tikuney Zohar* #69, p.118a. Allí encontramos que la

עַל־יְדֵי שֶׁפָּגַם בְּאוֹר הַתְּפִלִּין. וְזֶה "קַדְמַת" רָאשֵׁי־תֵבוֹת קַ'רְקַפְתָּא דְ'לָא מַ'נַּח תְּ'פִלִּין.

וְזֶה שֶׁאָמְרוּ רַבּוֹתֵינוּ, זִכְרוֹנָם לִבְרָכָה (תענית ז:): מִי שֶׁיֵּשׁ בּוֹ עַזּוּת, בְּיָדוּעַ שֶׁנִּכְשַׁל בְּאֵשֶׁת אִישׁ, כִּי קַיִן עָמַד עַל תְּאוֹמָתוֹ שֶׁל הֶבֶל, כְּמוֹ שֶׁכָּתוּב (שם): "וַיְהִי בִּהְיוֹתָם בַּשָּׂדֶה".

וְיִשְׂרָאֵל שֶׁעָמְדוּ עַל הַר סִינַי, פָּסְקָה זֻהֲמָתָן, הַיְנוּ זֻהֲמַת הַנָּחָשׁ. וְעַכּוּ"ם שֶׁלֹּא עָמְדוּ, לֹא פָּסְקָה זֻהֲמָתָן (שבת קמו.). וְזֶה: בְּיָדוּעַ שֶׁלֹּא עָמְדוּ רַגְלֵי אֲבוֹתָיו; רַגְלֵי דַּיְקָא, כִּי אֵין לָהֶם רַגְלַיִם, כְּמוֹ שֶׁכָּתוּב (בראשית ג): "עַל גְּחֹנְךָ תֵלֵךְ".

וְזֶה שֶׁכָּתוּב (בַּזֹּהַר): "וַיָּשֶׂם ה' לְקַיִן אוֹת", הֶחֱזִיר מוֹרָאוֹ עֲלֵיהֶם, כְּמוֹ שֶׁכָּתוּב: "וְרָאוּ כָּל עַמֵּי הָאָרֶץ", כְּמוֹ שֶׁכָּתוּב: 'כַּד תָּב בִּתְיוּבְתָּא', "וַיָּשֶׂם ה' לְקַיִן אוֹת" (תיקון סט דף קח:):

112. limpiadas de su veneno…no estuvieron. El *Tikuney Zohar* agrega que la Serpiente cohabitó de hecho con Eva, envenenándola a ella y a través de ella a toda la humanidad, sus descendientes (ver más arriba, n.104). Cuando el pueblo judío estuvo frente al Monte Sinaí y recibió la Torá directamente de Dios, quedó limpio de ese veneno. En nuestro contexto, aquellos que estuvieron en el Sinaí merecieron la humildad (tuvieron una revelación de Dios y sintieron vergüenza en Su presencia) y fueron por lo tanto limpiados del veneno de la Serpiente (ver n.99). Sin embargo, los que no recibieron la Torá se quedaron con el veneno, que es la osadía, el rasgo de Caín.

113. pies…arrastrarás. Así, sus "pies… no estuvieron" porque, en un sentido espiritual, las naciones no tienen pies. Descienden de la Serpiente, que no tenía pies y se arrastraba. Pero los judíos recibieron la Torá y se vieron limpios de su veneno. Ellos tenían "pies".

El *Parparaot LeJojmá* une esto con un punto anterior del Rebe Najmán donde indica que los "pies" corresponden al habla (§4, notas 55-58). Así Israel *de pie* en el Monte Sinaí implica que mediante su estudio de Torá los judíos elevaron y rectificaron el habla. Esto les permitió arrepentirse y merecer la Revelación – i.e., una exaltada comprensión de Dios. Su vergüenza se manifestó entonces en sus rostros, lo que alude al temor al Cielo (§5). Sin embargo los descarados no recibieron la Torá. Ellos no tienen "pies" y así se quedaron con un habla corrompida – encontrando las fallas en todos los demás y quedando apegados a la Serpiente.

114. restauró el temor a él…. Esto aparece en Rashi sobre Génesis 4:15. En nuestro contexto, ello se relaciona con el hecho de que Caín se arrepintió y mereció un keren, un rostro radiante. Dado que su rostro brillaba, su cualidad del temor también brillaba en los demás (ver §5, notas 86-87).

115. Todas las naciones del mundo…. Ver más arriba, sección 5, nota 88, que las naciones llegan al temor a Dios al ver los tefilín usados por los judíos. Como ha explicado el Rebe Najmán, los tefilín corresponden al brillo del rostro (notas 95, 103). Aquí, al Rebe conecta ese brillo/tefilín con la marca que Dios colocó en la frente de Caín, restaurando así la cualidad del temor.

116. una marca sobre Caín. El *Tikuney Zohar* (#69, p.117a) enseña que la marca de Caín no mereció el Edén porque corrompió la luz de los tefilín.¹⁰⁸ Esto es *KiDMaT*, un acróstico de *Karkafta Delo Manaj Tefilín* ("un cráneo que no lleva tefilín").¹⁰⁹

Y esto es como enseñaron nuestros Sabios: Todo aquel que es descarado, de seguro que es culpable de inmoralidad (*Taanit* 7b).¹¹⁰ <Como dice en el *Tikuney Zohar*,> Caín se llegó a la hermana gemela de Abel, como está escrito (Génesis 4:8), "Entonces, cuando estaban en el campo".¹¹¹

Ahora bien, Israel, que estuvo de pie en el monte Sinaí, fue limpiado de su veneno, i.e., el veneno de la Serpiente. Pero las naciones, que no estuvieron de pie [allí], no fueron limpiadas de su veneno (*Shabat* 146a). Esto es, "con seguridad que los pies de sus ancestros no estuvieron".¹¹² Específicamente "los pies", pues ellos carecen <del aspecto de> pies, <correspondiente al veneno de la Serpiente,> como está escrito (Génesis 3:14), "Sobre tu vientre te arrastrarás".¹¹³

Esto es como está escrito: "Entonces Dios colocó una marca sobre Caín" – Él restauró el temor a él [que debían sentir] ellos.¹¹⁴ Como está escrito, "Todas las naciones del mundo verán [que el nombre de Dios está asociado contigo y te temerán]".¹¹⁵ Como está escrito {en el *Zohar*}: Cuando él se arrepintió, "entonces Dios colocó una marca sobre Caín" (*Tikuney Zohar* #69, p.118b).¹¹⁶

---

108. al este del Edén...corrompió la luz de los tefilín. Así como Adán fue expulsado del Gan Edén por corromper el aspecto de los tefilín, lo mismo sucedió con Caín. Ello indica que Caín también era culpable de ser descarado (ver más arriba, n.101).

109. Esto es KiDMaT.... El Talmud (*Rosh HaShaná* 17a) enseña que los varones judíos que [intencionalmente] no usan los tefilín son llamados *poshei Israel begufan* (literalmente, "judíos renegados que pecan con sus cuerpos"). Esa persona va al Gueinom por toda la eternidad. Como hemos visto, aquel que corrompe los tefilín es un descarado y por lo tanto es castigado con el Gueinom. De la palabra *kidmat* el Rebe Najmán trae una prueba de que el daño de Caín fue producido en su aspecto de los tefilín. Por ello nunca obtuvo el Edén, sino que fue sentenciado al Gueinom.

110. descarado...inmoralidad. El Talmud aprende esto del versículo, "Tú tienes frente de ramera, y rehúsas sentir vergüenza" (ver más arriba §5 y n.74). La persona que tiene un comportamiento sexual inmoral es descarada – posee una frente corrompida.

111. hermana gemela...campo. Este "en el campo" corresponde a "Pues [el hombre] encontró a la muchacha comprometida en el campo" (Deuteronomio 22:27), que hace referencia a aquel que es culpable de violar a una mujer en un lugar deshabitado (*Bava Batra* 16b). En el caso de Caín, esto alude al hecho de haber violado a la hermana gemela de Abel, después de haberlo matado (*Tikuney Zohar* #69, p.118b; *Zohar* I, 54b). Así Caín, quien deseaba sexualmente y mató por ello, era descarado. Corrompió su aspecto de los tefilín y fue por lo tanto expulsado del Edén.

ז. וְזֶה שֶׁסִּפֵּר הַתַּנָּא (בכורות נז:): 'אֶרֶז נָפַל בִּמְקוֹמֵנוּ, וְעָבְרוּ עָלָיו שִׁשָּׁה־עָשָׂר קַרְנוֹת עַל חֲדוֹ'.

כִּי יָדוּעַ שֶׁהַצַּדִּיק שֶׁעוֹבֵד אֶת הַשֵּׁם בִּדְבֵקוּת גָּדוֹל, וּבְשֵׂכֶל גָּדוֹל, כְּשֶׁנּוֹפֵל לְאֵיזֶה מַדְרֵגָה פְּחוּתָה מִמֶּנָּה. אַף־עַל־פִּי שֶׁזֹּאת הַמַּדְרֵגָה שֶׁהוּא עַכְשָׁו בָּהּ, גַּם הִיא מַדְרֵגָה גְּדוֹלָה לְעֵרֶךְ שְׁאָר הַצַּדִּיקִים. אֲבָל מֵחֲמַת שֶׁלְּפִי עֶרְכּוֹ הֲוֵי לֵהּ נְפִילָה, הוּא מִתְבַּיֵּשׁ בָּזֶה הַמַּדְרֵגָה, כְּאִלּוּ חָטָא אֵיזֶה חֵטְא. וְעוֹשֶׂה תְּשׁוּבָה עַל־זֶה, כְּאִלּוּ חָטָא. וּבָא עַל־יְדֵי־זֶה לִבוּשָׁה גְדוֹלָה, הַיְנוּ בְּחִינַת תְּפִלִּין, בְּחִינַת: "אָז תָּבִין יִרְאַת ה'", וּבָא לִבְחִינַת יְדִיעָה חֲדָשָׁה וְהַכָּרָה.

וְעִקַּר הֶאָרַת הַתְּפִלִּין בָּאִים עַל־יְדֵי הַלּוּחוֹת, כַּמּוּבָא (בזהר בראשית וכי תשא הנ"ל): 'כְּשֶׁאָמְרוּ יִשְׂרָאֵל "נַעֲשֶׂה וְנִשְׁמַע", זָכוּ לַחֲגִירַת זַיְנָא עִלָּאָה'. וּמֹשֶׁה זָכָה לְקֵרוּן עוֹר פָּנִים, מְאוֹר הַלּוּחוֹת, כִּי הֵם הַמֹּחִין

---

a manos del "fin de toda carne". Sin embargo uno asumiría que el Tzadik que ha rectificado el habla está protegido del Gran Acusador. Pero ello no es así. El Tzadik también siente los efectos de esas acusaciones, que lo hacen caer de su exaltado nivel. Esa caída, para el Tzadik, es la noche (circunstancias difíciles) – cuando debe estudiar Torá para rectificar los efectos del habla corrompida.

El Rebe Najmán dio varias lecciones sobre el beneficio que recibe el mundo del hecho de que el Tzadik deba descender a niveles inferiores para luego ascender (ver *Likutey Moharán* I, 6:3; 22:11; 63; 64; etc.).

120. nueva conciencia y reconocimiento. De este modo una caída para el Tzadik es de hecho muy beneficiosa, pues con ello, al "arrepentirse", puede alcanzar un nuevo aspecto de los tefilín – una nueva conciencia y reconocimiento de Dios.

121. la luz primaria de los tefilín…las Tablas. El Rebe Najmán trata ahora sobre la fuente de la luz de los tefilín y sobre por qué el habla sagrada en la forma del estudio de la Torá es el primer paso para elevar y rectificar todas las palabras habladas. Como hemos visto, el estudio de la Torá corresponde a los *mojín* primarios a través de los cuales uno aguza la conciencia y el reconocimiento de Dios. Sin embargo, antes de que la persona se arrepienta, su intelecto está restringido y le es difícil afinar su mente, que ha sido negativamente afectada por un espíritu de locura (§5). En el mismo contexto, el Tzadik que cae de su nivel encuentra difícil estudiar la Torá y aguzar su mente con percepciones más grandes de Torá y de Divinidad. Aun así, debido a que es un Tzadik, es consciente de esas dificultades y así se fortalece contra ellas. Como resultado, merece niveles más grandes aún de percepción (*Parparaot LeJojmá*).

122. una cota de malla superior. Ver más arriba, nota 92, que al aceptar la Torá el pueblo judío mereció las luces de los tefilín. Éste fue un nivel muy exaltado de reconocimiento de Dios.

7. Esto es lo que relató el Sabio Talmúdico:[117] **Un cedro cayó en nuestro lugar y dieciséis carretas pasaron por su canto** (*Bejorot* 57b).[118]

Pues es sabido del Tzadik que sirve a Dios con un gran apego e intelecto que <a veces>, cuando cae a un nivel inferior a ése,[119] entonces, aunque su nivel actual sea muy grande en comparación con otros Tzadikim, sin embargo él se siente avergonzado de ese nivel. Ello se debe a que para alguien de su importancia, ello es una caída. Es como si hubiese cometido una transgresión <grave>, y él se arrepiente por ello como si hubiese pecado. Con esto llega a una gran vergüenza – i.e., el aspecto de los tefilín, correspondiente a "Entonces comprenderás el temor a Dios" – y accede a un aspecto de una nueva conciencia y reconocimiento.[120]

Ahora bien, la luz primaria de los tefilín proviene de las Tablas.[121] Como está dicho: Cuando el pueblo judío dijo (Éxodo 24:7), "Haremos y oiremos", merecieron una cota de malla superior.[122] Y a partir de la luz de las Tablas Moshé mereció un brillo de la piel del rostro,

---

también corresponde a la circuncisión, la señal (marca) del *brit*. En nuestro contexto, esto se relaciona con Caín habiéndose arrepentido de su inmoralidad, de su osadía. Como se mencionó más arriba (n.43), cuidar el *brit* y una lengua sagrada van de la mano. Aquel que cuida su lengua puede alcanzar pureza en el Pacto y, a la inversa, aquel que cuida el *brit* y no cae en la inmoralidad puede alcanzar un habla pura. Así cuando Caín, quien encarnaba el veneno de la Serpiente, se arrepintió, mereció una marca – i.e., el aspecto de los tefilín/un rostro radiante (ver *Mei HaNajal*).

117. relató el Sabio Talmúdico. Hasta aquí el Rebe Najmán ha tratado sobre los pasos necesarios que la persona debe seguir si desea examinar su unión con Dios (un habla rectificada, el estudio de la Torá, las plegarias fervientes, etc.). Cuando, mediante su arrepentimiento, alcanza el aspecto de los tefilín –i.e., la vergüenza que trae el temor a Dios en un exaltado nivel de comprensión– puede determinar el grado de su apego. Pero ¿qué sucede cuando la persona alcanza ese nivel? ¿Es acaso el más elevado al que pueda ascender? ¿Qué sucede con el Tzadik, aquel que es un santo y ya está unido a Dios? ¿Puede ascender a niveles más elevados todavía? El Rebe trata estos puntos en esta sección.

118. un cedro cayó.... Maharsha explica que aunque ésta y otras historias increíbles que aparecen en el Talmud son verdaderas, no habrían sido incluidas por los Sabios de no contener también alusiones a los misterios profundos de la Torá. Esta historia en particular alude a la transmisión de la Torá de Moshé Rabeinu hacia las generaciones futuras. ¡Moshé era tan grande que incluso después de haber fallecido sus percepciones de Torá y su capacidad para aguzar nuestra percepción de la Divinidad influenciaron directamente a las 16 generaciones subsiguientes! (*Maharsha, loc. cit.; v.i., jazarin;* ibid. *paam*).

119. cae a un nivel inferior a ése. La gente en general conoce bien sus dificultades –en palabras del Rebe Najmán expuestas más arriba, "las acusaciones y pruebas" (ver §2 y n.14)– que sufre

בְּעַצְמָן. כִּי עַל־יְדֵי חִדּוּד הַשֵּׂכֶל בַּתּוֹרָה, נִתְחַדְּדוּ הַמֹּחִין, וְנִתּוֹסֵף בּוֹ הַכָּרָה וּמִתְבַּיֵּשׁ בְּיוֹתֵר. וְהַלּוּחוֹת הֵם שֹׁרֶשׁ הַתּוֹרָה, וְנִקְרָאִים י"ו, עַל־שֵׁם עֲשֶׂרֶת הַדִּבְּרוֹת, וְאָרְכָּן וָאו וְרָחְבָּן וָאו (בבא בתרא יד.).

וְהַצַּדִּיק נִקְרָא אֶרֶז בַּלְבָנוֹן.

וְזֶה שֶׁסִּפֵּר הַתַּנָּא בְּשִׁבְחוֹ שֶׁל הַצַּדִּיק, שֶׁהָיָה צַדִּיק בְּדוֹרוֹ, וְנָפַל בִּמְקוֹמֵנוּ. כִּי בְּוַדַּאי מַדְרֵגַת הַתַּנָּא הָיְתָה גַּם כֵּן גְּדוֹלָה, אֲבָל לְפִי עֵרֶךְ הַצַּדִּיק הָיְתָה נְפִילָה. וְעָבְרוּ, לְשׁוֹן הִתְגַּלּוּת כְּמוֹ שֶׁכָּתוּב (שמות יב): "וְעָבַר ה' לִנְגֹּף אֶת מִצְרַיִם", וְתִרְגֵּם אֻנְקְלוֹס: 'וְאִתְגְּלִי'. י"ו קְרָנוֹת עַל חָדוֹ, הַיְנוּ עַל־יְדֵי חִדּוּד שִׂכְלוֹ, וְחִדּוּשׁ שִׂכְלוֹ, שֶׁקִּבֵּל

le dijo entonces que "descendiera..." (Éxodo 32:7), que descendiera de su nivel. Habiendo experimentado una caída, Moshé se fortaleció y le pidió a Dios que perdonase a los judíos. Como resultado, mereció recibir las segundas Tablas. Así la vergüenza por haber caído y sus subsiguientes esfuerzos le hicieron merecer un rostro radiante.

125. Tablas...seis palmos de largo por seis palmos de ancho. Ver *Bava Batra* 14a. Así la Torá corresponde a 16 (*iud* = 10, *vav* = 6). El Rebe Najmán vuelve ahora a la historia del Sabio presentada al comienzo de esta sección y la explica dentro del contexto de nuestra lección.

126. un cedro del Levanon. Este texto de prueba proveniente de los Salmos, que demuestra que el Tzadik es llamado un cedro, no aparece en las ediciones impresas del *Likutey Moharán*. Tal cual está indicado por su aparición entre corchetes angulares < >, proviene de la versión manuscrita. También aparece como una nota marginal del Rav de Tcherin.

127. Sabio Talmúdico...alabanza al Tzadik. Un Sabio Talmúdico es conocido como un *Taná*. Sin embargo, en el *Likutey Moharán* el término Taná es utilizado de manera laxa para indicar a todos los estudiosos de la Torá y a los Tzadikim. Por el contrario, cuando el Rebe Najmán utiliza el término Tzadik y especialmente cuando yuxtapone Tzadik con Taná, el término Tzadik se aplica exclusivamente a los Tzadikim más grandes como, por ejemplo, los Patriarcas, Moshé Rabeinu, el rey David, etc. (ver *Likutey Moharán* I, 12:1, n.8). Así, en nuestra lección, el término Taná hace referencia a un erudito recto y tzadik, mientras que el Tzadik que "cayó en nuestro lugar" hace referencia a Moshé Rabeinu (ver n.118).

El Rebe Najmán utiliza la expresión "en alabanza al Tzadik". En otra instancia (*Likutey Moharán* I, 29:2), el Rebe explica que la alabanza al Tzadik es un habla rectificada que puede expandir nuestra conciencia de Divinidad, *daat*. Así ese Taná quería alcanzar el aspecto de tefilín (un habla rectificada, etc.) y comenzó a alabar al Tzadik.

128. una caída...en nuestro lugar. El nivel del Tzadik es extremadamente exaltado y así, para él, un descenso "en nuestro lugar" es una caída (ver el párrafo siguiente).

129. pasará...Onkelos...Se revelará. Las Escrituras afirman que Dios pasó a través de Egipto para golpear a los primogénitos. El Targúm Onkelos traduce *avar* (עבר, "pasar") como *itgalei*, Dios sólo tuvo que "Revelarse". Cuando el Sabio dice "pasaron" alude así al Tzadik cayendo

pues [las Tablas] son las mentalidades mismas.¹²³ Pues al aguzar el intelecto mediante la Torá, se aguzan las mentalidades. Uno obtiene <una percepción adicional en el reconocimiento a Dios> y se vuelve extremadamente avergonzado <delante de Dios.¹²⁴ Esto se debe a que> las Tablas son la raíz de la Torá. Ellas son llamadas *iud vav*: <*iud*> debido a los Diez Mandamientos, <*vav* debido a que las Tablas tenían> seis palmos de largo por seis palmos de ancho.¹²⁵

Y el Tzadik es llamado "un cedro del Levanon", como está escrito (Salmos 92:13), "El Tzadik florecerá como la palma, como un cedro del Levanon…".¹²⁶

Esto es lo que el Sabio Talmúdico relató en alabanza al Tzadik,¹²⁷ a un Tzadik de su generación, quien "cayó en nuestro lugar". Ciertamente el nivel del Sabio Talmúdico también era grande, sin embargo, con respecto al Tzadik ello era una caída. <Esto es "en nuestro lugar">.¹²⁸ "Pasaron" implica una revelación, como está escrito (Éxodo 12:23), "Entonces Dios pasará para golpear a Egipto". Onkelos traduce esto como "Se revelará".¹²⁹ "*Iud vav* (16) carretas [pasaron por] su *JoD*

---

123. la luz de las Tablas…brillo…las mentalidades mismas. Dado que Moshé fue el único cuyo rostro brillaba con semejante radiación al punto en que los judíos temieron acercarse a él, ese brillo debe haber provenido de un nivel extremadamente elevado. Como hemos visto, la aceptación de la Torá por parte de Israel les dio una armadura superior, su nivel de los tefilín. Sin embargo el brillo de Moshé provenía de las Tablas mismas. Así, su irradiación provenía de la fuente de la Torá, de las Tablas. Dado que la Torá es lo que trae un mayor intelecto para comprender a Dios, las Tablas, la fuente de la Torá, son la fuente de ese intelecto. Ellas son por lo tanto los *mojín* (mentalidades) mismos.

124. aguzar el intelecto…percepción adicional…. Durante todo el tiempo en que Moshé estuvo en el cielo recibiendo la Torá, estudiaba y olvidaba, repasaba y volvía a olvidar. Pero continuó estudiando hasta merecer que Dios le revelara toda la Torá (*Shmot Rabah* 47:7). En nuestro contexto, esto alude a la persona aguzando su intelecto hasta alcanzar mayores percepciones de Dios – i.e., hasta que Él Se le revele.

Pregunta el Midrash (ibid. 47:8): Mientras Moshé estuvo en el cielo ¿cómo sabía cuándo era de día y cuándo era de noche? ¡Después de todo, no hay oscuridad delante de Dios! El Midrash responde que cuando estudiaba con Dios, era de día. Y cuando Dios le decía que estudiara por sí mismo, era de noche. En nuestro contexto, el día corresponde a una clara percepción de la Divinidad (§5), mientras que la noche corresponde a los mojín restringidos. Cuando Dios estudiaba con Moshé era de día, pues había una clara manifestación de Divinidad. Pero cuando Moshé estaba solo era de noche, pues encontraba situaciones difíciles (ver notas 45, 119) y tenía que hacer un gran esfuerzo para estudiar (estudiaba y olvidaba); hasta que al rectificarse recibió las Tablas, los *mojín* mismos, la raíz de los tefilín.

El *Parparaot LeJojmá* agrega que Moshé mereció un rostro brillante debido a que en el momento en que recibió las primeras Tablas, los israelitas hicieron el Becerro de Oro. Se

עַל־יְדֵי הַתּוֹרָה שֶׁנִּקְרָא י"ו כַּנַ"ל, נִתְגַּלֶּה קֵרוּן עוֹר הַפָּנִים, הַיְנוּ בּוּשָׁה, בְּחִינַת תְּפִלִּין.

גַּם הַקָּדוֹשׁ־בָּרוּךְ־הוּא נִקְרָא מְקוֹמוֹ שֶׁל עוֹלָם. וְזֶה פֵּרוּשׁ: 'נָפַל בִּמְקוֹמֵנוּ', שֶׁנָּפַל לְהַשָּׂגוֹת אֱלֹקוּת לְפִי הַשָּׂגָתֵנוּ. הֲגַם שֶׁגַּם הַשָּׂגָתֵנוּ גְּדוֹלָה, אֲבָל לְפִי עֶרְכּוֹ הֲוֵי לֵהּ נְפִילָה, שֶׁשָּׁב בִּתְשׁוּבָה, וּמִתְבַּיֵּשׁ בְּהַשָּׂגָתֵנוּ:

וְזֶה פֵּרוּשׁ "בְּרֵאשִׁית", יָרֵא בֹּשֶׁת. כִּי הַיִּרְאָה הוּא הַבּוּשָׁה. תַּמָּן רָאשֵׁי תַּמָּן בַּת.

Iaacov se durmió – una caída de su nivel hacia una conciencia restringida. Pero, como explica el Rebe Najmán, el Tzadik siempre busca la Divinidad y Iaacov consecuentemente mereció una revelación de Dios.

133. se arrepintió…percepción. La historia Talmúdica se traduce así en nuestro texto como sigue: **Un cedro** – un Tzadik **cayó en nuestro lugar** – cayó a un nivel inferior en su percepción de Dios, lo que es una vergüenza para él. ¿Qué hizo el Tzadik? Se ocupó de que **dieciséis carretas pasaran por su borde** – aguzó su mente mediante el estudio de la Torá hasta que alcanzó nuevas percepciones de Divinidad. Esas percepciones más grandes lo llevaron a niveles aún más elevados de vergüenza, cuyo brillo se manifiesta como el rostro radiante del Tzadik.

134. BeREShIT: IaRE BoSheT. El Rebe Najmán agrega ahora nuevas ideas, entretejiendo tres enseñanzas del *Tikuney Zohar*, que unen a nuestra lección con el concepto de los tefilín. Este primer pasaje del *Tikuney Zohar* #7 (p.24), demuestra que reordenando la palabra *BeREShIT* (בראשית), se producen las palabras *IaRE* (ירא, temor [a Dios]) y *BoSheT* (בשת, vergüenza). La Torá comienza con la palabra *Bereshit* ("En el comienzo") para enseñar que desde el comienzo mismo el estudio de la Torá debe estar dirigido a lograr el temor a Dios. En palabras del Salmo (111:10), "El comienzo de la sabiduría es el temor a Dios". En nuestro contexto, el estudio de la Torá que lleva al temor a Dios es el aspecto de los tefilín. Sin ello, el habla de la persona carece de la cualidad de la verdad y así extravía a la persona alejándola de Dios y llevándola hacia un habla corrompida, hacia el "fin de toda carne" (ver §§3,4). Esto se encuentra referido en la continuación del pasaje de apertura de la Torá: "y la tierra estaba desolada…". Así la Torá comienza con *BeREShIT: IaRE BoSheT* para enseñar que las aspiraciones de la persona deben estar dirigidas hacia el temor a Dios (*iare*), que se manifiesta mediante la vergüenza (*boshet*) que irradia de su rostro. Además, el Rebe enseñó más arriba que para alcanzar el temor a Dios uno debe primero arrepentirse. Esto está implícito en la palabra *BoSheT* (בשת), cuyas letras son las mismas que la raíz de la palabra *TeShuVá* (תשובה, arrepentimiento). Mediante el estudio de la Torá la persona alcanza el arrepentimiento y merece así el temor a Dios y un rostro radiante.

135. IRA es BuSha. Como se explicó más arriba, sección 5.

136. BeREShIT…está allí. El Rebe Najmán cita nuevamente del *Tikuney Zohar* (#4, p.18 b), esta vez para demostrar que al reordenar las letras de la palabra *BeREShIT* (בראשית) también se forman las palabras *Rashei* (ראשי) y *BaT* (בת). Como se explicará en las siguientes notas,

(canto)" – en otras palabras, mediante el *JiDud* (aguzar) y la renovación de su intelecto¹³⁰ que él recibió de la Torá, que es llamada *iud vav*, se revela el *KiRuN* (brillo) de la piel del rostro/vergüenza/tefilín. Éste es el aspecto de *KRaNot* (carretas) mencionado más arriba.> ¹³¹

Además, el Santo, bendito sea, es llamado "*Makom* del mundo".¹³² Ésta es la explicación de "cayó en nuestro *makom* (lugar)". Él cayó a una percepción de Dios que era equivalente a nuestra percepción. Y aunque nuestra percepción también era notable, aun así, en relación a su importancia, ello fue una caída, de modo que se arrepintió y se sintió avergonzado por nuestra percepción.¹³³

Ésta es la explicación de *BeREShIT: IaRE BoSheT*.¹³⁴ Esto es porque *IRA* (temor) es *BuSha* (vergüenza).¹³⁵ <Pues en *BeREShIT*,> *RASheI* está allí y *BaT* está allí.¹³⁶

---

en circunstancias difíciles, en la noche, cuando su percepción de Divinidad se ve reducida, al punto en que se ve obligado a buscar mayores percepciones y revelaciones de Dios. El Sabio relata entonces cómo el Tzadik alcanza esas percepciones.

130. JuD…JiDud…. La semejanza entre *JuD* y *JiDud* alude al hecho de aguzar la mente. El Rebe Najmán relaciona esto con el concepto de expandir y renovar el intelecto (ver §5 sobre nuevas percepciones).

El rabí Natán hace notar que a partir de las palabras del Rebe aprendemos que no es suficiente con sólo aguzar la mente, pues la persona debe también renovar diariamente su intelecto. Esto implica encontrar nueva inspiración en el servicio a Dios; un "comenzar de nuevo" que se manifiesta en nuevos esfuerzos por estudiar Torá (§4) y en palabras fervientes de plegaria (§5). Como todos saben, es difícil esforzarse en algo que uno siente que está estancado, mientras que cuando algo es nuevo la energía parece venir por sí misma. (Éste es un tema importante de la Lección #35; ver también *Likutey Halajot, Basar veJalav* 4:2).

131. 16 carretas…Kirun…KRaNot, carretas. Cuando el Tzadik cae de sus percepciones de Divinidad, se avergüenza de su caída (noche) y redobla sus esfuerzos en el estudio de la Torá. Como se explicó, aguzando su mente y renovándola, merece un rostro radiante.

Todo esto está aludido en las palabras del Sabio. Las 16 *KRaNot* (קרנות, carretas) aluden a la Torá/Tablas, que es *iud vav* (10 Mandamientos + 6 palmos cuadrados = 16). La *JuD* del cedro alude al *JiDud* del intelecto del Tzadik que él ha alcanzado al estudiar Torá con un esfuerzo renovado después de haber "caído en nuestro lugar". La vergüenza que siente y el aguzar y renovar su intelecto le traen una nueva revelación, nuevas percepciones de Divinidad y un *Kirun* (קרון, brillo) en su rostro.

132. Makom del mundo. Concerniente al versículo en Génesis (28:11), "[Iaacov] llegó al *makom* (lugar)…", enseña el Midrash: Dios es llamado el *Makom* del mundo, pero el mundo no es Su *makom*. Pues cada *MaKoM* (מקום) en el mundo es Suyo y Él *MeKayeM* (מקיים), "es Quien lo sostiene"), mientras que Él Mismo está más allá del espacio de modo que el mundo no puede contenerlo (*Bereshit Rabah* 68:9; ver también *Shmot Rabah* 45:6 en *Iefe Toar*). Este texto de prueba también se relaciona con nuestra lección en el hecho de que al llegar a ese lugar

"אֵלֶּה רָאשֵׁי בֵית אֲבוֹתָם" (שמות ו), הַיְנוּ תְּלַת גְּוָנִין דְּעֵינָא בַּת עַיִן. רָמַז מְקוֹם הַתְּפִלִּין, "וּלְטוֹטָפוֹת בֵּין עֵינֶיךָ" (דברים ו), וּתְלַת גְּוָנִין דְּעֵינָא וּבַת עַיִן, הֵם אַרְבַּע פָּרָשִׁיּוֹת:

וְזֶה פֵּרוּשׁ (ישעיה נח): "אִם תָּשִׁיב מִשַּׁבָּת רַגְלֶךָ עֲשׂוֹת חֲפָצֶךָ בְּיוֹם קָדְשִׁי".

apropiado de *Maljut*/el habla. Y cuando la persona merece decir palabras sagradas de Torá y de plegaria, merece el temor a Dios y un rostro radiante/vergüenza delante de Dios. Como se explicó, un rostro radiante/vergüenza es el aspecto de los tefilín, y los tefilín de la cabeza corresponden al temor a Dios (notas 79, 88). Todo esto está aludido en las palabras *BeREShIT: RaShei BaT*.

141. Ésta es la explicación.... Hasta aquí el Rebe Najmán ha explicado el concepto de los tefilín y su aplicación práctica en nuestra vida diaria. Los tefilín representan nuestros esfuerzos para purificar incluso el habla mundana y llegar a reconocer a Dios. Ese reconocimiento se muestra en nuestro arrepentimiento y en el brillo que sentimos cuando nos avergonzamos delante de Dios. Sin embargo, esto presenta un problema. Dado que los tefilín indican una conciencia continua de Dios, ¿no deberíamos utilizarlos constantemente? En verdad, hemos visto que la noche (las circunstancias difíciles) es un tiempo en que la luz de los tefilín no se manifiesta, motivo por el cual no llevamos los tefilín por la noche (ver más arriba, n.74). Pero, ¿qué sucede con el Shabat y las festividades? ¿Por qué está *prohibido* utilizar los tefilín entonces? La respuesta es que, al igual que los tefilín, el Shabat y las festividades también representan un reconocimiento y una conciencia continua de Dios. Hablando de manera halájica, tanto los tefilín como el Shabat/festividades son llamados un *ot* (señal), similar al *brit*, la señal del Pacto. Ahora bien, la Torá requiere que el testimonio a favor de una persona sea dado por dos testigos (Deuteronomio 19:15). Como judíos, nosotros tenemos dos testigos que dan fe diariamente del cumplimiento de las mitzvot de Dios: el primero es la señal del *brit*, que llevamos desde la infancia; el segundo es la señal de los tefilín o del Shabat y de las festividades. Llevar los tefilín en el Shabat está prohibido porque sería una negación del Shabat como un *ot*. El *Belbey HaNajal* agrega que la palabra *ShaBaT* (שבת) está compuesta por las letras *Shin BaT*. Los tres brazos de la letra *Shin* (ש) corresponden a *Jesed, Guevurá* y *Tiferet*, la totalidad de los colores y los tres colores del ojo. *BaT* (בת), por otro lado, alude a la pupila del ojo (que en conjunto conforman las cuatro secciones de los tefilín; ver §7, notas 136-140). Así, tanto el Shabat como los tefilín aluden conceptualmente a la conciencia de Dios. Esto explica porqué los tefilín no se utilizan en Shabat; tenemos o bien la señal del Shabat/festividades o la señal de los tefilín, pero no ambos al mismo tiempo. En nuestro contexto, el Rebe Najmán mostrará ahora cómo varios de los conceptos relacionados con los tefilín y tratados en la lección se aplican también al Shabat.

A lo largo de la lección el Rebe Najmán ha hablado del concepto de *teshuvá* – tanto el arrepentimiento de la persona que ha pecado y transgredido en contra del Señor, Gobernante, Esencia y Raíz de todos los mundos, como el arrepentimiento del Tzadik por haber caído de su percepción de la Divinidad. Como el Rebe ha explicado, el verdadero arrepentimiento lleva a la vergüenza que se manifiesta como un brillo en el rostro – un aspecto de los tefilín. Esto, dice el Rebe, se relaciona con lo que dijo Ishaiahu (Isaías 58:13-14). "Si *TaShiV* (refrenas) tu pie en el Shabat, absteniéndote de seguir tras tus asuntos en Mi día sagrado; si llamas al Shabat *oneg* (deleite)...; si lo honras al no seguir tras tus negocios... ni hablar sobre temas [mundanos],

<RaShel es un aspecto de> "*rashei* (cabezas) de sus casas patriarcales" (Éxodo 6:14).[137] <Los patriarcas son> los tres colores del ojo; <*bat* es la> *bat* (pupila) del ojo.[138] Esto alude al lugar de los tefilín, <correspondiente a> "por frontales entre tus ojos" (Deuteronomio 6:8).[139] De modo que los tres colores del ojo y la pupila son las cuatro secciones [de los tefilín] <que merecemos [mediante] *BeREShIT: IaRE BoSheT*, como se explicó.>[140]

8. Ésta es la explicación de: "Si *TaShiV* (refrenas) tu pie en el Shabat, absteniéndote de seguir tras tus asuntos en Mi día sagrado" (Isaías 58:13).[141]

---

rashei alude a las tres *sefirot* de *Jesed-Guevurá-Tiferet* y *bat* es la *sefirá* de *Maljut*. (Nota: Las seis *sefirot* de la persona Divina *Zeir Anpin* están divididas en dos tríadas. Sin embargo, debido a que las tres emanaciones Divinas inferiores, *Netzaj, Hod* y *Iesod*, son extensiones de las tres superiores, a veces no se las menciona de manera separada, sino que están englobadas en *Jesed, Guevurá* y *Tiferet*).

137. Rashei…casas patriarcales. Esta cita de Éxodo que conecta *RAShel*, de la palabra *beREShIT*, con las cabezas de las casas patriarcales de Israel aparece en la tercera enseñanza del *Tikuney Zohar* (Introducción, p.10a). Como se enseña a lo largo del *Zohar*, los tres Patriarcas –Abraham, Itzjak y Iaacov– corresponden a *Jesed, Guevurá* y *Tiferet*, respectivamente (Ver Apéndice: Los Siete Pastores Superiores). En conjunto, las casas de las cuales son cabezas son conocidas como la Comunidad de Israel, correspondiente a *Maljut* (ver más arriba n.26 y *Likutey Moharán* I, 13, notas 116, 121).

138. tres colores…pupila del ojo. Ver más arriba, nota 83, que cada una de las *sefirot* tiene su propio color correspondiente. Por lo tanto *Jesed, Guevurá* y *Tiferet* –al igual que los tres Patriarcas– a veces son conocidas como los tres colores del ojo y *Maljut*, que no tiene luz propia, se equipara con la pupila, que es negra. El término *bat* (literalmente, hija) es sinónimo así de *Maljut*, en donde convergen las luces superiores y a través de la cual ellas son percibidas (cf. *Zohar* II, 204a). Anteriormente hemos visto que *Maljut* también corresponde al habla sagrada (§2), que conecta a la persona con Dios a través del estudio de la Torá y de la plegaria y que *Tiferet* (*Zeir Anpin*), siendo la totalidad de los diferentes colores (*Jesed, Guevurá* y *Tiferet*), corresponde al pueblo judío (cohanim, levitas e israelitas; n.84).

139. alude al lugar de los tefilín…. A partir de nuestros Sabios (*Menajot* 37a,b) sabemos que cuando las Escrituras indican que los tefilín de la cabeza deben ser llevados "entre los ojos" significa centrados por sobre la frente, en la línea del cabello. Sin embargo aquí, el Rebe Najmán interpreta la lectura de manera literal, entendiendo en ello una alusión a la conexión entre los tefilín y los ojos. Porque vemos que las palabras *BeReShIT: RaShei BaT* aluden a los tefilín de la cabeza y a los cuatro colores del ojo.

140. tres colores…pupila…cuatro secciones…. Además, los cuatro colores del ojo pueden comprenderse como un paralelo de las cuatro secciones de los tefilín de la cabeza (cada una de las secciones de las *parashiot* contiene un pasaje diferente de las Escrituras; ver más arriba, n.3).

En conclusión, las palabras *BeReShIT: RaShei BaT* aluden a los tefilín en el aspecto de *Tiferet*, la totalidad de los cuatro colores del ojo que la persona puede alcanzar a través del uso

כִּי שַׁבָּת, בְּחִינַת בּוּשָׁה.
רַגְלֶךְ - בַּתְּחִלָּה צָרִיךְ לְתַקֵּן הַדִּבּוּר, הַנִּקְרָא רֶגֶל. וְאֵיךְ תְּתַקֵּן הַדִּבּוּר?
עֲשׂוֹת חֲפָצֶךָ בְּיוֹם קָדְשִׁי - כִּי זֻהֲמַת הַנָּחָשׁ גָּרַם ל"ט [שְׁלֹשִׁים וְתֵשַׁע] קְלָלוֹת, ל"ט מְלָאכוֹת. וְצָרִיךְ כָּל אָדָם לְהַמְשִׁיךְ קְדֻשַּׁת שַׁבָּת, לְקַדֵּשׁ יְמֵי הַחֹל. כִּדְאִיתָא בִּמְכִילְתָּא: "זָכוֹר אֶת יוֹם הַשַּׁבָּת"

consejo de la Serpiente al punto de comer del Árbol del Conocimiento, Adán fue maldecido. Fue expulsado del Edén y ahora debía trabajar duro para obtener el sustento. Nuestros Sabios enseñan (*Tikuney Zohar* #48, p.85a; ibid. #64, p.95b) que Adán, Eva y la Serpiente recibieron cada uno 10 maldiciones y que la tierra misma recibió 9 – correspondientes a las 39 tareas necesarias para la construcción del Tabernáculo, la base de las 39 tareas prohibidas en el Shabat (ver *Shabat* 49b). Al reflexionar sobre las 39 maldiciones se percibe que de una manera u otra todas pertenecen al área del trabajo. El *Tikuney Zohar* asocia así las 39 maldiciones con las 39 tareas, afirmando que aquel que observa el Shabat se ve libre del castigo. Más aún, cuando la persona se abstiene de trabajar en el Shabat y disfruta del *ONeG* (deleite) del Shabat, merece las 39 luces de la Resurrección (ver n.151 concerniente a los tefilín y a la vida). Sin embargo, aquellos que no observan el Shabat son golpeados con las maldiciones, transformando *ONeG* (ענג) en *NeGA* (נגע, lepra) que, tal como enseña el Talmud, proviene de la calumnia (*Arajin* 16a), el veneno de la Serpiente.

Como se explicó en nuestro contexto, *ShaBaT* corresponde a un estado de completo perdón, de una completa *TeShuVá* – cuando no tienen lugar las tareas de la *teshuvá*, al igual que las 39 tareas del Shabat. El término "tarea" no debe pensarse como haciendo referencia a una actividad laboriosa o extenuante, implicando que sólo tales tareas están prohibidas. En su lugar, como enseñan nuestros Sabios, las tareas –i.e., las 39 actividades y sus derivados– implican todo acto creativo; prohibido debido a que el Shabat es el día en el cual Dios descansa, si así pudiera decirse, de crear el mundo. Así, la santidad del Shabat supera en mucho la santidad de los días de la semana (y por inferencia, también es mucho más sagrado que el aspecto de los tefilín; ver *Beibey HaNajal*). El Shabat es completamente santo, de modo que no tienen allí ningún lugar las fuerzas negativas ni las cualidades del mal, de la maldad, de la mentira, etc. Ello no es así durante los días de la semana. Durante los seis días de la semana, domina una mezcla de bien y de mal, de falso y verdadero, etc. (De manera similar, la jurisdicción del mundo en el Shabat es totalmente Su dominio personal. Por otro lado, durante los día de la semana Dios Se inviste en el ángel Metat; ver *Iebamot* 16b, *Tosafot, v.i. pasuk*; *Zohar* I, 126a. A través de él Dios gobierna el mundo, no de manera directa y abierta, sino indirectamente a través de un velo. Ese alejarse de la absoluta santidad permite la aparición de una creación separada de Dios e incluso vacía de Él, que es lo que en última instancia le da al hombre la máxima libertad de elección para servir a Dios por su propia voluntad). Así *ShaBaT* corresponde a un estado de completa *TeShuVá*. En el Shabat, la persona no debe dedicarse a ninguna tarea. Su mente estará libre entonces para buscar la santidad y su corazón abierto para anhelar a Dios. Estando libre de la jurisdicción de las 39 tareas, no teniendo ya que dedicarse a restaurar y a buscar, es naturalmente mucho más fácil para la persona deleitarse en el retorno a Dios. Es por ello que incluso la construcción del Tabernáculo está prohibida en Shabat. Aunque es un acto de santidad, esa construcción implica sin embargo las 39 tareas, de cuyo dominio la persona ha sido liberada totalmente.

ShaBaT es un aspecto de *BuShá*.[142]

tu *ReGueL* (pie) – Inicialmente tiene que rectificar la palabra hablada, que es llamada *ReGueL*.[143] ¿Y cómo se rectifica el habla?

de seguir tras tus asuntos en Mi día sagrado – Pues el veneno de la Serpiente trajo treinta y nueve maldiciones, las treinta y nueve tareas.[144] Así, cada uno debe atraer la santidad del Shabat para santificar los días de la semana. Como encontramos en la *Mejilta*: "Recuerda el día

entonces te deleitarás en Dios… pues así ha hablado la boca de Dios". En estas palabras se encuentra una alusión al concepto del arrepentimiento. Los términos hebreos *TaShiV* (תשיב, refrenar) y *TeShuVá* (תשובה, arrepentimiento) poseen las mismas letras en su raíz: t-s-v (תשב). Cuando se las reordena, esas letras conforman la palabra *ShaBaT* (שבת; las letras b y v son intercambiables y ambas corresponden a la letra hebrea ב). Esto apunta a la conexión entre el arrepentimiento y la obligación de "refrenar tu pie en el Shabat, absteniéndote de seguir tras tus asuntos en Mi día sagrado". Esencialmente, el arrepentimiento implica retornar a Dios y restaurar la santidad de aquello que se ha profanado debido a los pecados. Sin embargo, una vez completado, el arrepentimiento es un aspecto del Día de Descanso, Shabat. Como enseñan nuestros Sabios: Todo aquel que se deleite en el Shabat obtendrá una abundante prosperidad… y se le perdonarán los pecados (*Shabat* 118a,b). Esto es precisamente lo que distingue al Shabat de los días de la semana. Los asuntos y trabajos de los seis días de la semana pueden ser vistos, en un sentido general, como el proceso de separar aquello que es sagrado en los elementos externos y restaurar esa santidad al ámbito interior. Conceptualmente, éste es el acto de llevar algo desde un terreno público hacia un dominio privado. También es el acto de ganarse el sustento, trayendo al hogar todo lo necesario para la vida. Ambas actividades están por lo tanto prohibidas en el Shabat.

Esta distinción entre el Shabat y los días de la semana tiene también implicaciones espirituales más amplias. Mediante el trabajo con lo externo, las actividades físicas necesarias para el cuerpo, se filtra y se extrae aquello que es sagrado y que se encuentra dentro de lo corpóreo, llevándolo hacia el ámbito de la *kedushá* (santidad). Sin embargo, en el Shabat, no se lleva a cabo ese proceso de filtrado y de restauración. Por el contrario. En el Shabat, todo lo que fue extraído y destilado durante la semana asciende hacia un lugar de paz, tranquilidad y descanso. Se ha completado el retornar y el restaurar de la *teshuvá* – aspectos del salir y del traer. Por lo tanto, el trabajo es innecesario y en verdad está prohibido. El Shabat es por lo tanto el tiempo en que nos ocupamos de los caminos de Dios y no de nuestros propios caminos. Éste es el arrepentimiento, una continua conciencia de Dios. Más adelante veremos cómo esto se une con nuestra lección.

142. ShaBaT…BuShá. *ShaBat* (שבת) y *BoSheT* (בשת, vergüenza) comparten las mismas letras y así connotan un pensamiento similar: La vergüenza delante de Dios alude a la conciencia de la Divinidad, que viene cuando uno se refrena de las búsquedas materiales y se deleita en su lugar con lo espiritual (ver también n.144).

143. ReGueL. Para alcanzar un arrepentimiento completo la persona debe comenzar rectificando su habla, *ReGueL*. Ver la nota 58, que explica la conexión que esto tiene con aquel que "*RoGaL* (calumnia) con su lengua" – como si su lengua tuviese pies para ir de un lugar a otro y hablar mal de los demás con un habla corrompida.

144. el veneno de la Serpiente…maldiciones…tareas. Después de haber sido envenenado por el

- 'זָכְרֵהוּ מֵאֶחָד בְּשַׁבָּת'. וּלְפִי הַקְּדֻשָּׁה שֶׁמְּקַדֵּשׁ יְמֵי הַחֹל, כֵּן נִדְחָה זֻהֲמַת הַנָּחָשׁ, קֵץ כָּל בָּשָׂר, שֶׁהוּא בְּחִינַת רוּחַ סְעָרָה, וְעַל-יְדֵי-זֶה עוֹלָה הַדִּבּוּר. וְזֶה פֵּרוּשׁ:

עֲשׂוֹת חֲפָצֶךָ, כְּשֶׁאַתָּה עוֹשֶׂה חֲפָצֶךָ, הַיְנוּ בִּימֵי הַחֹל.

בְּיוֹם קָדְשִׁי, יִדְמֶה כְּאִלּוּ עַכְשָׁו יוֹם קָדְשִׁי. הַיְנוּ שֶׁתַּמְשִׁיךְ מְקֻדֶּשֶׁת שַׁבָּת עַל יְמֵי הַחֹל, וּתְקַדְּשֵׁם מִשְּׁלֹשִׁים וְתֵשַׁע מְלָאכוֹת:

וְזֶה (חגיגה יב:): **תַּנְיָא רַבִּי יוֹסֵי אוֹמֵר אוֹי לָהֶם לַבְּרִיּוֹת, רוֹאִים וְאֵינָם יוֹדְעִים מָה רוֹאִים.**

la persona estudia Torá cuando podría estar ganándose el sustento, está trayendo la santidad del Shabat sobre sí misma y santificando su vida. Y dado que el Shabat es un aspecto de anular las *klipot*, las acusaciones y las pruebas que enfrenta la humanidad (ver n.14), entonces mediante el estudio de la Torá (el aspecto del Shabat) la persona de hecho vence a las *klipot* y trae *shefa* al mundo. El *BeIbey HaNajal* agrega que es por ello que la Torá es un remedio para la calumnia; tiene el poder de vencer a las *klipot* y así permite que prevalezca un habla rectificada. Esto también se encuentra expresado en el versículo de Isaías que cita el Rebe Najmán, "Si refrenas tu pie en el Shabat... pues así ha hablado la boca de Dios". Si uno restringe el habla mundana y lleva todas sus palabras hacia el ámbito de la santidad, su habla es un paralelo de "así ha hablado la boca de Dios" – i.e., toda su habla es un habla sagrada y así revela el *Maljut* de Dios.

147. tus asuntos...los días de la semana. En otras palabras, cuando se te permite dedicar a las tareas, como opuesto al Shabat en el que se aplican las prohibiciones de Dios en contra del trabajo, entonces....

148. santificarlos así de las treinta y nueve tareas. El versículo se traduce así en nuestro contexto como sigue: **Si tashiv** – La persona que quiera arrepentirse deberá restringir **tu pie** – restringir su habla de la calumnia y demás, y en su lugar estudiar Torá.... Al hacerlo merecerá **en el Shabat** – un rostro radiante que brilla debido a la vergüenza que siente delante de Dios y a su temor a Él. Ésta es la solución para las subidas y bajadas espirituales de la persona. Pero, si su deseo es experimentar la Divinidad en todo momento, entonces **absteniéndote de seguir tras tus asuntos en Mi día sagrado** – deberá llevar la santidad del Shabat hacia sus asuntos cotidianos y santificar todas sus actividades mundanas. Entonces merecerá deleitarse en Dios en todo momento.

149. Y esto es. El Rebe Najmán retorna ahora a la sección 2 donde trató sobre el habla corrompida, "el final para toda carne". Habiendo demostrado que los tefilín y el Shabat tienen el poder de rectificar el habla corrompida para que la persona pueda alcanzar un reconocimiento de Dios, se mantiene la pregunta: ¿Por qué Dios permite en primera instancia que prevalezca "un final para toda carne" – las acusaciones y pruebas que dañan a la humanidad?

150. Ay de la humanidad. Ve pero no sabe.... Como parte del debate Talmúdico concerniente al cielo y la tierra el rabí Iosi trata el tema de los fundamentos de la tierra, trayendo textos de prueba para apuntalar su enseñanza. Pregunta Maharsha: Si la gente no sabe lo que ve ni sobre qué está parada, ¿es eso razón suficiente para decir, "Ay de la humanidad"? Sin embargo, el

del Shabat" (Éxodo 20:8) – recuérdalo desde el primer día de la semana (*Mejilta, Itró* 7).[145] Y en la misma medida en que santifica los días de la semana, elimina el veneno de la Serpiente/el fin de toda carne/el viento tormentoso. Mediante esto asciende la palabra hablada.[146] Ésta es la explicación de:

de seguir tras tus asuntos – Cuando te dedicas a tus asuntos, i.e., durante los días de la semana.[147]

en Mi día sagrado – debe parecer como que ahora es "Mi día sagrado". Debes atraer la santidad del Shabat hacia los días de la semana y santificarlos así de las treinta y nueve tareas.[148]

9. Y esto es:[149]

Se ha enseñado: Dijo el rabí Iosi: ¡Ay de la humanidad! Ve pero no sabe lo que ve. [Ellos están de pie pero no saben sobre qué se paran. ¿Sobre qué se sostiene la tierra? La tierra se sostiene sobre los pilares… y los pilares están sobre el agua… y el agua sobre las montañas… y las montañas sobre el viento… y el viento sobre la tormenta… y la tormenta sobre el brazo del Santo, bendito sea] (*Jaguigá* 12b).[150]

---

145. recuérdalo desde el primer día…. El significado simple es que la persona debe estar pensando en el próximo Shabat tan pronto como éste haya pasado, reservando lo mejor de lo que reciba para entonces (cf. *Beitzá* 15b). El Rebe Najmán extiende este pensamiento (invirtiéndolo en cierto sentido), enseñando que la persona debe traer la santidad del Shabat hacia cada día de la semana, comenzando con el primer día de la semana.

146. asciende la palabra hablada. Traer la santidad del Shabat hacia la semana es equivalente a crear el aspecto de los tefilín – ambos implican la eliminación del veneno de la Serpiente/el fin de toda carne/el viento tormentoso. De hecho, en su nivel de santidad, el Shabat es el más grande de los dos. Es mayor debido a que el aspecto de los tefilín sólo se produce cuando la persona que está en la oscuridad ("el estudio de la Torá durante la noche") rectifica y eleva su habla, que emerge entonces "en canción, en alabanza y en aclamación de Dios…", como plegaria, para transformarse en los tefilín. Pero el aspecto del Shabat indica que la oscuridad misma se vuelve luz; que la santidad que la persona trae hacia la noche, trae con ella una iluminación y un brillo que revelan la Divinidad en todo momento. Es por ello que el Shabat es mayor que el aspecto de los tefilín y explica también por qué guardar el Shabat sobrepasa a la obligación de los tefilín (*Parparaot LeJojmá*; ver n.141 más arriba). Así, mientras que la noche no es el momento para los tefilín debido a la conciencia restringida de Dios, el Shabat no es el momento para los tefilín debido a los *mojín* más grandes y a la conciencia expandida de Dios que la persona posee entonces (*Beibey HaNajal*).

El *Beibey HaNajal* también hace notar que la Torá fue dada en Shabat (ver *Shabat* 86b). En un sentido, por lo tanto, el estudio de la Torá por la noche corresponde a negar la maldición de la Serpiente; dedicarse a la Torá y no a las 39 tareas prohibidas en Shabat. Así cada vez que

הָאָרֶץ עוֹמֶדֶת עַל עַמּוּדִים – הַיְנוּ בִּינָה, אֶרֶץ הַחַיִּים, שֶׁמִּמֶּנָּה תוֹצָאוֹת הַתְּפִלִּין כַּנַּ"ל.

וְהַתְּפִלָּה נִקְרָא עַמּוּד, עַל־שֵׁם (תהלים קו): "וַיַּעֲמֹד פִּינְחָס": וְעַמּוּדִים, בְּחִינַת תְּפִלָּה.

עַל הַמַּיִם – הַיְנוּ עַל הַלֵּב, כְּמוֹ שֶׁכָּתוּב (איכה ב): "שִׁפְכִי כַמַּיִם לִבֵּךְ נֹכַח פְּנֵי ה'".

וּמַיִם עַל הֶהָרִים – זוֹ בְּחִינַת תּוֹרָה, שֶׁעַל־יָדָהּ נִתְעוֹרֵר חֶסֶד אַבְרָהָם. כִּי הֶהָרִים זוֹ תּוֹרָה, שֶׁהוּא מְרוֹמָם, כְּמוֹ שֶׁכָּתוּב (משלי ח): "בִּי מְלָכִים יִמְלֹכוּ". גַּם אַבְרָהָם נִקְרָא הַר, כְּמוֹ שֶׁכָּתוּב (בראשית יט): "הָהָרָה הִמָּלֵט".

וְהָרִים עַל הָרוּחַ – הַיְנוּ רוּחַ פִּיו שֶׁל הַקָּדוֹשׁ־בָּרוּךְ־הוּא, הַיְנוּ

154. agua...corazón.... Cuando el corazón motiva a la persona a decir palabras fervientes, hace que sus plegarias conformen el aspecto de los tefilín. ¿Cómo es que el corazón logra esas palabras fervientes? Mediante el estudio de la Torá por la noche. Como dice el versículo completo, "Levántate por la noche, derrama tu corazón como agua delante de Dios". Tanto los Sabios (*Tamid* 32b) como el Targúm aprenden de este versículo la importancia del estudio de la Torá por la noche (*Parparaot LeJojmá*). Así, para alcanzar palabras fervientes de plegaria es necesario estudiar Torá por la noche.

155. agua...montañas...Torá...la bondad de Abraham. Las expresiones fervientes que se desarrollan con el estudio de la Torá en circunstancias difíciles (la noche) también requieren el atributo de *jesed* (bondad/Abraham/mañana) para despertar las palabras y que éstas emerjan en canción y alabanza como plegarias a Dios (ver §4 y notas 47, 48).

156. montañas...Torá...gobiernan los reyes. El término "mí" al cual hace referencia el versículo es la Torá. Las Escrituras afirman que el gobierno de los reyes judíos se apoya en la ley de la Torá (ver *Rashi, loc. cit.*). Así la Torá es un aspecto de "montañas" – ambas connotan la cualidad de una exaltada majestad.

157. Abraham...escapa a las montañas. Las Escrituras relatan cómo Lot fue salvado de Sodoma cuando Dios destruyó la ciudad. Los ángeles le dijeron a Lot que debía "escapar a las montañas" – aludiendo a que estaba siendo salvado en mérito a Abraham y que por su propio beneficio debía huir hacia Abraham (*Bereshit Rabah* 50:11). Por ello, tanto la Torá como Abraham corresponden a las "montañas" (*Mei HaNajal*). Así, el estudio de la Torá por la noche (en circunstancias difíciles) produce el atributo de *jesed*, que permite a su vez que la palabra hablada emerja como una plegaria ferviente.

158. viento...aliento...del habla. Como se explicó más arriba, sección 2, nota 5.

La tierra se sostiene sobre los pilares – "La tierra" es *Biná*, "la tierra de los vivientes", de la cual emergen los tefilín.[151]

Y la plegaria es llamada un *AMuD* (pilar), similar a "Pinjas *AMaD* (se puso de pie) <y oró>" (Salmos 106:30).[152]

y los pilares – el aspecto de la plegaria.[153]

están sobre el agua – Es decir, sobre el corazón, como está escrito (Lamentaciones 2:19), "derrama tu corazón como agua delante de Dios".[154]

y el agua sobre las montañas – Éste es el aspecto de la Torá, mediante la cual se despierta la bondad de Abraham.[155] Pues las montañas son la Torá, que es exaltada, como está escrito (Proverbios 8:15), "Debido a mí gobiernan los reyes".[156] También, Abraham es llamado una montaña, como está escrito (Génesis 19:17), "escapa a las montañas".[157]

y las montañas sobre el viento – Este [viento] es el aliento del Santo, bendito sea, el aspecto del habla.[158] Como se explicó, la palabra hablada

---

rabí Iosi está hablando sobre lo que sustenta espiritualmente al mundo y a la humanidad. Como continúa diciendo Maharsha: Los pilares son la Torá, la plegaria y los actos de bondad. Estos tres se apoyan sobre el agua, que hace referencia a la Torá; el agua/Torá se apoya sobre las montañas, los Tzadikim; las montañas/Tzadikim se apoyan sobre el *rúaj* (viento, pero también espíritu), que es la *neshamá*; *rúaj/neshamá* se apoya sobre la tormenta, la mala inclinación; y la tormenta/la mala inclinación se apoya en Dios. En síntesis, Maharsha explica que la humanidad se sustenta sobre los pilares de la Torá, la plegaria y las buenas acciones, que están enraizadas en el estudio y en la observancia de la Torá. Para observar y estudiar la Torá debemos estar con los Tzadikim, aquellos individuos rectos que han alcanzado la pureza al enfrentar y vencer su mala inclinación. Y ello lo lograron gracias a la ayuda de Dios, pues Dios ayuda a todo aquel que quiere acercarse a Él para vencer la mala inclinación. El motivo por el cual el rabí Iosi se lamenta de la falta de conciencia de la humanidad es que, como resultado de ello, no toma en cuenta la inmensa capacidad que tiene para utilizar apropiadamente su libertad de elección y llegar a reconocer a Dios en todo lo que hace (*Maharsha, Jaguigá*, 12b. *v.i. oi*). El Rebe Najmán explica ahora esta enseñanza dentro del contexto de nuestra lección.

151. Biná...vivientes...emergen los tefilín. *Biná* (*Ima*) es la "tierra de los vivientes" porque corresponde al Árbol de la Vida (*Zohar* III, 124b; *Tikuney Zohar* #55, p.89a). A partir de nuestra lección hemos visto que los tefilín están enraizados en *Biná* (§5, notas 76-78) y que son un aspecto de la vida, como en, "Oh Dios, [con estas cosas] sobre ellos, ellos viven" (*Parparaot LeJojmá*; ver n.100).

152. Plegaria...AMuD...AMaD.... El Rebe Najmán cita este versículo para demostrar la conexión entre un pilar (עמוד) y la plegaria dicha de pie (עמד). Anteriormente hemos visto que el aspecto de los tefilín se produce cuando el habla emerge en alabanza y plegaria a Dios.

153. pilares...plegaria. La "tierra se sostiene sobre los pilares" significa que para alcanzar *Biná*, la conciencia de Dios, se requiere del aspecto de los tefilín, que se produce cuando se ofrece la plegaria.

בְּחִינַת דִּבּוּר. שֶׁעַל־יְדֵי הַתּוֹרַת חֶסֶד, נִתְעַלֶּה הַדִּבּוּר כַּנַּ"ל, כְּמוֹ שֶׁכָּתוּב: "שִׁכְבִי עַד הַבֹּקֶר".

וְרוּחַ עַל סְעָרָה – הַיְנוּ שֶׁבְּחִינַת קֵץ כָּל בָּשָׂר, הוּא בְּחִינַת אַחַר הַדְּבָרִים, הוּא יוֹנֵק מֵהַדִּבּוּר, וְנַעֲשֶׂה רוּחַ סְעָרָה כַּנַּ"ל.

וּסְעָרָה עַל זְרוֹעוֹ שֶׁל הַקָּדוֹשׁ־בָּרוּךְ־הוּא – כִּי הַבְּרִיּוֹת צְרִיכִין לְקֵץ כָּל בָּשָׂר, כְּמוֹ שֶׁכָּתוּב: "וְהִנֵּה טוֹב מְאֹד" – 'דָּא מַלְאַךְ־הַמָּוֶת' (בראשית-רבה ט:ה), וְהִשְׁתַּלְשְׁלוּתָם מִגְּבוּרוֹת עֶלְאִין, כִּי הוּא טוֹב מְאֹד. וְזֶהוּ שֶׁסְּעָרָה בִּזְרוֹעַ, זְרוֹעַ, אֵלּוּ חֲמִשָּׁה גְבוּרוֹת, שֶׁמֵּהֶם חִיּוּתוֹ עַד זְמַן בִּלַּע הַמָּוֶת לָנֶצַח (ישעיה כה):

– que son una y la misma cosa (*Bava Batra* 16a). Desde una perspectiva Kabalista, estos son diferentes nombres de las fuerzas del mal, de las *klipot*. Así, en nuestro contexto, la existencia del viento tormentoso/*klipot*/Ángel de la Muerte crea el equilibrio entre el bien y el mal en este mundo y como resultado el hombre siempre tiene libertad para elegir el bien o lo contrario. Esto es "*muy bueno*", pues el hombre puede entonces ganar la recompensa por sus buenos deseos y acciones.

163. guevurot superiores…muy bueno, como es sabido. Como se explicó más arriba, la *sefirá* de *Biná* es la raíz superior de las *guevurot* (severidades, juicios) (ver §5 y n.61). Por lo tanto, en su raíz, las severidades son muy exaltadas y sólo cuando descienden a los ámbitos inferiores se transforman en juicios y aflicciones para la humanidad. El Rebe Najmán enseña que lo mismo se aplica al Ángel de la Muerte (y al viento tormentoso). Su raíz es muy exaltada – por lo tanto, "muy bueno". Pero más abajo, en este mundo, se transforma en un vehículo, al igual que las *guevurot*, a través del cual es castigado el hombre.

164. el brazo son las cinco guevurot. Ver más arriba, sección 3 y notas 29-34, que para rectificar el habla corrompida, el viento tormentoso, es necesario elevar las palabras hacia su raíz. Esa raíz es el brazo, los cinco dedos de la mano izquierda, que, como el Rebe Najmán explica, son las cinco *guevurot*, los cinco articulantes del habla. Éste es el significado de "la tormenta sobre el brazo" – i.e., una rectificación del habla corrompida. Sin embargo, si el habla no se rectifica, entonces las *klipot*/el Ángel de la Muerte toman vitalidad y sustento del brazo. Las cinco *guevurot* se transforman entonces en juicios severos, los cinco articulantes producen un habla corrompida y la muerte llega a la humanidad.

165. Muerte…abatida para siempre. Esto sucederá cuando llegue el Mashíaj, cuando el mundo alcance un estado rectificado. El habla de la gente será pura y emergerá como canción y alabanza a Dios, como en (Zefonías 3:9), "Entonces transformaré [las lenguas de] las naciones en una lengua pura, para que todos puedan invocar el nombre de Dios y servirlo de un mismo acuerdo". Muchos otros versículos en las Escrituras también atestiguan de ello. Y así, con el habla rectificada, las *klipot* serán subyugadas bajo el gobierno de un habla sagrada, el *Maljut* de Santidad. La muerte entonces será "abatida para siempre", pues ya no serán necesarias las oportunidades para la recompensa y el castigo ni el elemento de la libre elección. (ver *Mashíaj: ¿Quién? ¿Qué? ¿Por qué? ¿Cómo? ¿Dónde? y ¿Cuándo?*, Capítulo 10, donde se trata el concepto de la libertad de

se eleva por medio de la Torá de bondad, como en, "recuéstate hasta la mañana".[159]

y el viento sobre la tormenta – Es decir, el aspecto de "el final de toda carne", que corresponde a "después de las palabras", toma el sustento de la palabra hablada y se transforma en un viento tormentoso, como se explicó más arriba.[160]

y la tormenta sobre el brazo del Santo, bendito sea – Pues la humanidad tiene necesidad de "el final de toda carne",[161] como está escrito (Génesis 1:31) "era muy bueno" – éste es el Ángel de la Muerte (*Bereshit Rabah* 9:10).[162] <Su> descenso proviene de las *guevurot* superiores, pues él es "muy bueno", <como es sabido>.[163] Éste es el significado de "la tormenta sobre el brazo" – el brazo son las cinco *guevurot* (severidades).[164] Desde allí [el Ángel de la Muerte] toma su vitalidad, hasta el tiempo en que "la Muerte será abatida para siempre" (Isaías 25:8).[165]

159. **...recuéstate hasta la mañana.** Como se explicó más arriba, sección 4 y nota 50.

160. **viento tormentoso...más arriba.** Esto ha sido explicado en la sección 2, notas 9-18. El hecho de que se deba estudiar Torá por la noche para alcanzar *jesed* y así rectificar el habla se debe a que ello impide que el habla corrompida se transforme en un viento tormentoso. Si no hay un viento tormentoso, la persona puede cantar y alabar a Dios. Entonces, ¿Por qué Dios creó el viento tormentoso?

161. **tormenta...Santo, bendito sea...final de toda carne.** El Rebe Najmán enseña aquí que el viento tormentoso –el "final de toda carne"– es de hecho un elemento esencial en el diseño de la Creación. Sin ese viento tormentoso, no existiría la libertad de elección (ver n.144 con respecto al ángel Metat). El hombre no tendría entonces posibilidad alguna de recompensa y castigo. En nuestro contexto, no tendría posibilidades de elegir libremente el habla perfecta por sobre el habla corrompida y así alcanzar el aspecto de los tefilín y del Shabat; no tendría ninguna posibilidad de elegir el Árbol de la Vida y los deleites de una existencia espiritual por sobre el veneno espiritual del Árbol del Conocimiento y las acusaciones y pruebas que enfrentan a la humanidad en su lucha por la vida. Como está indicado en el siguiente texto de prueba del Rebe, el viento tormentoso, que es el Gran Acusador del hombre (ver n.14), tiene paradójicamente la capacidad de transformarse también en su gran benefactor.

162. **muy bueno...el Ángel de la Muerte.** Con respecto a cada uno de los otros Días de la Creación, las Escrituras afirman, "Era bueno", pero del Día Sexto dicen, "Era muy bueno". Nuestros Sabios enseñan que "*muy* bueno" hace referencia al Ángel de la Muerte. La explicación simple del Midrash es que si la muerte no le esperara al hombre, tendría pocos incentivos para reconocer a su Hacedor y agradecerle por todo lo que Él provee. Sin embargo ahora que existe el Día del Juicio y la gente sabe que tendrá que rendir cuentas por todo lo que tomó de este mundo, se siente motivada a hacer un buen uso de su vida. Trabaja para reconocer a su Hacedor, llevando a cabo muchas mitzvot y tratando de mejorar antes de que se le acabe inevitablemente el tiempo. El Ángel de la Muerte es por lo tanto llamado "*muy* bueno" y es necesario para el mundo. En otra instancia, nuestros Sabios dicen que el Ángel de la Muerte es Satán y también la mala inclinación

וְזֶה פֵּרוּשׁ:

מַרְכֶּבֶת פַּרְעֹה וְחֵילוֹ – הַיְנוּ בְּחִינַת תְּפִלִּין, כַּמּוּבָא בַּזֹּהַר (ויגש רי.), שֶׁפַּרְעֹה הִיא אִמָּא דְּכָל נְהִירִין אִתְפָּרְעָן וְאִתְגַּלְיָן מִנַּהּ. וּתְפִלִּין נִקְרָא מֶרְכָּבוֹת, כְּמוֹ שֶׁכָּתוּב (דברים לג): "רוֹכֵב שָׁמַיִם". וְשָׁמַיִם, אֵשׁ וּמַיִם, בְּחִינַת גְּוָנִין, כִּי תְּפִלִּין הֵם נְהָרִין מֵאִמָּא עִלָּאָה. וְעַל-יְדֵי מַה תִּזְכֶּה לִבְחִינַת תְּפִלִּין?

יָרָה בַיָּם – "יָרָה", הֵם הַגְּבוּרוֹת (פֵּרוּשׁ: "יָרָה" עִם הַכּוֹלֵל גִּימַטְרִיָּא גְּבוּרָה). "בַּיָּם", הוּא בְּחִינַת דִּבּוּר, כְּשֶׁתִּתְקַשֵּׁר וְתַעֲלֶה אֶת הַדִּבּוּר לְשָׁרְשָׁהּ.

168. ShaMaIm…eSh y MaIM. Este segundo texto de prueba conecta a los tefilín con *shamaim*. Enseña el Talmud (*Jaguigá* 12a): La palabra *ShaMaIM* (שמים) es un compuesto de eSh (אש, fuego) y *MaIM* (מים, agua). Maharsha explica que esos dos elementos, el fuego y el agua, representan los atributos del juicio y de la bondad, respectivamente. Estos son los atributos utilizados para crear los cielos (*Maharsha, loc. cit., v.i. tana esh umaim*). Ambos se juntan en *Zeir Anpin*, que también es la totalidad de los colores (ver *Zohar* I, 71b). Ver la nota siguiente.

En nuestro contexto, "fuego y agua" corresponden al habla –i.e., las cinco *guevurot*, los cinco articulantes (§3)– que emerge como *jesed* cuando se estudia Torá por la noche (§4). Esto crea el aspecto de los tefilín.

169. aspecto de los colores. Éste es el tercer paso en la conexión de los tefilín con "carrozas", la totalidad de los colores. El Talmud (*Berajot* 6b) equipara el sentir vergüenza con ser juzgado con fuego y agua. Ello se debe a que cuando la persona es avergonzada, su rostro se torna de diferentes colores, del rojo al blanco, hasta que la sangre finalmente se calma (*Maharsha, loc. cit., v.i. mai krum*). En este sentido, la vergüenza es similar a los cielos, pues ambos contienen los elementos del fuego y del agua. En nuestra lección, el Rebe ha demostrado que la vergüenza, la totalidad de los colores, proviene del hecho de alcanzar el aspecto de los tefilín (§5, notas 85-86). Esto también alude a *Zeir Anpin*, que es llamado *Tiferet, peer* (ver n.84).

170. a partir de la Ima superior. Ésta es la etapa final de la prueba del Rebe Najmán. *Zeir Anpin* corresponde a la totalidad de los colores, el brillo radiante que se origina en *Ima/Biná*. Así, *markevot*/tefilín es el *shamaim*/*Zeir Anpin*, la totalidad de los colores/*Tiferet*/*peer* traído desde *Paró*/*Ima*/*Biná*.

171. IaRá…GueVURá. *IaRá* (ירה) tiene el valor numérico de 215. Al agregar una unidad por la palabra misma se obtiene el mismo valor que *GueVURá* (גבורה). Esta afirmación es una nota marginal agregada por el Rav de Tcherin, autor del *Parparaot LeJojmá*. Agrega que la palabra *iará* se traduce como arrojar algo con esfuerzo. En nuestro contexto, *iará baiam* alude a poner esfuerzo en el habla y en el estudio de la Torá. Ver la nota siguiente.

172. …corresponde al habla. Ver sección 2, nota 7, que el "mar" corresponde a *Maljut*, que es el habla.

173. unir la palabra hablada hacia su fuente. Que son las *guevurot*, como se explicó en la sección 3. Y al hacerlo uno merece el aspecto de los tefilín.

10. Y ésta es la explicación [del versículo de abertura]:
{"Las *markevot* del faraón y su ejército *iará baiam* (Él arrojó al mar) y sus *shalishav* (oficiales) selectos fueron ahogados en el Mar de *Suf* (Mar Rojo)".}

Las markevot del faraón (Paró) y su ejército – Éste es el aspecto de los tefilín. Como dice en el *Zohar*: *PaRÓ* es *Ima* (Madre), pues todas las luces *itPARan* (se exponen) y se revelan a través de ella (Zohar I, 210a).[166] Y los tefilín son llamados *meRKaVot* (carrozas), como está escrito (Deuteronomio 33:26), "Aquel que *RoJeV* (cabalga) *shamaim* (los cielos)".[167] Y *ShaMaIM* –*eSh* y *MaIM*[168]– es un aspecto de los colores.[169] Ello se debe a que los tefilín brillan a partir de la *Ima* superior.[170] ¿Y mediante qué uno merece el aspecto de los tefilín? <Mediante:>

Iará baiam – *Iará* son las *guevurot*, {<pues> [el valor numérico de] *IaRá* más una unidad agregada por la palabra misma tiene el mismo valor numérico que *GueVURá*}.[171] "En el mar" corresponde al habla.[172] Debes unir la palabra hablada con su fuente y elevarla.[173]

---

elección en la era mesiánica).

La enseñanza del rabí Iosi se traduce así en nuestra lección como sigue:

Dijo el rabí Iosi: ¡Ay de la humanidad! Ve pero no sabe lo que ve. Ellos están de pie pero no saben sobre qué se paran. ¿Sobre qué se sostiene la tierra?

La tierra se sostiene sobre los pilares – Para alcanzar *Biná*/vida, se necesita la plegaria.

Y los pilares están sobre el agua – La plegaria debe ser una efusión del corazón que se produce debido a

y el agua sobre las montañas – La Torá que revela jesed, pues

y las montañas sobre el viento – tal estudio de Torá eleva y rectifica el habla para que las palabras puedan emerger como una plegaria ferviente (a través de la cual se pueda alcanzar el aspecto de los tefilín y del Shabat).

y el viento sobre la tormenta – De esta manera se rectifica el habla corrompida para que no nutra más al viento tormentoso/klipot que es el Gran Acusador de la humanidad.

y la tormenta sobre el brazo del Santo, bendito sea – Al mismo tiempo, ese viento tormentoso/*klipot* es un elemento vital en la Creación de Dios –la raíz de la libertad de elección– y seguirá existiendo hasta los días del Mashíaj, ¡que lleguen pronto!

166. PaRÓ es Ima…itPARan…a través de ella. El nombre *PaRÓ* sugiere exponer y revelar, como en (Éxodo 32:25), "Aarón los *PRAó* (expuso)…". El *Zohar* (*loc. cit.*) equipara así a Paró con *Ima* pues todas las luces (de las personas Divinas *Zeir Anpin* y *Maljut*) están enraizadas en *Ima/Biná* y por lo tanto se revelan a través de ella (ver §5, notas 76-77).

167. Y los tefilín…meRKaVot…RoJeV…. El Rebe Najmán prueba ahora, en etapas, que el término "carrozas" en el versículo de abertura de la lección alude a los tefilín. Primero, este versículo de Deuteronomio demuestra que *meRKaVot* (מרכבות, carrozas), que es similar a *RoJeV* (רכב), está conectado con *shamaim* (cielos). En la Kabalá, el término *shamaim* alude a *Zeir Anpin* (Zohar II, 62b), y *Zeir Anpin* son los tefilín (ver más arriba, §5, n.76). Aunque esto en sí mismo conecta "carrozas" con los tefilín, el Rebe agrega otras pruebas para unirlo más aún con nuestra lección.

וְעַל־יְדֵי מָה תּוּכַל לְהַעֲלוֹת אֶת הַדִּבּוּר לְשָׁרְשָׁהּ? עַל־יְדֵי לִמּוּד הַתּוֹרָה בַּלַּיְלָה. שֶׁעַל־יְדֵי לִמּוּד הַזֶּה, נִמְשָׁךְ חוּט שֶׁל חֶסֶד, וְאָז: הַבֹּקֶר אוֹר וְכוּ', וְאָז הַדִּבּוּר עוֹלֶה, וְנַעֲשֶׂה בַּת אַבְרָהָם, כְּמוֹ שֶׁאָמְרוּ (בבא בתרא טז:): 'בַּת הָיְתָה לוֹ לְאַבְרָהָם וּבַכֹּל שְׁמָהּ', "בַּיָּם" גִּימַטְרִיָּא בַּכֹּל. וְזֶה: **וּמִבְחַר שָׁלִשָׁיו טֻבְּעוּ בְיַם** – הַתּוֹרָה נִקְרָא אוֹרַיְתָא תְּלִיתָאֵי (שבת פח.). וּמִבְחַר - דָּא אַבְרָהָם, כְּמוֹ שֶׁכָּתוּב (נחמיה ט): "אֲשֶׁר בָּחַרְתָּ בְּאַבְרָם". פֵּרוּשׁ, עַל־יְדֵי הַתּוֹרָה, שֶׁעַל יָדָהּ נִתְעוֹרֵר מִדַּת אַבְרָהָם, עַל־יָדָהּ נִתְתַּקֵּן הַדִּבּוּר

וְ"קֵץ כָּל בָּשָׂר" יִטָּבַע בְּנִקְבָּא דִּתְהוֹמָא רַבָּא. וְזוּ:
טֻבְּעוּ בְיַם סוּף – "סוּף", הוּא בְּחִינַת קֵץ כָּל בָּשָׂר, שֶׁהוּא דָּבוּק בְּיַם הַדִּבּוּר, יִטָּבַע בְּנִקְבָּא דִּתְהוֹמָא רַבָּא, עַל־יְדֵי בֹּקֶר דְּאַבְרָהָם, שֶׁנִּתְעוֹרֵר עַל־יְדֵי הַתּוֹרָה כַּנַּ"ל:

179. seleccionó a Abram...la palabra hablada. El versículo completo dice, "Tú eres Dios, el Señor, Quien seleccionó a Abram, Quien lo tomó de Ur de los caldeos y cambió su nombre en Abraham". Abraham (*jesed*) es el "seleccionado" por Dios. Así, en nuestro contexto, "*shalishav* selectos" alude a la Torá que emerge del estudio por la noche. Esa Torá lleva a *jesed*, el habla rectificada, el aspecto de los tefilín.

180. el Hueco del Gran Abismo. En la terminología del *Zohar*, esto es *Nukva deTehoma Raba*, el nombre del lugar en donde las *klipot* serán eliminadas en el Final de los Días, cuando llegue Mashíaj.

181. Suf...final de toda carne. *SuF* es similar a *SoF*, que significa "fin". Así, en nuestro contexto, *SuF* hace referencia al "final de toda carne", a las *klipot*.

182. unido al mar del habla. Como se explicó más arriba, secciones 2 y 9; ver las notas 161-165.

183. como se explicó. El versículo se traduce así en nuestra lección como sigue: **Las markevot del faraón** – Para merecer el aspecto de los tefilín, que están enraizados en *Biná*, uno debe **iará baiam** – elevar el habla hacia su fuente, las *guevurot*. Esto puede lograrse mediante **shalishav selectos** – estudiando la Torá tripartita por la noche, pues ello rectifica y eleva el habla mediante *jesed*. Y como resultado **fueron ahogados en el Mar de Suf** – "El fin de toda carne"/el habla corrompida es anulada en el Gran Abismo, tal cual lo será al Final de los Días, para toda la humanidad, cuando "La muerte sea tragada para siempre". Que sea pronto y en nuestros días. Amén.

¿Y mediante qué es posible elevar la palabra hablada hacia su fuente? Mediante el estudio de la Torá por la noche. Gracias a ese estudio se atrae un hilo de bondad y entonces "con la primera luz de la mañana…".[174] Entonces, las palabras habladas ascienden y se transforman en *bat* Abraham,[175] como enseñaron nuestros Sabios: Abraham tuvo una *bat* (hija) y su nombre era Bakol (Bava Batra 16b).[176] *BaIaM* ("en el mar") tiene el mismo valor numérico que *BaKoL*.[177] Y esto es:

y sus shalishav selectos fueron ahogados en el Mar – La Torá es llamada una enseñanza tripartita (Shabat 88a).[178] Y "selectos" es Abraham, como está escrito (Nehemías 9:7), "Quien eligió (seleccionó) a Abram". La explicación es: Por medio de la Torá, mediante la cual despertamos el atributo de Abraham, se rectifica la palabra hablada.[179]

Entonces "el final de toda carne" será ahogado en el Hueco del Gran Abismo.[180] Esto es:

ahogados en el Mar de Suf – *Suf* es un aspecto de "el final de toda carne",[181] que está unido al mar del habla.[182] Será ahogado en el Hueco del Gran Abismo debido a la "mañana de Abraham", que se despierta mediante la Torá, como se explicó.[183]

---

174. Torá por la noche…luz de la mañana. Esto ha sido explicado más arriba, en la sección 4.

175. bat Abraham. El habla emergiendo con la luz de la mañana corresponde a Abraham, el atributo de *jesed*. El Rebe Najmán explica ahora porqué esto es llamado *bat* Abraham.

176. Abraham tuvo una bat…Bakol. Las Escrituras relatan que "Dios bendijo a Abraham *bakol* (en todo)" (Génesis 24:1). Dice el Talmud: ¿Qué es *bakol*? Abraham fue bendecido con una *bat* (hija) llamada *Bakol*. Hemos visto anteriormente que *bat*, que significa tanto "hija" como "pupila del ojo", es la *sefirá* de *Maljut* (ver notas 136, 138).

177. BaIaM…BaKoL. *BaIaM* (בים) y *BaKoL* (בכל) equivalen ambos a 52. En nuestro contexto, *iam* (mar) es *Maljut*/el habla (notas 7, 172); *Bakol* es la *bat* de Abraham, quien, en sí mismo, es bondad. Así, ¿por medio de qué se eleva la palabra hablada a su fuente? Mediante el habla, que refleja *jesed*, las palabras emergen cuando se estudia Torá por la noche. Ésta es el habla rectificada que lleva al aspecto de los tefilín.

178. shalishav…Torá…enseñanza tripartita. Enseña el Talmud (*loc. cit.*): "Bendito sea Dios Quien dio una enseñanza tripartita, a una nación tripartita, por medio de un tercero, en el tercer día, en el tercer mes". La Torá tripartita es el *TaNaJ* (Torá, Profetas y los Escritos Sagrados). Esto conecta con *ShaLiShav*, que es similar a *ShaLoSh*, el término hebreo para "tres" (ver Lección #36, n.69).

(זֹאת הַתּוֹרָה הִיא סוֹד כַּוָּנוֹת תְּפִלִּין, כַּמְבֹאָר שָׁם בְּתוֹךְ דִּבְרֵי הַתּוֹרָה הַזֹּאת. וְכַנִּרְשָׁם מִן הַצַּד בַּהַגָּ"ה אֵיךְ כָּל כַּוָּנוֹת תְּפִלִּין כְּלוּלִין שָׁם, וְהַדְּבָרִים מוּבָנִים לַמַּשְׂכִּילִים, וַעֲדַיִן צְרִיכִין בֵּאוּר רָחָב לְבָאֵר הַדָּבָר הֵיטֵב, וְאִם יִהְיֶה אֱלֹקִים עִמָּדִי, יִתְבָּאֵר הַדָּבָר בְּמָקוֹם אַחֵר בְּעֶזְרַת הַשֵּׁם יִתְבָּרַךְ:

וְדַע, שֶׁשָּׁמַעְתִּי מִפִּיו הַקָּדוֹשׁ, שֶׁחִשֵּׁב כַּמָּה וְכַמָּה תוֹרוֹת. וְאָמַר: שֶׁכֻּלָּם הֵם סוֹד כַּוָּנוֹת תְּפִלִּין, דְּהַיְנוּ הַתּוֹרָה "בַּחֲצֹצְרוֹת וְקוֹל שׁוֹפָר", וְ"אָנֹכִי ה' אֱלֹקֶיךָ", וּ"קְרָא אֶת יְהוֹשֻׁעַ" וְכוּ', וְהַתּוֹרָה "מִי הָאִישׁ הֶחָפֵץ חַיִּים", "וְאַתֶּם תִּהְיוּ לִי מַמְלֶכֶת כֹּהֲנִים", "אַשְׁרֵי הָעָם זָרְקָא", וְהַתּוֹרָה הַזֹּאת "מֶרְכֶּבֶת פַּרְעֹה" וְכוּ'. וְעוֹד כַּמָּה וְכַמָּה תוֹרוֹת גְּדוֹלוֹת שֶׁאֵינִי זוֹכֵר עַתָּה לְפָרְטָם. וְאָמַר שֶׁכֻּלָּם הֵם סוֹד כַּוָּנוֹת תְּפִלִּין. אַשְׁרֵי הַזּוֹכֶה לְהַשִּׂיגָם:)

con el habla entonces plenamente redimida, los israelitas merecieron cantar la Canción de la Liberación – sus palabras emergieron en canción, en alabanza y en aclamación a Dios. Así, una de las cosas que dijeron en la Canción fue, "El temor y la angustia cayeron sobre ellos…" (Éxodo 15:16). Habiendo logrado el habla rectificada, adquirieron el aspecto de los tefilín, una manifestación tan poderosa del temor a Dios que los demás (sus enemigos) también pudieron sentirlas (§5, n.86). Es por ello que el Rebe Najmán hace referencia al habla como *bat* Abraham (§10, notas 175-177): fue el habla de Abraham lo que produjo el exilio y fue su atributo, el habla de *jesed*, el que más tarde trajo la salvación.

Comenta el *Mei HaNajal*: Podemos comprender la historia de Purim a la luz de esta lección. En el Libro de Esther encontramos que la posición de Hamán fue elevada "después de *devarim*" (Esther 3:1; ver §2 y n.15). Esto alude al habla corrompida de la cual tomaba fuerzas Hamán para acusar a los judíos e intentar su aniquilación. Para contrarrestar el mal de Hamán los judíos tuvieron que rectificar su habla, lo que hicieron derramando sus corazones en plegaria y en arrepentimiento. Uno debe decir la verdad para que ello suceda, lo que también ellos hicieron, como está indicado por el hecho de que el decreto fue emitido para el mes de ADaR, que es un acróstico para *Rosh Devarja Emet* ("La cabeza de Tu palabra es verdad"; ver §3 y n.37). Así aunque Hamán trató de erradicar la verdad, los judíos la buscaron y ésta se volvió su salvación. Es por ello que cuando llegó la salvación, "hubo luz y alegría, regocijo y *iakar* (honor; Esther 8:16). Enseña el Talmud que "luz" hace referencia a la Torá, mientras que "*iakar*" corresponde a los tefilín (*Meguilá* 16b). En nuestro contexto, debido a que los judíos estudiaron Torá en momentos difíciles, merecieron palabras fervientes de plegaria que hicieron que se manifestara el aspecto de los tefilín. Esa fue una manifestación del temor a Dios. Por lo tanto está escrito (Esther 8:17), "Muchas de las naciones de la tierra se convirtieron al judaísmo, pues el temor a los judíos había caído sobre ellas". El aura del aspecto de los tefilín era tan grande que llevó el temor a Dios del pueblo judío hacia todas las naciones, de modo que también ellas se volvieron conscientes de Su grandeza (ver §5).

11. {Esta lección contiene las *kavanot*-meditaciones místicas de los tefilín, como ha sido explicado dentro de la lección misma. Las notas marginales también apuntan al hecho de que todas las meditaciones de los tefilín están incluidas allí.[184] El erudito comprenderá cómo es esto. Aun así, se requiere de una explicación extensiva para aclarar bien el tema. Si Dios viene en mi ayuda, el asunto será explicado en otra parte, con la ayuda de Dios.

¡Y debes saber! De sus santos labios oí una lista de varias lecciones, luego de lo cual dijo que todas contenían las meditaciones místicas de los tefilín. Éstas eran las lecciones: *Bejatzotzrot veKol Shofar* (Lección #5); *Anoji HaShem Elokeja* (Lección #4); *Kra et Ioshúa* (Lección #6); *Mi HaIsh Hejafetz Jaim* (Lección #33); *Veatem Tihiú Li Mamlejet Kohanim* (Lección #34); *Ashrei HaAm – Zarka* (Lección #35); y esta lección, *Markevot Paró Vejeilo*, al igual que un buen número de otras lecciones largas, que no recuerdo al presente. Y él dijo, "Todas ellas contienen las meditaciones místicas de los tefilín. Feliz de aquel que merece comprenderlas"}.

---

184. Kavanot…notas marginales…incluidas allí. Para repasar, esto aparece en las secciones 4 y 5, notas 45, 54, 61, 67, 70, 73.

El *BeIbey HaNajal* hace un repaso de la lección del Rebe en el contexto de Abraham, el exilio en Egipto, el Éxodo, la Apertura del *Iam Suf* (Mar Rojo) y la Revelación en el Monte Sinaí. Escribe lo siguiente: Cuando se le prometió a Abraham que habría de heredar la Tierra de Israel, Abraham le pidió a Dios una prueba. Para alguien en un nivel espiritual tan exaltado, el pedido de Abraham fue un daño en el habla, una abertura para que las *klipot* tomasen el sustento del habla sagrada (ver §2, notas 16, 17). Como resultado, los descendientes de Abraham, los israelitas, fueron obligados a bajar al exilio en Egipto (ver Génesis 15). En nuestra lección hemos visto que el habla puede ser rectificada llevando la santidad del Shabat hacia las tareas de la semana (ver §7) y con el estudio de la Torá. Pero como esto sucedió antes de la entrega de la Torá, sólo lo primero era posible. Así Moshé fue capaz, de alguna manera, de aliviar el sufrimiento de la gente al hacer que el faraón permitiese a los israelitas descansar en el Shabat. Esto corresponde a una rectificación parcial del habla, cuya rectificación primaria se produce por medio del estudio de la Torá por la noche. Es por ello que se dice que Moshé era tartamudo, su aspecto del habla se encontraba en el exilio bajo el gobierno de los egipcios. Más tarde, para que los israelitas pudiesen ganar algún mérito mientras estaban en Egipto, Dios les dio dos mitzvot, el cordero de Pesaj y la circuncisión. Ambos corresponden al estudio de la Torá por la noche, pues ambos fueron llevados a cabo en las difíciles circunstancias del exilio. Esas mitzvot ayudaron a los israelitas a elevar el habla y así subyugar a sus opresores, "el final de toda carne", anunciando el comienzo del Éxodo. Aun así, ello sólo fue la primera etapa. El habla de los israelitas aún tenía que ascender hacia su fuente, hacia el nivel de la vergüenza que corresponde a los tefilín. Esto se logró al decir la verdad/Torá, haciendo que *jesed* (Abraham) se manifestara, lo que ocurrió en la Apertura del Mar, cuando, al rayar el día (*jesed*, ver §4), el mar se cerró sobre los egipcios (una indicación de *guevurot*, de juicios). Todos los acusadores de Israel, las *klipot* que gobernaban sobre el habla, fueron ahogados. Y

לִיקוּטֵי מוֹהֲרָ"ן סִימָן ל"ט
לְשׁוֹן רַבֵּנוּ זִכְרוֹנוֹ לִבְרָכָה

"וְנָתַתִּי עֵשֶׂב בְּשָׂדְךָ לִבְהֶמְתֶּךָ": (דברים יא)

עֵשֶׂב, רָאשֵׁי־תֵבוֹת עוֹשֶׂה שָׁלוֹם בִּמְרוֹמָיו.

בְּשָׂדְךָ, לְשׁוֹן שִׁדּוּד וּשְׁבִירָה.

כְּשֶׁאָדָם מַרְגִּישׁ אֵיזֶה רְעָבוֹן, שֶׁמִּתְגַּבֵּר עָלָיו תַּאֲוַת אֲכִילָה, יֵדַע שֶׁיֵּשׁ לוֹ שׂוֹנְאִים. כְּמַאֲמַר חֲכָמֵינוּ זִכְרוֹנָם לִבְרָכָה (בבא מציעא נט.): "הַשָּׂם גְּבוּלֵךְ שָׁלוֹם" (תהלים קמז), וּמִי שֶׁיֵּשׁ לוֹ רָשִׁים מִלְּמַטָּה, בְּיָדוּעַ שֶׁיֵּשׁ לוֹ רָשִׁים מִלְמַעְלָה (סנהדרין קג:).

בְּכֵן צָרִיךְ לְשַׁדֵּד וּלְשַׁבֵּר הַבַּהֲמִיּוּת שֶׁלּוֹ הַמִּתְאַוָּה לֶאֱכֹל, כִּי עִקַּר

5. hambre…enemigos. El hambre es lo opuesto de la bendición en la que uno come poco y aun así está satisfecho (ver más arriba, n.2). Así, cuando no hay abundancia, no hay *esev*, no hay paz – los enemigos abundan. El Rebe Najmán trae ahora dos textos de prueba para sustentar su afirmación.

6. Él pone…paz…con lo mejor del trigo. El Talmud cita este versículo para apoyar su enseñanza de que la disputa se encuentra principalmente en los hogares en donde falta la bendición en el alimento; la implicación es que donde hay comida, hay paz. El Rebe Najmán sigue el orden del versículo de manera más literal: Cuando hay paz, abundan las bendiciones y así todo lo que la persona tiene la satisface – es "lo mejor del trigo". El Talmud también aprende de este versículo que todo aquel que sueña con trigo puede esperar paz (*Berajot* 57a). Vemos por lo tanto que la abundancia está conectada con la paz, mientras que el hambre es una indicación de enemigos y de disputa.

7. de seguro que tiene enemigos Arriba. Rashi comenta que cuando la persona enfrenta oposición por parte de la gente –i.e., tiene enemigos– de seguro debe haber hecho algo que despertó la oposición de Arriba (*v.i. beiadua*). Maharsha explica (*v.i. kivan*) que aunque está prohibido que el judío desprecie a otro judío, si éste último es un *rashá* (malvado) se justifica su animosidad – está permitido ser su enemigo, su *rash*. Ello se debe a que la maldad de la persona hace que también sea depreciada Arriba, pues Dios detesta a los malvados.

En este pasaje Talmúdico, la palabra para "enemigos" es *rashim*, que también connota pobreza. Esto se une con la enseñanza del Rebe Najmán de que para que la persona alcance la bendición deberá asegurarse de que haya paz Arriba. Sin embargo, si tiene enemigos abajo, no podrá estar en paz con el Cielo. Por lo tanto carecerá de abundancia y así padecerá hambre – i.e., será *rash* (pobre).

LIKUTEY MOHARÁN 39[1]

"Venatati Esev **(y daré hierba) en tu** *sadé* **(campo) para tus animales, [de modo que comerás y te saciarás]".**[2] (Deuteronomio 11:15)

ESeV – Es un acróstico de *Osé Shalom Bimeromav* ("Él hace paz en Sus alturas") (Job 25:2).[3]

en tu SaDé – Esto connota *SiDud* y quebrar.[4]

Si la persona siente hambre, viéndose abrumada por el deseo de comer, debe saber que tiene enemigos.[5] Como enseñaron nuestros Sabios (*Bava Metzía* 59a): "Él pone por tu término la paz, [y te satisface con lo mejor del trigo]" (Salmos 147:14).[6] Y todo aquel que tiene enemigos abajo de seguro que tiene enemigos Arriba (*Sanedrín* 103b).[7]

Por lo tanto, tiene que transformar y quebrar su cualidad animal que

---

1. Likutey Moharán 39. Esta lección es *leshón Rabeinu z'l*, del manuscrito del Rebe Najmán, aunque no se sabe cuándo fue dada (ver Lección #33, n.1). Los temas principales de la lección son: la paz; el comer; la abundancia; el Pacto; las relaciones maritales; y los hijos.

2. Venatati Esev.... La *esev* ("hierba") de este versículo de apertura hace referencia a la bendición de abundancia que Dios le prometió al pueblo judío si se mantenía firme en Su Torá. La conclusión del versículo, "comerás y te saciarás", hace referencia a una segunda bendición: que con sólo comer un poco estarán satisfechos (*Rashi, loc. cit.*). El Rebe Najmán agrega otra dimensión a estas bendiciones y explica cómo la persona puede alcanzarlas.

3. ...paz en Sus alturas. Enseñan nuestros Sabios (*Jaguigá* 12a): Los cielos están compuestos por fuego y agua – i.e., elementos opuestos que se unen y trabajan en conjunto. Éste es el significado de "paz en Sus alturas"; hace referencia a Dios que mantiene la Paz en el cielo entre los elementos opuestos del fuego y del agua (*Rashi, loc. cit.*). Como se volverá aparente más adelante en nuestra lección, ésta paz implica saciedad y bendición. Pues para alcanzar esas bendiciones es necesario primero lograr la paz – entre Dios y el hombre y entre los seres humanos. Con este acróstico, el Rebe Najmán ha demostrado la conexión que tiene el versículo de apertura *Venatati Esev...* con la paz Arriba.

4. SaDé...SiDud y quebrar. El término hebreo *SaDé* (שדה) significa un campo, un lugar donde se encuentra la abundancia en la forma de una cosecha abundante. Pero la misma raíz puede conformar la palabra *SiDud* (שדד, arar) que indica "dar vuelta" y "quebrar", como en Isaías 28:24 y Job 39:10. El Rebe Najmán demostrará que para alcanzar la abundancia de los campos es necesario primero "dar vuelta" y "quebrar" la inclinación a la gula.

הָרָעֲבוֹן הוּא לִבְהֵמִיּוּת. גַּם אָמְרוּ בַּמִּדְרָשׁ (בראשית-רבה סג:יד): 'בָּא זָדוֹן וַיָּבוֹא קָלוֹן, דָּא קְלוֹנוּ שֶׁל רָעָב', כְּמוֹ שֶׁכָּתוּב (יחזקאל לו): "אֲשֶׁר לֹא תִקְחוּ עוֹד חֶרְפַּת רָעָב בַּגּוֹיִם".

נִמְצָא הַמַּחֲלֹקֶת, הַיְנוּ מַה שֶּׁמְּחָרְפִין לָאָדָם, בָּא עַל-יְדֵי-זֶה בְּחִינַת רָעָב. וְרָעָב הַזֶּה, הַיְנוּ בְּחִינַת מַחֲלֹקֶת, בְּחִינַת חֶרְפָּה, הוּא בְּחִינַת עָרְלָה, כְּמוֹ שֶׁכָּתוּב (בראשית לד): "כִּי חֶרְפָּה הִיא לָנוּ". וְהָעָרְלָה הֵם שָׁלֹשׁ קְלִפּוֹת, הַמְסַבְּבִים הַבְּרִית שָׁלוֹם. וּכְשֶׁמְּשַׁבְּרִין אֶת הָעָרְלָה, אֲזַי נִתְגַּלֶּה בְּרִית שָׁלוֹם. וּכְשֶׁיֵּשׁ שָׁלוֹם לְמַטָּה, יֵשׁ לוֹ שָׁלוֹם לְמַעְלָה בִּמְרוֹמוֹ. וּכְשֶׁיֵּשׁ שָׁלוֹם לְמַעְלָה, אֲזַי נִתְגַּלֶּה וְנִתְרַבֶּה שֹׂבַע גָּדוֹל בָּעוֹלָם, כְּמוֹ שֶׁכָּתוּב גַּבֵּי יוֹסֵף (שם מז): "תֶּן זֶרַע וְנִחְיֶה":

malignas – una maldad total. Dado que tal maldad refleja enemigos y conflicto, se dice que el prepucio indica deshonra.

13. pacto de paz.... Las Escrituras relatan que debido a que Pinjas el hijo de Elazar asumió celosamente la causa de Dios, frenando el comportamiento inmoral de los israelitas, Dios dijo, "Yo le otorgo a él Mi *brit* (pacto) de paz" (Números 25:12). Al igual que con el pacto que Dios hizo con Abraham y con sus descendientes (que fue sellado a través de la circuncisión del prepucio – la señal del Pacto mencionada en Génesis 17), este *brit* se relaciona con la pureza sexual. El versículo de Números alude también por lo tanto a la conexión entre el *brit* (órgano sexual) y la paz. Ver también más arriba, Lección #33, nota 9 y el final de la sección 7 en la Lección #34.

14. se revela el pacto de paz. "Retirar el prepucio" denota remover las *klipot*, la maldad. Cuando la persona se purga de toda maldad –i.e., de su participación en el conflicto– trae la paz. Pues ahora se ha revelado el *brit* de paz que antes estaba cubierto por el prepucio/*klipot*.

15. Arriba, en Sus alturas. Como el Rebe Najmán enseñó anteriormente: Todo aquel que tiene enemigos abajo, ciertamente tiene enemigos Arriba. Pero ahora que ha eliminado su maldad/el conflicto, ha eliminado a sus enemigos. Ahora tiene paz abajo y por lo tanto merece paz Arriba.

16. paz Arriba...saciedad. Porque cuando hay paz Arriba, hay "lo mejor del trigo" – i.e., una bendición que sacia (como se explicó más arriba, n.6).

El versículo de apertura se traduce así en nuestro texto como: **Venatati Esev en tu sadé** – la abundancia se manifiesta cuando se "quiebra" el hambre, el aspecto de la disputa. Al evitar el conflicto se eliminan los enemigos y ello trae bendiciones.

17. Iosef...vivir. La Kabalá enseña que Iosef corresponde a la *sefirá* de *Iesod* (Fundamento), el *brit* (*Mei HaNajal*; ver Apéndice: Los Siete Pastores Superiores; Las Sefirot y el Hombre).

desea comer.⁸ Ello se debe a que el hambre pertenece principalmente a la cualidad animal. También afirma el Midrash: "Cuando viene la maldad, sigue la deshonra" (Proverbios 11:2) – ésta es la deshonra del hambre, como está escrito (Ezequiel 36:30), "para que no te alcance la deshonra del hambre entre las naciones".⁹

Vemos, por lo tanto, que el conflicto –i.e., cuando un hombre es deshonrado por los demás– es un aspecto del hambre. Y ese hambre –i.e., el aspecto del conflicto/deshonra– corresponde al prepucio,¹⁰ como está escrito (Génesis 34:14), "<No podemos... dar nuestra hermana a un hombre incircunciso,> pues ello es una deshonra para nosotros".¹¹ Pues el prepucio comprende tres fuerzas malignas¹² que rodean el pacto de paz, <como se explica en otra instancia>.¹³ Y cuando se retira el prepucio, se revela el pacto de paz.¹⁴ Pues cuando hay paz abajo, [la persona] tiene paz Arriba, "en <Sus alturas>". Y cuando hay paz Arriba, entonces se revela y aumenta la saciedad en el mundo.¹⁶ Como está escrito concerniente a Iosef (Génesis 47:19), "¡Danos grano, para que podamos vivir!".¹⁷

8. animal que desea comer. "Cualidad animal" hace referencia al deseo de comer de la persona. Ella come más de lo que necesita para mantenerse. Esto es lo opuesto de la bendición que hace que la persona se sacie con muy poco.

9. También afirma el Midrash...naciones. Proverbios hace referencia a los malvados que utilizan pesas falsas al vender sus productos – "sigue la deshonra". *Metzudat David* (*loc. cit.*) afirma que esto también hace referencia a los malvados que desprecian y denigran a los demás. ¿Qué deshonra sufren? Enseñan nuestros Sabios que esa "deshonra" es el hambre, tal cual está indicado en la profecía de Ezequiel. Esto lo aprenden de Esaú quien, al despreciar la primogenitura debido al hambre, trajo la deshonra y el hambre sobre él y sobre el mundo (ver *Bereshit Rabah* 63:14). En nuestro contexto, esto se relaciona con la disputa producida cuando los malvados les roban a los demás. El resultado es la deshonra/el hambre. Como se mencionó más arriba, el "hambre" es la falta de bendición que trae saciedad y corresponde a tener enemigos, especialmente enemigos Arriba. El Rebe Najmán explica a continuación cómo evitar ese hambre.

10. conflicto...hambre...prepucio. En otras palabras, el hambre, el conflicto y la deshonra (los enemigos) están conceptualmente relacionados con el prepucio que cubre el *brit* (el órgano sexual).

11. deshonra para nosotros. Después de seducir a Dina, Shejem les pidió a su padre Iaacov y a los hermanos de Dina el permiso para casarse con ella. Los hermanos le respondieron a Shejem que, como judíos, no podían relacionarse en matrimonio con una familia que no practicase la circuncisión. Pues la mitzvá del *brit milá* implica remover el prepucio – i.e., "la deshonra".

12. tres fuerzas malignas. Éstas están mencionadas en la profecía de Ezequiel (Ezequiel 1:4) y son conocidas como las tres *klipot* completamente malignas, a diferencia de la cuarta *klipá* maligna, *noga*, que es una mezcla de bien y de mal (*Tikuney Zohar* #37, p.28a). Así, en nuestro contexto, tener el prepucio implica estar atrapado en el ámbito de las tres *klipot* totalmente

פֵּרוּשׁ אַחֵר.

וְנָתַתִּי עֵשֶׂב, רֶמֶז לְבָנִים, כְּמוֹ שֶׁכָּתוּב (איוב ה): "וְצֶאֱצָאֶיךָ כְּעֵשֶׂב הָאָרֶץ".

בְּשָׂדְךָ לִבְהֶמְתֶּךָ, הַיְנוּ, אֵימָתַי יִהְיֶה לְךָ בָּנִים חַיִּים וְקַיָּמִים? כְּשֶׁיִּהְיֶה זִוּוּגְךָ בִּקְדֻשָּׁה, וּתְשַׁבֵּר נֶפֶשׁ הַמִּתְאַוָּה שֶׁלְּךָ, הַיְנוּ נֶפֶשׁ הַבַּהֲמִיּוּת, וְיִדְמֶה לְךָ כְּאִלּוּ כְּפָאֲךָ שֵׁד (נדרים כ:). וְזֶה "בְּשָׂדְךָ", לְשׁוֹן שֵׁד. עַל־יְדֵי־זֶה יִהְיוּ לְךָ בְּנֵי קַיָּמָא.

כִּי מִיתַת הַבָּנִים, זֶה מֵחֲמַת נִשְׁמוֹת הָעֲשׁוּקִים בְּטִקְלָא כַּיָּדוּעַ.

21. poseído por un demonio. El Talmud relata que el rabí Eliezer y su esposa, Ima Shalom, tuvieron hijos muy hermosos (i.e., hijos viables). Cuando se le preguntó por qué habían merecido tal descendencia, ella respondió que el rabí Eliezer se conducía con extrema modestia durante las relaciones maritales. "Actúa como si estuviese forzado por un demonio". Los comentaristas hacen notar que la intención del rabí Eliezer era mantener la pureza de pensamiento.

22. SaDé...SheD. *SaDé* (שדה) y *SheD* (שד) comparten la misma raíz y así el Rebe Najmán conecta ambos con *Sidud* (שדד), el dar vuelta y quebrar las pasiones.

23. hijos viables. Cuando la esposa del rabí Eliezer dijo que su marido estaba siendo forzado por un demonio, lo que quería decir era que él estaba utilizando la fuerza para quebrar sus pasiones lujuriosas, para que fuese su intelecto el que estuviese en control y no los bajos deseos. Por lo tanto mereció hijos viables.

El versículo se traduce así en nuestro contexto como: **Venatati Esev** – Yo te daré hijos viables (hierba) **en tu sadé** – cuando quiebres tus bajas pasiones y te conduzcas con modestia y pureza durante las relaciones maritales.

El Rebe Najmán explica ahora cómo el hecho de quebrar la lujuria lleva a tener hijos viables.

24. almas que están oprimidas en la balanza.... ver Lección #37, nota 132, donde este concepto de las almas oprimidas se explica con gran detalle. Su fuente se encuentra en el *Zohar* (II, 113a), que habla de las almas de los niños que están atrapadas dentro de la *tiklá* (balanza) del Otro Lado. Anteriormente el *Zohar* llamó a esa balanza de la izquierda el Juicio Fraudulento (ibid. 95b) y los comentaristas explican que mientras que la *tiklá* de la derecha corresponde a la santidad, la *tiklá* de la izquierda es la *klipá* de *noga* (ver más arriba, n.12). Al ascender desde este mundo o al descender a este mundo cada alma tiene sus méritos "pesados" en la balanza (ver *Nitzutzei Orot* 2, *Matok Midbash*; cf. *MeOrei Or, Tiklá*). El pasaje del *Zohar* al cual hace referencia aquí el Rebe Najmán cita el Eclesiastés (4:1), "He considerado todas las *ashukim* (opresiones) que suceden bajo el sol; las lágrimas de los oprimidos...". Esta "opresión" se manifiesta de diferentes maneras en este mundo, incluyendo la muerte de los niños pequeños, de aquellos demasiado jóvenes para merecer semejante destino. Al descender a este mundo desde Arriba, esas almas caen en la *tiklá* y se vuelven víctimas del Juicio Fraudulento. Aunque son inocentes, esos niños fallecen debido a los pecados de la generación. Su juicio, que parece fraudulento y no justo, se produce a través de la *klipá noga*.

Otra explicación:[18]

Y daré hierba – Una alusión a los hijos, como está escrito (Job 5:25), "tus descendientes como la hierba de la tierra".[19]

en tu sadé para tus animales – En otras palabras, ¿cuándo podrás tener hijos sanos y viables? Cuando tus relaciones maritales se lleven a cabo en santidad y quiebres tu alma deseosa –i.e., el alma animal[20]– al punto en que parezca como que estás poseído por un demonio (Nedarim 20b).[21] Esto es "en tu *SaDé*", similar a *SheD* (demonio).[22] Como resultado de ello tendrás hijos viables.[23]

Pues la muerte de los hijos está relacionada con las almas que están oprimidas en la balanza, como es sabido.[24] Pues la balanza –i.e.,

---

Durante los siete años de hambre en Egipto, todo el grano que los egipcios habían guardado para sembrar se pudrió de modo que tuvieron que acudir a Iosef, el virrey, para que les diese semillas para plantar. Iosef les ordenó que primero debían circuncidarse. Los egipcios se quejaron ante el faraón, quien les dijo que si valuaban sus vidas debían seguir las instrucciones de Iosef. Luego de hacerlo, volvieron a Iosef buscando semillas, para poder vivir y no morir *de hambre* (ver *Rashi*, Génesis 41:55). Esto se une con nuestra lección en el hecho de que el hambre que sufrían los egipcios se debía al hecho de haber despreciado a Iosef, tratándolo como esclavo. Los egipcios también eran malvados, merecedores del hambre, tal cual está ejemplificado por Potifar, el primer amo de Iosef, quien lo compró precisamente para propósitos inmorales (*Bereshit Rabah* 86:3). Así, cuando Iosef se volvió virrey, trató de rectificar a los egipcios y hacer que se alejasen de sus malos comportamientos. Siendo la personificación del *brit*, Iosef era moralmente puro y carecía de prepucio, carecía de todo mal. Así alentó a los egipcios a circuncidarse, a retirar sus "prepucios" – i.e., su deshonra y conflicto. Una vez hecho, estuvieron libres de la deshonra, del hambre. Así le dijeron a Iosef, "[Ahora puedes] darnos semillas para plantar…". Habiéndose liberado de la deshonra, estaban aptos para merecer la abundancia y la bendición.

18. Otra explicación. El Rebe Najmán presenta ahora otra interpretación para el versículo de apertura de la lección.

19. tus descendientes como la hierba de la tierra…. A partir de este versículo podemos ver la conexión entre los descendientes y la hierba. Relatan las Escrituras que el sufrimiento de Job le traería finalmente bendiciones. Por ello, "Sabrás que tu simiente será mucha y tus descendientes como la hierba de la tierra". Otro pensamiento al respecto es que la hierba, aunque desarraigada, vuelve a crecer. De la misma manera aunque toda la descendencia de Job había fallecido (Job 1), éste no quedaría sin hijos. Más bien, Dios le prometió que su simiente retornaría y que sería abundante.

20. alma animal. Mientras que la mención anterior del Rebe Najmán sobre las cualidades animales hacía referencia a la gula (ver n.8), aquí se refiere a la pasión por las relaciones maritales. Porque si bien el *Shuljan Aruj* (*Oraj Jaim* 240) detalla los parámetros de la conducta apropiada en este tema, también sugiere ciertas restricciones dentro de lo permitido para ayudar a refrenar el alma animal y así hacer que el intelecto sea dominante en el acto marital.

כִּי הַטִּקְלָא, הַיְנוּ קְלִפּוֹת נֹגַהּ, הִיא קְרוֹבָה אֶל הַנֶּפֶשׁ הַבַּהֲמִיּוּת, כַּמּוּבָא בְּמִשְׁנַת חֲסִידִים בְּמַסֶּכֶת הַהַרְכָּבָה:

גַּם צָרִיךְ שֶׁיְּהֵא עִקַּר זִוּוּגְךָ בְּלֵיל שַׁבָּת, שֶׁאָז נִכְלֶלֶת בִּקְדֻשָּׁה, וְיִתְפָּרְדוּ מִמֶּנָּה כָּל פּוֹעֲלֵי אָוֶן. וְזֶה:

וְאָכַלְתָּ וְשָׂבָעְתָּ, זֶה רֶמֶז עַל שַׁבָּת, שֶׁאָז הַשְּׁבִיעָה, שֶׁמִּמֶּנּוּ נִתְבָּרְכִין שֵׁשֶׁת יָמִים:

29. ...**son bendecidos todos los días de la semana.** El *Zohar* (II, 63b) enseña que el Shabat es la fuente de la bendición para toda la semana. Aunque la persona deba trabajar durante la semana y ganar el sustento a través de sus esfuerzos, la bendición que encuentra en sus tareas está enraizada en el Shabat. Ésta fue la lección del maná. Las Escrituras afirman que "Dios bendijo el Séptimo Día" (Génesis 2:3). Si el maná descendía cada día de la semana pero no durante el Shabat, ¿cuál era la bendición del Shabat? La bendición del Shabat es en sí la fuente desde la cual se extienden las bendiciones hacia cada uno de los seis días de la semana. Agrega el *Zohar* (II, 88a): El viernes recibió una porción doble de maná, una para sí y otra para el Shabat. ¿Por qué el viernes? Porque el viernes corresponde a la *sefirá* de *Iesod*, que lleva hacia el Shabat, la sefirá de *Maljut*. Esa transferencia de maná espiritual (*shefa*) connota una unión entre *Iesod* y *Maljut*, paralelo de la unión de las relaciones maritales. En nuestro contexto, éste es un motivo adicional para llevar a cabo las relaciones maritales el viernes por la noche, pues el Shabat, la fuente de la bendición, también es ventajoso para tener hijos viables.

Esto concluye la lectura del Rebe Najmán del versículo de apertura como una lección sobre las relaciones maritales en Shabat: **Venatati Esev en tu sadé** – Yo les daré hijos viables cuando quiebren sus bajas pasiones y se conduzcan con modestia y pureza durante las relaciones maritales. **Comerás y te saciarás.** El momento para esas relaciones maritales es principalmente durante el Shabat, que es la fuente de la bendición y de la saciedad. Y dado que el Shabat está bendecido –i.e., las almas están incluidas en la santidad– incluso los días de la semana, que toman del Shabat, estarán bendecidos. Así todo lo que tiene lugar durante los días de la semana, que corresponde a *noga*/la balanza del Juicio, también puede ser llevado hacia la santidad – incluso las relaciones maritales de la semana. Ello se debe a que, en esencia, se quiebran los bajos deseos de la persona y es el espíritu del Shabat/santidad el que permea todas sus relaciones y actitudes.

El *Iekara deShabata* agrega que el Shabat es el día de las almas, como opuesto a los días de la semana, que corresponden al cuerpo físico. Observar el Shabat es por lo tanto beneficioso para anular las pasiones corporales. Como hemos visto en nuestra lección, al vencer las pasiones se elimina el conflicto y ello revela el pacto de paz, trayendo bendiciones para todos.

la fuerza maligna de *noga*– está cerca del alma animal,[25] tal como dice en el *Mishnat Jasidim, Mesejta HaHarkavá*.[26]

También es necesario que tus relaciones maritales se lleven a cabo principalmente en las noches del Shabat,[27] pues entonces <la fuerza maligna de *noga*> se ve incluida en la santidad y "todos los malvados serán dispersados" (Salmos 92:10) lejos de ella.[28] Esto es:

de modo que comerás y te saciarás – Esto alude al Shabat, pues entonces hay saciedad a partir de la cual son bendecidos <todos los días de la semana>.[29]

---

25. balanza…alma animal. El poder que tiene *noga* para atrapar las almas de los oprimidos proviene de su elemento de impureza. Pues mientras que el intelecto de la persona, que la eleva hacia Dios, está más cerca del lado de la santidad, la pasión de la persona, su baja alma animal, está más cerca del lado malo de *noga*. Encontramos por lo tanto que el rabí Eliezer, quien dirigía su mente para tener pensamientos puros, tuvo hijos viables, mientras que la persona unida a su alma animal durante las relaciones maritales concibe hijos cuyas almas está más cerca del lado malo de *noga*. Y es esta afiliación con el mal lo que predispone a esas almas a ser más tarde una de las almas oprimidas y atrapadas en *tiklá*.

26. Mishnat Jasidim, Mesejta HaHarkavá. Una importante obra Kabalista escrita por el rabí Imanuel Jai Riki (1688-1743). La sección *Mesejta HaHarkavá* detalla la composición (*harkavá*) de los cuatro elementos fundamentales (fuego, aire, agua, tierra) –a partir de los cuales llegan a la existencia todas las formas de la creación física (mineral, vegetal, animal, humana)– para formar el compuesto que es el hombre, junto con su alma animal y el intelecto.

27. las noches del Shabat. Es decir, el viernes por la noche. Las leyes de las obligaciones conyugales del hombre hacia su esposa, incluyendo los momentos y la frecuencia, están detalladas en el Talmud y en el *Shuljan Aruj*. El Talmud también enseña que el viernes por la noche es el tiempo más beneficioso y oportuno (ver *Ketuvot* 62b; *Oraj Jaim* 240:1).

28. noga se ve incluida en la santidad…. La *klipá* de *noga* representa los seis días de la semana, durante los cuales las actividades mundanas del hombre pueden caer tanto en la categoría de lo bueno como de lo malo. Sin embargo, el Shabat, representa exclusivamente la santidad. Al comenzar el Shabat, las *klipot* malignas tratan de quedar incluidas dentro del Shabat, pero son totalmente repelidas por la santidad del día. Esto también se aplica al mal dentro de la *klipá* de *noga*. Sin embargo, su bien queda incluido dentro de la santidad del Shabat (ver *Likutey Moharán* I, 19:5). Por lo tanto, cuando la persona se ocupa de tener relaciones maritales en la noche del Shabat, vence su alma animal, la parte más cercana al mal de *noga*. Pueden entonces gobernar los elementos más elevados, es decir, el intelecto. Es por ello que se recomienda que las relaciones maritales sean llevadas a cabo principalmente en las noches del viernes, cuando el mal no reina y las almas traídas dan como resultado hijos viables.

ליקוטי מוהר"ן סימן מ'

לְשׁוֹן רַבֵּנוּ זִכְרוֹנוֹ לִבְרָכָה

אִיתָא בַּעֲשָׂרָה מַאֲמָרוֹת: "אֵלֶּה מַסְעֵי בְנֵי יִשְׂרָאֵל. בִּשְׁבִיל שֶׁחָטְאוּ בְּאֵלֶּה אֱלֹקֶיךָ יִשְׂרָאֵל. בִּשְׁבִיל זֶה יָסְעוּ בְּנֵי יִשְׂרָאֵל".
נִמְצָא כָּל הַנְּסִיעוֹת שֶׁל אָדָם, הוּא בִּשְׁבִיל קִלְקוּל הָאֱמוּנָה, הַיְנוּ בְּחִינַת עֲבוֹדָה זָרָה. כִּי אִם הָיָה מַאֲמִין בֶּאֱמוּנָה שְׁלֵמָה, שֶׁיָּכוֹל הַקָּדוֹשׁ־בָּרוּךְ־הוּא לְהַזְמִין לוֹ כָּל צָרְכּוֹ, לֹא הָיָה נוֹסֵעַ שׁוּם נְסִיעָה. נִמְצָא, כִּי הַנְּסִיעָה הִיא קִלְקוּל אֱמוּנָה, הַיְנוּ בְּחִינַת עֲבוֹדָה זָרָה.

tiene que "salir" y ganarse la vida. Esto, afirma el Rebe Najmán, es una forma de idolatría – la creencia en la eficacia de los propios esfuerzos y de las tareas de las propias manos. Y así, careciendo de la fe perfecta, la persona debe en verdad viajar para ganarse el sustento.

Una lectura cuidadosa de las palabras del Rebe Najmán indica que "todos los viajes de la persona" –todos y no solamente aquellos para ganarse el sustento– "se deben a un daño en la fe". Esto es difícil de comprender cuando consideramos que muchas personas rectas y temerosas de Dios, incluso el Rebe Najmán mismo, solían viajar (ver *Tzadik*, Secciones I-IV). ¿Cuál es entonces el significado de la enseñanza del Rebe de que viajar es un aspecto de idolatría? El Rebe Najmán enseña en otra instancia que cada viaje emprendido por un judío promueve rectificaciones. En cada etapa del viaje, el judío ora, realiza una bendición sobre la comida o lleva a cabo una mitzvá. Pues cada persona está destinada desde Arriba a encontrarse en un lugar en particular en un momento determinado. En ese tiempo y lugar hay algo que debe rectificar (*Sabiduría y Enseñanzas del Rabí Najmán de Breslov* #85). Explica el rabí Natán: hay chispas de santidad diseminadas por el mundo entero. Cada vez que un judío llega a algún lugar y lleva a cabo una mitzvá eleva esas chispas de santidad. Así el viaje –aunque generado por alguna falta de fe y por tanto por la necesidad de rectificación– se vuelve el medio a través del cual se eleva y se fortalece la fe (ver *Likutey Halajot, Pikadon* 5:19). Por lo tanto no es de sorprender que los santos Tzadikim se embarquen a menudo en viajes difíciles y misteriosos. Como el Rebe Najmán hizo notar cierta vez sobre uno de sus viajes, "Si la gente supiera cuál es el propósito de mi viaje, besaría mis huellas. Con cada paso que doy llevo el mundo entero hacia el lado del mérito" (*Tzadik* #52).

El *Zimrat HaAretz* agrega que la rectificación más grande de la fe a través de viajar se produce cuando uno viaja hacia la Tierra Santa o para visitar a un Tzadik que puede enseñarnos a servir y a reconocer a Dios. Por inferencia, podemos incluir el viajar para estudiar Torá, para orar o para llevar a cabo alguna otra mitzvá, como visitar a los enfermos, etc. (El tema del viaje, del exilio y de las rectificaciones que produce está tratado en *Mashíaj: ¿Quién? ¿Qué? ¿Por qué? ¿Cómo? ¿Dónde? Y ¿Cuándo?* Breslov Research Institute, Parte 6).

LIKUTEY MOHARÁN 40[1]

Dice en el *Asará Maamarot*:[2] "*Eile Masei* (Estos son los viajes) de los israelitas" (Números 33:1)[3] – debido a que pecaron con "*Eile* (Éste es) tu dios, Israel" (Éxodo 32:4),[4] como resultado los israelitas debieron viajar.[5]

Vemos, por lo tanto, que todos los viajes de la persona se deben a un daño en la fe – i.e., un aspecto de la idolatría.[6] Pues si hubiera creído con una fe perfecta que Dios le puede proveer de todas sus necesidades <en su hogar>, de seguro no habría salido a viajar. Consecuentemente, el viaje indica un daño en la fe – i.e., un aspecto de la idolatría.[7]

---

1. Likutey Moharán 40. Esta lección es *leshón Rabeinu z'l*, del manuscrito del Rebe Najmán, aunque no se sabe cuándo fue dada (ver Lección #33, n.1). Los temas principales de la lección son: viajar/el exilio debido a un daño en la fe; la abundancia y la paz, y el estudio de la Torá.

2. Asará Maamarot. Escrito por el rabí Menajem Azaria de Pano (1548-1620), un discípulo del rabí Moshé Cordovero e importante halajista y kabalista de su tiempo. Este pasaje también se encuentra en el *Ialkut Rubeni, Masei*.

3. Eile los viajes.... Las Escrituras enumeran las cuarenta y dos veces en que los israelitas "viajaron" en el desierto de un campamento al otro.

4. Eile tu dios.... El término *eile* aparece nuevamente cuando el pueblo judío pecó al hacer el Becerro de Oro. Algunos dijeron, "*Eile* tu dios, Israel".

5. los israelitas debieron viajar. Es decir, las dificultades y problemas de sus viajes en el desierto fueron la rectificación para su idolatría.

6. daño en la fe...idolatría. Aquí el Rebe Najmán presenta la esencia de esta lección: fortalecer la fe y rechazar la idolatría. La fe pura en Dios implica una absoluta creencia en que Dios creó todo y sustenta todo y que *todo* lo que es y sucede está gobernado por la Providencia Divina. Toda negación de esto, incluso la más mínima, cae bajo la categoría de idolatría – la creencia en la eficacia de algún otro poder o fuerza. Esto es así incluso si, en general, la persona continúa creyendo en Dios. Explica el Rebe Najmán:

7. proveer de todas sus necesidades.... Dios le provee a cada uno el sustento. Esto lo hace a través de la intervención de la Providencia Divina. Aunque la persona permaneciera encerrada en su hogar, sin ocuparse en absoluto del sustento, aun así le sería dado. Creer en esto es una fe pura en Dios. Sin embargo, como indica el Rebe Najmán, de una manera o de otra casi todos viajan para ganarse el sustento. Desde la persona que viaja de un continente a otro para hacer negocios, hasta aquella cuya oficina está en su hogar, la creencia general es que el hombre

LIKUTEY MOHARÁN #40

וְזֶה שֶׁכָּתוּב בַּעֲבוֹדָה זָרָה (ישעיה ל): "צֵא תֹּאמַר לוֹ", "צֵא", זֶה בְּחִינַת נְסִיעָה וְטִלְטוּל.

גַּם עַל-יְדֵי טִלְטוּל, מְתַקֵּן אֶת הַטִּלְטוּל שֶׁגָּרַם כִּבְיָכוֹל לְמַעְלָה. כְּמוֹ שֶׁכָּתוּב (שם כח): "וְהַמַּסֵּכָה צָרָה כְּהִתְכַּנֵּס":

גַּם עַל-יְדֵי עֲבוֹדָה זָרָה, נִמְנָע הַמָּטָר, כְּמוֹ שֶׁכָּתוּב (דברים יא): "וַעֲבַדְתֶּם אֱלֹהִים אֲחֵרִים וְכוּ' וְלֹא יִהְיֶה מָטָר". וּכְשֶׁאֵין מָטָר, אֵין שֹׂבַע. וּכְשֶׁאֵין שֹׂבַע, אֵין שָׁלוֹם. כְּמוֹ שֶׁכָּתוּב (תהלים עב): "יִשְׂאוּ הָרִים שָׁלוֹם לָעָם", כְּמוֹ שֶׁפֵּרֵשׁ רַשִׁ"י. וּכְשֶׁאֵין שָׁלוֹם, אֲזַי אֵין אִישׁ עוֹזֵר לַחֲבֵרוֹ. וְכָל אֶחָד צָרִיךְ לִנְסֹעַ וּלְטַלְטֵל מִמָּקוֹם לְמָקוֹם, בִּשְׁבִיל פַּרְנָסָתוֹ.

10. muy angosta para envolverse.... Isaías estaba refiriéndose a la invasión babilonia de la Tierra de Israel. La tierra se manifestaba "demasiado angosta" para albergar a los invasores babilonios y a los judíos, de modo que los judíos, culpables de idolatría, fueron enviados al exilio. Nuestros Sabios (*Sanedrín* 103b) comentan sobre este versículo, conectándolo con el hecho de que el rey Menashé desacralizó el Santo Templo con la idolatría. El Templo sólo fue construido en honor a Dios y el hecho de que Menashé erigiese ídolos allí hizo que el Templo fuese "demasiado angosto", si así pudiera decirse, para albergar a Dios y a los ídolos. De modo que Dios partió del Templo, correspondiente a "el deambular que produjo Arriba" al dañar la fe. Sin embargo, mediante los viajes/exilio uno rectifica la fe y esto a su vez rectifica el "deambular" de Dios y de Su Presencia Divina.

11. no hay lluvia, no hay saciedad. Todas las bendiciones de Israel vienen como resultado de la lluvia, como en (Deuteronomio 28:26), "Dios abrirá para ustedes Su buen tesoro, los cielos, para proveer lluvia para su tierra... y bendecir todo lo que hagas". Sin ello, no puede haber saciedad.

12. paz al pueblo. Rashi explica que cuando llegue Mashíaj las montañas serán heraldos de paz. ¿Cómo? Produciendo abundante cosecha. Cuando hay abundancia, nadie mira con malevolencia al otro. Así, la abundancia promueve la paz. Sin embargo cuando, como resultado de la idolatría no cae la lluvia, la falta de bendiciones produce una falta de saciedad y por lo tanto una falta de paz.

13. no colaboran entre sí. Más bien, hay enemistad y disputa entre la gente. Cf. Lección #39, nota 6.

14. viajar...sustento. La idolatría y la fe dañada no sólo implican el exilio sino que también traen dificultades para ganarse el sustento, haciendo caer maldiciones en lugar de bendiciones y generando la enemistad y la malevolencia. Éstas, a su vez, llevan también a tener que viajar y deambular, que son formas del exilio. Así el versículo dice (Deuteronomio 11:16,17), "Tengan cuidado... de no servir a otros dioses... pues no habrá lluvia... y pronto serán exilados de la buena tierra que Dios les está dando".

Esto es lo que está escrito sobre la idolatría: "Dile, '¡Sal!'" (Isaías 30:22). "¡Sal!" es un aspecto de viajar y de andar.[8]

Y en virtud de su andar, rectifica el deambular que produjo Arriba, si así pudiera decirse.[9] Como está escrito (Isaías 28:20), "la cubierta es muy angosta para envolverse".[10]

Igualmente y como resultado de la idolatría no cae la lluvia, como está escrito (Deuteronomio 11:16,17), "[Ten cuidado de no]... servir a otros dioses... porque no habrá lluvia [y la tierra no dará su producto]". Y cuando no hay lluvia, no hay saciedad.[11] Y cuando no hay saciedad, no hay paz, como explica Rashi el versículo (Salmos 72:3), "Las montañas llevarán paz al pueblo".[12] Pues cuando falta la paz, las personas no colaboran entre sí,[13] de modo que cada uno tiene que viajar y andar de un lugar a otro para ganarse el sustento.[14]

Además, el Rebe Najmán enseña que la fe se nutre al recibir buenos consejos, como en (Isaías 25:1), "consejos duraderos *emuná omen* (en la fe y la verdad)". La palabra *omen* también connota nutrir, de aquí que las palabras de Isaías pueden leerse: "consejos duraderos que nutren la fe". A partir de aquí aprendemos que un buen consejo fortifica y refuerza la fe (*Likutey Moharán* II, 5:2). El rabí Natán explica que en esencia, la gente viaja debido a que carece de suficiente sustento, lo que se debe a la falta de un buen consejo. Pues si la persona tuviese el consejo apropiado, sabiendo qué debe comprar y vender y cuándo, sería muy rica. Ello se debe a que siempre hay algo de lo cual uno puede obtener ganancias. Pero la mayor parte del tiempo la mayoría de la gente no sabe qué es lo que puede traerle ganancias y las presiones de ganarse la vida se reflejan en la falta de un buen consejo. Como resultado las personas deben sufrir las dificultades y los problemas provenientes de los viajes necesarios para ganarse el sustento – porque su fe es deficiente. Rashi hace notar la conexión entre el buen consejo y los viajes (los pies) al leer las palabras de las Escrituras: "la gente que está a tus pies" (Éxodo 11:8), como "la gente que sigue tu consejo". Así, un viaje, tener que ir de un lado al otro, es el medio por el cual se rectifican los pies/consejo, que es la fuente de la fe. Por lo tanto, al viajar y moverse, los judíos rectifican todos los daños en la fe (*Torat Natán* #1).

8. idolatría...¡Sal!...andar. El significado simple del versículo hace referencia a retirar la idolatría de entre el pueblo judío. "¡Sal! Y déjanos" (*Metzudat David*). El Rebe Najmán relaciona esto con nuestra lección en el hecho de que si la persona sirve a la idolatría –i.e., daña la fe– debe salir y viajar. Teniendo en cuenta que los viajes rectifican la fe (n.7), los significados se complementan entre sí. Cuando salimos y viajamos, rectificamos la fe, eliminando así la idolatría de entre nosotros (Cf. *Midrash Tanjuma, Ki Tetzé* 21).

9. deambular...Arriba, si así pudiera decirse. Cuando el daño en la fe del pueblo judío da como resultado el tener que viajar, su deambular es conceptualmente equivalente al exilio. Esto es obviamente así cuando sus viajes se presentan en la forma del exilio de la nación de la Tierra Santa. Entonces, la *Shejiná*, la Presencia Divina de Dios, sale al exilio junto con los judíos (*Rashi*, Deuteronomio 30:3). Esto también se produce cuando un judío daña la fe. Su pecado hace que la *Shejiná* deambule y viaje, y sólo mediante el propio andar y viajar de la persona es posible hacerla retornar del exilio (ver *Los Cuentos del Rabí Najmán*, "La Princesa Perdida").

גַּם הַגָּלוּת בָּא עַל בִּטוּל תּוֹרָה, כְּמוֹ שֶׁכָּתוּב (ישעיה ה): "גָּלָה עַמִּי מִבְּלִי דָעַת". וְעַל־יְדֵי עֲבוֹדָה זָרָה, בָּא עֲצִירַת גְּשָׁמִים. וּכְשֶׁאֵין קֶמַח, אֵין תּוֹרָה (אבות פרק ג משנה יז):

sale al exilio.

    Habiendo demostrado a partir del versículo "Mi nación será exilada pues carece de conocimientos" que la interrupción del estudio de la Torá trae el exilio, puede preguntarse, ¿qué es lo que el Rebe Najmán agrega al citar la Mishná que dice que si no hay harina no hay Torá? La versión manuscrita del *Likutey Moharán* hace notar que faltan varias palabras del texto. Es posible que éstas hubieran respondido a la pregunta. Sin embargo podemos postular que el ser perezosos en el estudio de la Torá produce un daño en la fe, lo que lleva entonces a una falta de sustento (a la falta de harina). A partir de la Mishná aprendemos que esto produce un alejamiento mayor de la Torá que, como enseña el Rebe Najmán, da como resultado el tener que viajar y salir al exilio para rectificar la fe. Esto explica por qué el pueblo judío, aunque ya está en el exilio, es expulsado una y otra vez, teniendo que mudarse de un lugar a otro. Los judíos dañan la fe, son forzados a interrumpir sus estudios de Torá y vuelven a ser exilados. Esto también explica por qué cuanto más largo es el exilio, más grande es el daño en la fe y por lo tanto mayor el alejamiento de la Torá (ver *Torat Natán* #2).

También el exilio es producido por la interrupción del estudio de la Torá, como está escrito (Isaías 5:13), "Mi nación ha sido exilada, pues carece de conocimiento".[15] Y la idolatría trae la sequía,[16] y cuando no hay harina, no hay Torá (Avot 3:17).[17]

15. interrupción del estudio de la Torá.... Habiendo mencionado diversos motivos para el exilio –una fe dañada, la idolatría y la malevolencia entre la gente– el Rebe Najmán agrega ahora otra razón más por la cual la gente se ve forzada a viajar y a deambular: la falta en el estudio de la Torá. El profeta Isaías acusa a los israelitas de beber y de festejar en exceso, de robar y de ser perezosos en el estudio de la Torá y profetiza, "Por lo tanto Mi nación será exilada, pues carece de conocimiento". Debido a que no busca el conocimiento, el conocimiento de la Torá, no tiene conciencia de Dios. Y así el pueblo judío fue exilado.

16. la idolatría trae la sequía. Como se demostró en nuestro texto a partir de los versículos de Deuteronomio 11:16,17. Ver más arriba, notas 11-12.

17. no hay harina, no hay Torá. La Mishná enseña que cuando la persona carece de sustento, no puede concentrarse en el estudio de la Torá (Rashi, loc. cit.). Dado que la idolatría trae la sequía, la persona con una fe dañada no tiene sustento y por lo tanto no puede estudiar Torá y

לִיקוּטֵי מוֹהֲרַ"ן סִימָן מ"א

לְשׁוֹן רַבֵּנוּ זִכְרוֹנוֹ לִבְרָכָה

רְקוּדִין, הִנֵּה אִיתָא בְּ"עֵץ-חַיִּים" דַּף כ"ב: הַבִּרְכַּיִם, הַיְנוּ הָרַגְלַיִן, הֵם נֶצַח הוֹד, וְהֵם עוֹקְבִין. וְעָקֵ"ב גִּימַטְרִיָּא שְׁתֵּי פְּעָמִים אֱלֹקִי"ם, שֶׁהֵם דִּינִים, שֶׁיֵּשׁ שָׁם אֲחִיזָה לַחִיצוֹנִים כַּיָּדוּעַ.
וְהַפְּעֻלָּה לְהַבְרִיחַ הַחִיצוֹנִים מִשָּׁם, שֶׁיַּמְשִׁיךְ לְתוֹךְ הַבִּרְכַּיִם, הַגְּבוּרוֹת מִשֹּׁרֶשׁ הַבִּינָה. וּכְשֶׁמַּמְשִׁיךְ שֹׁרֶשׁ הַגְּבוּרוֹת מִבִּינָה,

Él es el Gobernante y el Juez del mundo entero. Por ese motivo este santo nombre siempre está asociado con los *dinim* (juicios). Ver *Likutey Moharán* I, 10:1 y nota 2 para una explicación sobre los juicios Divinos/decretos y la sección 6 de esa lección que también se relaciona con mitigar los *dinim* al bailar.

7. fuerzas externas...como es sabido. Esas fuerzas externas son las *klipot*, que están formadas a partir de la materia externa (*siguim*) de los juicios caídos (cf. *Likutey Moharán* I, 24:2 y 72; ver también Lección #34:7, n.64). Las *klipot* pueden por lo tanto "aferrarse" a *Netzaj* y *Hod* y efectuar un juicio severo. Pues cuando se manifiesta *Elohim* y prevalecen los juicios –presentes en las piernas (por ejemplo, en la forma de un andar "cansado")– las *klipot* pueden ganar en poder y transformar el juicio en un juicio severo o en decretos.

El Ari explica además que las *klipot* se aferran a las cosas a través de la materia externa de esas cosas. Por ejemplo, el vino puede estar filtrado y purificado o puede contener sedimentos. Enseña el Midrash concerniente a Eva que le hizo probar a Adán del Árbol del Conocimiento (*Bereshit Rabah* 19:5): "Ella exprimió uvas y le dio a él para beber". Eva exprimió las uvas y los sedimentos (materia externa) entraron en el vino. Como sabemos, su acto le trajo el decreto de muerte al mundo. Ello debido a que las fuerzas del mal provienen del Lado de la Muerte. Pero de haber sido puro el vino, las *klipot* no podrían haberse aferrado y generado la muerte (*Etz Jaim* 38:4).

El Rebe Najmán ha explicado hasta aquí las *sefirot* de *Netzaj* y *Hod* como correspondientes a las rodillas y a los talones, los niveles en donde las *klipot* pueden aferrarse y traer juicios severos y sufrimiento. En el párrafo siguiente el Rebe habla sobre expulsar las klipot y mitigar los decretos.

8. expulsar...las severidades. El hecho de que las *klipot* puedan "aferrarse" a los niveles de *Netzaj* y *Hod* implica que no son permanentes allí. Es posible expulsar a las fuerzas externas de modo que aunque permanezca algún juicio, éste puede ser neutralizado y atemperado mediante la bondad.

Como es sabido, las diez *sefirot* a través de las cuales se filtra hacia la Creación la tremenda Luz de Dios están ordenadas en tres columnas (ver Apéndice: Estructura de las Sefirot). En general, la columna de la derecha es conocida como el lado de *Jesed*, en el cual el amor y la bondad son las manifestaciones primarias; la columna de la izquierda es conocida como el lado de *Guevurá*, en la cual el juicio y la justicia son las manifestaciones primarias. Sin embargo, debido a

LIKUTEY MOHARÁN 41[1]

Dice en el *Etz Jaim*:[2] Las rodillas –i.e., las piernas– son *Netzaj* y *Hod*.[3] También son los talones.[4] Y *EKeV* (talón) tiene el mismo valor numérico que dos veces *ELoHIM*,[5] que son juicios[6] pues las fuerzas externas se aferran allí, como es sabido.[7]

Ahora bien, la manera de expulsar de allí a las fuerzas externas es llevando las *guevurot* (severidades)[8] desde la raíz de *Biná* hacia las

---

1. Likutey Moharán 41. Esta lección es *leshón Rabeinu z'l*, del manuscrito del Rebe Najmán, aunque no se sabe cuándo fue dada (ver Lección #33, n.1). En las ediciones impresas del *Likutey Moharán* la palabra *rikudín* (danza) aparece al comienzo de la lección y el Rebe en verdad abre su enseñanza con el hecho de la importancia de bailar y su papel para endulzar los juicios. El tema principal de la lección es mitigar los juicios/decretos, mediante el bailar, el vino, dar caridad o buscar el consejo de los verdaderos Tzadikim.

2. Etz Jaim. En el texto hebreo aparece aquí una referencia a "página 22". Dado que esto fue copiado del manuscrito del Rebe Najmán, uno podría asumir que ello hace referencia a la versión particular a la cual el Rebe tenía acceso. Sin embargo, en general, las referencias al *Etz Jaim* raramente citan el número de página. Es por lo tanto muy probable que haya sido "*Etz Jaim, Shaar* (Portal) 22", aunque en las ediciones actuales los conceptos de apertura de la lección aparecen en su mayor parte en *Shaar* 38:4. Varios de los conceptos adicionales tratados en esta lección pueden encontrarse en el comentario del Ari sobre el *Zohar* (II, 176a), conocido como *Zohar HaRakia*. Allí el Ari da una interpretación para el versículo (Éxodo 27:10), "Los ganchos de los pilares y sus bandas eran de plata". La interpretación algo diferente de este versículo por el Rebe Najmán aparece en la sección 2 de nuestra lección. Además, el Rebe hace varias referencias a otros pasajes de las enseñanzas del Ari, que ayudan a aclarar su propia enseñanza. Debido a lo intrincado de la enseñanza del Rebe, al igual que a las dificultades en la naturaleza de los principios kabalistas citados aquí, se les ha agregado a algunas de las notas un extenso material introductorio y se han presentado algunos cortos repasos de la lección.

3. rodillas…Netzaj y Hod. En el orden antropomórfico de las *sefirot*, *Netzaj* y *Hod* corresponden a las piernas (ver Apéndice: Las Sefirot y el Hombre). El Rebe Najmán no hace distinción alguna entre las diferentes partes de la pierna y así también relaciona las rodillas con *Netzaj* y *Hod*.

4. los talones. Tampoco aquí se hace distinción entre las partes de las piernas, de modo que los talones también corresponden a *Netzaj* y *Hod*. Pronto se volverá claro el significado de las rodillas y de los talones dentro del contexto de la lección.

5. EKeV…dos veces ELoHIM. El santo nombre *Elohim* (אלהים) tiene el valor numérico de 86 (ver Apéndice: Tabla de Guematria). *EKeV* (עקב) es igual a dos veces ese valor, 172 – i.e., las dos piernas.

6. Elohim…juicios. Rashi en Génesis (2:5) explica que Dios es llamado *Elohim* debido a que

אָז הַחִיצוֹנִים בּוֹרְחִים מִשָּׁם, וְהוּא לוֹקֵחַ הַבְּכוֹרָה וְהַבְּרָכָה, שֶׁזֶּה בְּחִינַת בִּרְכַּיִם. וְשֹׁרֶשׁ הַבְּכוֹרוֹת, נִקְרָא יַיִן כַּיָּדוּעַ, וְזֶה יַיִן הַמְשַׂמֵּחַ.

וְזֶה שֶׁכָּתוּב בְּיַעֲקֹב, כְּשֶׁרָאָה שֶׁהוּא בְּחִינַת בִּרְכַּיִם בִּמְקוֹם דִּין,

fluye la *berajá* hacia los *birkaim* (*Netzaj* y *Hod*; ver Apéndice: Estructura de las Sefirot). Esto podemos comprenderlo a través del nombre que le da la Kabalá a *Biná* como la Persona Divina de *Ima* ("Madre"), mientras que de *Zeir Anpin* se dice que es alternativamente el hijo o el primogénito. En nuestro contexto, cuando *Zeir Anpin/bejorá* llega a la existencia, *Biná* asume el nivel de *berajá*; ahora tiene un canal a través del cual pueden fluir sus bendiciones. Así, unir las *guevurot* a *Biná* se traduce como traer bendiciones desde los niveles superiores hacia los inferiores (*birkaim*), mitigando de esa manera los decretos.

11. bejorot…vino, como es sabido. El vino corresponde al corazón, como en (Salmos 104:15), "El vino alegra el corazón". Así el vino está conceptualmente conectado con *Biná*, que en el orden antropomórfico de las *sefirot* se corresponde con el corazón (ver Apéndice: Las Sefirot y el Hombre). Y dado que, como se explicó, el concepto de *bejorot/berajot* está enraizado en *Biná*, la raíz de *bejorot* es llamada vino. (Ver también *Zohar* III, 39a).

12. el vino de la alegría. Tal como fue citado en la nota previa, el Salmista dice, "El vino alegra el corazón". Esto apunta a la conexión entre el vino y la alegría. (Ver *Zohar* II, 12b; ver también *Likutey Moharán* I, 12:4, notas 61-64, con respecto a por qué el vino, la alegría y *Biná* conforman un solo concepto).

El *Zohar* (III, 39a) yuxtapone "El vino alegra el corazón" con otro versículo (Levítico 10:9), "No beberán vino…". Esta última, la prohibición de que los cohanim beban vino antes de llevar a cabo el servicio Divino en el Santuario o Santo Templo, fue emitida después de que los hijos de Aarón, Nadav y Avihu, fallecieron súbitamente cuando llevaban una ofrenda de fuego extraño para el altar (ver más adelante en el texto). Debido a que Nadav y Avihu bebieron vino y luego llevaron sus ofrendas de fuego, la Torá prohíbe beber vino antes de servir en el Templo. El *Zohar* pregunta entonces, Dado que el vino trae alegría, ¿por qué no se permite que los cohanim lo beban? Sin embargo, aunque el vino inicialmente produce alegría, casi invariablemente lleva a la tristeza y a la depresión. Pues, como se explicó, el vino corresponde a *Biná*, el lado izquierdo, el lado de las *guevurot*. Así, aunque el vino trae alegría, si esa alegría no queda restringida al ámbito de la santidad, desciende hacia el ámbito de lo mundano y de allí al ámbito de las *klipot*. Por lo tanto, los cohanim deben tener cuidado y no beber vino. Esto se unirá más adelante cuando el Rebe Najmán hable sobre Nadav y Avihu.

Hasta aquí, al Rebe Najmán ha enseñado que *Netzaj* y *Hod* corresponden a las "rodillas" y a los "talones", los niveles en los que las *klipot* pueden aferrarse y generar juicios severos y sufrimiento. La forma de expulsar las *klipot* es uniendo las *guevurot* con su raíz, *Biná* (i.e., el vino de la alegría), trayendo así *berajá* y *bejorá* hacia los *birkaim*. Como resultado, los decretos pueden ser mitigados.

13. lo que está escrito. Ver *Zohar HaRakia* sobre *Zohar* II, 176a (ver n.2).

14. Iaacov…birkaim…juicio. Esto requiere comprender la enseñanza del Ari de que la persona Divina *Zeir Anpin* está compuesta de hecho por dos niveles o subpersonas. El nivel más grande

rodillas.⁹ Pues cuando uno trae la raíz de las *guevurot* desde *Biná*, las fuerzas externas huyen de allí. Se puede entonces tomar la *BeJoRá* (los derechos de la primogenitura) y la *BeRaJá* (bendición), que son el aspecto de *BiRKaim* (rodillas).¹⁰ Y la raíz de las *bejorot* es llamada "vino", como es sabido.¹¹ Éste es el vino de la alegría.¹²

Esto es lo que está escrito¹³ concerniente a Iaacov: Cuando vio que él era el aspecto de *birkaim* en el lugar del juicio¹⁴ –pues dos

---

que la predominacia de un lado o del otro sería dañina (la benevolencia indiscriminada puede ser tan mala para el receptor como un comportamiento al pie de la letra), existe una columna central, en la cual predomina el elemento regulador de *Tiferet*. Simplemente, *Tiferet* y las otras *sefirot* colocadas a lo largo de la columna central representan un equilibrio entre las manifestaciones de la bondad, conocidas como *jasadim* y las manifestaciones del juicio, conocidas como *guevurot*. Como resultado, el bien que el hombre experimenta le llega de manera mesurada, asegurando que pueda beneficiarse de él; por otro lado, el sufrimiento que debe soportar está suficientemente restringido, asegurando que no quede aplastado bajo su peso. Pero si las fuerzas espirituales conocidas como *guevurot* no están atemperadas, son tomadas en su lugar por las *klipot*, que a su vez las transforman en un juicio severo que genera terribles sufrimientos.

9. guevurot…la raíz de Biná…rodillas. *Biná* es la *sefirá* más elevada en el lado izquierdo de la jerarquía, el lado del juicio. Sin embargo, como explica el Ari, es una de las tres *sefirot* superiores conocidas como *mojín* (mentalidades), en las cuales sólo se manifiesta la bondad. De modo que no hay juicio en *Biná* propiamente dicha. Pero, *Biná* es la raíz de todos los juicios (ver notas 37-38 más adelante). Éste es el significado de "llevar las *guevurot* desde la raíz en *Biná*…". Es decir, asegurarse de que las *guevurot* estén unidas a *Biná* – i.e., a un nivel elevado de santidad, para que las *klipot* no puedan aferrarse a ellas. De esa manera las *guevurot* en las "rodillas" pueden ser protegidas de las *klipot*.

10. BeJoRá…BeRaJá…BiRKaim. Las palabras *BeJoRá* (בכורה) *BeRaJá* (ברכה) y *BiRKaim* (ברכים) comparten las mismas letras en su raíz, B-R-K (ברכ). Esto implica también una conexión conceptual. En nuestro contexto, como explica el Rebe Najmán, esto enseña que al unir las *guevurot* con su raíz en *Biná* la persona trae *BeRaJá* (bendiciones) a su nivel de *BiRKaim* (rodillas), en lugar del juicio severo. Un ejemplo particular de *berajá* que indica un juicio atemperado es la *bejorá*, la doble porción con la cual es bendecido el primogénito (Deuteronomio 21:17). De este modo, unir las *guevurot* a *Biná* trae bendiciones y endulza los decretos, expulsando a las *klipot*.

Estos conceptos de *berajá* y *bejorá* aparecen en varias enseñanzas Kabalistas. *BeRaJá* está asociada con *BReiJá*, una pileta o cisterna que contiene agua, i.e., bendiciones. Aunque en general *berajá* corresponde a *Jojmá*, la fuente de todas las bendiciones (ver *Likutey Moharán* I, 12:6), en nuestro contexto *berajá* corresponde a *Biná* (ver *Zohar* III, 271a). Ello se debe a que aunque todas las bendiciones se originan en *Jojmá*, deben pasar a través de *Biná* y tomar forma allí antes de manifestarse (ver *Pardes Rimonim* 23:2). Así, unir las *guevurot* con su raíz en *Biná* une a los juicios con las bendiciones. *Bejorá* también, se relaciona con varios niveles. Corresponde a *Jojmá* (ver *Likutey Moharán* I, 1:2). Por otro lado, *bejorá* también corresponde a *Tiferet* y su persona Divina correspondiente *Zeir Anpin* (ver *Pardes Rimonim* 23:2). Dado que *Tiferet* es un paralelo del torso, en nuestro contexto *bejorá* es el canal a través del cual

כִּי שְׁתֵּי פְּעָמִים אֱלֹקִים עִם עֶשֶׂר אוֹתִיּוֹת גִּימַטְרִיָּא יַעֲקֹב, אֲזַי הַמְשִׁיךְ שֹׁרֶשׁ הַגְּבוּרוֹת, בְּחִינַת יַיִן הַמְשַׂמֵּחַ. כְּמוֹ שֶׁכָּתוּב (בראשית כז): "וַיָּבֵא לוֹ יַיִן וַיֵּשְׁתְּ", שֹׁרֶשׁ שֶׁל הַבְּרָכָה.
נִמְצָא עַל־יְדֵי רִקּוּדִין, שֶׁשּׁוּתֶה יַיִן הַמְשַׂמֵּחַ, שֶׁהֵם שֹׁרֶשׁ הַגְּבוּרוֹת שֶׁבַּבִּינָה. וְנִמְשָׁכִין לְמַטָּה בְּתוֹךְ הָרַגְלַיִן, הַיְנוּ שֶׁמְּרַקֵּד, בָּזֶה מְגָרֵשׁ הַחִיצוֹנִים מִשָּׁם, וְזֹאת הַהִתְלַהֲבוּת שֶׁל הָרִקּוּד, וְהוּא "אִשֵּׁה רֵיחַ נִיחֹחַ לַה'" (במדבר כח).
אֲבָל מִי שֶׁמְּרַקֵּד בְּהִתְלַהֲבוּת הַיֵּצֶר, זֶה נִקְרָא חֵטְא שֶׁל נָדָב וַאֲבִיהוּא, שֶׁכָּתוּב בָּהֶם (ויקרא י): "וַיַּקְרִיבוּ אֵשׁ זָרָה".
נָדָב וַאֲבִיהוּא, הֵם נֵצַח וָהוֹד. וְהַהִתְלַהֲבוּת שֶׁבִּקְדֻשָּׁה, נִקְרָא יַיִן

20. uno baila. Es decir, el regocijo en el corazón es tan grande que se extiende hacia las piernas, de modo que uno baila debido a la gran alegría.

21. expulsan de allí a las fuerzas externas. Las *klipot* sólo pueden aferrarse a las *guevurot* cuando éstas últimas no están unidas a *Biná*. Dado que al beber el vino de la alegría las piernas (*Netzaj* y *Hod*) se unen al corazón (*Biná*), las *klipot* no pueden aferrarse a las *guevurot* y son expulsadas. En lugar de un juicio severo, las *guevurot* son un juicio atemperado.

22. el entusiasmo en la danza. Este entusiasmo es un elemento de la *sefirá* de *Guevurá*, en el hecho de que es una expresión de la propia *guevurá* (fuerza) del bailarín. Así, poner energía en la danza indica que las piernas, las *guevurot*, están unidas a la alegría de *Biná*.

23. ofrenda ígnea...para Dios. "Una ofrenda ígnea" alude al fuego y al entusiasmo de la danza. Cuando la persona danza con alegría y entusiasmo en aras del Cielo, es como si estuviese llevando una ofrenda ígnea para Dios. El fuego también es un aspecto de *guevurot* (*Pardes Rimonim* 23:1) y, en nuestro contexto, alude al servicio ferviente a Dios. Esto también mitiga los decretos (cf. *Likutey Moharán* I, 38:4).

24. Ellos ofrecieron...un fuego extraño.... Este fuego, la energía apasionada de la inclinación al mal, es un "fuego extraño" delante de Dios; uno "que Él no les había ordenado ofrecer". En nuestro contexto, ello representa el entusiasmo que no está unido a *Biná*. Esto permite que las *klipot* tengan dónde aferrarse. Ver las notas siguientes.

Hasta aquí en la lección el Rebe Najmán ha hablado del vino como un elemento de santidad: el vino de la alegría y su efecto positivo. Aquí el Rebe demuestra el aspecto negativo del vino, tal cual se ve en la historia de Nadav y Avihu (ver n.12).

25. Nadav y Avihu son Netzaj y Hod. Ver *Shaar HaPesukim, Shemini* págs. 159-160. El Ari enseña que la raíz de las almas de Nadav y Avihu está en *Biná* (*Ima*). Pero sus almas tenían una elevación adicional en el hecho de que eran capaces de manifestarse incluso en los niveles inferiores (como opuestas a aquellas almas que están enraizadas en los niveles superiores pero que no pueden ser reveladas). En nuestro contexto, esto hace referencia a la alegría de *Biná* que se revela en los niveles inferiores (i.e., las piernas).

veces *ELoHIM* con sus diez letras tiene el mismo valor numérico que *IaACoV*[15]– tomó la raíz de las *guevurot*, un aspecto del vino de la alegría,[16] como está escrito (Génesis 27:25), "y [Iaacov] le trajo vino y él bebió"[17] – la raíz de la *berajá*.[18]

Es así que al bailar –cuando uno bebe el vino de la alegría, que es la raíz de las *guevurot* en *Biná*,[19] y ellas son traídas <y reveladas> abajo en las piernas, es decir, uno baila[20]– se expulsan de allí las fuerzas externas.[21] Éste es el entusiasmo en la danza,[22] <un aspecto de> "una ofrenda ígnea, un aroma agradable para Dios" (Números 28:8).[23]

Pero cuando alguien baila con la excitación de la mala inclinación, esto es llamado la transgresión de Nadav y Avihu. Está escrito concerniente a ellos (Levítico 10:1), "Ellos ofrecieron… un fuego extraño, <que Él no les había ordenado [ofrecer]>".[24]

Nadav y Avihu son *Netzaj* y *Hod*.[25] Y el <fuego y> el entusiasmo

---

es conocido como *Israel Saba*, mientras que el nivel más pequeño es conocido como Iaacov (ver *Likutey Moharán* I, 12, n.63). Ahora bien, mientras que la expansión de *Israel Saba* se extiende a todo lo largo de *Zeir Anpin*, la subpersona Iaacov corresponde exclusivamente a las piernas (*Netzaj* y *Hod* y más abajo). Esto es lo que se quiere decir con que Iaacov "vio que él era el aspecto de *birkaim*…", pues el lugar de Iaacov está en las rodillas de *Zeir Anpin*.

15. dos veces ELoHIM…IaACoV. *IaACoV* (יעקב) tiene el valor numérico de 182. Como se dijo anteriormente (n.5), dos veces *Elohim* es igual a 172. Sumando las 10 letras (5 por cada *ELoHIM*), dos veces *Elohim* es igual a 182, *IaACoV*. Y *iaACoV* es similar a *EKeV* (talón), donde las *klipot* pueden aferrarse. Así, "Iaacov vio que él era… *birkaim* en el lugar del juicio" – i.e., las *guevurot* de *Elohim* estaban demasiado cerca de las *klipot* y en peligro de transformarse en un juicio severo.

16. tomó la raíz de las guevurot…alegría. Él unió el juicio a *Biná*, expulsando a las *klipot*.

17. Iaacov le trajo vino…. "Le" hace referencia a Itzjak, la personificación de *Guevurá* (ver Apéndice: Los Siete Pastores Superiores). Así, Iaacov unió las *guevurot* con el vino, *Biná*.

18. la raíz de la berajá. Como se explicó más arriba, en la nota 10, *berajá* es *Biná*. Una vez que Iaacov unió las *guevurot* con *Biná*, expulsó a las *klipot*. Por lo tanto, fue Iaacov y no Esaú quien mereció la *berajá* (bendición) de Itzjak. Más aún, debido a que logró la bendición, también fue confirmado como *bejor* (primogénito; ver Génesis 27:36).

19. bailar…vino de la alegría…en Biná. Aquí, el Rebe Najmán introduce el concepto del baile, equiparándolo con la alegría.

El rabí Natán explica que "beber el vino de la alegría" hace referencia a la alegría en el corazón de la persona (ver notas 11-12). Cuanta más grande sea la alegría del corazón, mayor será el deseo de bailar. Otra interpretación de "beber el vino de la alegría" se relaciona con beber vino al llevar a cabo una mitzvá, tal como el *Kidush* en el Shabat y las Festividades, o como parte de la ceremonia del *brit milá*, etc. Sin embargo, este beber debe ser con moderación y no al grado de la borrachera, pues la alegría será evidentemente muy corta (*Likutey Tefilot*).

הַמְשַׂמֵּחַ, שֶׁעַל־יָדוֹ נִמְתָּקִים הַבְּכוֹרוֹת. וְאֵשׁ זָרָה, נִקְרָא יַיִן הַמְשַׁכֵּר, הִתְלַהֲבוּת הַיֵּצֶר. וְשָׁם יֵשׁ, חַס וְשָׁלוֹם, אֲחִיזָה לְהַחִיצוֹנִים, אֲשֶׁר לֹא צִוָּה אוֹתָם:

וְזֶה גַם כֵּן פִּדְיוֹן נֶפֶשׁ, כִּי הַמָּמוֹן נִקְרָא עַמּוּדִים (פסחים קיט.), כְּמוֹ שֶׁכָּתוּב (דברים יא): "וְאֶת הַיְקוּם אֲשֶׁר בְּרַגְלֵיהֶם". וּכְשֶׁהַצַּדִּיק הָעוֹשֶׂה הַפִּדְיוֹן מַנִּיחַ יָדָיו עַל הַמָּמוֹן, יְכַוֵּן כִּי יֵשׁ יָד הַגְּדוֹלָה וְכוּ', וְהַיְנוּ שָׁלֹשׁ יָדוֹת, וְשָׁלֹשׁ פְּעָמִים יָד גִּימַטְרִיָּא מ"ב.

29. redención del alma. El término hebreo *pidion* hace referencia al dinero o a un objeto dado a un sabio/Tzadik para que efectúe una redención a favor del dador. Es una costumbre muy antigua el hecho de que el judío que experimente sufrimiento le dé caridad al Tzadik y le pida que ore por él. El *pidion* sirve como un catalizador a través del cual se rescinde el castigo (ver *Torat Natán* 149, #1; cf. *Likutey Moharán* I, 180). Así el *pidion nefesh* (redención del alma) es otro medio para mitigar los decretos.

La naturaleza del intercambio implícito en esta redención puede quizás comprenderse mejor si se considera otra costumbre, la de las *kaparot* en la víspera de Iom Kipur. Tomando en la mano algo de dinero (o una gallina cuya carne es luego dada a los pobres), uno ora: "Este dinero irá para caridad mientras que yo entraré e iré hacia el bien, una larga vida y paz" – libre de juicios. De esa manera, la persona se redime del sufrimiento que le correspondería, haciendo que el dinero vaya para la caridad (*Oraj Jaim* #605:1; ver *Mishná Brurá*, ibid. :5). El Talmud enseña que si la persona tiene algún pariente enfermo, debe visitar a un sabio y pedirle que ore para su recuperación (*Bava Batra* 116a). Además, es costumbre que la persona que vaya a ver al Tzadik para ese propósito lleve algo de dinero, que le dará al Tzadik para que éste lo distribuya como caridad de la manera que considere apropiada. Éste es el *pidion*. Aquí, el Rebe Najmán explica cómo trabaja tal redención.

Esta sección está basada en el comentario del *Zohar HaRakia* mencionado más arriba (n.2).

30. la subsistencia a sus pies. Las Escrituras hacen referencia al dinero como "la subsistencia (*iKUM*, יקום) a sus pies". Nuestros Sabios enseñan por lo tanto que la subsistencia de la persona (el dinero) es lo que le permite *KUM* (קום) – mantenerse sobre sus dos pies (*Pesajim* 119a). El dinero se asocia así con los pies, los "pilares" sobre los que se para la persona.

31. coloca sus manos sobre el dinero. Como se explica a continuación, *Biná* corresponde a las manos. Colocar las manos sobre el dinero indica así que el dinero/pies (donde las fuerzas externas pueden aferrarse; como se explicó más arriba, §1, n.7) está siendo elevado hacia su fuente, *Biná*. Por lo tanto, cuando la persona le trae al Tzadik dinero de redención y el Tzadik coloca sus manos sobre ese dinero, se mitigan los juicios/decretos de los que sufre el dador.

32. ...tres manos...cuarenta y dos. Este concepto de las tres manos y su conexión con *Biná* es como sigue: De los diferentes nombres sagrados mediante los cuales nos referimos a Dios, hay uno conocido como *Shem Mem-Bet* (el Nombre de Cuarenta y Dos). En la terminología de la Kabalá y más específicamente en términos de la estructura de las *sefirot*, este nombre está enraizado esencialmente en las sub-*sefirot* de *Jesed*, *Guevurá* y *Tiferet* dentro de la *sefirá* de *Biná*. Con respecto al Nombre de Cuarenta y Dos, enseña el *Zohar* (II, 132b): éste asciende

en santidad es llamado el vino de la alegría, mediante el cual se mitigan las *bejorot*.[26] Pero el fuego extraño es llamado el "vino que intoxica", la excitación de la mala inclinación.[27] Allí es donde se aferran las fuerzas externas, Dios no lo permita.[28]

2. Esto es también una redención del alma,[29] pues el dinero es llamado "pilares", como está escrito (Deuteronomio 11:6), "y toda la subsistencia a sus pies".[30] Así, cuando el Tzadik que lleva a cabo la redención coloca sus manos sobre el dinero,[31] tiene en mente que existe "la gran mano", ["la mano fuerte" y "la mano exaltada"] – i.e., las tres manos. Y tres veces *IaD* (mano) tiene el valor numérico de cuarenta y dos.[32]

26. vino de la alegría...se mitigan las bejorot. Como se mencionó anteriormente (n.10), *bejorot* representa el canal entre *Biná* y las piernas. En ese sentido, está asociado con las *guevurot* que deben unirse a *Biná* para ser mitigadas. Nadav era un *bejor*, el primogénito de Aarón y como tal tenía el poder de canalizar la alegría de *Biná* (la raíz de su alma) hacia las piernas. Avihu, era a el segundo de los cuatro hijos, y también tenía algo de ese poder (ver *Shaar HaPesukim, op. cit.* p.160). Así, si Nadav y Avihu hubiesen bebido "el vino de la alegría" de la manera apropiada, habrían mitigado los decretos. En su lugar, llevaron "un fuego extraño" y encontraron la muerte, como explica el Rebe a continuación.

27. fuego extraño...intoxica.... Como se mencionó anteriormente a partir del *Zohar* (n.12), el vino tiene un gran poder para la santidad pero en general lleva a la tristeza y a la depresión – "el vino que intoxica". Es por ello que los cohanim (Nadav y Avihu) –i.e., todo aquel que quiera servir a Dios– deben mantenerse lejos del vino y sólo beberlo cuando es necesario y con moderación (ver n.19).

Más generalmente, "la excitación de la mala inclinación" que menciona el Rebe Najmán aquí se aplica a todas las formas de intoxicación – con vino, pero también con las pasiones y deseos. La persona debe tener cuidado de no ser inflamada por uno de los "fuegos extraños" sobre los cuales se aferran las fuerzas externas. Si sucede que ya se siente excitada por una pasión malsana, debe ocuparse de canalizar esa misma energía y pasión hacia el deseo de algo sagrado. Esta redirección y transformación de la excitación mitiga la mala inclinación, las fuerzas externas, de modo que el "fuego extraño" se transforma en "ofrenda ígnea, una fragancia agradable para Dios" (ver *Berajot* 54a; *Ein Iaacov*, ibid. #131).

28. donde se aferran.... Aunque en las ediciones impresas del *Likutey Moharán* el texto cita ahora el versículo, "que Él no les había ordenado ofrecer", nuestra traducción sigue la versión manuscrita, en la cual esta cita aparece en el párrafo previo.

Resumen: Las piernas (Las rodillas y los talones) corresponden a *Netzaj* y *Hod*, niveles en los cuales las *klipot* pueden aferrarse y generar juicios severos y sufrimiento. Pero al unir las *guevurot* con *Biná*, se expulsa a las *klipot* y se mitigan los decretos. Esta unión puede lograrse mediante el bailar con gran alegría, utilizando la fuerza para revelar en las piernas la alegría del corazón. Por el contrario, es necesario cuidarse de la excitación y de la alegría generadas por la mala inclinación.

וְשֵׁם מ"ב יֵשׁ בּוֹ שִׁבְעָה שֵׁמוֹת, וְכָל שֵׁם יֵשׁ בּוֹ ו' אוֹתִיּוֹת. וִיכַוֵּן לְהַמְשִׁיךְ אֵלָיו הַוָּוִין, הַיְנוּ הַשִּׁבְעָה שֵׁמוֹת שֶׁיֵּשׁ בְּכָל אֶחָד שִׁשָּׁה אוֹתִיּוֹת, לְהַמְשִׁיךְ אוֹתָן לְתוֹךְ הַמָּמוֹן הַנִּקְרָא עַמּוּדִים, וְאָז נִקְרָא וָוֵי הָעַמּוּדִים.

וְאֵלּוּ עַמּוּדִים, הַיְנוּ רַגְלִין, הַיְנוּ עֲקֵבַיִם, הֵם בְּחִינַת דִּין. כִּי שְׁתֵּי פְּעָמִים אֱלֹקִים, גִּימַטְרִיָּא עָקֵב, וְיֵשׁ שָׁם אֲחִיזָה לְהַחִיצוֹנִים. וְאֵין דִּין נִמְתָּק אֶלָּא בְּשָׁרְשׁוֹ, וְשֹׁרֶשׁ הַדִּינִים בַּבִּינָה, כְּמוֹ שֶׁכָּתוּב (בזהר ויקרא י:): 'בִּינָה דִּינִין מִתְעָרִין מִנַּהּ', "אֲנִי בִינָה לִי גְבוּרָה" (משלי ח). וְשֵׁם מ"ב בַּבִּינָה.

נִמְצָא כְּשֶׁמַּמְשִׁיךְ שֵׁם מ"ב לְתוֹךְ עַמּוּדִים, אֲזַי הַדִּינִין נִמְתָּקִין בְּשָׁרְשָׁם.

וְזֶה פֵּרוּשׁ (שמות כז): "וָוֵי עַמּוּדִים וַחֲשֻׁקֵיהֶם כֶּסֶף", פֵּרוּשׁ: עַל-

---

35. vavei los pilares. El Rebe Najmán ve esta unión de las *vav* (los santos nombres de seis letras cada uno) con los pilares/pies/dinero sobre los cuales se sostiene la persona como algo aludido por los *vavei* de plata (ganchos) que estaban unidos a los pilares del Santuario (ver el texto más adelante y n.40).

Así, al unir los pies/*guevurot* con *Biná*, el Tzadik mitiga los decretos, como el Rebe continúa explicando.

36. dos veces Elohim...las fuerzas externas. Como se explicó en la sección 1 y notas 5-7.

37. juicio...mitigado en su fuente. *Etz Jaim, Shaar Arij Anpin* 13:11, p.195. El valor de mitigar el juicio en su fuente es que ello da como resultado que el inminente desastre e infortunio se evita totalmente en lugar de ser meramente retrasado o disminuido.

38. El juicio se despierta en Biná...guevurá es mía. Ver también *Etz Jaim, Shaar Arij Anpin* 13:8, págs. 191. Los comentaristas explican este versículo de Proverbios como sigue: Debido a que soy inteligente y tengo comprensión (*biná*), yo sé cómo sobreponerme al enemigo (*Metzudat David*). En nuestro contexto, las Escrituras aluden al hecho de que la fuente de la fuerza (*guevurá*) –y por extensión de las *guevurot* (severidades) y los decretos severos– se encuentra en la *sefirá* de *Biná*. Como se explicó anteriormente (n.9), *Biná* es una de las tres *sefirot* superiores conocidas como *mojín* (mentalidades), en las cuales sólo se manifiesta la bondad. De esta manera, no hay juicio propiamente dicho en *Biná*. Aun así, en *Biná* comienzan a aparecer los primeros trazos embriónicos del juicio. Estos son los elementos nacientes del juicio y de la justicia que más tarde se manifiestan en el proceso de la Creación como *guevurot* y decretos. De modo que para mitigar los juicios en su fuente, uno debe ir a *Biná*.

39. Shem Mem-Bet está en Biná. Como se explicó en la nota 32. Ver también sección 3 más adelante y *Likutey Moharán* I, 180.

40. ganchos...plata. Las Escrituras relatan que los pilares del Santuario estaban hechos de

Ahora bien, el *Shem Mem Bet* está compuesto de siete nombres, con cada nombre compuesto de seis letras.[33] [El Tzadik] debe tener en mente traer esas *vav* –i.e., los siete nombres, cada uno de los cuales tiene *vav* letras– llevándolas hacia el dinero, que es llamado "pilares".[34] Entonces ello es denominado "*vavei* (los ganchos de) los pilares".[35]

Esos pilares –i.e., los pies, los talones– son un aspecto del juicio. Pues dos veces *Elohim* tiene el mismo valor numérico que *EKeV* (talón), que es donde se aferran las fuerzas externas.[36] Y el juicio sólo es mitigado en su fuente.[37] La raíz del juicio está en *Biná*, como está escrito (Zohar III, 10b): El juicio se despierta en *Biná* – <como está escrito,> "Yo soy *Biná*, *guevurá* (la fuerza) es mía" (Proverbios 8:14).[38] Y el *Shem Mem Bet* está en *Biná*.[39]

Consecuentemente, cuando uno trae el *Shem Mem Bet* desde *Biná* hacia los pilares, los juicios son mitigados en su fuente.

Ésta es la explicación de (Éxodo 27:10), "los ganchos de los pilares y sus bandas eran de plata".[40] La explicación es [la siguiente]: al unir y

---

[y así eleva constantemente hacia niveles superiores aquello que esta debajo de él]. En base a esto, el Ari enseña que toda elevación de los mundos inferiores hacia los mundos superiores se realiza por medio del Nombre de Cuarenta y Dos de ese mundo superior (*Shaar HaKavanot, Inian HaKadish*, p.95 y sig.). En ese sentido, *Shem Mem-Bet* son las "manos" del mundo superior que se extienden hacia el mundo inferior para elevarlo. En nuestro contexto, esto hace referencia a unir las *guevurot* que se encuentran en los pies con *Biná*. El Ari explica además (*Etz Jaim, Heijal ABIA, Shaar Kisei HaKavod* 46:6, p.356): El valor numérico de la palabra hebrea para "mano", *iad* (יד), es 14. Tres veces 14 es 42. Esto indica que hay tres "manos" en *Biná*, englobadas en el Nombre de Cuarenta y Dos. De las tres sub-*sefirot* que más representan el Nombre de Cuarenta y Dos, *Jesed* corresponde a la mano derecha ("grande"); *Guevurá* corresponde a la mano izquierda ("fuerte"); y *Tiferet*, una combinación de *Jesed* y *Guevurá*, corresponde a la mano del medio ("exaltada"). Ver también la Lección #46, notas 8-10 y 22.

33. siete nombres...seis letras. A lo largo de los escritos del Ari aparecen diferentes configuraciones del *Shem Mem-Bet* (basadas en acrósticos, expansiones o principios de combinación numérica), donde son descritos como generando diferentes influencias a través de las cuales se manifiesta la voluntad de Dios. El rabí Nejunia ben HaKaná utilizó esas 42 letras como un acróstico al componer su plegaria *Ana BeKoaj* (recitada dos veces al día después de los pasajes que detallan la ofrenda del incienso, como parte del servicio de la Mañana y de la Tarde). Esta plegaria comprende siete líneas de seis palabras cada una, con cada palabra comenzando con una de las diferentes letras del santo nombre (ver también *Likutey Moharán* I, 28, n.65 y 180, n.12). Además, las seis primeras letras de las palabras de cada línea también forman siete santos nombres más pequeños. Como veremos a continuación, el Rebe Najmán hace referencia a esos nombre como "*vav*", la letra *vav* (ו) que tiene el valor numérico de 6.

34. traer esas vav...siete nombres...hacia el dinero...pilares. En otras palabras, *Shem Mem-Bet* –i.e., *Biná*– debe ser hecho descender hacia el dinero/pies a través de las tres manos. Veremos que éste es el Tzadik elevando la caridad que la persona le da para un *pidion*-redención.

יְדֵי חֲשִׁיקָה וְהִתְחַבְּרוּת "וָוֵי" עִם "עַמּוּדִים", נַעֲשֶׂה "כֶּסֶף", חֶסֶד, שֶׁנִּמְתָּקִין הַדִּינִין:

"עֵץ חַיִּים" פֶּרֶק י"ג (הֵיכַל הכתרים שער א"א): שֵׁם מ"ב בַּבִּינָה, וְאֵלּוּ הַמ"ב הֵם ש"ע נְהוֹרִין הַמְּאִירִין. וְעִם ח' חִוַּרְתָּא גִּימַטְרִיָּא בְּשָׁלוֹם.

שָׁם בְּפֶרֶק י"ד גִּימַטְרִיָּא חַשְׁמַ"ל מַלְבּוּשׁ, שֶׁזֶּה הַחַשְׁמַל שׁוֹמֵר בְּגָדִים עֶלְיוֹנִים מֵעָ"שׁ שֶׁל קְלִפָּה, כְּמוֹ שֶׁכָּתוּב (ישעיה נא): "כַּבֶּגֶד יֹאכְלֵם עָשׁ":

וְזֶה (יומא עא.): 'הָרוֹצֶה לְנַסֵּךְ יַיִן עַל גַּבֵּי הַמִּזְבֵּחַ, יְמַלֵּא גְרוֹנָם שֶׁל תַּלְמִידֵי־חֲכָמִים'.

el Ari explica las conexiones entre el *Shem Mem-Bet* y la Barba Superior de *Arij Anpin*. Esta Barba tiene trece facetas, conocidas como las Trece Rectificaciones, que son un paralelo de los Trece Atributos de Misericordia y de los Trece Principios de Interpretación en el Estudio de la Torá (ver *Likutey Moharán* I, 20:4, notas 39-41 y 27:3, n.11). De esas 13 facetas, 8 corresponden a las mejillas (4 en cada mejilla) y son conocidas como "Los ocho [cabellos] blancos del rostro". Por medio de la numerología de *Guematria* y de la expansión de letras del santo nombre de Dios *IHVH*, el Ari demuestra cómo esos 8 se expanden a 42 y de 42 a 370 – las *ShAa* (= 370) luces que irradian del rostro de *Arij Anpin*. Aunque las diversas expansiones del santo nombre de Dios que forman esas "luces" y "facetas" son demasiado detalladas como para ser tratadas aquí y no se aplican directamente a nuestro texto, sabemos a partir del Ari que la Barba Superior alude a una gran misericordia y bondad. Más específicamente, él explica que "los ocho [cabellos] blancos" representan abundante *Jesed*. En línea con esto, el Rebe Najmán agrega que las *ShA* (370) luces junto con los 8 cabellos blancos totalizan 378, el valor numérico de *BaShaLOM* (בשלום), "paz". La paz, al igual que *Jesed*, indica una mitigación de los decretos y un endulzamiento de los juicios. Esto está explicado más adelante.

43. jashmal...Malbush...ash. La segunda enseñanza del Ari traída por el Rebe Najmán aparece en *Etz Jaim, Shaar Arij Anpin* 13:14, pág. 200. El Ari hace notar que así como hay 370 luces de santidad, hay un elemento de 370 asociado con las fuerzas del mal. Esos 370 de las *klipot* son la *ASh* (עש, polilla) que consume el "*malbush* (vestido) santo" de la persona y la expone a las fuerzas externas. El elemento espiritual que protege a la persona de esa polilla es conocido como *jashmal* (el "brillo" mencionado en la visión de Iejezquel que protege a la persona de las *klipot*; Ezequiel 1:4). El Ari enseña así que tanto *JaShMaL* (חשמל) como *MaLBUSh* (מלבוש, vestido) son numéricamente equivalentes a las 370 luces de santidad y a los 8 cabellos blancos (ver la nota anterior). De este modo *JaShMaL/MaLBUSh*, como una contrafuerza frente a las *klipot*, está conectado con el tema de mitigar los decretos de nuestra lección. Esto también está implícito en su valor numérico, que, como el Rebe Najmán agrega, también es igual al de *BaShaLOM* (*MaLBUSh* y *BaShaLOM* poseen de hecho las mismas letras hebreas transpuestas).

44. vino...llenar las gargantas.... El Talmud aprende esto a partir del versículo en Proverbios

juntar los *vavei* con los pilares se produce la plata, <que es un aspecto de> *Jesed*. <En otras palabras,> se mitigan los juicios.[41]

3. <Está escrito en el> *Etz Jaim*, Capítulo 13: El *Shem Mem Bet* está en *Biná*. Y esos cuarenta y dos son las *ShAa* (370) luces que brillan. Junto con los ocho [cabellos] blancos, tiene el mismo valor numérico que *BaShaLOM* (en paz).[42]

<Y está escrito en el> Capítulo 14 <que esto tiene> el mismo valor numérico que *JaShMaL* <y que> *MaLBUSh* (vestimenta). Este *jashmal* protege a las vestimentas superiores de la *ASh* (polilla) de las fuerzas del mal, como está escrito (Isaías 51:8), "Como a un vestido los consumirá la *ash*".[43]

Esto es: Todo aquel que quiera *nasej* (verter) una libación de vino sobre el altar deberá llenar [con vino] las gargantas de los estudiosos de la Torá (*Ioma* 71a).[44]

---

madera unidos con ganchos de plata. El *Zohar* (II, 176a) comenta que "ganchos para los pilares" alude a "enganchar" los pilares que estaban separados – i.e., la unión de *Netzaj* y *Hod* en *Zeir Anpin*. Esto sólo puede lograrse cuando uno trae las *vav* (*guevurot*) del *Shem Mem-Bet/Biná* hacia *Netzaj* y *Hod* (*Zohar HaRakia*, *op. cit.*). Ver la nota siguiente.

41. plata...Jesed...se mitigan los juicios. El color superior correspondiente de *Jesed* es el plateado (cf. *Likutey Moharán* I, 29 y n.126; ver también Apéndice: Los Colores Superiores). Así: Juntar y unir los *vavei/guevurot* de Biná con los pilares/*Netzaj* y *Hod* produce plata/*Jesed*, la cualidad de la bondad. Y cuando prevalece el aspecto de *Jesed* –i.e., cuando uno da plata/caridad al Tzadik para una redención del alma– se mitigan los juicios. (En el *Likutey Moharán* I, 180, el Rebe Najmán presenta otra enseñanza sobre la redención del alma y el papel que juegan *Biná* y el *Shem Mem-Bet* en mitigar los decretos).

Resumen: Las piernas (Las rodillas y los talones) corresponden a *Netzaj* y *Hod*, niveles en los cuales las *klipot* pueden aferrarse y generar juicios severos y sufrimiento. Pero al unir las *guevurot* con *Biná*, se expulsa a las *klipot* y se mitigan los decretos. Esta unión puede lograrse mediante el bailar con gran alegría, utilizando la fuerza para revelar en las piernas la alegría del corazón. Por el contrario, es necesario cuidarse de la excitación y de la alegría generadas por la mala inclinación (§1). También es posible mitigar los decretos dándole caridad al Tzadik para una redención del alma (§2).

42. Shem Mem-Bet...ShAa luces...ocho cabellos blancos...BaShaLOM. En esta sección el Rebe Najmán pasa revista a sus enseñanzas anteriores sobre mitigar los decretos a través del bailar, del vino de la alegría y de la caridad. Agrega además otro medio: recibir consejo de los Tzadikim. Sin embargo, primero, el Rebe trae dos enseñanzas adicionales provenientes del Ari que relacionan el *Shem Mem-Bet* con *Biná*.

La primera enseñanza aparece en *Pri Etz Jaim, Shaar Arij Anpin* 13:13, págs. 198-200. Allí, el Ari trata sobre el concepto conocido como el rostro de la persona Divina *Arij Anpin*. Construyendo sobre la analogía antropomórfica que aparece en el *Zohar* y en el *Tikuney Zohar*,

לְנַסֵּךְ – הַיְנוּ מְלוּכָה וּמֶמְשָׁלָה. כְּמוֹ שֶׁכָּתוּב (תהלים ב): "וַאֲנִי נָסַכְתִּי מַלְכִּי" וְכוּ'.

יַיִן – זֶה בְּחִינַת בִּינָה, שֹׁרֶשׁ הַבְּכוֹרָה, יַיִן הַמְשַׂמֵּחַ,

מִזְבֵּחַ – זֶה בְּחִינַת דִּינִים.

תַּלְמִידֵי־חֲכָמִים – הֵם בְּחִינַת נֶצַח הוֹד.

וְזֶהוּ פֵּרוּשׁוֹ: הָרוֹצֶה לְהַמְלִיךְ וּלְהַמְשִׁיל וּלְהַמְתִּיק הַדִּינִים, עַל־יְדֵי שָׁרְשָׁם, שֶׁהוּא יַיִן הַמְשַׂמֵּחַ. מַה יַּעֲשֶׂה? עֵצָה (טוֹבָה) עַל־זֶה: יְמַלֵּא גְרוֹנָם, עַל־יְדֵי רְקוּדִין, אוֹ עַל־יְדֵי פִּדְיוֹן, כְּמוֹ שֶׁמּוּבָא לְעֵיל. גַּם עַל־יְדֵי מִלּוּי גְרוֹנָם, נִמְתָּק הַדִּינִין.

וְזֶה פֵּרוּשׁ (סוף ברכות סד.): תַּלְמִידֵי־חֲכָמִים מַרְבִּים שָׁלוֹם בָּעוֹלָם, שֶׁעַל יָדָם נִמְשָׁךְ שֵׁם שֶׁל מ"ב, שֶׁהֵם ש"ע נְהוֹרִין, וְעִם ח' חִוַּרְתָּא, גִּימַטְרִיָּא בַּשָּׁלוֹ"ם.

---

pies. Más adelante el Rebe asocia esas dos *sefirot* con el consejo, que en el cuerpo tiene su raíz en el órgano situado por encima de las piernas, los riñones, que en el dicho Talmúdico: "los riñones aconsejan" (*Berajot* 61a; cf. *Likutey Moharán* I, 7). Esto será explicado más adelante y con más detalle. Ver también *Likutey Moharán* I, 22:1, notas 6 y 7.

49. como se mencionó más arriba. Ver la sección 2 y la nota 38 sobre la enseñanza de que *Biná* es la fuente del juicio. También es el vino de la alegría, como se explicó en la sección 1 y en las notas 10-11. Así, tanto bailar como el *pidion*-redención mitigan las *guevurot* llevando la alegría desde *Biná* hacia *Netzaj* y *Hod*, como se explicó (ver §1, n.19; §2, notas 29-31).

50. Llenar sus gargantas.... Proveer de vino al Tzadik/estudioso de Torá es comparable a dar caridad – i.e., una redención (ver n.29).

La afirmación de los Sabios se traduce así como sigue: **Todo aquel que quiera verter una libación de vino** – todo aquel que quiera mitigar los decretos en *Biná* **sobre el altar** – llevando las *guevurot* desde *Biná* hacia los pies, **deberá llenar las gargantas de los estudiosos de la Torá** – deberá bailar o traer una redención.

El Rebe Najmán explica ahora cómo el hecho de recibir consejo de los estudiosos de la Torá (*Netzaj* y *Hod*) mitiga los decretos.

51. Los estudiosos de la Torá promueven la paz.... El estudio de la Torá promueve la paz (Levítico 26:3-6; ver *Rashi*). Esto es especialmente así cuando se trata de los eruditos que estudian la Torá. Pues aunque puedan estar en desacuerdo y mantener opiniones divergentes, siempre resuelven sus diferencias (*Iun Iaacov, loc. cit.*). En nuestro contexto, resolver las diferencias de opinión corresponde a mitigar los juicios severos.

52. Shem Mem-Bet...370 luces...ocho cabellos blancos...BaShaLOM. Como hemos visto

NaSeJ – Éste es el reinado y la soberanía, como está escrito (Salmos 2:6), "Yo Mismo *NaSaJ* (ungí) Mi rey…".[45]

vino – Esto es un aspecto de *Biná*, la raíz de los derechos del primogénito, el vino de la alegría.[46]

altar – Esto corresponde a los juicios.[47]

estudiosos de la Torá – Ellos corresponden a *Netzaj* y *Hod*.[48]

Y ésta es la explicación: Aquel que desee gobernar, regir y mitigar los juicios en su raíz, algo que es el vino de la alegría. ¿Qué deberá hacer? Una {buena} sugerencia para ello es llenar sus gargantas mediante el baile o por medio de una redención, como se mencionó más arriba.[49] Llenar sus gargantas también mitiga los juicios.[50]

Ésta es la explicación de: Los estudiosos de la Torá promueven la paz en el mundo (*Berajot* 64a).[51] A través de ellos, se trae <el vino> del *Shem Mem Bet*, que son las 370 luces. Que junto con los ocho cabellos [blancos] tiene el mismo valor numérico que *BaShaLOM*.[52]

(8:4), "A ustedes, oh varones (*ishim*) estoy clamando". El uso de *IShim* (אישים) en lugar del más común *anashim* sugiere una conexión con *IShé* (אשה), una ofrenda quemada o un sacrificio. Así proveer de vino a un estudioso de la Torá es comparable a llevar una libación de vino al altar, una libación que se transforma en "una ofrenda ígnea…" (ver §1). En nuestro contexto, esto se relaciona con el vino de la alegría que se transforma en una ofrenda ígnea – i.e., el fervor de la santidad que mitiga los decretos.

45. NaSeJ…NaSaJ…. Antes de explicar cómo esta enseñanza Talmúdica se alinea con nuestra lección, el Rebe Najmán subraya sus elementos en común. Comienza sustituyendo *nasej* (verter) con *nasaj* (ungir), pues ambos tienen las mismas letras en su raíz, n-s-j (נסך). Así verter vino alude al gobierno, que en nuestro contexto es *Elohim*/juicios/*Biná* (ver notas 6 y 9).

46. Biná…primogénito…vino de la alegría. Como se explicó más arriba, en la sección 1 y en la nota 10-11.

47. altar…juicios. El altar corresponde a los pies, el lugar del juicio (ver más adelante en el texto y en la nota 55; *Mei HaNajal*; ver también *Zohar* II, 139a).

48. estudiosos de la Torá…Netzaj y Hod. El profeta dice, "Todos tus hijos son *limudei HaShem*" (Isaías 54:13). Mientras que el significado simple es que todos son "enseñados por Dios", el *Zohar* (II, 170a) enseña que *limudei HaShem* sugiere "conocedores de Dios", refiriéndose a la gente temerosa de Dios que ha alcanzado el nivel de la profecía. La profecía, como el Rebe Najmán enseña en otra instancia, proviene de las *sefirot* de *Netzaj* y *Hod* (*Likutey Moharán* I, 3:final; ver también *Nitzutzei Orot*, *Zohar*, ibid, #1; *Likutey Moharán* II, 7:final). Así aquí el Rebe Najmán conecta a los estudiosos de la Torá, que son "conocedores de Dios", con *Netzaj* y *Hod*. Además, como se mencionó anteriormente, *Netzaj* y *Hod* corresponden a los

וְתַלְמִידֵי־חֲכָמִים נִקְרָאִים נֶצַח הוֹד, רַגְלִין, כְּמוֹ שֶׁמּוּבָא בַּמִּדְרָשׁ: "שׁוֹקָיו עַמּוּדֵי שֵׁשׁ" הֵם תַּלְמִידֵי־חֲכָמִים.

וְגַם מִזְבֵּחַ נִקְרָא רַגְלִין, כְּמוֹ שֶׁכָּתוּב (תהלים ד): "זִבְחוּ זִבְחֵי צֶדֶק", וּכְמוֹ שֶׁכָּתוּב (שם פה): "צֶדֶק לְפָנָיו יְהַלֵּךְ".

וְזֶה פֵּרוּשׁ (שם כ): "יִתֶּן לְךָ כִלְבָבֶךָ", וְאֵימָתַי? כַּאֲשֶׁר "וְכָל עֲצָתְךָ יְמַלֵּא", עַל־יְדֵי מִלּוּי גְרוֹנָם שֶׁל תַּלְמִידֵי־חֲכָמִים.

כִּי תַּלְמִידֵי־חֲכָמִים נִקְרָאִים עֵצוֹת, כְּמוֹ שֶׁכָּתוּב (אבות פרק ו משנה א): 'וְנֶהֱנִין מִמֶּנּוּ עֵצָה וְתוּשִׁיָּה', וּכְמוֹ שֶׁכָּתוּב (תהלים לג): "עֲצַת ה' לְעוֹלָם תַּעֲמֹד", שֶׁהֵם עַמּוּדֵי עוֹלָם. וּכְמוֹ שֶׁכָּתוּב (ישעיה יד): "ה' צְבָאוֹת יָעָץ", ה' צְבָאוֹת, הֵם נֶצַח וְהוֹד:

56. los deseos de tu corazón. Esto es, un corazón libre de juicios, pleno sólo de alegría. El Rebe Najmán explica ahora cómo el hecho de aceptar el consejo de los Tzadikim/estudiosos de la Torá mitiga los decretos. (Ver también *Likutey Moharán* I, 143, donde el Rebe trata esta idea tomando un acercamiento algo diferente).

57. ...consejo. El versículo se traduce así en nuestro texto como sigue: **Que Él te otorgue los deseos de tu corazón** – ¿Cuándo estarás libre de juicios y pleno de alegría? Cuando **y llene todos tus consejos** – cuando aceptes el consejo de aquellos que conocen el verdadero consejo, los Tzadikim.

58. De él...consejo.... El término "él" al cual esto hace referencia corresponde al estudioso de Torá. La Mishná lo aprende del versículo (Proverbios 8:14), "Míos son el consejo y el entendimiento; yo soy *Biná*, *guevurá* es mía" (ver §2 más arriba). En nuestro contexto, esto enseña que debido a que los Tzadikim unen las *guevurot* con *Biná* y mitigan los decretos, son valuados como *Netzaj* y *Hod*, las fuentes del consejo (ver más arriba, n.48). Así también ellos se comparan con los pilares sobre los cuales se mantiene el mundo. Ver las notas siguientes.

59. se mantiene por siempre...pilares del mundo. La frase hebrea para "se mantiene por siempre" es *leolam taAMoD*, similar a *AMuDim* (pilares). Así: Los Tzadikim –quienes son el *consejo* de Dios– se mantendrán por siempre, pues ellos son los pilares del mundo (como se explicó más arriba, n.54).

60. Adonai Tzevaot.... El Santo nombre *Adonai Tzevaot* corresponde a los niveles de *Netzaj* y *Hod* (ver Apéndice: Las Sefirot y los Nombres Asociados de Dios). Este versículo enseña que todo el consejo que viene de Dios –el verdadero consejo que la persona necesita para tener éxito en este mundo– puede encontrarse en los niveles de *Netzaj* y *Hod*, que corresponden a los estudiosos de la Torá. Así, buscar el consejo de los Tzadikim le permite a la persona recibir un consejo puro y mitigar los decretos.

Y los estudiosos de la Torá son llamados *Netzaj* y *Hod*, los pies,⁵³ como dice en el Midrash: "Sus piernas eran como pilares de mármol" (Cantar de los Cantares 5:15), estos son los estudiosos de la Torá.⁵⁴

El altar también es llamado "pies", como está escrito (Salmos 4:6), "Ofrece sacrificios de rectitud". <Y la rectitud es un aspecto de los pies,> como está escrito (ibid. 85:14), "La rectitud camina delante de Él".⁵⁵

{"Que Él te otorgue los deseos de tu corazón y llene todos tus consejos" (Salmos 20:5)}.

Ésta es también la explicación de "Que Él te otorgue los deseos de tu corazón".⁵⁶ ¿Cuándo? Cuando "llene todos tus consejos" – al llenar las gargantas de los estudiosos de la Torá.

Eso se debe a que los estudiosos de la Torá son llamados "consejo",⁵⁷ como está escrito (*Avot* 6:1): "De él los demás disfrutan de su buen consejo y de su sabiduría";⁵⁸ y como está escrito (Salmos 33:11), "El consejo de Dios se mantiene por siempre". Pues ellos son los pilares del mundo.⁵⁹ Y como está escrito (Isaías 14:27), "El Dios de las Huestes ha aconsejado". *Adonai Tzevaot* (Dios de las Huestes) son *Netzaj* y *Hod*, <como es sabido>.⁶⁰

(n.42), la combinación de las 370 luces del rostro con las 8 facetas da un total de 378, el valor de *bashalom*. Los estudiosos de la Torá generan *shalom* porque, como *Netzaj* y *Hod*, traen las *guevurot* desde el *Shem Mem-Bet*, desde *Biná*. Esto mitiga los decretos y lleva a la paz y al contento.

53. estudiosos de la Torá...pies. Ver más arriba, nota 48. El Rebe Najmán trae ahora más apoyo a su afirmación, uniéndolo con nuestra lección.

54. piernas...pilares...estudiosos de la Torá. El Targúm traduce "pilares de mármol" como "Tzadikim", pues ellos son el principal apoyo del pueblo judío (ver también *Zohar* III, 53b; presumiblemente, "Midrash" es utilizado aquí en un sentido genérico como refiriéndose a uno u otro de los comentarios sobre la Torá). Previamente, el Rebe Najmán se refirió a los pilares como los "pies" (§2, notas 34-35) y a los *vavei* como el medio a través del cual las *guevurot* se unen a *Biná* (§2, notas 40-41). Con este texto de prueba el Rebe demuestra la conexión entre el Tzadik/estudioso de la Torá y los pilares/*Netzaj* y *Hod*. Aunque *Netzaj* y *Hod* corresponden al nivel en el cual pueden aferrarse las *klipot*, como los Tzadikim son quienes generan la paz, continuamente traen las *vav* – i.e., mitigan los decretos en su fuente en *Biná*.

55. altar...rectitud...pies...camina.... Los sacrificios, que eran puestos sobre el altar, son sinónimo de la rectitud. Dado que "la rectitud camina", la rectitud está asociada con los pies. Así también el altar corresponde a los pies (ver también más arriba, n.47).

La afirmación de los Sabios se traduce así como sigue: **Todo aquel que quiera verter una libación de vino** – todo aquel que quiera mitigar los decretos en *Biná* **sobre el altar** – llevando las *guevurot* desde *Biná* hacia los pies, **deberá llenar las gargantas de los estudiosos de la Torá** – deberá generar la paz trayendo las *guevurot* de *Shem Mem-Bet* hacia *Netzaj* y *Hod*.

redención del alma (§2). Esto también puede lograrse aceptando el consejo de los Tzadikim (§3).

El rabí Natán escribe que allí en donde existen la disputa y la ira, allí están presentes el juicio y los decretos. Por el contrario, superar esos malos atributos genera la paz. No sólo se mitigan los decretos sino que también desciende la abundancia y la bendición sobre todo el pueblo judío, a quien Dios llama "Israel, Mi primogénito" (Éxodo 4:22, Likutey Tefilot). Amén, que así sea Su voluntad.

Resumen: Las piernas (Las rodillas y los talones) corresponden a *Netzaj* y *Hod*, niveles en los cuales las *klipot* pueden aferrarse y generar juicios severos y sufrimiento. Pero al unir las *guevurot* con *Biná*, se expulsa a las *klipot* y se mitigan los decretos. Esta unión puede lograrse mediante el bailar con gran alegría, utilizando la fuerza para revelar en las piernas la alegría del corazón. Por el contrario, es necesario cuidarse de la excitación y de la alegría generadas por la mala inclinación (§1). También es posible mitigar los decretos dándole caridad al Tzadik para una

ליקוטי מוהר"ן סימן מ"ב
לְשׁוֹן רַבֵּנוּ זִכְרוֹנוֹ לִבְרָכָה

"וַיַּרְא בַּצַּר לָהֶם בְּשָׁמְעוֹ אֶת רִנָּתָם" וְכוּ': (תהלים קו)

הִנֵּה עַל־יְדֵי נְגִינָה, נִמְתָּקִין הַדִּינִין. כְּמוֹ שֶׁכָּתוּב בַּזֹּהַר הַקָּדוֹשׁ (פינחס רטו.): הַקֶּשֶׁת הִיא הַשְּׁכִינָה, וּתְלַת גְּוָנִין דְּקֶשֶׁת, הֵם הָאָבוֹת, וְהֵם לְבוּשִׁין דִּשְׁכִינְתָּא.

Todo en el mundo corresponde a una de las *sefirot*. Esto es así en todas las cosas, desde los elementos más básicos de la Creación (fuego, aire, agua, tierra) hasta los nombres de Dios más elevados. Como puede verse en el apéndice, *La Estructura de las Sefirot*, las diez *sefirot* están organizadas en una estructura jerárquica que comprende una tríada superior, una tríada media y una tríada inferior, más una *sefirá* singular, *Maljut*, en la base. Cada una de las tríadas, a su vez, está ordenada en derecha, izquierda y centro. Nuestra lección se ocupa esencialmente de las tres *sefirot* de la tríada del medio, *Jesed, Guevurá y Tiferet* y de la *sefirá* central de la tríada inferior, Iesod, en su capacidad de proveedores de *Maljut* –la *sefirá* que es símbolo de este mundo– con la energía espiritual, a veces denominada "abundancia" (*shefa*) o "luces". Primariamente, este proveer a *Maljut* se lleva a cabo cuando, a través de la interacción entre las *sefirot Jesed, Guevurá y Tiferet*, se genera la abundancia. Esa *shefa* es "recolectada" en *Iesod*, desde donde es transmitida como sustento Divino a *Maljut*. En nuestra lección, este proveer a *Maljut* tiene otro nombre: vestir la *Shejiná* con vestimentas radiantes. Como veremos, cada una de las *Sefirot* representa un color superior diferente. Cuando los colores que corresponden a *Jesed, Guevurá y Tiferet* iluminan a *Maljut*, la *Shejiná* se viste con vestimentas radiantes. Conceptualmente, ésta es la aparición del arcoíris. El flujo de *shefa* hacia este mundo (*Maljut*) también es una indicación de paz, implicando un mitigar de todos los decretos, el tema principal de esta lección (ver también *Likutey Moharán* I, 39, notas 4-6).

Nota: La *sefirá* de *Iesod*, que de manera antropomórfica se alinea con el órgano masculino (ver Apéndice: Las Sefirot y el Hombre), está identificada con el Pacto (Génesis 17:11). El *keshet* (arcoíris) también es llamado un pacto (Génesis 9:16). Esto indica la conexión entre el *keshet* y *Iesod*. Al mismo tiempo, el pasaje del *Zohar* citado aquí hace referencia inicialmente al *keshet* como un aspecto correspondiente de *Maljut*, la *Shejiná*. Esto puede tener que ver con la estrecha conexión entre esas dos *sefirot*, pues es en última instancia a través de su interacción y unión como el sustento Divino es transmitido a este mundo.

Ahora podemos volver a releer el pasaje del *Zohar* sobre el cual el Rebe Najmán ha basado la apertura de su lección:

Dijo el rabí Iosi: **El keshet fue creado para proteger al mundo** – El arcoíris le fue dado a la humanidad como una señal de Dios indicando que Él nunca volverá a destruir el

LIKUTEY MOHARÁN 42[1]

*"**Vaiar Betzar Lahem** (Y vio la angustia de ellos), cuando Él oyó su canción. Y les recordó Su pacto y en Su abundante bondad cedió".*
(Salmos 106:44, 45)

Los juicios se mitigan mediante la canción,[2] como está escrito en el santo *Zohar*: El *keshet* (arcoíris) es la *Shejiná* (Presencia Divina), y los tres colores del arcoíris son los Patriarcas, que son vestimentas de la *Shejiná*.[3]

---

1. Likutey Moharán 42. Esta lección es *leshón Rabeinu z'l*, del manuscrito del Rebe Najmán, aunque no se sabe cuándo fue dada (ver Lección #33, n.1). El tema principal de la lección es mitigar los decretos, mediante el canto, a través de la fe en los Tzadikim, la vestimenta del Tzadik o haciendo sonar el shofar. Otros temas mencionados son el arcoíris, los Patriarcas y el santo nombre *Shadai*.

2. Los juicios se mitigan mediante la canción. El concepto de mitigar los juicios, con lo que el Rebe Najmán abre esta lección, implica inducir a Dios a no llevar a cabo los decretos Celestiales en contra del pueblo judío. Hay diferentes maneras de despertar la compasión de Dios para este fin. Aquí, el Rebe se centra en el poder de la canción. Aun así, el papel de la canción para mitigar los juicios no es obvio de modo que para explicar cómo funciona presenta primero varios conceptos introductorios.

3. arcoíris…colores…Patriarcas…vestimentas de la Shejiná. Mucho de la lección del Rebe Najmán se basa en un pasaje en particular del *Zohar* (III, 215a). Sin embargo, debido a que lo que el Rebe cita está parafraseado e intercalado con su propia enseñanza, será de ayuda presentar primero el pasaje del *Zohar* y explicar también varios de los conceptos claves de la Kabalá. También se recomienda que el lector repase los siguientes Apéndice: 1) La Estructura de las Sefirot; 2) Los Colores Superiores; 3) Los Pastores Superiores.

Enseña el *Zohar*: Dijo el rabí Iosi: El arcoíris (*keshet*) fue creado para proteger al mundo. Es como un rey que cada vez que se enoja con su hijo y quiere castigarlo se hace presente la reina vestida con sus ropas radiantes. Cuando el rey la ve, desaparece la ira para con su hijo. Y él se regocija en la reina, como está escrito (Génesis 9:16), "Y Yo lo veré y recordaré el pacto eterno". Así, el arcoíris sólo aparece en el mundo como las vestimentas radiantes de la reina. Ahora bien, cuando hay un Tzadik en el mundo, entonces él es el pacto que protege al mundo. Pero cuando no hay un Tzadik, aparece el arcoíris y el mundo continúa existiendo debido al arcoíris. Dijo el rabí Elazar: Ese arcoíris sólo se inviste en las vestimentas de los Patriarcas, que son [los colores superiores]: amarillo, rojo y azul plateado…. (Otra porción adicional de este pasaje será presentada más adelante en §2, n.20).

וּכְשֶׁהִיא מִתְלַבֶּשֶׁת בִּלְבוּשִׁין דִּנְהִירִין, אֲזַי "וּרְאִיתִיהָ לִזְכֹּר בְּרִית עוֹלָם", אֲזַי "וַחֲמַת הַמֶּלֶךְ שָׁכָכָה". מָשָׁל לְמֶלֶךְ שֶׁכָּעַס עַל בְּנוֹ, וּכְשֶׁהַמֶּלֶךְ רוֹאֶה הַמַּלְכָּה בִּלְבוּשִׁין דִּנְהִירִין, אֲזַי מְרַחֵם עַל בְּנוֹ. וְאוֹתִיּוֹת הַתְּפִלָּה הִיא הַשְּׁכִינָה, כְּמוֹ שֶׁכָּתוּב (תהלים נא): "אֲדֹנָי שְׂפָתַי תִּפְתָּח", שֶׁהַדִּבּוּר הוּא שֵׁם אֲדֹנָי. וְנִקְרָא קֶשֶׁת, כְּמוֹ שֶׁפֵּרֵשׁ רַשִׁ"י (בראשית מח): "בְּחַרְבִּי וּבְקַשְׁתִּי" – 'לְשׁוֹן תְּפִלָּה'. וְקוֹל הַנְּגִינָה הֵם תְּלָת גּוָנִין דְּקֶשֶׁת, שֶׁיֵּשׁ בַּקּוֹל אֵשׁ, מַיִם, רוּחַ,

Además, "*Maljut* es la boca" (*Tikuney Zohar*, Introducción), y por inferencia, el habla. Así, en nuestro contexto, el versículo se lee: "La *Shejiná* se encuentra en mis labios abiertos" – i.e., en mis palabras habladas. Pues cuando la persona ora, sus palabras son una manifestación del aspecto de la Presencia Divina dentro de ella.

Uno podría concluir que dado que *Maljut* corresponde a la boca y al habla, entonces todas las palabras habladas –incluso las mundanas y malvadas– son sinónimo de la *Shejiná*. Tal cual está indicado en varias de las enseñanzas del Rebe Najmán, esto es en cierta medida verdad, pues *todo* hablar debe reflejar, en última instancia, el honor de Dios. Cuando no lo hace, es considerado "un hablar caído" que necesita ser rectificado (ver Lección #38 más arriba; ver también *Likutey Moharán* I, 12:4; ibid. 55:7). Sin embargo, la intención del Rebe aquí al decir que las palabras de la plegaria son la *Shejiná*, tiene que ver con la plegaria como el medio primordial a través del cual la persona se une a Dios (*Likutey Moharán* II, 84). Se ha enseñado que el alma es "una porción del Dios de Arriba" (Job 31:2). Por lo tanto, cuando la persona ora y une su yo interno –i.e., sus palabras, que son una expresión de su alma– con Dios, entonces se manifiesta su "porción Divina", el aspecto de la Presencia Divina dentro de ella. La palabra hablada corresponde así a la *Shejiná*, el alma (ver también *Likutey Moharán* I, 31:6-8).

7. arco...connota plegaria. *Keshet* es en hebreo el término que designa tanto "arcoíris" como "arco". Rashi explica que *beKaShTi* ("con mi arco") también puede leerse como *baKaShaTi* ("mi súplica"). Aprendemos de aquí que la plegaria es sinónimo de *keshet*. Así las palabras de la plegaria son la *Shejiná/Maljut*.

8. los sonidos de la canción.... Habiendo demostrado que el *keshet* mitiga los decretos al apaciguar la ira del rey, el Rebe Najmán retorna ahora a la afirmación del comienzo: "Los juicios se mitigan mediante la canción". Comienza mostrando la conexión entre la canción y el *keshet*.

9. la voz...fuego, agua y aire. El *Zohar* (III, 235b) enseña que la voz está compuesta por tres elementos: fuego o calor proveniente del corazón, viento o aire traído desde los pulmones y agua, la humedad natural de los pulmones. Los tres se combinan en la garganta para crear la palabra hablada. El *Tikuney Zohar* (#69, p.105a) afirma que los elementos del agua, del fuego y del aire corresponden a las *sefirot* de *Jesed*, *Guevurá* y *Tiferet*, respectivamente (*Mei HaNajal*). Ver las notas siguientes. (Ver también *Likutey Moharán* I, 9:3, n.42).

Ahora bien, cuando [la *Shejiná*] se cubre con vestimentas radiantes, entonces, "Yo lo veré y recordaré el pacto eterno" (Génesis 9:16).⁴ Entonces, "se apaciguó la ira del rey" (Esther 7:10). Es como la parábola del rey que se enojó con su hijo. Pero cuando el rey ve a la reina en sus vestimentas radiantes, se apiada de su hijo.⁵

Y las letras de la plegaria son la *Shejiná*, como está escrito (Salmos 51:17), "*Adonai* (Mi Señor), abre mis labios" –la palabra hablada es el nombre *Adonai*.⁶ Y es llamado un *keshet* (arco), como explica Rashi (Génesis 48:22): "con mi espada y con mi arco"– esto connota la plegaria.⁷

Ahora bien, los sonidos de la canción son los tres colores del arcoíris,⁸ pues la voz consta de fuego, agua y aire.⁹ Estos son los tres

---

mundo mediante el diluvio. **Es como un rey que cada vez que se enoja con su hijo y quiere castigarlo** – Esto es análogo a cuando Dios se enoja con la humanidad por pecar y decreta castigos, **se hace presente la reina vestida con sus ropas radiantes** – las luces radiantes de las tres *sefirot*, en sus correspondientes colores superiores, iluminan el *keshet*. **Cuando el rey la ve, desaparece la ira para con su hijo. Y él se regocija en la reina, como está escrito (Génesis 9:16), "Yo lo veré y recordaré el pacto eterno"** – Cuando Dios ve el arcoíris, desaparece su ira hacia la humanidad y recuerda Su pacto de no destruir el mundo. **Así, el arcoíris sólo aparecer en el mundo como las vestimentas radiantes de la reina** – Esto, de acuerdo a la opinión de que el *keshet* corresponde a *Maljut* (la reina). **Ahora bien, cuando hay un Tzadik en el mundo, entonces él es el pacto que protege al mundo** – Hay una segunda opinión de que el *keshet* corresponde a *Iesod*, que es el Tzadik (ver *Likutey Moharán* I, 34:2, n.7). Por lo tanto, el Tzadik es el pacto que protege al mundo. **Pero cuando no hay un Tzadik, aparece el arcoíris y el mundo continúa existiendo debido al arcoíris** – Pero cuando *Iesod* no está manifiesto, el mundo existe debido a los colores radiantes que iluminan a *Maljut*/la *Shejiná*. **Dijo el rabí Elazar: Ese arcoíris sólo se inviste en las vestimentas de los Patriarcas, que son [los colores superiores]: amarillo, rojo y azul plateado....** El arcoíris se manifiesta a través de aquellas *sefirot* y colores superiores que corresponden a los Patriarcas – es decir, *Jesed, Guevurá* y *Tiferet*, azul plateado, rojo y amarillo.

4. pacto eterno. Éste es el *keshet*. Como enseña el *Zohar*, el arcoíris aparece con vestimentas radiantes – i.e., refleja la iluminación de la tríada del medio de las *sefirot* para actuar como un "recordatorio" para Dios, para que perdone las transgresiones de la humanidad. Como veremos, depende de la humanidad el despertar ese brillo para que sea reflejado en el *keshet*.

5. se apaciguó la ira...se apiada de su hijo. Como se explicó (n.3), el rey en la analogía hace referencia a Dios. Cuando Él ve al *keshet* brillando de manera radiante, recuerda Su pacto, la *Shejiná/Maljut* y Se apacigua Su ira. Dios entonces se apiada de la humanidad. (En este punto de la lección el Rebe Najmán sigue la opinión de que el *keshet* corresponde a la *Shejiná/Maljut*).

6. las letras de la plegaria...Shejiná...Adonai. Cada uno de los santos nombres de Dios corresponde a una *sefirá* diferente (ver Apéndice: Las Sefirot y Los Nombres de Dios Asociados). El santo nombre *Adonai* corresponde a *Maljut*, que es sinónimo de la *Shejiná*.

שֶׁהֵם שְׁלֹשָׁה אָבוֹת, שֶׁהָאָבוֹת הֵם שְׁלֹשָׁה גְוָנִין דִּנְהִירִין, שֶׁבָּהֶם וּרְאִיתִיהָ לִזְכֹּר וְכוּ'.

נִמְצָא מִי שֶׁמְּנַגֵּן אוֹתִיּוֹת הַתְּפִלָּה, וְקוֹל הַנְּגִינָה הֵם בְּזַכּוּת וּבְבָהִירוּת גָּדוֹל. אֲזַי מַלְבִּישׁ אֶת הַשְּׁכִינָה, הַיְנוּ הָאוֹתִיּוֹת, בִּלְבוּשִׁין דִּנְהִירִין. וְקֻדְשָׁא בְּרִיךְ הוּא רוֹאֶה אוֹתָהּ, אֲזַי "וַחֲמַת הַמֶּלֶךְ שָׁכָכָה":

וְזֶהוּ שֶׁפֵּרֵשׁ רַשִׁ"י: "בְּשָׁמְעוֹ אֶת רִנָּתָם" – בִּזְכוּת אָבוֹת. הַיְנוּ כְּשֶׁהַנְּגִינָה, שֶׁהֵם תְּלָת גְּוָנִין דְּקֶשֶׁת כַּנַּ"ל, בְּבָהִירוּת וּבְזַכּוּת גָּדוֹל. כִּי הַתְּלַת גְּוָנִין הֵם הָאָבוֹת כַּנַּ"ל, וְהֵם לְבוּשִׁין דִּשְׁכִינְתָּא. וּכְשֶׁהַלְּבוּשִׁין נְהִירִין בְּזַכּוּת וּבְבָהִירוּת, נִקְרָא זְכוּת הָאָבוֹת. אֲזַי: "וּרְאִיתִיהָ לִזְכֹּר בְּרִית עוֹלָם", אֲזַי: "וַיִּנָּחֵם כְּרֹב חֲסָדָיו". הַיְנוּ: "וַחֲמַת הַמֶּלֶךְ שָׁכָכָה", וְנִמְתָּק הַדִּינִין:

---

quiere servir a Dios. De esa manera hace patente la profunda conexión de la persona con Dios, su "porción Divina de Arriba", y hace que sus palabras habladas (i.e., *Shejiná/Maljut/keshet*) brillen con sus fortalezas y puntos buenos. Así, en su propio nivel, también esa persona puede mitigar los decretos (*Torat Natán* #2).

13. oyó su canción…Patriarcas. El Rebe Najmán retorna ahora al versículo de apertura y lo explica dentro del contexto de la lección. Rashi explica que "su canción" hace referencia a las canciones de plegaria de los Patriarcas a favor de sus descendientes. Cuando Dios oye esa canción pura y clara, recuerda Su pacto y mitiga los juicios y decretos.

14. canción…los tres colores del arcoíris. Como se explicó más arriba, notas 8-11.

15. radiantes en ZaKuT…ZeJuT de los Patriarcas. En hebreo, el "mérito de los Patriarcas" es *zejut avot*. La similitud entre *ZeJuT* y *ZaKuT* (pureza) indica que cuando la plegaria-canción tiene *zejut avot* –i.e., cuando es pura y clara y los colores superiores (correspondientes a los Patriarcas) son radiantes– entonces, Dios recuerda… y cede "en Su abundante bondad".

16. los juicios se mitigan. El versículo de apertura se traduce así en nuestro texto como sigue:
Y vio la angustia de ellos, cuando Él oyó su canción – Cuando Dios oye las plegarias cantadas con pureza y claridad (debido al *zejut avot*, una voz pura),

Y les recordó Su pacto – Entonces Dios ve el brillo de la *Shejiná/Maljut*.

y en Su abundante bondad cedió – Y como resultado, se mitigan todos los juicios.

Resumen: Cuando los juicios traen el sufrimiento al mundo, la persona debe cantar las plegarias. Pues la plegaria cantada con la mayor pureza y claridad de la cual uno sea capaz hace que Dios tome nota del brillo de la *Shejiná* (el bien en cada persona, como en n.12) y mitiga los juicios.

En otra instancia, el Rebe Najmán enseña que al purificar la voz –cuidando el Pacto y mediante el estudio de la Torá– el cantar de la persona tiene el poder de mitigar los decretos (*Likutey Moharán* I, 27:5, 10).

Patriarcas,[10] siendo los Patriarcas los tres colores radiantes en los cuales "Yo lo veré y recordaré [el pacto eterno]".[11]

Es así que cuando alguien canta las letras de la plegaria y los sonidos de la canción son muy puros y claros, entonces inviste a la *Shejiná* –i.e., a las letras– en vestimentas radiantes. Y el Santo, bendito sea, la ve, y así "se apaciguó la ira del Rey".[12]

Éste es el significado del comentario de Rashi: "cuando Él oyó su canción" – en el mérito de los Patriarcas.[13] En otras palabras, cuando la canción, que son los tres colores del arcoíris,[14] es muy clara y pura –debido a que los tres colores son los Patriarcas y ellos son las vestimentas de la *Shejiná*, tal que cuando las vestimentas son radiantes en *ZaKuT* (pureza) y en claridad son llamadas "el *ZeJuT* (mérito) de los Patriarcas"[15] – entonces, "Yo lo veré y recordaré el pacto eterno". Entonces, "y en Su abundante bondad cedió" – i.e., "se apaciguó la ira del Rey" y los juicios se mitigan.[16]

---

10. Estos son los tres Patriarcas. Los tres Patriarcas también corresponden a las tres *sefirot* mencionadas más arriba: Abraham es *Jesed*, Itzjak es *Guevurá* y Iaacov es *Tiferet* (*Zohar* III, 283a).

11. Patriarcas...tres colores radiantes.... A partir del *Tikuney Zohar* (#21, p.52b) aprendemos que los Patriarcas corresponden a los colores superiores: Abraham es azul plateado, Itzjak es rojo y Iaacov es amarillo. Esto es como en el *Zohar* citado más arriba (n.3): "Ese arcoíris sólo se inviste en las vestimentas de los Patriarcas, que son [los colores superiores]: amarillo, rojo y azul plateado". Por lo tanto, al igual que la *Shejiná*/reina, los Patriarcas brillan y hacen que Dios/rey recuerde Su pacto y aplaque Su ira.

En resumen, los tres grupos son: *Jesed*/Abraham/azul plateado/agua; *Guevurá*/Itzjak/rojo/fuego; y *Tiferet*/Iaacov/amarillo/aire. (*Maljut* corresponde a la *Shejiná*/negro/tierra; ver *Tikuney Zohar* #69, p. 104b).

12. canta las letras de la plegaria...puros y claros.... Como se explicó tanto los tres Patriarcas como tres de los elementos y tres de los colores superiores corresponden a *Jesed*, *Guevurá* y *Tiferet*, mientras que el habla corresponde a *Maljut*. Cuando las luces superiores de esas tres *sefirot* descienden e inviten a *Maljut* (iluminan el *keshet*) con vestimentas radiantes, se aplaca la ira de Dios.

Escribe el rabí Natán: Cuando el Rebe Najmán dice que la persona debe cantar las palabras de la plegaria con una voz pura y clara, se está refiriendo a la pureza y a la claridad del pensamiento y de la intención. Esto sugeriría que el Rebe se está refiriendo específicamente a los Tzadikim muy grandes cuyas plegarias tienen el poder de mitigar los decretos. Aun así, dice el rabí Natán, esto no tiene el objetivo de excluir a aquellos cuya conciencia de Dios no es clara y cuyos pensamientos no son completamente puros. Cada persona conoce sus propias fortalezas y debilidades y es consciente de sus fallas en el servicio a Dios. Esto la obliga a clamar continuamente a Dios desde lo más profundo de su corazón. Debe hacer el intento de despertar la compasión del Santo, bendito sea, basándose en el hecho de que al menos

גַּם עַל־יְדֵי אֱמוּנַת חֲכָמִים, שֶׁמַּאֲמִין שֶׁכָּל דִּבְרֵיהֶם וּמַעֲשֵׂיהֶם אֵינוֹ פָּשׁוּט, וְיֵשׁ בָּהֶם רָזִין. עַל־יְדֵי־כֵן מַלְבִּישׁ אֶת הַקֶּשֶׁת בִּלְבוּשִׁין דְּנְהִירִין, אֲזַי: "וּרְאִיתִיהָ לִזְכֹּר בְּרִית עוֹלָם". כִּי הַצַּדִּיק הוּא בְּחִינַת קֶשֶׁת, כְּמוֹ שֶׁאָמַר רַבִּי שִׁמְעוֹן בֶּן יוֹחַאי לְרַבִּי יְהוֹשֻׁעַ בֶּן לֵוִי: הַנִרְאָה קֶשֶׁת בְּיָמֶיךָ וְכוּ' (כתובות עז:).

וְאִיתָא בַּזֹּהַר הַקָּדוֹשׁ (פרשת פינחס דף רטו): 'מִי שֶׁעוּבְדוֹי לְאַנְהֲרָא

19. Tzadik…arcoíris…rabí Shimón…rabí Ioshúa…. Relata el Talmud que cuando el rabí Ioshúa ben Leví entró al Gan Edén, se encontró con el rabí Shimón bar Iojai. El rabí Ioshúa era un Tzadik muy grande, quien había llevado a cabo muchos actos virtuosos durante su vida (tal cual está detallado en *Ketuvot, loc. cit.*) y así cuando se encontraron, el rabí Shimón le preguntó si se había visto el arcoíris durante su vida. Cuando el rabí Ioshúa respondió afirmativamente, el rabí Shimón insistió en que su interlocutor no podía ser el rabí Ioshúa. Su razonamiento era el siguiente: El arcoíris fue creado como una señal para proteger a la humanidad, sin embargo, cuando hay un Tzadik muy grande en el mundo, sus méritos protegen a la humanidad lo que hace innecesario el arcoíris (*Rashi, Maharsha, loc. cit.*). (El Talmud continúa relatando que, de hecho, el arcoíris nunca había aparecido durante la vida del rabí Ioshúa porque en verdad era un Tzadik muy grande. Él respondió de esa manera debido a su modestia).

Vemos entonces que el Tzadik y el *keshet* son conceptos correspondientes. Cuando la gente acepta el hecho de que las acciones y las palabras del Tzadik encarnan profundos misterios y maravillas de Dios, se dice que el *keshet* está adornado con vestimentas radiantes y se mitigan los decretos que traen sufrimiento al mundo.

20. santo Zohar…. En muchos lugares el *Zohar* está suplementado con pasajes llamados *Raaia Mehemna*, "El Pastor Fiel". Este título hace referencia a Moshé Rabeinu, el pastor fiel del pueblo judío y esos pasajes son denominados así debido a que son las enseñanzas que Moshé Rabeinu le transmitió a la escuela del rabí Shimón bar Iojai y que fueron incluidas en el *Zohar*. (A veces esos pasajes son una revisión de lo que el *Zohar* ha enseñado previamente). Así, mientras que el pasaje previo (ver más arriba, n.3) proviene del *Zohar* propiamente dicho, este pasaje, con conceptos similares pero adicionales, aparece en la misma página pero bajo el título *Raaia Mehemna*.

Enseña el *Raaia Mehemna*: El *keshet* (arcoíris) fue creado para proteger al mundo. Es como un rey…. Ahora bien, cuando hay un Tzadik en el mundo, entonces él es el pacto que protege al mundo. [El Tzadik, al igual que el keshet, ilumina y le transmite *shefa* a *Maljut*]. Pero ¿qué sucede cuando el Santo, bendito sea, Se aleja de la Matrona (*Maljut/Shejiná*)? [Esta Matrona es la reina a la cual se hace referencia en la nota 3 (ver también *Likutey Moharán* I, 27, n.31)]. ¿Cómo puede la Matrona adornarse con vestimentas radiantes mientras está en el exilio? No puede. Más bien, en el exilio, las vestimentas de la *Shejiná* son oscuras; el arcoíris que se revela en el exilio no es otra cosa que el ángel Metatrón, correspondiente al santo nombre *Shadai* (un nivel inferior de percepción de la Torá)…. Pero si hay un Tzadik cuyas devociones son estrictamente en aras de iluminar a la Matrona y de retirarle las vestimentas oscuras, es decir las enseñanzas simples de la Torá, para vestirla con vestimentas de colores radiantes, es decir los profundos misterios de la Torá, entonces, "Yo lo veré y recordaré el pacto eterno". "Yo lo veré" en los radiantes misterios de la Torá, pues la "luz" es llamada un "secreto"… de modo

2. También mediante la fe en los sabios[17] – al creer que todas las cosas que dicen y que hacen no son simples sino que contienen profundos misterios, uno inviste al arcoíris en vestimentas radiantes. Entonces, "Yo lo veré y recordaré el pacto eterno".[18] Pues el Tzadik corresponde al arcoíris, como le dijo el rabí Shimón ben Iojai al rabí Ioshúa ben Leví: "¿Se vio el arcoíris durante tu vida?" (*Ketuvot* 77b).[19]

Y dice en el santo *Zohar*:[20] Aquél cuyas devociones tienen la

---

17. fe en los sabios. Hasta aquí, el Rebe Najmán ha seguido la opinión en el *Zohar* de que *keshet* corresponde a *Maljut*. En la sección 2 toma el segundo punto de vista, de que *keshet* corresponde a *Iesod*, el Tzadik.

Escribe el rabí Natán a manera de introducción para esta sección: La fe en los sabios es de hecho el fundamento de toda la Torá. Pues es imposible cumplir con la Torá y llegar a reconocer a Dios si no es a través de la fe en los Tzadikim. Ello se debe a que los verdaderos Tzadikim han dominado su mala inclinación y se han elevado por sobre el mundo material, mereciendo así reconocer la Divinidad y comprender los caminos espirituales de este mundo. Pues toda la Creación está llena de las maravillas de Dios, incluidos los misterios de cómo cada una de las cosas en el mundo manifiesta Su Divinidad. Como resultado de ese conocimiento, que sólo los Tzadikim alcanzan, cada acto que llevan a cabo y cada palabra que dicen es una manifestación de su reconocimiento de los misterios muy profundos que se encuentran en la Creación. Por tanto, nada de lo que los muy grandes Tzadikim hacen o dicen es simple, ni debe ser pensado como tal. Y, debido a que los Tzadikim han alcanzado ese gran conocimiento espiritual, son capaces de transmitirle la Torá a la humanidad. La fe en los Tzadikim es por lo tanto fundamental para cumplir con la Torá y llegar a reconocer a Dios y Su maravillosa creación (*Torat Natán* #1).

El rabí Natán agrega que esos misterios ocultos en la Creación son conceptualmente las vestimentas tras las cuales se oculta Dios. En los niveles más bajos, esas vestimentas son oscuras de modo que el hombre difícilmente percibe allí la Divinidad. Sin embargo, cuando la persona se desarrolla espiritualmente, su percepción de las vestimentas radiantes la lleva a un reconocimiento más elevado de Dios (*Torat Natán* #1). La conexión de esto con la lección se hará más clara al desarrollarse la sección.

18. inviste al arcoíris en vestimentas radiantes.... Como se mencionó en la nota anterior, aquí el *keshet* corresponde al Tzadik. Para que Dios "recuerde el pacto eterno" y sean mitigados los juicios, Él debe ver el *keshet*/Tzadik investido en vestimentas radiantes. Esto sucede cuando las palabras y las acciones del Tzadik actúan como vestimentas de los misterios de Dios, pues entonces sus palabras y acciones brillan con la luz de las *sefirot* superiores y tienen el poder de mitigar los decretos. Pero, más aún, el Rebe Najmán enseña que la persona común también puede mitigar los decretos – teniendo fe en los Tzadikim. Pues en ese sentido, la fe en los Tzadikim significa que la persona, aunque ignorante de las grandes maravillas de Dios que tienen lugar a su alrededor, cree plenamente en la existencia de esos profundos misterios en la Creación y también cree que los Tzadikim son quienes revelan esos secretos. Esa fe transforma las vestimentas oscuras, que hasta ese momento ocultaban la luz de Dios, en vestimentas radiantes que reflejan las maravillas, los misterios y la Divinidad en el mundo. Así, a través de los Tzadikim, la gente común también puede finalmente llegar a conocer a Dios y Sus maravillas; y las vestimentas radiantes en las cuales se invisten las palabras y acciones de los Tzadikim hacen que "Dios recuerde..." y los juicios sean mitigados.

בְּהוֹן מַטְרוֹנִיתָא, וּלְמִפְשַׁט מִנָּהּ לְבוּשִׁין דְּקַדְרוּנִיתָא דְּפַשְׁטִין, וּלְקַשְּׁטָא בִּלְבוּשִׁין דִּגְוָנִין נְהִירִין דְּרָזִין דְּאוֹרַיְתָא, מַה כְּתִיב בֵּהּ: "וּרְאִיתִיהָ לִזְכֹּר בְּרִית עוֹלָם", דְּאוֹר רָז אִתְקְרִי, וּבַהֲהִיא זִמְנָא סָלֵק מִנֵּהּ רֻגְזָא דִבְרָיֵהּ, "וַחֲמַת הַמֶּלֶךְ שָׁכָכָה":

גם מִי שֶׁעוֹשֶׂה לְבוּשׁ נָאֶה לַצַּדִּיק, עַל-יְדֵי-זֶה נִמְתָּק הַדִּינִים:

comprensibles, no todos pueden ahondar en sus profundidades y encontrar con éxito la Divinidad. De hecho, sin un conocimiento amplio de la Torá, incluyendo el conocimiento de la halajá y la observancia de las mitzvot, es prácticamente imposible. Eso se debe a que cuando aquellos que están lejos de la observancia de la Torá buscan los secretos de la Torá, los misterios internos de la Kabalá (como diferentes de la "información" que aparece en los libros) se ocultan mucho más. La Divinidad en su interior se vuelve mucho más oculta. Aun así, para aquellos cuyo propósito al "paladear" la Kabalá es tratar de iluminar a la *Shejiná*, se aplica lo siguiente: Como en nuestra lección, el *Zohar* indica que lo que diferencia al Tzadik en esto estriba en que él hace todo lo que hace en aras de Dios. Lo mismo sucede con cada persona; si se aplica al estudio de la Torá (en su nivel) en aras de Dios y lleva a cabo Su voluntad, también ella podrá iluminar a la *Shejiná*. Esto es conocido como hacer lo que uno hace *lishmá*, en aras de Dios, en lugar de en aras de una ganancia personal (ver también *Likutey Moharán* I, 12:3). Además, hoy en día es posible buscar la Divinidad oculta dentro de todas las cosas estudiando los escritos de los maestros jasídicos. El estudio dedicado de esas obras, que incluyen las enseñanzas de la Kabalá, le enseña a la persona a iluminar a la *Shejiná* aunque no se encuentre en el nivel de ahondar en los secretos más profundos de la Torá de Dios.

Resumen: Cuando los juicios traen el sufrimiento al mundo, la persona debe cantar las plegarias. Pues la plegaria cantada con la mayor pureza y claridad de la cual uno sea capaz hace que Dios tome nota del brillo de la *Shejiná* (el bien en cada persona, como en n.12) y mitiga los juicios (§1). Creer en los Tzadikim, en que todo lo que dicen y hacen alude a los profundos misterios de Dios, también mitiga los decretos (§2).

24. le da al Tzadik vestimentas hermosas. Vestir al Tzadik es esencialmente una forma de caridad. En la lección anterior (41:2), el Rebe Najmán explicó que dar caridad al Tzadik mitiga los juicios. El rabí Natán también aplica esto al hecho de darles ropas a los pobres (*Likutey Tefilot*). Sin embargo, como veremos, en el contexto de esta lección el Rebe habla específicamente de vestimentas.

El Rebe Najmán tomaba especial cuidado con sus ropas y les aconsejaba a los demás hacer lo mismo. El rabí Natán –quien tenía fe en el Rebe y creía que todas las cosas que el Rebe Najmán decía y hacía no eran simples sino que contenían profundos misterios– explica que el cuidado de las vestimentas es una metáfora para la rectificación del mundo. Ello se debe a que Dios Mismo está oculto dentro de muchos *levushim* (vestimentas) para darle al hombre la posibilidad de la libertad de elección (ver *Likutey Moharán* I, 51:3). Cuando el hombre busca a Dios, los *levushim* se vuelven transparentes y la oculta luz radiante de Dios comienza a brillar. Esto está aludido en la lección del Rebe que habla de retirar las vestimentas oscuras de la *Shejiná* y vestirla con vestimentas radiantes. Primariamente, esa revelación de la *Shejiná*,

intención de iluminar a la Matrona, de modo que le retira sus vestimentas oscuras que provienen del significado simple [de la Torá] y la adorna con vestimentas de colores radiantes que provienen de los misterios de la Torá, de él está escrito: "Yo lo veré y recordaré el pacto eterno".[21] Pues la luz es llamada un secreto.[22] Entonces en ese momento desaparece el enojo hacia su hijo, "se apaciguó la ira del rey".[23]

3. Los juicios también se mitigan cuando alguien le da al Tzadik vestimentas hermosas.[24]

---

que en ese momento desaparece la ira para con su hijo, "y se apacigua la ira del rey" (*Zohar* III, 215a,b).

Este pasaje será ahora citado en nuestro texto, excluyendo la parte sobre el santo nombre *Shadai*, que será tratada más adelante en la sección 4.

21. Aquél cuyas devociones.... Esto hace referencia al Tzadik muy grande que busca la Divinidad oculta en todas las cosas del mundo y relaciona todo lo que puede con Dios. Este Tzadik muestra que toda la Creación contiene misterios ocultos que corresponden a los secretos de la Torá. Así, al revelar los secretos de la Torá, revelando los misterios ocultos de la Creación, ese Tzadik retira las vestimentas oscuras de aquellos que sólo toman un acercamiento conceptualmente simplista y no ven a Dios en todas las cosas. Cuando esas vestimentas son retiradas, las vestimentas radiantes en las cuales brillan los colores superiores pueden iluminar el *keshet*, haciendo que "Dios recuerde".

22. la luz es llamada un secreto. El término hebreo *or* (אור, luz) tiene el mismo valor numérico que *raz* (רז, secreto). En nuestro contexto, esto indica que cuanto más radiante sea la luz, más grandes serán los misterios de la Creación que contenga. Por lo tanto, creer en el Tzadik que conoce esos misterios y que trabaja para revelar esa luz es equivalente a iluminar el *keshet* y hacer que la *Shejiná* aparezca con vestimentas radiantes (ver n.17).

23. se apaciguó la ira del rey. Pues creer en el Tzadik, en el hecho de que nada de lo que diga o haga es simple y que todo implica los misteriosos caminos de Dios, produce una iluminación del *keshet*, que a su vez mitiga los decretos.

A partir de esta sección uno puede tomar elementos a favor del estudio de la Kabalá, que revela la Divinidad que reside dentro de todo en este mundo. Esto es verdad. El estudio de la Kabalá es de hecho muy importante, como afirma el *Zohar* (III, 152a): "Ay de aquellos que piensan que la Torá son meras historias y simples palabras.... En su lugar, cada palabra de la Torá es extremadamente elevada y contiene profundos secretos". El motivo por el cual se presentan como "simples" para algunas personas está relacionado con las vestimentas de la Torá, que ocultan su significado más profundo. Pues así como la Divinidad que reside en cada cosa en este mundo está oculta de modo que el hombre tiene que buscar a Dios, de igual manera los secretos profundos de la Torá están ocultos y deben ser buscados, en particular teniendo fe en los Tzadik muy grandes (ver *Torat Natán* #1; ver también Lección 33:2, concerniente al ocultamiento de la Divinidad en este mundo). Al mismo tiempo, debe hacerse notar que debido a que los conceptos de los cuales habla la Kabalá son muy profundos y no son fácilmente

גַּם זֶה בְּחִינוֹת תְּקִיעוֹת, כִּי תְּקִיעָה שְׁבָרִים תְּרוּעָה, הֵם הָאָבוֹת אַבְרָהָם יִצְחָק יַעֲקֹב, וְסִימָנְךָ קֶשֶׁ"ת הַיְנוּ תְּקִיעָה וְכוּ' (זהר פינחס רל:).

וְזֶהוּ פֵּרוּשׁ (איוב כב): "וְהָיָה שַׁדַּי בְּצָרֶיךָ". כִּי שֵׁם שַׁדַּי הֵם הָאָבוֹת (זהר פינחס רלא), כִּי שׁ' תְּלָת עַנְפֵי הָאִילָן, שֶׁהֵם הָאָבוֹת. וְהֵם שְׁלֹשָׁה שֵׁמוֹת הַיִּחוּד, ה' אֱלֹקֵינוּ ה', שֶׁהֵם י"ד אוֹתִיּוֹת, וְהֵם י"ד שֶׁל שַׁדַּי.

y así también sugiere "aflicción". El versículo podría leerse entonces como sigue: "*Shadai* será tu fortaleza contra la aflicción". ¿Cómo? Como veremos, *Shadai* corresponde a los Patriarcas. Al igual que el *keshet*, sus luces radiantes iluminan las vestimentas y mitigan los decretos. El versículo así enseña que al iluminar las luces interiores, "*Shadai* será tu fortaleza contra la aflicción". Esto también se relaciona con el versículo de apertura de la lección, "Y vio el *batzar* (angustia) de ellos" – cuando estén en aflicción, iluminen las luces del santo nombre *Shadai*, para que las vestimentas radiantes mitiguen los decretos.

El santo nombre *Shadai* está muy conectado con los conceptos tratados en esta lección y por lo tanto ha aparecido varias veces en los pasajes del *Zohar* citados aquí (ver notas 20 y 26) al igual que en la lección misma. Como se explicó, todo este mundo es un *lebush*, una vestimenta que oculta Su Divinidad. Esto es también verdad incluso en los mundos espirituales, donde, por ejemplo, el santo nombre *Shadai* está oculto dentro del ángel Metatrón (ver n.26). Así, mientras la *Shejiná* está en el exilio, no puede aparecer con vestimentas radiantes y está investida dentro del ángel Metatrón, las vestimentas oscuras. Esto hace referencia a un nivel inferior de percepción de la Torá. Sin embargo, cuanto más grande sea la cercanía de la persona con Dios mediante la fe en los Tzadikim, quienes le revelan la Divinidad, mayor será su comprensión de la Torá y su percepción de *Shadai*, el *keshet*.

29. Shin...tres ramas.... La letra ש (*Shin*) está compuesta por una base y tres extensiones similares a una *vav*. Esas tres "ramas" aluden a los tres Patriarcas. Las restantes letras de *ShaDaI*, די (*DI*), también aluden a los Patriarcas, como el Rebe Najmán mostrará a continuación (citando nuevamente del *Zohar*, n.26).

30. tres nombres de la unificación.... Como se explicó anteriormente, cuando las *sefirot* están unidas e interactúan entre sí están iluminadas y actúan como conductos para la *shefa* (ver n.3). Éste es el significado de "nombres de la unificación" – uniendo las fuerzas espirituales representadas por los santos nombres para que la iluminación resultante produzca un flujo de *shefa* y mitigue los decretos. Como una unificación, esos tres nombres son paralelos de otra tríada, los Patriarcas. Además, esos santos nombres son parte del *Shemá*, la proclamación de fe, que, como el Rebe Najmán mencionó anteriormente (§2), también mitiga los decretos. La conexión entre los Patriarcas y los tres nombres de la unificación aparece en la nota 32.

31. catorce letras...DI de ShaDaI. Los tres nombres de la unificación son יהוה אלהינו יהוה. Juntos totalizan catorce letras, aludiendo al 14 (= די) de שדי (*ShaDaI*). Así las tres letras del santo nombre *Shadai* aluden a los Patriarcas. La *Shin* corresponde a los tres Patriarcas en virtud de sus "tres ramas" y *DI* corresponde a los tres Patriarcas en virtud de los tres santos nombres de la unificación con sus catorce letras.

4. Esto también corresponde a los sonidos del shofar.[25] Pues *tekía shevarim terúa* son los Patriarcas Abraham, Itzjak y Iaacov.[26] La nemotecnia para esto es *KeSheT* (arcoíris) – i.e., *teKía* [*Shevarim Terúa*].[27]

Y ésta es la explicación de "*Shadai* (El Todopoderoso) será tu fortaleza" (Job 22:25).[28] Pues el nombre *ShaDaI* <corresponde a los> Patriarcas. La *Shin* son las tres ramas del árbol, que son los Patriarcas.[29] Ellos son los tres nombres de la unificación IHVH ELoHeINU IHVH,[30] que tiene catorce letras – la *DI* de *ShaDaI*.[31] Además, las iniciales de

---

de la presencia Divina en todas las cosas, se logra debido al Tzadik. Así el Tzadik (aunque corresponde a la *sefirá* de *Iesod*) está asociado con la *Shejiná* y "ver al Tzadik... es ver el rostro de la *Shejiná*" (*Zohar* II, 163b). Por lo tanto cuando la persona cubre al Tzadik con una vestimenta, ello equivale a haber provisto vestimentas radiantes para la *Shejiná* y así mitigar los decretos.

Hasta aquí el Rebe Najmán ha demostrado cómo los juicios se mitigan mediante la plegaria-canción, la fe en los sabios y el proveer al Tzadik de una vestimenta.

25. los sonidos del shofar. Aquí, el Rebe Najmán agrega otra manera de mitigar los decretos: hacer sonar el shofar. Los sonidos inarticulados del shofar se equiparan a los sonidos de la voz humana (ver también *Likutey Moharán* I, 22:16). En particular, son un paralelo de la voz de la canción – los tres Patriarcas, los tres colores superiores y las tres *sefirot* de *Jesed*, *Guevurá* y *Tiferet*, que hacen que brille el *keshet*. El rabí Natán agrega que, por lo tanto, en Rosh HaShaná, es importante oír el shofar hecho sonar por una persona temerosa de Dios, cuya ejecución sea en aras de Dios – i.e., para despertar la compasión de Dios y mitigar los decretos (*Likutey Tefilot*; ver también más adelante, n.33).

26. Pues tekía...los Patriarcas.... Este pasaje del *Zohar* (III, 230b-231a) dice: *Keshet* es una nemotecnia para *tekía shevarim terúa* (los nombres de los sonidos del shofar). Estos corresponden a los Patriarcas: el *tekía* corresponde a Abraham, el *shevarim* a Itzjak y el *terúa* a Iaacov... y los tres colores superiores brillan en el *keshet*.... Esos "tres" corresponden a la letra *shin* (ש) del santo nombre Shadai (שדי), que alude a las tres ramas de los Patriarcas. Pues ellos son IHVH ELoHeINU IHVH, los tres nombres sagrados de Dios correspondientes a las tres ramas de los Patriarcas y en los cuales hay catorce letras, igual al *DI* (די) de *shaDaI*. Y la vestimenta de *Shadai* es el ángel MeTaTRON (מטטרון), cuyo valor numérico es el mismo de Shadai (= 314).

El Rebe Najmán explica ahora este pasaje del *Zohar* dentro del contexto de nuestra lección. Como se explicó más arriba con respecto a los elementos, la alineación de los tres sonidos del shofar con los tres Patriarcas también los alinea con las tres *sefirot*: *tekía*/Abraham/Jesed; *shevarim*/Itzjak/Guevurá; y *terúa*/Iaacov/Tiferet (cf. *Tikuney Zohar* #55, 88b).

27. KeSheT...teKía, Shevarim, Terúa. Las letras de *KeSheT* (קשת) forman una nemotecnia para *teKía* (תקיעה), *Shevarim* (שברים), *Terúa* (תרועה).

28. Shadai...tu fortaleza. La traducción de este versículo de Job sigue el *Metzudat David* que traduce *betzareja* como "tu fortaleza". La palabra *betzareja* es fonéticamente similar a *batzar*

וְרָאשֵׁי־תֵבוֹת שֶׁל אַבְרָהָם יִצְחָק יַעֲקֹב, הֵם הָרָאשֵׁי־תֵבוֹת שֶׁל יְ"יָ אֱלֹקֵינוּ יְ"יָ:

"אֵין אֹמֶר וְאֵין דְּבָרִים בְּלִי נִשְׁמָע קוֹלָם" (תהלים יט), זֶה בְּחִינַת קֶשֶׁת, וְקוֹל, תְּלַת גְּוָנִין דְּקֶשֶׁת:

(§1). Creer en los Tzadikim, en que todo lo que dicen y hacen alude a los profundos misterios de Dios, también mitiga los decretos (§2). Hacer sonar el shofar también mitiga los decretos (§4).

33. No hay dicho…arcoíris. El Rebe Najmán concluye trayendo otro versículo que alude a los conceptos de esta lección. Como se explicó anteriormente, la voz corresponde a los tres colores del arcoíris… de modo que a través del sonido de la plegaria-canción se iluminan los colores radiantes (ver notas 6-12). Pero sin ningún dicho o sonido –i.e., sin palabras de plegaria a Dios ni ninguna otra devoción similar– no es posible despertar la voz que crea vestimentas radiantes.

En conclusión, escribe el rabí Natán: Cuanto mayor sea el esfuerzo que ponga la persona en la plegaria, más grandes serán sus posibilidades de despertar la compasión de Dios y de mitigar los decretos, trayendo buena salud y abundante subsistencia en el proceso. De manera similar, cuanta mayor sea la fe de la persona en los Tzadikim y en su capacidad para revelar el misterio de cómo cada una de las cosas en el mundo manifiesta Su Divinidad, más grande será su capacidad para llevar a cabo mitzvot, y acercarse a Dios, mereciendo ver y comprender esos maravillosos misterios (*Likutey Tefilot*). Además, la conexión que hace el Rebe Najmán entre la fe en los Tzadikim y el sonido del shofar sugiere la importancia de pasar Rosh HaShaná en presencia del Tzadik (*Torat Natán* #3).

Abraham Itzjak Iaacov también son las iniciales de *IHVH Eloheinu IHVH*.³²

5. "No hay dicho, ni palabras, ni es oída su voz" (Salmos 19:4). Éste es un aspecto del arcoíris y del sonido de los tres colores del arcoíris.³³

---

32. iniciales.... Los nombres hebreos de los Patriarcas son אברהם, יצחק, יעקב. Las iniciales de sus nombres son una א (*Alef*), una י (*Iud*) y otra י (*Iud*), al igual que las iniciales de los santos nombres יהוה אלהינו יהוה.

Como regla general, la primera letra de cualquier palabra en la Lengua Sagrada es la más dominante al determinar las propiedades de esa palabra (ver *Likutey Moharán* I, 6:2). El hecho en común de las iniciales de los santos nombres de la unificación del *Shemá* y de los nombres de los Patriarcas indica que hay elementos adicionales que esos dos grupos tienen en común. El elemento particular al cual hace referencia el Rebe Najmán aquí es la capacidad que tienen las fuerzas espirituales –aquellas representadas por los santos nombres al igual que las representadas por los Patriarcas– para iluminar el *keshet* y mitigar los decretos. Pues así como el mundo existe debido a que *Maljut/Shejiná* es iluminada por los colores superiores de aquellas *sefirot* que corresponden a los Patriarcas, también existe debido a que la unificación de los santos nombres genera un flujo de *shefa* hacia *Maljut*.

Resumen: Cuando los juicios traen el sufrimiento al mundo, la persona debe cantar las plegarias. Pues la plegaria cantada con la mayor pureza y claridad de la cual uno sea capaz hace que Dios tome nota del brillo de la *Shejiná* (el bien en cada persona, como en n.12) y mitiga los juicios

ליקוטי מוהר"ן סימן מ"ג

לְשׁוֹן רַבֵּנוּ זִכְרוֹנוֹ לִבְרָכָה

דַּע, כִּי הַדִּבּוּרִים שֶׁל הָרָשָׁע שֶׁהוּא בַּר דַּעַת, מוֹלִידִים נִאוּף בְּהַשּׁוֹמֵעַ. כִּי הַזִּוּוּגִים נִמְשָׁכִים מֵהַדַּעַת, כְּמוֹ שֶׁכָּתוּב (בראשית ד): "וְהָאָדָם יָדַע אֶת חַוָּה אִשְׁתּוֹ", וּכְתִיב (במדבר לא): "כָּל אִשָּׁה יֹדַעַת אִישׁ". אַךְ יֵשׁ שְׁנֵי מִינֵי זִוּוּגִים, הַיְנוּ זִוּוּג דִּקְדֻשָּׁה, הוּא הִתְקַשְּׁרוּת לַצַּדִּיקִים, וְאֶל הַתּוֹרָה, וְאֶל הַשֵּׁם יִתְבָּרַךְ, זֶה נִמְשָׁךְ מִדַּעַת דִּקְדֻשָּׁה. וְזִוּוּגִים שֶׁל עֲבֵרָה, נִמְשָׁכִים מִדַּעַת דִּקְלִפָּה.

cautivas que los israelitas trajeron de la batalla (ver n.20). Moshé ordenó que toda mujer que hubiera tenido relaciones íntimas con un hombre debía ser ejecutada. Rashi explica que ello incluía a toda mujer capaz de unión, aunque no hubiera tenido ninguna relación.

Cada uno de estos dos textos de prueba que trae el Rebe Najmán para conectar *daat* con "unión" tiene un propósito. Cuando el que habla con *daat* es escuchado, se crea una unión entre el que habla y el que oye. El primer texto de prueba, "Adam *conoció*", se relaciona con el que habla – el agente activo en la unión, aquel que dispensa *daat*. El segundo texto de prueba, "que haya *conocido* a un hombre" se relaciona con el oyente – el agente pasivo de la unión, aquel que recibe *daat*. Este segundo texto de prueba demuestra que, como resultado de la unión, se transfiere *daat*. En nuestro contexto, éste es el *daat* de los malvados que se transfiere hacia el oyente en la forma de deseo sexual e inmoralidad. Debemos por tanto concluir que, en verdad, el que recibe *daat* de hecho juega un papel *activo*, pues de no escuchar no habría unión. El oyente siempre tiene la elección de ser o no un socio del malvado que habla.

6. dos clases de uniones. Todas las uniones/relaciones caen en una de dos categorías: una unión de santidad o una unión para el pecado. Explica el Rebe Najmán:

7. Tzadikim…Torá…Santo, bendito sea…daat sagrado. El Rebe Najmán presenta tres ejemplos de relaciones que caen en la categoría de una unión de santidad que surge del *daat* sagrado. En verdad, toda interacción que lleva a la persona a servir a Dios, al estudio de la Torá o a acercarse a los Tzadikim, aunque la cosa misma se relacione con lo mundano, es una unión de santidad. Por ejemplo, en una simple conversación entre amigos sobre sus experiencias al viajar para estar con el Tzadik, si eso los lleva a anhelar acercarse más aún al Tzadik, sus palabras emanan del *daat* sagrado.

8. daat de las fuerzas del mal. Más adelante, el Rebe Najmán cita el versículo (Eclesiastés 7:14), "Dios hizo uno en contraste del otro". Esto enseña que para cada nivel o concepto de santidad existe un nivel o concepto correspondiente de impureza (ver más adelante, n.23). Así en contraste con la unión de santidad está la unión para el pecado, en contraste con el *daat* sagrado está el *daat* de las *klipot* (fuerzas del mal). En nuestro contexto, hemos visto que toda relación o interacción, en virtud de ser una unión, implica el elemento de *daat*. Sin embargo, si

LIKUTEY MOHARÁN 43[1]

¡Debes saber! Las palabras de una persona malvada que tiene *daat* (conocimiento) engendran [el deseo de] inmoralidad en aquel que las escucha.[2] Ello se debe a que la unión proviene de *daat*,[3] como está escrito (Génesis 4:1), "Adam *conoció* a Java".[4] Y como está escrito (Números 31:17), "toda mujer que haya *conocido* a un hombre".[5]

Sin embargo, hay dos clases de uniones:[6] la unión de santidad – ésta es la unión con los Tzadikim, con la Torá y con el Santo, bendito sea, que surge de un *daat* sagrado;[7] y las uniones de pecado, [que] surgen del *daat* de las fuerzas del mal.[8]

---

1. Likutey Moharán 43. Esta lección es *leshón Rabeinu z'l*, del manuscrito del Rebe Najmán (ver Lección #33, n.1). Los temas principales son: alejarse de las palabras de los malvados; la ira; y la moralidad. También se repasan varios pasajes de Números 31 y partes de la historia de Bilaam.

La mayor parte de las lecciones del *Likutey Moharán* tienen generalmente un título que proviene del versículo de apertura. Esta lección, que no tiene un versículo de apertura, es conocida tradicionalmente por su tema principal – *Lehitrajek Midiburim Shel Rasha* ("Alejarse de las palabras del malvado").

2. una persona malvada...aquel que las escucha. El Rebe Najmán comienza con la principal consideración de esta lección: mantener distancia de los malvados para abstenerse de oír lo que dicen. Específicamente, esto hace referencia a oír a alguien cuyas palabras son expresadas con un cierto grado de intelecto – i.e., el atributo de *daat*. El Rebe continúa explicando por qué tales palabras tienen el poder de despertar deseos inmorales en quien las oye.

3. la unión proviene de daat. El término *zivug* (unión) indica un apareamiento o unión y se aplica tanto a las uniones físicas como espirituales. Aunque la palabra hace referencia en particular a la pareja matrimonial (como está indicado por el primer texto de prueba del Rebe Najmán), contiene una connotación mucho más amplia. La amistad, las sociedades de negocios, la relación entre el estudiante y el maestro y otras más, incluso las conexiones personales con objetos inanimados y con el entorno, todo cae bajo la categoría de *zivuguim*. Aquí, el Rebe Najmán enseña que toda unión es tanto una indicación como una expresión de *daat*, un nivel de conocimiento y de conocer.

4. Adam conoció.... El primer texto de prueba que trae el Rebe Najmán para demostrar la conexión entre la unión y *daat* proviene de la época en que Adam cohabitó con Java. Afirman las Escrituras: "Adam *conoció* a su esposa". Y de su unión, la fusión en una sola entidad, nació un hijo (cf. *Rashi* sobre Génesis 2:24).

5. que haya conocido a un hombre. Este versículo hace referencia a las mujeres midianitas

וְהַדִּבּוּר הוּא הִתְגַּלּוּת הַדַּעַת, כִּי אֵין יוֹדְעִים מַה שֶּׁבַּדַּעַת, אֶלָּא עַל-יְדֵי הַדִּבּוּר, כְּמוֹ שֶׁכָּתוּב (תהלים יט): "וְלַיְלָה לְּלַיְלָה יְחַוֶּה דָּעַת". "יְחַוֶּה" מִלְּשׁוֹן דִּבּוּר, שֶׁהַדִּבּוּר מְדַבֵּר מַה שֶּׁבַּדַּעַת. וּכְשֶׁרָשָׁע מְדַבֵּר וּמוֹצִיא מִפִּיו הֲבָלִים, מוֹלִיד אֲוִירִים אַרְסִיִּים שֶׁל נִאוּף. וְהַשּׁוֹמֵעַ מִמֶּנּוּ הַדִּבּוּרִים, וְנוֹשֵׁם נְשִׁימוֹת, מַכְנִיס בְּגוּפוֹ אֵלּוּ הָאֲוִירִים. וּלְפִיכָךְ בְּבִלְעָם, שֶׁהוּא בְּחִינוֹת דַּעַת דִּקְלִפָּה, כְּמוֹ שֶׁדָּרְשׁוּ חֲכָמֵינוּ זִכְרוֹנָם לִבְרָכָה (ספרי, וזאת הברכה, ובזהר שמות כא:) עַל פָּסוּק "לֹא קָם כְּמֹשֶׁה" וְכוּ', 'בְּיִשְׂרָאֵל לֹא קָם, אֲבָל בָּאֻמּוֹת קָם, וּמַנּוּ? בִּלְעָם'. כִּי מֹשֶׁה הוּא דַּעַת, וְלָזֶה נִקְרָא דּוֹרוֹ "דּוֹר דֵּעָה" (זהר שמות סב:).

11. introduce ese aire dentro de su cuerpo. Es por ello que el oyente debe ser muy cuidadoso y no exponerse a las charlas o conversaciones con los malvados. De otra manera el aire mismo que respire en ese momento puede despertar en él deseos y comportamientos inmorales. Ello explica por qué la gente que es esencialmente buena y que se inclina hacia la santidad, o que al menos desea alejarse del pecado, a veces inexplicablemente se encuentra teniendo pensamientos y deseos inmorales. No sabe a qué se debe. Sin embargo, el Rebe Najmán explica aquí su porqué. Ver también *Likutey Moharán* I, 31:6-8.

12. Bilaam…daat de las fuerzas del mal. Como se mencionó (n.8). "Dios hizo uno en contraste del otro" y así, en contraste con el *daat* de santidad se encuentra el *daat* de las *klipot*. Ese *daat* impuro estaba encarnado en la persona de Bilaam, como el Rebe Najmán continúa explicando.

13. …como Moshé…Bilaam. El versículo dice, "Nunca más volvió a levantarse en Israel un profeta como Moshé". Nuestros Sabios comentan que el agregado de las palabras "en Israel" implica que aunque el pueblo judío nunca tuvo un profeta tan grande como Moshé, las naciones gentiles sí lo tuvieron, Bilaam. Éste también es el principio de "Dios hizo uno en contraste del otro" – hubo un profeta entre las naciones tan grande como Moshé.

Sobre este tópico, enseñan nuestros Sabios que Dios les dio profetas a las naciones para que éstas no pudieran decir, "De haber tenido un profeta como Moshé también nosotros habríamos sido rectos" (*Bamidbar Rabah* 14:20). Sin embargo, también enseñan: Mira la diferencia entre los profetas de Israel y los profetas de las naciones. Los profetas de Israel le enseñaron Divinidad, mientras que los profetas que Dios les dio a las naciones quebraron la cerca (i.e., les enseñaron inmoralidad). Los profetas judíos eran compasivos incluso con las demás naciones, pero Bilaam era cruel en extremo (ibid. 20:1).

14. Moshé es daat. La conciencia de Dios que tenía Moshé fue la más elevada alcanzada alguna vez por un ser humano. Como afirman las Escrituras: "Dios hablaba con Moshé cara a cara, así como una persona habla con un amigo cercano" (Éxodo 33:11). Moshé es así la personificación de *daat*. En las enseñanzas del Ari, Moshé se equipara específicamente con el nivel de *daat* de *Zeir Anpin* (*Etz Jaim* 32:1). Y, así como Moshé es *daat*, lo mismo es Bilaam. Pero mientras que Moshé es la personificación del *daat* de santidad, Bilaam es la personificación del *daat* de las fuerzas del mal.

15. Generación del Daat. A lo largo de los escritos sagrados la generación del Éxodo, que

Ahora bien, la palabra hablada es la revelación del *daat*. Pues la única manera en que podemos saber qué hay en *daat*, es a través del habla, como está escrito (Salmos 19:3), "y la noche sigue a la noche expresando *daat*". "Expresando" connota el habla. La palabra hablada expresa lo que hay en *daat*.[9] Así, cuando la persona malvada habla y exhala aire de su boca, genera el aire venenoso de la inmoralidad.[10] Y todo aquel que oye sus palabras e inhala, introduce ese aire dentro de su cuerpo.[11]

Por lo tanto [se dice] de Bilaam que él corresponde al *daat* de las fuerzas del mal.[12] Como expusieron nuestros Sabios sobre el versículo (Deuteronomio 34:10), "Nunca más volvió a levantarse... como Moshé" – no se levantó en Israel pero sí se levantó entre las naciones. ¿Y quién era? Bilaam (*Sifri*; *Zohar* II, 21b).[13] Pues Moshé es *daat*,[14] motivo por el cual su generación [de judíos] es llamada la Generación del *Daat* (*Vaikrá Rabah* 9:1).[15]

---

la relación aleja a la persona de Dios, el *daat* no es un *daat* sagrado sino más bien un *daat* de las fuerzas del mal.

Las dos primeras veces que aparece la palabra *daat* en la Torá están en conexión con el Árbol del *Daat* (Conocimiento) del Bien y del Mal. Las Escrituras relatan que Dios plantó el Árbol del Conocimiento en el Jardín del Edén y luego dijo: "Dios le dio un mandamiento al hombre, diciendo, 'De todo árbol del jardín comerás. Pero del Árbol del Conocimiento del Bien y del Mal, no comerás'" (Génesis 2:9, 16:17). Pero Adam y Java comieron del árbol prohibido y así iniciaron el paralelo humano de la Rotura de los Recipientes (*Likutey Halajot, Milá* 2:2; ver más adelante, n.23). Pues como resultado de "*conocer* el bien y el mal" (Génesis 3:5), ambos conceptos quedaron unidos dentro del hombre dañando en gran medida su capacidad de distinguir entre los dos. Desde el momento en que el mal ya no era algo que provenía de afuera sino también algo interno en el hombre, su batalla con el mal se transformó en una batalla consigo mismo y con las fuerzas externas (*Innerspace*, por el rabí Aryeh Kaplan, Moznaim Pub., págs. 87, 89). Como tal, el hombre se volvió personalmente responsable de elevar todos los aspectos de la Creación, los cuales están compuestos de bien y de mal. Esto requiere que, para aumentar la santidad, el hombre utilice esencialmente el mismo *daat* que adquirió al comer del Árbol de *Daat*. Debe separar el bien del mal, lo santo de lo no santo, elevando lo mundano hacia la santidad; y no, Dios no lo permita, dándole fuerzas al *daat* de las fuerzas del mal, utilizando lo mundano para mantener una forma impura de vida (ver *Likutey Moharán* I, 19, 109).

9. Expresando...lo que hay en daat. Mientras los pensamientos están contenidos dentro de la propia mente y corazón de la persona, ellos son sólo suyos. Sin embargo, como demuestra el Rebe Najmán ahora, una vez que se revelan mediante el habla, esos pensamientos pueden ejercer influencia sobre los demás.

10. el aire venenoso de la inmoralidad. El habla es la revelación del *daat* y el *daat* connota unión, en nuestro contexto unión marital (tal cual está indicado por el primer texto de prueba traído por el Rebe Najmán). Esto también se aplica al habla que proviene de una persona malvada, cuyo *daat* está enraizado en las fuerzas del mal. Sus palabras también llevan el concepto de unión – pero en su caso una unión de inmoralidad y pecado.

וּלְכָךְ כְּשֶׁנִּטְּלוּ מוֹאָב עֵצָה מִמִּדְיָן, אָמְרוּ לָהֶם: אֵין כֹּחוֹ אֶלָּא בַּפֶּה, כִּי הַפֶּה הוּא הִתְגַּלּוּת הַדַּעַת. אָמַר מוֹאָב, אַף אָנוּ נָבוֹא עֲלֵיהֶם בְּאָדָם שֶׁכֹּחוֹ בַּפֶּה. כִּי הוּא גַם כֵּן דַּעַת דִּקְלִפָּה, כְּמוֹ שֶׁכָּתוּב (קהלת ז): "אֶת זֶה לְעֻמַּת זֶה עָשָׂה אֱלֹקִים."

וְזֶה שֶׁכָּתוּב (במדבר כד): "וְיוֹדֵעַ דַּעַת עֶלְיוֹן", וְדָרְשׁוּ רַבּוֹתֵינוּ, זִכְרוֹנָם לִבְרָכָה (ברכות ז.), שֶׁיָּדַע מָתַי הַקָּדוֹשׁ־בָּרוּךְ־הוּא כּוֹעֵס. כִּי כְּשֶׁהַדַּעַת אֵינוֹ בְּיִשׁוּב, אֲזַי יֵשׁ כַּעַס, כְּמוֹ שֶׁאָמְרוּ רַבּוֹתֵינוּ, זִכְרוֹנָם לִבְרָכָה (פסחים סו:): 'כָּל הַכּוֹעֵס, חָכְמָתוֹ מִסְתַּלֶּקֶת מִמֶּנּוּ'. וּלְפִיכָךְ כְּשֶׁכָּעַס מֹשֶׁה רַבֵּנוּ, עָלָיו הַשָּׁלוֹם, עַל אַנְשֵׁי הַצָּבָא כְּשֶׁבָּאוּ מִמִּדְיָן, נִסְתַּלֵּק מִמֶּנּוּ הַדַּעַת, וְהֻצְרַךְ אֶלְעָזָר לוֹמַר הִלְכוֹת טְבִילוֹת

profecía de Bilaam concerniente al futuro del pueblo judío. Bilaam se vanagloriaba del hecho de *conocer* el *daat* de Dios. Nuestros Sabios comentan: Bilaam ni siquiera sabía lo que estaba pensando su burra (Números 22:21-31), ¡¿cómo podía saber cuál era el *daat* de Dios?! Sin embargo, esto nos enseña que Bilaam tenía una cierta experiencia: él sabía cómo percibir el momento cuando Dios se enoja. Tal momento debería ser un tiempo propicio para que Bilaam maldijese a Israel (*Berajot* 7a; ver n.23 más adelante).

19. no está en calma...su sabiduría lo abandona. El Rebe Najmán explicará *cómo* Bilaam sabía cuándo Dios estaba enojado. Comienza haciendo notar la relación inversa entre la ira y *daat*.

20. cuando Moshé...se enojó...su daat lo abandonó. Ver Números 31 que relata cómo Dios le ordenó al pueblo judío hacer la guerra contra Midian por haber enviado a sus mujeres para seducirlo. Ello había sido bajo la inspiración de Bilaam (ver más adelante, n.25). Los soldados israelitas vencieron a los midianitas y mataron a todos los hombres, incluyendo a Bilaam. Sin embargo, volvieron de la batalla con sus mujeres cautivas. Las Escrituras relatan entonces que Moshé se enojó con los oficiales. "¿Por qué han dejado con vida a todas las mujeres? Ellas son las que llevaron a cabo la palabra de Bilaam, induciendo a los israelitas a no ser fieles a Dios en el incidente de Peor y trayendo la plaga sobre la comunidad de Dios" (Números 31:14-16).

21. inmersión de los utensilios. Ver Números 31:21-24. El Talmud aprende de la yuxtaposición que hacen las Escrituras de la ira de Moshé con el hecho de Elazar enseñando las leyes que "todo aquel que se encoleriza, su sabiduría lo abandona". Porque uno hubiera esperado que Moshé enseñara esas leyes, dado que a lo largo de la Torá es él el vocero de Dios para el pueblo judío. El hecho de que fue Elazar quien les enseñó esas leyes implica que Moshé fue incapaz de hacerlo en ese momento, pues "su sabiduría lo abandonó". En nuestro contexto, cuando Moshé/ *daat* se enojó, su *daat* lo abandonó – hubo un cambio en *daat*. El rabí Natán hace notar que lo que el Rebe Najmán enseña aquí concerniente a la ira se aplica a cada persona. Uno debe ser amigable y bueno con los demás, en todo momento. Esto ayudará a controlar la ira y a mantener pleno el *daat* (*Likutey Tefilot*).

Así, cuando los moabitas buscaron consejo de los midianitas, les dijeron: "Su poder está sólo en la boca". Ello se debe a que la boca revela el *daat*.[16] Los moabitas respondieron: "También nosotros iremos contra ellos con una persona cuyo poder está en la boca". Pues él es también *daat* de las fuerzas del mal, como está escrito (Eclesiastés 7:14), "Dios hizo uno en contraste del otro".[17]

Y esto es lo que está escrito (Números 24:16), "que conoce el *daat* del Altísimo". Y sobre esto expusieron nuestros Sabios: Él sabía cuándo el Santo, bendito sea, estaba enojado (*Berajot* 7a).[18]

Pues cuando el *daat* no está en calma, hay ira, como enseñaron nuestros Sabios: Todo aquel que se encoleriza, su sabiduría lo abandona (*Pesajim* 66b).[19] Por lo tanto, cuando Moshé Rabeinu, que descanse en paz, se enojó con los soldados que volvían de Midian, su *daat* lo abandonó.[20] Elazar tuvo entonces que enseñar las leyes relativas a la inmersión de los utensilios.[21] Pero cuando el *daat* está pleno, no hay ira, como está

---

recibió la Torá en el Sinaí, es conocida como la "Generación del Conocimiento". Esto está aludido en el versículo, "Ustedes son a quienes se les ha mostrado, para que puedan *conocer*…" (Deuteronomio 4:35). Rashi explica que a los judíos se les "mostró" que Dios es el Dios Único cuando Él Se reveló en el Sinaí. Ellos *conocieron* a Dios. Moshé fue quien llevó al pueblo judío al nivel de la recepción de la Torá, fue su líder, su *daat*. Moshé les hablaba a los judíos con palabras sagradas y ellos escuchaban. De esa manera, fueron receptores de su *daat* y se vieron motivados a buscar la Divinidad. También ellos llegaron a un nivel de *daat* sagrado y así son llamados la Generación del *Daat*.

16. en la boca…daat. En viaje a la Tierra de Israel, después de haber vencido a los supuestamente invencibles reyes Siján y Og, los israelitas acamparon frente a la nación de Moab. Los moabitas estaban aterrorizados, temiendo el ataque inminente del pueblo judío. Comprendiendo que las victorias de Israel se debían a medios sobrenaturales, lo primero que hicieron fue tratar de encontrar la fuente de ese poder. "Su líder, Moshé, pasó muchos años en Midian", razonaron, "por lo tanto, ¿por qué no preguntarles a ellos?". La respuesta de los midianitas fue muy clara: "Su poder está sólo en la boca". En nuestro contexto, Moshé es *daat*, cuya revelación se produce a través de la boca. Así, la fuerza de Moshé para luchar en contra de los enemigos se manifestaba a través de la boca. Sus palabras dirigían al pueblo judío hacia la santidad y le daban los medios sobrehumanos para vencer incluso a las naciones más poderosas.

17. cuyo poder está en la boca…daat de las fuerzas del mal…. La solución de los moabitas fue encontrar a alguien que pudiese enfrentar el poder de Moshé, alguien que, al utilizar su boca para maldecir a los israelitas pudiera minar su fortaleza. Esa persona era Bilaam, aquel que "Dios hizo en contraste con el otro". Porque también él era reconocido por el poder de su boca. Como se explicó, Bilaam era el *daat* de las *klipot* y así su poder también se revelaba a través del habla (ver *Rashi*, Números 32:4).

18. que conoce…cuando el Santo, bendito sea, está enojado. Este versículo proviene de la

כֵּלִים. וּכְשֶׁהַדַּעַת שָׁלֵם, אֲזַי אֵין כַּעַס, כְּמוֹ שֶׁכָּתוּב (ישעיה יא):
"לֹא יָרֵעוּ וְלֹא יַשְׁחִיתוּ בְּכָל הַר קָדְשִׁי כִּי מָלְאָה הָאָרֶץ דֵּעָה".
וּבִלְעָם הָיָה מִסְתַּכֵּל בְּדַעַת דִּקְלִפָּה, שֶׁהוּא מוֹתָרוֹת שֶׁל דַּעַת
עֶלְיוֹן. וּכְשֶׁמְּשַׁתֶּנָּה, יָדַע שֶׁהַקָּדוֹשׁ־בָּרוּךְ־הוּא בְּכַעַס.

נִמְצָא שֶׁבִּלְעָם הוּא דַּעַת דִּקְלִפָּה, וְעַל־יְדֵי דִּבּוּרָיו הוֹלִיד אֲוִירִים
אַרְסִיִּים שֶׁל נִאוּף. לָזֶה כְּשֶׁבָּאוּ מִמִּלְחֶמֶת מִדְיָן, נֶאֱמַר (במדבר
לא): "וַיִּקְצֹף מֹשֶׁה עַל פְּקוּדֵי הֶחָיִל, וַיֹּאמֶר הַחִיִּיתֶם כָּל נְקֵבָה, הֵן
הֵנָּה הָיוּ בִּדְבַר בִּלְעָם". 'בִּדְבַר' דַּיְקָא, כִּי עַל־יְדֵי דְּבָרָיו, שֶׁהוּא
הִתְגַּלּוּת הַדַּעַת שֶׁלּוֹ, הוֹלִיד נִאוּף בְּמִדְיָן.

וּלְפִיכָךְ כְּשֶׁבָּאוּ מִמִּלְחֲמוֹת מִדְיָן, כְּתִיב: "וַיִּקְרְבוּ אֶל מֹשֶׁה רָאשֵׁי
הַפְּקֻדִים וְכוּ', וַיֹּאמְרוּ וַנַּקְרֵב אֶת קָרְבַּן ה' וְכוּ', לְכַפֵּר עַל נַפְשׁוֹתֵינוּ
לִפְנֵי ה'". וְדָרְשׁוּ רַבּוֹתֵינוּ, זִכְרוֹנָם לִבְרָכָה (שבת סד.): 'שֶׁכָּךְ אָמְרוּ,
אַף־עַל־פִּי שֶׁמִּידֵי עֲבֵרָה יָצָאנוּ, מִידֵי הַרְהוּר לֹא יָצָאנוּ':

24. ...el aire venenoso de la inmoralidad. Como el Rebe Najmán ha explicado, la revelación del *daat* se produce a través de la palabra hablada (ver notas 10-11). Bilaam, el *daat* de las *klipot*, representa así una unión de impureza (n.8), que es inmoralidad.

El rabí Natán agrega que la manera de protegerse de los malos pensamientos que derivan del aire envenenado por los malvados es trabajar para alcanzar un estándar moral superior – cuidar el Pacto (ver *Likutey Moharán* I, 23:2, n.36). Ello ayuda a que la persona venza a las *klipot* de Bilaam, el *daat* de la impureza, para que pueda, de esa manera, buscar más fácilmente la santidad y el apego (la unión) con los Tzadikim (*Likutey Tefilot*).

25. la inmoralidad en Midian. Después de que Bilaam falló en sus intentos por determinar el momento de la ira de Dios y maldecir así a los israelitas, les aconsejó a los moabitas minar al pueblo santo de Dios mediante la inmoralidad. "Su Dios odia la inmoralidad", les dijo (*Rashi*, Números 24:14). El consejo de Bilaam fue tomado por Moab y Midian, y ambas naciones enviaron a sus mujeres para seducir a los hombres de Israel (Números 25:1-9 y *Rashi*, ibid. 31:2). Como el Rebe Najmán hace notar en base al versículo, fue específicamente la *palabra* de Bilaam –la revelación del *daat* impuro– lo que engendró el comportamiento inmoral de Midian.

26. para expiar por nuestras almas delante de Dios. Los oficiales del ejército estaban agradecidos por el hecho de que ningún soldado israelita había muerto en batalla. Para demostrar su agradecimiento a Dios, se acercaron a Moshé y a Elazar y ofrecieron contribuir con una parte del botín para el Santuario (Números 31:48-54). Los oficiales también estaban agradecidos por el hecho de no haber sucumbido a la mala inclinación y no haber tenido relaciones con las mujeres midianitas. Ver la nota siguiente.

27. malos pensamientos. A partir del Talmud aprendemos que aunque los oficiales no fueron

escrito (Isaías 11:9), "Ellos no harán nada malo ni vil en toda Mi sacra montaña, pues la tierra estará plena de *daat*".[22]

Pero Bilaam se concentraba en el *daat* de las fuerzas del mal, que es la materia de desecho del *daat* del Altísimo. Cuando éste cambiaba, él sabía que el Santo, bendito sea, estaba enojado.[23]

Vemos, entonces, que Bilaam es el *daat* de las fuerzas del mal y que, mediante su habla, produce el aire venenoso de la inmoralidad.[24] Por lo tanto, cuando [los israelitas] volvieron de la batalla contra Midian, [las Escrituras] dicen (Números 31:14-16): "Pero Moshé se indignó contra los oficiales del ejército... diciendo, '¿Han mantenido con vida a todas las mujeres? Fueron ellas las que llevaron a cabo la palabra de Bilaam'". Específicamente la "palabra", pues mediante su palabra, que es una revelación de su *daat*, engendró la inmoralidad en Midian.[25]

Consecuentemente, cuando volvieron de la batalla en contra de Midian, está escrito (ibid.:48-50), "Los oficiales se acercaron a Moshé... y dijeron, 'Queremos por lo tanto traer una ofrenda a Dios... para expiar por nuestras almas delante de Dios'".[26] Y expusieron nuestros Sabios (*Shabat* 64a): Esto es lo que ellos dijeron: "Aunque evitamos pecar, no evitamos los malos pensamientos".[27]

---

22. la tierra estará plena de daat. Este versículo aparece en la visión de Ishaiahu de cómo será el mundo cuando llegue Mashíaj. No habrá nada malo ni vil –los subproductos de la ira– pues *daat* será entonces pleno. Esto es lo opuesto de la ira, que implica un *daat* incompleto e inestable. El rabí Natán agrega que cuanto más aprenda la persona a controlar su ira, mayor será el grado de *daat* sagrado que pueda alcanzar (*Likutey Tefilot*).

23. materia de desecho...enojado. Aquí el Rebe Najmán presenta una clave en cuanto a la fuente del *daat* impuro: la materia de desecho que acompaña a todos los aspectos de la santidad. Escribe el rabí Moshé Jaim Luzzatto: Dios decretó que el universo contuviese tanto bien como mal y por lo tanto determinó que el mal debía existir en cada nivel en donde fuera posible.... Por lo tanto ordenó que cada concepto bueno tuviese su contraparte en el mal. Éste es el significado del versículo, "Dios hizo uno en contraste del otro" (*El Camino de Dios* 3:2:8). La manera en la cual Dios determinó la existencia del mal en cada nivel está relacionada con el proceso de la Creación conocido como la Rotura de los Recipientes, de la cual surgió la materia de desecho (ver Lección #34, n.64). Esta materia de desecho existe incluso en los niveles más elevados – inclusive en el *daat* del Altísimo– y les da nacimiento a las fuerzas del mal, a las *klipot*.

Así Bilaam, como la personificación del *daat* de las *klipot*, se concentraba en ese mismo concepto; utilizaba la materia de desecho, el *daat* de las fuerzas del mal, como la fuente para sus visiones proféticas. Como se explicó (más arriba y n.18), éste es el significado de la descripción que hacen las Escrituras de Bilaam como uno "que conoce el *daat* del Altísimo". Él sopesaba ese *daat*, esperando ver si el *daat* de las *klipot* estaba en ascenso. Pues en ese caso, Bilaam sabía que se había despertado la ira del Santo, bendito sea.

el enemigo, habían sido afectados por el veneno de Bilaam, su unión con Moshé, el Tzadik, los purificó y les permitió recibir en su lugar un *daat* sagrado.

El rabí Natán explica que hoy en día nos es muy difícil saber quién es verdaderamente malo y evitar así el habla de esa persona, cayendo víctimas de pensamientos adúlteros y de acciones inmorales. La única manera es mediante la plegaria – pidiéndole a Dios que Él nos proteja de "la persona malvada que tiene *daat*" y nos guíe en el sendero de los santos Tzadikim (*Likutey Tefilot*).

culpables de un comportamiento inmoral, no se libraron de tener pensamientos inmorales. En nuestro contexto, el habla de Bilaam había llenado con el veneno de la inmoralidad el aire que ellos respiraron (n.11) y así, aunque los oficiales no fueron culpables en la acción, sucumbieron a los malos pensamientos. Ellos contribuyeron por lo tanto voluntariamente para el Santuario, un acto que los llevó más cerca de los Tzadikim y de la santidad (ver más arriba y n.7). Es decir, al acercarse a Moshé y a Elazar y al hablar con ellos, los oficiales recibieron el *daat* de santidad de esos Tzadikim y se unieron a ellos. Así, aunque sus pensamientos, a través del contacto con

לִיקוּטֵי מוֹהֲרַ"ן סִימָן מ"ד
לְשׁוֹן רַבֵּנוּ זִכְרוֹנוֹ לִבְרָכָה

מַה שֶּׁמַּכִּין כַּף אֶל כַּף בִּשְׁעַת הַתְּפִלָּה.

כִּי אָמְרוּ חֲכָמֵינוּ זִכְרוֹנָם לִבְרָכָה (בראשית-רבה א:ב): 'לָמָּה הִתְחִילָה הַתּוֹרָה מִבְּרֵאשִׁית? כִּי הָעַכּוּ"ם יֹאמְרוּ לָנוּ גַּזְלָנִים אַתֶּם, שֶׁכְּבַשְׁתֶּם אֶרֶץ שִׁבְעָה עֲמָמִין.

בִּשְׁבִיל זֶה, "כֹּחַ מַעֲשָׂיו הִגִּיד לְעַמּוֹ", שֶׁהִגִּיד שֶׁכָּל הָעוֹלָמוֹת הַכֹּל מַעֲשֵׂי יָדָיו, וּלְמִי שֶׁהַקָּדוֹשׁ־בָּרוּךְ־הוּא רוֹצֶה הוּא נוֹתֵן. וְזֶה, "לָתֵת לָהֶם נַחֲלַת גּוֹיִם", כִּי בְּיָדוֹ הַכֹּל'. וְכָל הַדְּבָרִים נִקְרָאִים 'כֹּחַ מַעֲשָׂיו', כְּנֶגֶד כ"ח אַתְוָן דְּעוֹבָדָא דִבְרֵאשִׁית, כְּנֶגֶד כ"ח פִּרְקִין דִּידַיִם.

2. Por qué la Torá empieza.... Parafraseando a Rashi sobre Génesis 1:1, donde esta enseñanza Midráshica es explicada en profundidad: El propósito de Dios al dar la Torá fue que el pueblo judío conociese Sus directivas para poder servirlo. Siendo ése el caso, ¿no habría sido más apropiado que la Torá comenzase estableciendo las leyes? En su lugar, la Torá detalla la historia de la Creación, demostrando que no sólo Dios creó el cielo y la tierra sino *también* todo lo que contienen. ¿Por qué tantos detalles? Para enfatizar que toda la Creación Le pertenece a Dios. Por lo tanto Él puede hacer con ella lo que desee. Así, si las naciones les dicen a los judíos, "¡Ustedes son unos ladrones! Ocuparon la tierra de las siete naciones", los judíos pueden responder, "El mundo entero es de Dios. Él lo creo. Y Él se lo da a quien considere apropiado. Primero Él les dio la Tierra Santa a las siete naciones. Después Él se la quitó y nos la dio a nosotros". Como prueba, el Midrash cita el versículo que se encuentra en nuestro texto proveniente de Salmos 111:6.

3. Sus poderosas obras...Sus manos. "Manifestó a su pueblo Sus poderosas obras" – al comienzo de la Torá. El rabí Natán agrega el versículo de Isaías (48:13), "Mi mano ha fundado la tierra y Mi diestra ha medido los cielos" (*Likutey Tefilot*). A partir de esto vemos que todo es obra de las manos de Dios.

4. KoaJ obras...Jaf Jet letras...Creación. La palabra hebrea para "poder", *koaj* (כח), tiene el valor numérico de 28. El *Zohar* (III, 245a) enseña que esto corresponde a las veintiocho letras hebreas del primer versículo de la Torá, "En el comienzo creó Dios...". En esas veintiocho letras yace el "poder de Dios" mediante el cual fue creado el mundo.

5. veintiocho secciones de las manos. Cada dedo de la mano tiene 3 secciones, aparte del pulgar, que tiene 2. Juntos, los cinco dedos suman un total de 14 secciones. Esto está aludido en el término hebreo para "mano", *IaD* (יד), que tiene el valor numérico de 14. Las dos manos así suman un total de 28 secciones. Como hemos visto en la nota previa, el poder de Dios durante

LIKUTEY MOHARÁN 44[1]

Ma Shemakin Kaf El Kaf Bishaat HaTefilá (**Concerniente al hecho de aplaudir durante la plegaria**):

Nuestros Sabios han enseñado (*Bereshit Rabah* 1:2): ¿Por qué la Torá empieza con "En el comienzo"? Pues las naciones nos dirán, "¡Ustedes son ladrones! Ustedes ocuparon la tierra de las siete naciones".[2]

{"**Manifestó a Su pueblo Sus poderosas obras, dándoles la herencia de la naciones**" (Salmos 116:6)}.

Debido a esto, "Manifestó a Su pueblo Sus poderosas obras". Él les dijo que todos los mundos eran completamente la obra de Sus manos.[3] Y el Santo, bendito sea, les da a aquellos a quien Él favorece. Esto es, "dándoles la herencia de las naciones". Pues todo se encuentra bajo Su control y todas las cosas son llamadas "Sus *KoaJ* (poderosas) obras" – paralelo a las *Jaf Jet* (veintiocho) letras del Acto de la Creación[4], paralelas a las veintiocho secciones de las manos.[5]

---

1. Likutey Moharán 44. Esta lección es *leshón Rabeinu z'l*, del manuscrito del Rebe Najmán (ver Lección #33, n.1). Fue dada en Shabat, 28 de Elul, 5562 (25 de septiembre de 1802) en Breslov, unas pocas semanas después de que el Rebe Najmán se hubiera mudado allí. El rabí Natán, que vivía en la ciudad cercana de Nemirov, había oído sobre el Rebe Najmán y fue a encontrarse con él a comienzo de esa semana (22 de Elul). Retornó a Breslov para el Shabat y para pasar Rosh HaShaná con el Rebe (*Until The Mashiach*, págs. 81-83; *A Través de Fuego y del Agua*, capítulo 5). Los temas principales de esta lección son: la plegaria con entusiasmo; aplaudir; y la caridad. Aplaudir es también uno de los temas más importantes de las dos lecciones siguientes y el rabí Natán agrupó en su *Likutey Tefilot* las Lecciones #44-46 en una sola plegaria.

Al poco tiempo de mudarse a Breslov, el Rebe Najmán se paró frente a la puerta de entrada de la sala de estudio y amonestó a los presentes por su falta de entusiasmo durante las plegarias. Él dijo que los jasidim en los días del Baal Shem Tov solían orar con una gran intensidad y pasión y quería que sus seguidores hiciesen lo mismo. Subsecuentemente dio varias lecciones concernientes al aplaudir y esforzarse en la plegaria. Ésta fue de hecho la primera lección que el rabí Natán oyó del Rebe Najmán y la registró inmediatamente (*Tzadik* #204). Sin embargo, como se indicó más arriba, la versión que aparece en el *Likutey Moharán* proviene del manuscrito del Rebe Najmán y no es la transcripción del rabí Natán. El *Parparaot LeJojmá* agrega: El Rebe Najmán hizo notar cierta vez, "Hemos conquistado la ciudad de Breslov aplaudiendo y bailando". Ello se debía a que al mudarse a Breslov el Rebe solía hablar sobre aplaudir y bailar, y él mismo bailó mucho durante ese año. (*Likutey Moharán* I, 10 fue dado ese año y también trata sobre este tema, ver n.1 allí).

וְזֶה יָדוּעַ, כִּי אֲוִירָא דְאֶרֶץ דְּעַמְמִין הִיא טְמֵאָה. וַאֲוִירָא דְּאֶרֶץ יִשְׂרָאֵל הוּא קָדוֹשׁ וְטָהוֹר, כִּי הוֹצִיא הַקָּדוֹשׁ־בָּרוּךְ־הוּא מִתַּחַת יַד הָעַכּוּ"ם וְנָתַן לָנוּ. אֲבָל אֶרֶץ עַמִּים, שֶׁהִיא חוּץ לָאָרֶץ, שָׁם אֲוִיר טָמֵא. וּכְשֶׁאָנוּ מְחָאָן כַּף אֶל כַּף, בָּזֶה נִתְעוֹרֵר כ"ח אַתְוָן דִּבְרֵאשִׁית, כֹּחַ מַעֲשָׂיו. וְנִמְצָא שֶׁבְּיָדוֹ לָתֵת לָנוּ נַחֲלַת גּוֹיִם, כִּי הַכֹּל שֶׁל הַקָּדוֹשׁ־בָּרוּךְ־הוּא. וּבָזֶה יֵשׁ כֹּחַ בְּיָדֵינוּ לְטַהֵר אֲוִיר אֶרֶץ הָעַמִּים, כִּי נֶחֱזַר אֶרֶץ הָעַמִּים תַּחַת מֶמְשֶׁלֶת הַקָּדוֹשׁ־בָּרוּךְ־הוּא, וּבְיָדוֹ לָתֵת לְכָל מִי שֶׁיִּרְצֶה, כְּמוֹ שֶׁכָּתוּב: "לָתֵת לָהֶם נַחֲלַת גּוֹיִם". וְאָז נִטְהָר אֲוִיר הַמָּקוֹם שֶׁאִישׁ הַיִשְׂרְאֵלִי מִתְפַּלֵּל, וְשׁוֹאֵב אֲוִיר הַקָּדוֹשׁ כְּמוֹ בְּאֶרֶץ יִשְׂרָאֵל:

גַּם עַל יְדֵי מְחָאַת כַּף, נִתְגָּרֵשׁ אֲוִיר הַטָּמֵא. כִּי עַל־יְדֵי [מְחָאַת] כַּפַּיִם נִשְׁמָע קוֹל, וְקוֹל הַזֶּה הוּא אֲוִיר קָדוֹשׁ, מכ"ח אַתְוָן דְּעָבְדָּא דִּבְרֵאשִׁית, מכ"ח פִּרְקִין דְּיָדַיִם. כְּמוֹ שֶׁאָנוּ רוֹאִין בְּחוּשׁ, שֶׁנִּתְגָּרֵשׁ הָאֲוִיר עַל־יְדֵי מְחָאַת כַּפַּיִם:

9. aplaudimos…Sus KoaJ obras. Orar a Dios es una expresión de nuestro reconocimiento de Su poder, de Su omnipotencia por sobre el mundo, que es la obra creada por Sus manos. Cuando la persona aplaude al orar (como se mencionó al comienzo de nuestra lección), las 28 secciones de sus manos despiertan el poder creativo de Dios, *KoaJ* (28) obras paralelas de la Creación.

10. pertenece al Santo, bendito sea. Al aplaudir invocamos el poder de la Creación, que, como se explicó, trae el reconocimiento del gobierno de Dios sobre el mundo. Todos reconocen así que Él tiene la autoridad –poder/manos– para elegir cuál tierra considera apta para dársela a los judíos.

11. purificar el aire…. Cuando, mediante el aplaudir, se revela el gobierno de Dios sobre la tierra, este despertar del *koaj* de la Creación produce una revelación de Divinidad incluso en la tierra de las naciones de modo que también allí el aire se vuelve puro.

12. como en la Tierra de Israel. Así, el primer motivo para aplaudir durante la plegaria es que al hacerlo uno trae sobre sí el aire sagrado de la Tierra Santa. (Es importante recordar que las manos, las 28 secciones, representan el *koaj* de Dios y la Tierra Santa, pues éste es un elemento recurrente de la lección).

El Rebe Najmán presentará ahora varios motivos adicionales que explican por qué aplaudir es importante.

13. Aplaudir aleja el aire. Además del hecho de establecer el gobierno de Dios sobre el mundo entero, trayendo así el aire sagrado hacia el lugar en el cual uno se encuentra, aplaudir al orar

Y es sabido que el aire de la tierra de las naciones es impuro,[6] mientras que el aire de la Tierra de Israel es santo y puro, porque el Santo, bendito sea, la sacó de las manos de las naciones y nos la dio a nosotros.[7] Pero en la tierra de las naciones –estando fuera de la Tierra[8]– el aire es impuro.

Así, cuando aplaudimos, despertamos las veintiocho letras del <Acto de la> Creación, "Sus *KoaJ* (poderosas) obras".[9] Vemos, entonces, que está en Sus manos el darnos la herencia de las naciones. Porque todo le pertenece al Santo, bendito sea.[10] Con esto tenemos el *koaj* en nuestras manos para purificar el aire de la tierra de las naciones, pues la tierra de las naciones retorna al gobierno del Santo, bendito sea.[11] Y está en Sus manos el dársela a quien Él quiera, como está escrito, "para darles la herencia de las naciones". Entonces, el lugar en el cual ora un judío se purifica y él respira el aire sagrado como en la Tierra de Israel.[12]

2. Aplaudir también aleja el aire impuro. Ello se debe a que al {golpear} las manos se oye un sonido. Ese sonido es aire sagrado, proveniente de las veintiocho letras del Acto de la Creación, las veintiocho secciones de las manos. Tal como vemos empíricamente, que al aplaudir se expulsa el aire.[13]

---

la Creación se manifestó a través de Sus manos, que Él utilizó al crear el mundo. De aquí aprendemos que el *KoaJ* de la Creación se encuentra en las manos.

6. el aire de la tierra...impuro. Ver *Shabat* 15a y sig. La Torá enseña que tanto un cadáver como el área de una tumba son impuros, de modo que todo aquel que llegue a estar en contacto con alguno de los dos también se volverá impuro y tendrá prohibido entrar al Templo o consumir *terumá* (diezmo). La impureza también puede transferirse a través de contactos indirectos, como cuando la persona se encuentra en una habitación que cubre un cadáver o una tumba (*tumat ohel*, tal como una morgue o un mausoleo). Cuando el pueblo judío residía en la Tierra Santa, se tomaba el cuidado de marcar todas las tumbas; todo lugar que no estuviese marcado era considerado por lo tanto libre de impureza. Sin embargo, fuera de la Tierra Santa no había manera de asegurar que el suelo sobre el cual se caminaba no estuviese impuro. Consecuentemente, nuestros Sabios decretaron que el aire de las tierras de la naciones es impuro y que todo judío que venga de allí y que quiera entrar al Templo o comer *terumá* deberá primero purificarse (*Rambam* trata estas leyes en *Iad HaJazaká, Hiljot Tumat Met*, Capítulo 11). El Rebe Najmán explicará ahora este concepto dentro del contexto de nuestra lección.

7. nos la dio a nosotros. El pueblo judío recibió la orden de guardar las leyes de pureza y sabe cómo cuidarse de la impureza. Por lo tanto, el aire de la Tierra de Israel es considerado santo e impurificable.

8. fuera de la Tierra. Éste es el significado literal de *jutz learetz* (la Diáspora). Las tierras de las naciones están fuera del ámbito del gobierno judío y son por lo tanto impuras.

וּבִשְׁבִיל זֶה צָרִיךְ לִקְבֹּעַ מָקוֹם לִתְפִלָּתוֹ (ברכות ו:), כְּמוֹ שֶׁאָנוּ
רוֹאִין בְּחוּשׁ, שֶׁבְּנֵי אָדָם הַבָּאִים לִמְדִינָה שֶׁאֵינָם מְרֻגָּלִים בַּאֲוִירָהּ,
עַל־יְדֵי־זֶה הֵם נֶחֱלָשִׁים וּמֵתִים, אֲפִלּוּ מִנָּוֶה הָרָעָה לְנָוֶה הַיָּפָה. כֵּן
הַדָּבָר בַּתְּפִלָּה, אֲפִלּוּ כְּשֶׁעוֹמֵד לְהִתְפַּלֵּל בְּמָקוֹם שֶׁהִתְפַּלֵּל צַדִּיק,
אַף־עַל־פִּי־כֵן קָשֶׁה לוֹ מְאֹד לְהִתְפַּלֵּל שָׁם, כִּי אֵינוֹ מְרֻגָּל בַּאֲוִירָא
שֶׁל מָקוֹם, כָּל שֶׁכֵּן מִנָּוֶה הַיָּפָה לְנָוֶה הָרָעָה:

וְזֶה שֶׁאָמְרוּ חֲכָמֵינוּ זִכְרוֹנָם לִבְרָכָה (שם): 'כָּל הַקּוֹבֵעַ מָקוֹם וְכוּ',
אֱלֹקֵי אַבְרָהָם בְּעֶזְרוֹ'. כִּי עַל יָדוֹ נִבְנֶה עוֹלָם מֵחָדָשׁ, וּבִנְיַן עוֹלָם
עַל יְדֵי אַבְרָהָם, כְּמוֹ שֶׁכָּתוּב (תהלים פט): "עוֹלָם חֶסֶד יִבָּנֶה":

וְזֶה דְּאִיתָא בַּתִּקּוּנִים תִּקּוּן עֶשְׂרִין וּתְרֵין (דף סו.): וּבְהַאי כֹּחַ יִשְׂרָאֵל
מִתְתַּקְּפִין עַל אֱדוֹם. וְעוֹד: צָרִיךְ לְסָלְקָא לְהַאי כֹּחַ לְגַבֵּי חָכְמָה,

17. a través de él…nuevamente. Es decir, el mundo se construye nuevamente a partir de las plegarias de aquel que ora en un lugar fijo. Ello se debe a que la plegaria invoca los poderes de la Creación (ver n.9).

18. El mundo se construye con bondad. Abraham era el paradigma de la hospitalidad y de la bondad y así llegó a ser el epítome del atributo de la bondad, *jesed*. De acuerdo a ello personifica la *sefirá* de *Jesed*, la Bondad (ver Apéndice: Los Siete Pastores Superiores). Cuando la persona ora y ello despierta el poder de la Creación, invoca el poder de *Jesed*, pues "el mundo se construye con *jesed*". Y dado que invoca a *Jesed*, "el Dios de Abraham/*Jesed* viene en su ayuda".

19. koaj…ser elevado hacia Jojmá. Este pasaje del *Tikuney Zohar* habla del *koaj* de la Creación, las 28 letras del primer versículo de la Torá, que, al ser despertadas mediante la plegaria y el arrepentimiento, elevan las fuerzas del bien (Israel) y eliminan las fuerzas del mal (Edom). El *Zohar* continúa explicando que *koaj* (28) corresponde a *Biná* y está enraizado en los diez dedos, que corresponden a *Jojmá*. El *koaj* de la Creación/*Biná* debe ascender hacia su fuente, *Jojmá* – lo que se logra por medio de la plegaria apropiada (*Tikuney Zohar, loc. cit.*). *Matok Midbash* explica: Cuando el Santo nombre de Dios está en la *sefirá* de *Keter* tiene cuatro letras (IHVH), se expande a diez letras (IUD HI VIV HI) en *Jojmá* (correspondiente a los diez dedos), las que se expanden a veintiocho letras (IUD VIV DLT, HI IUD, VIV IUD VIV, HI IUD) en *Biná*. Éste es el significado del *KoaJ* (28) de la Creación correspondiente a *Biná* y enraizado en *Jojmá*, a donde asciende.

Los puntos de este pasaje se relacionan con nuestra lección. El primero es que la supresión de Edom, análogo a "la tierra de las naciones", se produce a través del *koaj*, que en nuestro contexto proviene de aplaudir mientras se está orando. Entonces Israel, representante de la santidad y de la Tierra Santa, toma la supremacía y el aire que rodea a la persona se vuelve puro. El segundo punto al cual hace referencia el Rebe Najmán es *koaj/Biná* ascendiendo y uniéndose con Jojmá. En nuestro contexto, esto se refiere a las 28 secciones de las manos unidas como diez dedos – i.e., el aplaudir. Como resultado, el *koaj* completo de la Creación se introduce en el mundo y éste se construye nuevamente.

Debido a ello es necesario tener un lugar fijo para orar (*Oraj Jaim* 90:19). Como apreciamos de manera empírica, cuando la gente va <de un país> a otro y no está acostumbrada al aire [de ese nuevo lugar], se enferma y fallece, aunque haya pasado de un mal clima hacia un clima bueno.[14] Lo mismo se aplica a la plegaria. Aunque uno se ponga de pie para orar en el lugar en el cual haya orado [anteriormente] un Tzadik, aun así le será muy difícil elevar una plegaria allí. Porque no estará acostumbrado al aire de ese lugar. Más aún si pasa de un buen clima a uno malo.[15]

Esto es lo que enseñaron nuestros Sabios (*Berajot* 6 b): Todo aquel que fija un lugar [para sus plegarias], el Dios de Abraham viene en su ayuda.[16] Pues a través de él el mundo se construye nuevamente.[17] Y la construcción del mundo es a través de Abraham, como está escrito (Salmos 89:3), "El mundo se construye con bondad".[18]

Y esto es lo que dice en el *Tikuney Zohar*, *Tikún* #22 (p. 68a): Con este *koaj* Israel vence a Edom. Y también: Este koaj debe ser elevado hacia *Jojmá*.[19] Esto corresponde a "Todo aquel que fija un lugar para

también aleja el aire impuro de los alrededores. Esto, dice el Rebe Najmán, es algo que podemos comprobar de manera empírica.

14. de un mal clima hacia un clima bueno. El Talmud (*Ketuvot* 110b) enseña que la persona no siempre puede insistir que su familia se mude de un lugar a otro, dado que un cambio en el clima, incluso para mejor, suele producir malos efectos.

15. de un buen clima a uno malo. La persona debe por lo tanto tener un lugar fijo en la sinagoga o incluso en su propio hogar, en el cual orar (*Mishná Brurá* 90:59).

16. Todo aquel que fija...en su ayuda. El Talmud aprende esto a partir del versículo (Génesis 19:27), "Abraham se levantó temprano en la mañana, [apurándose para retornar] al lugar en donde estuvo de pie ante Dios" – i.e., al lugar que había establecido para sus plegarias. Y así como las plegarias de Abraham siempre eran respondidas y Dios siempre venía en su ayuda, de la misma manera, todo aquel que tenga un lugar fijo para sus plegarias será ayudado por Dios. Los comentarios ofrecen varias razones para establecer un lugar para las plegarias. Rashba opina que, debido a que la persona debe orar con concentración, tener un lugar fijo es vital pues permite que uno sea más consciente de Dios y que ore de acuerdo a ello (*Rashba, loc. cit., v.i. kol*). El *Maharsha* sugiere que cada lugar y dirección tiene su propia influencia y poder Divino particular. Esto es como enseñan nuestros Sabios (*Bava Batra* 25b): "Todo aquel que quiera ser sabio deberá mirar hacia el sur [al orar], mientras que todo aquel que desee riquezas deberá mirar al norte". Sin embargo cuando la persona tiene un lugar fijo para sus plegarias, unifica todos los poderes Divinos en uno solo, para servir al Dios Único. El establecer un lugar indica que sus plegarias tienen una intención pura; Le implora a Dios que le otorgue sus pedidos debido a Su compasión y amor, y no porque ha encontrado "otras maneras" (el equivalente de lugares que no están fijos) para procurar sus pedidos (*Maharsha, loc. cit., v.i., kol*).

וְזֶה בְּחִינַת: 'כָּל הַקּוֹבֵעַ מָקוֹם לִתְפִלָּתוֹ אֱלֹקֵי אַבְרָהָם בְּעֶזְרוֹ'. כִּי אַבְרָהָם הוּא יָמִין, 'הָרוֹצֶה לְהַחְכִּים יַדְרִים' (בבא בתרא כה:).
וְעוֹד, 'אֱלֹקֵי אַבְרָהָם בְּעֶזְרוֹ', כִּי אַבְרָהָם הוּא רִאשׁוֹן לְהַשָּׂגַת אֶרֶץ־יִשְׂרָאֵל. כִּדְאִיתָא בַּזֹהַר (לך-לך עח.): 'תָּקֵל בְּתִקְלָא עַד דְּאִתְגַּלְיָא לֵהּ':

וְזֶה פֵּרוּשׁ, (ברכות כו:): 'תְּפִלּוֹת כְּנֶגֶד תְּמִידִין תִּקְּנוּם'.
'תָּמִיד', זֶה בְּחִינוֹת אֶרֶץ־יִשְׂרָאֵל. כְּמוֹ שֶׁכָּתוּב (דברים יא): "תָּמִיד

Sopesó esto una y otra vez y gradualmente llegó a comprender que no sólo la tierra era única y superior a todas las otras tierras, sino que era también el fundamento y el sustrato del cual surgieron y emergieron todas las otras tierras y que la fuerza celestial que gobernaba sobre ella era el Elemento y Raíz del cual emergieron todas las otras fuerzas. Las Escrituras afirman por lo tanto, "Ellos partieron de Ur Kasdim, hacia la tierra de Canaán, pero llegaron hasta Jarán y allí se establecieron" (Génesis 11:31). Abraham se alejó de los caminos y de las ideologías de los Kasdim (caldeos), esperando que al acercarse a la tierra de Canaán ello le permitiría lograr una revelación de su naturaleza. Pero cuando comprendió que ello no iba a suceder, llegó sólo hasta Jarán y allí se quedó, temiendo entrar a la Tierra Santa sin comprender primero la naturaleza de Aquél que gobernaba sobre ella. Esperó hasta que Dios Mismo, reconociendo el gran anhelo de Abraham por comprender la santidad de la Tierra, se le reveló (basado en *Matok Midbash, loc. cit.*). Por lo tanto, aunque otras naciones vivieron en la Tierra Santa, para ellas era "la tierra de las naciones". Abraham fue el primero en apreciar la santidad de la Tierra Santa que, como hemos visto, despierta el *koaj* de la Creación. Así, "todo aquel que fija un lugar para sus plegarias" –i.e., despierta el *koaj* de la Creación– "El Dios de Abraham viene en su ayuda", pues sus plegarias están ofrecidas en la "Tierra Santa" y son puras.

24. plegarias…TMIDin. El Talmud enseña que las plegarias diarias fueron establecidas como un paralelo de los sacrificios diarios en el Santo Templo, los *tmidin*. Regularmente se ofrecían dos ovejas, una por la mañana y otra por la tarde. Con esto en mente los Hombres de la Gran Asamblea establecieron las plegarias de *Shajarit* y de *Minjá*. Además, se estableció una tercera plegaria, *Maariv*, como paralelo del hecho de llevar al altar aquellas partes de los sacrificios que no habían sido llevadas antes del anochecer.

El Rebe Najmán afirma que lo que él ha enseñado concerniente a la Tierra Santa está incluido en las palabras de esta enseñanza Talmúdica. En el original, la frase "Las plegarias (*tefilot*) fueron establecidas (*tiknum*) como un paralelo (*kenegued*) de las ofrendas continuas (*tmidin*)" se lee como: *Tefilot kenegued tmidin tiknum*; interpretando esta frase de manera diferente, el Rebe quiebra la oración en dos cláusulas: *Tefilot kenegued* y *tmidin tiknum*. También comprende la palabra *kenegued* como significando "oposición" en lugar de "paralelo" y lee *tiknum* como si fuera *tikunam*, "su rectificación". Así *tefilot kenegued* aquí significa "plegarias enfrentadas" – esto es, la persona tiene dificultades para concentrarse en la plegaria y es como si sus plegarias enfrentasen oposición. Entonces, *tmidin tiknum* – la manera de rectificar las plegarias es a través del aspecto de *tmidin*. El Rebe ahora explica esto dentro del contexto de la lección.

sus plegarias, el Dios de Abraham viene en su ayuda". Ello se debe a que Abraham es el lado derecho,[20] y "aquel que quiera ser sabio deberá mirar hacia el sur" (Bava Batra 25b).[21]

Más aún, "El Dios de Abraham viene en su ayuda",[22] porque Abraham fue el primero en apreciar la Tierra de Israel. Como dice en el *Zohar* (I, 78a): Él sopesó en la balanza, hasta que se le reveló [la naturaleza de la Tierra Santa].[23]

3. Ésta es la explicación de: Las plegarias *TiKNUM* (fueron establecidas) kenegued (como un paralelo) de los *TMIDin* (ofrendas continuas) (Berajot 26b).[24]

TaMID es un aspecto de la Tierra de Israel, como está escrito

---

El rabí Natán relaciona esto con la persona que está unida a los verdaderos Tzadikim, como resultado de lo cual merece comprender el *koaj* de Dios inherente en la Creación y siempre puede superar las fuerzas del mal y alcanzar el bien (*Torat Natán* #1).

20. Abraham es el lado derecho. *Jesed* está en el lado derecho de la estructura de las *sefirot*; generalmente ese lado es conocido como el lado de *Jesed*. (Esto en contraste con *Guevurá* que se encuentra del lado izquierdo en el orden de las *sefirot*). Ver la nota siguiente.

21. deberá mirar hacia el sur. Éste es el consejo de nuestros Sabios para aquel que esté orando, pidiendo por sabiduría (ver n.16). En el Santo Templo, la Menorá, símbolo de la luz de la sabiduría (*Jojmá*), estaba ubicada hacia el sur; el Pan de la Proposición, símbolo de prosperidad (*Biná*), estaba hacia el norte. Nuestros Sabios enseñaron por lo tanto que la persona que busque sabiduría deberá favorecer el sur, mientras que la persona que quiera riquezas y prosperidad deberá favorecer el norte. En nuestro contexto, para alcanzar *Jojmá* ("ser sabio") es necesario mirar hacia la derecha, *Jesed*. Así, "todo aquel que fija un lugar para sus plegarias..." – todo aquel que despierta *Jojmá* y *Biná* mediante el aplaudir durante la plegaria, fijando así su lugar con el aire de la pureza – despierta el *koaj* de la Creación. Dado que "el mundo se construye con bondad", ese despertar y unir a *Jojmá* y *Biná* construye el mundo nuevamente – i.e., invoca la memoria de Abraham.

22. ...en su ayuda. El Rebe Najmán agrega ahora otro motivo por el cual "el Dios de Abraham viene en su ayuda".

23. se le reveló. El *Zohar* enseña que cada tierra está controlada por un ángel guardián que reside en un lugar en el cielo correspondiente a esa tierra. Cuando Dios le dijo a Abraham, "ve a la tierra que te mostraré" (Génesis 12:1), Abraham sopesó y consideró la naturaleza de cada tierra y fue capaz de determinar a qué nación le pertenecía y quién era su ángel guardián en el firmamento correspondiente. Pero cuando consideró la tierra que estaba en el centro del mundo, la tierra que más tarde se volvería la Tierra de Israel, fue incapaz de profundizar en su naturaleza y determinar a qué nación le pertenecía. Sopesó la tierra en la escala de su mente, buscando de dónde provenía, pero se sintió confundido en su búsqueda. Ello se debió a que la Tierra Santa no es como las otras tierras; su firmamento correspondiente está gobernado directamente por la Providencia Divina. Abraham tenía aún que alcanzar un nivel de percepción que le permitiera profundizar en ello.

עֵינֵי ה' אֱלֹקֶיךָ בָּהּ". הַיְנוּ צָרִיךְ לִרְאוֹת שֶׁיִּתְפַּלֵּל תְּפִלָּתוֹ בַּאֲוִירָא דְּאֶרֶץ־יִשְׂרָאֵל. הַיְנוּ תִּקּוּן מַחֲשָׁבוֹת זָרוֹת שֶׁבַּתְּפִלָּה, שֶׁהֵם בְּחִינוֹת תְּפִלּוֹת כְּנֶגֶד כַּנַּ"ל. תִּקּוּנָם עַל־יְדֵי תָמִיד, עַל יְדֵי בְּחִינוֹת אֶרֶץ־יִשְׂרָאֵל:

וְזֶה פֵּרוּשׁ, (הושע יב): "וּבְיַד הַנְּבִיאִים אֲדַמֶּה". עַל־יְדֵי הַיָּדַיִם, עַל־יְדֵי מְחִאַת כַּף, הַדִּבּוּרִים נִדְבָּרִים בְּ"אַדְמַת קֹדֶשׁ" (זכריה ב). נְבִיאִים, לְשׁוֹן דִּבּוּר.

גַּם נִתְבַּטֵּל הֶרֶג וַאֲבַדּוֹן מֵעוֹלָם, כִּי הַיָּדַיִם הֵם בְּחִינוֹת: "יְהִי אוֹר וַיְהִי אוֹר", יְמִינָא וּשְׂמָאלָא, וּכְתִיב (בראשית א): "וַיַּרְא אֱלֹקִים אֶת הָאוֹר וְכוּ', וַיַּבְדֵּל בֵּין הָאוֹר" – דָּא אַהֲרֹן. "וּבֵין הַחֹשֶׁךְ" – דָּא

portavoz". El versículo se traduce en nuestro contexto como: **Por manos de los profetas** – Al aplaudir durante la plegaria, **adamé** – el aire alrededor de uno se vuelve puro.

29. Haya luz, y hubo...derecha e izquierda. El texto aquí (hasta la cita de Levítico) proviene del *Tikuney Zohar* (#30, p.74a). El *Zohar* enseña que las primeras palabras de Dios al comienzo de la Creación, "*Ihí or* (Haya luz)", indican *Jesed*, el lado derecho (ver n.20). Las siguientes palabras de las Escrituras, "*vaihí or* (y hubo luz)", indican *Guevurá* (Juicios), el lado izquierdo. Continúa el *Tikuney Zohar*...

30. Dios vio la luz. Esto indica *Tiferet*, la columna del centro, que es una unificación de la derecha y de la izquierda.

31. Separó la luz. La luz original, como hemos visto, incluye tanto *Jesed* como *Guevurá*. Cuando *Jesed* y *Guevurá* estaban unificados en *Tiferet*, no había manera de distinguir entre los dos. Así cuando Dios los separó, Él separó entre la derecha y la izquierda. A *Jesed* lo llamó "luz" y a *Guevurá*, "oscuridad" (en este caso, la oscuridad también está asociada con la santidad).

32. luz...Aarón...oscuridad...Koraj. La tribu de Leví fue elegida para servir a Dios en el Santuario y en el Templo. De los Levitas, sólo Aarón y sus descendientes fueron seleccionados para ser cohanim. Esto enojó a Koraj, que también era un Levita, quien sintió que también él merecía ser parte de la clase sacerdotal (ver Números 16:10).

En la Kabalá, los cohanim están asociados con *Jesed*/el lado derecho, mientras que los levitas están asociados con *Guevurá*/el lado izquierdo. Así en nuestro contexto, Aarón, un cohen, corresponde a "la luz", mientras que Koraj, un levita, corresponde a "la oscuridad". El *Tikuney Zohar* agrega que Moshé corresponde a *Tiferet*, la columna del centro, que debería haber unificado a Aarón y a Koraj. Pero Koraj se vió arrastrado hacia las fuerzas del mal y orgullosamente se opuso a que Aarón recibiese el sacerdocio. Como resultado tanto él como sus seguidores fueron destruidos. En nuestro contexto, esto demuestra que cuando la mano derecha y la mano izquierda están separadas, prevalece el potencial para la muerte y la destrucción. Pero cuando hay una unificación entre las dos manos, como cuando se aplaude, esto hace

(Deuteronomio 11:12), "[Tierra de la cual Dios, tu Señor, tiene especial cuidado;] los ojos de Dios, tu Señor, están *TaMID* (continuamente) sobre ella".²⁵ En otras palabras, la persona debe tratar de recitar las plegarias en el aire de la Tierra de Israel. Ésta es la rectificación de los pensamientos externos durante la plegaria, que corresponden a las arriba mencionadas "plegarias *kenegued* (enfrentadas)". *TiKUNaM* (su rectificación) se produce a través de *tamid*, a través del aspecto de la Tierra de Israel.²⁶

Y ésta es la explicación de "y por manos de los *NeViim* (profetas) *ADaMé* (Yo Me expresé en parábolas)" (Hoshea 12:11). Mediante las "manos", aplaudiendo, las palabras son dichas en la "*ADaMá* (tierra) que es santa" (Zacarías 2:16).²⁷ "*NeViim*" es similar a <*NiV sefataim (*una expresión de los labios), un aspecto de la palabra dicha durante la plegaria>.²⁸

4. {"**Dios dijo, 'Haya luz', y hubo luz. Dios vio la luz, que era buena; y Dios separó la luz de la oscuridad**" (Génesis 1:3, 4)}.

También <al aplaudir>, se eliminan del mundo el asesinato y la destrucción. Pues las manos son un aspecto de "'Haya luz', y hubo luz" – derecha e izquierda.²⁹ Y está escrito "Dios vio la luz"³⁰... y [Dios] separó la luz"³¹ –éste es Aarón– "de la oscuridad" – éste es Koraj.³² Esto

---

25. ...TaMID continuamente sobre ella. A partir de este versículo en Deuteronomio podemos ver la conexión entre la Tierra de Israel y el aspecto de *tamid*. De manera similar, enseña el Midrash (*Shojer Tov* 105): Si quieres ver la Presencia Divina en este mundo, estudia Torá en la Tierra Santa, como está escrito (Salmos 105:4), "busca Su rostro *tamid* (constantemente)". La palabra *TaMID* (תמיד) es similar a *TMIDin* (תמידין, ofrendas continuas) y en nuestro contexto, la Tierra de Israel/*tamid* representa el aire sagrado como opuesto al aire impuro de las otras tierras.

26. TiKUNaM...Tierra de Israel. *Tefilot kenegued tmidin tiknum* se traduce así en nuestro contexto como sigue: **Tefilot kenegued** – Cuando los pensamientos extraños crean oposición a las plegarias, **tmidin tiknum** – entonces el aspecto de *tamid*, de orar en el aire de la Tierra Santa, podrá rectificarlo. Ello se debe a que cuando la persona se envuelve en la Tierra Santa, el aire es puro.

27. ADaMé...ADaMá que es santa. También en este versículo el Rebe Najmán encuentra conexiones con la lección. El término hebreo para "Yo Me expresé en parábolas", *ADaMé* (אדמה), tiene las mismas letras que la palabra "tierra", *ADaMá*. Y "por manos de" alude al aplaudir. En nuestro contexto, esto hace referencia al hecho de aplaudir para purificar el aire, transformándolo así en el aspecto del aire de la Tierra Santa.

28. NeViim...NiV sefataim...durante la plegaria. El término hebreo para "profetas", es *NeViim* (נביאים) parecido al término *NiV* (ניב), que indica una expresión o movimiento de los labios – i.e., el habla. Rashi (Éxodo 7:1) explica así que "Aarón será tu *NaVí*" significa "tu

קֹרַח (תיקונים תיקון ל דף עד.).: וְזֶה בְּחִינוֹת (ויקרא כו): "וְנָתַתִּי שָׁלוֹם בָּאָרֶץ וְחֶרֶב לֹא תַעֲבֹר בְּאַרְצְכֶם":

אַתֶּם נִצָּבִים הַיּוֹם (דברים כט): – 'אֵין עֲמִידָה אֶלָּא תְּפִלָּה' (ברכות ו:).

לִפְנֵי ה' אֱלֹקֵיכֶם – זֶה בְּחִינוֹת אֶרֶץ יִשְׂרָאֵל, כְּמוֹ שֶׁאָמְרוּ חֲכָמֵינוּ זִכְרוֹנָם לִבְרָכָה (כתובות קי:): 'כָּל הַדָּר בְּאֶרֶץ יִשְׂרָאֵל כְּמִי שֶׁיֵּשׁ לוֹ אֱלוֹקַי'. הַיְנוּ עַל־יְדֵי מָה תִּזְכּוּ שֶׁתְּהֵא תְּפִלַּתְכֶם בַּאֲוִירָא דְּאֶרֶץ יִשְׂרָאֵל?

רָאשֵׁיכֶם שִׁבְטֵיכֶם וְכוּ', וּמוֹנֶה עֶשֶׂר בְּחִינוֹת, הַיְנוּ בְּחִינוֹת מְחִיאַת כַּף. עַל יְדֵי מְחִיאַת כַּפַּיִם, הַתְּפִלָּה הִיא בַּאֲוִירָא דְּאֶרֶץ יִשְׂרָאֵל כַּנַּ"ל:

תְּפִלּוֹת כְּנֶגֶד תְּמִידִין וְכוּ', הַיְנוּ בְּחִינוֹת אֶרֶץ־יִשְׂרָאֵל. הַיְנוּ עַל־יְדֵי מְחִיאַת כַּפַּיִם, נִתְבַּטֵּל מַחֲשָׁבוֹת עכו"ם. כִּי כָּל הַדָּר בְּחוּץ לָאָרֶץ דּוֹמֶה כְּמִי שֶׁאֵין לוֹ אֱלוֹקַי, וְכָל הַדָּר בְּאֶרֶץ־יִשְׂרָאֵל, דּוֹמֶה כְּמִי שֶׁיֵּשׁ לוֹ אֱלוֹקַי. וְעַל יְדֵי מְחִיאַת כַּף, אֲזַי הוּא דָר בַּאֲוִירָא

35. De pie no es otra cosa que la plegaria. El Talmud aprende esto del versículo "Pinjas se puso de pie y oró" (Salmos 106:30). "De pie" alude así a la plegaria en general y más específicamente a la plegaria de la *Amidá* (de pie), conocida también como *Shmone Esere* (Dieciocho Bendiciones).

36. Todo aquel que vive…tiene un Dios. Tener un Dios es lo opuesto de la idolatría; corresponde a la fe. Como se mencionó más arriba, la Tierra Santa es el lugar para llegar a ser dignos de percibir la Presencia Divina (n.25).

37. diez aspectos…Tierra de Israel. Los diez componentes de la nación corresponden a los diez dedos, el *koaj* que se encuentra en la Creación y que demuestra la santidad y pureza de la Tierra Santa.

El versículo se traduce así en nuestro contexto como sigue: **Hoy están todos de pie delante de Dios, tu Señor** – Para que la persona pueda orar en la Tierra Santa, **tus líderes, las cabezas de tus tribus…** – debe unir los diez dedos al aplaudir, despertando así el aire puro de la Tierra Santa.

38. plegarias…tmidin…Tierra de Israel. Esto aparece más arriba, en la sección 3 y en las notas 24-26.

corresponde a "Yo daré paz en la tierra… y no pasará la espada por la tierra de ustedes" (Levítico 26:6).[33]

5. {"**Hoy están todos de pie delante de Dios, tu Señor, tus líderes, las cabezas de tus tribus, [tus ancianos y tus magistrados, con todos los hombres de Israel, tus niños, tus mujeres y el extranjero que está en medio de tu campamento, desde tu leñador hasta tu aguador]**" (Deuteronomio 29:9)}.[34]

Hoy están todos de pie – "De pie" no es otra cosa que la plegaria (*Berajot* 6b).[35]

delante de Dios, tu Señor – Esto corresponde a la Tierra de Israel, como enseñaron nuestros Sabios: Todo aquel que vive en la Tierra de Israel es <como> alguien que tiene un Dios (*Ketuvot* 110b).[36] En otras palabras, ¿cómo es posible merecer que tus plegarias estén en el aire de la Tierra de Israel?

tus líderes, las cabezas de tus tribus… – [Las Escrituras] hacen una lista de diez aspectos – i.e., el aspecto de aplaudir. Como está explicado, al aplaudir la plegaria se encuentra en el aire de la Tierra de Israel.[37]

6. "Las plegarias fueron establecidas como paralelo de los *tmidim* (ofrendas continuas)" – i.e., un aspecto de la Tierra de Israel.[38] En otras palabras, al aplaudir se eliminan los pensamientos idólatras. Ello se debe a que: Todo aquel que vive en la diáspora es como alguien que no tiene Dios; pero todo aquel que vive en la Tierra de Israel es como alguien que tiene un Dios. Así, al aplaudir, [la persona] vive en el aire de la Tierra de Israel

---

que las fuerzas opuestas se junten, dando como resultado la eliminación del asesinato y de la destrucción en el mundo (cf. Lección #46 y notas 26, 27).

33. paz en la tierra…la espada…. La paz es un aspecto de la columna del centro, *Tiferet* (ver más arriba y Lección 33:1, n.8, donde esto se explica en detalle). En este sentido ello corresponde al hecho de aplaudir. Y cuando hay "paz en la tierra… no pasará la espada", no hay asesinatos ni destrucción – pues ambos han sido eliminados al aplaudir, lo que unifica los lados opuestos. Además, "tierra" denota la Tierra Santa y por extensión el aire sagrado que despierta debido al aplaudir. Así, de diferentes maneras, este versículo corresponde a los conceptos tratados en la lección.

34. Hoy están todos…. La lectura de la Torá del Shabat en el cual fue dada esta lección era *Nitzavim* (Deuteronomio 29:9-30:20), de modo que ahora el Rebe Najmán explica cómo las palabras de apertura de esa porción se unen con la lección. En la versión manuscrita, esto aparece como un texto separado. Pero tal como escribe el rabí Natán al final de esta lección: Aunque las partes parecen ser pensamientos separados, de hecho están conectadas.

דְּאֶרֶץ־יִשְׂרָאֵל, וְיֵשׁ לוֹ אֱלוֹקִי. וְנִתְבַּטֵּל מַחְשְׁבוֹת עַכּוּ"ם.

וּתְפִלָּה הִיא בְּחִינַת אֱמוּנָה, כְּמוֹ שֶׁכָּתוּב (שמות יז): "וַיְהִי יָדָיו אֱמוּנָה עַד בֹּא הַשָּׁמֶשׁ", וְתַרְגּוּמוֹ: "פְּרִישָׁן בִּצְלוֹ". וְנֶגֶד אֱמוּנָה, הֵם הַכְּפִירוֹת מַחְשְׁבוֹת עַכּוּ"ם. וְתִקּוּנָם עַל־יְדֵי תְּמִידִין, עַל יְדֵי אֶרֶץ יִשְׂרָאֵל, עַל יְדֵי מְחָאַת כַּף:

וְזֶהוּ פֵּרוּשׁ (ישעיה סב): "וְהָיִית עֲטֶרֶת תִּפְאֶרֶת בְּיַד ה'". פֵּרוּשׁ: עַל־יְדֵי יַד ה', עַל יְדֵי מְחָאַת כַּף, שֶׁנִּתְעוֹרֵר יָדָיו שֶׁל הַקָּדוֹשׁ־בָּרוּךְ־הוּא כַּנַּ"ל, עַל־יְדֵי־זֶה נִתְתַּקֵּן הַרְהוּרֵי עַכּוּ"ם. כִּי עַל־יְדֵי עַכּוּ"ם פּוֹגֵם בְּתִפְאֶרֶת, כְּמוֹ שֶׁכָּתוּב (שם מד): "כְּתִפְאֶרֶת אָדָם לָשֶׁבֶת בָּיִת". כְּשֶׁמְּתַקֵּן הַרְהוּרָיו, עַל יְדֵי זֶה, נַעֲשֶׂה עֲטֶרֶת תִּפְאֶרֶת, שֶׁנִּתְעַטֵּר תִּפְאֶרֶת בָּעֲטָרָה שֶׁעִטְּרָה לּוֹ אִמּוֹ (שיר־השירים ג:יא):

45. tiferet de un ser humano...santuario. En varios versículos Ishaiahu habla de la inutilidad de la idolatría. Al detallar cómo los idólatras esculpen una estatua, dice que ellos le dan forma de hombre –"como el *tiferet* de un ser humano"– y la colocan en un santuario. Esta asociación entre *tiferet* y la idolatría indica una corrupción en el verdadero *Tiferet*, Belleza.

46. Tiferet...es suficiente. El último párrafo, "Una palabra para el sabio...", no aparece en el texto hebreo impreso sino que se encuentra en la versión manuscrita del *Likutey Moharán*. Indica que hay más aquí de lo que parece, algún punto esotérico difícil que el sabio comprenderá por sí mismo.

El Rebe Najmán ha explicado que cuando la persona elimina los pensamientos idólatras y fortalece su fe, rectifica a *Tiferet*. Es decir, despierta la unidad del *koaj* de la Creación en los diez dedos y trae una revelación de Dios y de la santidad de la Tierra Santa. El Rebe relaciona esto con el hecho de hacer "la corona de *tiferet*", que él conecta con "la corona con la cual lo coronó su madre". Esas palabras fueron dichas en alabanza al rey Shlomo, cuando inauguró el Santo Templo. En nuestro contexto, aluden a la revelación de la Presencia Divina en el Templo, que emanaba la belleza (*Tiferet*) de la Divinidad y la santidad de la Tierra Santa (ver *Targúm, loc. cit.*).

Anteriormente el Rebe Najmán estableció la conexión entre la fe y la plegaria (ver n.40; cf. *Likutey Moharán* I, 7:1). En términos de las *sefirot*, la plegaria/fe corresponde a *Maljut*. Como se explicó más arriba, el *koaj* (*Biná*) de la Creación asciende hacia *Jojmá* cuando la persona aplaude mientras ora (§2, n.19). Las manos mismas, la derecha y la izquierda unidas entre sí, corresponden a *Tiferet* (compuesto por las seis *sefirot*: *Jesed, Guevurá, Tiferet, Netzaj, Hod* y *Iesod*). En nuestro contexto, *Jojmá* corresponde a los pensamientos de la persona: si son idólatras, corrompen a *Tiferet*, si son puros, rectifican a *Tiferet* y permiten que el *koaj* ascienda hacia *Jojmá*. Como el Rebe acaba de explicar, la rectificación de los pensamientos corrompidos los transforma en una corona sobre la cabeza. Ello se debe a que una vez que se rectifica la plegaria/fe que ha sido dañada por los pensamientos idólatras, ésta puede ascender. Es un axioma en las enseñanzas kabalistas que cuando la luz de *Maljut* asciende hacia las *sefirot* superiores, se transforma en una corona (i.e., *Keter*) sobre las otras *sefirot*. Así la plegaria/fe se transforma en una corona para *Tiferet*. A esto alude el Rebe Najmán cuando dice, "Una palabra para el sabio es suficiente".

y tiene un Dios. De esta manera se eliminan los pensamientos idólatras.[39]

Y la plegaria es un aspecto de la fe, como está escrito (Éxodo 17:12), "sus manos fueron fieles hasta que el sol se puso". Onkelos traduce esto como: "[sus manos] estaban extendidas en plegaria".[40] Pero en oposición a la fe se encuentran las herejías de los pensamientos idólatras. Su rectificación se produce a través de los *tmidim* – a través de la Tierra de Israel, mediante el aplaudir.[41]

Ésta es la explicación de "Tú serás una corona de *tiferet* (belleza) en la mano de Dios" (Isaías 62:3).[42] La explicación es: mediante "la mano de Dios" –mediante el aplaudir, que despierta las manos del Santo, bendito sea, como se explicó más arriba– <rectificas> los pensamientos idólatras.[43] Ello se debe a que mediante la idolatría se corrompe a *Tiferet* (Belleza),[44] como está escrito (ibid. 44:13), "como el *tiferet* de un ser humano, para que habite en su santuario".[45] [Pero] al rectificar los pensamientos, se hace "una corona de *tiferet*" – <el aspecto de> Tiferet es coronado por "la corona con la cual lo coronó su madre" (Cantar de los Cantares 3:11). <Una palabra para el sabio es suficiente.>[46]

---

39. Diáspora…no tiene Dios…. Como se explicó en la sección 5 y nota 36. El Talmud enseña también que, por el contrario, aquel que vive fuera de la Tierra es como si no tuviese un Dios. A partir de esto el Rebe Najmán comprende que "fuera de la Tierra" (ver n.8) –i.e., fuera del ámbito de la santidad– la persona tiene pensamientos idólatras. Para eliminar esos pensamientos debe aplaudir al orar. Esto purificará el aire que la rodea con la santidad de la Tierra Santa y sentirá el *koaj* de Dios – "como alguien que tiene un Dios".

40. …extendidas en plegaria. Cuando Ioshúa salió a la batalla en contra de Amalek, Moshé ascendió a un monte y extendió sus manos en plegaria. Al describir cómo Moshé Le oraba sin cesar a Dios en aras de los judíos, las Escrituras dicen, "sus manos eran *emuná* (fieles)". A partir de aquí podemos ver la conexión entre la fe y la plegaria y que ambas están conectadas con las manos.

41. mediante el aplaudir. En nuestro contexto, cuando la persona ora y aplaude, ello indica fe – lo que elimina los pensamientos idólatras. Pues al aplaudir despierta el aire puro de la Tierra Santa y elimina así la idolatría, fortaleciendo la fe. Esa persona ha traido sobre sí la santidad de la Tierra Santa – i.e., es "alguien que tiene un Dios".

42. corona de tiferet…. Las palabras de Ishaiahu describen el retorno del exilio del pueblo judío a la Tierra Santa en la época mesiánica. En nuestro contexto, ello corresponde a la revelación de la santidad de la Tierra de Israel.

43. rectificas los pensamientos idólatras. Como se explicó en la nota 39.

44. mediante la idolatría se corrompe a Tiferet. Hemos visto que la *sefirá* de *Tiferet* connota la unión de la derecha con la izquierda, revelando el *koaj* de Dios (§4, notas 30-32). Aquel que tiene pensamientos idólatras corrompe esa unidad/*Tiferet*, como el Rebe Najmán demuestra con el siguiente texto de prueba.

LIKUTEY MOHARÁN #44:7, 8

פֵּרוּשׁ אַחֵר. 'תְּפִלּוֹת כְּנֶגֶד תְּמִידִין', פֵּרוּשׁ, שֶׁעַל-יְדֵי הַתְּפִלָּה נִתְגַּלֶּה סוֹדוֹת הַתּוֹרָה, הַנִּקְרָאִים כְּבִשׁוֹנוֹ שֶׁל עוֹלָם, כַּבְשֵׁי דְרַחֲמָנָא, כְּמוֹ שֶׁכָּתוּב (משלי כז): "וּכְבָשִׂים לִלְבוּשֶׁךָ". (כְּמוֹ שֶׁדָּרְשׁוּ רַבּוֹתֵינוּ ז"ל עַל פָּסוּק זֶה בַּחֲגִיגָה יג.., דְּבָרִים שֶׁהֵם כְּבִשׁוֹנוֹ שֶׁל עוֹלָם וְכוּ') וּתְמִידִין הֵם כְּבָשִׂים, כְּמוֹ שֶׁכָּתוּב (במדבר כח): "אֶת הַכֶּבֶשׂ אֶחָד תַּעֲשֶׂה בַבֹּקֶר" וְכוּ'.

וְעַל-יְדֵי תְּפִלּוֹת נִתְגַּלֶּה סוֹדוֹת הַתּוֹרָה, כַּמּוּבָא עַל פָּסוּק: "כִּי תַעֲבֹר בַּמַּיִם אִתְּךָ אָנִי":

פֵּרוּשׁ אַחֵר. תְּפִלּוֹת כְּנֶגֶד, הַיְנוּ הַמַּחֲשָׁבוֹת זָרוֹת, שֶׁהֵם כְּנֶגֶד, שֶׁהֵם מְבַלְבְּלִין תְּפִלָּתוֹ. וְנִקְרָאִים מַבּוּל, שֶׁהֵם מְבַלְבְּלִין אֶת תְּפִלָּתוֹ. וְתִקּוּנוֹ, שֶׁיִּתֵּן צְדָקָה לְאֶרֶץ יִשְׂרָאֵל. וְעַל יְדֵי זֶה הוּא נִכְלָל בְּאֶרֶץ יִשְׂרָאֵל, אֲשֶׁר עָלֶיהָ נֶאֱמַר: "אֶרֶץ לֹא גֻשְׁמָהּ בְּיוֹם זָעַם" (כמו שדרשו רבותינו ז"ל זבחים קיג.), וְעַל יְדֵי זֶה הוּא נִצּוֹל מִמַּחֲשָׁבוֹת זָרוֹת.

que "Cuando pases" indica una revelación, "agua" alude a la Torá y "Yo estaré contigo" es la oración dicha con concentración (ver también *Likutey Moharán* I, 15:4, para la conexión entre la plegaria y la revelación de los misterios de la Torá).

51. maBul...similar a BiLBuL de la mente. El Rebe Najmán explica ahora "*Tefilot kenegued tmidin tiknum*" en conexión con el Diluvio durante la época de Noaj y el consecuente pacto de Dios con el hombre de que nunca volvería a destruir el mundo mediante una inundación.

Como se explicó más arriba, nota 24, *tefilot kenegued* alude a los pensamientos externos que impiden que la persona ore de manera apropiada. Esos pensamientos llevan a la mente a un estado de confusión, *BiLBuL* (בלבול), correspondiente al Diluvio, el *maBul* (מבול) que destruyó casi toda la obra de la Creación.

52. caridad para la Tierra de Israel.... Ver Lección #37:4 donde el Rebe Najmán explica con gran detalle la conexión entre la caridad, la Tierra de Israel y quedar incluido en la pureza de la Tierra Santa. En síntesis, la caridad es un acto de amor, un acto que une a la gente. De modo que dar caridad para la Tierra de Israel lleva al dador mismo hacia su aire sagrado (ver también, *Likutey Moharán* I, 17:5).

53. tierra que no fue cubierta...pensamientos externos. A partir de las palabras de Iejezquel, el Talmud aprende que la Tierra de Israel no se vio afectada por el Diluvio (*Zevajim* 113a). Como el Rebe Najmán ha explicado, en nuestro contexto el Diluvio indica confusión de la mente, *mabul/bilbul*. Por lo tanto, dado que la Tierra de Israel no se vio afectada por el Diluvio, dar caridad para la Tierra Santa y quedar incluido en ella protege a la persona de los pensamientos externos que confunden sus plegarias.

7. Otra explicación: "Las plegarias <fueron establecidas> como paralelo de las ofrendas continuas". La explicación es la siguiente: Mediante la plegaria se produce una revelación de los misterios de la Torá, que son llamados "los misterios del mundo" – *KaVShei* (misterios del) Misericordioso,⁴⁷ como está escrito (Proverbios 27:26), "*KVaSim* (ovejas) para tus vestidos". {Como enseñaron nuestros Sabios sobre este versículo: Temas que son los *KaVShei* (misterios del) mundo...}.⁴⁸ Y las ofrendas continuas son ovejas, como está escrito (Números 28:4), "Prepara una oveja en la mañana [y prepara una segunda oveja por la tarde]".⁴⁹

Así, mediante las plegarias, se revelan los misterios de la Torá, como se dice concerniente al versículo (Isaías 43:2), "Cuando pases por el agua, Yo estaré contigo".⁵⁰

8. Otra explicación: "las plegarias *kenegued* (enfrentadas)" son <las plegarias enfrentadas por los pensamientos externos, que confunden [a la persona]. Ellas son llamadas *maBuL* (diluvio), similar a *BiLBuL* (confusión) de la mente>.⁵¹

Su rectificación es dar caridad para la Tierra de Israel. Con esto queda incluido en <el aire de> la Tierra de Israel,⁵² de la cual se dice (Ezequiel 22:24), "una tierra que no fue cubierta por las lluvias en el día de indignación". Y como resultado se ve liberado de los pensamientos externos.⁵³

---

47. KaVShei.... *KaVShei* (כבש) significa literalmente algo oculto o suprimido. En el lenguaje del Talmud hace referencia a los misterios de la Torá, que deben mantenerse ocultos.

48. KVaSim...vestidos...KaVShei.... La lana de oveja es utilizada para hacer ropas, vestimentas que proveen protección y ocultan. En un debate sobre la necesidad de mantener ocultas las enseñanzas más profundas de la Torá, nuestros Sabios hacen una conexión entre el término hebreo para ovejas, *KVaSim* (כבשים) y la palabra *KaVShei* (כבשי), los misterios de la Torá, diciendo: "Aquellas cosas que son los misterios del mundo deben guardarse bajo las vestimentas (ocultas en el pecho)" (*Jaguigá* 13a).

49. las ofrendas continuas son ovejas.... Ver más arriba, nota 24. Con esto, al Rebe Najmán ha demostrado que *kavshei* (*kvasim*) corresponde a *tmidin* (*kvasim*), los misterios de la Torá corresponden a las ofrendas continuas. Esto es como enseña el *Zohar* (III, 226b): La rectificación producida por el sacrificio de las dos ovejas de los *tmidin* corresponde a la revelación de los misterios de la Torá. Por lo tanto, en nuestro contexto, "Las plegarias fueron establecidas como paralelo de las ofrendas constantes" se lee: Las plegarias tienen el poder de revelar los misterios de la Torá. Pues cuando, a través de la plegaria, se hace conocer el *koaj* de la Creación (ver n.9), también se revelan los misterios del mundo.

50. ...contigo. El Rebe Najmán explica este versículo en el *Likutey Moharán* I, 73, demostrando

וְזֶה 'תְּמִידִין תִּקְנוּם', תִּקּוּנָם עַל יְדֵי אֶרֶץ יִשְׂרָאֵל. שֶׁנֶּאֱמַר בָּהּ: "אֶרֶץ אֲשֶׁר וְכוּ' תָּמִיד עֵינֵי ה' אֱלֹקֶיךָ בָּהּ". גַּם 'אֲוִירָא דְאֶרֶץ יִשְׂרָאֵל מַחְכִּים' (בבא בתרא קנח:), וְעַל-יְדֵי-זֶה נִזְדַּכֵּךְ מֹחוֹ, הַיְנוּ מַחֲשַׁבְתּוֹ.

וְזֶה פֵּרוּשׁ (בראשית ט): "וּרְאִיתִיהָ לִזְכֹּר בְּרִית עוֹלָם", 'וּרְאִיתִיהָ', עַל יְדֵי בְּחִינוֹת אֶרֶץ יִשְׂרָאֵל, עַל-יְדֵי-זֶה נִתְעוֹרֵר וְנִתְתַּקֵּן בְּרִית עוֹלָם, בְּחִינוֹת תְּפִלָּה, ח"י בִּרְכָאָן דִּצְלוֹתָא, צַדִּיק חַי עָלְמִין:

[וְכָל זֶה הָעִנְיָן מַתְחֶלֶת סִימָן מ"ד עַד כָּאן, מְחֻבָּר יַחַד. וְכֵן שָׁמַעְנוּ רֹב דְּבָרִים אֵלּוּ בִּדְרוּשׁ אֶחָד. אַךְ בִּכְתִיבָתוֹ הַקְּדוֹשָׁה, חִלְּקָם קְצָת. וְכֵן הָיָה דַּרְכּוֹ כַּמָּה פְּעָמִים, וְלֹא יָדַעְתִּי טַעְמוֹ]:

la *shefa* (abundancia) llega a este mundo sólo después de haber pasado a través de la estructura de las diez *sefirot*. La *shefa* desciende de Dios a lo largo de las tres columnas de la jerarquía de las *sefirot* hasta que es recolectada en la *sefirá* de *Iesod*. Desde allí debe ser transferida a la *sefirá* más baja, *Maljut*, la *sefirá* más íntimamente asociada con este mundo. Para que ello suceda, *Iesod* debe unirse con *Maljut*. Los kabalistas explican que al llevar a cabo las mitzvot de Dios, el hombre genera esa unificación y se vuelve a su vez el beneficiario de la *shefa* una vez que ésta ha sido recibida por *Maljut*. En este mundo, *Iesod* está personificado por el Tzadik, y se dice que ambos corresponden al aspecto del pacto, el *brit* (ver Lección #33, n.9 y Lección #42 notas 17-20). Éste es el significado de "El Tzadik es el *Iesod* (cimiento) del mundo" (Proverbios 10:25), pues a través de él se transfieren la vida y la abundancia hacia *Maljut*/este mundo. Y en virtud de ello *Iesod*/Tzadik es llamado *Jal haolamim* ("la vida de todos los mundos"; ver *Tikuney Zohar*, #47, p. 85a).

Por lo tanto, cuando las plegarias de la persona (las *Jal* Bendiciones) despiertan el "ver" de Dios purificando el aire al recordar la santidad de la Tierra Santa, también despiertan el pacto eterno entre Dios y cada *nefesh Jalá* (ver n.56) –el Tzadik que corresponde al *Jal haolamim*– y se vuelve capaz de traer *shefa* para sustentar al mundo entero.

60. Una palabra para el sabio es suficiente. Ver más arriba, nota 46. Aquí, el difícil punto esotérico que el sabio debe comprender por sí mismo está relacionado con la unificación entre *Iesod* y *Maljut* (ver la nota anterior). Cuando esas dos *sefirot* están unidas, *Maljut* recibe *shefa* de los niveles más elevados y, a su vez, *Maljut*/plegaria asciende para transformarse arriba en una corona.

Resumen: La persona debe orar con entusiasmo, aplaudiendo al recitar las palabras. Esto despierta el *koaj* de la Creación y también trae la santidad del aire de la Tierra Santa allí adonde se encuentre la persona (§1). Aplaudir también purifica el aire que rodea a la persona trayendo así una renovación del mundo (§2). Orar en la atmósfera (aire) de la Tierra Santa rectifica igualmente los pensamientos externos e idólatras (§§3,6). Y aplaudir elimina el asesinato y la destrucción (§4). También elimina los pensamientos idólatras y fortalece la fe (§6). Mediante la plegaria con entusiasmo se revelan los misterios de la Torá (§7). De la misma manera es posible quedar incluido en el aire sagrado al dar caridad para la Tierra Santa, lo que también permite eliminar los pensamientos externos e idólatras. Despertar la santidad de la Tierra Santa también hace que Dios "vea" el pacto de vida y ello traiga *shefa* para el mundo entero (§8).

Esto es *TMiDin TiKNuM* (fueron establecidas): *TiKuNaM* (su rectificación) se produce mediante la Tierra de Israel, de la que se dice, "Tierra de la cual [Dios, tu Señor, tiene especial cuidado;] los ojos de Dios, tu Señor, están *TaMID* sobre ella".[54] Además, el aire de la Tierra de Israel hace sabio (*Bava Batra* 158b). Y con ello su mente –i.e., su pensamiento– se refina.[55]

Ésta es la explicación de "Yo lo veré para acordarme del pacto eterno" (Génesis 9:16).[56] "Yo lo veré" – mediante el aspecto de la Tierra de Israel.[57] Esto da como resultado un despertar y rectificación del "pacto eterno" – el aspecto de la plegaria, las *JaI* (dieciocho) bendiciones de la plegaria,[58] el Tzadik es la *JaI* (vida) de los mundos.[59] <Una palabra para el sabio es suficiente.>[60]

{Toda esta lección está conectada, y así es como oímos la mayor parte de estos fragmentos, como una sola enseñanza. Pero en su manuscrito, el Rebe las tenía separadas. Él hizo esto varias veces, aunque desconozco sus motivos}.

54. ...TMIDin TiKNuM...TaMID sobre ella. Como se explicó más arriba en §3 y nota 25-26, la Tierra Santa es un aspecto de *tamid*. Este aspecto rectifica los pensamientos externos.

55. aire...hace sabio...su pensamiento se refina. En general "ojos" alude a la sabiduría, como en (Génesis 3:7), "Entonces los ojos de ambos se abrieron" – ellos se volvieron sabios (*Rashi*). Por lo tanto, debido a que los ojos de Dios están sobre la Tierra Santa, su aire refleja la sabiduría Divina (ver *Likutey Moharán* II, 40). Y así cuando, al dar caridad para la Tierra Santa, la persona queda incluida en el aire de la Tierra de Israel, trae ese aire puro sobre sí y es protegida de los pensamientos externos.

56. pacto eterno. "Dios dijo, 'Ésta es la señal del pacto... y recordaré Mi pacto... y las aguas no volverán a ser un diluvio para destruir toda carne. Estará, pues, el arco en la nube y Yo lo veré para acordarme del pacto eterno entre Dios y toda *nefesh JaIá* (alma viviente) con toda carne que hay sobre la tierra'" (Génesis 9:12-16).

57. lo veré...el aspecto de la Tierra de Israel. Como ha explicado el Rebe Najmán, el ojo de Dios corresponde a la Tierra Santa. Al invocar el *koaj* de la Tierra Santa se despierta el "ver" de Dios, haciendo que Él mire a la humanidad con compasión y *jesed* (como se explicó más arriba, §2).

58. las JaI bendiciones de la plegaria. En general, cuando nuestros Sabios hablan de la plegaria se están refiriendo a la *Amidá*, las Dieciocho Bendiciones (ver n.35). Las letras hebreas numéricamente equivalentes a 18 son *Jet* y *Iud* (10+8, ח-י), que conforman la palabra hebrea para "vida" o "viviente", *JaI*. El Rebe Najmán ha mencionado anteriormente la conexión entre la plegaria (la *Jet* y la *Iud*) y la vida (*JaI*), al explicar cómo al aplaudir durante la plegaria se despierta el *koaj* de la Creación y se construye nuevamente el mundo (ver §2 y notas 17, 19:final, 21).

59. el Tzadik es el JaI de los mundos. Para comprender por qué el Rebe Najmán trae esta conexión entre la plegaria y el Tzadik, a quien el *Zohar* llama el "*JaI* de los mundos", primero debemos ver cómo se relaciona esto dentro del contexto de la Kabalá. Allí aprendemos que toda

ליקוטי מוהר"ן סימן מ"ה

לְשׁוֹן רַבֵּנוּ זִכְרוֹנוֹ לִבְרָכָה

מְחִיאַת כַּפַּיִם בַּתְּפִלָּה, כִּי עַל־יְדֵי־זֶה נִתְעוֹרְרִים בְּחִינַת כְּנָפַיִם, שֶׁמִּשָּׁם בָּא הַדִּבּוּר. כְּמוֹ שֶׁכָּתוּב (קהלת י): "וּבַעַל כְּנָפַיִם יַגִּיד דָּבָר", וּכְתִיב (יחזקאל א): "וִידֵי אָדָם מִתַּחַת כַּנְפֵיהֶם". נִמְצָא, שֶׁעַל־יְדֵי שֶׁאָדָם נִתְעוֹרֵר בַּיָּדַיִם שֶׁלּוֹ, אֲזַי [הַכְּנָפַיִם] נִתְעוֹרְרִים. הַיְנוּ כַּנְפֵי רֵאָה, שֶׁמִּשָּׁם נִתְהַוֶּה הַדִּבּוּר. אֲבָל עֲדַיִן צְרִיכִין לְהָכִין וּלְתַקֵּן פֶּה, לְקַבֵּל אֶת הַדִּבּוּר בְּתוֹכוֹ. וְעַל־יְדֵי שֶׁמַּכֶּה כַּף אֶל כַּף, עַל־יְדֵי־זֶה נִתְהַוֶּה הַפֶּה. כִּי בְּכָל יָד חֲמִשָּׁה אֶצְבָּעוֹת. וְהַכָּאוֹת הָאוֹרוֹת, יַד יָמִין בְּיַד שְׂמֹאל, הַיְנוּ חֲמִשָּׁה פְּעָמִים חֲמִשָּׁה, גִּימַטְרִיָּא עֶשְׂרִים וַחֲמִשָּׁה. וְהַכָּאוֹת יַד שְׂמֹאל בְּיַד

4. manos humanas debajo de sus alas. El versículo hace referencia a los ángeles de la Carroza Divina. En nuestro contexto, el Rebe Najmán relaciona esto con el punto anterior, que las plegarias deben tener alas para que puedan ascender delante de Dios. Pero aun así, el poder subyacente de las alas consiste en última instancia en "las manos humanas debajo de sus alas" – i.e., aplaudir y otros esfuerzos similares para instilar vitalidad en las palabras.

5. pulmones...surge la palabra. En hebreo, los lóbulos de los pulmones son llamados *kanfei reia*, literalmente, "alas de los pulmones". Esto corresponde a las "criaturas aladas" que llevan las palabras hacia arriba. Las palabras que uno dice salen a través de la tráquea, por medio del aire exhalado desde los pulmones. De esta manera los pulmones se equiparan con las alas, que llevan las palabras habladas.

6. preparar y rectificar la boca.... La palabra hablada de la plegaria que se origina dentro de la persona comienza a salir a través de los pulmones y la tráquea. Pero si la boca que la debe expresar no es lo que debe ser, el producto final carecerá de mérito para ascender delante de Dios. ¿Cómo podrá la persona asegurarse de que sus palabras sean capaces de "cabalgar las alas" y ascender? A través de la boca rectificada mediante el hecho de aplaudir. El Rebe Najmán explica ahora cómo funciona esto.

7. Golpear las luces.... Tomado de manera simple, estas luces son la energía espiritual encarnada en la materia, la forma espiritual que es la raíz de toda la materia física.

Los Kabalistas enseñan que al crear el universo, Dios ocultó Su Luz Infinita para que la creación pudiese existir como una entidad independiente (ver Lección #33, n.12). Más aún, el desenvolverse el proceso creativo desde arriba hacia abajo, implicó en cada etapa una mayor disminución de esa Luz. Ello dio como resultado la posibilidad de un mayor ocultamiento y

LIKUTEY MOHARÁN 45[1]

Mejaat Kapaim BaTefilá (Aplaudir al orar). Esto despierta el aspecto de "alas", del cual proviene la palabra hablada,[2] como está escrito (Eclesiastés 10:20), "pues una criatura alada dirá la palabra";[3] y como está escrito (Ezequiel 1:8), "Ellas tenían manos humanas debajo de sus alas".[4]

Vemos, entonces, que cuando el entusiasmo de la persona se expresa en sus manos, <la alas despiertan los pulmones>, de los cuales surge la palabra hablada.[5] Sin embargo, aún es necesario preparar y rectificar la boca para que se pueda recibir en ella la palabra hablada.[6]

Y la boca se desarrolla al aplaudir. Ello se debe a que cada mano tiene cinco dedos. Golpear las luces, la mano derecha contra la mano izquierda[7] –i.e., cinco veces cinco– es igual a veinticinco. Y golpear la

---

1. Likutey Moharán 45. Esta lección es *leshón Rabeinu z'l*, del manuscrito del Rebe Najmán (ver Lección #33, n.1). El tema principal de la lección es el aplaudir mientras se está orando, una práctica que realza las plegarias para que puedan fluir de los labios. Al poco tiempo de mudarse a Breslov, el Rebe Najmán se paró frente a la puerta de entrada de la sala de estudio y amonestó a los presentes por su falta de entusiasmo durante las plegarias. Él dijo que los jasidim en los días del Baal Shem Tov solían orar con una gran intensidad y pasión y quería que sus seguidores hiciesen lo mismo. Con ese fin dio varias lecciones concernientes al aplaudir y esforzarse en la plegaria. Ver más arriba, Lección #44, n.1 (*Tzadik* #204).

Esta lección fue dada probablemente en el otoño del año 1802. El rabí Natán se volvió seguidor del Rebe Najmán en septiembre de 1802 y la primera lección que oyó del Rebe fue la anterior, Lección #44. También sabemos que el Rebe Najmán dio la Lección #46 alrededor de Sukot de ese año (*Tzadik*, ibid.). En el *Likutey Tefilot*, el rabí Natán combina estas lecciones (#44-46) en una sola plegaria, pues el tema principal de las tres es el aplaudir cuando se está orando. Esto ciertamente sugeriría que esta lección fue dada alrededor de la misma época que las otras dos.

2. alas...proviene la palabra hablada. Desde el comienzo el Rebe Najmán afirma la importancia de su enseñanza: demostrando que el aplaudir es el medio para mejorar la eficacia de las plegarias. Comienza mostrando la conexión entre la palabra hablada y las alas. El rabí Natán explica que el aspecto de "alas" sugiere que las palabras de la persona "vuelan" desde sus labios de una manera ordenada y perfecta, de modo que las plegarias siempre ascienden delante de Dios en pureza, dignas de ser aceptadas y respondidas (*Likutey Tefilot*).

3. criatura alada.... El Midrash explica que la "criatura alada" hace referencia a los ángeles ardientes que testifican delante de Dios sobre las palabras de la persona (*Kohelet Rabah* 10:20). En nuestro contexto, esto hace referencia al hecho de hacer que nuestras plegarias asciendan delante de Dios. Ello requiere el despertar del aspecto de "alas".

יָמִין חֲמִשָּׁה פְּעָמִים חֲמִשָּׁה, גִּימַטְרִיָּא גַּם כֵּן עֶשְׂרִים וַחֲמִשָּׁה, שְׁנֵי פְּעָמִים עֶשְׂרִים וַחֲמִשָּׁה, גִּימַטְרִיָּא חֲמִשִּׁים. זֶה בְּחִינוֹת חֲמִשִּׁים פְּעָמִים יְצִיאַת מִצְרַיִם שֶׁנִּזְכַּר בַּתּוֹרָה, כִּי 'עַל-יְדֵי בְּחִינוֹת יוֹבֵל יָצְאוּ מִגָּלוּת מִצְרַיִם' (זהר שמות מו).

וְעִקָּר גָּלוּת מִצְרַיִם, שֶׁהָיָה הַדִּבּוּר בְּגָלוּת, וּבִשְׁבִיל זֶה הָיָה מֹשֶׁה כְּבַד פֶּה. וְעַל-יְדֵי גְּאֻלָּה נִתְהַוָּה בְּחִינַת פֶּה. נִמְצָא, שֶׁעַל-יְדֵי חֲמִשִּׁין שַׁעֲרֵי בִּינָה נִתְהַוָּה הַפֶּה. וְזֶה בְּחִינַת (שמות ד): "מִי שָׂם פֶּה לָאָדָם". מִי דַּיְקָא.

de algún impedimento excepto mientras los judíos estaban esclavizados en Egipto indica que el mismo poder del habla estaba en el exilio en Egipto. (De aquí la enseñanza del Ari de que el nombre de la festividad en la cual celebramos nuestro éxodo de Egipto, Pesaj (פסח), también puede leerse *pe saj* (פה סח), "una boca que habla" (*Shaar HaKavanot, Drush* 4, p.161).

El habla está en el exilio cuando es utilizada para la calumnia, para burlarse de los demás, para la mentira, la adulación, las charlas vanas y demás. El habla se redime cuando es utilizada para la plegaria, el estudio de la Torá, como palabras respetuosas y amables y demás.

11. redención…la boca. Motivo por el cual Moshé fue curado. El Rebe Najmán explica ahora esto en el contexto de nuestra lección.

12. la boca…Cincuenta Puertas de Comprensión. Aquí, el Rebe Najmán introduce otro elemento de cincuenta. Enseña el Talmud: Cincuenta Puertas de Comprensión fueron creadas en el mundo (*Rosh HaShaná* 21b). Esas Cincuenta Puertas son el sendero para percibir a Dios. Corresponden al Jubileo, el nivel de la Redención. En nuestro contexto, el Rebe Najmán indica que cuando se revelan las *orot* de la Puerta Número Cincuenta (a través del hecho de aplaudir), se activa el poder de la Redención. Dado que esa Redención connota rescatar el habla, la implicación es que a través de las Cincuenta Puertas se crea la boca que puede hablar.

13. ¿Quién le da una boca al hombre? Dios dijo esto cuando Moisés arguyó de que él era "pesado de boca" y que no era apto para la tarea de redimir al pueblo judío de Egipto. Dios le respondió, "¿Quién le da una boca al hombre?".

14. específicamente MI, Quién. La palabra *MI* (מי) tiene el valor numérico de 50 (ver Apéndice: Tabla de Guematria). Esto corresponde al nivel de *Biná* (Comprensión). El Talmud enseña que de las Cincuenta Puertas de Comprensión, Moshé alcanzó todas menos una (*Rosh HaShaná*, ibid.). Aparentemente, el carecer de esa elevada percepción en *Biná* le impedía comprender cómo puede desarrollarse la boca que efectúa la redención. Esto es lo que se alude mediante la palabra *MI* – la Puerta Número Cincuenta, el nivel del Jubileo, que trajo la Redención e hizo una boca para albergar el habla redimida.

15. una palabra para el sabio es suficiente. Esto aparece en el manuscrito y no se encuentra en los textos impresos del *Likutey Moharán*. Es una expresión utilizada en general cuando se hace referencia a un concepto particularmente profundo (i.e., las enseñanzas esotéricas de la Kabalá), cuando ese concepto sólo ha sido aludido y no expuesto de manera explícita.

mano izquierda contra la mano derecha –cinco veces cinco– también es igual a veinticinco. Dos veces veinticinco es cincuenta.[8] Esto corresponde a las cincuenta veces que es mencionado el éxodo de Egipto en la Torá. Porque fue a través del aspecto del Jubileo que salieron del exilio en Egipto (*Zohar* II, 46a).[9]

Ahora bien, la esencia del exilio en Egipto era el hecho de que la palabra hablada estaba en el exilio. Por este motivo Moshé era "pesado de boca" (Éxodo 4:10).[10] Pero por medio de la redención se desarrolla el aspecto de la boca.[11] Vemos, entonces, que la boca emerge por medio de las Cincuenta Puertas de Comprensión.[12] Éste es el aspecto de "¿Quién le da una boca al hombre?" (ibid. :11)[13] – específicamente *MI* (Quién);[14] <una palabra para el sabio es suficiente>.[15]

---

separación de lo Divino a cada nivel sucesivo, un proceso que culminó en el universo físico, el ámbito caracterizado por el mayor ocultamiento de lo Divino. Así, en el universo físico, la Luz Infinita de Dios es completamente indetectable, aunque se mantiene como la esencia y raíz de todo lo creado (*Innerspace*, por el rabí Aryeh Kaplan, Moznaim Pub., p.15). *Orot* (luces) es el término que designa la energía espiritual creada cuando se produce una interacción entre dos (o más) elementos de la Creación. Además, cada luz debe tener un *kli* (recipiente) con el cual captar esa luz. Esto se volverá más claro al desarrollarse la lección, al indicar que es necesario hacer un *kli*, la boca, para recibir la palabra.

8. veinticinco…veinticinco…cincuenta. El golpear los cinco dedos de la mano derecha contra los cinco dedos de la mano izquierda crea 25 *orot*. Y, nuevamente, la interacción de la mano izquierda con la mano derecha crea otras 25 *orot*. Aplaudir produce así 50 *orot*.

9. Jubileo…exilio en Egipto. Al describir la partida de la esclavitud, el versículo dice que "los israelitas dejaron Egipto *jamushim* (armados)" (Éxodo 13:18). La palabra *JaMUShIM* es similar a *JaMiShIM* (cincuenta), el número de veces que se menciona el Éxodo en las Escrituras. Enseña el *Zohar* (*loc. cit.*): Los judíos en Egipto estaban tan profundamente sumergidos en los 49 niveles de impureza que de no haber sido por el aspecto del año 50, el Jubileo (*Iobel*), los judíos nunca habrían podido salir. Las Escrituras mismas conectan el Jubileo con la redención: "Contarán siete años sabáticos, es decir, siete veces siete años. El período de siete ciclos sabáticos será así 49 años…. Santificarán entonces el año 50, declarando la libertad en toda la tierra. Ése será el año del Jubileo" (Levítico 25:8-10). En nuestro contexto, el Rebe Najmán hace notar la conexión entre las cincuenta luces generadas al aplaudir y el aspecto del año cincuenta/redención.

10. la palabra hablada estaba en el exilio…pesado de boca. Mientras estaban esclavizados en Egipto, los judíos no podían hablarle a Dios. Ello está aludido en los versículos (Éxodo 2:23-24), "Los israelitas suspiraban… gemían… se quejaban…", pero eran incapaces de hablar. Ello se debía a que el poder de la palabra estaba en el exilio. El Rebe Najmán trae una prueba de ello a partir de Moshé. Cuando Dios propuso enviar a Moshé para hablarle al faraón y redimir al pueblo judío de Egipto, Moshé objetó sobre la base de que le era difícil hablar; literalmente, era "pesado de boca". El hecho de que en ninguna parte se describe a Moshé como sufriendo

נִמְצָא, שֶׁעַל־יְדֵי מְחָאַת כַּף, חֲמִשָּׁה אֶצְבָּעוֹת יָמִין בַּחֲמִשָּׁה שֶׁבְּיַד שְׂמֹאל וַחֲמִשָּׁה שֶׁבְּיַד שְׂמֹאל בַּחֲמִשָּׁה שֶׁבְּיַד יָמִין, נִתְהַוֶּה בְּחִינַת מִי, שֶׁעַל־יָדָהּ נִתְהַוֶּה פֶּה, כְּמוֹ שֶׁכָּתוּב: "מִי שָׂם פֶּה לָאָדָם". וְהַפֶּה מְקַבֵּל הַדִּבּוּרִים מֵהַכַּנְפֵי רֵאָה, כְּמוֹ שֶׁכָּתוּב: "וּבַעַל כְּנָפַיִם יַגִּיד דָּבָר". וּכְנָפַיִם נִתְעוֹרְרִים בְּהִתְעוֹרְרוּת יְדֵי אָדָם, כְּמוֹ שֶׁכָּתוּב: "וִידֵי אָדָם מִתַּחַת כַּנְפֵיהֶם".

וְכָל זֶה אָנוּ רוֹאִים בְּחוּשׁ, שֶׁהַיָּדַיִם הֵם כְּנֶגֶד כַּנְפֵי רֵאָה. וּבִשְׁבִיל זֶה אָמְרוּ הַפּוֹסְקִים 'נִשְׁבָּר הַגַּף סָמוּךְ לַגּוּף טְרֵפָה' (יורה דעה סימן נג סעיף א), כִּי בְּוַדַּאי נֶקֶב עַל־יְדֵי־זֶה הָרֵאָה:

---

19. en oposición a los pulmones. Anteriormente el Rebe Najmán habló de ellas como "debajo de las alas" (ver también n.4).

20. perforado. Hay ciertas heridas que hacen que un animal o ave no sea kosher. Una de ellas es el pulmón perforado. Incluso si no estamos seguros de la herida, pero encontramos, como en el caso de un ave, que el ala está rota cerca del cuerpo, podemos presumir que sus pulmones están perforados. Esto se une con nuestra lección en el hecho de que apunta a la conexión entre las manos (alas) y los pulmones. En nuestro contexto, el movimiento de las manos despierta los *kanfei reia* (pulmones, n.5), que entonces elevan la palabra hablada. Sin embargo, si hay una deficiencia o deformidad en las manos, los pulmones (alas) no pueden realizar esa elevación. Sus plegarias estarán inertes hasta que pueda insuflarles vida a través del uso entusiasta de las manos.

Vemos, entonces, que al aplaudir –los cinco dedos de la mano derecha contra los cinco de la mano izquierda y los cinco de la izquierda contra los cinco de la mano derecha– emerge el aspecto de *mi*. A través de él se desarrolla la boca, como en, "¿*Mi* le da una boca al hombre?".[16] Y la boca recibe las palabras de los pulmones, como en, "pues una criatura alada dirá la palabra".[17] Y las alas se despiertan a través del entusiasmo expresado en las manos del hombre, como en, "Ellas tenían manos humanas debajo de sus alas".[18]

Esto lo vemos de manera empírica: que las manos se encuentran en oposición a los pulmones.[19] Debido a ello los Codificadores dijeron: Si el ala está quebrada cerca del cuerpo, [el ave] no es kosher (*Shuljan Aruj, Iore Dea* 53:2). Pues debido a ello, el pulmón ha sido ciertamente perforado.[20]

---

16. aplaudir...MI le da una boca al hombre. Es decir, aplaudir crea las cincuenta *orot*, el nivel de *Biná*/Jubileo, de las cuales se desarrolla el aspecto de la boca para recibir las palabras.

17. pues una criatura alada.... Éste es el ángel, i.e., el poder espiritual, que eleva la palabra (como se explicó más arriba, n.3).

18. entusiasmo expresado en las manos.... De este modo, aplaudir no sólo crea las cincuenta *orot* a partir de las cuales se genera la boca sino que, como hemos visto (n.4), también despierta las alas que elevan las palabras hacia la boca del hombre. Entonces, con el poder del habla redimido, puede ofrecer plegarias puras y súplicas dignas de ser recibidas por Dios. Como resultado, sus plegarias son respondidas.

ליקוטי מוהר"ן סימן מ"ו
לְשׁוֹן רַבֵּנוּ זִכְרוֹנוֹ לִבְרָכָה

מְחִאַת כַּף בִּשְׁעַת הַתְּפִלָּה, זֶה בְּחִינוֹת נְתִינַת הַמִּטָּה בֵּין צָפוֹן לְדָרוֹם. כִּי מִטָּה הַיְנוּ בְּחִינוֹת זִוּוּג. בְּחִינוֹת תְּפִלָּה (תיקון י ועיין תיקון נח). וְצָפוֹן וְדָרוֹם, זֶה בְּחִינוֹת יָדַיִם.
וְזֶה שֶׁהִתְפַּלֵּל אַבָּא בִּנְיָמִין (ברכות ה:): 'שֶׁיְּהֵא תְּפִלָּתוֹ סָמוּךְ לְמִטָּתוֹ', הַיְנוּ שֶׁלֹּא יִהְיֶה הֶפְרֵשׁ בֵּין הַתְּפִלָּה לַזִּוּוּג:

---

su cama" para que sus hijos estuviesen entre el "norte y el sur" – i.e., fuesen sabios y tuviesen suficiente sustento (ver *Maharsha, v.i. ela*; ver también *Likutey Moharán* I, 9:2, notas 20-22).

3. cama…unión marital…plegaria. El Rebe Najmán comienza demostrando por qué aplaudir corresponde a colocar la cama entre el norte y el sur. "Cama" alude a las relaciones maritales, una unión entre el esposo y la esposa. El *Tikuney Zohar* (*loc. cit.* p.25a) afirma que la plegaria es una unión entre Dios y la persona que está orando. En este sentido, la cama y la plegaria son sinónimos. Así tanto las plegarias de Aba Biniamin como la cama hacen referencia a una unión en santidad, cuyo objetivo es tener "descendencia" – así sean hijos, sustento, bienestar, una mente pura, un corazón comprensivo, comprensión profunda, o cualquier otra forma de abundancia en temas espirituales y materiales.

4. el norte y el sur…manos. Se dice que el hombre está paradigmáticamente mirando hacia el este. (El término hebreo para "este", *kedem*, es similar a *kodem*, "anterior", y así alude al Santo, bendito sea, Quien estuvo "antes" de la Creación). Al mirar hacia el este, la mano derecha se ubica hacia el sur mientras que la mano izquierda queda hacia el norte. Así las "manos" representan el norte y el sur. Cuando la persona aplaude durante la plegaria, las junta como en una unión. Sus plegarias/unión están así entre el norte y el sur – fructificando y trayendo abundancia.

Al desarrollarse la lección veremos que la mano derecha corresponde a la *sefirá* de *Jesed* (Bondad) y que la mano izquierda corresponde a la *sefirá* de *Guevurá* (Fuerza, Juicio). Ver también Apéndice: Las Sefirot y el Hombre. En numerosas ocasiones la Kabalá habla del sur como representando a *Jesed* (el dar) y el norte como representando a *Guevurá* (la restricción). Podemos comprender esto en términos de otro par de opuestos, el día y la noche. Durante el día, el sol cruza el cielo por el sur (en el hemisferio norte), dando luz y calor a la tierra. Durante la noche, el sol está "restringido" y la tierra queda envuelta en los elementos asociados con el norte, la oscuridad y el frío (los juicios).

5. no hubiera separación entre la plegaria y la unión. La plegaria de Aba Biniamin está tratada en la nota 2, más arriba.

Resumen: La plegaria y la unión son una y la misma cosa. Para que la plegaria fructifique se debe colocar la plegaria entre el norte y el sur – i.e., aplaudir al orar.

LIKUTEY MOHARÁN 46[1]

Mejaat Kaf Bishat HaTefilá (Aplaudir durante la plegaria). Éste es un aspecto de ubicar la cama entre el norte y el sur *(Berajot 5b)*.[2] Pues la cama –i.e., un aspecto de la unión marital– corresponde a la plegaria *(Tikuney Zohar #10)*.[3] Y el norte y el sur son un aspecto de las manos.[4]

Esto es lo que Aba Biniamin pidió: que su plegaria estuviese cerca de su cama – i.e., que no hubiera separación entre la plegaria y la unión.[5]

---

1. Likutey Moharán 46. Esta lección es *leshón Rabeinu z'l*, del manuscrito del Rebe Najmán (ver Lección #33, n.1). Fue dada algunas semanas después de Sukot, 5562 (otoño del año 1802). El Rebe Najmán se había mudado a Breslov poco antes de Rosh HaShaná. En su primera enseñanza impartida allí, el Rebe habló sobre la plegaria con entusiasmo y en especial sobre aplaudir mientras se está orando (ver más arriba, Lección #44, n.1). Una persona que había ido a visitar al Rebe se burló de cierto hombre en Nemirov que solía aplaudir mucho mientras oraba. Al Rebe no le gustaron sus comentarios y le dijo, "¿Qué sabes de aplaudir durante la plegaria y todo lo que ello implica? ¿Quién te dio el derecho de burlarte de ese hombre cuyo aplaudir tú no apruebas?". Algunas semanas después de Sukot, esa persona volvió a visitar al Rebe, esta vez para pedirle que orase por su hijo, que estaba enfermo. El Rebe Najmán le mostró un pasaje en el *Pri Etz Jaim* relacionado con la palabra *shalev* (tranquilo), como está escrito en el versículo (Job 16:12), "Yo estaba tranquilo y Él me quebró". El Rebe le dijo al hombre que leyese el pasaje y luego le enseñó esta lección, que trata sobre las "tres manos" necesarias para mitigar los decretos. También le dio cierto consejo que salvaría a su hijo si el hombre lo seguía. Sin embargo, el hombre no le prestó atención al Rebe Najmán y la condición de su hijo fue empeorando progresivamente hasta que falleció (*Tzadik* #204; *Until the Mashiach*, págs. 82,88). Los temas principales de la lección son: aplaudir, especialmente durante las plegarias; mitigar los decretos; la memoria; y evitar la disputa.

2. la cama entre el norte y el sur. Relata el Talmud: Aba Biniamin dijo que todos sus días tuvo cuidado de dos cosas: que su plegaria estuviese cerca de su cama y que su cama estuviera colocada entre el norte y el sur (*Berajot* 5b). Rashi explica (*v.i. samuj*) que Aba Biniamin se ocupaba de orar tan pronto como se levantaba de la cama por la mañana, antes de encarar cualquier actividad diaria. En cuanto a por qué colocaba la cama entre el norte y el sur, Rashi explica (*v.i. tzafón*) que debido a que la *Shejiná* (la Presencia Divina) está en el este o en el oeste, Aba Biniamin quería mirar hacia las otras direcciones al dedicarse a las relaciones maritales. Otros comentarios hacen notar que en el Templo, el Pan de la Proposición estaba ubicado al norte de la entrada del Santo de los Santos, mientras que la Menorá estaba ubicada al sur de la entrada. Así el norte indica riqueza y bendiciones (el pan de la proposición como sustento y abundancia), mientras que el sur indica sabiduría (la Menorá ilumina, al igual que la sabiduría). En otras palabras, antes de dedicarse a las relaciones maritales, Aba Biniamin "oraba junto a

גַּם עַל־יְדֵי מְחִאַת כַּף, נִמְתָּקִים הַדִּינִים. כִּי יֵשׁ שָׁלֹשׁ הֲוָיוֹת, שֶׁהֵם בְּחִינַת שָׁלֹשׁ יָדַיִם. יָד הַגְּדוֹלָה, יָד הַחֲזָקָה, יָד הָרָמָה. וְיַד יָמִין זֶה יָד הַגְּדוֹלָה. וְיַד שְׂמֹאל, זֶה יָד הַחֲזָקָה. וּבִשְׁעַת הַכָּאָה שֶׁנִּתְחַבְּרִים יַחַד, זֶה בְּחִינַת יָד רָמָה. וְהַדִּבּוּרִים הַיּוֹצְאִים, הֵם יוֹצְאִים מֵהַגָּרוֹן, גִּימַטְרִיָּא שָׁלֹשׁ פְּעָמִים אֱלֹקִים, וְהֵם נִמְתָּקִים עַל־יְדֵי שָׁלֹשׁ הֲוָיוֹת.

וְזֶה פֵּרוּשׁ (תהלים קיט): "נַפְשִׁי בְכַפִּי תָמִיד" וְכוּ',

hacia la Creación están ordenadas en tres columnas (ver Apéndice: Estructura de las Sefirot). En general, la columna de la derecha es conocida como el lado de *Jesed*, en el cual el amor y la bondad son las manifestaciones primarias. La columna de la izquierda es conocida como el lado de *Guevurá*, en el cual los juicios y la justicia son las manifestaciones primarias. Sin embargo, debido a que la predominancia de un lado o del otro sería dañina (una benevolencia indiscriminada puede ser tan mala para el receptor como una rigurosidad al pie de la letra), existe una columna del centro, donde predomina el elemento regulador de *Tiferet*. Simplemente, *Tiferet* y las otras *sefirot* colocadas a lo largo de esta columna central representan un equilibrio entre la bondad y el juicio. Como resultado, el bien que el hombre experimenta se encuentra mesurado, asegurando que pueda beneficiarse de él y, por otro lado, el sufrimiento que debe soportar está suficientemente restringido, asegurando que no sea aplastado bajo su peso. Éste es el concepto de "una mano exaltada" que combina la cualidad de *Jesed* y de *Guevurá*.

11. las palabras que emergen emitidas por la garganta. El habla emerge a través de la laringe. Específicamente, "las palabras que emergen" hace referencia a las plegarias.

12. garganta…tres veces ELoHIM. El término hebreo para "garganta", *GaRON* (גרון), tiene el valor numérico de 259. El santo nombre *ELoHIM* (אלהים) tiene el valor de 86. Al igual que en el caso del santo nombre IHVH (ver n.7), *ELoHIM* contiene la letra *Hei* y así puede ser expandido de tres maneras diferentes (ver Apéndice: Expansiones de los Santos Nombres de Dios). Tres veces *ELoHIM* (3 x 86) es igual a 258, y agregando una unidad más por el nombre se obtiene 259, *GaRON*.

La Kabalá enseña que los diferentes nombres santos de Dios representan diferentes atributos. En nuestro contexto, IHVH corresponde a *Jesed*, mientras que *Elohim* corresponde a *Guevurá*. La conexión entre *ELoHIM* y la garganta surge del hecho de que la garganta es una parte muy estrecha del cuerpo (ver *Likutey Moharán* I, 163, n.10). El término hebreo para "estrecho" es *meitzar*, que también se traduce como parámetro o borde. Esto connota restricción y juicio, *Guevurá*. El nombre *Elohim* está asociado así con la garganta.

13. …son mitigadas a través de los tres HaVaIaH. Cuando IHVH/*Jesed*/la mano derecha se une con *Elohim*/*Guevurá*/la mano izquierda, se forma *Tiferet*/la mano exaltada. Y allí, en *Tiferet*, los juicios son mitigados. En nuestro contexto, si al recitar las plegarias –tres veces *ELoHIM*– la persona aplaude –los tres *HaVaIaH*– esa unión armónica que es *Tiferet* mitiga los juicios. Seguidamente el Rebe Najmán traerá un texto de prueba que conecta las tres manos con las palabras que emergen de la garganta.

14. Mi alma está constantemente…. En sus plegarias a Dios, el rey David menciona que

2. Aplaudir también mitiga los juicios.[6] Pues hay tres *HaVaIaH*.[7] Estos corresponden a las tres manos: la mano grande, la mano fuerte y la mano exaltada.[8] Ahora bien, la mano derecha es "una mano grande"; la mano izquierda es "una mano fuerte";[9] y al golpear [las manos] entre sí se unen – esto es el aspecto de "una mano exaltada".[10] Y las palabras que emergen emitidas por la garganta[11] – [con su] valor numérico de tres veces *ELoHIM*[12] – son mitigadas a través de los tres *HaVaIaH*.[13]

Ésta es la explicación de "Mi alma está constantemente en mi mano, *veToratja lo shajajti* (no he olvidado Tu Torá)" (Salmos 119:109).[14]

---

6. Aplaudir...mitiga los juicios. Los juicios son las fuerzas negativas engendradas cuando la persona peca al transgredir la voluntad de Dios. Por otro lado, observar las mitzvot de la Torá, genera bondad. Escribe el rabí Natán que la idea detrás del cumplimiento de las mitzvot es traer al mundo la bondad de Dios. Como veremos, cuando hay una unión, *Jesed* y *Guevurá* se juntan y se mitigan los juicios. El Rebe Najmán enseña aquí que aplaudir puede invocar esta unión para mitigar los juicios (cf. *Torat Natán* #1).

7. tres HaVaIaH. El Tetragrámaton inefable, *IHVH* (יהוה), se lee en general con sus letras transpuestas, como *HaVaIaH* (הויה), el término hebreo para "existencia" y "ser". A partir de la Kabalá aprendemos que el Tetragrámaton puede ser expandido o deletreado de tres maneras diferentes. La letra *Iud* (י) siempre se deletrea de la misma manera (יוד), pero las letras *Vav* (ו) y *Hei* (ה) pueden ser deletreadas agregándoles una *alef* (הא, ואו), una *Hei* (הה) o una *iud* (הי, ויו). Las diferentes expansiones y su pronunciación pueden encontrarse en el Apéndice, "Expansiones de los Santos Nombres de Dios" (aunque en verdad hay cuatro expansiones del Tetragrámaton, la segunda expansión, *SaG*, puede ser vista como una combinación de la primera y la tercera).

8. tres HaVaIaH...tres manos.... Es decir, las tres expansiones del Tetragrámaton corresponden a las tres manos. Como se explica más adelante (§4), el Tetragrámaton contiene cuatro letras y cuando éstas se expanden suman diez letras. El valor numérico de la palabra hebrea para "mano", *IaD* (יד), es igual a 14, que es la suma de las cuatro letras primarias del Tetragrámaton más las diez letras del Tetragrámaton cuando está expandido. Ésta es la conexión entre los tres *Havaiah* y las tres manos. Las tres manos están mencionadas en las Escrituras: "una mano grande" (Éxodo 14:31), "una mano fuerte" (ibid. 13:9) y "una mano exaltada" (ibid. 14:8). Ver la enseñanza del Ari citada más adelante (n.22) que de esas tres manos, la mano derecha (grande) corresponde a *Jesed*; la mano izquierda (fuerte) corresponde a *Guevurá*; y la mano unificada (exaltada) corresponde a *Tiferet*, una combinación de *Jesed* y *Guevurá*. (Ver Lección #41:2 y *Likutey Moharán* I, 180 para otras maneras en que las manos pueden mitigar los juicios).

9. derecha...mano grande...izquierda...mano fuerte. Aunque la mano derecha es generalmente la más fuerte de las dos, es llamada "la mano grande", correspondiente a *Jesed* y la mano izquierda es llamada "la mano fuerte", correspondiente a *Guevurá*. Ello se debe a que la fuerza de la mano derecha se manifiesta en el hecho de que la bondad (*Jesed*) es "más grande" y más abundante que los juicios (*Guevurá*).

10. mano exaltada. Esto corresponde a *Tiferet* (Belleza), que es "exaltada" en el hecho de que es una unión perfecta entre *Jesed* y *Guevurá*.

Como es sabido, las diez *sefirot* a través de las cuales se filtra la Luz Infinita de Dios

נֶפֶשׁ – זֶה בְּחִינוֹת דִּבּוּר. כְּמוֹ שֶׁכָּתוּב (שיר-השירים ה): "נַפְשִׁי יָצְאָה בְדַבְּרוֹ", הַיְנוּ בְּחִינוֹת תְּפִלָּה, כְּמוֹ שֶׁכָּתוּב (איוב יח): "טֹרֵף נַפְשׁוֹ בְּאַפּוֹ". בְּכַפִּי, הַיְנוּ בְּחִינוֹת מְחִאַת הַכַּף. עַל־יְדֵי־זֶה, וְתוֹרָתְךָ לֹא שָׁכָחְתִּי רָאשֵׁי־תֵבוֹת שָׁלֵו, גִּימַטְרִיָּא שָׁלֹשׁ הֲוָיוֹת וְשָׁלֹשׁ אֱלֹקִים, הַיְנוּ הַמְתָּקַת הַדִּינִים:

גַּם עִקַּר הַשִּׁכְחָה הוּא מֹחִין דְּקַטְנוּת, מִבְּחִינוֹת אֱלֹקִים. וּכְשֶׁמַּמְתִּיק אֶת אֱלֹקִים בְּכַפָּיו, עַל־יְדֵי־זֶה "וְתוֹרָתְךָ לֹא שָׁכָחְתִּי":

וְזֶה פֵּרוּשׁ (תהלים צא): "כִּי בִי חָשַׁק וַאֲפַלְּטֵהוּ".

"כִּי בִי" גִּימַטְרִיָּא מ"ב (הקדמת התיקונים ז:), הַיְנוּ שָׁלֹשׁ פְּעָמִים יָד

olvido. La persona que está sujeta a los juicios se encuentra bajo presión y es olvidadiza, pues está bajo la influencia de *Elohim*. Debe mitigar esos juicios.

20. conciencia expandida...no he olvidado.... Como se explicó, la persona puede mitigar los juicios a través de la plegaria, que engendra una unión. Entonces *Elohim* es mitigado a través de *Havaiah* y uno alcanza la tranquilidad. Esto está aludido por el término *ShaLeV*, el acróstico de "*VeToratja Lo Shajajti* (No he olvidado Tu Torá)". Porque si uno alcanza *ShaLeV* –los tres *Havaiah* y los tres *Elohim*– ha llegado a la conciencia expandida y a "no he olvidado".

El versículo ahora se lee: **Mi alma está constantemente en mi mano** – Cuando las plegarias de la persona están en sus manos, "una mano exaltada", debido a que aplaude y junta sus manos al orar, **No he olvidado Tu Torá** – merece *shalev* (tranquilidad) y está protegida del olvido.

En otra instancia (*Likutey Moharán* I, 7:7), el Rebe Najmán enseña que la plegaria es beneficiosa para la memoria. Explica que el olvido se produce cuando la memoria está sujeta a las fuerzas de la naturaleza, particularmente al paso del tiempo. Sin embargo, la plegaria trasciende la naturaleza tal cual se evidencia en el hecho de que orar a Dios produce milagros. De esa manera puede liberar a la mente de la influencia restrictiva de la naturaleza y así es buena para la memoria.

21. KI BI...valor numérico de cuarenta y dos. Hay varios nombres santos de Dios, uno de los cuales es el *Shem Mem-Bet* (Nombre de Cuarenta y Dos). Este nombre está formado por 42 letras, que el rabí Nejunia ben HaKaná utilizó como un acróstico al componer su plegaria *Ana BeKoaj* (ver Lección #41, n.32, 33; *Likutey Moharán* I, 180, n.12). El *Tikuney Zohar* (Introducción, p.7b) hace notar que *KI BI* (כי בי) es numéricamente igual a cuarenta y dos, correspondiente a este santo nombre. El Rebe Najmán explica a continuación la conexión entre ellos.

En la terminología de la Kabalá y más específicamente en términos de la estructura de las *sefirot*, el *Shem Mem-Bet* está esencialmente enraizado en las sub sefirot de *Jesed, Guevurá* y *Tiferet* dentro de la *sefirá* de *Biná* (cada *sefirá* está compuesta por sus propias diez *sefirot*). Con respecto al Nombre de Cuarenta y Dos, enseña el *Zohar* (II, 132b): Éste asciende y al hacerlo eleva constantemente hacia los niveles superiores aquello que se encuentra por debajo. En base a esto, el Ari enseña que toda elevación de los mundos inferiores hacia los mundos superiores se realiza por medio del santo Nombre de Cuarenta y Dos de ese mundo superior (*Shaar*

El alma es un aspecto del habla, como está escrito (Cantar de los Cantares 5:6), "Mi alma salió cuando él habló"[15] – i.e., un aspecto de la plegaria, como está escrito (Job 18:4), "Tú desgarras tu alma en la ira".[16] "En mi mano" – esto es un aspecto de aplaudir,[17] mediante lo cual "*VeToratja Lo Shajajti* (no he olvidado Tu Torá)". Las iniciales, *ShaLeV*, tienen el mismo valor numérico que tres *HaValaH* y tres *EloHIM* – i.e., el mitigar los juicios.[18]

El olvido también proviene esencialmente de una conciencia restringida, del aspecto de *Elohim*.[19] Pero cuando la persona mitiga *Elohim* a través de sus manos –<con lo cual se encuentra en el aspecto de conciencia expandida>– como resultado "no he olvidado Tu Torá".[20]

Y ésta es la explicación de "*KI BI* (Por Mí) él anheló, Yo lo liberaré" (Salmos 91:14).

"*KI BI* (Por Mí)" tiene el valor numérico de cuarenta y dos,[21]

---

aunque estuvo constantemente en peligro, nunca cejó en su observancia de la Torá. El Rebe Najmán demostrará cómo este versículo une los tópicos mencionado más arriba: aplaudir, orar y mitigar el sufrimiento y los juicios.

15. Mi alma salió…habló. Es decir, el alma se manifiesta en la palabra hablada.

16. desgarras tu alma en la ira. En la época Talmúdica, las sinagogas estaban ubicadas fuera de la ciudad. Por razones de seguridad les correspondía a los últimos asistentes de la noche no dejar a nadie detrás. El Talmud (*Berajot* 5b) afirma que a todo aquel que abandone a su amigo se le desgarrarán las plegarias, si así pudiera decirse. Esto se aprende del versículo, "Tú desgarras tu alma en la ira, la tierra ha de ser abandonada…". Rashi explica (*v.i. toref*) que "tu alma" mencionada en el versículo es la plegaria. Esto apunta a la conexión entre el alma, la palabra que emerge de la garganta y la plegaria.

17. En mi mano…aplaudir. El Rebe Najmán vuelve ahora al versículo, "Mi alma está constantemente en mi mano…".

18. ShaLeV…mitigar los juicios. Las letras de la palabra *ShaLeV* (שלו, tranquilo), que son un acróstico de *VeToratja Lo Shajajti* (ותורתך לא שכחתי), tienen el valor de 336. Éste es el mismo valor numérico que "tres *Havaiah*" (3 x 26 = 78) más "tres *Elohim*" (3 x 86 = 258), 336. Esto sugiere que la "tranquilidad", el mitigar de los juicios, puede alcanzarse cuando se unen los tres *Havaiah* con los tres *Elohim*. Con esta unión, se crea *Tiferet* /la mano exaltada, que mitiga y endulza los decretos de *Elohim*.

El versículo así se traduce en nuestro texto como sigue: **Mi alma está constantemente en mi mano** – Cuando las plegarias de la persona están en su mano, "una mano exaltada" debido a que aplaude y junta sus manos al orar, **VeToratja Lo Shajajti (No he olvidado Tu Torá)** – merece *ShaLeV* (tranquilidad), pues los juicios han sido mitigados.

19. El olvido…aspecto de Elohim. Como hemos visto, *Elohim* corresponde a los juicios, a las restricciones (n.12). *Elohim* así connota una conciencia restringida, que es equivalente al

גִּימַטְרִיָּא מ"ב. שֶׁנִּתְגַּלֶּה הַחֵשֶׁק שֶׁבַּלֵּב, בַּיָּדַיִם, וְזֶה בְּחִינוֹת מְחִיאַת כַּפַּיִם. עַל־יְדֵי־זֶה "וַאֲפַלְּטֵהוּ", בְּחִינוֹת הַמְתָּקַת הַדִּינִים:

גַּם עַל־יְדֵי מְחִיאַת כַּף, מְבַטֵּל הַמַּחֲלֹקֶת. כִּי כָּל הַמַּחֲלֹקֶת נִמְשָׁכִים מִבְּחִינַת קֹרַח עַל אַהֲרֹן, שֶׁהֵם בְּחִינַת שְׂמָאלָא וִימִינָא. וְעַל־יְדֵי מְחִיאַת כַּף, נִכְלָלִים שְׂמֹאל בְּיָמִין וְיָמִין בִּשְׂמֹאל, וְנַעֲשִׂים אַחְדוּת.

וְזֶה פֵּרוּשׁ (תהלים צז): "הֵאִירוּ בְרָקָיו תֵּבֵל רָאֲתָה".
"תֵּבֵל", זֶה בְּחִינוֹת מְחִיאַת כַּפַּיִם. כִּי יָמִין זֶה ע"ב, וּשְׂמֹאל זֶה רִי"וּ. וְעַל־יְדֵי שֶׁנִּכְלָלִים זֶה בָּזֶה, נַעֲשֶׂה שְׁנֵי פְּעָמִים רִי"וּ, גִּימַטְרִיָּא

ser parte de la clase sacerdotal (ver Números 16:10). El Rebe Najmán demuestra ahora cómo el ataque de Koraj en contra de Aarón es el paradigma de todas las disputas y rebeliones.

27. los aspectos de la izquierda y de la derecha. En la Kabalá, el cohen es un aspecto de *Jesed* (el lado derecho), mientras que los levitas son un aspecto de *Guevurá* (el lado izquierdo). Como hemos visto a lo largo de esta lección, aunque cada uno de esos atributos tiene un propósito individual, el objetivo es unificar a *Jesed* y *Guevurá*; uniéndolos en lugar de mantenerlos separados. De la misma manera, las devociones del cohen y del levita eran diferentes y separadas, pero sólo era su actuar al unísono lo que hacía su servicio Divino aceptable ante Dios.

Enseña el *Zohar* concerniente al versículo (Génesis 1:3): "Dios dijo, *Ihí or, vaihí or* ('Haya luz' y hubo luz)": Cada vez que aparece la palabra vaihí connota sufrimiento, *vai-ihí* ("hay vai, ¡ay!"). Así, "*Ihí or*" hace referencia al lado derecho, Aarón. "*Vaihí or*" hace referencia al lado izquierdo, Koraj. Una vez que se estableció una separación, hubo *vaihí* – ¡ay!, sufrimiento. Pues si Koraj (*Guevurá*) se hubiese mantenido subordinado a Aarón (*Jesed*) y no se hubiera separado, habría retenido su propia diferencia y se habría formado *Tiferet*. Pero Koraj se separó de Aarón, trayendo ayes y sufrimiento para él mismo y para sus seguidores (ver *Tikuney Zohar* #30, p.74a).

28. transformándose en una. Lo que mitiga los juicios, como se explicó más arriba. De esta manera, aplaudir crea la unidad que elimina el conflicto.

29. la mano derecha es AB. La mano derecha corresponde a *Jesed* (חסד), que tiene el valor numérico de 72. Las letras hebreas *AB* (עב) son equivalentes a 72, que corresponde también al valor numérico de la expansión más grande del *IHVH* (ver Apéndice: Expansiones de los Santos Nombres de Dios).

30. La mano izquierda es RIU. La mano izquierda corresponde a *Guevurá* (גבורה) que tiene el valor numérico de 216. Las letras hebreas *RIU* (ריו) son equivalentes a 216. (A lo largo de la Kabalá encontramos que los dos términos *AB RIU* corresponden a *Jesed* y *Guevurá*, el lado derecho y el lado izquierdo).

que es tres veces *IaD* (mano) equivalente a cuarenta y dos.²² El anhelo en el corazón se revela en las manos, <como se explica en otra instancia,²³ el espíritu que palpita en el corazón entra en las manos. Vemos, entonces, que a través del anhelo en el corazón ello entra en las manos>. Éste es el aspecto de aplaudir,²⁴ a través del cual "Yo lo liberaré" – correspondiente a mitigar los juicios.²⁵

3. Al aplaudir también se eliminan las disputas. Pues todo conflicto emana del aspecto de Koraj contra Aarón (Números 16),²⁶ siendo ellos los aspectos de la izquierda y de la derecha.²⁷ Así, al aplaudir, la izquierda se incluye en la derecha y la derecha se incluye en la izquierda, transformándose en una.²⁸

Ésta es la explicación de "Sus rayos iluminan el *tevel* (el mundo); [la tierra] ve [y tiembla]" (Salmos 97:4).

"*Tevel*" es un aspecto de aplaudir, pues la mano derecha es AB^{29} y la mano izquierda es RIU.³⁰ Al incluirse una en la otra, se produce

---

HaKavanot, Inian HaKadish, p.95 y sig.). En este sentido, *Shem Mem-Bet* son las "manos" del mundo superior que se extienden hacia el mundo inferior para elevarlo.

22. tres veces IaD.... Enseña el Ari (*Etz Jaim, Heijal ABIA, Shaar Kisei HaKavod* 46:6, p.356). El valor numérico de la palabra hebrea para mano, *IaD* (יד), es 14. Tres veces 14 es igual a 42. Esto indica que hay tres manos incluidas en el Nombre de Cuarenta y Dos. De las tres sub *sefirot* que significan esencialmente el Nombre de Cuarenta y Dos, *Jesed* corresponde a la mano derecha (grande); *Guevurá* corresponde a la mano izquierda (fuerte); *Tiferet*, una combinación de *Jesed* y *Guevurá*, corresponde a la mano unificada (exaltada).

23. en otra instancia. Ver *Likutey Moharán* I, 56:9.

24. anhelo en el corazón...aplaudir. El fervor que llena el corazón al orar se revela a través del movimiento de las manos – mediante el aplaudir.

25. lo liberaré.... El versículo se traduce así en nuestro texto como sigue: **KI BI él anheló** – Cuando la persona, mediante el aplaudir, expresa el fervor en su corazón y su anhelo de Dios, ha utilizado la mano grande y la mano fuerte para crear una mano exaltada, el aspecto del Nombre de Cuarenta y Dos. **Yo lo liberaré** – Al hacerlo, Dios mitiga los juicios en su contra.

Resumen: La plegaria y la unión son una y la misma cosa. Para que la plegaria fructifique se debe colocar la plegaria entre el norte y el sur – i.e., aplaudir al orar (§1). Aplaudir también mitiga los juicios y es beneficioso para la memoria (§2).

26. Koraj contra Aarón. La tribu de Leví fue elegida para servir a Dios en el Santuario y en el Templo. De los levitas, sólo Aarón y sus descendientes fueron seleccionados para cumplir el papel de cohanim. Ello enojó a Koraj, también un levita, quien sintió que también él merecía

תֵּבֵל. כִּי גַּם ע"ב שֶׁהוּא יָמִין, יֵשׁ בּוֹ שָׁלֹשׁ פְּעָמִים ע"ב, גִּימַטְרִיָּא רי"ו. וּשְׁלֹשָׁה פְּעָמִים ע"ב, זֶה בְּחִינַת כֹּהֵן גָּדוֹל וְכֹהֵן הֶדְיוֹט, וּסְגַן הַכֹּהֵן.

וְעַל-יְדֵי שֶׁנִּתְרָאָה תֵּבֵל, הַיְנוּ מְחִיאַת הַכַּפַּיִם, עַל-יְדֵי-זֶה "הֵאִירוּ בְרָקָיו", נִתְתַּקֵּן הַמַּחֲלֹקֶת הַנִּקְרָא בָּרָק. כְּמוֹ שֶׁכָּתוּב (זכריה ט): "וְיָצָא כַבָּרָק חִצּוֹ"; וְחֵץ לְשׁוֹן מַחֲלֹקֶת, כְּמוֹ שֶׁכָּתוּב (בראשית מט): "וַיִּשְׂטְמוּהוּ בַּעֲלֵי חִצִּים", וְתַרְגּוּמוֹ: 'בַּעֲלֵי פַלְגוּתָא'.

וְזֶה פֵּרוּשׁ (תהלים מז): "כָּל הָעַמִּים תִּקְעוּ כָף", לְשׁוֹן הִתְחַבְּרוּת. כִּי שְׁנֵי פְּעָמִים ע"ב רי"ו, גִּימַטְרִיָּא **תִּקְעוּ**:

(לִהְיוֹת קֹדֶם שֶׁהֶעְתַּקְתִּי תּוֹרָה זֹאת מִכְּתִיבַת יָדוֹ הַקְּדוֹשָׁה, כָּתַבְתִּי מִתְּחִלָּה קְצָת מֵעִנְיָן זֶה בְּעַצְמִי, כְּפִי מַה שֶּׁשָּׁמַעְתִּיו. וְלִהְיוֹת קְצָת דְּבָרִים מְבֹאָרִים שָׁם קְצָת יוֹתֵר, עַל כֵּן הֶעְתַּקְתִּיו גַּם כֵּן, וּשְׁנֵיהֶם כְּאֶחָד טוֹבִים, וְזֶהוּ:)

Targúm del versículo en Génesis que relata cómo fue perseguido Iosef, para demostrar que la flecha connota disputa. El rayo es por lo tanto sinónimo de disputa.

El versículo se traduce así en nuestro texto como sigue: **Sus rayos iluminan** – Cuando hay disputa, **tevel es visto** – se elimina al aplaudir.

36. Todas las naciones.... El versículo se relaciona con los Días del Mashíaj, cuando todas las naciones unirán sus manos al cantar alabanzas a Dios.

37. dos veces AB RIU...TIKU. *AB RIU* (72 + 216) es igual a 288. Al aplaudir, la mano derecha golpea la mano izquierda y la mano izquierda golpea a la derecha. El resultado es dos veces *AB RIU*, o 576. *TIKU* (תקעו, unir) también tiene el valor numérico de 576. Así, cuando aplaudimos, uniendo las manos, mitigamos el juicio y se revela la Gloria de Dios. Entonces, "Todas las naciones unirán sus manos" para cantarle a Dios, pues se habrán eliminado todos los conflictos.

Resumen: La plegaria y la unión son una y la misma cosa. Para que la plegaria fructifique se debe colocar la plegaria entre el norte y el sur – i.e., aplaudir al orar (§1). Aplaudir también mitiga los juicios y es beneficioso para la memoria (§2). Juntar las dos manos al aplaudir también elimina los conflictos (§3).

38. Considerando que antes de que yo copiara esta lección. En el invierno anterior de 5603 (Diciembre de 1802), para la época de Jánuca, el rabí Natán había comenzado a registrar las lecciones del Rebe Najmán bajo la tutela del Rebe. Solía copiar las lecciones de los manuscritos del Rebe o el Rebe le dictaba sus enseñanzas y el rabí Natán las transcribía. Así, casi todas las lecciones registradas por el rabí Natán tenían el formato que el Rebe mismo les había dado. En varias instancias, en las cuales la lección tiene un agregado o apéndices acompañantes, éstos corresponden a las notas del rabí Natán, registradas originalmente para su propio uso pero agregadas más tarde a la versión impresa de la lección, para ayudar a los

dos veces *RIU* – equivalente a *TeVeL*.³¹ Pues también *AB*, que es la derecha, contiene tres veces *AB* – equivalente a *RIU*.³² Y tres veces *AB* corresponde al sumo sacerdote, al sacerdote común y al sacerdote suplente.³³

Y en virtud [del hecho de que] *Tevel* es visto –<mediante el> aplaudir³⁴– "Sus rayos iluminan". Se produce una rectificación del conflicto, que es llamado "un rayo", como está escrito (Zacarías 9:14), "y Sus flechas brillarán como un rayo". Y la flecha connota conflicto, como está escrito (Génesis 49:23), "los expertos con la flecha lo hicieron su blanco", que Onkelos traduce: "los expertos del conflicto".³⁵

Y ésta es la explicación de "Todas las naciones *tiku* (unan) sus manos" (Salmos 47:2).³⁶ Ello connota unir, pues dos veces *AB RIU* tiene el mismo valor que *TiKU*.³⁷

4. Considerando que antes de que yo copiara esta lección del santo manuscrito del Rebe Najmán yo ya había registrado algo de ella, de la manera en la cual la había oído, y viendo que algunos temas están más aclarados allí, lo he presentado más abajo. Pues ambos son igualmente buenos.³⁸

---

31. dos veces RIU…TeVeL. Dos veces *RIU* (2 x 216) es igual a *TeVeL* (432, תבל). El Rebe Najmán hace este cálculo aunque ya ha explicado cómo se obtiene dos veces *RIU*. Ver las dos notas siguientes.

32. también AB…derecha…RIU. Como se explicó, el lado derecho/*Jesed* es igual a 72. Sin embargo, podemos inferir que *Jesed* es triple pues hay tres clases de cohanim (ver la nota siguiente). Tres veces 72 es igual a *RIU*, 216. Éste es un segundo *RIU*.

Esto es lo que quiere decir el Rebe Najmán al enseñar que *TeVeL* (432) está compuesto por dos veces *RIU*: *Jesed* (3 x 72 = 216) y *Guevurá* (216).

33. tres veces AB…sacerdote. Como hemos visto, el sacerdote es un aspecto de *Jesed*. Ahora bien, hay tres clases de sacerdotes: el sumo sacerdote, el sacerdote común y el sacerdote suplente. (El sacerdote suplente es designado como reemplazo del sumo sacerdote en caso de que éste último sea incapaz de llevar a cabo sus tareas. Las leyes del sacerdote suplente son en algunos aspectos similares a las del sumo sacerdote y en otros a las del sacerdote común, por lo cual constituye una tercera categoría). Estos tres sacerdotes representan tres tipos de *Jesed*, de aquí las tres veces *AB* (72), que es igual a *RIU* (216).

34. TeVeL es visto…aplaudir. *TeVeL* (432) es "visto" (i.e., formado) a través de dos veces *RIU* (2 x 216) – i.e., la mano derecha y la mano izquierda uniéndose al aplaudir.

35. rayos…flecha…blanco…expertos del conflicto. Aquí nuevamente el propósito del Rebe Najmán es mostrar que aplaudir elimina la disputa. Habiendo demostrado que *tevel* es aplaudir, hace ahora la conexión entre "rayo" y disputa. Para ello el Rebe trae dos textos de prueba: uno, de Zacarías, para mostrar que el rayo corresponde a las flechas; y otro, basado en la lectura del

עִנְיַן הַכָּאַת כַּף אֶל כַּף בְּעֵת הַתְּפִלָּה. כָּתוּב בְּ"פְּרִי־עֵץ־חַיִּים" (בשער חזרת עמידה פרק ז בסופו), "שָׁלֵ"וּ הָיִיתִי וַיְפַרְפְּרֵנִי" (איוב טז), שָׁלֵ"וּ בְּגִימַטְרִיָּא ג' הֲוָיוֹת וְג' אֱלֹהִים. וְרָאשֵׁי־תֵבוֹת שֶׁל "וְיָשֵׂם לְךָ שָׁלוֹם", גִּימַטְרִיָּא שָׁלֵ"וּ. דְּהַיְנוּ שֶׁג' פְּעָמִים הֲוָיָ"ה, מַמְתִּיק ג' אֱלֹקִים.

כִּי יֵשׁ ג' יָדַיִם, יָד הַגְּדוֹלָה, וְיָד הַחֲזָקָה, וְיָד הָרָמָה. וְהֵן: יַד יָמִין, הוּא יָד הַגְּדוֹלָה. יַד הַשְּׂמֹאל, יָד הַחֲזָקָה. וְעַל־יְדֵי חֲבוּקַת הַיָּדַיִם, נַעֲשָׂה יָד הָרָמָה.

וְעַל כֵּן כְּשֶׁמַּכֶּה כַּף אֶל כַּף וּמְחַבֵּר הַיָּדַיִם בַּתְּפִלָּה, נִמְתָּקִין הַדִּינִין. כִּי יָד הוּא בְּחִינַת הֲוָיָה, יוֹד אוֹתִיּוֹת וְד' אוֹתִיּוֹת. וְעַל־יְדֵי ג' הַיָּדַיִם, שֶׁהוּא ג' הֲוָיוֹת, נִמְתָּקִין הַג' אֱלֹקִים, שֶׁהֵם הַדִּינִין הַיּוֹצְאִין מֵהַגָּרוֹן, שֶׁהוּא בְּגִימַטְרִיָּא ג' אֱלֹקִים:

וְהוּא סְגֻלָּה לְזִכָּרוֹן, כְּמוֹ שֶׁכָּתוּב (תהלים קיט): "נַפְשִׁי בְכַפִּי תָמִיד".

נַפְשִׁי – הַיְנוּ בְּחִינַת תְּפִלָּה, כְּמוֹ שֶׁכָּתוּב (שיר-השירים ה): "נַפְשִׁי יָצְאָה בְדַבְּרוֹ".

Likutey Moharán I, 33:1, notas 6, 8). Este pasaje, que el Rebe Najmán le hizo leer en voz alta al hombre cuyo hijo estaba enfermo (ver n.1), ahora es ampliado en la lección.

40. shalev…me quebró. Job se lamenta de su sufrimiento. Como explica el Ari: Después de haber pensado que había alcanzado un verdadero nivel de tranquilidad –i.e., que había mitigado los tres *Elohim* con los tres *Havaiah*– Job descubrió que estaba "quebrado" – asediado por los juicios.

41. ShaLeV…HaVaIaH…ELoHIM…tres veces HaVaIaH mitiga…. Como se explicó más arriba, sección 2, notas 13 y 18.

42. grande…fuerte…exaltada…. Ver más arriba, notas 8-10.

43. Iud letras y Dalet letras. Como se explicó más arriba, nota 8 y especialmente nota 22.

44. tres manos…emergen del GaRON…. Como se explicó más arriba, sección 2 y notas 12-13.

45. Mi alma salió…. Ver más arriba, sección 2 y nota 15.

El tema de aplaudir en el momento de la plegaria: Está escrito en el *Pri Etz Jaim* (Shaar Jazarat HaAmidá 7):³⁹ "Yo estaba *shalev* (tranquilo), pero Él me quebró" (Job 16:12).⁴⁰ *ShaLeV* tiene el mismo valor numérico que tres *HaVaIaH* y tres *EloHIM*. Más aún, las iniciales de "*Veiasem Leja Shalom* (y te de paz)" (Números 6:26), son equivalentes a *ShaLeV*. En otras palabras, tres veces *HaVaIaH* mitiga tres veces *Elohim*.⁴¹

Porque hay tres manos: la mano grande, la mano fuerte y la mano exaltada. Ellas son: la mano derecha es "la mano grande"; la mano izquierda, "la mano fuerte"; y al aplaudir, se conforma "la mano exaltada".⁴²

Por lo tanto, cuando la persona aplaude y junta las manos al orar, se mitigan los juicios. Ello se debe a que *IaD* (mano) es un aspecto de *HaVaIaH* – *Iud* letras y *Dalet* letras.⁴³ Y mediante las tres manos, que son los tres *HaVaIaH*, se mitigan los tres *EloHIM* – siendo éstos los juicios que emergen del *GaRON*, que tiene el valor numérico de tres *EloHIM*.⁴⁴

Ésta es también una *segulá* (recurso preternatural) para [la buena] memoria, como en, "Mi alma está constantemente en mi mano, [*veToratja lo shajajti* (No he olvidado Tu Torá)]."

Mi alma – Éste es un aspecto de la plegaria, como está escrito (Cantar de los Cantares 5:6), "Mi alma salió cuando él habló".⁴⁵

---

demás a comprender algún concepto difícil del texto (por ejemplo, *Likutey Moharán* I, 21:12-18; ibid. 31:11-18). Aparentemente éstas le fueron mostradas al Rebe antes de ser incluidas en el *Likutey Moharán*. Una segunda categoría de suplementos de las lecciones consiste en aquellas enseñanzas que el rabí Natán registró antes de ser el escriba del Rebe Najmán. Después de oír la lección del Rebe el rabí Natán las registraba para él mismo. De alguna manera éstas tenían una forma algo diferente de como el Rebe Najmán las había registrado en su manuscrito y aparentemente nunca fueron vistas por el Rebe. Cuando el rabí Natán imprimió más tarde el *Likutey Moharán*, agregó esta versión a la del Rebe en tres de las lecciones: en esta lección, en la #47 y en la #53.

39. Pri Etz Jaim…. Esto aparece en la página 267 de la edición de Jerusalén, 1988. El capítulo habla sobre el *Birkat Cohanim* (Bendición de los Sacerdotes). El Ari hace notar que las iniciales de las palabras finales de la bendición, "*Veiasem Leja Shalom* (y te de paz)", forman la palabra *ShaLeV*, numéricamente igual a tres *Havaiah* y tres *Elohim* (ver más arriba, n.18). Esto indica que *shalom* (paz) se logra cuando los tres *Elohim* están mitigados por tres *Havaiah* mediante su unión. También la paz implica unión, la unión de los opuestos en un todo armónico (ver también

בְּכַפִּי תָמִיד – הַיְנוּ כְּשֶׁמַּכֶּה כַּף אֶל כַּף בִּשְׁעַת הַתְּפִלָּה. עַל יְדֵי זֶה,

וְתוֹרָתְךָ לֹא שָׁכָחְתִּי – כִּי הַשִּׁכְחָה הוּא מֹחִין דְּקַטְנוּת, בְּחִינַת אֱלֹקִים.

וּכְשֶׁמַּמְתִּיק הַדִּינִים כַּנַּ"ל, אֲזַי הוּא בְּמֹחִין דְּגַדְלוּת, וְאֵין לוֹ שִׁכְחָה. וְעַל כֵּן וְתוֹרָתְךָ לֹא שָׁכָחְתִּי, רָאשֵׁי־תֵבוֹת שֶׁלּ"וֹ. דְּהַיְנוּ עַל־יְדֵי שֶׁמַּמְתִּיק ג' אֱלֹקִים, בְּג' הֲוָיוֹת כַּנַּ"ל, אֵין לוֹ שִׁכְחָה. וְזֶה דַּיְקָא בִּשְׁעַת הַתְּפִלָּה, כִּי אָז יוֹדֵעַ אִם הוּא בְּמֹחִין דְּקַטְנוּת, אוֹ דְגַדְלוּת. כִּי הַדִּבּוּר הוּא הִתְגַּלּוּת הַמֹּחִין, כְּמוֹ שֶׁכָּתוּב (משלי ב): "מִפִּיו דַּעַת וּתְבוּנָה":

del cual se hace posible alcanzar una conciencia expandida y ascender por sobre el olvido. De modo que es mediante la plegaria, como el Rebe Najmán explica a continuación, que la persona puede saber si se encuentra en un estado de conciencia expandida o restringida.

50. mentalidades…en Su boca. El Rebe Najmán relaciona este versículo de Proverbios con la persona que está orando: lo que emerge de "su boca" es una indicación de lo que se encuentra en su mente (su "conocimiento y discernimiento"). Cuando la persona tiene pensamientos externos al orar, su mente no puede estar unida a las palabras que recita. En ese momento su conciencia de Dios está restringida, en un aspecto de *Elohim*. Por otro lado, cuando la persona se concentra en lo que está diciendo al orar, reconociendo con su mente a Dios (*IHVH*), alcanza un estado de conciencia expandida. Así, es posible determinar si uno se encuentra en un estado de conciencia restringida o de conciencia expandida por la manera en que las palabras de la plegaria fluyen de sus labios.

constantemente en mi mano – Éste es un aspecto de aplaudir durante la plegaria.[46] Con esto:

No he olvidado Tu Torá – Esto se debe a que el olvido es una conciencia restringida, un aspecto de *Elohim*.[47]

Así, cuando [la persona] mitiga los juicios, como se mencionó más arriba, se encuentra entonces en [un estado de] conciencia expandida. No olvida.[48] Por lo tanto, "*VeToratja Lo Shajajti*" – cuyas iniciales son *ShaLeV*. En otras palabras, al mitigar los tres *ELoHIM* mediante los tres *HaVaIaH*, no olvida. Y esto se produce específicamente durante la plegaria, pues entonces sabe si se encuentra en [un estado de] conciencia restringida o de conciencia expandida.[49] Ello se debe a que la palabra hablada es una revelación de las mentalidades, como está escrito (Proverbios 2:6), "el conocimiento y el discernimiento están en Su boca".[50]

---

46. **aplaudir durante la plegaria.** "En mi mano" alude a "la mano exaltada", la unión entre las manos. Cuando las plegarias están acompañadas por el aplauso, entonces "no he olvidado Tu Torá", como se explica a continuación.

47. **olvido…conciencia restringida…Elohim.** Ver más arriba, sección 2 y nota 19.

48. **conciencia expandida…No olvida.** Como se explicó en la nota 20, cuando la persona se encuentra en un estado de conciencia expandida, se ha elevado en cierto sentido por sobre el tiempo. Dado que el olvido proviene del verse afectado por las restricciones del tiempo, cuando la persona asciende a la conciencia expandida supera el olvido y merece una buena memoria.

49. **específicamente durante la plegaria…conciencia expandida.** Así, aplaudir durante la plegaria –que es mitigar los tres *ELoHIM* mediante los tres *HaVaIaH*– es el medio a través

ליקוטי מוהר"ן סימן מ"ז

לְשׁוֹן רַבֵּנוּ זִכְרוֹנוֹ לִבְרָכָה

וַאֲכַלְתֶּם אָכוֹל וְשָׂבוֹעַ וְהִלַּלְתֶּם וְכוּ': (יואל ב)

מִי שֶׁהוּא מְשֻׁקָּע בְּתַאֲוַת אֲכִילָה בְּיָדוּעַ שֶׁהוּא רָחוֹק מֵאֱמֶת, וּבְיָדוּעַ שֶׁדִּינִים שׁוֹרִין עָלָיו, גַּם זֶה סִימָן עַל דַּלּוּת, גַּם יָבוֹא לִידֵי בִזְיוֹנוֹת וּבוּשׁוֹת. כְּמוֹ שֶׁכָּתוּב (תהלים יב): "כְּרֻם זֻלֻּת לִבְנֵי אָדָם", 'כֵּיוָן שֶׁנִּצְרָךְ אָדָם לַבְּרִיּוֹת נִשְׁתַּנָּה פָּנָיו כִּכְרוּם' (ברכות ו:):

וְדַע מִי שֶׁהוּא מְשַׁבֵּר תַּאֲוַת אֲכִילָה, הַקָּדוֹשׁ־בָּרוּךְ־הוּא עוֹשֶׂה עַל יָדוֹ מוֹפְתִים. כִּי אָמְרוּ חֲכָמֵינוּ זִכְרוֹנָם לִבְרָכָה (ברכות כ.): כְּתִיב: "אֲשֶׁר לֹא יִשָּׂא פָנִים", וּכְתִיב: "יִשָּׂא ה' פָּנָיו אֵלֶיךָ". 'אָמַר הַקָּדוֹשׁ־בָּרוּךְ־הוּא: אֵיךְ לֹא אֶשָּׂא לָהֶם פָּנִים, אֲנִי אָמַרְתִּי וַאֲכַלְתָּ וְשָׂבָעְתָּ וּבֵרַכְתָּ, וְהֵם מְדַקְדְּקִין עַל עַצְמָן בִּכְזַיִת וּבִכְבֵיצָה'. נִמְצָא

---

de Sukot (octubre del año 1802; *Tzadik* #185). De los temas tratados en esta lección, el concepto de los tefilín aparece en varias de las lecciones del Rebe dadas durante ese período (ver Lección #33, n.1). Por lo tanto es posible deducir que el Rebe Najmán dio está lección en algún momento de ese otoño, probablemente en el Shabat Teshuvá o en uno de los otros días previos a Iom Kipur.

2. KRuM...su rostro cambia como un KRuM. El *krum* (כרום) es un pájaro multicolor que cambia de colores cuando está al sol (*Berajot* 6b). También el rostro de la persona a veces cambia de colores. Ello sucede, por ejemplo, cuando se ve degradada o avergonzada lo que da como resultado una pérdida de prestigio – cayendo desde el "exaltado nivel" (רום) que había tenido previamente. Esa es la vergüenza que uno sufre debido a que su fuerte apego al alimento lo compele a recurrir a los demás. El Rebe Najmán comienza aquí introduciendo varios conceptos relacionados con la gula –la falta de verdad y una preponderancia de los juicios, de la pobreza y de la vergüenza– a los cuales retornará en el curso de la lección.

3. rostro. *Panim* (rostro) en hebreo. El "mostrar" o "brillar" del rostro indica una muestra de favor. Este versículo de Deuteronomio enseña que Dios no muestra favoritismos; la persona recibe lo que merece de acuerdo a la justicia Divina, sin compasión.

4. haga brillar Su rostro.... Por otro lado, este versículo de Números indica que Dios "hace brillar Su rostro" y muestra favor; la compasión Divina mitiga e incluso supera a la justicia. La contradicción entre los versículos es flagrante y nuestros Sabios (*Berajot* 20b) enseñan que los ángeles le pidieron a Dios Mismo que la resolviera.

LIKUTEY MOHARÁN 47[1]

"Vaajaltem Ajol Vsavoa **(Entonces comerás y te saciarás) y alabarás el nombre de Dios tu Señor Quien hizo para ustedes tales actos maravillosos. Nunca más Mi pueblo será avergonzado".**

(Joel 2:26)

Aquél que esté hundido en el deseo de comer ciertamente se encuentra lejos de la verdad. También de seguro es acuciado por los juicios. También es una señal de pobreza. Llegará igualmente al ridículo y a la vergüenza, como está escrito (Salmos 12:9), *"KRuM* (Aquello que es exaltado) es degradado por los hijos del hombre". Una vez que la persona llega a depender de los seres humanos, su rostro cambia como un *KRuM* (Berajot 6b).[2]

¡Y debes saber! [Cuando] alguien quiebra el deseo de comer, el Santo, bendito sea, hace milagros a través suyo. Pues han enseñado nuestros Sabios: Está escrito: "[Dios]... Quien no muestra el rostro" (Deuteronomio 10:17),[3] y está escrito, "Que Dios haga brillar Su rostro sobre ti" (Números 6:26).[4] Dijo el Santo, bendito sea: ¿Cómo no voy a favorecerlos? Yo dije, "comerán y se saciarán y bendecirán" (Deuteronomio 8:10), pero ellos son estrictos con ellos mismos sobre la cantidad de una

---

1. Likutey Moharán 47. Esta lección es *leshón Rabeinu z'l*, del manuscrito del Rebe Najmán (ver Lección #33, n.1). Ver más adelante, en las palabras de introducción a la sección 6 y en la nota 56, que luego de la versión del Rebe, esta lección se repite en un formato algo diferente, tomado de los escritos del rabí Natán. Los temas principales de la lección son: la verdad; la gula y quebrar el deseo de comer; el sustento; los tefilín; la Tierra Santa.

No se sabe con exactitud cuándo dio el Rebe Najmán esta lección, aunque podemos suponer que fue en algún momento de Tishrei, 5603 (octubre del año 1802). El versículo de apertura de la lección proviene de la *Haftará* del Shabat Teshuvá, el Shabat entre Rosh HaShaná y Iom Kipur. Aunque se ha registrado que en ese Shabat el Rebe Najmán enseñó el *Likutey Moharán* I, 6 (*Tzadik* #128), esto no anula la posibilidad de que también diera otra lección de Torá en ese Shabat, en algún momento durante la semana anterior o posterior. Al examinar la información relacionada con esta lección (la mayor parte de la cual puede encontrarse en *Tzadik*, Sección VI), se puede comprobar que el Rebe tenía razones específicas para impartir cada lección, para tratar temas particulares en momentos particulares. Sabemos que la Lección #44 y la lección #46 fueron dadas en algún momento de los meses de septiembre y octubre del año 1802 (ver Lección #44, n.1 y *Tzadik* #204). La Lección #48 fue dada inmediatamente después

שֶׁנְּשִׂיאוּת פָּנִים, הוּא עַל-יְדֵי שֶׁבּוּר תַּאֲוַת אֲכִילָה. וְזֶה פֵּרוּשׁ (דברים לא): "וְהִסְתַּרְתִּי פָנַי וְהָיָה לֶאֱכֹל", פֵּרוּשׁ: עַל-יְדֵי תַּאֲוַת אֲכִילָה הוּא מַסְתִּיר פָּנִים. וְהֶאָרַת פָּנִים, הוּא תִּקּוּן "וֶאֱמֶת", בְּחִינַת יַעֲקֹב, כְּמוֹ שֶׁכָּתוּב (מיכה ז): "תִּתֵּן אֱמֶת לְיַעֲקֹב". וְהוּא בְּחִינַת תְּפִלִּין, כִּי יַעֲקֹב הוּא תִּפְאֶרֶת, כְּלָלִיּוּת

al deseo y al apego de la persona por la comida, lo que la lleva a ingerir más de lo necesario para sustentarse y no comer en aras de mantener la salud (ver Lección #39, n.8).

9. rostro brillante…y Verdad. Aquí el Rebe Najmán comienza su explicación de cómo es posible reconocer el rostro brillante de Dios y cómo podemos beneficiarnos de ello. Este rostro, conocido en las escrituras sagradas como el *Or HaPanim* (Luz del Rostro), es un aspecto correspondiente de la verdad. Como el Rebe Najmán enseña en otra instancia (*Likutey Moharán* I, 192), "La verdad es el rostro de todos los rostros de santidad". El rabí Natán explica esto como sigue: Todo en el mundo tiene un aspecto esencial a través del cual es identificado. Ese aspecto es su "rostro". Esto también se aplica a Dios, si así pudiera decirse. Así cuando el Salmista dice (Salmos 105:4), "Busca siempre Su rostro" –busca el rostro de Dios– está diciendo que debemos buscar ese aspecto esencial a través del cual podemos, por así decirlo, identificarlo a Él. Ese aspecto es la verdad (que el Midrash llama "el sello y la insignia de Dios"; *Bereshit Rabah* 8:5). Aquel que logra identificar la verdad reconoce que Dios es el Creador Cuya providencia Divina gobierna a todo en el mundo. Este conocimiento es el *Or HaPanim*, el rostro de santidad que, cuando es reconocido, hace que la persona se vea colmada del rostro brillante (*Likutey Halajot, Guiluaj* 4:1).

La relación entre el *Or HaPanim* (Luz del Rostro) y la rectificación de *Emet* (Verdad) está tratada en profundidad en las enseñanzas Kabalistas. Allí se explica el significado profundo de los Trece Atributos de Misericordia y se muestra cómo cada Atributo corresponde a una diferente parte del rostro. En los escritos del Ari encontramos que hay 370 Luces del Rostro. Esas luces provienen de la exaltada persona Divina *Arij Anpin* (ver Apéndice: Las Personas Divinas) y, como enseña el Ari, corresponden a los Trece Atributos de Misericordia presentados en Éxodo 34:6. En particular el *Or HaPanim* corresponde al séptimo de esos atributos, el Atributo de *Emet* (ver *Etz Jaim* 13:9, p.193; *Shaar HaKavanot, Inian ValaavOr* 3, p.286).

Esta conexión entre el Atributo de Verdad y el *Or HaPanim*, la iluminación del rostro, también aparece en varias de las lecciones del Rebe (por ejemplo, *Likutey Moharán* I, 8, 23, 27 y 30). Tal como lo hace en todas sus enseñanzas, el Rebe se ocupa de proveernos de una aplicación práctica de estos conceptos esotéricos. Brevemente, nuestro deber es servir a Dios de la manera que más agrado Le cause, para que Él, a su vez, haga brillar Su rostro –el *Or HaPanim*– sobre nosotros. Ésta debe ser la motivación y el objetivo detrás de todas nuestras devociones: el estudio de la Torá, la plegaria, la realización de mitzvot y de actos de bondad. Debemos invocar la compasión de Dios para que Él le provea a toda Su creación bendiciones de abundancia que incluyan sustento y buena salud, libres del sufrimiento y de la pena. Más aún, cuanto más grande sea el grado de honestidad y de verdad –el Atributo de Verdad– que pongamos en nuestros esfuerzos, mayor será el favor que nos muestre Dios.

10. verdad a Iaacov. Rashi lee este versículo como: Da la verdad de Iaacov a sus hijos. Tradicionalmente, Iaacov es visto como el paradigma y la encarnación clásica de la verdad. En nuestro contexto, Iaacov es por lo tanto un aspecto del rostro brillante.

aceituna al igual que la de un huevo *(Berajot* 20b).⁵ Vemos, por lo tanto, que el favor es resultado de quebrar el deseo de comer.⁶

Ésta es la explicación de "Yo ocultaré Mi rostro [de ellos] y ellos serán alimento [para sus enemigos]" (Deuteronomio 31:17).⁷ Ésta es la explicación: Debido al deseo de comer, Él oculta [Su] rostro.⁸ Pero un rostro brillante es la rectificación conocida como "y Verdad".⁹ Éste es el aspecto de Iaacov, como está escrito (Mija 7:20), "Da verdad a Iaacov".¹⁰

5. saciarán…una aceituna…un huevo. La obligación de recitar el *Birkat HaMazón* (Gracias después de las Comidas) se aprende del versículo "comerán y se saciarán y bendecirán a Dios…". Varias autoridades halájicas afirman que es necesario comer una comida abundante para ser considerados "saciados" y requerir así el recitado del *Birkat HaMazón*. Otras mantienen que la cantidad de pan que se debe ingerir para verse obligado a recitar las Gracias sólo tiene que ser equivalente al tamaño de un huevo (aproximadamente 60 g). Y otras sostienen que uno tiene que comer pan en la medida de una aceituna (aproximadamente 30 g). En la práctica la persona está obligada a recitar el *Birkat HaMazón* incluso por un trozo de pan del tamaño de una aceituna, aunque hay concenso en que, de acuerdo a los estándares de la Torá, el "saciarse" requiere de una comida completa (ver *Tosafot, Berajot* 49b, *v.i. rabí Meir*).

Así la respuesta de Dios a los ángeles fue: ¿Cómo no voy a favorecer a los judíos? Pues si bien es verdad que Dios no muestra favoritismos y la justicia se ejerce en el mundo de manera muy precisa, la extraordinaria devoción del pueblo judío hacia Dios requiere que Él lo trate de manera diferente. Pues cuando los judíos no esperan a tener una comida completa para recitar el *Birkat HaMazón* sino que se consideran saciados incluso con un pequeño trozo de pan, su servicio a Dios no se limita a la letra de la ley sino que va más allá de ella – i.e., *lifnim mishurat hadin*, más allá de la rigurosidad de la ley. Debido a que ellos, por así decirlo, Le muestran favor a Dios al cumplir con Sus mandamientos más allá de lo que se les ha ordenado, Él, a su vez, los considera a ellos merecedores de Su compasión y favor (*Iun Iaacov, Berajot* 20b, *v.i. omru*).

El rabí Natán agrega que esto demuestra la importancia de recitar el *Birkat HaMazón*, pues al hacerlo inducimos a Dios a mostrar compasión y favor (*Likutey Halajot, Birkat HaMazón* 2:1).

6. el favor es resultado…. Al estar satisfecho incluso con un trozo de pan del tamaño de una aceituna –i.e., quebrando el deseo de una comida completa– uno bendice a Dios, haciendo que Él muestre favor. Por el contrario, la persona que sucumbe al deseo de comer sirve a Dios en un aspecto de juicio y de rigurosidad, porque sólo bendecirá a Dios cuando corresponda. Así el Rebe Najmán enseña que el estar hundida en la gula hace que la persona se vea asediada por los juicios.

7. Ocultaré Mi rostro…. Este versículo hace referencia a los castigos que resultan de transgredir la voluntad de Dios. Dios dice, "Yo ocultaré Mi rostro…", indicando una preponderancia de los juicios, pues entonces Él no mostrará Su rostro ni expondrá Su favor hacia el pueblo judío. El Rebe Najmán demostrará cómo esto se une con la lección.

8. deseo de comer…rostro. ¿Por qué Dios oculta Su rostro? Debido a que "ellos serán alimento" – i.e., los judíos no han quebrado su deseo de comer y han hecho que los juicios cayeran sobre ellos.

En general, cuando el Rebe Najmán hace referencia al "deseo de comer" se está refiriendo

הַגְּוָנִין, בְּחִינַת תְּפִלִּין הַנִּקְרָאִים פְּאֵר, כְּמוֹ שֶׁכָּתוּב (יחזקאל כד): "פְּאֵרְךָ חֲבוֹשׁ".

וְעִקַּר עֲשִׁירוּת בָּא מֵאֱמֶת, כְּמוֹ שֶׁאָמְרוּ חֲכָמֵינוּ זִכְרוֹנָם לִבְרָכָה (שבת קד.): 'קֻשְׁטָא קָאֵי'. וְאָמְרוּ חֲכָמֵינוּ זִכְרוֹנָם לִבְרָכָה (פסחים קיט.): "וְאֶת הַיְקוּם אֲשֶׁר בְּרַגְלֵיהֶם" – זֶה מָמוֹנוֹ, שֶׁעָלָיו קָאֵי: וְזֶה שֶׁאָמְרוּ חֲכָמֵינוּ זִכְרוֹנָם לִבְרָכָה (ברכות כד.): "וְהָיוּ חַיֶּיךָ תְּלוּאִים" – זֶה הַתּוֹלֶה תְּפִלָּיו. גַּם אָמְרוּ (מנחות קג:): 'זֶה הַקּוֹנֶה תְבוּאָה מִן הַשּׁוּק'. הַיְנוּ שֶׁהַדַּלּוּת בָּא עַל־יְדֵי פְּגַם הַתְּפִלִּין, עַל־יְדֵי פְּגַם שֶׁל אֱמֶת:

15. su dinero...se mantiene en pie. La palabra para "subsistencia", *IKuM* (יקום), tiene las mismas letras que *KuMI* (קומי), que significa "levantarse" o "estar de pie". Esto sugiere que así como el hombre es sostenido por sus piernas, de la misma manera es sostenido por su dinero. Y la clave para beneficiarse verdaderamente de la riqueza es la verdad, pues "la verdad se mantiene". Pero "la mentira no se mantiene"; no tiene piernas sobre las cuales mantenerse de pie y así indica pobreza. De este modo aunque la persona haya adquirido riquezas, si carece del aspecto de la verdad, ella no la sustentará espiritualmente. En nuestro contexto, estar hundido en el deseo de comer indica pobreza, una carencia espiritual. Quebrar ese deseo, por otro lado, lleva a la verdad y a la verdadera riqueza espiritual.

16. Tu vida penderá.... Este versículo aparece en el reproche de Moshé al pueblo judío, advirtiéndole de las consecuencias que sobrevendrían de no obedecer la Torá. El Rebe Najmán expone ahora dos diferentes enseñanzas Talmúdicas que explican este versículo.

17. cuelga sus tefilín. Es una falta de respeto colgar los tefilín de sus cajas o sus correas (*Berajot, loc. cit.; Oraj Jaim* 40:1). Para indicar su gravedad, nuestros Sabios enseñan que como resultado "tu vida penderá…". El Talmud conecta así a los tefilín con la vida (ver también §2, n.22), que en nuestro contexto es el sustento.

También es digno de notar que en otra instancia nuestros Sabios enseñan sobre la gran importancia de la mitzvá de los tefilín, equiparándola con la observancia de toda la Torá (*Kidushin* 35a).

18. adquirir grano en el mercado. Hace esto debido a que no tiene un campo propio y como resultado le preocupa el hecho de cómo podrá sustentarse en el futuro (*Rashi, loc. cit., v.i., halokeaj*). En nuestro contexto, esto indica una existencia empobrecida.

19. daño en los tefilín...verdad. Que, como se explicó más arriba, son una y la misma cosa.

Resumen: Estar hundidos en el deseo de comer es una indicación de juicios y de pobreza, lo que lleva a la vergüenza. Por el contrario, quebrar ese deseo es sinónimo de verdad, *Tiferet*, tefilín y rostro Divino/favor Divino.

Él es también un aspecto de los tefilín. Pues Iaacov es *tiFERet*,[11] la suma de los colores[12] – correspondiente a los tefilín, que son llamados *PeER* (esplendor), como está escrito (Ezequiel 24:17), "Ponte tu *peer*".[13]

Y la riqueza proviene principalmente de la verdad. Como enseñaron nuestros Sabios: La verdad se mantiene (*Shabat* 104a),[14] y enseñaron los Sabios: "toda la subsistencia a sus pies" (Deuteronomio 11:6) – éste es su dinero, por medio del cual se mantiene en pie (*Pesajim* 119a).[15]

También enseñaron nuestros Sabios: "Tu vida penderá de la balanza" (Deuteronomio 28:66)[16] – esto hace referencia a alguien que cuelga sus tefilín (*Berajot* 24a);[17] alternativamente – éste es alguien que tiene que adquirir grano en el mercado (*Menajot* 103b).[18] En otras palabras, la pobreza es resultado de un daño en los tefilín, de un daño en la verdad.[19]

---

11. Iaacov es tiFERet. En la Kabalá, Iaacov es la personificación de la persona Divina *Zeir Anpin*, que también es denominada *Tiferet* a partir de su *sefirá* central.

12. la suma de los colores. La Kabalá habla de los colores como representaciones alegóricas de diferentes atributos y funciones de las *sefirot*. Así el *Zohar* enseña que cada *sefirá* tiene su propio color superior correspondiente (*Zohar* II, 90b; ver Apéndice: Los Colores Superiores). Si aplicamos esto a las diferentes personas Divinas, vemos que *Zeir Anpin*, que engloba seis *sefirot*, es la suma de los colores. También Iaacov, como padre del pueblo judío, personifica tal suma. Como es sabido, los tres grupos que conforman al pueblo judío, los cohanim, los levitas y los israelitas, corresponden a las *sefirot* de *Jesed, Guevurá* y *Tiferet*, respectivamente. Esas *sefirot* corresponden a su vez a los tres colores básicos (ver Lección #42, n.3). Así Iaacov/ *Tiferet*, cuyos doce hijos formaron la nación judía, es la suma de los colores (ver *Zohar* II, 229; ver también Lección #38:5, notas 83-85).

13. colores...tefilín...PeER.... Las letras de *PeER* (פאר) forman la raíz de la palabra *tiFERet* (תפארת, "belleza"). El Talmud (*Berajot* 11a) enseña que llevar los tefilín es como ponerse un adorno, vestir peer. Esto lo aprende de la instrucción de Dios al profeta Iejezquel al decirle "ponte tu *peer*" (Ezequiel 24:17; ver Lección #38, n.82, donde esto se explica más plenamente). Así, los tefilín son *peer/Tiferet*, la suma de los colores, correspondientes a Iaacov/verdad. Más adelante, el Rebe Najmán expandirá más aún esta conexión tal cual se relaciona con el contexto de la lección.

Hasta aquí el Rebe Najmán ha demostrado cómo los conceptos de la verdad, Iaacov, el favor Divino, los tefilín y *Tiferet* están interconectados. Habiendo visto que quebrar el deseo de comer trae el favor Divino, podemos comprender que ello también lleva a la verdad y a los otros conceptos mencionados aquí. Esto también explica la afirmación del Rebe al comienzo de la lección, "Aquél que esté hundido en el deseo de comer ciertamente se encuentra lejos de la verdad...".

14. la verdad se mantiene.... Cada una de las letras hebreas que deletrean la palabra *EMeT* (verdad) tiene dos patas – אמת. Pero cada una de las letras de *SheKeR* (mentira) sólo tiene una pata – שקר. Por lo tanto: "La verdad se mantiene; la mentira no se mantiene".

וְאֶרֶץ יִשְׂרָאֵל, שֶׁעִקַּר קַבָּלָתָהּ מִבְּחִינַת יַעֲקֹב, כְּמוֹ שֶׁכָּתוּב (בראשית לז): "וַיֵּשֶׁב יַעֲקֹב בָּאָרֶץ". בִּשְׁבִיל זֶה, נִקְרֵאת אֶרֶץ הַחַיִּים (זהר ויקרא מה:). כִּי תְּפִלִּין נִקְרָאִים חַיִּים, כְּמוֹ שֶׁכָּתוּב (ישעיה לח): "ה' עֲלֵיהֶם יִחְיוּ".

וְזֶה שִׁבְחָהּ, "אֲשֶׁר לֹא בְמִסְכֵּנֻת תֹּאכַל בָּהּ לֶחֶם" (דברים ח). כִּי לִפְעָמִים אָדָם אוֹכֵל לֶחֶם מֵחֲמַת עֲנִיּוּת, וְלֹא מֵחֲמַת חֶסְרוֹן תַּאֲוָה לְתַעֲנוּגִים אֲחֵרִים. אֲבָל אִם הָיָה לוֹ שְׁאָר מַאֲכָלִים, לֹא הָיָה אוֹכֵל לֶחֶם לְבַד. וְזֶה שֶׁבַח אֶרֶץ־יִשְׂרָאֵל, שֶׁלֹּא מֵחֲמַת עֲנִיּוּת תֹּאכַל לֶחֶם, אֶלָּא מֵחֲמַת שֶׁבּוּר וּבִטּוּל תַּאֲוַת אֲכִילָה. כִּי הִיא מְקַבֶּלֶת הָאָרָה וְהַשְׁפָּעָה מִבְּחִינַת תְּפִלִּין, מִבְּחִינַת יַעֲקֹב, מִבְּחִינַת אֱמֶת, שֶׁמִּשָּׁם בָּא עֲשִׁירוּת. נִמְצָא, מַה שֶּׁתֹּאכַל לֶחֶם לְבַד, לֹא מֵחֲמַת מִסְכֵּנוּת, אֶלָּא מֵחֲמַת שֶׁבּוּר תַּאֲוַת אֲכִילָה:

וְזֶה פֵּרוּשׁ (במדבר יג): "אֶרֶץ אֹכֶלֶת יוֹשְׁבֶיהָ", פֵּרוּשׁ: שֶׁהִיא מְקַבֶּלֶת שֶׁפַע מִבְּחִינַת יַעֲקֹב, כְּמוֹ שֶׁכָּתוּב: "וַיֵּשֶׁב יַעֲקֹב בָּאָרֶץ":

aquí el Rebe Najmán aprende que el hecho de que los habitantes de la Tierra Santa, coman pan no se debe a que no hay nada mejor para comer sino que la Tierra de Israel ha eliminado su apego al deseo físico de comer.

24. recibe una iluminación...tefilín. Esta iluminación que recibe la Tierra de Israel se relaciona con la luz del *Or HaPanim* (ver n.9), que es Verdad, el aspecto de Iaacov. El Rebe Najmán volverá a esto en la sección 4. La conexión entre el influjo de abundancia de la Tierra y los tefilín ha sido explicada más arriba; ver notas 21 y 22. Y la conexión con la riqueza aparece en la sección 1 y en la nota 14.

25. una tierra que devora a sus habitantes. Nuestros Sabios enseñan que cuando los espías enviados por Moshé recorrieron la Tierra Santa, vieron muchos funerales. Dios hizo que esto sucediera para que los habitantes locales estuvieran ocupados enterrando a sus muertos y no les prestaran atención a los espías. Sin embargo, los espías vieron sólo lo negativo y acusaron a la Tierra Santa de ser "una tierra que devora a sus habitantes" (*Sotá* 35a).

26. abundancia...Iaacov...la Tierra. El Rebe Najmán comprende este versículo de Números como haciendo referencia a Iaacov. Él es el habitante –"Iaacov vivió en la Tierra"– del cual la Tierra Santa "devora" y toma su abundancia.

El versículo se traduce así en nuestro contexto como sigue: **Una tierra que devora** – En la Tierra Santa uno come sólo pan debido a que ha quebrado el deseo de comer. Ello se debe a **sus habitantes** – i.e., Iaacov quien "vivió en la tierra". Iaacov/*tefilín*/verdad provee de abundancia a la tierra, la riqueza que es sinónimo de quebrar el deseo de comer, por lo cual no sufre pobreza alguna, que es el ansia de comer.

2. La Tierra de Israel también recibe esencialmente del aspecto de Iaacov, como está escrito (Génesis 37:1), "Iaacov vivió en la Tierra".[20] Es por ello que ella es llamada "tierra de los vivos",[21] pues los tefilín son llamados vida, como está escrito (Isaías 38:16), "Dios, [con estas cosas] sobre ellos, ellos viven".[22]

Y ésta es su alabanza: "[Es una tierra] donde no comerán el pan con escasez" (Deuteronomio 8:9). Pues, a veces, la persona come pan debido a la pobreza y no porque no tiene deseos de comer otra cosa. Por el contrario, de tener otros alimentos, no comería solamente pan. De modo que ésta es la alabanza de la Tierra de Israel: No comerás pan debido a la pobreza, sino porque el deseo de comer habrá sido quebrado y eliminado.[23] Pues [la Tierra de Israel] recibe una iluminación y un influjo de abundancia proveniente del aspecto de los tefilín/Iaacov/verdad, del cual surge la riqueza.[24] Es así que el comer sólo pan no tiene nada que ver con la pobreza sino con el quebrar el deseo de comer.

Ésta es la explicación de "una tierra que devora a sus habitantes" (Números 13:32).[25] Ésta es la explicación: Ella recibe su influjo de abundancia del aspecto de Iaacov, como en, "Iaacov vivió en la Tierra".[26]

---

20. Iaacov vivió en la tierra. Las Escrituras enseñan que Iaacov era amo de la tierra, la que le pertenecía y estaba bajo su jurisdicción. En la terminología de la Kabalá Iaacov corresponde a *Tiferet/Zeir Anpin* (ver más arriba, n.11), mientras que la Tierra de Israel corresponde a *Maljut* (ver *Zohar* I, 166a). Así Iaacov/verdad/tefilín es el amo de la Tierra/*Maljut* y la tierra "es vivida" –i.e., recibe el sustento– a través de esos aspectos.

21. tierra de los vivos. Enseñó el rabí Iosi: "La tierra y todo lo que contiene es de Dios; el mundo y sus habitantes" (Salmos 24:1). Esto parece redundante. ¿Acaso no está "el mundo" ya incluido en "la tierra"? Sin embargo, "la tierra" hace referencia específicamente a la Tierra Santa, la "tierra de los vivos", mientras que "el mundo" hace referencia al resto (*Zohar* III, 45b). La Tierra Santa es llamada "tierra de los vivos" porque recibe vida directamente de las *sefirot* que se encuentran por encima de ella (*Matok Midbash*). En nuestro contexto, esas *sefirot* son Iaacov, que es un aspecto de los tefilín, de la vida (el sustento). Así cuando la Tierra Santa es "vivida" y sustentada por su amo, Iaacov/vida, es llamada "tierra de los vivos". Ver también la nota 82 más adelante.

22. los tefilín son llamados vida…ellos viven. Citando las palabras del profeta Isaías, el Talmud (*Menajot* 44a) enseña que todo aquel que lleve los tefilín merece la vida (ver *Rashi*, v.i. *Hashem aleihem*). Esto apunta a la conexión entre los tefilín y la vida – i.e., la tierra de los vivos, la Tierra Santa (ver también Lección #38:6, n.100).

23. no comerán…el deseo de comer habrá sido quebrado y eliminado. Citando este versículo de Deuteronomio, "Es una tierra en donde no comerán el pan con escasez, no les faltará nada", nuestros Sabios enseñan que la Tierra de Israel no carece de nada (ver *Berajot* 36b). En su lugar, tal como lo indica el siguiente versículo, los judíos comerán y estarán satisfechos. A partir de

וְזֶה פֵּרוּשׁ "כִּי הִיא שִׂמְלָתוֹ לְעוֹרוֹ", דָּא עוֹר שֶׁל תְּפִלִּין (תיקונים תיקון סט דף צא:). שֶׁבָּה נִכְנָס בְּחִינַת תְּפִלִּין:

וְלִכְאוֹרָה אֵין לָזֶה פֵּרוּשׁ, מַה חִבּוּר יֵשׁ לְעִנְיָן זֶה לְמַה שֶּׁכָּתוּב לְמַעְלָה. אַךְ נִרְאֶה כַּוָּנָתוֹ הַקְּדוֹשָׁה, כִּי לְמַעְלָה מְבֹאָר שֶׁעַל־יְדֵי תְּפִלִּין, שֶׁהוּא בְּחִינַת אֱמֶת, בְּחִינַת יַעֲקֹב, שֶׁזּוֹכִין עַל־יְדֵי שְׁבִירַת תַּאֲוַת אֲכִילָה, עַל־יְדֵי־זֶה נִצּוֹלִין מִדַּלּוּת וַעֲנִיּוּת כַּנַּ"ל. וְזֶהוּ מַה שֶּׁהֵבִיא מִקְרָא זֶה, "כִּי הִיא שִׂמְלָתוֹ" וְכוּ', לְעִנְיָן זֶה.

פֵּרוּשׁ: כִּי מִקְרָא זֶה נֶאֱמַר עַל הֶעָנִי וְהָאֶבְיוֹן, "כִּי הִיא כְסוּתֹה לְבַדָּהּ הִיא שִׂמְלָתוֹ לְעוֹרוֹ". וּמְרַמֵּז עַל עֲנִיּוּת הַשְּׁכִינָה בְּגָלוּתָא, שֶׁמִּשָּׁם עִקַּר הָעֲנִיּוּת שֶׁל יִשְׂרָאֵל בַּגָּלוּת, כַּמְבֹאָר בַּתִּקּוּנִים.

וְזֶהוּ: "כִּי הִיא כְסוּתֹה וְכוּ' הִיא שִׂמְלָתוֹ לְעוֹרוֹ", 'דָּא תְּפִלִּין'. הַיְנוּ שֶׁהַתְּפִלִּין הֵם עִקַּר הַשִּׂמְלָה הַמְגִנָּה עַל עֲנִיַּת הַשְּׁכִינָה וּכְנֶסֶת־יִשְׂרָאֵל, כִּי תְּפִלִּין מְבַטְּלִין הַדַּלּוּת. כִּי עִקַּר הַשֶּׁפַע וְהָעֲשִׁירוּת נִמְשָׁךְ עַל־יְדֵי בְּחִינַת יַעֲקֹב, שֶׁהוּא בְּחִינַת אֱמֶת, בְּחִינַת תְּפִלִּין.
כָּךְ נִרְאֶה לִי לְפָרֵשׁ]:

---

espiritualmente empobrecido – i.e., el *talit* con sus tzitzit y los tefilín. Es decir, "Su abrigo..." es el *talit*, que lo cubre; "la vestimenta para su piel" son los tefilín, que están hechos de cuero animal. Cumplir con las mitzvot del *talit* y de los tefilín le otorga a la persona las vestimentas espirituales necesarias para cubrir su alma desnuda. De la misma manera, a través de las mitzvot la persona hace vestimentas para la Presencia Divina y así eleva a *Maljut* desde la pobreza.

28. tefilín que entra en ello. "Ello" hace referencia a *Maljut*/la Tierra Santa, que es sustentada por el aspecto de los tefilín/verdad.

29. se dijo anteriormente. El Rebe Najmán nunca explicó la conexión entre "vestimenta para su piel" y los tefilín. Los próximos párrafos son la explicación de los textos de prueba del Rebe hecha por el rabí Natán.

30. tefilín...Iaacov...la pobreza. Ver la sección 1, notas 9-15.

31. como se explica.... La Kabalá enseña que los pecados del hombre hacen que la Presencia Divina/*Maljut* vaya al exilio. Cuando esto sucede, *Maljut*, la *sefirá* más baja y la más cercanamente asociada con nuestro mundo, no puede recibir de Arriba la abundancia dirigida al pueblo judío (ver Lección #37, n.43, tercer párrafo, donde esto se explica en detalle). La pobreza de la Presencia Divina/*Maljut* se refleja así en su pobreza espiritual. La enseñanza que el Rebe Najmán cita del *Tikuney Zohar* (#69), sobre el hecho de que la "vestimenta para su piel" es el cuero de los tefilín, indica que los tefilín son la vestimenta para cubrir la Presencia Divina – i.e., los tefilín tienen el poder de proveerle el sustento a *Maljut* (y a todos sus aspectos, por ejemplo, la Tierra Santa).

{**"Pues éste es su único abrigo, es la vestimenta para su piel"** (Éxodo 22:26)}.[27]

Ésta es también la explicación de "Pues… es la vestimenta para su piel" – éste es el cuero de los tefilín (*Tikuney Zohar* #69). El aspecto de los tefilín entra en ello.[28]

{En verdad, esto es incomprensible. ¿Qué tiene que ver con lo que se dijo anteriormente?[29] Sin embargo, su santa intención parece haber sido que, como se explicó más arriba, mediante los tefilín –un aspecto de la verdad/Iaacov– los que merecemos al quebrar el deseo de comer, nos vemos liberados de la indigencia y de la pobreza.[30] Éste es el motivo por el cual conectó con este tema el versículo, "Pues… es la vestimenta…".

La explicación es la siguiente: Este versículo fue dicho concerniente al pobre y al indigente: "Pues éste es su único abrigo, es la vestimenta para su piel". Esto alude a la pobreza de la Presencia Divina en el exilio, de donde surge principalmente la pobreza del pueblo judío en el exilio, como se explica en el *Tikuney Zohar*.[31]

Éste es el significado de "Pues éste es su único abrigo, es la vestimenta para su piel" – estos son los tefilín. En otras palabras, los tefilín son la vestimenta esencial que protege de la pobreza a la Presencia Divina y a la Congregación de Israel. Pues los tefilín eliminan la privación. Ello se debe a que, en especial, la abundancia y la riqueza provienen a través del aspecto de Iaacov, quien corresponde a la verdad/tefilín.

Así es como yo veo que puede explicarse}.

El *Parparaot LeJojmá* agrega que el versículo mismo incluye una referencia al aspecto de la verdad. ¿Por qué es "una tierra que devora a sus habitantes"? Porque la Tierra Santa se encuentra bajo la directa providencia Divina, recibiendo el sustento abiertamente de la mano proveedora de Dios. Aquellos que carecen de verdad no son por lo tanto dignos de vivir allí y de disfrutar de su abundancia, que surge de Iaacov/verdad. En su lugar, sufren pobreza y son devorados por la Tierra. Éste es el significado de "aquel que dice mentiras no quedará ante Mi vista" (Salmos 101:7) – "Mi vista" es la providencia Divina directa, de la cual es expulsado aquel que carece de verdad (cf. *Likutey Moharán* I, 187).

27. abrigo…vestimenta…. En el agregado que sigue al próximo párrafo de la lección, el rabí Natán explica la conexión de este versículo con nuestro texto. La siguiente es una sinopsis de sus palabras:

Este versículo de Éxodo es parte del precepto de la Torá de prestarle dinero al judío pobre. Si la garantía que se toma por el préstamo es la ropa de noche del pobre, deberá devolvérsela al amanecer (ver *Bava Metzía* 114b). En otro nivel, el *Tikuney Zohar* (#21, p.55b) interpreta este precepto como aludiendo a la "pobreza" de la *Shejiná* (la Presencia Divina) en el exilio. Debido al pecado del hombre, la abundancia es derivada al Otro Lado y *Maljut*, que es la Presencia Divina (ver Lección #37, n.77), queda empobrecida. En otra instancia, el *Tikuney Zohar* (#69, p.100b) relaciona este versículo de Éxodo con las "vestimentas" de aquel que está

וְזֶה פֵּרוּשׁ (דברים יא): "וְנָתַתִּי עֵשֶׂב", דָּא ע"ב שִׁין (תיקון נא וזהר בראשית כה:), דָּא כְּלָלִיּוּת הַגְּוָנִין. "בְּשָׂדְךָ לִבְהֶמְתֶּךָ", כְּשֶׁתְּשַׁדֵּד אֶת הַבַּהֲמִיּוּת אָז יִתְגַּלֶּה כְּלָלִיּוּת הַגְּוָנִין, כְּמוֹ שֶׁכָּתוּב: "יִשָּׂא ה' פָּנָיו אֵלֶיךָ":

וּכְשֶׁפּוֹגֵם בָּאֱמֶת, בִּכְלָלִיּוּת הַגְּוָנִין, אֲזַי נַעֲשֶׂה מִכְּלָלִיּוּת הַגְּוָנִין בּוּשָׁה. וּבָא עָלָיו בּוּשָׁה, הַיְנוּ עֲנִיּוּת. כְּמוֹ שֶׁכָּתוּב: "כֶּרֶם זָלַת לִבְנֵי אָדָם", נִשְׁתַּנֶּה פָּנָיו לְכַמָּה גְוָנִין, כִּכְרוּם:

וַאֲנַחְנוּ בְּנֵי יִשְׂרָאֵל, מְקַבְּלִין הַשֶּׁפַע דֶּרֶךְ אֶרֶץ יִשְׂרָאֵל. וְשֶׁפַע אֶרֶץ

35. ...se transforma en vergüenza. El Rebe Najmán vuelve ahora a lo que dijo al comienzo de la lección, que estar hundido en el deseo de comer lleva a la vergüenza. Hemos visto que la verdad es el rostro brillante, la suma de los colores. Pero cuando se cae en la gula, ello es lo opuesto de la verdad. Para esta persona, la suma de los colores en el rostro se manifiesta como vergüenza.

36. pobreza...krum...diferentes colores...krum. El Rebe Najmán citó arriba esta enseñanza Talmúdica (ver n.2). El glotón, al igual que la persona pobre, depende de los otros seres humanos, lo que que lo hace sentir avergonzado y degradado. Como comprobamos de manera empírica, cuando la persona se siente avergonzada, su rostro cambia de colores (como el pájaro conocido como *krum*).

Resumen: Estar hundidos en el deseo de comer es una indicación de juicios y de pobreza, lo que lleva a la vergüenza. Por el contrario, quebrar ese deseo es sinónimo de verdad, *Tiferet*, tefilín y rostro Divino/favor Divino (§1). Cuando uno merece la verdad/favor/el aspecto de Iaacov/tefilín, es digno entonces de la Tierra Santa, cuyo sustento es proveído por el aspecto de los tefilín/vida (§2). La gula, por otro lado, lleva a la vergüenza (§3).

37. Naftalí es una gacela.... Ésta fue la bendición que recibió Naftalí cuando Iaacov bendijo a sus hijos al final de su vida. El Midrash (*Bereshit Rabah* 99:12) comprende la bendición de Iaacov en un sentido más amplio, como describiendo la futura prosperidad de la tribu de Naftalí, y particularmente las cualidades abundantes de su porción tribal en la Tierra Santa. De acuerdo con ello el Midrash lee la bendición de Iaacov como sigue: "Naftalí es una gacela suelta" – ésta es la región en la tierra de Naftalí conocida como el valle de Ginosar (cerca del mar de Galilea), en la cual maduran las frutas con la velocidad de la gacela; "que dirá palabras de aclamación" – la superioridad de sus frutos hace que sea muy aclamada (cf. *Targúm* sobre Génesis 49:21).

Rashi, sobre el versículo en Génesis, cita el Midrash (ibid. 98:17) que considera la frase *imrei shefer* ("palabras de aclamación") como aludiendo a la Canción de Débora, la canción de alabanza compuesta por la profetisa aclamando a Dios por la victoria que Él le trajo a los guerreros de Naftalí sobre el ejército invasor cananeo (Jueces 4-5). Rashi cita también a los Sabios (*Sotá* 13a) que relatan que cuando los hijos de Iaacov viajaron desde Egipto para inhumar a su padre en la Cueva de Majpelá, Esaú trató de impedirlo, diciendo que el derecho de ser enterrado en el

{"**Y Yo proveeré *esev* (hierba) en tu sadé (campo) para tus animales y comerás y te saciarás**" (Deuteronomio 11:15)}.

Y ésta es la explicación de "Y Yo proveeré *ESeV*" – esto es *AB Shin* (*Tikuney Zohar* #51), la suma de todos los colores.³² "En tu *SaDé* para tus animales" – cuando *SaDed* (quiebres) tu característica animal.³³ Entonces, se revelará la suma de los colores, como en, "Que Dios haga brillar Su rostro sobre ti".³⁴

3. Pero cuando la persona produce un daño en la verdad, en la suma de los colores, entonces la suma de los colores se transforma en vergüenza.³⁵ Experimenta vergüenza, i.e., pobreza, como en, "*krum* es degradado por los hijos del hombre" – su rostro se vuelve de diferentes colores, como un *krum*.³⁶

4. {"**Naftalí es una gacela suelta; que dirá palabras de *shefer* (aclamación)**" (Génesis 49:21)}.³⁷

Y nosotros, el pueblo judío, recibimos el influjo de abundancia

---

32. ESeV...AB Shin...colores. Aquí el Rebe Najmán explica el versículo de Deuteronomio con respecto a la recompensa del sustento que Dios les provee a aquellos que llevan a cabo Sus preceptos. Comienza trayendo la interpretación del *Tikuney Zohar* para la palabra *esev*.

El *Tikuney Zohar* #51 (p.86b) enseña que las letras de la palabra *esev* (עשב) pueden ser vistas como un compuesto de *AB Shin* (עב ש; la letra ב puede trasliterarse como "v" o "b"). La *Shin* (ש), con sus tres ramas, alude a Iaacov. Ello se debe a que Iaacov es *Zeir Anpin* (n.11), la persona Divina que incluye a las tres *sefirot* de *Jesed*, *Guevurá* y *Tiferet*. En nuestro contexto, la *Shin* también corresponde a los otros aspectos de Iaacov, es decir la verdad, los tefilín y la vida. Más aún, al igual que *Tiferet*, indica la suma de los colores. Enseña el *Tikuney Zohar* que *AB* (2 + 70, עב), hace referencia al Santo Nombre de Setenta y dos, que también se relaciona con *Zeir Anpin* (ver *Tikuney Zohar* #22, p.67a; *Matok Midbash*, p.86b). Así, la palabra *ESeV*, que es la abundancia prometida en el versículo, alude a *Zeir Anpin/Tiferet*, a Iaacov/tefilín/verdad, la suma de los colores.

33. SaDé...SaDed tu característica animal. El término hebreo *SaDé* (שדה) significa un campo, un lugar donde se encuentra la abundancia en la forma de una muy buena cosecha. Pero las mismas letras de la raíz pueden formar la palabra *SiDud* (שידוד, arar), que indica dar vuelta y quebrar, como en Isaías 28:24 y Job 39:10. El Rebe Najmán enseña que para alcanzar la abundancia del campo uno debe primero "dar vuelta" y "quebrar" el anhelo animal por la comida.

34. sobre ti. Resumen: Estar hundidos en el deseo de comer es una indicación de juicios y de pobreza, lo que lleva a la vergüenza. Por el contrario, quebrar ese deseo es sinónimo de verdad, *Tiferet*, tefilín y rostro Divino/favor Divino (§1). Cuando uno merece la verdad/favor/el aspecto de Iaacov/tefilín, es digno entonces de la Tierra Santa, cuyo sustento es proveído por el aspecto de los tefilín/vida (§2).

יִשְׂרָאֵל, הִיא הֶאָרַת פְּנֵי יַעֲקֹב, הֶאָרַת הַתְּפִלִּין. וּבִשְׁבִיל זֶה כְּתִיב בָּהּ (בראשית מט): "הַנּוֹתֵן אִמְרֵי שָׁפֶר". כִּי שֶׁפֶר, זֶה בְּחִינַת פְּאֵר, בְּחִינַת תְּפִלִּין. הַיְנוּ, שֶׁהִיא נוֹתֶנֶת לָנוּ אוֹתִיּוֹת הֶאָרָה שֶׁקִּבְּלָה מִתְּפִלִּין.

וְזֶה פֵּרוּשׁ (קהלת ט): "רְאֵה חַיִּים עִם אִשָּׁה". הַנּוֹתֵן אִמְרֵי שָׁפֶר – רָאשֵׁי-תֵבוֹת אִשָּׁה, וְזֶה: "רְאֵה חַיִּים" דַּיְקָא, כִּי תְּפִלִּין נִקְרָאִים חַיִּים. וְזֶה: "נַפְתָּלִי אַיָּלָה שְׁלוּחָה" וְכוּ', **נַפְתָּלִי אוֹתִיּוֹת תְּפִלִּין**:

---

n.37), lleva en general la connotación de "belleza" y "hermosura". Aquí el Rebe Najmán aplica esto al flujo de abundancia de la Tierra Santa en general y no sólo a la porción tribal de Naftalí. Esto lo aprende de la similitud entre *shefer* (belleza) y *peer* (esplendor), que es el aspecto de los tefilín/la suma de los colores a través de los cuales la Tierra Santa recibe su abundancia (ver n.13).

41. letras de la iluminación…. *Shefa*, la abundancia de Dios, se describe alegóricamente como el flujo de luz desde Arriba que, en su descenso hacia los mundos inferiores, se transforma en letras (cf. Lección #36:6 con respecto a la luz indiferenciada que toma forma). Como explica el rabí Natán, todo en este mundo tiene un nombre que representa su esencia y a través del cual podemos relacionarnos con ello (*Likutey Halajot, Birkat HaShajar* 3:34). Este nombre es la combinación de letras formada por su esencia espiritual, la abundancia que ha descendido y tomado forma. Es por ello que el Rebe Najmán se refiere aquí a la abundancia como "las letras de la iluminación" de los tefilín/el rostro de Iaacov. Esas letras de iluminación son la fuente de las palabras de aclamación, las *imrei shefer*, como explicará a continuación el Rebe Najmán.

42. vida con una isháh. *Isháh* significa literalmente "mujer", pero metafóricamente también alude al conocimiento de la Torá. Al tratar sobre las obligaciones del padre en la crianza de su hijo, el Talmud enseña que aparte de encontrarle una esposa (o educarlo en la Torá), también debe ocuparse de que su hijo tenga "vida" – i.e., un medio para ganarse el sustento (*Kidushin* 30b).

43. Hanoten Imrei Shefer…IsháH. Como hemos visto, la frase *Hanoten Imrei Shefer* indica palabras de aclamación y de alabanza. Al hacer notar que sus iniciales conforman la palabra *isháh*, el Rebe Najmán asocia aquí *isháh* con las letras de la iluminación mencionadas en el párrafo previo.

44. Mira la vida…tefilín…. Como se explicó, al quebrar el deseo de comer la persona alcanza el aspecto de los tefilín, que corresponde a la vida (ver n.22 más arriba). "Mira la vida" alude así a un sustento abundante que surge del aspecto de los tefilín.

Como se mencionó, nuestros Sabios también enseñaron que *isháh* hace referencia al conocimiento de la Torá. Hemos visto (n.17) que cumplir con la mitzvá de los tefilín se equipara a cumplir con toda la Torá. En nuestro contexto, la persona que alcanza el aspecto de los tefilín/verdad anima su conocimiento de Torá/*isháh* con el aspecto de vida. Su estudio de Torá es por lo tanto un "elixir de vida" que la acerca más aún a Dios (ver Lección #36:5-6 donde se explica el concepto de la Torá como un elixir de vida).

45. NaFTaLI…TeFiLIN. NaFTaLI (נפתלי) y TeFiLIN (תפילין) comparten las mismas letras. Así podemos leer el versículo como sigue: **Naftalí es** – Cuando uno alcanza el aspecto de los tefilín, **una gacela suelta** – hay abundancia, como resultado de lo cual **dirá palabras de aclamación**.

por medio de la Tierra de Israel.³⁸ Y el influjo de la Tierra de Israel es la iluminación del rostro de Iaacov, la iluminación de los tefilín.³⁹ Es por esto que está escrito sobre ello, "que dirá palabras de *shefer*". Pues *shefer* corresponde a *peer*, un aspecto de los tefilín.⁴⁰ En otras palabras, [la Tierra de Israel] nos provee de las letras de la iluminación que recibe de los tefilín.⁴¹

Ésta es también la explicación de "Mira [de vivir] la vida con una *isháh*" (Eclesiastés 9:9).⁴² Las iniciales de *Hanoten Imrei Shefer* son *ISháH*.⁴³ Y esto es específicamente "Mira la vida", pues los tefilín son llamados vida.⁴⁴ Y esto es "Naftalí es una gacela suelta" – *NaFTaLI* tiene las mismas letras que *TeFiLIN*.⁴⁵

---

predio ancestral era suyo. Los hijos de Iaacov respondieron que Esaú también le había vendido ese derecho a su padre, y que tenían prueba de ello por escrito ("un libro"). Enviaron entonces a Naftalí, que podía correr como una gacela, para recuperar el contrato que habían dejado en Egipto. El Talmud interpreta que esto está aludido como sigue: "Naftalí es una gacela suelta, que trae palabras de *shefer*" – no leas esto como *SheFeR* (שפר) sino como *SeFeR* (ספר), "un libro" (שפר). Naftalí corrió para obtener el "libro de palabras" y desmentir el reclamo de Esaú.

38. recibimos el influjo…Tierra de Israel. Como se explicó, la Tierra Santa es *Maljut*, a través de la cual se transfiere la abundancia hacia el mundo (ver n.31). El pueblo judío, en virtud de haber aceptado el Reinado de Dios (*Maljut*), recibe por lo tanto el flujo de abundancia por medio de la Tierra de Israel. De modo que así como enseña el Talmud que la lluvia le es dada primero a la Tierra Santa y luego al resto del mundo (*Taanit* 10a; ver también *Rashba, v.i. tanu rabanan* y *Maharsha, v.i. eretz*), de la misma manera la abundancia le llega primero a la Tierra Santa y a sus habitantes judíos y sólo después a las otras tierras y sus habitantes. (Esto es sólo cuando *Maljut*/la Presencia Divina es elevada hacia la santidad. Pero cuando la Presencia Divina está en el exilio, el pueblo judío sólo recibe una parte marginal de la abundancia, cuya mayoría va hacia el Otro Lado; ver n.27).

Agrega el *Parparaot LeJojmá*: El Rebe Najmán ha demostrado que la abundancia de la Tierra Santa proviene de la verdad y que cuando la persona daña la verdad se empobrece y se avergüenza. De aquí podemos comprender por qué, en la actualidad, la mayor parte de los habitantes de la Tierra requieren de asistencia financiera proveniente de los demás. Ello se debe a que la verdad está dañada y la Tierra Santa está en el exilio. Pero aun así, esa dependencia de la diáspora para el sustento puede llegar a ser para bien, parte del plan mayor de Dios. Pues al dar caridad y proveer a sus hermanos en la Tierra Santa, los judíos que viven en la diáspora se unen a la Tierra Santa. La abundancia que les llega a ellos en la diáspora es así elevada y se transforma en un aspecto de la abundancia de la Tierra de Israel, rectificando así a aquellos que viven fuera de la Tierra Santa.

39. influjo…Israel…tefilín. El Rebe Najmán ha explicado la conexión entre estos conceptos más arriba, en la sección 2. Como hemos visto, la naturaleza abundante del alimento de la Tierra Santa –i.e., el aspecto de Iaacov/tefilín– lleva a quebrar el deseo de comer.

40. shefer…peer…. *Shefer*, que en la bendición de Iaacov indica aclamación y alabanza (ver

וּכְשֶׁאָנוּ אוֹכְלִים שֶׁפַע אֱמֶת הַבָּא דֶּרֶךְ אֶרֶץ יִשְׂרָאֵל, וְאַחַר כָּךְ אָנוּ
מְדַבְּרִים הִלּוּלוֹ שֶׁל הַקָּדוֹשׁ־בָּרוּךְ־הוּא בְּזֶה הַכֹּחַ, אֲזַי נַעֲשָׂה שָׁמַיִם
וָאָרֶץ חֲדָשָׁה. כְּמוֹ שֶׁאָמְרוּ חֲכָמֵינוּ זִכְרוֹנָם לִבְרָכָה (הקדמת הזהר ה.):
"לֵאמֹר לְצִיּוֹן עַמִּי אָתָּה", אַל תִּקְרֵי עַמִּי אֶלָּא עִמִּי, בְּשֻׁתָּפִי וְכוּ'. כִּי
שָׁמַיִם הֶחָדָשׁ נַעֲשָׂה עַל־יְדֵי הֶאָרַת פְּנֵי יַעֲקֹב, וְהָאָרֶץ הַחֲדָשָׁה נַעֲשָׂה
עַל־יְדֵי אֶרֶץ יִשְׂרָאֵל, שֶׁהוֹלֶכֶת הַשֶּׁפַע דֶּרֶךְ אֶרֶץ יִשְׂרָאֵל.
נִמְצָא שֶׁבָּרָא עַכְשָׁו שָׁמַיִם וּמַזָּלוֹת אֲחֵרִים. נִמְצָא, שֶׁמְּשַׁנֶּה הַטֶּבַע
שֶׁהָיָה מֻטְבָּע בַּמַּזָּלוֹת הָרִאשׁוֹנִים, כִּי עַכְשָׁו נַעֲשׂוּ מַזָּלוֹת חֲדָשִׁים.

50. Mi pueblo...en sociedad Conmigo. El *Zohar* (*loc. cit.*) enseña que este versículo hace referencia a las ideas originales de Torá. Cuando alguien tiene nuevas ideas de Torá, sus palabras son extremadamente valiosas a los ojos de Dios. El Creador utiliza esas palabras, o combinaciones de letras, para formar nuevamente tanto el cielo como la tierra. Éste es el significado de "He puesto Mis palabras (ideas de Torá) en tu boca... para que extiendas los cielos y fundes la tierra". Y el versículo concluye, "Ustedes son *ami*". En hebreo, *ami* (עמי) e *imi* (עם) tienen las mismas letras. Esto, enseña el *Zohar*, indica que aquel que tiene nuevas ideas de Torá se convierte en socio de Dios –"Ustedes están Conmigo"– en la creación del cielo y de la tierra. El Rebe Najmán aplicará ahora este concepto a nuestra lección. Como hemos visto (ver nota 17), la Torá y los tefilín son análogos. Así el Rebe demostrará que también al alcanzar el aspecto de los tefilín (quebrando el deseo de comer), uno crea el cielo y la tierra nuevamente.

En otra instancia (*Likutey Moharán* I, 54:6) el Rebe también enseña que las ideas originales de Torá tienen el poder de promover la prosperidad creando nuevamente el cielo y la tierra. Sin embargo, también condena a aquellos que originan falsas ideas, acusándolos de crear "falsos cielos" que, de hecho, disminuyen la abundancia y promueven la pobreza. Por lo tanto, si bien es muy recomendable ocuparse de originar ideas de Torá, y es algo que debe ser alentado, la persona por cierto debe asegurarse de que sus ideas estén enraizadas en las enseñanzas de nuestros Sabios y que estén motivadas por un deseo de acercar a la gente a Dios. Cualquier otra cosa podría destruir en vez de crear, Dios no lo permita, y generar pobreza en lugar de abundancia y vida.

51. La iluminación del rostro de Iaacov. Como se explicó, el aspecto de Iaacov provee las letras de iluminación que son la fuente de nuestras palabras para aclamar (ver 4 y n.41). Anteriormente hemos visto que Iaacov corresponde a la persona Divina *Zeir Anpin* (n.11). En la Kabalá, cada vez que se contrastan dos conceptos, se dice que el superior es un aspecto de *Zeir Anpin* frente al inferior, que se equipara con el aspecto de *Maljut*. Como tal, el "cielo" es *Zeir Anpin*, que en nuestro contexto corresponde a Iaacov/verdad/tefilín/el favor de Dios. Así cuando la persona quiebra el deseo de comer y despierta así una iluminación del aspecto del rostro de Iaacov, se ve plena de palabras de aclamación a Dios. Éste es el rostro brillante que expande y crea un "nuevo cielo".

52. la nueva tierra...Tierra de Israel. "Tierra" es *Maljut*. Como se explicó más arriba (§2), el aspecto de los tefilín trae verdad y un sustento abundante; sustento por medio de la Tierra Santa/ *Maljut*. Esto es establecer los cimientos para crear una "nueva tierra".

5. Así, cuando comemos de la verdadera abundancia que proviene de la Tierra de Israel,⁴⁶ y luego, con esa fuerza, recitamos la alabanza del Santo, bendito sea,⁴⁷ entonces el cielo y la tierra se crean de nuevo.⁴⁸ Como enseñaron nuestros Sabios: "diciéndole a Sión: 'Ustedes son Mi pueblo'" (Isaías 51:16)⁴⁹ – no leas esto *ami* (Mi pueblo) sino *imi* (Conmigo) en sociedad Conmigo (*Zohar* I, 5a).⁵⁰ Pues el nuevo cielo se hace por medio de la iluminación del rostro de Iaacov; ⁵¹ y la nueva tierra se hace por medio de la Tierra de Israel, pues el influjo de abundancia proviene a través de la Tierra de Israel.⁵²

Vemos entonces que [la persona] ha creado ahora otro cielo y otras constelaciones. Ha consecuentemente cambiado el [curso de] la naturaleza impreso en las constelaciones originales, que ahora se han

---

Es decir, al quebrar el deseo de comer, mediante lo cual se alcanza en primer lugar el aspecto de los tefilín/*peer*/verdad, la persona es bendecida con *isháh*/"palabras de aclamación" para alabar a Dios. Éste es también el significado de "Mira la vida con una *isháh*" – i.e. fíjate que el aspecto de tefilín/vida/sustento sea con *hanoten imrei shefer*, alabando al Santo, bendito sea.

Agrega el *Parparaot LeJojmá*: A veces sucede que después de recibir un abundante sustento proveniente del aspecto de la vida/verdad, la persona hace mal uso de ello quedando atrapada en el deseo de comer. Ello lleva a un ocultamiento del rostro (ver n.8), lo opuesto del aspecto de la vida. El versículo advierte por lo tanto: "Mira la *vida* con una *isháh*" – para asegurarte de no dañar el sustento abundante, úsalo para generar aclamaciones y alabanzas a Dios.

Resumen: Estar hundidos en el deseo de comer es una indicación de juicios y de pobreza, lo que lleva a la vergüenza. Por el contrario, quebrar ese deseo es sinónimo de verdad, *Tiferet*, tefilín y rostro Divino/favor Divino (§1). Cuando uno merece la verdad/favor/el aspecto de Iaacov/tefilín, es digno entonces de la Tierra Santa, cuyo sustento es proveído por el aspecto de los tefilín/vida (§2). La gula, por otro lado, lleva a la vergüenza (§3). Esto es lo opuesto de la iluminación que se merece al traer el sustento mediante el aspecto de los tefilín, pues es entonces que uno accede a palabras de aclamación (§4).

46. verdadera abundancia…de la Tierra de Israel. Tal como el Rebe Najmán ha explicado hasta aquí, la persona que quiebra su deseo de comer merece el verdadero sustento.

47. con esa fuerza…alabanza del Santo, bendito sea. Como se explicó en la sección anterior, al utilizar la energía cuya fuente es la abundancia de la verdad/tefilín, uno alaba al Santo, bendito sea, con palabras de *shefer* (ver notas 41 y 45).

48. …el cielo y la tierra se crean de nuevo. El Rebe Najmán retorna ahora a lo que enseñó en la sección de apertura de la lección: "Cuando alguien quiebra el deseo de comer, el Santo, bendito sea, hace milagros a través suyo". Aquí introduce el concepto de la plegaria, "recitar la alabanza", como el medio a través del cual es posible realizar milagros. Sin embargo, el primer paso es quebrar el deseo de comer.

49. diciéndole…Ustedes son Mi pueblo. Todo el versículo dice, "He puesto Mis palabras en tu boca y te he cubierto con la sombra de Mi mano, para que extiendas los cielos y fundes la tierra. Diciéndole a Sión: 'Ustedes son *ami* (Mi pueblo)'".

LIKUTEY MOHARÁN #47:5, 6 402

נִמְצָא, שֶׁעַל־יְדֵי שִׁבּוּר תַּאֲוַת אֲכִילָה, נַעֲשֶׂה מוֹפְתִים וּפְלָאוֹת:

(גַּם זֹאת הַתּוֹרָה כָּתַבְתִּי מִתְּחִלָּה בְּעַצְמִי, וְנִמְצְאוּ בָהּ כַּמָּה דְבָרִים מְבֹאָרִים יוֹתֵר. גַּם סִיּוּם פֵּרוּשׁ הַמִּקְרָא "וַאֲכַלְתֶּם", נֶחְסַר כָּאן בִּלְשׁוֹנוֹ הַקָּדוֹשׁ, וּמַה שֶּׁחָסֵר זֶה גִּלָּה זֶה וְכוּ', עַל כֵּן הֶעְתַּקְתִּי גַּם נֻסְחָא זֹאת שֶׁכָּתַבְתִּי בְּעַצְמִי וְזֶהוּ:)

"וַאֲכַלְתֶּם אָכוֹל וְשָׂבוֹעַ וְהִלַּלְתֶּם אֶת שֵׁם ה' אֱלֹקֵיכֶם" וְכוּ'.
כִּי מִי שֶׁיָּצָא מִתַּאֲוַת אֲכִילָה, יָכוֹל לִהְיוֹת אִישׁ מוֹפֵת. וּמִי שֶׁהוּא מְשֻׁקָּע בְּתַאֲוַת אֲכִילָה, סִימָן שֶׁהוּא שַׁקְרָן. וְכֵן אֲפִלּוּ אִישׁ צַדִּיק שֶׁכְּבָר יָצָא מֵהַתַּאֲוָה, וְנָפַל מִמַּדְרֵגָתוֹ, וְנָפַל לְתַאֲוַת אֲכִילָה, סִימָן שֶׁיָּצָא שֶׁקֶר מִפִּיו. וְכֵן מוֹרָה גַּם כֵּן שֶׁיֵּשׁ דִּין עָלָיו לְמַעְלָה, וְגַם הוּא סִימָן עֲנִיּוּת:

וְהָעִנְיָן, דְּהִנֵּה כְּתִיב (דברים ח): "וְאָכַלְתָּ וְשָׂבָעְתָּ וּבֵרַכְתָּ", וְלִכְאוֹרָה,

tefilín y rostro Divino/favor Divino (§1). Cuando uno merece la verdad/favor/el aspecto de Iaacov/tefilín, es digno entonces de la Tierra Santa, cuyo sustento es proveído por el aspecto de los tefilín/vida (§2). La gula, por otro lado, lleva a la vergüenza (§3). Esto es lo opuesto de la iluminación que se merece al traer el sustento mediante el aspecto de los tefilín, pues es entonces que uno accede a palabras de aclamación (§4). Y con esas palabras de alabanza al Santo, bendito sea, uno tiene la capacidad de crear un "nuevo cielo" y una "nueva tierra". De esta forma, al quebrar el deseo de comer se producen milagros y maravillas (§5).

55. la explicación del versículo.... Esto hace referencia al versículo de apertura, que comienza *Vaajaltem Ajol Vsavoa* ("Entonces comerás y te saciarás").

56. registré para mí. Al comienzo del invierno del año 5603 (diciembre de 1802) el rabí Natán comenzó a registrar las lecciones del Rebe Najmán copiándolas de los manuscritos del Rebe o transcribiéndolas bajo su dictado. De este modo, casi todas las lecciones que el rabí Natán registró fueron ordenadas en el formato que el Rebe Najmán había elegido (de aquí en adelante, "la versión del Rebe Najmán"). Las excepciones incluyen aquellas que el rabí Natán registró antes de ser el escriba del Rebe, lecciones que puso por escrito para él mismo poco después de oirlas del Rebe y que aparentemente nunca le fueron mostradas al Rebe Najmán (de aquí en adelante, "la versión del rabí Natán)". Más tarde, cuando el rabí Natán imprimió el *Likutey Moharán*, le agregó al manuscrito del Rebe algunas de sus propias notas, al igual que tres de las primeras lecciones tal cual las había registrado (esta lección, #46 [ver n.38 allí] y #53).

Las notas presentadas aquí estarán en su mayor parte limitadas al material que es exclusivo de la versión del rabí Natán. Aquello que ya ha aparecido en la versión del Rebe Najmán será referido a esa versión anterior y a donde haya sido explicado en las notas.

57. deseo de comer...mentira...juicio...pobreza. Ver sección 1 más arriba, donde el Rebe Najmán conecta el hecho de quebrar el deseo de comer con los milagros, y el estar hundido en el deseo de comer con la mentira, el juicio y la pobreza.

vuelto nuevas constelaciones.⁵³ Es así que al quebrar el deseo de comer, se producen milagros y maravillas.⁵⁴

6. Registré primero esta lección por mi cuenta y algunas cosas están más claras allí. Y también aquí, en la versión presentada, que es la presentación santa del Rebe Najmán, la explicación del versículo *Vaajaltem* carece de conclusión.⁵⁵ De modo que lo que falta en una, la otra revela…. Por lo tanto he insertado la siguiente copia de la versión que registré para mí:⁵⁶

"Entonces comerás y te saciarás y alabarás el nombre de Dios tu Señor [Quien hizo para ustedes tales actos maravillosos. Nunca más Mi pueblo será avergonzado]".

Cuando uno se libera del deseo de comer puede volverse un hacedor de milagros. Pero si alguien está hundido en el deseo de comer, es una señal de que es un mentiroso. Igualmente, incluso una persona recta que ya se ha liberado del deseo de comer, si cae de su nivel y sucumbe al deseo de comer – ello es una señal de que una mentira ha salido de sus labios. También demuestra que Arriba está sujeta al juicio. Y también es una indicación de pobreza.⁵⁷

El tema es como sigue: Está escrito, "y comerás y te saciarás y

---

53. se han vuelto nuevas constelaciones. En hebreo, el término *mazal* significa tanto "constelación" como "fortuna". Nuestros Sabios enseñan que el sustento de la persona está determinado antes de su nacimiento (*Nidá* 16b) y que su fortuna (buena o lo contrario) se ve afectada por los signos astrológicos bajo los cuales nace (ver *Shabat* 156a). Sin embargo, nuestros Sabios también enseñan (*Shabat, loc. cit.*) que el judío siempre tiene la capacidad de elevarse por sobre su *mazal*. Esto es lo que el Rebe Najmán enseña aquí: quebrar el deseo de comer lleva a la verdad, al aspecto de los tefilín y al favor del rostro brillante de Dios. Habiendo alcanzado ese exaltado nivel la persona se ha elevado por sobre los factores originales que determinaban y afectaban su fortuna. Ha creado, si así pudiera decirse, un nuevo cielo y una nueva tierra –i.e., una constelación de circunstancias totalmente nueva– en la cual la abundancia que recibe es verdadero sustento/vida.

54. se producen milagros…. Así, si bien es verdad que toda la humanidad está sujeta a las leyes de la naturaleza, la persona que quiebra su natural e intrínseco deseo de comer demuestra que es posible elevarse por sobre las restricciones físicas de la condición humana y crear un "nuevo cielo" y una "nueva tierra". Como dicen los Sabios, el judío siempre tiene la capacidad de elevarse por sobre el *mazal*. Y al hacerlo, los milagros y las maravillas se vuelven algo común. En palabras del Rebe Najmán (§1). "Cuando alguien quiebra el deseo de comer, el Santo, bendito sea, hace milagros a través suyo".

Resumen: Estar hundidos en el deseo de comer es una indicación de juicios y de pobreza, lo que lleva a la vergüenza. Por el contrario, quebrar ese deseo es sinónimo de verdad, *Tiferet*,

מִזֶּה טַעֲנַת הַיֵּצֶר הָרָע לֶאֱכֹל וְלִשְׂבֹּעַ לְמַלֹּאת נַפְשׁוֹ, וְאַחַר־כָּךְ לְבָרֵךְ אֶת ה'. אַךְ בֶּאֱמֶת אָמְרוּ רַבּוֹתֵינוּ, זִכְרוֹנָם לִבְרָכָה (ברכות כ:): כְּתִיב: "אֲשֶׁר לֹא יִשָּׂא פָנִים", וּכְתִיב: "יִשָּׂא ה' פָּנָיו אֵלֶיךָ" וְכוּ', וְכִי לֹא אֶשָּׂא פָנִים וְכוּ', שֶׁאֲנִי אָמַרְתִּי: "וְאָכַלְתָּ וְשָׂבָעְתָּ וּבֵרַכְתָּ", וְהֵן מְדַקְדְּקִין עַל עַצְמָן מִכְּזַיִת וְעַד כְּבֵיצָה.

וְזֶהוּ רֶמֶז נִפְלָא, אִם יִשְׂרָאֵל מְדַקְדְּקִין לִבְלִי לֶאֱכֹל הַרְבֵּה, רַק מִכְּזַיִת וְעַד כְּבֵיצָה, אֲזַי הֵם בִּבְחִינַת: "יִשָּׂא ה' פָּנָיו", וְאָז יֵשׁ נְשִׂיאוּת פָּנִים. אַךְ לְהֵפֶךְ, חַס וְשָׁלוֹם, מִכְּלָל הֵן וְכוּ'. כִּי כַּאֲשֶׁר הֵם מְשֻׁקָּעִים בְּתַאֲוַת אֲכִילָה, אֲזַי הַסְתָּרַת פָּנִים, חַס וְשָׁלוֹם. וְזֶהוּ (דברים לא): "וְהִסְתַּרְתִּי פָנַי וְהָיָה לֶאֱכֹל". כְּלוֹמַר, אִם הֵם מְשֻׁקָּעִים בְּתַאֲוַת אֲכִילָה, אֲזַי "וְהִסְתַּרְתִּי פָנַי" חַס וְשָׁלוֹם:

וְהִנֵּה נְשִׂיאוּת פָּנִים הוּא בְּחִינוֹת אֱמֶת, כַּמְּבֹאָר בַּכַּוָּנוֹת עַל שְׁלֹשׁ־עֶשְׂרֵה מִדּוֹת, תִּקּוּן אֱמֶת הוּא הֶאָרַת פָּנִים, וְזֶהוּ שֶׁאָמַרְנוּ, כִּי הַמְשֻׁקָּע בַּאֲכִילָה הוּא רָחוֹק מֵאֱמֶת, כִּי הוּא בְּהַסְתָּרַת פָּנִים, שֶׁהוּא מִדַּת אֱמֶת כַּנַּ"ל:

וְהִנֵּה כָּל הָעוֹלָם כֻּלּוֹ, נִזּוֹן מִשֶּׁפַע שֶׁל אֶרֶץ יִשְׂרָאֵל כַּיָּדוּעַ. וְאֶרֶץ

---

de quebrar el deseo de comer induce el favor de Dios y la compasión. En ese caso, el Rebe Najmán aplica la máxima Talmúdica "de lo positivo se deduce lo negativo".

61. Yo ocultaré Mi rostro.... La deducción a la que llegamos es que la persona que sucumbe al deseo de comer, en lugar de disfrutar del favor de Dios, se encuentra, por el contrario, sujeta a los juicios. Esto es lo que el Rebe Najmán enseñó dos párrafos atrás, que estar hundido en el deseo de comer es una señal de que se está sujeto a los juicios Arriba. Dios entonces está ocultando Su rostro. Ver más arriba, notas 7 y 8.

62. favor...Verdad...iluminación del rostro. Ver la nota 9 donde se ha explicado la conexión entre el Atributo de *Emet* (Verdad) y el *Or HaPanim*, el rostro brillante. Cuando la persona sirve a Dios con devoción, como cuando quiebra el deseo de comer, la verdad de sus esfuerzos induce el favor de Dios – la iluminación de Su *Or HaPanim*, que es Verdad.

63. oculto de él. Vemos entonces que aquel que sucumbe al deseo de comer no sólo está sujeto a los juicios desde Arriba sino que también está lejos de la verdad y se asocia por lo tanto con la mentira.

bendecirás". Aparentemente, de aquí proviene el argumento de la Mala Inclinación de que uno debe comer y saciarse, llenándose, y luego bendecir a Dios.[58] Sin embargo, en verdad, enseñaron nuestros Sabios: Está escrito, "[Dios]… Quien no muestra el rostro", y está escrito, "Que Dios haga brillar Su rostro sobre ti"…. "¿Cómo no voy a favorecerlos? Yo dije, 'comerán y se saciarán y bendecirán', pero ellos son tan estrictos con ellos mismos con la cantidad de una aceituna como con la de un huevo".[59]

Ahora bien, ésta es una alusión maravillosa. Si el pueblo judío es estricto y no come demasiado, solamente "la cantidad de una aceituna como… la de un huevo", entonces, se encuentra en el aspecto de "Que Dios haga brillar Su rostro" y hay una muestra de favor. Pero si sucede lo contrario, Dios no lo permita, entonces de lo positivo [se deduce lo negativo].[60] Pues cuando ellos están hundidos en el deseo de comer, hay un ocultamiento del rostro, Dios no lo permita. Éste es el significado de "Yo ocultaré Mi rostro… y ellos serán alimento [para sus enemigos]". Es decir, si están hundidos en el deseo de comer, entonces "Yo ocultaré Mi rostro", Dios no lo permita.[61]

Y he aquí, la muestra de favor es un aspecto de la verdad, como está explicado en las *kavanot*-meditaciones de los Trece Atributos: La rectificación [correspondiente al atribuyo] "Verdad" es la iluminación del rostro.[62] Y esto es como hemos dicho: Aquel hundido en el comer se encuentra lejos de la verdad, pues el rostro, que es el Atributo de "Verdad", está oculto de él.[63]

7. He aquí, el mundo entero se sostiene sobre el influjo de abundancia

---

58. comer y saciarse…. Como se explicó en la nota 5, el precepto de recitar el *Birkat HaMazón* se aprende del versículo "Comerán y se saciarán y bendecirán a Dios…". Aquí el Rebe Najmán agrega que la voz interior en el hombre que desea comer, la Mala Inclinación, lo alienta a llenarse y estar totalmente satisfecho, como si sólo entonces pudiera bendecir a Dios de la manera adecuada.

59. la cantidad de una aceituna…de un huevo. Una explicación de esta enseñanza Talmúdica de *Berajot* 20b al igual que los otros dos versículo relacionados con al rostro Divino aparece en la sección 1 y en las notas 3-6.

60. de lo positivo se deduce lo negativo…. De la respuesta de Dios a la pregunta de los ángeles con respecto a la aparente contradicción entre los versículos hemos visto que el hecho

יִשְׂרָאֵל בְּעַצְמוֹ, מְקַבֵּל הַשֶּׁפַע מִן אֱמֶת, שֶׁהוּא מִדַּת יַעֲקֹב, כַּנֶּאֱמַר
(מיכה ז): "תִּתֵּן אֱמֶת לְיַעֲקֹב".

וְהוּא מִדַּת תִּפְאֶרֶת, שֶׁהוּא כְּלָלוּת הַגְּוָנִין. וְהוּא בְּחִינוֹת שָׁמַיִם, אֵשׁ וּמַיִם, שֶׁהוּא גַּם כֵּן כְּלָלוּת הַגְּוָנִין.

וְזֶה מְרֻמָּז בַּתּוֹרָה (במדבר יג): "אֶרֶץ אֹכֶלֶת יוֹשְׁבֶיהָ". דְּקַשֶּׁה, הֵן אֱמֶת שֶׁהַמְרַגְּלִים הוֹצִיאוּ שֶׁקֶר מִפִּיהֶם, אַךְ אֵיךְ נִכְתַּב שֶׁקֶר שֶׁלָּהֶם בַּתּוֹרָה שֶׁהִיא אֱמֶת. וּבְהֶכְרֵחַ, שֶׁבַּדְּבָרִים הַלָּלוּ נִרְמַז בָּהֶם דְּבַר אֱמֶת.

וְיֵשׁ לְרַמֵּז הַנַּ"ל, "אֶרֶץ אֹכֶלֶת", כְּלוֹמַר שֶׁאֲכִילָתָהּ וְהַשְׁפָּעָתָהּ, הוּא מִבְּחִינוֹת יוֹשְׁבֶיהָ, שֶׁהוּא בְּחִינוֹת "וַיֵּשֶׁב יַעֲקֹב", שֶׁהוּא מִדַּת אֱמֶת כַּנַּ"ל.

וְהוּא גַּם כֵּן בְּחִינוֹת תְּפִלִּין, שֶׁנִּקְרָאִים פְּאֵר, שֶׁהוּא מִדַּת יַעֲקֹב.

וְעַל-כֵּן נִקְרֵאת אֶרֶץ יִשְׂרָאֵל, "אַיָּלָה שְׁלוּחָה הַנֹּתֵן אִמְרֵי שָׁפֶר", כְּמוֹ שֶׁדָּרְשׁוּ רַבּוֹתֵינוּ, זִכְרוֹנָם לִבְרָכָה, כְּלוֹמַר אֶרֶץ יִשְׂרָאֵל הִיא

a *Guevurá*. Esas dos *sefirot* se unen en la *sefirá* de *Tiferet*, que es *Zeir Anpin*/Iaacov como la totalidad de los colores (cf. *Zohar* I, 71b).

En la versión del Rebe Najmán no se hace referencia alguna al hecho de que *esh* y *maim* forman *shamaim*, ni hay una mención explícita sobre la conexión entre *shamaim* y *Tiferet*, aunque está implícito en lo que el Rebe dice en la sección 5 concerniente al nuevo cielo que se crea por medio de una iluminación del rostro de Iaacov.

69. tierra que devora a sus habitantes. Ver la sección 2 y la nota 25.

70. una alusión a algo verdadero. El *Zohar* (III, 208a) hace una pregunta similar con respecto a la jactancia de Bilaam. ¿Cómo es posible que tal mentira aparezca en la Torá? Debemos por lo tanto concluir aquí, como allí, que contiene algún elemento de verdad – i.e., "una alusión a algo verdadero".

71. abundancia...Iaacov...Verdad. Ver la nota 26 sobre el hecho de que Iaacov es el habitante del cual la Tierra de Israel toma su abundancia. Como el Rebe Najmán dijo al comienzo de esta sección, Iaacov es la verdad. La Tierra Santa toma así su abundancia del Atributo de Verdad.

72. tefilín...peer...Iaacov. Ver la sección 1 y las notas 11 y 13.

73. la Tierra de Israel...nuestros Sabios. Ver la nota 37. De manera similar, enseñan nuestros Sabios: Así como la gacela es el animal más veloz, la Tierra de Israel es la más rápida para hacer madurar sus frutos (*Ketuvot* 112a).

proveniente de la Tierra de Israel, tal cual es sabido.⁶⁴ Y la Tierra de Israel recibe la abundancia de la verdad, el atributo de Iaacov, como está dicho, "Da verdad a Iaacov".⁶⁵

[Iaacov] también es un aspecto de *Tiferet*, que es la totalidad de los colores.⁶⁶ Él también corresponde a *ShaMaIM* (cielos): *eSh* (fuego) y *MaIM* (agua),⁶⁷ que también es la totalidad de los colores.⁶⁸

Esto también se encuentra aludido en la Torá: "una tierra que devora a sus habitantes".⁶⁹ Pues esto es difícil [de comprender]. Sí, es verdad que los espías dijeron algo falso. Pero, ¿cómo es posible que su mentira esté escrita en la Torá, que es verdad? Por lo tanto debe ser que en esas palabras hay una alusión a algo verdadero.⁷⁰

Aquí hay una alusión a lo que se mencionó más arriba: "una tierra que devora". Es decir, su comer y abundancia provienen del aspecto de "sus habitantes". Esto es un aspecto de "Iaacov vivió", pues, como se explicó, él es el Atributo de "Verdad".⁷¹

[Iaacov] también es un aspecto de los tefilín, que son llamados *peer*, el atributo de Iaacov.⁷²

8. {"Naftalí es una gacela suelta; que dirá palabras de *shefer* (aclamación)"}.

Por lo tanto, la Tierra de Israel es llamada "una gacela suelta que dirá palabras de aclamación", como expusieron nuestros Sabios.⁷³ Es

---

64. tal cual es sabido. Ver más arriba, nota 38, que cita de *Taanit* 10b. Mientras que allí, en la sección 4, el Rebe Najmán habla de cómo nosotros, el pueblo judío, recibimos nuestro influjo de abundancia a través de la Tierra de Israel, aquí agrega que el mundo entero se sustenta debido a su abundancia.

65. verdad a Iaacov. Ver la nota 10 más arriba. El Rebe Najmán aún debe explicar por qué la Tierra Santa recibe del aspecto de Iaacov/verdad, cosa que hará a la brevedad.

66. Iaacov…Tiferet…la totalidad de los colores. El Rebe Najmán hace la conexión entre esos conceptos en la sección 1 y son explicados en las notas 11 y 12.

67. ShaMaIM…eSh…MaIM. El Talmud (*Jaguigá* 12a) hace notar que los elementos que conforman el firmamento están aludidos en el término hebreo para "cielos", *shamaim* (שמים) – esos elementos son *eSh* (אש, fuego) y *MaIM* (מים, agua). Maharsha explica que esos dos elementos, el fuego y el agua, representan los atributos del juicio y de la bondad respectivamente. Estos son los atributos utilizados para crear los cielos (*Maharsha, loc. cit., v.i. tana esh umaim*). Ver la nota siguiente.

68. la totalidad de los colores. *Shamaim* también es la totalidad de los colores en el hecho de que está compuesto de agua/bondad, que corresponde a *Jesed* y de fuego/juicio, que corresponde

אַיָּלָה שְׁלוּחָה לְבַשֵּׂל פֵּרוֹתֶיהָ. וְהַשְׁפָּעָתָהּ הוּא מְמַדֵּת אֱמֶת, שֶׁהוּא בְּחִינוֹת תִּפְאֶרֶת, בְּחִינוֹת תְּפִלִּין. וְהַיְנוּ "הַנּוֹתֵן אִמְרֵי שָׁפֶר", כִּי שֶׁפֶר הוּא לְשׁוֹן פְּאֵר, שֶׁהוּא בְּחִינַת תְּפִלִּין. וְיֵשׁ לִרְמֹז, **נַפְתָּלִי** הוּא אוֹתִיּוֹת **תְּפִלִּין**:

וְעַל זֶה יֵשׁ לִרְמֹז גַּם כֵּן (קהלת ט): "רְאֵה חַיִּים עִם אִשָּׁ**ה**". **כִּי אִשָּׁ"ה** רָאשֵׁי־תֵבוֹת **ה**ַ**ּ**נּוֹתֵן **ה**ַ**ּ**אִ**'**מְרֵי **שָׁ**'**פֶר**. וְהַיְנוּ "רְאֵה חַיִּים", כִּי תְּפִלִּין נִקְרָאִין חַיִּים. כְּמוֹ שֶׁאָמְרוּ רַבּוֹתֵינוּ, זִכְרוֹנָם לִבְרָכָה (מנחות מד:): "ה' עֲלֵיהֶם יִחְיוּ", דְּדָרְשׁוּ עַל תְּפִלִּין. כִּי בִּתְפִלִּין נֶאֱמַר (דברים כח): "וְרָאוּ כָּל עַמֵּי הָאָרֶץ כִּי שֵׁם ה' נִקְרָא עָלֶיךָ" וְכוּ' (ברכות ו.). וְהַיְנוּ "רְאֵה חַיִּים", שֶׁהוּא תְּפִלִּין, "עִם אִשָּׁ"ה", רָאשֵׁי־תֵבוֹת הַ**'**נּוֹתֵן אִ**'**מְרֵי שָׁ**'**פֶר, שֶׁהוּא גַּם כֵּן בְּחִינוֹת תְּפִלִּין כַּנַּ"ל:

וְזֶהוּ (דברים ח): "אֶרֶץ אֲשֶׁר לֹא בְמִסְכֵּנֻת תֹּאכַל בָּהּ לֶחֶם". כְּלוֹמַר, "אֶרֶץ", שֶׁהוּא בְּחִינוֹת אֱמֶת. וְאָז הוּא בִּבְחִינוֹת הָאָרַת פָּנִים, וְאֵינוֹ בּוֹחֵר בְּתַפְנוּקִים. וְעַל כֵּן "לֹא בְמִסְכֵּנֻת", מֵחֲמַת דַּלּוּת וַעֲנִיּוּת, "תֹּאכַל בָּהּ לֶחֶם", וְלֹא שְׁאָר מַעֲדַנִּים. רַק מֵחֲמַת שֶׁהוּא בִּבְחִינוֹת אֱמֶת, וְהוּא מְפַשֵּׁט מִתַּאֲוַת אֲכִילָה, וְאֵינוֹ בּוֹחֵר רַק בְּלֶחֶם לֶאֱכֹל.

וְעַל־כֵּן נִקְרֵאת אֶרֶץ יִשְׂרָאֵל, אֶרֶץ הַחַיִּים. כִּי הַהַשְׁפָּעָה מְמַדֵּת

---

está asociado contigo" significa que las naciones *verán* los tefilín de la cabeza utilizado por los judíos (cf. Lección #38, n .79). En nuestro contexto esto hace referencia al aspecto de los tefilín que corresponden a la vida – "Dios, [con los tefilín] sobre ellos, ellos viven", es decir, merecen vida y abundancia. En esto también el versículo "*Mira* de vivir…" alude al aspecto de los tefilín.

80. como se explicó. Ver el final de la sección 4 y las notas allí. Uno debe "mirar de vivir" –el abundante sustento proveniente del aspecto de los tefilín– para que éste esté asegurado con palabras de *shefer/peer* que también son un aspecto de los tefilín.

81. no con escasez…elige comer sólo pan. Esta explicación del versículo de Deuteronomio (8:9) aparece en la sección 2 y está aclarada en la nota 23 y 24. Aquí el Rebe Najmán subraya el papel que juega la verdad en proveerle a la persona un aspecto del rostro brillante para que no tenga deseos de los placeres asociados con la comida.

82. la tierra de los vivos. Ver más arriba la nota 21, que cita el *Matok Midbash* sobre el *Zohar* (III, 45b).

decir, la Tierra de Israel es "una gacela suelta" en la maduración de sus frutos, y su abundancia proviene del Atributo de "Verdad" – los aspectos de *Tiferet* y de los tefilín.[74] Esto es "que dirá palabras de aclamación", pues *shefer* corresponde a *peer*, un aspecto de los tefilín.[75] También hay una alusión aquí: *NaFTaLI* tiene las mismas letras que *TeFiLIN*.[76]

Concerniente a esto también hay una alusión: "Mira [de vivir] la vida con una *isháh*". *ISháH* es un acróstico de *Hanoten Imrei Shefer*.[77] Y esto es "Mira la vida", pues los tefilín son llamados vida. Como enseñaron nuestros Sabios: "Dios, [con estas cosas] sobre ellos, ellos viven", que está expuesto concerniente a los tefilín (*Menajot* 44a).[78] Ello se debe a que se dice de los tefilín (*Berajot* 6a): "Todas las naciones del mundo verán que el nombre de Dios está asociado contigo".[79] En otras palabras: "Mira la vida", que son los tefilín, "con una *isháh*" – las iniciales de *Hanoten Imrei Shefer*, que es también un aspecto de los tefilín, como se explicó.[80]

9. Y éste es el significado de "Es una tierra donde no comerán el pan con escasez". Es decir, "una tierra", que es un aspecto de la verdad. Él se encuentra entonces en el aspecto de un rostro iluminado y no elige los placeres. Por lo tanto no "con escasez" – debido a la indigencia y a la pobreza – "comerán el pan", pero no otros alimentos. Más bien, ello se debe a que él se encuentra en el aspecto de verdad, está desapegado del deseo de comer y elige comer sólo pan.[81]

Por lo tanto la Tierra de Israel es llamada "la tierra de los vivos".[82]

---

74. su abundancia proviene...Verdad.... En la versión del Rebe Najmán esto aparece al comienzo de la sección 4 y está explicado en las notas 37-39. Aquí el Rebe reemplaza el rostro de Iaacov como la fuente de la abundancia de la Tierra por su aspecto correspondiente, el Atributo de Verdad. Aquí, la conexión entre "la gacela suelta" y la maduración de los frutos de la Tierra se indica directamente en el texto, a diferencia de más arriba.

75. shefer...peer.... Ver nota 40.

76. NaFTaLI...TeFiLIN. Ver el final de la sección 4 y la nota 45.

77. ISháH...Hanoten Imrei Shefer. Ver la nota 43 que *isháh* es un acróstico para la frase *Hanoten Imrei Shefer*, que indica palabras de aclamación y de alabanza.

78. viven...tefilín.... La conexión entre los tefilín y la vida aparece en la sección 2 y en la nota 22. Aquí el Rebe Najmán agrega que los tefilín están conectados también con el versículo de Eclesiastés 9:9, "Mira de vivir...".

79. tefilín...el nombre de Dios está asociado contigo. Enseña, el Talmud que "el nombre de Dios

יַעֲקֹב, שֶׁנֶּאֱמַר עָלָיו: 'יַעֲקֹב אָבִינוּ לֹא מֵת' (תענית ה:). וְהוּא גַם כֵּן בִּבְחִינוֹת תְּפִלִּין, שֶׁנִּקְרָאִים חַיִּים. נִמְצָא, כִּי הָאוֹחֵז בְּמִדַּת אֱמֶת, אֲזַי פַּרְנָסָתוֹ בְּרֶוַח, כִּי הַהַשְׁפָּעָה מִמִּדַּת אֱמֶת כַּנַּ"ל.

וְזֶה רֶמֶז (שבת קד.): 'קֻשְׁטָא קָאֵי'. כִּי רַבּוֹתֵינוּ, זִכְרוֹנָם לִבְרָכָה, דָּרְשׁוּ (פסחים קיט.) עַל פָּסוּק: "וְאֵת כָּל הַיְקוּם" וְכוּ' – זֶה מָמוֹנוֹ שֶׁל אָדָם שֶׁמַּעֲמִידוֹ וְכוּ'. וְזֶהוּ 'קֻשְׁטָא', הָאוֹחֵז בְּמִדַּת אֱמֶת, אֲזַי 'קָאֵי', זֶה מָמוֹנוֹ שֶׁמַּעֲמִידוֹ עַל רַגְלָיו, וּפַרְנָסָתוֹ בְּרֶוַח. אַךְ 'שִׁקְרָא לָא קָאֵי', כִּי הוּא בְּהֶסְתָּרַת פָּנִים, שֶׁהוּא בְּחִינוֹת אֱמֶת:

וְעַל־כֵּן עַל כָּל צָרָה שֶׁלֹּא תָבוֹא, גּוֹזְרִין תַּעֲנִית. כִּי מֵאַחַר שֶׁיִּשְׂרָאֵל נְתוּנִין בְּצָרָה, הֵם בִּבְחִינוֹת הַסְתָּרַת פָּנִים, בְּחִינוֹת דִּינִים. וְעַל כֵּן גּוֹזְרִין תַּעֲנִית, לְשַׁבֵּר תַּאֲוַת אֲכִילָה. וַאֲזַי יִהְיֶה בְּחִינוֹת הָאָרוֹת וּנְשִׂיאוּת פָּנִים, שֶׁהוּא בְּחִינוֹת הַמְתָּקַת וּבִטּוּל הַדִּינִים כַּנַּ"ל, "וְכִי לֹא אֶשָּׂא פָּנִים שֶׁהֵן מְדַקְדְּקִין" וְכוּ':

וּבָזֶה תָּבִין נִפְלָאוֹת בְּדִבְרֵי רַבּוֹתֵינוּ, זִכְרוֹנָם לִבְרָכָה (ברכות כד.), שֶׁדָּרְשׁוּ עַל פָּסוּק: "וְהָיוּ חַיֶּיךָ תְּלוּאִים" – 'זֶה הַתּוֹלֶה תְּפִלָּיו'. גַּם אָמְרוּ (מנחות קג:): – 'זֶה הַקּוֹנֶה מִן הַפַּלְטֵר'. זֶהוּ שֶׁאָמַרְנוּ,

84. la verdad se mantiene.... Esto se encuentra al final de la sección 1 y es explicado en la nota 14. En nuestro contexto, esto alude a la naturaleza eterna de la verdad/la Tierra Santa, como en, "Iaacov nunca falleció".

85. el dinero de la persona...sus pies. Ver nota 15.

86. la mentira...rostro...está oculto. Como opuesto al favor Divino y al sustento abundante que uno disfruta al quebrar el deseo de comer, el hecho de estar hundido en el deseo de comer induce a la pobreza, pues el rostro de Dios está entonces oculto de la persona.

87. decretan un ayuno. Ver *Taanit* 19a (ver también *Rambam, Hiljot Taaniot* 1:4). Ello se debe a que el ayuno tiene el objetivo de despertar a la gente al arrepentimiento por sus faltas.

88. Como se explicó más arriba.... Esto se encuentra al comienzo de la sección 6, luego de la introducción del rabí Natán a su versión de la lección. Ver también la sección 1 y notas 5 y 6. Aquí el Rebe Najmán agrega que el ayuno juega un importante papel en la eliminación del juicio y en la obtención del favor, pues el ayuno quiebra el deseo de comer.

89. cuelga sus tefilín. Ver la sección 2 y notas 16 y 17, que explican este versículo de Deuteronomio 28:66 y las enseñanzas Talmúdicas que lo acompañan provenientes de *Berajot* 24a, donde se lo asocia con los tefilín.

Pues su abundancia proviene del atributo de Iaacov, de quien se dice: Nuestro patriarca Iaacov nunca falleció *(Taanit* 5b).⁸³ Esto también es un aspecto de los tefilín, que son llamados vida. Vemos, por lo tanto, que cuando alguien se apega al Atributo de "Verdad", su sustento es abundante. Pues el influjo de abundancia proviene del Atributo de "Verdad", como se explicó.

Esto es lo que se alude con la frase "La verdad se mantiene".⁸⁴ Pues nuestros Sabios expusieron sobre el versículo "toda la subsistencia a sus pies" – éste es el dinero de la persona, que la mantiene sobre sus pies.⁸⁵ Así: "Verdad" – cuando alguien se apega al Atributo de "Verdad"; "se mantiene" – éste es su dinero, que lo hace sostenerse sobre los pies, y su sustento es abundante. Pero "la mentira no se mantiene", pues él se encuentra [en un estado en el que] el rostro, el aspecto de la verdad, está oculto.⁸⁶

Es por esto que cada vez que hay una desgracia (que ninguna suceda) [los Sabios] decretan un ayuno.⁸⁷ Dado que el pueblo judío está sufriendo una desgracia, se encuentra en un estado de rostro oculto, el aspecto de los juicios. Por lo tanto, ellos decretan un ayuno, para quebrar el deseo de comer. Para que entonces se presente el aspecto de un rostro iluminado y una muestra de favor, que son aspectos de mitigar y de eliminar los juicios. Como se explicó más arriba: ¿Cómo no voy a favorecerlos... cuando son tan estrictos con ellos mismos...?⁸⁸

10. Con esto podrás comprender las maravillas en las palabras de nuestros Sabios, quienes expusieron sobre el versículo "Tu vida penderá de la balanza" – esto hace referencia a alguien que cuelga sus tefilín.⁸⁹ Y ellos también dijeron: Esto hace referencia a alguien que le compra a

---

En otra instancia el *Zohar* (I, 193a) también explica que hay una "tierra de vida arriba" y una "tierra abajo". La primera corresponde a la tierra de lo espiritual, la Tierra de Israel, mientras que la segunda corresponde a la tierra de la oscuridad y de lo físico. En nuestro contexto, cuando la persona quiebra el deseo de comer, el sustento le llega de la "tierra de arriba" – i.e., la "tierra de los vivos" y de la vida. Por el contrario, cuando la persona está hundida en el deseo de comer, el sustento le llega de la "tierra de abajo" – i.e., una tierra de privación y pobreza.

83. Iaacov nunca falleció. Pregunta entonces el Talmud: ¿Cómo es eso posible, cuando las Escrituras relatan que Iaacov fue embalsamado y enterrado? Sin embargo, es el espírutu de Iaacov el que nunca falleció (ver *Maharsha, loc. cit., v.i., veki*). En nuestro contexto, esto hace referencia a la espiritualidad de la tierra. Como hemos visto, Iaacov es el "habitante" de la Tierra de Israel – i.e., él sustenta a la tierra (ver n.26). Así, debido a que Iaacov nunca falleció, la Tierra Santa es llamada la "tierra de los vivos".

כִּי אֵלּוּ וָאֵלּוּ דִּבְרֵי אֱלֹקִים חַיִּים, וּשְׁנֵיהֶם דָּבָר אֶחָד. כִּי מֵאַחַר שֶׁהוּא תּוֹלֶה תְּפִלָּיו, וּפוֹגֵם בַּתְּפִלִּין, שֶׁהוּא מִדַּת אֱמֶת. אֲזַי הוּא בְּהֶסְתָּרַת פָּנִים, וְנִתְמַעֵט הַשֶּׁפַע שֶׁלּוֹ, וּמְזוֹנוֹתָיו מִצְמְצָמִין, וְצָרִיךְ לִקְנוֹת מִן הַפַּלְטֵר:

וְעַל־כֵּן כְּתִיב עַל אֶרֶץ יִשְׂרָאֵל (דברים יא): "תָּמִיד עֵינֵי ה' אֱלֹקֶיךָ בָּהּ". "כִּי דוֹבֵר שְׁקָרִים לֹא יִכּוֹן לְנֶגֶד עֵינָי" (תהלים קא), אַךְ אֶרֶץ יִשְׂרָאֵל, שֶׁהִיא מִדַּת אֱמֶת, "תָּמִיד עֵינֵי ה' בָּהּ" וְכוּ':

וְהִנֵּה כְּשֶׁהַצַּדִּיק אוֹכֵל לִשְׂבֹּעַ נַפְשׁוֹ, וְלֹא מֵחֲמַת תַּאֲוָה הַגַּשְׁמִיּוּת. אֲזַי הוּא בִּבְחִינַת נְשִׂיאוּת פָּנִים, וְנִזּוֹן מִמִּדַּת אֱמֶת. וְכַאֲשֶׁר בְּכֹחַ אֲכִילָה זוֹ, עוֹמֵד לְהוֹדוֹת וּלְהַלֵּל לַה', אֲזַי יוֹצְאִין מִמֶּנּוּ דִּבּוּרֵי אֱמֶת, שֶׁהֵם בְּחִינַת יַעֲקֹב, מִדַּת תִּפְאֶרֶת, שֶׁהוּא כְּלָלוּת הַגְּוָנִין. וְהוּא בְּחִינַת שָׁמַיִם, אֵשׁ וּמַיִם. וְגַם כֵּן בְּחִינַת אֶרֶץ־יִשְׂרָאֵל,

proveedora de Dios. Pero, como afirma el versículo de Salmos, aquel que dice mentiras "no quedará ante Mi vista". Al no tener verdad, Dios aleja de él Su providencia Divina.

Resumen: La persona que sucumbe al deseo de comer está lejos de la verdad y se ve sujeta a los juicios y a la pobreza (§6). El mundo entero se sustenta de la abundancia proveniente del aspecto de la verdad, que es Iaacov/*Tiferet*/*peer*/tefilín (§7). Y del aspecto de los tefilín, que son vida, proviene un sustento abundante (§8). Para beneficiarse de ese abundante sustento uno debe estar libre del deseo de comer. El ayuno ayuda a la persona a quebrar ese deseo y a merecer así el favor Divino (§9). La persona que alcanza la verdad/tefilín/Iaacov, merece una providencia Divina manifiesta (§10).

95. el Tzadik come para saciar su alma. El Rebe Najmán vuelve ahora a la afirmación del comienzo (§6): "Cuando uno se libera del deseo de comer puede volverse un hacedor de milagros…". En esta sección, el Rebe pasa revista a la lección, uniendo los diferentes puntos entre sí y demostrando cómo al quebrar el deseo de comer es posible hacer milagros. Comienza con "el *Tzadik* come para saciar su alma" – específicamente el Tzadik, pues son pocos los que merecen quebrar realmente sus deseos físicos. Menos aún son aquellos capaces de hacer milagros, como lo fueron los Tzadikim de la época del Rebe Najmán, los discípulos del Baal Shem Tov y del Maguid de Mezritch. Y, habiendo dicho esto, el Rebe continuará explicando que cada uno de nosotros puede merecer un aspecto de hacer milagros, dependiendo del grado en el que logre controlar los deseos naturales y dirigirlos hacia lo espiritual.

96. aclamar y alabar a Dios…verdad. El Rebe Najmán introduce el medio a través del cual el Tzadik hace milagros, la plegaria. Él aclama y alaba a Dios. Pero primero el Tzadik debe quebrar el deseo de comer, para que sus palabras sean palabras de verdad.

97. la totalidad de los colores…Shamaim. Como se explicó más arriba en la sección 7 y en las notas 67, 68.

un panadero (*Menajot* 113b).⁹⁰ Esto es lo que hemos dicho: Porque éstas y aquéllas, ambas, son palabras del Dios Vivo. Son lo mismo; dado que cuelga sus tefilín y así produce un daño en los tefilín, que es el Atributo de "Verdad", entonces [se encuentra en un estado de] rostro oculto. De este modo su abundancia disminuye, su sustento es limitado y debe comprarle a un panadero.⁹¹

Por lo tanto está escrito sobre la Tierra de Israel (Deuteronomio 11:2), "Dios, tu Señor, mantiene constantemente Sus ojos sobre ella".⁹² Ello se debe a que "aquel que dice mentiras no quedará ante Mi vista" (Salmos 101:7).⁹³ Pero la Tierra de Israel, que es el Atributo de "Verdad", "Dios… mantiene constantemente Sus ojos sobre ella". ⁹⁴

11. Y he aquí, cuando el Tzadik come para saciar su alma⁹⁵ y no por un deseo físico, se encuentra entonces en un estado de muestra de favor y es nutrido por el Atributo de "Verdad". Y así cuando, con la fuerza de su comer, se pone de pie para aclamar y alabar a Dios, entonces, de él emergen palabras de verdad.⁹⁶ Estos son los aspectos de Iaacov, el atributo de *Tiferet*, que es la totalidad de los colores y un aspecto de *ShaMaIM* (cielos): *eSH* (fuego) y *MaIM* (agua).⁹⁷ [Las palabras] también son un aspecto de la Tierra de Israel, cuya abundancia también

---

90. le compra a un panadero. Esto se debe a que no tiene productos propios, que en épocas Talmúdicas era señal de pobreza. Como resultado debe siempre depender de los demás para sustentarse.

Más arriba, en la versión de la lección del Rebe Najmán (§2 y n.18) el Rebe cita la parte de este pasaje en el Talmud que asocia el versículo "Tu vida penderá de la balanza" con alguien que ha comprado grano en el mercado. Aquí hace referencia al siguiente renglón del pasaje, que asocia la conclusión del versículo, "no creerás que estás vivo" con alguien que le debe comprar a un panadero.

91. …a un panadero. Aunque un pasaje Talmúdico relaciona este versículo con alguien cuya vida pende de la balanza y el otro con alguien cuyo sustento es tan limitado que debe comprarle a un panadero, ambos apuntan a lo mismo: Aquel que daña la Verdad carece del favor Divino y encuentra así que su vida pende de la balanza debido a la carencia de sustento.

92. mantiene constantemente Sus ojos sobre ella. Este versículo de Deuteronomio hace referencia a la providencia Divina, que está dirigida constantemente a la Tierra de Israel, ocupándose de sus necesidades (*Rashi, loc. cit.*).

93. no quedará ante Mi vista. Como dijo el Rebe Najmán más arriba (§9), "la mentira no se mantiene". Ante la falta de verdad, el rostro de Dios está oculto (ver también notas 15, 86).

94. Tierra de Israel…Verdad…. Como se explicó más arriba, en la nota 26, la Tierra de Israel se encuentra bajo la directa providencia Divina y así recibe el sustento abiertamente de la mano

שֶׁהַשְׁפָּעָתָהּ גַּם כֵּן מִמִּדַּת יַעֲקֹב כַּנַּ"ל.

וְעַל־כֵּן בְּכֹחַ זֶה, נַעֲשֶׂה שָׁתָּף לְהַקָּדוֹשׁ־בָּרוּךְ־הוּא לִבְרֹא שָׁמַיִם וָאָרֶץ, שֶׁהֵם בִּבְחִינַת אֱמֶת, בְּדִבּוּרָיו הַקְּדוֹשִׁים שֶׁנּוֹבְעִים וְיוֹצְאִים מִמֶּנּוּ גַּם כֵּן בִּבְחִינַת אֱמֶת כַּנַּ"ל.

וְזֶהוּ שֶׁאָמַרְנוּ לְמַעְלָה, כִּי אֶרֶץ־יִשְׂרָאֵל הִיא "אַיָּלָה שְׁלוּחָה". וְהַיְנוּ "הַנֹּתֵן אִמְרֵי שָׁפֶר", כִּי הַנִּזּוֹן מִבְּחִינוֹת אֶרֶץ יִשְׂרָאֵל, שֶׁהִיא "אַיָּלָה שְׁלוּחָה", שֶׁהִיא בְּחִינוֹת אֱמֶת, אֲזַי "הַנֹּתֵן אִמְרֵי שָׁפֶר". כְּלוֹמַר שֶׁנּוֹתֶנֶת מֵעַצְמָהּ וּמִכֹּחָהּ "אִמְרֵי שָׁפֶר" – לְשׁוֹן תִּפְאֶרֶת, שֶׁהֵם אִמְרֵי אֱמֶת. וְעַל כֵּן יוּכַל לִבְרֹא שָׁמַיִם וָאָרֶץ, שֶׁהֵם גַּם כֵּן מִמִּדַּת אֱמֶת כַּנַּ"ל.

וְעָלָיו נֶאֱמַר (ישעיה נא): "וְלֵאמֹר לְצִיּוֹן עַמִּי אָתָּה" – אַל תִּקְרֵי עַמִּי אֶלָּא עִמִּי. מָה אֲנָא עֲבַדִי שְׁמַיָּא וְאַרְעָא בְּמִלּוּלִי, אַף אַתֶּם וְכוּ' בְּמִלּוּלָא כַּנַּ"ל (הקדמת הזהר ה.), כִּי בַּדְּבָרִים הָאֲמִתִּיִּים, יוּכַל לִבְרֹא שָׁמַיִם וָאָרֶץ.

(וְזֶה, "וְלֵאמֹר לְצִיּוֹן", הַיְנוּ עַל יְדֵי אִמְרֵי אֱמֶת, שֶׁהוּא בְּחִינַת אִמְרֵי צִיּוֹן, אִמְרֵי אֶרֶץ־יִשְׂרָאֵל, שֶׁהוּא בְּחִינַת אֱמֶת, עַל־יְדֵי־זֶה "עַמִּי אָתָּה", אַל תִּקְרֵי עַמִּי וְכוּ' כַּנַּ"ל).

וְכֵיוָן שֶׁיָּכוֹל לִבְרֹא שָׁמַיִם וָאָרֶץ חֲדָשִׁים, יוּכַל לַעֲשׂוֹת מוֹפְתִים בַּשָּׁמַיִם וּבָאָרֶץ. כִּי הַשֵּׁם יִתְבָּרַךְ מַנְהִיג עוֹלָמוֹ עַל פִּי דֶּרֶךְ הַטֶּבַע, וְהַטֶּבַע הוּא עַל פִּי הַנְהָגַת הַגַּלְגַּלִּים כַּיָּדוּעַ. וְכֵיוָן שֶׁהַצַּדִּיק יָכוֹל

---

tratados en el curso de la lección. Por ejemplo, aquí agrega que las palabras *shefer/Tiferet* son palabras de verdad mediante las cuales uno se une a Dios creando el cielo y la tierra.

102. Mi pueblo.... Ver nota 49.

103. Mi pueblo...imi.... El Rebe Najmán citó este pasaje del *Zohar* (I, 5a) en la sección 5 y ha sido explicado en la nota 50. Aquí, en la versión del rabí Natán, la cita es más específica al afirmar que la sociedad del hombre con Dios al crear el cielo y la tierra se produce a través de la palabra hablada.

104. diciéndole a Sión...más arriba. El rabí Natán explica que la palabra "Sión" en el versículo hace referencia a la Tierra Santa. Así, "diciéndole a Sión" alude a las palabras de la Tierra Santa – i.e., las palabras de verdad mediante las cuales nos volvemos socios de Dios en la Creación.

proviene del atributo de Iaacov, como se explicó.[98]

Por lo tanto, con esa fuerza la persona se transforma en un socio del Santo, bendito sea, en la creación del cielo y de la tierra, que son un aspecto de la verdad[99] – a través de las palabras sagradas que fluyen y emergen de ella también en un aspecto de verdad.[100]

Y éste es el significado de lo que dijimos más arriba, que la Tierra de Israel es una "gacela suelta" y esto es *Hanoten Imrei Shefer*. Pues cuando alguien es nutrido [a partir] del aspecto de la Tierra de Israel –que es "una gacela suelta", el aspecto de la verdad– como resultado, "dirá palabras de aclamación". Es decir, [la Tierra de Israel] dirá de sí misma y de su fuerza "palabras de aclamación", que connotan *Tiferet*. Éstas son palabras de verdad, de modo que será capaz de crear el cielo y la tierra, que también provienen del Atributo de "Verdad", como se explicó más arriba.[101]

De él se dice, "diciéndole a Sión: 'Ustedes son Mi pueblo'"[102] – no leas esto *ami* (Mi pueblo) sino *imi* (Conmigo). Tal como Yo hago el cielo y la tierra con Mi palabra, ustedes, también... con una palabra. Pues con palabras de verdad él es capaz de crear el cielo la tierra.[103]

{Éste es también el significado de "diciéndole a Sión". Es decir, por medio de palabras de verdad –que corresponden a las palabras de Sión, las palabras de la Tierra de Israel, que es un aspecto de la verdad– como resultado, "ustedes son Mi pueblo". No leas esto *ami*...; como se explicó más arriba}.[104]

Y debido a que él es capaz de crear un nuevo cielo [y una] nueva tierra, puede hacer milagros en el cielo y sobre la tierra. Ello se debe a que Dios guía Su mundo de acuerdo al curso de la naturaleza; y la naturaleza está determinada por la conducta de las constelaciones,

---

98. Las palabras...como se explicó. Pues así como la Tierra Santa recibe del Atributo de Verdad, las palabras de alabanza también deben recibir de la verdad – i.e., de la energía transmitida por la abundancia que proviene de la verdad/Iaacov. Como resultado, se transforman en "palabras de verdad".

99. del cielo y de la tierra...aspecto de la verdad. Las Escrituras empiezan con: "*Bereshit bará Elohim* (En el comienzo creó Dios) los cielos y la tierra" (Génesis 1:1). Las letras finales de *bereshiT barA elohiM* forman la palabra *EMET* (Verdad), aludiendo al hecho de que la creación de los cielos y de la tierra es un aspecto de la verdad.

100. también en un aspecto de verdad. La persona que ha quebrado el deseo de comer se nutre del Atributo de Verdad. Esto le da la fuerza para alabar a Dios con palabras de verdad, mediante las cuales se vuelve socia de Dios en la Creación, algo que es una expresión de la verdad.

101. como se explicó más arriba. Continuando con su revisión, el Rebe Najmán agrega elementos a las conexiones de los párrafos previos, uniendo conceptos adicionales que han sido

לִבְרֹא שָׁמַיִם חֲדָשִׁים, אֲזַי הוּא מְשַׁנֶּה כָּל הַגַּלְגַּלִּים, וְעוֹשֶׂה טֶבַע חָדָשׁ. וְעַל־כֵּן בְּוַדַּאי הוּא יָכוֹל לַעֲשׂוֹת מוֹפְתִים, שֶׁהֵם שִׁנּוּי הַטֶּבַע. וְהָעִנְיָן פֶּלֶא וְדוּ"ק:

וְזֶה:

וַאֲכַלְתֶּם אָכוֹל וְשָׂבוֹעַ – כְּלוֹמַר מַה שֶּׁתֹּאכְלוּ, הֵן מְעַט וְהֵן הַרְבֵּה, תִּשְׂבְּעוּ, וְלֹא תִהְיוּ מְשֻׁקָּעִים בְּתַאֲוַת אֲכִילָה – אֲזַי תִהְיוּ בִּבְחִינַת נְשִׂיאוּת פָּנִים, וְנִזּוֹנִין מִמִּדַּת אֱמֶת. וּבְכֹחַ אֲכִילָה זוֹ,

וְהִלַּלְתֶּם אֶת שֵׁם ה' אֱלֹהֵיכֶם כַּנַּ"ל – אֲזַי תִּהְיוּ שֻׁתָּפִין לְהַקָּדוֹשׁ־בָּרוּךְ־הוּא לִבְרֹא שָׁמַיִם וָאָרֶץ. וְזֶהוּ

אֲשֶׁר עָשָׂה עִמָּכֶם – דְּהַיְנוּ 'אַל תִּקְרֵי עַמִּי אֶלָּא עִמִּי, מָה אֲנָא' וְכוּ'. וְכֵיוָן שֶׁתּוּכְלוּ לִבְרֹא שָׁמַיִם וָאָרֶץ, אֲזַי

לְהַפְלִיא – שֶׁתּוּכְלוּ לַעֲשׂוֹת נִפְלָאוֹת וּמוֹפְתִים בַּשָּׁמַיִם וּבָאָרֶץ. וְהַיְנוּ דְּסִיֵּם

---

108. muestra de favor. Esto se encuentra en la sección 1 y nota 5; ver también la sección 6.

109. nutrido por…Verdad. Como se explicó más arriba en las secciones 2 y 7. Es de notar que *AJoL VSaVOA* (אכול ושבוע) y *EMeT* (אמת) tienen el mismo valor numérico, 441.

110. Como se mencionó más arriba. Ver las secciones 5 y 11. Como se explicó, el alimento que proviene de la verdad hace que las palabras de la plegaria y de aclamación a Dios sean verdaderas.

111. creación del cielo y de la tierra. Que en sí mismos fueron creados por Dios con *EMeT* (ver n.99).

112. IMajem…ami…IMi…. Anteriormente, el Rebe Najmán citó este pasaje del *Zohar* que demuestra el hecho de que generar ideas nuevas de Torá hace de la persona un socio de Dios – *imi*, "Conmigo"– en la creación del cielo y de la tierra. Ver la sección 5 y las notas 49 y 50; y la sección 11, notas 102-104. Aquí el Rebe Najmán demuestra cómo esto está conectado también con el versículo de apertura de la lección, que dice: "Quien hizo *imajem* tales actos maravillosos". En lugar de leer *imajem* como es leído generalmente en este versículo, "*para* ustedes", el Rebe lo lee en linea con la forma en que el *Zohar* lee *IMi* – i.e., *IMajem* es "*con* ustedes". De este modo el versículo de apertura dice: "Dios tu Señor Quien hizo *con* ustedes tales actos maravillosos". Ustedes son los socios de Dios, capaces de hacer milagros en el cielo y en la tierra.

tal cual es sabido. Y dado que el Tzadik puede crear nuevos cielos, él cambia todas las constelaciones y hace una nueva naturaleza. Por lo tanto, ciertamente, puede llevar a cabo milagros, que son un cambio de la naturaleza. El tema es prodigioso, de modo que debes considerarlo muy atentamente.[105]

12. Y ésta es [la explicación del versículo de apertura]:[106]
{"**Entonces comerás y te saciarás y alabarás el nombre de Dios tu Señor Quien hizo** *imajem* **(para ustedes) tales actos maravillosos. Nunca más Mi pueblo será avergonzado**"}.

Entonces comerás y te saciarás – Es decir, sea lo que fuere que comas, así sea mucho o poco, te sentirás saciado.[107] No te hundirás en el deseo de comer de modo que estarás en un estado de muestra de favor,[108] nutrido por el Atributo de "Verdad".[109] Y con la fuerza de ese comer,

y alabarás el nombre de Dios tu Señor – Como se mencionó más arriba.[110] Entonces, serán socios de Dios en la creación del cielo y de la tierra.[111] Esto es:

Quien hizo IMajem – Esto es, "no leas *ami* (Mi pueblo) sino *IMi* (Conmigo). Tal como Yo…".[112] Y dado que es capaz de crear el cielo y la tierra, por lo tanto

tales actos maravillosos – serás capaz de llevar a cabo maravillas y milagros en el cielo y sobre la tierra. Así, el versículo concluye:

---

105. cambia todas las constelaciones…considerarlo muy atentamente. Los conceptos de crear un "nuevo cielo" y una "nueva tierra" están tratados en la sección 5, al final de la versión de la lección del Rebe Najmán. Ver también las notas 53 y 54. Aquí el rabí Natán concluye que uno haría bien en estudiar en profundidad este tema maravilloso.

106. explicación…. El Rebe Najmán pasa ahora revista a la lección en el contexto del versículo de apertura. Las notas harán referencia a ambas versiones de la lección, la del Rebe Najmán y la del rabí Natán.

107. mucho o poco…saciado. Una vez que la persona ha quebrado su deseo de comer, ya no hay diferencia entre comer poco o mucho. Pues incluso si come "tanto como una aceituna", ello tiene el poder de saciarla. Por el contrario, alguien hundido en el deseo de comer no se sentirá saciado ni siquiera al comer mucho. En otra instancia, el Rebe Najmán explica que el hecho de que comer sea una necesidad física no significa que no pueda ser llevado a cabo en santidad y pureza (*Sabiduría y Enseñanzas del Rabí Najmán de Breslov* #51). Así, aunque el Rebe se centró previamente en la ventaja de comer poco e incluso de ayunar, lo esencial no es cuánto uno coma sino la intención con la cual lo haga.

וְלֹא יֵבֹשׁוּ וְכוּ' – כִּי בְּחִינַת הַבּוּשָׁה הוּא גַּם כֵּן כְּלָלִיּוּת הַגְּוָנִין, כִּי 'אָזֵל סֻמְקָא וְאָתֵי חִוָּרָא' (בבא מציעא נח.), וּפָנָיו מִשְׁתַּנֶּה לְכַמָּה גְּוָנִין. וְהוּא מִדַּת תִּפְאֶרֶת, מִמִּדּוֹת הַנְּפוּלִין.

וּמַה מָּתְקוּ דִּבְרֵי רַבּוֹתֵינוּ, זִכְרוֹנָם לִבְרָכָה, לְפִי זֶה (ברכות ו:): 'כֵּיוָן שֶׁנִּצְרָךְ לַבְּרִיּוֹת פָּנָיו מִשְׁתַּנֶּה כְּכרוּם' שֶׁמִּשְׁתַּנֶּה לְכַמָּה גְּוָנִין. כִּי 'כֵּיוָן שֶׁנִּצְרָךְ לַבְּרִיּוֹת', וְהַיְנוּ מִפְּנֵי שֶׁפָּגַם בְּמִדַּת אֱמֶת, וְהוּא בְּהַסְתָּרַת פָּנִים, שֶׁהוּא מִדַּת אֱמֶת, כְּלָלוּת הַגְּוָנִין כַּנַּ"ל. וְעַל־כֵּן פָּנָיו מִשְׁתַּנִּין כְּכְרוּם לְכַמָּה גְוָנִין, שֶׁהוּא גַּם כֵּן מִדַּת תִּפְאֶרֶת מִמִּדּוֹת הַנְּפוּלִין, כִּי "אֶת זֶה לְעֻמַּת זֶה עָשָׂה" וְכוּ'.

וְעַתָּה הַמִּקְרָא הַזֶּה נִדְרָשׁ כְּמִין חֹמֶר: "וַאֲכַלְתֶּם אָכוֹל וְשָׂבוֹעַ", בִּבְחִינַת אֱמֶת כַּנַּ"ל, וְאָז תּוּכְלוּ לַעֲשׂוֹת נִפְלָאוֹת, "אֲשֶׁר עָשָׂה עִמָּכֶם לְהַפְלִיא" כַּנַּ"ל. אֲזַי: "וְלֹא יֵבֹשׁוּ עַמִּי לְעוֹלָם", כִּי מֵאַחַר שֶׁאַתֶּם בִּבְחִינוֹת אֱמֶת, כְּלָלוּת הַגְּוָנִין, אֵינְכֶם צְרִיכִין לְהִתְבַּיֵּשׁ, שֶׁהִיא כְּלָלוּת הַגְּוָנִין, בְּמִדּוֹת הַנְּפוּלִין, עַל כֵּן: "וְלֹא יֵבֹשׁוּ עַמִּי לְעוֹלָם":

116. **krum…diferentes colores.** Ver más arriba, nota 2.

117. **uno en contraste con el otro.** Como se explicó más arriba (ver n.9), el Atributo de Verdad corresponde al *Or HaPanim* (Luz del Rostro), un rostro brillante. Esto es *Tiferet* de santidad. Pero para cada cosa sagrada en el mundo Dios también creó una imagen especular en el ámbito del Otro Lado. Frente a *Tiferet*/Verdad se encuentra *Tiferet* de los atributos caídos. Siendo una imagen especular, este *Tiferet* también corresponde a una luz del rostro, pero su "brillo" proviene de los cambiantes colores de la vergüenza.

118. **más arriba.** La conexión entra la saciedad y la verdad se encuentra en las secciones 2 y 7.

119. **nunca más….** El versículo se traduce entonces en nuestro contexto como sigue: **Entonces – Cuando quiebres el deseo de comer, comerás y te saciarás** – sea lo que fuere que comas te saciará, pues tu alimento provendrá del aspecto de Verdad/Iaacov/tefilín. Este comer te dará palabras de verdad con las cuales **alabarás el nombre de Dios tu Señor**. Y al alabar a Dios **Quien hizo** *imajem* – te volverás socio de Dios en la creación de un nuevo cielo y de una nueva tierra y podrás hacer **tales actos maravillosos** – milagros. **Nunca más Mi pueblo será avergonzado** – Habiendo alcanzado este nivel de verdad, habrás obtenido *Tiferet* en santidad, como opuesto al *Tiferet* caído que se manifiesta como vergüenza.

Nunca más Mi pueblo será avergonzado – Ello se debe a que el aspecto de la vergüenza también es la suma de los colores.[113] Pues lo rosado [de los pómulos] desaparece y es reemplazado por una blanca [palidez] (*Bava Metzía* 58b),[114] y su rostro se vuelve de diferentes colores. Éste es el atributo de *Tiferet* de los atributos caídos.[115]

De acuerdo a esto, cuán dulces son las palabras de nuestros Sabios: Una vez que alguien debe recurrir a los seres humanos, su rostro cambia como un *krum*. Se torna de diferentes colores.[116] Pues una vez que ha debido recurrir a los seres humanos –i.e., debido a que dañó el Atributo de "Verdad" y [se encuentra en un estado de] rostro oculto, siendo [el rostro] el Atributo de "Verdad", la totalidad de los colores– por lo tanto, su cara se vuelve de diferentes colores, como un *krum*, que también es el atributo de *Tiferet* de los atributos caídos. Pues "Dios hizo uno en contraste con el otro" (Eclesiastés 7:14).[117]

Ahora bien, este versículo puede exponerse como si [uno estuviese esculpiendo] en arcilla: "Entonces comerás y te saciarás" – en el aspecto de verdad, como se explicó más arriba.[118] Y así serás capaz de llevar a cabo milagros: "quien hizo para ustedes tales actos maravillosos". Entonces, "nunca más Mi pueblo será avergonzado". Dado que se encuentra en un aspecto de verdad, la totalidad de los colores, no tiene necesidad de ser avergonzado, que es la totalidad de los colores en los atributos caídos. Por lo tanto, "nunca más Mi pueblo será avergonzado".[119]

---

113. vergüenza…colores. El Rebe Najmán explica esto más arriba en la sección 3, aunque incluso antes, en la sección 1, conecta el hecho de sucumbir al deseo de comer con la vergüenza. Sin embargo la versión del rabí Natán recién lo menciona en este momento.

114. rosado…palidez. El Talmud enseña que cuando la persona es avergonzada su rostro se pone colorado. Luego, el aspecto de su cara parece empalidecer y se vuelve blanco. También esto es una suma de colores.

115. Tiferet de los atributos caídos. Así como existen atributos sagrados, correspondientes a las *sefirot* de santidad, hay atributos caídos, correspondientes a las *sefirot* de la impureza del ámbito del Otro Lado. Como hemos visto, *Tiferet* (Belleza) de las *sefirot* de santidad corresponde a la Verdad y es la totalidad de los colores (ver n.12). Su manifestación en este mundo se produce en aquellas cosas que poseen verdadera belleza. Sin embargo, cuando la persona corrompe la verdad, *Tiferet* proviene de los atributos caídos. La totalidad de los colores no se manifiesta entonces como belleza sino como vergüenza.

וְזֶהוּ "וְנָתַתִּי עֵשֶׂב בְּשָׂדְךָ לִבְהֶמְתֶּךָ וְאָכַלְתָּ וְשָׂבָעְתָּ". כַּמְבֹאָר בַּזֹּהַר (בראשית כה: ובתיקונים נא), "עֵשֶׂב" הוּא ע"ב שִׁי"ן, תְּלָת רָאשִׁין שְׁלֹשָׁה אָבוֹת, שֶׁהוּא הַגְּוָנִין.

וְהַיְנוּ "בְּשָׂדְךָ לִבְהֶמְתֶּךָ", שֶׁתְּשַׁדֵּד הַבַּהֲמִיּוּת שֶׁלָּךְ. "וְאָכַלְתָּ וְשָׂבָעְתָּ", לֶאֱכֹל וְלִשְׂבֹּעַ, רַק לְהִסְתַּפֵּק בִּמְעַט, אֲזַי "וְנָתַתִּי עֵשֶׂב":

causaba mucha angustia, pues él quería purificarse y quebrar el deseo de comer. Por lo tanto se acostumbró a comer muy poco. Sin embargo observó que aun lo poco que comía despertaba en él el deseo de comer. De modo que el Rebe decidió volver a comer normalmente pues, ¿qué diferencia había entre comer mucho o poco, pues en ambos casos el deseo continuaba y, por lo tanto, por qué destruir su cuerpo sin motivo alguno? Cierta vez, mientras tomaba la Tercera Comida del Shabat, el Rebe comenzó a pedirle a Dios que le otorgara una visión de los Patriarcas. Prometió que si le era otorgada trabajaría sobre él mismo sin cesar hasta quebrar por completo el deseo de comer. Luego de un tiempo de profunda meditación sobre esto, se durmió y tuvo un sueño. En el sueño del Rebe su visabuelo, el Baal Shem Tov, se le apareció y citó el versículo, "Y Yo proveeré *esev* en tu campo para tus animales". Cuando el Rebe despertó, caviló sobre el sueño y se preguntó sobre las posibles conexiones que tendría el versículo con su anhelo de tener una visión de los Patriarcas. Recordó entonces la enseñanza del *Tikuney Zohar* de que la palabra *esev* alude a los Patriarcas y comprendió que si quebraba su deseo animal de comer Dios le otorgaría la visión que buscaba (*Tzadik* #218).

Y éste es el significado de "Y Yo proveeré hierba en tu campo para tus animales y comerás y te saciarás". Como se explica en el *Zohar*: *ESeV* (hierba) es *AB Shin*[120] – tres cabezas, tres Patriarcas, que son los colores.[121]

Esto es: "En tu *Sadé* (campo) para tus animales" – debes *SaDed* (quebrar) tu característica animal.[122] "Y comerás y te saciarás" – para comer y sentirse saciado, satisfecho con poco. Entonces, "Y Yo proveeré *esev*".[123]

---

120. Yo proveeré…ESeV…AB Shin. El Rebe Najmán trata esto al final de la sección 2. Ver las notas 32 y 33 que explican este versículo de Deuteronomio y elaboran sobre la enseñanza del *Tikuney Zohar* mediante lo cual el Rebe conecta el versículo con la lección.

121. tres cabezas, tres Patriarcas…. Ninguno de estos conceptos está mencionado explícitamente en la versión del Rebe Najmán de la lección, aunque aparecen en el *Tikuney Zohar* que él cita. Las "tres cabezas" son las tres ramas de la letra *Shin*, mencionada en la nota 32. Los correspondientes "tres Patriarcas", las cabezas del pueblo judío, son un paralelo de *Jesed, Guevurá* y *Tiferet*, al igual que sus respectivos colores (ver Lección #38, notas 83 y 84 donde se explica esto). Como se mencionó en la nota 32, estas tres *sefirot* se unen, como una totalidad de colores, en la persona Divina de *Zeir Anpin*.

122. Sadé…SaDed tu característica animal. Ver la nota 33.

123. proveeré esev. El Rebe Najmán relató que cuando joven solía comer mucho. Pero ello le

ליקוטי מוהר"ן סימן מ"ח

לְשׁוֹן רַבֵּנוּ, זִכְרוֹנוֹ לִבְרָכָה

עַל אֲשֶׁר מְעַלְתֶּם בִּי וְכוּ' בְּמֵי מְרִיבַת קָדֵשׁ מִדְבַּר צִין וְכוּ':
(דברים לב)

צִירֵי זֶה בְּחִינַת וַיִּיצֶר, יְצִירָה לְטָב יְצִירָה לְבִישׁ, יְצִירָה לְשָׂכָר

3. TzeIReI. El Rebe Najmán comienza su lección haciendo referencia al tercero de los nueve puntos vocales, TzeIReI (צירי), que toma su nombre de la palabra *leTzaIeR* (לצייר), "formar". Varios puntos vocales y las formas en las cuales se aplican a nuestro desarrollo espiritual han sido tratados en otras lecciones del *Likutey Moharán* (por ejemplo, *jirik* y *segol* en I:6; *shuruk* en I:7; *melopum* en I:8 y I:34; *kamatz* en I:36; *pataj* en I:66). La siguiente breve introducción se basa en las enseñanzas Kabalistas y en particular en el *Tikuney Zohar*, donde se presenta a menudo el significado profundo de las *nekudot* (puntos vocales). Se le aconseja el lector ver la Lección #36:6 y las notas 82-83, que explican igualmente la conexión entre los puntos vocales y las *sefirot* y contienen material adicional relevante a este tema.

    La Kabalá muestra cómo cada uno de los nueve puntos vocales (*kamatz, pataj, tzeirei…*) se alinea con una de las nueve primeras *sefirot*. (La *sefirá* final, *Maljut*, no tiene luz propia y así no tiene una vocal correspondiente; en su lugar corresponde a las letras mudas). *Keter* (Corona), la *sefirá* más elevada, es incognoscible. Llamada "una corona que está sobre la cabeza", se encuentra más allá de las percepciones humanas y así corresponde a *kamatz*, que significa "cerrado" o "sellado". *Jojmá* (Sabiduría), aunque es la segunda *sefirá*, es la primera en manifestarse dentro de la Creación. Éste es el significado de "*Reshit Jojmá* (El comienzo es la Sabiduría)" (Salmos 111:10). La Luz dentro de *Jojmá* es uniforme y al igual que en *Keter*, aún está indiferenciada. Sin embargo, debido a que *Jojmá* es la primera revelación de la Divinidad, su punto vocal correspondiente es *pataj*, que significa "abierto" y "no oculto". La tercera *sefirá* es *Biná* (Comprensión), la *sefirá* en la cual la Luz Infinita de la Creación se vuelve diferenciada y toma forma. Su correspondiente punto vocal, por lo tanto es el *tzeirei*, que indica forma.

    Podemos comprender esto de manera más concreta si pensamos en la Luz como una metáfora para las percepciones de Divinidad. La Divinidad, como la Luz, se encuentra en *Keter* más allá de la percepción humana. En *Jojmá*, nuestras percepciones de Divinidad, aunque manifiestas, están indiferenciadas; son chispazos de comprensión carentes de formulación y no pueden ser comprendidas, expresadas ni aplicadas. La formulación lógica y el desarrollo sistemático comienzan en *Biná*, la *sefirá* de Comprensión. Aquí nuestras percepciones de Divinidad se nos vuelven comprensibles por haber sido divididas en sus partes y formas constituyentes o formuladas en términos conceptuales coherentes con nuestro proceso de pensamiento.

4. TzeIReI…IiITzeR. En este versículo de Génesis, que describe la formación del hombre, la palabra *IiITzeR* está deletreada con dos *iud* (וייצר). El Talmud (*Berajot* 61a) hace notar que cuando las Escrituras hablan más tarde de la formación de los animales, nuevamente utilizan la palabra *IiTzeR* pero deletreada con una sola *iud* (ויצר; Génesis 2:19). La distinción entre las dos, enseñan nuestros Sabios, es que a diferencia de los animales, el hombre fue creado con

LIKUTEY MOHARÁN 48[1]

"*Al Asher Mealtem* (Pues Me fueron infieles) entre los israelitas, junto a las aguas de Merivat (conflicto) Kadesh en el desierto de Tzin… Ahora contemplarás la tierra desde lejos pero allí no entrarás".[2]

(Deuteronomio 32:51-52)

TzeIReI[3] es un aspecto de "Y [Dios] *IiITzeR* (formó)" (Génesis 2:7)[4] – una formación para el bien, una formación para el mal;

---

1. Likutey Moharán 48. Esta lección es *leshón Rabeinu z'l*, del manuscrito del Rebe Najmán (ver Lección #33, n.1). El Rebe dio este discurso inmediatamente después de Simjat Torá 5603 (20 de octubre de 1802), en Breslov. El rabí Natán, que se había unido a los seguidores del Rebe sólo una semana antes de Rosh HaShaná, pasó todos los Días Tremendos en Breslov y luego retornó a su hogar para la festividad de Sukot. Pero inmediatamente después de Simjat Torá el rabí Natán, junto con varios amigos más de Nemirov (una ciudad cercana a Breslov), volvieron para estar con el Rebe. Llegaron a Breslov cerca de la medianoche y encontraron al Rebe sentado a la mesa con alguna gente del pueblo. Fue entonces que el rabí Natán oyó esta enseñanza del Rebe (*Until The Mashiach*, p.88; *Parparaot LeJojmá*; *Tovot Zijronot* #5).

A la mañana siguiente el rabí Natán tuvo la posibilidad de hablar con el Rebe, quien se mostraba muy interesado en oir lo que sucedió en Nemirov cuando el rabí Natán volvió después de Iom Kipur. El rabí Natán habló sobre la fuerte oposición que había encontrado por parte de su familia que objetaba el hecho de que se hubiese acercado al Rebe. También mencionó el *minian* que había organizado en la suká de su padre para los seguidores del Rebe y cómo oraron allí con gran fervor y alegría. Oyendo esto, el Rebe Najmán comenzó a repasar la lección de la noche anterior en la cual había hablado de la oposición y también explicó que el concepto de la suká, que es la plegaria ferviente, tiene el poder de traer hijos. Este último punto le llegó como una sorpresa al rabí Natán, pues hasta ese momento no le había ni siquiera mencionado al Rebe su carencia de hijos. El tema era muy oportuno pues después de ocho años de matrimonio y de varias pérdidas de embarazo, la esposa del rabí Natán, Ester Shaindel, estaba nuevamente encinta. Sabiendo esto también se explica la presentación de alguna manera sorprendente que hace el Rebe de la mitzvá de la suká, siendo que la festividad ya había pasado y del hecho de que el versículo de apertura está tomado de la lectura de la Torá del *Shabat Shuvá*, el Shabat entre Rosh HaShaná y Iom Kipur. Como enseña la tradición de Breslov, dado que mucho de esta lección se aplica específicamente al rabí Natán el Rebe esperó antes de darla pues quería que el rabí Natán la oyera directamente de él (*A través del Fuego y del Agua*, Capítulo 6).

Los temas principales de esta lección son: la mitzvá de la suká; la plegaria con energía y el habla sagrada; la disputa; los hijos; y la Tierra Santa.

2. Al Asher Mealtem…no entrarás. Este versículo aparece en la amonestación de Dios a Moshé, después que él y Aarón golpearon la roca en Merivá en lugar de hablarle. Como resultado de golpear la roca ninguno de los dos mereció entrar a la Tierra de Israel.

יְצִירָה לְעֹנֶשׁ (זהר בראשית כז.; ובברכות סא), בְּחִינַת דִּין וְרַחֲמִים.
וְזֶה בְּחִינַת בִּינָה, שֶׁשָּׁם נוֹצָר הַוָּלָד, כְּמוֹ שֶׁכָּתוּב (משלי ב): "כִּי אִם לַבִּינָה תִקְרָא". וְשָׁם שְׁנֵי בְּחִינוֹת: חֶסֶד וְדִין, כִּי מִשָּׁם דִּינִין מִתְעָרִין.
וְהִיא בְּחִינַת סֻכָּה, כְּמוֹ שֶׁכָּתוּב (תהלים קלט): "תְּסֻכֵּנִי בְּבֶטֶן אִמִּי".

Sefirot). En general, la columna de la derecha es el lado en el cual *Jesed*, las cualidades del amor y de la bondad, es la manifestación primaria; y la columna de la izquierda es el lado en el cual *din*, los juicios y la justicia, es la manifestación primaria. Esta división entre la derecha y la izquierda comienza con *Biná*, la *sefirá* que precede inmediatamente a las *sefirot* de *Jesed* y *Guevurá* y sus respectivos atributos de *jesed* y *din*. Como acaba de decir el Rebe Najmán, *Biná* es el "vientre", la *sefirá* en la cual la Luz Infinita de la Creación se diferencia y toma forma.

El *Mabuey HaNajal* agrega que las dos *iud* de la palabra *IiITzer* corresponden a los dos puntos que conforman *tzeirei*, el punto vocal correspondiente a *Biná*. Estos dos puntos representan los aspectos de *jesed* y *din*, las obras específicas del mundo formado dentro de *Biná*. Éste es el significado de lo que el Rebe Najmán enseñó anteriormente, que *tzeirei/Biná* significa bien/recompensa y también mal/castigo.

10. de allí se despierta el juicio. Antes de dividirse en tres columnas, la Luz de la Creación pasa a través de las *sefirot* de *Keter, Jojmá* y *Biná*. La Kabalá enseña que la esencia de estas tres *sefirot* superiores es un *jesed* verdadero. Sin embargo, mientras que en *Keter* y *Jojmá* el bien y el amor son absolutos, sin ni siquiera una alusión al juicio, en *Biná* comienzan a aparecer los primeros rasgos embriónicos del *din*. Éstos son los elementos nacientes del juicio y de la justicia que más tarde, a medida que la Luz desciende a lo largo de la columna izquierda de las *sefirot*, se manifiestan en el proceso de la Creación como el mal y el castigo. De modo que aunque *Biná* misma es en esencia bondad, de *Biná* emergen los atributos de la fuerza (*guevurá*) y de la restricción (*tzimtzum*) y los otros componentes básicos del *din* que cuando se equilibran con *jesed* y sus componentes constituyen el funcionamiento de este mundo: el bien y la recompensa, el mal y el castigo, etcétera. Éste es el significado de la enseñanza del *Zohar* de que el juicio se despierta en *Biná*.

A partir de esto también podemos comprender otro de los axiomas de la Kabalá: El juicio sólo se mitiga en su raíz (*Etz Jaim, Shaar Arij Anpin* 13:11; ver también la Lección #41:2 y notas 37-38). Como hemos visto, *Biná* es la raíz del juicio. Por lo tanto para mitigar el *din* tenemos que volver hacia sus raíces primeras y así efectuar una rectificación. Esto, en esencia es el concepto de la renovación y del arrepentimiento (*teshuvá*) que la Kabalá asocia con la *sefirá* de *Biná* (cf. *Raaia Mehemna, Zohar* III, 122a) y su persona Divina correspondiente *Ima* (*Zohar* I, 219a).

11. Biná...SuKá...SuKeini. Enseña el *Raaia Mehemna*: La suká es la persona Divina *Ima* cubriendo y protegiendo a Sus hijos (*Zohar* III, 255b). En escritos sagrados posteriores también se menciona la cualidad abarcadora de la suká: cuando uno entra en la suká se ve envuelto completamente y cubierto por la mitzvá. En ese sentido, la persona dentro de la suká/*Ima/Biná* es como el embrión dentro del vientre. Esto está aludido en el texto de prueba que trae el Rebe Najmán conectando *SuKá* (סוכה) con "*SuKeini*" (סוכני) en el vientre de mi madre". Como explica el *Metzudat Tzión*, la palabra *sukeini* está relacionada etimológicamente con *shjaj* (la cubierta utilizada para la suká) y *kisui* (una cubierta).

una formación para recompensa, una formación para castigo⁵ – correspondiente al juicio y a la compasión.⁶

Éste es también el aspecto de *Biná*, que es donde se forma el embrión,⁷ como está escrito (Proverbios 2:3), "*Im* (Si) llamas a *Biná*".⁸ Y hay dos aspectos allí: bondad y juicio.⁹ Pues de allí se despierta el juicio (*Zohar* III, 10b).¹⁰

Y [*Biná*] es un aspecto de *SuKá*, como está escrito (Salmos 139:13), "Tú *SuKeini* (me cubriste) en el vientre de mi madre".¹¹ También

---

dos *IeTzer* – un *ietzer hatov* (la buena inclinación) y un *ietzer hara* (la mala inclinación). Ver las dos notas siguientes.

5. formación para el bien…mal…recompensa…castigo. Dado que el hombre fue creado con una buena inclinación y con una mala inclinación, tiene libertad de elección –es libre de seguir cualquiera de las dos– y así puede merecer recompensa por sus buenas acciones o castigo por sus malas acciones. La clave aquí es la palabra *merecer*, que implica un elemento de elección. Es por ello que cuando Dios crea al hombre, la palabra utilizada es *IiITzeR*, con una *iud* extra. Aquí el Rebe Najmán asocia este *ietzer* con *tzeirei/Biná* para demostrar que *Biná* implica una doble formación: bien/recompensa pero también mal/castigo.

6. al juicio y a la compasión. Rashi, al comienzo de Génesis, cita el Midrash (*Ilamdeinu Bereshit* 1): El Creador tuvo originalmente la intención de crear el mundo a partir del atributo del juicio (*din*) pero vio que el mundo no sería capaz de sobrevivir y así mitigó el juicio con el atributo de la compasión (*rajamim*). Un Midrash comparable (*Bereshit Rabah* 12:15) enseña que el Santo, bendito sea, dijo: Si hago el mundo a partir del atributo de *rajamim*, abundará la transgresión. Pero si lo creo mediante el atributo de *din*, ¿cómo podrá sobrevivir? Por lo tanto utilizaré ambos atributos, quizás entonces pueda mantenerse. Como explican los comentarios, ese equilibrio en el mundo que llevó a cabo el Creador fue la formación de la recompensa y del castigo. Así, el Rebe Najmán enseña que los atributos de la compasión y del juicio corresponden a formación para el bien/recompensa y a una formación para el mal/castigo, el doble aspecto dentro de *Biná* (más adelante, *jesed* reemplazará a *rajamim* como uno de sus aspectos).

7. Biná…donde se forma el embrión. Como se explicó (n.3), *Biná* es donde toma forma la Luz de la Creación. En ese sentido, *Biná* puede ser descrita como el vientre de la Creación en el cual se desarrolla y forma el "embrión".

8. Im llamas a Biná. Para demostrar la conexión entre la persona Divina *Ima* (Madre) y la *sefirá* de *Biná*, el *Tikuney Zohar* (Introducción, p.2) lee el versículo "*Im* (Si) llamas a *Biná*" como si fuera "*Em* (Madre) llamas a *Biná*". Tanto *im* como *em* se escriben אם (la primera vocalizada con *jirik* y la última con *tzeirei*). En nuestro contexto, esto enseña que el "embrión" se forma en *Biná* pues ella es la Madre (*Ima*) de la Creación.

Esto también aparece en la Lección #38:5 (y en las notas 76-77), donde la versión manuscrita lee el texto con el juego de palabras del *Zohar* ya puesto en su lugar: "*Em* llamas a *Biná*". Aquí, sin embargo, no hay tal enmienda de modo que el versículo es citado tal cual aparece en Proverbios.

9. bondad y juicio. Como es sabido, las *sefirot* a través de las cuales la Luz Infinita de Dios es filtrada hacia la Creación están ordenadas en columnas (ver Apéndice: Estructura de las

וְהִיא בְּחִינַת כֹּחַ הַתְּפִלָּה, מַה שֶּׁמִּתְפַּלְּלִין בְּכֹחַ, "כָּל עַצְמוֹתַי תֹּאמַרְנָה" וְכוּ' (תהלים לה). וְהוּא בְּחִינַת סֻכָּה, כְּמוֹ שֶׁכָּתוּב (איוב י): "בְּגִידִים וַעֲצָמוֹת תְּסוֹכְכֵנִי". כִּי כֹּחַ שֶׁאָדָם מַכְנִיס בַּתֵּבוֹת, הֵם כ"ח אַתְוָן דְּעָבְדָא דִּבְרֵאשִׁית, שֶׁבָּהֶם נִבְרָא הָעוֹלָם. וַעֲשָׂרָה מַאֲמָרוֹת שֶׁבָּהֶם נִבְרָא הָעוֹלָם (אבות פרק ה משנה א): מְקַבְּלִין כֹּחַ מִכ"ח אַתְוָן אֵלּוּ.

וְהַדִּבּוּרִים שֶׁאָדָם מְדַבֵּר בְּכֹחַ, הֵם עַצְמָן הַדִּבּוּרִים שֶׁל הַקָּדוֹשׁ־בָּרוּךְ־הוּא. וְזֶה בְּחִינַת (ישעיה נא): "וָאָשִׂים דְּבָרַי בְּפִיךָ", כִּי הֵם

básicos de la creación. En un sentido divino, *Jojmá* constituye los axiomas que definen el mundo mientras que *Biná* es el sistema lógico que conecta esos axiomas. Todas las leyes de la naturaleza son en esencia axiomas... categorías que existen en *Jojmá*. En *Biná* se relacionan entre sí lógicamente y emergen como un sistema coherente de leyes.... *Jojmá* es un paralelo de la *Iud* del Tetragrámaton [*IHVH*] y *Biná* es un paralelo de la primera *Hei*. Así la "moneda" o la esencia de la existencia que Dios desea entregar contiene todos los axiomas de la creación. Como hemos visto, las Diez Expresiones de la creación [ver la nota siguiente] encuentran su paralelo en las diez *sefirot*. En el nivel de *Jojmá*, esas expresiones están indiferenciadas y contenidas dentro de la *iud*. La *iud* es entonces *Jojmá*, o lo que es dado.... La "mano" que define la existencia y que la hace accesible es *Biná*. Como veremos... es sólo a través del poder de *Biná* que podemos comenzar a comprender los axiomas de la creación y los axiomas de nuestro propio conocimiento.

El corolario de todo esto es que *Biná* corresponde a las manos que dan forma al Acto de la Creación. Esto se une con lo que el Rebe Najmán enseñó anteriormente, en el hecho de que las "dos manos" de *Biná* representan los lados derecho e izquierdo – i.e., la bondad y el juicio. Y como hemos visto, *Biná*/suká es el vientre en el cual se forma el embrión – en este caso, el mundo. Así *Biná*, siendo la plegaria con *koaj*, corresponde al *KoaJ* (28) letras del Acto de la Creación.

15. Diez Expresiones...reciben koaj...jaf jet letras. Al tratar sobre las Diez Expresiones con las que fue creado el mundo, el Talmud (*Rosh HaShaná* 32a) hace notar que la expresión "Dios dijo", que introduce cada acto (por ejemplo, "Dios dijo: Haya luz"; "Dios dijo; Hagamos al hombre"), aparece sólo nueve veces en el primer capítulo del Génesis. Nuestros Sabios concluyen que la expresión "En el comienzo creó Dios..." También es una Expresión, aunque "cerrada" y "oculta". Tal como se citó del *Zohar* en la nota anterior, las 28 letras hebreas de este primer versículo –la Expresión Oculta– contienen el "*KoaJ* de Dios" con el cual fue creado el mundo. En verdad, la Expresión Oculta, que corresponde a la *sefirá* de *Keter*, es la fuente de la cual emanan las otras Expresiones/*sefirot*. Así el Rebe Najmán enseña aquí que las Diez Expresiones reciben su poder para crear de las *KoaJ* (28) letras del Acto inicial de la Creación.

16. He puesto Mis palabras.... Todo el versículo dice, "He puesto Mis palabras en tu boca y te he cubierto con la sombra de Mi mano, para que extiendas los cielos y fundes la tierra. Diciéndole a Sión: 'Ustedes son Mi pueblo'". Como se explicó, "los cielos" y "la tierra" son el producto del *koaj* del Acto de la Creación. La frase "te he cubierto con la sombra de Mi mano" corresponde al poder de la plegaria – i.e., oramos con energía, [como en,] "Todos mis huesos dirán" (ibid. 35:10).¹² Y éste es el aspecto de *SuKá*, como está escrito (Job 10:11), "Tú *SoJejeini* (me cubriste de) huesos y tendones".¹³ Ello se debe a que <el *KoaJ* (energía)> que la persona pone en las letras <de la plegaria> corresponde a las *Jaf Jet* (veintiocho) letras del Acto de la Creación con las cuales fue creado el mundo.¹⁴ Y las Diez Expresiones mediante las cuales fue creado el mundo (Avot 5:1) reciben *koaj* de esas *jaf jet* letras.¹⁵

Ahora bien, las palabras que la persona recita con energía son, en sí mismas, las palabras del Santo, bendito sea. Éste es el aspecto de "He puesto Mis palabras en tu boca <y te he cubierto con la sombra de Mi mano >" (Isaías 51:16).¹⁶ <"He puesto Mis palabras en tu boca",>

---

12. poder de la plegaria…mis huesos dirán. "Todos mis huesos *dirán*", hace referencia a la plegaria. "Todos mis *huesos*" implica incluir todo el cuerpo al orar. Ésta es la plegaria con energía. El texto de prueba que traerá el Rebe Najmán conectará esto con *Biná*.

13. SuKá…SoJejeini…huesos y tendones. Job habla de sus huesos y tendones como un escudo y cubierta –*sojejeini* (סוככני)– para su alma. En ese sentido los huesos son un aspecto de suká (סוכה), una "cobertura". Así vemos que *Biná*/suká corresponde a los huesos, que en la forma de "mis huesos dirán" es la plegaria con energía.

14. KoaJ…Jaf Jet letras del Acto de la Creación…. *Koaj* (כח), la palabra en hebreo para designar "poder" o "energía", tiene el valor numérico de 28 (כ = 20 + ח = 8). El *Zohar* (III, 245a) enseña que ello corresponde a las 28 letras hebreas del primer versículo de la Torá, "En el comienzo creó Dios…". En esas 28 letras yace el "poder de Dios" con el cual fue creado el mundo, siendo éste el Acto de la Creación. Hay varias enseñanzas en la Kabalá que demuestran cómo, tal como el Rebe Najmán afirma aquí, esas 28 letras del Acto de la Creación se relacionan con *Biná* (ver *Nitzutzei Orot, Zohar* III, 161b, #3; ver también Lección #44, n.19). *Biná* corresponde a las manos, si así pudiera decirse, con las cuales fue formada y creada la tierra. Esto está aludido en el versículo de Isaías (48:13), "Mi mano [izquierda] fundó la tierra y Mi derecha midió los cielos". Hay tres secciones en cada dedo, con excepción del pulgar, que tiene sólo dos. En conjunto suman un total de 14 secciones. Esto está aludido en la palabra hebrea para "mano ", *IaD* (יד), que tiene el valor numérico de 14. Las dos manos suman así un total de 28 secciones. Como hemos visto a partir de Isaías, el poder de Dios durante la Creación se manifestó a través de Sus manos. De aquí aprendemos que el *KoaJ* de la Creación yace en las manos, que son *Biná*.

Otro versículo que relaciona el papel de *Biná* con el Acto de la Creación aparece en Proverbios (3:19): "Dios hizo la Tierra con *Jojmá* y estableció los Cielos con *Biná*". En su Obra Introductoria a la Kabalá, *Innerspace* (p. 11), el rabí Aryeh Kaplan cita una antigua enseñanza Kabalista que afirma que las cuatro letras del Santo nombre de Dios, IHVH, contienen el misterio de la caridad. La primera letra, la *Iud* (י), es pequeña y puede asemejarse a una moneda. La tercera letra, una *Vav* (ו), tiene la forma de un brazo y denota extenderse y dar. La segunda y cuarta letra, ambas una *Hei* (ה), representan la mano que da la moneda y la mano que la recibe. El rabí Kaplan hace referencia a esta analogía cuando explica el versículo de Proverbios. Escribe (p.57 y sig.): La Biblia afirma aquí que *Jojmá* y *Biná* son los componentes

עַצְמָם דְּבַר ה׳, וְהֵם "כֹּחַ מַעֲשָׂיו" (תהלים קיא).
וְהַמַאֲמָרוֹת שֶׁבָּהֶם נִבְרָא הָעוֹלָם, הֵם בְּחִינַת חֶסֶד, כְּמוֹ שֶׁכָּתוּב
(תהלים פט): "כִּי אָמַרְתִּי עוֹלָם חֶסֶד יִבָּנֶה". וְהַחֶסֶד הוּא בְּחִינַת
סֻכָּה, בְּחִינַת חִבּוּק, וְזֶה "וָאָשִׂים דְּבָרַי בְּפִיךָ", אֲזַי "וּבְצֵל יָדִי

20. bondad...suká...abrazar. El Rebe Najmán introduce ahora una de las *kavanot* (meditaciones) asociadas con la suká. Antes de continuar, es importante repetir la advertencia indispensable de la Kabalá en contra de tomar los antropomorfismos asociados con las personas Divinas de manera literal. El hombre sólo tiene permitido imaginar con el ojo de la mente un paralelo indeterminado entre las personas Divinas y la forma humana, entre los procesos espirituales y las actividades humanas cuyos nombres estos llevan, para de esa manera comprender mejor esos difíciles conceptos. Sin embargo, uno debe siempre recordar que **no hay absolutamente nada físico Arriba** (ver *Etz Jaim* 1:4). Así, cuando nos encontremos, como es el caso en esta lección, con analogías a la unión marital, al abrazo, al concebir un hijo, al embarazo, etcétera, estamos obligados a recordar las palabras del profeta Eliahu, "Arriba no existe forma ni estructura ni figura alguna, pues todo es espiritual" (ver también *Likutey Moharán* I, 12, n.55). Siguiendo esta práctica, estas notas sólo tratan sobre los conceptos Kabalistas necesario para comprender la lección misma. Más adelante (§2), el Rebe traerá conceptos adicionales relacionados a esas *kavanot* los cuales también están incluidos en la introducción general que sigue.

La Kabalá enseña que es necesaria una unión entre las personas Divinas *Zeir Anpin* y *Nukva de Zeir Anpin* para producir una transferencia de abundancia a este mundo (esto está tratado en la Lección #37:6 y en las notas 77, 81). (*Nukva* será denominada de aquí en adelante *Maljut*, la *sefirá* de la cual está formada *Nukva*; ver Apéndice: Las Personas Divinas). Una de las etapas necesarias para esta unión se denomina antropomorficamente *jibuk* (abrazo). Los dos "brazos" que dan este abrazo son los lados de la estructura de las *sefirot*, la derecha y la izquierda, el primero correspondiente a *jesed* y el otro a *din* (ver también *Likutey Moharán* I, 12:4). Nuestros Sabios explican que cuando las Escrituras describen a Java siendo formada a partir de la costilla de Adam ello describe el hecho de la primera mujer siendo separada del primer hombre después de haber estado originalmente unidos por sus espaldas (*Berajot* 61a). Para que pudieran estar frente a frente, abrazarse y más tarde unirse y poblar el mundo, Adam y Java tuvieron que ser separados uno del otro y transformados en dos seres separados completos. Los kabalistas enseñan que esto es un paralelo de las etapas que llevan a la unión superior entre *Zeir Anpin* y *Maljut*, que primero tienen que ser separados para luego poder unirse. La separación de *Maljut* y *Zeir Anpin* implica que *Biná* y *Zeir Anpin* le deben transferir *guevurot* (severidades) a *Maljut* (ver la nota 118 de la Lección #33, que las *guevurot* son los elementos de juicio en forma potencial). Una vez separados, *Maljut* debe ser construida y preparada para la unión. Esto hace que tanto *Biná* como *Zeir Anpin* deban transferirle *jasadim* (benevolencias) a *Maljut* (ver la nota 118 de la Lección #33, que los *jasadim* son los elementos de la bondad en forma potencial). El Ari explica que esto sucede cada año en el período entre Rosh HaShaná y Shemini Atzeret. El primer día de cada año el mundo retorna a un estado espiritual equivalente al primer Rosh HaShaná cuando fue creado. Así cada año, *Maljut*, la representación de este mundo en el ámbito espiritual de las *sefirot*, sufre una separación y una construcción antes de estar lista para recibir una nueva abundancia desde Arriba. La separación ocurre durante los Diez Días de Arrepentimiento, desde Rosh HaShaná hasta Iom Kipur, cuando las diez *guevurot* son

pues ellas son las palabras mismas de Dios.¹⁷ Y ellas son "Sus *koaj* (poderosas) obras" (Salmos 111:6).¹⁸

Y las Expresiones mediante las cuales fue creado el mundo son un aspecto de la bondad, como está escrito (Salmos 89:3), "Pues Yo dije: El mundo se construye con bondad".¹⁹ Y la bondad es un aspecto de suká, un aspecto de abrazar.²⁰ Esto es: "Yo pongo Mis palabras en tu

alude a *Biná* y a la suká (*SuKeini/SoJejeini*), que corresponde a la plegaria con energía, que a su vez corresponde al *koaj* del Acto de la Creación. El *Zohar*, leyendo "Ustedes son Mi pueblo" (*ami*, עמי) como "Ustedes están Conmigo" (*imi*, עמי), enseña: Dios dice, "Ustedes son Mis socios. Así como Yo hago el cielo y la tierra con Mis palabras, lo mismo ustedes…" (*Zohar* I, 5a; ver también Lección #47:5 y nota 50).

17. ellas son las palabras mismas de Dios. Así, a partir de este versículo en Isaías vemos que cuando la persona "recrea" la Creación –i.e., ora con *koaj*– sus palabras (expresiones) conllevan el *koaj* de la Creación mediante el cual se formaron los cielos y la tierra. En este sentido, como dice el Rebe Najmán, sus palabras de plegaria con energía son en sí mismas las palabras del Santo, bendito sea, las Diez Expresiones del Acto de la Creación.

También en la lección anterior, el Rebe citó este versículo para demostrar que el habla sagrada, en la forma de la alabanza a Dios, tiene la capacidad de elevar a la persona al nivel en el cual es capaz de "crear el cielo y la tierra" (Lección #47:5). El rabí Natán agrega que el habla sagrada ayuda a la persona a orar con energía, mientras que el habla no santa impide que la persona ore de la manera apropiada (*Likutey Tefilot*).

18. Sus koaj obras. El versículo dice, "Él le informó a su pueblo de Sus *koaj* obras, para darles la herencia de las naciones".

Rashi (*loc. cit.*) explica: Al darle al pueblo judío la Tierra Santa como herencia, Dios le reveló Su *koaj* y Su poder. Rashi también cita el Midrash (*Tanjuma, Masei* 10), que conecta esto con el Acto de la Creación: Dios registró "Sus *koaj* obras" de la Creación en la Torá para demostrar que la tierra entera le pertenece a Él y que está en Su poder darle la Tierra a quienquiera Él elija. El Rebe Najmán volverá al concepto de la Tierra de Israel más adelante. Al citar aquí este versículo, el Rebe conecta las *koaj* obras de la Creación con la plegaria con energía del hombre, en base al hecho de que las palabras de tales plegarias son en sí las palabras mismas de Dios.

Está bien claro que esta parte de la lección alude al *minian* del rabí Natán organizado en la suká de su padre (ver n.1). Los jasidim seguían las enseñanzas del Rebe Najmán de orar con energía – i.e., de poner *koaj* en sus plegarias. En verdad, el Rebe dijo cierta vez de ese *minian*, "¡Sus plegarias abren los cielos!" (*Tzadik* #331).

19. las Expresiones…se construye con bondad. Al igual que con los versículos de apertura del Génesis, el tema de este versículo de los Salmos es la fundación del mundo. Más aún, está introducido con las palabras "Yo dije", similar al "Dios dijo" de las Diez Expresiones de la Creación. Invirtiendo la analogía, a partir de este versículo podemos concluir que las Expresiones también son aspecto de *jesed*. Agrega el *Mabuey HaNajal*: Más arriba hemos visto que *jesed* se funda en *Biná*, que corresponde al Acto de la Creación. Esto también está aludido en el versículo, pues la palabra hebrea para "se construye", *ibané* (יבנה), tiene las mismas letras que *Biná* (בינה).

El Rebe Najmán se centra ahora en cómo es posible desarrollar ese *jesed* mediante el habla sagrada, que es la palabra de Dios/la plegaria con energía.

כְּסִיתוֹ", שֶׁהִיא בְּחִינַת סֻכָּה, שֶׁהִיא בְּחִינָה צֵל יָד, חִבּוּק יַד יָמִין
(זהר פינחס רי"ד:):

אֲבָל הַדִּבּוּרִים שֶׁאֵינָם דִּבּוּרִים קְדוֹשִׁים, אֲזַי גּוֹרֵם שֶׁנִּתְעוֹרֵר סֻכַּת נוֹצְרִים, סֻכַּת עַכּוּ"ם, כְּמוֹ שֶׁכָּתוּב (תהלים קמד): "אֲשֶׁר פִּיהֶם דִּבֶּר שָׁוְא וִימִינָם יְמִין שָׁקֶר", שֶׁהוּא חִבּוּק דְּסִטְרָא אָחֳרָא.
וְזֶה פֵּרוּשׁ (שם לא): "תִּצְפְּנֵם בְּסֻכָּה מֵרִיב לְשׁוֹנוֹת". כִּי כְּשֶׁלְּשׁוֹנוֹת שֶׁל עַכּוּ"ם גּוֹבְרִים, חַס וְשָׁלוֹם, אֲזַי הַשְּׁכִינָה הִיא רִיב עִם קֻדְשָׁא בְּרִיךְ הוּא. כְּמוֹ שֶׁכָּתוּב בַּתִּקּוּנִים (תיקון כא דף מד:): "שִׁמְעוּ הָרִים רִיב" – 'דְּאִיהִי רִיב עַל בְּנָהָא בְּגָלוּתָא'. כִּי בְּאֶרֶץ־יִשְׂרָאֵל אִיהִי

(notas 12-13), a la plegaria ferviente y con energía. Las palabras de tales plegarias reflejan las palabras mismas de Dios (n.16). Por el contrario, las palabras que no son dichas en santidad no pueden reflejar la palabra de Dios. Corresponden por lo tanto a la suká de la idolatría.

Agrega el rabí Natán: La calumnia, las mentiras, las burlas a los demás, las palabras de disputa, las palabras profanas, la adulación y las palabras vanas – éstas son todas formas de palabras no dichas en santidad. Uno debe orarle con energía a Dios para ser salvado de toda clase de habla no santa (*Likutey Tefilot*).

23. la mano derecha de la falsedad…. El versículo completo se lee: "Rescátame, sálvame de la mano de los extraños, cuya boca dice mentiras y cuya mano derecha es la mano derecha de la falsedad". En nuestro contexto, el salmista pide ser rescatado de las palabras que sólo parecen ser santas y del abrazo que sólo parece provenir del lado del amor, pero que en verdad no acercan a la persona a Dios, sino a las fuerzas del mal, al Otro Lado. Tal abrazo es "la mano derecha de la falsedad" pues confunde a la persona haciéndola pensar que se está acercando cuando en realidad sucede lo contrario.

24. en tu suká los esconderás…. Hemos visto que las palabras sagradas de una plegaria con energía despiertan *jesed*. Por lo tanto cuando la persona crea mediante sus plegarias enérgicas el concepto de la suká, se ve protegida de la contienda de las lenguas y del habla no santa, que son elementos del *din* (ver *Raaia Mehemna* citado en n.11). Por el contrario, cuando la persona es culpable de un habla no santa, su suká ya no la protege y ella misma se encuentra en el aspecto de la lengua de contienda. Ésta es la suká falsa; la persona piensa que está protegida cuando de hecho no lo está.

25. Shejiná…Santo, bendito sea. En la terminología Kabalista el "Santo, bendito sea" hace referencia a *Zeir Anpin* y "*Shejiná*" (Presencia Divina) hace referencia a *Maljut*. Como se explicó, la unión entre estas dos personas Divinas trae la abundancia al mundo. Conceptualmente ese influjo de prosperidad y bienestar es *jesed*. Sin embargo, si están separadas, Dios no lo permita, entonces la abundancia/*jesed* se pierde y en su lugar hay *din* y la acompañante proliferación de disputa, sufrimiento y exilio. Esto lleva a una contienda, si así pudiera decirse, entre las dos personas Divinas, como el Rebe continúa explicando.

26. la contienda. El Targúm traduce esto como *din*, juicio Divino. Ello se debe a que la contienda da nacimiento al juicio.

27. en aras de Sus hijos en el exilio. Cuando el pueblo judío está exilado de su herencia, de la

boca", entonces "y con la sombra de Mi mano te cubro" – siendo éste el aspecto de suká, que corresponde a la sombra de la mano, el abrazo de la mano derecha (Zohar III, 214b).[21]

Sin embargo, las palabras <que no contienen santidad> producen un despertar de <otra suká, un aspecto de> la suká de la idolatría.[22] Ésta es la suká <de las naciones,> como está escrito (Salmos 144:11), "cuya boca dice mentiras y cuya mano derecha es la mano derecha de la falsedad" – el abrazo del Otro Lado.[23]

Éste es el significado de "en tu suká los esconderás de la contienda de las lenguas" (Salmos 31:21).[24] Pues cuando las lenguas de los idólatras se vuelven poderosas, Dios no lo permita, entonces la *Shejiná* (Presencia Divina), contiende con el Santo, bendito sea.[25] Como está escrito en el *Tikuney Zohar* (#21, p.45b): "Oye, oh montaña, la contienda[26] <con Dios>" (Mija 6:2) – Ella *riv* (disputa) en aras de Sus hijos en el exilio.[27]

---

transferidas a *Maljut*. De ahí que esos días sean llamados Días Tremendos, correspondientes a las *guevurot* y a los elementos acompañantes de temor, justicia y juicio. Entonces, inmediatamente después de Iom Kipur, *Biná* le transfiere *jasadim* a *Maljut*, que se manifiesta en la alegría que acompaña la preparación para la celebración de la festividad de Sukot. Esto es seguido por la festividad Shemini Atzeret (Simjat Torá), cuando *Maljut* finalmente se une con *Zeir Anpin* y queda embarazada, si así pudiera decirse, con la abundancia destinada a ser transferida a este mundo. (Las *kavanot* de Hoshana Raba no se aplican a esta lección de modo que no han sido mencionadas). Estos conceptos están tratados en profundidad en las enseñanzas del Ari, en las secciones que tratan con las meditaciones para Rosh HaShaná, Iom Kipur y Sukot. Ver *Pri Etz Jaim, Shaar* #24, #27-29. Ver también *Shaar HaKavanot* sobre estos tópicos.

En nuestro contexto, los Días Tremendos son el abrazo de la izquierda, del *din*. E incluso aunque es un tiempo de juicio para toda la humanidad, el término "abrazo" se aplica porque Dios quiere que nos arrepintamos para que Él nos pueda acercar. Inmediatamente después, comenzando con el final de Iom Kipur, empieza el período del abrazo de la derecha, de *jesed*. Ello se debe a que con Iom Kipur los pecados son perdonados y la atmósfera de temor es reemplazada por una de amor y bondad. Este abrazo de la derecha dura todo Sukot. La suká, que envuelve y cobija a la persona, es así un aspecto del abrazo Divino mediante el cual Dios demuestra Su amor por nosotros. Éste es el aspecto de *jesed* sobre el cual se construye el mundo y por el cual éste fue creado. Como ha demostrado el Rebe Najmán, cuando uno ora con energía, que es el aspecto de suká (n.13), despierta el *koaj* del Acto de la Creación, las Diez Expresiones, que son *jesed*.

21. Mi mano...suká...abrazo de la mano derecha. Ver más arriba, notas 16 y 17, donde se ha explicado este versículo y sus conexiones. Aquí el Rebe Najmán lo une con el abrazo de la mano derecha. El Ari enseña que el poder de este abrazo surge de *Biná* (ver *Pri Etz Jaim*, p.615). Como hemos visto, mediante nuestras plegarias con energía y mediante el habla sagrada –"Mis palabras en tu boca"– canalizamos el *koaj* de *Biná* para obtener *jesed* – i.e., el abrazo de la mano derecha (*Parparaot LeJojmá*).

22. la suká de la idolatría. Como hemos visto, la suká corresponde a "Todos mis huesos"

רַבִּי (שם דף מה:), שֶׁנִּתְהַפֵּךְ אַתְוָן רִי"ב וְנַעֲשֶׂה רַבִּ"י.
וְעִקַּר אֶרֶץ־יִשְׂרָאֵל עַל־יְדֵי כֹּחַ מַעֲשָׂיו, כְּמוֹ שֶׁכָּתוּב (תהלים קיא):
"כֹּחַ מַעֲשָׂיו הִגִּיד לְעַמּוֹ לָתֵת לָהֶם נַחֲלַת גּוֹיִם". אֲבָל כְּשֶׁכֹּחַ הַזֶּה,
הַיְנוּ בְּחִינַת סֻכָּה נִפְגָּם, אֲזַי גּוֹבְרִים אֻמּוֹת הָעוֹלָם, גּוֹבֵר יְמִין
שֶׁקֶר. וְנַעֲשֶׂה מֵרַבִּ"י רִי"ב, אֲזַי אִיהִי רִיב עַל בְּנָהָא, שֶׁגָּלוּ מִשֻּׁלְחַן
אֲבִיהֶם וּמֵאַרְצָם יָצָאוּ:

וּבִשְׁבִיל זֶה, סֻכָּה, הַיְנוּ תְּפִלָּה בְּכֹחַ, הִיא סְגֻלָּה לְבָנִים. וּבִשְׁבִיל
זֶה, תֵּכֶף אַחַר סֻכּוֹת שְׁמִינִי עֲצֶרֶת. שֶׁהַנּוּקְבָא עוֹצֶרֶת וְקוֹלֶטֶת
הַטִּפָּה, שֶׁלֹּא תַּפִּיל (כמבואר בפרי־עץ־חיים בסופו בכוונות שמיני עצרת).

con energía y a rodearse de una protectora suká de palabras santas. Podemos agregar que aunque pasó un tiempo antes que el rabí Natán pudiese ver la eficacia de esa plegaria con energía, algo que sólo se produjo después de ser expulsado de la mesa de su padre y echado de su hogar, eventualmente hubo una reconciliación y terminó toda oposición (ver *A Través del Fuego y del Agua*, Capítulo 6-9).

Resumen: *Biná*, como el *koaj* del Acto de la Creación, no sólo es la raíz de todo el bien y la bondad sino también de todos los malos juicios en el mundo. La manera de asegurarse de que el influjo sea de amor y de abundancia es mediante el aspecto de suká/Tierra Santa/habla santa, todo lo cual corresponde a la plegaria con energía.

31. tener hijos...o pierda el niño. Esto es parte de las *kavanot* de Sukot y Shemini Atzeret tratadas más arriba (ver n.20) y aparece en el *Pri Etz Jaim, Shaar HaLulav* 29:8, págs. 647-648. Uno de los motivos del nombre Shemini *ATzeReT* (עצרת) es que en esa festividad se completa la unión entre *Zeir Anpin* y *Maljut*, donde *Maljut* retiene –*OTzeReT* (עוצרת)– las gotas de simiente que forman la abundancia destinada a este mundo. En cuanto a que este mundo y todos los axiomas y sistemas de la ley son un espejo de lo que sucede Arriba, el Rebe Najmán enseña aquí que la suká es una *segulá* para tener hijos. Esto lo aprendemos a partir del significado profundo de las festividades, y también de la secuencia en la que ocurren. Como se explicó, Shemini Atzeret es el momento de la concepción; la suká es la oración con energía. Después de Sukot viene Shemini Atzeret: después de la plegaria con energía viene un hijo.

> Nota sobre lo "femenino" mencionado aquí. La Kabalá habla de *Biná* y de *Maljut* como los aspectos femeninos de las *sefirot*. Éste es igualmente el caso con las personas Divinas; *Biná* es *Ima* (Madre) y *Maljut* es la persona Divina conocida también como *Nukva* (ver notas 8 y 20). También el *Zohar* hace referencia metafóricamente a la primera como Reina y a la segunda como Princesa. Con respecto a lo femenino, por lo tanto, lo que se aplica al nivel más elevado de *Biná* también es verdad respecto del nivel inferior *Maljut* (aunque en un grado menor y menos recóndito). Es por ello que en nuestra lección encontramos tanto a *Biná* (la *Shejiná* Superior) y a *Maljut* (la *Shejiná* Inferior) como aspectos del vientre en el cual se absorbe la simiente y en donde es protegido y formado el embrión.

Pero en la Tierra de Israel Ella es *rabí* (señor), pues las letras *RIV* se vuelven *RaBI*.²⁸

Y, en esencia, la Tierra de Israel es el resultado de "Sus *koaj* obras", como en, "Él le informó a su pueblo sobre Sus poderosas obras, para darles la herencia de las naciones".²⁹ Pero cuando ese *koaj* –el aspecto de suká– es dañado, entonces las naciones del mundo obtienen poder. La mano derecha de la mentira se vuelve poderosa y *rabí* se transforma en *riv*. Entonces, Ella disputa en aras de Sus hijos, quienes han sido expulsados de la mesa de su Padre y expelidos de su tierra.³⁰

2. Debido a ello, suká –i.e., la plegaria con energía– es una ayuda sobrenatural (*segulá*) para tener hijos. Es por ello que Sukot es seguido inmediatamente por Shemini *ATzeReT*; pues la Mujer *OTzeReT* (retiene) y absorbe la simiente para que Ella no pierda el niño.³¹

Tierra Santa, la *Shejiná* se hace cargo de su causa. Ella ruega por ellos como una madre que pide por el bienestar de su hijo, al punto en que la Presencia Divina contiende, si así pudiera decirse, con el Santo, bendito sea. El *Parparaot LeJojmá* explica que la santidad de la Tierra Santa se revela a través del aspecto de la suká/habla sagrada/plegaria con energía – i.e., "Sus *koaj* obras" de la Creación (ver n.18). Por el contrario, cuando ese habla está dañada, como cuando hay lenguas en disputa y lenguas que difunden idolatría, la santidad de la Tierra Santa se oculta y aumenta el *koaj* de la idolatría. Esto lleva al exilio de la Tierra Santa, forzando a la *Shejiná* a disputar con el Santo, bendito sea, en aras de Sus hijos exilados.

28. en la Tierra de Israel ella es el rabí...RIV...en RaBI. Cuando el pueblo judío habita sin problemas en la Tierra Santa, ello es una señal de que el aspecto de la suká está perfeccionado y que *jesed* está manifiesto. La *Shejiná* es entonces *rabí* (señor) de la Tierra. De haber algún *RIV* (ריב), que es *din*, ello es rápidamente transformado en *RaBI* (רבי), que es *jesed* (la letra hebrea *bet*, ב, puede ser transliterada como "b" o como "v"). Pero cuando la santidad de la Tierra se oculta, *RaBi* se transforma en *RIV*.

Agrega el rabí Natán: Vemos a partir de esto el gran valor del verdadero *rabí*, aquel cuyas enseñanzas llevan a la gente más cerca de Dios. Como el Rebe Najmán indica aquí, un *rabí* revela la santidad de la Tierra Santa, las "*koaj* obras" de Dios. Por otro lado, cuando el rabí carece de verdad y no revela la Divinidad en sus enseñanzas, produce *riv*. Sus enseñanzas impulsan la disputa y también llevan a una suká falsa, a un falso sentido del servicio a Dios (*Likutey Tefilot*).

29. koaj obras.... Como se explicó más arriba, en la nota 18.

30. expulsados de la mesa de su Padre.... Ésta es una cita proveniente del Talmud (*Berajot* 3a) que hace referencia al pueblo judío expulsado de la Tierra Santa. En nuestro contexto, "mesa" también alude a *jesed*, la abundancia que se pierde como resultado del juicio que se manifiesta cuando los judíos están en el exilio.

Esta parte de la lección se relaciona obviamente con la oposición que encontró el rabí Natán cuando se unió por primera vez a los seguidores del Rebe Najmán (ver n.1). El Rebe le estaba enseñando al rabí Natán a neutralizar las objeciones de su familia mediante la oración

וְזֶה בְּחִינַת: "תְּסֻכֵּנִי בְּבֶטֶן אִמִּי", הַיְנוּ בְּחִינַת סֻכָּה נַעֲשֶׂה בְּחִינַת עִבּוּר. וּבִשְׁבִיל זֶה, "וַתִּתְפַּלֵּל חַנָּה עַל ה'" (שמואל א׳ ב). "עַל" דַּיְקָא. שֶׁהִיא בְּחִינַת סֻכָּה:

גַּם אֶרֶץ־יִשְׂרָאֵל סְגֻלָּה לְבָנִים, כְּמוֹ שֶׁאָמְרוּ רַבּוֹתֵינוּ, זִכְרוֹנָם לִבְרָכָה (ראש השנה טז:): "לֵךְ לְךָ מֵאַרְצְךָ", וְשָׁם תִּזְכֶּה לְבָנִים. כִּי "נַחֲלַת ה' בָּנִים" (תהלים קכז), וְזֶה מֵחֲמַת, "שָׂכָר פְּרִי הַבָּטֶן", שְׂכַר סֻכָּה, בְּחִינַת: "תְּסֻכֵּנִי בְּבֶטֶן אִמִּי".

כִּי עִקַּר אֶרֶץ־יִשְׂרָאֵל, הוּא עַל יְדֵי כֹּחַ מַעֲשָׂיו, כְּמוֹ שֶׁכָּתוּב: "כֹּחַ מַעֲשָׂיו וְכוּ׳ לָתֵת לָהֶם נַחֲלַת" וְכוּ׳. וְכֹחַ הַזֶּה הוּא בְּחִינַת סֻכָּה, "כָּל עַצְמוֹתַי תֹּאמַרְנָה", בְּחִינַת: "בְּגִידִים וַעֲצָמוֹת תְּסוֹכְכֵנִי", בְּחִינַת: "וָאָשִׂים דְּבָרַי בְּפִיךָ וּבְצֵל יָדִי כִּסִּיתִיךָ":

Apéndice: Expansiones de los Santos Nombres de Dios). La segunda expansión, aquella que corresponde a *Biná/Ima*, posee el valor numérico equivalente a 63, *SaG* (סג). El nombre *JaNa* (חנה) también es igual a 63. De esta manera Jana fue capaz de conectar sus plegarias con *Biná*, el aspecto de la suká, y concebir un hijo.

35. allí, merecerás tener hijos. Dios instruyó a Abraham a dejar el lugar de su nacimiento y la casa de su padre y viajar hacia la Tierra Santa. Allí sería bendecido con hijos. Enseña el Talmud que Abraham y Sara ambos eran físicamente incapaces de procrear. Sin embargo, en el mérito de la Tierra de Israel, eso cambió (*Rosh HaShaná, loc. cit.; Iebamot* 64a). De esta manera, la Tierra Santa, igual que la suká/la plegaria con energía, es una *segulá* para tener hijos. El Rebe Najmán ahora une esto con la lección para demostrar cómo es así.

36. los hijos son una herencia...recompensa por la suká...vientre. Anteriormente hemos visto que "herencia" hace referencia a la Tierra Santa (n.18). A partir de este versículo en Salmos queda claro que "herencia" también son los hijos. La segunda mitad del versículo también se une con nuestra lección. Como se explicó, la santidad de la Tierra Santa se revela a través de "Sus *koaj* obras", que corresponden a la plegaria con energía/suká. A partir de "*sukeini* en el vientre de mi madre" sabemos que la suká es el vientre (ver n.11). Ahora por lo tanto podemos leer este versículo como: "He aquí, la Tierra de Israel es una herencia de parte de Dios; el fruto de la suká, una recompensa". En otras palabras, así como la recompensa por la plegaria con energía/suká son los hijos, quienes son los "frutos del vientre", la plegaria con energía también lleva a una revelación de la santidad de la Tierra Santa (*Parparaot LeJojmá*).

37. koaj...herencia.... Como se explicó más arriba, en la nota 18.

38. suká...huesos y tendones. El Rebe Najmán citó primero estos versículos más arriba, en la sección 1 y están explicados en las notas 12-13.

39. te cubro. La explicación de la conexión de este versículo con la lección aparece en la nota 16.

Y éste es el aspecto de "Tú *sukeini* (me cubriste) en el vientre de mi madre" – i.e., el aspecto de la suká se transforma en el aspecto de embarazo.[32] Debido a ello, Jana oró "por sobre Dios" (Samuel I, 1:10).[33] "*Al <IHVH>*", en el hecho de que ella es un aspecto de suká.[34]

{"He aquí, los hijos son una herencia de parte de Dios; y el fruto del vientre es una recompensa" (Salmos 127:3)}.

También la Tierra de Israel es una ayuda sobrenatural para tener hijos, como enseñaron nuestros Sabios: "Vete de tu tierra" (Génesis 12:1) – y allí, merecerás tener hijos (*Rosh HaShaná* 16b).[35] Pues "los hijos son una herencia de parte de Dios". Y ello se debe a que "el fruto del vientre es una recompensa", es la recompensa por la suká, correspondiente a "Tú *sukeini* (me cubriste) en el vientre de mi madre".[36]

Pues, en esencia, la Tierra de Israel es el resultado de "Sus *koaj* obras", como en, "Sus *koaj* obras, para darles a ellos la herencia [de las naciones]".[37] Y ese *koaj* es un aspecto de suká, "Todos mis huesos dirán"; un aspecto de "Tú *SoJejeini* de huesos y tendones";[38] y de "Yo pongo Mis palabras en tu boca y con la sombra de Mi mano te cubro".[39]

32. la suká se transforma...embarazo. Como hemos visto, suká/*Biná* es el "vientre materno" en el cual se forma el embrión. Así cuando la gota de simiente es transferida a lo femenino (*Biná* o *Maljut*), ella la lleva en el aspecto de *ibur* (embarazo), el término que utiliza la Kabalá para el proceso en el cual todo lo que es pequeño y deficiente se desarrolla y llega a su plenitud. Por lo tanto el Rebe Najmán vuelve a citar este versículo de los Salmos (139:13), esta vez para mostrar la conexión entre la suká y el embarazo. Ver también la nota 11.

33. jana oró por sobre Dios. El capítulo de apertura del Libro de Samuel relata la historia de Jana, una mujer estéril que constantemente le pedía a Dios tener hijos. Las plegarias con energía de Jana fueron finalmente respondidas y dio a luz al profeta Shmuel. Al describir la manera en la cual Jana oraba, las Escrituras dicen que ella dirigía sus plegarias "hacia Dios". En hebreo esto es "*al IHVH*", que más literalmente se traduce como "*por sobre* Dios". Esta expresión poco común es el tema de la enseñanza del *Zohar* (III, 79b) a la cual aludirá el Rebe Najmán.

34. Al IHVH...ella es un aspecto de suká. Aquí, además de saber que *Ima/Biná* precede y se encuentra por sobre *Zeir Anpin* en el orden de las personas Divinas, también es necesario saber que desde la perspectiva del *Zohar* cada vez que las Escrituras utilizan el santo nombre *IHVH*, se están refiriendo a la persona Divina *Zeir Anpin*. El *Zohar* por lo tanto comprende "*al IHVH*" como "por sobre *Zeir Anpin*". En otras palabras, Jana sabía que para retener las gotas de simiente y concebir un hijo, ella debía elevar sus plegarias al nivel más elevado – i.e., a *Biná*, por sobre *Zeir Anpin*. Y como hemos visto, en nuestro contexto *Biná* es también el concepto de la suká, de la plegaria con energía. Así el pronombre "ella" a la cual hace referencia el Rebe Najmán aquí es Jana como el aspecto de *Biná*. Habiéndose conectado con *Biná*/suká, ella pudo quedar embarazada.

Otra manera de ver esto es a partir de las cuatro expansiones que hace la Kabalá del santo nombre de Dios, *IHVH*, cada una de las cuales corresponde a una de las personas Divinas (ver

וְזֶה בְּחִינַת (מיכה ו):
הִגִּיד לְךָ אָדָם מַה טּוֹב וּמָה ה' דּוֹרֵשׁ מִמְּךָ כִּי אִם עֲשׂוֹת מִשְׁפָּט –
זֶה הַדִּין (כמו שדרשו רז"ל מכות כד.), בְּחִינַת: "שְׂמֹאלוֹ תַּחַת לְרֹאשִׁי"
(שיר-השירים ב).

וְאַהֲבַת חֶסֶד – זֶה בְּחִינוֹת חֲסָדִים הַפְּנִימִיִּים.

וְהַצְנֵעַ לֶכֶת – זֶה בְּחִינוֹת מַקִּיפִים, בְּחִינַת סֻכָּה.

כִּי דָּפְנוֹת הַסֻּכָּה הֵם שְׁתַּיִם כְּהִלְכָתָן, שֶׁהֵם נֶצַח וְהוֹד, וּשְׁלִישִׁית

42. jasadim internos. La siguiente breve explicación de los *jasadim pnimim* (benevolencias internas) y de los *jasadim makifim* (benevolencias que rodean) proviene de las enseñanzas del Ari (*Shaar HaKavanot, Inian Sukot* 3, páginas 299-302; ver también *Pri Etz Jaim, Shaar Jag HaSukot* 28:1-4, páginas 615-623). Como se mencionó más arriba (n.20), los *jasadim* son los elementos de bondad que tanto *Biná* como *Zeir Anpin* le transfieren a *Maljut*. La Kabalá enseña que todo está compuesto de *or makif* (luz envolvente) y *or pnimi* (luz interior). Por ejemplo, el aspecto *pnimi* del intelecto del hombre (*daat*) se relaciona con el conocimiento que la persona ya ha adquirido e incorporado, mientras que el aspecto de *makif* se relaciona con el conocimiento interior que aún está tratando de incorporar y que, si así pudiera decirse, todavía la rodea (ver también *Likutey Moharán* I, 21:4 y n.28). Ahora bien, las *kavanot* relacionadas con Sukot hablan de los *jasadim* como siendo tanto *pnimi* como *makif*. Como se mencionó más arriba, en el segundo párrafo de la nota 20, después que Iom Kipur ha pasado y el juicio está completo, comienza la transferencia de *jasadim* desde *Biná* a *Maljut*. (Los *jasadim* que transfiere *Zeir Anpin* le son dados a *Maljut* a través de la mitzvá del *lulav* y del *etrog*; ver Lección 33:9). Ésas benevolencias son transferidas en dos niveles, *pnimi* y *makif*. Los *jasadim pnimim* le son dados a *Maljut* en los cuatro días entre Iom Kipur y Sukot. Dado que esos son "benevolencias internas", no se manifiestan externamente en ninguna mitzvá o acción en particular. Sin embargo, luego de los cuatro días, comienzan a transferirse los *jasadim makifim*. Ésas benevolencias se manifiestan de manera externa en la mitzvá de la suká; al igual que los *makifim*, la suká rodea y envuelve a la persona que se encuentra dentro (ver n.11).

El Rebe Najmán enseña aquí que el principio "amar *JeSeD*" de Mijá alude a los *jasadim* internos que vienen después del juicio de Iom Kipur, correspondientes al abrazo de la derecha de *Biná*.

43. andar con modestia...makifim...suká. El Rebe Najmán continuará ahora explicando cómo "andar con modestia" alude a la suká. Como se explicó en la nota anterior, estos son los *makifin*, las benevolencias que rodean y cubren a la persona desde arriba. Internalizamos estos *makifin* al cumplir con la mitzvá de la suká.

44. las paredes de la suká...una tercera debe ser de al menos un palmo. El Talmud (*Suká* 6b) trata sobre los requerimientos mínimos para una suká. Debe tener por lo menos dos paredes completas, cada una de un mínimo de 70 cm de ancho por 100 cm de alto y una tercera pared de al menos 10 cm de ancho por 100 cm de alto. Esos requerimientos tienen implicancias Kabalistas, como el Rebe continúa explicando.

3. {**"Él te ha dicho, oh hombre, lo que es bueno y qué es lo que Dios pide de ti; sólo hacer justicia, amar *jesed* (la bondad) y andar con modestia con tu Dios"** (Mija 6:8)}.[40]

Esto es:

Él te ha dicho, oh hombre, lo que es bueno y qué es lo que Dios pide de ti; sólo hacer justicia – Éste es el juicio, un aspecto de "Su mano izquierda está bajo mi cabeza" (Cantar de los Cantares 2:6).[41]

amar JeSeD – Esto corresponde a los *JaSaDim* (benevolencias) internos.[42]

y andar con modestia – Esto corresponde a los *makifim* (circundantes), el aspecto de suká.[43]

Pues dos de las paredes de la suká deben estar completas –siendo esto *Netzaj* y *Hod*– y una tercera debe ser de al menos un palmo[44] –

En esta parte de la lección el Rebe Najmán ha hecho referencia a la esposa del rabí Natán, que se encontraba en ese entonces en el octavo mes del embarazo y tenía dificultades en llegar a término. Después de ocho años aún seguían sin hijos (ver n.1). El Rebe le estaba enseñando al rabí Natán que la suká y la plegaria con energía eran una *segulá* para tener hijos. El hijo más grande del rabí Natán, Reb Shajne, nació cerca de cinco semanas más tarde, en Rosh Jodesh Kislev, 5603 (noviembre del año 1802). El rabí Natán finalmente tuvo siete hijos, seis varones y una mujer.

Resumen: *Biná*, como el *koaj* del Acto de la Creación, no sólo es la raíz de todo el bien y la bondad sino también de todos los malos juicios en el mundo. La manera de asegurarse de que el influjo sea de amor y de abundancia es mediante el aspecto de suká/Tierra Santa/habla santa, todo lo cual corresponde a la plegaria con energía (§1). La suká, la plegaria con energía y la Tierra Santa son una *segulá* para tener hijos (§2).

40. hacer justicia, amar la bondad y andar con modestia.... El Talmud enseña que el profeta Mijá resumió las 613 mitzvot de la Torá en esos tres principios que el judío debe tomar muy en cuenta (*Makot* 24a). El Rebe Najmán demuestra ahora cómo esos tres principios aluden a los conceptos tratados en nuestra lección. En esta sección el Rebe mostrará también otra aplicación práctica de las *kavanot* de la suká.

41. hacer justicia...juicio...mano izquierda.... El versículo dice, "Su mano izquierda está bajo mi cabeza y Su derecha me abraza". El Midrash ilustra esto con varios incidentes en la historia judía: "Su mano izquierda está bajo mi cabeza" – esto hace referencia a las Primeras Tablas (que fueron quebradas subsecuentemente). "Su derecha me abraza" – esto hace referencia a las Segundas Tablas. "Su mano izquierda está bajo mi cabeza" – esto hace referencia a la suká (las Nubes de Gloria que cubrieron al pueblo judío en el desierto). "Su derecha me abraza" – esto hace referencia a la *Shejiná* que abrazará al pueblo judío en el futuro (*Shir HaShirim Rabah* 2:6).

En nuestro contexto, esto se relaciona con los dos aspectos del abrazo: el abrazo de la mano izquierda, que indica constricción y juicio; y el abrazo de la mano derecha, que es una muestra de amor. Aquí el Rebe Najmán conecta el principio de Mijá de "hacer justicia" con el concepto de justicia y juicio. Como se explicó más arriba (n.20), éste es el abrazo de la mano izquierda, correspondiente al arrepentimiento y a los Días Tremendos.

אֲפִלּוּ טֶפַח (סוכה ו:), שֶׁהוּא בְּחִינוֹת יְסוֹד. וְזֶה בְּחִינוֹת: "וְהַצְנֵעַ
לֶכֶת", "וְהַצְנֵעַ", זֶה בְּחִינוֹת יְסוֹד, 'מְגַלֶּה טֶפַח וּמְכַסֶּה טֶפַח'
(נדרים כ:). וְ'לֶכֶת', זֶה בְּחִינוֹת נֶצַח וָהוֹד.
עִם ה' אֱלֹקֶיךָ – זֶה בְּחִינַת אֶרֶץ-יִשְׂרָאֵל, כִּי 'כָּל הַדָּר בְּאֶרֶץ
יִשְׂרָאֵל דּוֹמֶה כְּמִי שֶׁיֵּשׁ לוֹ אֱלוֹקַי' (כתובות קי:), כִּי אֶרֶץ-יִשְׂרָאֵל

profundo del versículo citado anteriormente, "Su mano izquierda está bajo mi cabeza y Su derecha me abraza". Hasta aquí se ha dicho que el abrazo de la mano izquierda indica constricción y juicio, correspondiente a los Días Tremendos, mientras que el abrazo de la mano derecha indica bondad, correspondiente a Sukot y a los días que llevan hasta esta festividad (ver notas 20 y 41). El Ari explica también esto en términos del proceso de la construcción de *Maljut*, transfiriéndole *guevurot* y *jasadim* para que *Maljut* pueda unirse con *Zeir Anpin* en Shemini Atzeret. Esto comienza con "Su mano izquierda está bajo mi cabeza", haciendo referencia a la transferencia de *guevurot* hacia *Maljut* para efectuar una separación con *Zeir Anpin*, como se explicó en la nota 20 más arriba. La mano izquierda de *Zeir Anpin* está colocada bajo la cabeza de *Maljut*, si así pudiera decirse, en un abrazo de la izquierda. Y entonces "Su derecha me abraza", hace referencia a la transferencia de los *jasadim* para disponer a *Maljut* para la unión. Ese abrazo de la derecha ocurre cuando *Zeir Anpin* y *Maljut* se encuentran frente a frente y las tres secciones del brazo derecho de *Zeir Anpin* (el bíceps, el antebrazo y la mano) se extienden alrededor y cubren a *Maljut*. Teniendo en mente la alineación mencionada en el párrafo previo, sabemos que los brazos de *Zeir Anpin* son paralelos a los muslos de *Biná* y son envueltos por ellos. El bíceps de *Zeir Anpin* corresponde a *Netzaj* de *Biná*; el antebrazo de *Zeir Anpin* corresponde a *Hod* de *Biná*, y la mano de *Zeir Anpin*, la más pequeña de las tres secciones, corresponde a *Iesod* de *Biná*. De esta manera "Su derecha me abraza" – i.e., el bíceps se extiende alrededor del lado izquierdo de *Maljut*, el antebrazo cubre la espalda de *Maljut* y la mano completa el abrazo cubriendo parcialmente el frente de *Maljut*. Por lo tanto, en este sentido también el abrazo de la mano derecha, siendo *Netzaj*, *Hod* y *Iesod*, corresponde a las dos paredes completas de la suká y a una tercera pared de un palmo que abraza y cubre a la persona en su interior (ver *Shaar HaKavanot, Inian Sukot*, p.304; *Pri Etz Jaim*, p.621).

46. Modestia...revelar...ocultar un palmo. El Talmud (*loc. cit.*) relata que cuando el rabí Eliezer cohabitaba con su esposa, solía "revelar (descubrir) un palmo" de las partes privadas y "ocultar un palmo" debido a la modestia. Vemos a partir de esto que "palmo" connota modestia. A partir de la Kabalá sabemos que *Iesod* (Cimiento) corresponde al órgano sexual (ver Apéndice: Las Sefirot y el Hombre). Así "modestia" alude a *Iesod*, la tercera pared de la suká.

47. andar...Netzaj y Hod. "Andar" sugiere los pies y así alude a *Netzaj* y *Hod*, que corresponden a las piernas (ver Apéndice: Las Sefirot y el Hombre).

En resumen, el Rebe Najmán ha demostrado cómo los tres principios de Mijá se aplican a nuestra lección: "hacer justicia" corresponde al abrazo de la mano izquierda, a los Días Tremendos, al juicio; "amar *jesed*" corresponde al abrazo de la mano derecha, a los cuatro días entre Iom Kipur y Sukot, cuando los *jasadim* interiores son transferidos a *Maljut*; "y andar con modestia" corresponde a la suká misma, el concepto de los *makifim* que pueden ser internalizados a través del cumplimiento de la mitzvá de la suká. El Rebe completará ahora la conexión del versículo con los conceptos tratados anteriormente en la lección.

correspondiente a *Iesod*.⁴⁵ Y éste es el aspecto de **andar con modestia**. "Modestia" es *Iesod*, "revelar un palmo y ocultar un palmo" (Nedarim 20b).⁴⁶ Y "andar" corresponde a *Netzaj* y *Hod*.⁴⁷

con tu Dios – Esto corresponde a la Tierra de Israel. Pues todo aquel que vive en la Tierra de Israel es como alguien que tiene un Dios (Ketuvot

---

45. dos…Netzaj y Hod…tercera…Iesod. La siguiente explicación de cómo las tres paredes mínimas de la suká corresponden a *Netzaj, Hod* y *Iesod* proviene de las enseñanzas del Ari (basado en *Shaar HaKavanot, Inian Sukot; Pri Etz Jaim, Shaar Jag HaSukot* 28:4). El proceso en el cual *Biná* y *Zeir Anpin* transfieren *jasadim* y *guevurot* a *Maljut* comienza con una alineación de esas personas Divinas en la cual la *sefirá* más elevada de una persona sólo alcanza a la *sefirá* media de la persona que se encuentra por encima. Como es sabido, cada persona Divina es en sí misma una estructura completa de diez *sefirot*. Así, por ejemplo, *Keter* de *Maljut* alcanza a *Tiferet* de *Zeir Anpin* y *Keter* de *Zeir Anpin* alcanza a *Tiferet* de *Biná*. En términos antropomórficos, el Ari enseña que la cabeza de *Maljut* llega al pecho de *Zeir Anpin* y que la cabeza de *Zeir Anpin* llega al pecho de *Biná*. Llevando esto un paso más adelante, cuando *Zeir Anpin* está alineado frente a *Biná* de modo que su cabeza se encuentra frente al pecho de *Biná*, entonces el pecho y los brazos de *Zeir Anpin* se encuentran a la misma altura que las piernas (muslos) de *Biná* y está envuelto por ellas. Podemos hacernos una imagen de esto midiendo a un niño frente a un adolescente que en sí mismo está siendo medido frente a un adulto. Viendo la cabeza del niño podemos percibir que detrás de ella está el pecho del adolescente y que detrás se encuentran las piernas del adulto. Notamos también en términos de tamaño que hay una progresión: la cabeza del niño es más pequeña que el pecho del adolescente, que es menor a su vez que los muslos del adulto. Así, siendo los más grandes de los tres, se dice que los muslos rodean a los otros dos. Ahora bien, lo mismo se aplica con respecto a las *sefirot*. *Keter* de *Maljut* se encuentra frente a *Tiferet* de *Zeir Anpin* que a su vez se encuentra frente a *Netzaj, Hod* y *Iesod* de *Biná*, siendo esas tres *sefirot* de *Biná* las que envuelven a las demás. En ese sentido *Netzaj* y *Hod* de *Biná* son como las dos paredes completas de la suká que rodean y cubren a la persona en su interior. En cuanto a la tercera pared, ésta corresponde a la tercera *sefirá* en ese nivel, *Iesod*. Esta pared sólo necesita ser de un palmo, pues a diferencia de *Netzaj* y *Hod* que comienzan en el nivel del pecho pero se extienden hacia las piernas, *Iesod* de *Biná* culmina en el área del pecho de *Zeir Anpin* y así es "más corto" que ellas. El Rebe Najmán explicará por qué *Iesod* tiene específicamente un palmo.

Con esto podemos comprender mejor el concepto del abrazo al igual que el significado

		KETER
	KETER	TIFERET
KETER	TIFERET	YESOD
TIFERET		
MALKHUT	MALKHUT	MALKHUT
MALKHUT	Z'ER ANPIN	IMMA

נַעֲשֶׂה מִכֹּחַ מַעֲשָׂיו כַּנַּ"ל:

וְלֶעָתִיד לָבוֹא שֶׁיִּתְנַסּוּ אֻמּוֹת הָעוֹלָם עַל־יְדֵי מִצְוַת סֻכָּה, אָז נִתְקַיֵּם (צפניה ג): "אָז אֶהְפֹּךְ אֶל כָּל הָעַמִּים שָׂפָה בְרוּרָה". "שָׂפָה" רָאשֵׁי תֵּבוֹת שֶׁל שָׂכָר פְּרִי הַבֶּטֶן, הַיְנוּ בְּחִינַת סֻכָּה כַּנַּ"ל: גַּם אָז נִתְהַפֵּךְ רִיב לְשׁוֹנוֹת, וְלֹא יִהְיֶה בְּחִינַת רִיב כַּנַּ"ל, וְיִהְיֶה שָׂפָה אַחַת לְעָבְדוֹ שְׁכֶם אֶחָד. וְאָז יִתְגַּבֵּר אֱמֶת, כְּמוֹ שֶׁכָּתוּב (משלי יב): "שְׂפַת אֱמֶת תִּכּוֹן לָעַד". הַיְנוּ, אֲפִלּוּ עַכּוּ"ם יַחְזְרוּ לְעָבְדוֹ שְׁכֶם אֶחָד.

a las naciones que ellas se negaron a la Torá cuando Él se las ofreció y que por lo tanto no tendrán derecho a esperar una recompensa igual. Las naciones sin embargo argüirán que los judíos recibieron un tratamiento especial, de modo que Dios finalmente les hará una oferta, "Tengo una mitzvá muy fácil llamada suká. Vayan y háganla". Los pueblos de las naciones se construirán sukot. Pero Dios los probará haciendo que el sol arda sobre ellos como con el calor del verano. Cada uno saldrá de la suká, pateándola al alejarse. Maharsha (*v.i. umi*) explica que la suká es una habitación temporal y así alude a este mundo temporal como opuesto a la permanencia en el Mundo que Viene. Es por eso que Dios utilizará la mitzvá de la suká para probar a las naciones, pues ellas deberían haber reconocido la soberanía de Dios en este mundo y no esperar al Futuro. El *Torat Jaim* (*loc. cit.*) agrega que la suká es llamada una "mitzvá muy fácil" pues no implica ninguna pérdida monetaria (a diferencia del Shabat, cuando está prohibido trabajar). De la misma manera en que la persona se sienta con tranquilidad en su hogar lo mismo puede hacer en la suká. En nuestro contexto, la suká corresponde al habla santa, la plegaria a Dios con energía pidiéndole despertar el *koaj* del Acto de la Creación. La suká de las naciones, sin embargo, es una suká de idolatría, "aquellos cuya boca dice mentiras y cuya mano derecha es la mano derecha de la falsedad" (ver §1). Así Dios probará a las naciones con la mitzvá de la suká, como el Rebe Najmán elaborará a continuación.

51. una lengua pura.... En lugar de mentiras y falsedades, que son las cualidades de la suká de la idolatría (§1, notas 22-24), todos los pueblos del mundo "se volverán... a una lengua pura" – i.e., el habla santa de la plegaria con energía.

52. SaFáH...Sajar Pri Habaten...suká.... Al comienzo de la sección 2 vimos que la suká/ la plegaria con energía es una *segulá* para tener hijos, el fruto del vientre. Esto está aludido también aquí, en el hecho de que la palabra *SaFáH* (שפה), que implica el habla santa de la plegaria con energía, es un acróstico para *Sajar Pri Habaten* (שכר פרי הבטן).

53. como se mencionó. Ver más arriba sección 1 y nota 28.

54. la verdad obtendrá poder.... El Rebe Najmán introduce aquí el concepto de la verdad en contraste con el habla no santa de la "contienda de las lenguas". Vemos a partir de esto que la esencia de toda el habla no santa es la falsedad, que aleja a la gente de Dios y la deja con una falsa sensación de cercanía (ver n.23). Pero cuando hay una sola lengua –una *safáh* pura– la verdad supera a la falsedad. Reconocer la verdad, tal como afirma el versículo citado

110b).⁴⁸ Ello se debe a que la Tierra de Israel se hace a partir de "Sus *koaj* obras", como se mencionó más arriba.⁴⁹

4. {**"Entonces volveré a dar a los pueblos una lengua pura, para que todos ellos invoquen el nombre de Dios, sirviéndole unánimemente"** (Zefonías 3:9)}.

Pero en el futuro, las naciones del mundo serán probadas a través de la mitzvá de la suká (*Avodá Zará* 3a).⁵⁰ Se cumplirá entonces <el versículo> "Volveré a dar a los pueblos una *safáh* (lengua) pura".⁵¹ *SaFáH* es un acróstico para *Sajar Pri Habaten* ("el fruto del vientre es una recompensa") – i.e., un aspecto de suká, como se explicó.⁵²

También entonces "la contienda de las lenguas" se transformará y ya no existirá el aspecto de *riv*, como se mencionó.⁵³ Sólo habrá una lengua "sirviéndole [a Dios] unánimemente". Entonces la verdad obtendrá poder, como está escrito (Proverbios 12:19), "La lengua veraz se mantendrá por siempre". En otras palabras, incluso los idólatras volverán a "servir [a Dios] unánimemente".⁵⁴

---

48. la Tierra de Israel…tiene un Dios. A partir del versículo (Levítico 25:38), "Yo soy Dios tu Señor… para darte la tierra de Canaán, para ser tu Dios", nuestros Sabios infieren que Dios le dio la Tierra Santa al pueblo judío precisamente para que éste pudiera reconocerlo como su Dios. Así éstos enseñaron: "Todo aquel que vive en la Tierra de Israel es como alguien que tiene un Dios…". En base a esto, el Rebe Najmán dice aquí que las palabras finales de Mijá, "con tu Dios", aluden a la Tierra Santa.

49. como se mencionó más arriba. Ver la sección 1 y nota 18, que al darle al pueblo judío la Tierra Santa como herencia, Dios le reveló Su *koaj* y Su poder. La enseñanza citada aquí indica precisamente lo mismo, que mediante la Tierra Santa uno llega a reconocer a Dios. Y la Tierra Santa, como hemos visto, corresponde a la suká, que como el Rebe Najmán ha demostrado, también está aludida en los principios de Mijá.

El versículo así se traduce en nuestro texto como sigue: **Él te ha dicho, oh hombre, lo que es bueno y qué es lo que Dios pide de ti** – Dios, Quien creó al hombre con una buena inclinación y una mala inclinación, le dio la Torá con sus mitzvot y le indicó a la humanidad que debía reconocerlo en el mundo. Mijá dice que esto no es más que **sólo hacer justicia** – esto es mitigar los juicios/*guevurot* que surgen del habla no santa (ver n.24). Cuando tomamos nuestro *koaj* (*guevurá*) y lo canalizamos hacia las palabras de nuestras plegarias, esto es el abrazo de la izquierda: arrepentirse para que Dios pueda acercarnos a Él. Y esto implica **amar *jesed*** – éstos son los *jasadim pnimim*, que junto con **andar con modestia** – los *jasadim makifim*, son el concepto del abrazo de la derecha: suká/la plegaria con energía mediante la cual revelamos el amor de Dios por el mundo. Como resultado, **con tu Dios** – i.e., se revela la santidad de la Tierra Santa e incluso las naciones reconocen "Sus *koaj* obras" en el mundo.

50. naciones…serán probadas…. Enseña el Talmud: En el Futuro las naciones demandarán de Dios la misma recompensa que le espera al pueblo judío. En respuesta Dios les hará recordar

וְזֶה (בראשית ד): "אִם תֵּיטִיב - שְׂאֵת", רָאשֵׁי־תֵבוֹת שְׂפַת אֱמֶת תִּכּוֹן. "וְאִם לֹא תֵיטִיב - לַפֶּתַח חַטָּאת רֹבֵץ", רָאשֵׁי־תֵבוֹת רָחֵל לְמַפְרֵעַ בַּחֲזָרַת אַנְפִּין, בְּחִינַת רִיב. שֶׁהִיא רִיב בְּגָלוּתָא, דְּמִתְגַּבְּרִין אֻמִּין דְּעָלְמָא, רִיב לְשׁוֹנוֹת, אֲשֶׁר פִּיהֶם דִּבֶּר שָׁוְא וְכוּ':

וְזֶה פֵּרוּשׁ:

בְּמֵי מְרִיבַת - זֶה בְּחִינַת מֵי הַחֲסָדִים, בְּחִינַת סֻכָּה. שֶׁמַּצֶּלֶת מֵרִיב לְשׁוֹנוֹת, כְּמוֹ שֶׁכָּתוּב: "תִּצְפְּנֵם בְּסֻכָּה מֵרִיב לְשֹׁנוֹת" כַּנַּ"ל:

קָדֵשׁ - תַּרְגּוּמוֹ רְקֵם, לְשׁוֹן רִקְם וְצִיֵּר. בְּחִינַת צִיּוּרֵי כַּנַּ"ל, שֶׁמִּמֶּנּוּ יְצִירַת הַוָּלָד.

58. lapetaj jatat robetz…RaJeL, en reverso. Ordenadas hacia atrás, las iniciales de *Lapetaj Jatat Robetz* (לפתח חטאת רובץ) deletrean *RaJeL* (רחל). En la Kabalá, Rajel es otro nombre para la *Shejiná/Maljut* (ver Apéndice: Las Personas Divinas). Sin embargo, el hecho de que esté en reverso indica que algo falta, como el Rebe Najmán continúa explicando.

59. En reverso…rostro vuelto…el exilio…. Como hemos visto, *Lapetaj Jatat Robetz* ("el pecado yacerá a la puerta") indica la mentira, el darle poder al habla no santa y a la suká de la idolatría. Esto es *RaJeL* deletreada en reverso. También es la *Shejiná* que contiende con el Santo, bendito sea, pues cuando la idolatría gana poder, se oculta la santidad de la Tierra Santa y el pueblo judío es exilado. La Presencia Divina disputa entonces con el Santo, bendito sea, en aras de Sus hijos (ver §1, notas 27-28).

Resumen: *Biná*, como el *koaj* del Acto de la Creación, no sólo es la raíz de todo el bien y la bondad sino también de todos los malos juicios en el mundo. La manera de asegurarse de que el influjo sea de amor y de abundancia es mediante el aspecto de suká/Tierra Santa/habla santa, todo lo cual corresponde a la plegaria con energía (§1). La suká, la plegaria con energía y la Tierra Santa son una *segulá* para tener hijos (§2). (La sección 3 pasa revista a las *kavanot* de la suká). La esencia de toda habla santa/de la plegaria con energía es la verdad (§4).

60. la explicación del versículo de apertura. El Rebe Najmán repasa ahora la lección dentro del contexto del versículo de apertura. Las Escrituras relatan cómo después del fallecimiento de Miriam, los israelitas quedaron sin agua potable. Ellos disputaron con Moshé, haciéndolo enojar y como resultado golpeó la roca en lugar de hablarle (Números 20).

61. Aguas de MeRiVá…. El agua corresponde a *jesed* (el fuego corresponde al *din*; cf. Lección #47, n.67). Así, en nuestro contexto, "Aguas" alude a los *jasadim*, al *koaj* de las Diez Expresiones, correspondientes a la suká que protege a la persona del habla no santa. "Aguas de *MeRiVá*" (מריבה) es por lo tanto el *jesed*/suká que protege a la persona de *MeRiV* (מריב), de la contienda de las lenguas y del habla no santa. Es *RaBI* en lugar de *RIV* (ver n.28).

62. ReKeM…RiKeM…. Otro nombre para Kadesh es *ReKeM* (רקם), cuyas letras también deletrean *RiKeM* (רקם), "designado" o "conformado". En ese sentido, Kadesh/*rikem* sugiere

{"Si haces el bien, *seeit* (hay elevación). Pero si no haces el bien, *lapetaj jatat robetz* (el pecado yacerá a la puerta)" (Génesis 4:7)}.[55]

Esto es, "Si haces el bien, *SeEiT*" – un acróstico para *Sefat Emet Tikon* ("La lengua veraz se mantendrá por siempre").[56] "Pero si no haces el bien, *lapetaj jatat robetz*"[57] – un acróstico para *RaJeL*, en reverso.[58] En reverso indica que se encuentra con el rostro vuelto hacia un lado, un aspecto de la disputa. Ella contiene sobre el exilio, pues las naciones del mundo – "la contienda de las lenguas", "cuya boca dice mentiras" – obtienen poder.[59]

5. Y ésta es la explicación [del versículo de apertura]:[60]

{"Pues Me fueron infieles entre los israelitas, junto a las aguas de *Merivá* (conflicto) en Kadesh en el desierto de Tzin... Ahora contemplarás la tierra desde lejos pero allí no entrarás"}.

Aguas de MeRiVá, conflicto – Esto corresponde a las aguas de los *jasadim*, un aspecto de suká, que liberan de *MeRiV* (la contienda) de las lenguas, como está escrito, "en tu suká los esconderás de la contienda de las lenguas".[61]

Kadesh – Onkelos traduce esto como *ReKeM*, que sugiere *RiKeM* (conformado) y *TzIeR* (formado), un aspecto de *TzIeReI*, como se explicó. De aquí se forma el embrión.[62]

---

de Zefonías, lleva a la persona a "llamar en el nombre de Dios" y como resultado se elimina la suká de la idolatría. Como concluye el Rebe Najmán aquí, en ese momento incluso los idólatras retornarán a "servirlo unánimemente".

55. haces el bien. Las Escrituras relatan que tanto Caín como Abel presentaron una ofrenda a Dios. Sin embargo, mientras que la ofrenda de Abel era un animal elegido de su rebaño, Caín meramente llevó algunos míseros granos. Cuando Dios entonces sólo le prestó atención a la ofrenda de Abel, Caín se enojó y se deprimió. La frase citada en nuestra lección es parte de la respuesta de Dios a Caín. En esencia Él estaba diciendo, "Si mejoras tus caminos, la mala inclinación te dejará de por sí y serás elevado; pero si no mejoras, el pecado yacerá a la puerta y anhelará por ti. Incluso así, tú podrás dominarlo". A partir de esto podemos ver que si se le da una abertura, la mala inclinación hará lo posible para atrapar a la persona en el pecado.

En nuestro contexto, Caín y Abel representan "una formación para el bien" y "una formación para el mal". El Ari enseña que Caín era el aspecto del din, mientras que Abel era *jesed* (*Shaar HaGuilgulim* 31, p.83).

56. SeEiT...Sefat Emet Tikon. Las letras de la palabra *SeEiT* (שאת) son las iniciales de la frase *Sefat Emet Tikon* (שפת אמת תכון). Esto indica que la elevación (*seeit*) proviene de la verdad, "la lengua veraz se mantendrá".

57. si no haces el bien...rovetz. Por el contrario, dedicarse a la mentira hace que dominen las lenguas no santas. El Rebe Najmán demuestra ahora cómo esto está aludido en el versículo.

מִדְבַּר צִין – לְשׁוֹן צִינֵי הַר הַבַּרְזֶל, לְשׁוֹן תְּמָרִים (סוכה לב:): לְשׁוֹן תְּמוּרָה וְחִלּוּף.

פֵּרוּשׁ: כִּי הַקָּדוֹשׁ־בָּרוּךְ־הוּא צִוָּה לָהֶם שֶׁיְּדַבְּרוּ אֶל הַסֶּלַע, כְּדֵי שֶׁיִּלְמְדוּ יִשְׂרָאֵל קַל־וָחֹמֶר עַל שָׂכָר וָעֹנֶשׁ, כְּפֵרוּשׁ רַשִׁ"י, וְהֵם [פָּגְמוּ] בְּהַדִּבּוּר, וְגָרְמוּ, חַס וְשָׁלוֹם, הִתְגַּבְּרוּת שֶׁל הָרִיב לְשׁוֹנוֹת. וְגָרְמוּ הִתְגַּבְּרוּת יְמִין שֶׁקֶר, כְּמוֹ שֶׁכָּתוּב: "אֲשֶׁר פִּיהֶם דִּבֶּר שָׁוְא" וְכוּ'.

וְזֶה פֵּרוּשׁ "צִין", לְשׁוֹן תְּמוּרָה, תְּמוּרַת קֹדֶשׁ, תְּמוּרַת צִיְרֵי, תְּמוּרַת סֻכָּה דִּקְדֻשָּׁה, נַעֲשֶׂה סֻכָּה בִּקְלִפָּה, חַס וְשָׁלוֹם. וּבִשְׁבִיל זֶה עָנְשָׁם,

כִּי מִנֶּגֶד תִּרְאֶה וְשָׁמָּה לֹא תָבוֹא – כִּי אֶרֶץ־יִשְׂרָאֵל הוּא מִכֹּחַ מַעֲשָׂיו כַּנַּ"ל:

la palabra de Dios. Sin embargo, al no hablarle a la roca, Moshé y Aarón dañaron la palabra hablada y así le dieron fuerza a la mano derecha de la falsedad.

67. tzin…intercambio…. En otras palabras, cuando el habla está dañada, hay un intercambio. Como hemos visto (n.54), el habla santa le da fuerzas a la verdad, de modo que "la lengua veraz se mantendrá" e incluso los idólatras reconocerán "Sus *koaj* obras" y retornarán a "servirlo unánimemente". Pero si en su lugar el habla está dañada, entonces "la lengua pura" es intercambiada por "la contienda de las lenguas". La soberanía que esto le da a las naciones idólatras es una negación de "Sus *koaj* obras" y un ocultamiento de la santidad de la Tierra Santa. Es un reemplazo de la suká de la santidad por la suká de la idolatría y así lleva al exilio de la Tierra Santa (ver §1 y n.27).

68. no entrarás…Sus koaj obras. Moshé y Aarón produjeron un daño en "Sus *koaj* obras" y se les negó por lo tanto la entrada a la Tierra Santa.

El versículo se traduce así en nuestro texto como sigue:

Pues Me fueron infieles entre los israelitas – al golpear la roca, no santificaron el nombre de Dios. Pues si Moshé no hubiese golpeado la roca y en su lugar le hubiera hablado, le habría dado poder al habla santa y superado la contienda de las lenguas. Esto es **las aguas de Merivá** – los judíos disputaron con Moshé porque carecían de agua/*jasadim*. Su habla dañada era tan poderosa que hizo que también Moshé fuese culpable de un habla dañada, golpeando la roca en lugar de hablarle. Eso fue un daño **en Kadesh** – del aspecto *tzeirei*/*Biná*/suká, que produjo **el desierto de Tzin** – un intercambio de la suká santa por la suká de la idolatría, ocultando así "Sus *koaj* obras", la Tierra Santa. Y debido a ello, **Ahora contemplarás la tierra desde lejos pero allí no entrarás** – habiendo ocultado su santidad, no tendrían permitido entrar a la Tierra de Israel.

el desierto de TzIN – Esto sugiere *TzINei* (palmeras) de la Montaña de Hierro, que sugiere *TaMaRim* (palmeras datileras),⁶³ que insinúa *TeMuRá* (intercambio) e inversión.⁶⁴

Ésta es la explicación: El Santo, bendito sea, los instruyó para que le hablasen a la roca, de modo que, como explica Rashi, los israelitas hicieran una inferencia de menor a mayor con respecto a la recompensa y al castigo.⁶⁵ Pero ellos <dañaron> la palabra hablada y, Dios no lo permita, hicieron que la mano derecha de la mentira tomase poder, como en, "<cuya mano derecha es la mano derecha de la falsedad>".⁶⁶

Ésta es la explicación: *tzin* sugiere intercambio – el intercambio de santidad, el intercambio del *tezirei*, el intercambio de la suká de la santidad, conformando una suká de las fuerzas del mal, Dios no lo permita.⁶⁷ Debido a ello, su castigo fue:

Ahora contemplarás la tierra desde lejos pero allí no entrarás – Pues la Tierra de Israel proviene de "Sus *koaj* obras".⁶⁸

---

tzier, que es el *tzeirei*/*Biná*/vientre tratado al comienzo de nuestra lección (§1, notas 3-4). Esto hace referencia a la doble formación: una formación para el bien y una formación para el mal, que provienen del habla santa y del habla no santa.

63. TzIN...TzINei, palmeras.... El Talmud (*Suká* 32b) enseña que "*TzINei* de la Montaña de Hierro" son las palmeras situadas a la entrada del Gueinom. En nuestro contexto, "el desierto de *TzIN*" alude a *tamarim*, palmeras datileras.

64. TaMaRim, que sugiere TeMuRá e inversión. *TaMaRim* (תמרים) es similar a *TeMuRá* (תמורה), que significa "intercambio" y "sustitución". Así "desierto de *TzIN*" alude a *temurá*, intercambiar la suká de santidad por la suká de la idolatría.

65. explica Rashi.... Esto aparece en Deuteronomio 32:51. "Una inferencia de menor a mayor" (*kal vajomer*) es un método de la dialéctica Talmúdica que razona de la siguiente manera: Si algo es verdadero con respecto a algo menor, ciertamente será verdadero respecto de algo más grande. Rashi afirma que al golpear la roca en lugar de hablarle, Moshé y Aarón fueron culpables de no santificar el nombre de Dios. Pues si le hubiesen hablado a la roca y ésta hubiese dado agua, los judíos habrían razonado de la siguiente manera, "Si la roca, que no recibe ni recompensa ni castigo, obedece la orden de Dios, nosotros, que sí seremos recompensados por el bien o castigados por el mal, ciertamente debemos obedecer Sus mandamientos". En nuestro contexto, esto hace referencia al *tzeirei*, una formación para recompensa y una formación para castigo.

66. dañaron la palabra hablada.... Cuando la persona invoca el Acto de la Creación para bien –i.e., los aspectos de la plegaria con energía y de la suká santa– revela la Divinidad en el mundo,

Gráficos-Diagramas

EL ORDEN DE LAS DIEZ SEFIROT

KÉTER

|

JOJMÁ

|

BINÁ

|

JESED

|

GUEVURÁ

|

TIFERET

|

NETZAJ

|

HOD

|

IESOD

|

MALJUT

ESTRUCTURA DE LAS SEFIROT

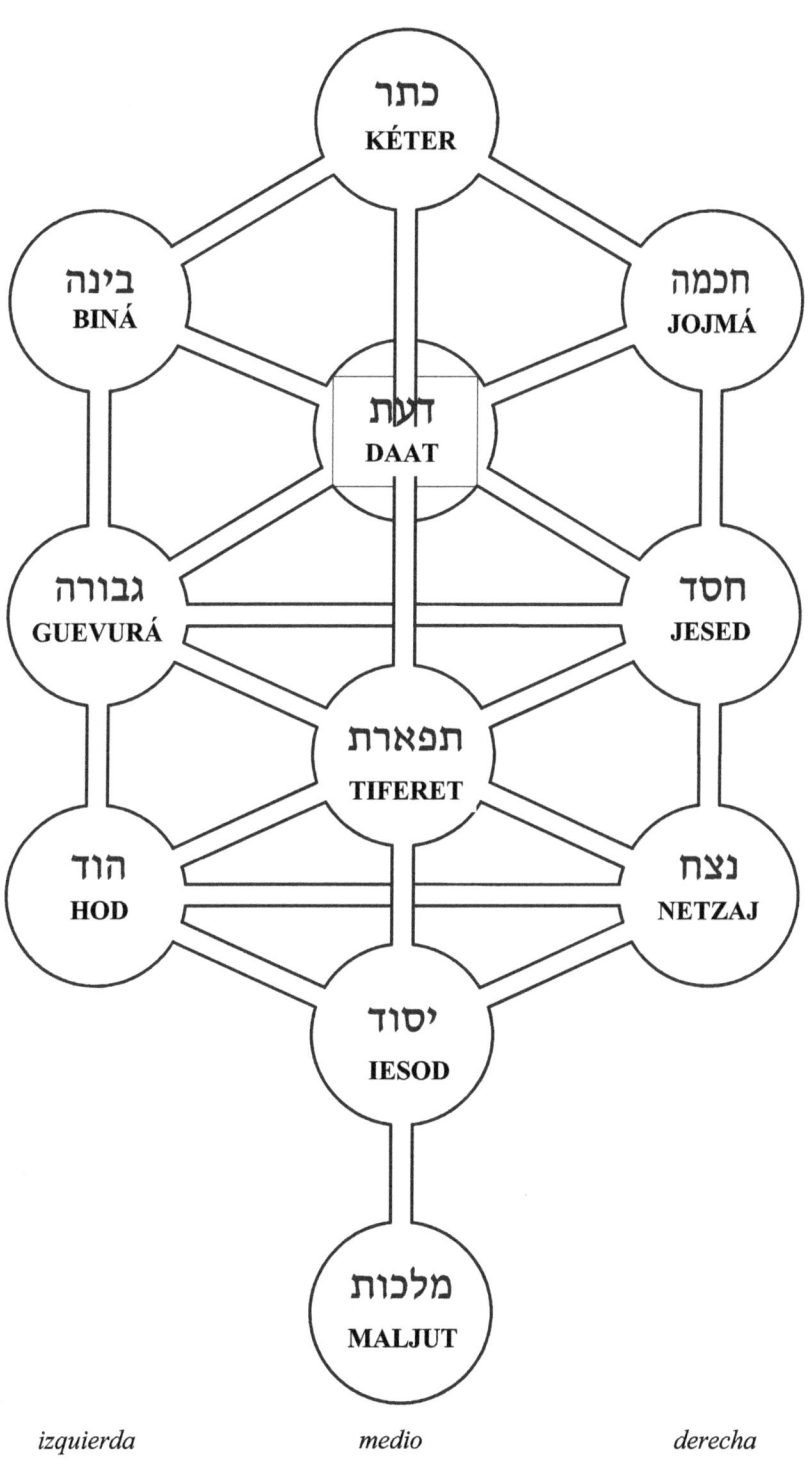

izquierda   *medio*   *derecha*

LOS PARTZUFIM - LAS PERSONAS DIVINAS

Sefirá		**Persona**
KÉTER		ATIK IOMIN ARIJ ANPIN
JOJMÁ	⎫ ⎬ Daat ⎭	ABA
BINÁ		IMA
TIFERET	⎧ Jesed ⎪ Guevurá ⎨ Tiferet ⎪ Netzaj ⎪ Hod ⎩ Iesod	ZEIR ANPIN
MALJUT		NUKVA DE ZEIR ANPIN

Nombres alternativos para *Zeir Anpin* y *Maljut*:
Zeir Anpin: Iaacov, Israel, Israel Sava, Torá, Ley Escrita, Santo Rey, el Sol.
Maljut: Lea, Rajel, Plegaria, Ley Oral, *Shejiná* (Divina Presencia), la Luna.

LAS SEFIROT Y EL HOMBRE

Kéter - Corona, Voluntad — Cráneo
Jojmá - Sabiduría — Cerebro derecho
Biná - Comprensión — Cerebro izquierdo
(*Daat* - Conocimiento) — (Cerebro medio)
Jesed - Amor — Brazo derecho
Guevurá - Fuerza, Restricción — Brazo izquierdo
Tiferet - Belleza, Armonía — Torso
Netzaj - Victoria, Duración — Pierna derecha
Hod - Esplendor — Pierna izquierda
Iesod - Fundamento — Organo Sexual (*Brit*)
Maljut - Reinado — Pies

Alternativamente: *Jojmá* corresponde al cerebro/mente; *Biná* al corazón
Alternativamente: *Maljut* corresponde a la pareja del hombre, o la boca

NIVELES DE EXISTENCIA

Mundo	Manifestación	Sefirá	Alma	Letra
Adam Kadmón		Keter	Iéjida	Apice de la Iud
Atzilut	Nada	Jojma	Jaiá	Iud
Beriá	Pensamiento	Bina	Neshamá	Hei
Ietzirá	Habla	Tiferet (seis Sefirot)	Ruaj	Vav
Asiá	Acción	Maljut	Nefesh	Hei

Mundo	Habitantes	T-N-T-A
Adam Kadmón	Los Santos Nombres	
Atzilut - Cercanía	Sefirot, Partzufim	*Taamim* - Musicalidad
Beriá - Creación	El Trono, Almas	*Nekudot* - Vocales
Ietzirá - Formación	Angeles	*Taguim* - Coronas
Asiá - Acción	Formas	*Otiot* - Letras

GUEMATRIA DEL SANTO NOMBRE DE DIOS

$$IHVH = 26 = יהוה$$

$$EHIÉ = 21 = אהיה$$

$$ELOHIM = 86 = אלהים$$

EXPANSIONES DEL SANTO NOMBRE DE DIOS

IHVH — Expansión del Tetragrámaton — יהוה

Expansión	Partzuf	Nombre	Valor		Expansión
IUD HI VIV HI	Aba - *Jojmá*	AB	72	עב	יוד הי ויו הי
IUD HI VAV HI	Ima - *Biná*	SaG	63	סג	יוד הי ואו הי
IUD HA VAV HA	Zeir Anpin	MaH	45	מה	יוד הא ואו הא
IUD HH VV HH	Nukva - *Maljut*	BaN	52	בן	יוד הה וו הה

EHIH — Expansión del Santo Nombre EHIeH — אהיה

Expansión	Nombre	Valor		Expansión
ALeF HI IUD HI	KSA	161	קסא	אלף הי יוד הי
ALeF HH IUD HH	KNA	151	קנא	אלף הה יוד הה
ALeF HA IUD HA	KMG	143	קמג	אלף הא יוד הא

ELHIM — Expansión del Santo Nombre ELoHIM — אלהים

Expansión	Nombre	Valor		Expansión
ALeF LaMeD HI IUD MeM		300		אלף למד הי יוד ממ
ALeF LaMeD HH IUD MeM		295		אלף למד הה יוד ממ
ALeF LaMeD HA IUD MeM		291		אלף למד הא יוד ממ

LAS SEFIROT Y LOS NOMBRES DE DIOS ASOCIADOS CON ELLAS

Sefirá	Nombre
Kéter - Corona	*Ehiéh*
Jojmá - Sabiduría	*IaH*
Biná - Comprensión	*IHVH (pronunciado Elohim)*
Jesed - Amor	*El*
Guevurá - Fuerza	*Elohim*
Tiferet - Belleza	*IHVH (pronunciado Adonai)*
Netzaj - Victoria	*Adonai Tzevaot*
Hod - Esplendor	*Elohim Tzevaot*
Iesod - Fundamento	*Shadai, El Jai*
Maljut - Reinado	*Adonai*

LAS SEFIROT Y EL TETRAGRÁMATON

SEFIRÁ	PUNTOS VOCALES	VOCALES DE ACUERDO A LA KABALÁ	PUNTOS VOCALES DEL *IHVH*
Kéter	*Kamatz*	*Kamatz*	יָהוָה
Jojmá	*Pataj*	*Pataj*	יַהוַה
Biná	*Tzeyrey*	*Tzeyrey*	יֵהֵוֵה
Jesed	*Segol*	*Segol*	יֶהֶוֶה
Guevurá	*Shva*	*Shva*	יְהְוְה
Tiferet	*Jolem*	*Jolem*	יֹהֹוֹה
Netzaj	*Jirik*	*Jirik*	יִהִוִה
Hod	*Kubutz*	*Shuruk*	יֻהֻוֻה
Iesod	*Shuruk*	*Mloopum*	יו הו וו הו
Maljut	Ninguna vocal	Ninguna vocal	יהוה

LOS COLORES SUPERIORES

Kéter - Corona — blanco cegador
Jojmá - Sabiduría — un color que incluye todos los colores
Biná - Comprensión — amarillo y verde
Jesed - Amor — blanco y plata
Guevurá - Fuerza — rojo y oro
Tiferet - Belleza — amarillo y púrpura
Netzaj - Victoria — rosa claro
Hod - Esplendor — rosa oscuro
Iesod - Fundamento — naranja
Maljut - Reinado — azul

LOS SIETE PASTORES SUPERIORES

Jesed - Amor — Abraham
Guevurá - Fuerza, Restricción — Isaac
Tiferet - Belleza, Armonía — Iaacov
Netzaj - Victoria, Duración — Moisés
Hod - Esplendor — Aharón
Iesod - Fundamento — Iosef
Maljut - Reinado — David

NUMEROLOGIA DE LAS LETRAS HEBREAS - GUEMATRIA

300 = ש	70 = ע	20 = כ,ך	6 = ו	1 = א
400 = ת	80 = פ,ף	30 = ל	7 = ז	2 = ב
	90 = צ,ץ	40 = מ,ם	8 = ח	3 = ג
	100 = ק	50 = נ,ן	9 = ט	4 = ד
	200 = ר	60 = ס	10 = י	5 = ה

<u>valores alternativos para las 5 letras finales, *MaNTzPaJ*:</u>

900 = ץ	800 = ף	700 = ן	600 = ם	500 = ך